동양도덕
교육론

동양도덕교육론
차례

머리글 / 5

서설 / 9
    제1장 도덕교육학과 동양도덕교육론 / 10

제1부 동양도덕교육론의 사상적 연원 : 공자철학의 재조명 / 33
    제2장 철학적 기초: 세계와 인간을 보는 관점 / 40
    제3장 윤리사상 다시 읽기 : 인(仁) 개념의 재조명 / 60
    제4장 『논어』 속의 인간상 : 인격전형의 교육적 함축 / 85
    제5장 포괄적 도덕교육론 : 가르침과 배움의 패러다임 / 113

제2부 동양도덕교육론 패러다임의 형성 : 제자백가사상 / 151
    제6장 노자의 무위윤리와 자발적 도덕직관론 / 156
    제7장 맹자의 당위윤리와 자율적 도덕발달론 / 180
    제8장 순자의 유위윤리와 도덕적 사회화론 / 210

제3부 동양도덕교육론 패러다임의 발전 : 리기(理氣)철학사상 / 233

  제9장 주자의 리기철학적 윤리학과 통합적 도덕교육론 / 238

  제10장 퇴계의 당위윤리와 발달 지향의 도덕교육론 / 278

  제11장 율곡의 유위윤리와 사회화 지향의 도덕교육론 / 312

  제12장 왕양명의 무위윤리와 자발적 도덕직관론 / 352

결론 / 387

  제13장 동양도덕교육론과 우리 도덕교육의 방향 모색 / 388

참고문헌 / 409

동양도덕교육론
머리글

  이 책은 그동안 내가 연구해온 동양 도덕교육론에 관한 이론적 패러다임의 갈래들을 종합하여 정리한 것이다. 이 책에서 가정하는 동양전통의 도덕교육론 패러다임의 갈래는 크게 세 가지이다. 당위(當爲)윤리에 바탕을 둔 자율적 도덕발달론, 유위(有爲)윤리에 토대한 도덕적 사회화론, 그리고 무위(無爲)윤리에 근거하는 자발적 도덕직관론이 그것이다.

  당위윤리란 행위의 결과와 무관하게 단지 어떤 가치규범이 옳다는 이유 때문에 지켜지기를 주장하는 윤리이론이다. 인간은 원래부터 이성적이고 도덕적 존재이다. 그래서 그는 자율적인 실천이성의 빛으로 도덕법칙을 입법하고 집행하고 심판할 수 있다. 당면한 도덕적 문제 상황에서 보편화 가능한 도덕원리에 따라 추론하고 판단하며, 그것을 행위의 결과와 무관하게 마땅히 실천해야할 도덕적 의무로 삼는다. 이러한 관점에 토대한 도덕교육이란 실천이성의 계발을 목표로 삼는다. 그러나 인간은 원래부터 이성적 능력을 보지하고 있기에 그것의 계발도 스스로 발달시킬 수 있다. 교사는 간접적인 방식으로 그들의 학습을 도울 수 있다. 이러한 점에서 당위윤리에 토대한 도덕교육론을 자율적 도덕발달론이라 한다.

  유위윤리란 행위의 결과가 선(善)과 유용성(실용성)을 낳는다면 그것이 도덕적으로 옳다고 여기는 윤리이론이다. 인간은 이익을 추구하는 욕망의 존재이다. 그러나 인간의 이기적 욕망을 그대로 방치하면 세상은 이전투구의 마당이 된다. 따라서 그것은 합리적인 기준과 제도로 통제되고 조절되어야 한다. 합리적 기준과 제도는 공동체의 공공선과 복리의 유용성에 바탕을 두어야 한다. 인간은 경험적 지성을 통하여 그러한 문화와 제도를 건설할 수 있었다. 도덕의 견지에서 그러한 문화와 제도를 '특정질서로서의 도덕'이라 부를 수 있다. 그러한 가치규범들은 자라나는 세대에게 전수되어야 한다. 전수의 역할을 맡은 이를 교사라 부른다. 이러한 유위윤리에 토대한 도덕교육론을 도덕적 사회화론이라 한다.

그러나 당위윤리도 유위윤리도 인간세계의 작위적 도덕기준일 뿐이다. 선험적 이성을 가정하든 경험적 지성에서 비롯되었든 도덕이나 윤리는 인간세계의 문화일 뿐이다. 자연세계에는 도덕이 없다. 인간을 제외한 자연세계의 생명들은 생명의 보존 자체를 삶의 목적으로 삼는다. 필요를 넘어서지 않는 욕구가 생명을 보존하는 유지선이다. 필요이상도 필요이하도 생명보전에 도움이 되지 않는다. 필요가 발생하면 나의 생명을 보전하기 위해 불가피하게 타자의 생명을 공격해야 하고 잡아먹어야 한다. 그래서 모든 생명은 자리적(自利的) 존재이다. 자리적 욕구는 본능이면서 본성이고 자발적(自發的)이다. 그러나 나 또한 언젠가는 타자에게 잡아먹힐 수밖에 없다. 따라서 '자리적'이라는 것은 생명유지를 위해 '자기의 이익을 추구하지만 동시에 그것이 이타적인 행위가 된다'(자리즉이타自利卽利他)는 뜻이 담겨 있다. 나의 욕구추구가 곧 남에게도 선(善)이다. 이처럼 자연세계는 넓게 보면 〈욕구와 선善의 일치〉를 겨냥하고 있다. 이것이 자연세계의 원리이고 여여(如如)한 사실이다.

이러한 자연세계의 원리를 인간도 본받아야 한다는 주장이 있다. 자연세계의 원리를 인간들의 도덕적 기준으로 따를 것을 종용한다는 점에서 그것을 '무위적 도덕' 혹은 '무위윤리'라 부를 수 있다. 무위윤리는 생명의지(욕구)와 생명사랑(도덕감)의 일치를 추구하는 윤리학이다. 이러한 무위윤리는 인간중심적인 지능의 분별심과 욕망을 내려놓을 때 실현될 수 있다. 지능의 분별심과 욕망을 내려놓으면 세계의 여여한 사실을 있는 그대로 볼 수 있는 '눈밝음'의 직관적 사유가 열리고, 그것은 도덕적 상황에서 의식적인 추론과정 없이도 즉각적으로 선과 악, 옳고 그름을 판별해낼 수 있다. 그러나 지능의 분별심과 욕망을 내려놓고 생명사랑의 원리에 따르는 삶은 누가 의도적으로 강요할 수 없고, 내가 스스로 터득할 수 있을 뿐이다. 다만 눈밝음을 먼저 터득한 선지식(善知識; 교사)이 간접적인 방법으로 촉구할 수는 있다. 이러한 무위윤리에 토대한 도덕교육론을 '자발적 도덕직관론'이라 명칭한다.

이상의 도덕교육론의 패러다임 중에 '무위윤리와 자발적 도덕직관론'은 서양지성사에서 낯선 것이지만, 동양적 전통에는 이를 포함하여 세 가지 패러다임이 면면히 이어져왔다. 이 책에서 세 가지 패러다임의 시원은 공자철학에 뿌리를 두고 있다고 여긴다. 한마디로, 공자철학의 본질은 그 중 어느 하나를 진리로 단정하지 않는 시중적(時中的)이고 미제적(未濟的)인 세상보기의 도(道)로 요약할 수 있다. 그랬기에 공자는 도덕교육론과 관련해서도 세 가지 패러다임을 두루 포괄하는 관점을 보지하고 있었다. 그러나 공자의 이러한 관점은 이후 사상가들에게 철학적 사유의 다양한 질료를 제공해주기는 했지만, 정합성을 갖춘 철학적 사유체계라는 관점에서 본다면 논리적 모순을 안고 있다. 세 가지의 도덕교육론 패러다임은 각각 세계와 인간과 교육을 바라보는 철학적 가정과 전제를 달리하고 있기 때문이다. 전혀 다른 가정과 전제들을 포괄할 수 있는 보다 높은 차원의 논리적 가정 내지 추상적 원리가 제시되지 못하는 한 공자철학은 하나의 정합된 철학적 사유체계라고 보기 어렵다. 그래서 우리는 그의 철학을 '미제적 세상보기의 도'로 규정하는 바이다. 사정이 이러하기에, 공자철학은 처음부터 도통(道統)의 분화를 예고하고 있었다.

중국사에서 춘추전국이라는 미증유의 악의 시대는 공자 이외에도 제자백가의 사상가들을 탄생시켰다. 양자(楊子)-노자(老子)-장자(莊子) 등으로 이어지는 무위철학적 사유의 패러다임이 있었는가 하면, 증자(曾子)-자사(子思)-맹자(孟子) 등으로 이어지는 당위철학적 사유의 패러다임과, 자하(子夏)-묵자(墨子)-순자(荀子)-한비자(韓非子) 등으로 이어지는 유위철학적 사유의 패러다임도 있었다. 각각의 패러다임을 대표하여 이 책에서는 노자의 무위윤리와 자발적 도덕직관론, 맹자의 당위윤리와 자율적 도덕발달론, 순자의 유위윤리와 타율적 도덕사회화론을 검토하였다. 이러한 패러다임의 분화는 시대를 뛰어넘어 근세 리기철학의 시대에서도 재현된다. 주희에서 퇴계로 이어지는 주리철학이 당위윤리와 자율적 도덕발달론에 가깝다면, 주희에서 율곡으로 이어지는 주기철학은 유위윤리와 도덕적 사회화론에 가깝다고 여긴다. 성공여부를 떠나, 이 책에서 주희는 주리와 주기로 분화되기 전에 통합적 도덕교육론을 모색했던 사상가로 검토하였다. 한편, 이러한 리기이원론적 관점과는 달리, 왕양명의 철학은 리기일원론의 관점에서 리즉기 혹은 기즉리의 패러다임을 구축했고, 그것에 터한 무위윤리와 자발적 도덕직관론을 정초한 사상가로 검토하였다. 이상의 탐구를 바탕으로, 이 책의 결론에서는 위대한 동양철학적 전통을 오늘날 실제 도덕교육 현장에서 어떻게 유효히 활용할 수 있을까 하는 방안을 모색해 보았다.

이 책은 그동안 내가 연구해온 결과를 모아 단행본의 체제에 맞게 편집한 것이기에 전혀 새로운 글이라 할 수는 없다. 그러나 주제에 따라서 대폭적인 보완이 시도된 글도 있고, 기존의 글을 그대로 가져와 부분적 수정에 머무른 글도 있다. 그러나 처음부터 끝까지 그대로 전제한 글은 없기에, 주요 글들의 본래 출처를 각주에 밝혀 두기로 한다.[1] 새 글이든 묵은 글을 모은 것이든 단행본으로 엮어내는 것은 늘 아쉽다. 그러나 이 방면에서 학부나 대학원 수준에서 교재로 쓸 만한 책이 없는 것 같기에 두렵지만 감히 세상에 내놓는다. 나의 공부 주제가 도덕교육론의 관점에서 동양(한국)철학 읽기가 된 것은 몸담고 있는 학과에서 관련 강의를 하고 있기 때문이다. 학과 선배 교수님들과 사랑하는 학동들에게 고마움을 전한다. 끝으로 부족한 글이지만 이 책이 세상에 나올 수 있도록 기회를 주신 제주대학교출판부 관계자 여러분께도 감사드린다.

2014년 11월 늦가을
일리(一理)의 연구실에서
강 봉 수

---

[1] 제1부의 〈동양도덕교육론의 사상적 연원: 공자철학의 재조명〉은 아래 논문이나 책에서 가져와 깁고 보탠 것이다. "공자의 윤리사상 다시 읽기: 仁 개념의 재조명을 중심으로", 『윤리연구』 제84호(한국윤리학회, 2012. 3); "『論語』속의 인간상 연구: 인격적 전형을 중심으로", 『도덕윤리과교육』 제35호(한국도덕윤리과교육학회, 2012. 4.); "공자의 교학사상 다시 읽기: 가르침과 배움의 패러다임", 제14권 제1호(제주대학교 교육과학연구소, 2012. 5); 『주제별 키워드로 읽는 논어와 세상보기의 도』(서울: 원미사, 2012). 제2부의 〈동양도덕교육론 패러다임의 형성 : 제자백가사상〉은 다음의 논문이나 책에서 가져와 깁고 보탠 것이다. "노자의 도덕교육사상 다시 읽기: 말없는 가르침과 직관적 깨달음", 『도덕윤리과교육』 제41호(한국도덕윤리과교육학회, 2013); 『노자에게 길을 묻다!! - 무위적 세상보기의 도』(제주: 도서출판 누리, 2014); "원시유교의 도덕교육론: 공자, 맹자, 순자의 사상을 중심으로", 『백록논총』 제3집(제주대학교사범대학, 2001); 『유교 도덕교육론』(서울: 원미사, 2001); 제3부의 〈동양도덕교육론 패러다임의 발전: 리기철학사상〉은 아래 논문이나 책에서 가져와 깁고 보탠 것이다. "주희의 통합적 도덕교육론", 『국민윤리연구』 제43호(한국국민윤리학회, 2000. 2); "퇴계의 「聖學十圖」에 함의된 도덕교육론", 『도덕윤리과교육』 제19호(한국도덕윤리과교육학회, 2004. 12); "율곡의 「聖學輯要」에 함의된 도덕교육론", 『윤리교육연구』 제12집(한국윤리교육학회, 2007. 4); 『한국 유교도덕교육론』(경기: 학술정보〈주〉, 2008); "왕양명의 '良知學'과 도덕직관 함양론", 『윤리연구』 제76호(한국윤리학회, 2010. 3).

동양도덕
교육론

서설

제1장 도덕교육학과 동양도덕교육론 / 10

제1장
도덕교육학과 동양도덕교육론

Ⅰ. 도덕교육의 학문적 배경과 도덕교육학

도덕교육이란 무엇인가? 도덕교육학은 어떤 학문분야인가? 일단 도덕교육은 '도덕'과 '교육'의 합성어로 볼 수 있기에, 두 가지 범주로 나누어 이해할 수 있다. 〈**도덕**'교육〉과 〈도덕'**교육**〉이 그것이다. 〈'도덕'교육〉은 가르치고자 하는 교육의 내용(학)에 초점을 두어 도덕교육을 이해하려는 것이고, 〈도덕'교육'〉은 교육의 방법(론)에 초점을 두는 관점이다. 편의상 전자를 〈교과내용학으로서의 도덕교육〉이라 칭하고, 후자를 〈교과교육학으로서의 도덕교육〉이라 부를 수 있다. 이러한 분류에 따라 도덕교육의 이론적 기초가 되는 학문적 배경을 개관하면서 도덕교육학의 의미를 살펴본다.

1. 교과내용학의 관점에서 본 도덕교육의 학문적 배경

교과내용학의 입장에서, 도덕교육은 무엇을 가르치는 교과이고, 그 학문적 배경은 무엇인가? 국어교육에서는 국어를 가르치고, 수학교육에서는 수학을, 그리고 과학교육에서는 과학을 가르친다. 국어교육의 학문적 배경은 국어학이고, 수학교육의 학문적 배경은 수학인 셈이다. 말하자면, 이들 교과교육은 가르쳐야할 내용이 그들의 학문분과와 서로 크게 다르지 않다. 도덕교육에서 가르쳐야 할 내용은 '도덕'이다. '도덕'을 주된 탐구영역으로 삼는 학문분야는 말할 것도 없이 윤리학(도덕철학)이다. 따라서 도덕교육에서도 윤리학을 가르쳐야 하고, 윤리학은 가장 중심이 되는 도덕교육의 학문적 배경이 된다.

그러나 도덕교육에서는, 수학교육에서 수학을 가르치는 것처럼, 윤리학을 가르치는 것만으로는 교육의 본질을 달성할 수가 없다. 대체로 다른 교과교육은 가르치고자 하는 내용과 그 배경이 되는 학문분과가 일치하지만, 도덕이라는 교과교육의 경우는 그렇지 못하다. 바로 이 점이 도덕교육을 다른 교과교육과 다르게 하는 하나의 특징적 측면인데, 그것은 〈도덕교육에서 문제 삼는 '도덕'〉과 〈윤리학에서 문제 삼는 '도덕'〉은 반드시 동일한 것이 아니기 때문이다. 결론부터 말하면 〈도덕교육에서 문제 삼는 '도덕'〉은 〈윤리학에서 문제 삼는 '도덕'〉을 포함하는 그 이상이다.

도덕 혹은 윤리란 인격의 선악 혹은 행위의 옳고 그름의 기준에 관한 것이다. 그리고 이러한 도덕적·윤리적 기준이 무엇이어야 하느냐를 사유할 때, 그것을 윤리이론 혹은 도덕철학이라 부를 수 있다. 그동안 도덕 혹은 윤리 개념을 이해하는 방식은 크게 네 가지로 구분하여 접근할 수 있다.[1]

첫째, 특정질서 혹은 제도로서의 도덕이다. 이 도덕은 일정한 시대와 장소에서 구체적 질서나 규범으로 표출되는 특정사회 도덕(group moral)을 의미하는데, 예컨대 프랑케나(William K. Frankena)의 '사회적 기획으로서의 도덕'이라는 정의가 그것이다.[2] 그에 의하면, 도덕은 사회적 기획이다. 도덕은 한 개인이 그 자신을 위한 어떤 행동 지침을 만들거나 발견하는 것이 아니다. 한 사람에게 있어서 그 자신의 언어, 국가, 혹은 교회가 그런 것처럼, 도덕은 그 개인이 태어나기 이전부터 있는 것이다. 개인은 태어나서 도덕 속에 들어가서, 도덕에 참여하면서 살다가 죽는다. 그런 개인이 죽고 나서도 도덕은 계속 존재한다. 여기에는 다시 두 가지의 도덕 개념을 생각할 수 있다. 관습적 규범으로서의 도덕과 법규범으로 대표되는 사회윤리가 그것이다. 관습적 규범으로서의 도덕 개념에는 가치규범, 예절, 기타 사회규범과 관례화된 제도 등이 포함된다. 그리고 사회윤리에는 이데올로기, 사회구조와 제도, 정책, 법 등이 포함된다.

둘째, 덕목 혹은 가치로서의 도덕이다. 덕목(가치)이란 "정직", "성실", "용기", "사랑" 등

---

[1] 이하의 도덕 개념을 이해하는 방식에 대한 설명은 졸고, "공자의 윤리사상 다시 읽기: 仁 개념의 재조명을 중심으로", 『윤리연구』제84호(한국윤리학회, 2012.3), pp. 2~5에서 가져왔다. 졸고, 『주제별 키워드로 읽는 논어와 세상보기의 도』(서울: 원미사, 2012), pp. 177~179에도 있다.

[2] William K. Frankena, *Ethics*(second edition) (Englewood Cliffs, N. J.: Prentice Hall, 1973), p. 6.

과 같은 덕의 목록들이다. 특정사회에는 명시적·묵시적으로 합의하는 덕의 목록들이 있을 수 있다. 앞의 규범이 행위를 규정하는 규칙의 전형이라면, 덕이란 아리스토텔레스에 의할 때 "도덕 생활과 관련한 탁월한 성품" 혹은 "도덕적 성품"을 뜻하는 바, 그것은 덕목들을 내면화하여 실천하는 능력 혹은 상태를 말한다. 하나의 덕목(가치)은 "근본정신+행위규범"으로 구성된다. 예컨대, 효(孝)는 효심(孝心)+효행(孝行)으로 구성되는 데, 효심은 효의 근본정신 혹은 원리로서 '부모를 존경하는 것'이고 효행은 구체적인 행위규범으로서 효를 실천하는 행위의 규칙들이다. 여기서 효심의 근본정신과 원리는 시공을 떠나 보편성을 갖지만, 효행의 규범은 시공에 따라 달라질 수 있는 제도로서의 도덕이다. 특정사회의 덕목들은 시공간의 변화에 따라 쇠퇴할 수도 있지만, 어떤 것들은 쉽게 사라지지 않는 도덕적 '문화문법'(cultural grammar)을 구성하기도 한다.[3]

셋째, 기본정신 혹은 원리로서의 도덕이다. 이 도덕은 다양한 특정사회 도덕들의 밑바탕에 놓여 있는 어떤 공통된 정신, 즉 도덕의 기본 원리를 의미한다.[4] 특정질서 혹은 제도로서의 도덕도 도덕적 판단과 행위의 근거이고 원리이지만, 그것들은 하위의 원리들이다. 기본정신 혹은 원리로서의 도덕은 도덕 판단과 행위의 상위의 원리, 궁극적 원리, 도덕규준(moral standard)을 말한다. 그래서 원리로서의 도덕은 공정성과 보편성을 지향하고, 다른 여타의 규범보다 우선되는 중요성을 가지며, 임의적 권위로부터 독립되어 있다고 말할 수 있다.

넷째, 개인들이 가지고 있는 가치관 혹은 도덕관으로서의 윤리가 있다. 개인들이 가지고 있는 도덕은 공동체의 윤리와 공유하는 측면이 있지만, 개인마다 다르게 생각하는 가치

---

3) 문화문법(cultural grammar)이란 시공을 넘어 유행해온 주류문화들을 구조화시키는 계열체(계열체적 집합, paradigmatic set)로서의 문화를 말한다. 이와 상반되는 개념이 신태그마(결합체적 사슬, syntagmatic chain)인데, 그것은 특정시대에 유행한 사상, 이념과 체제, 규범과 제도 등의 주류문화를 말한다. 고대한국인은 기축문화를 가지고 있었고 그것이 한국인의 원형적 문화문법을 형성하였다. 이후 고려시대인은 불교와 신태그마를 형성했고, 조선시대인은 유교(주자학)와 신태그마를 형성했고, 현대 한국인은 서양근대사상과 신태그마를 형성하고 있다. 이 점에서 고려시대인, 조선시대인, 현대 한국인은 각기 다른 결합체적 사슬에 따라 서로 다른 문화를 소유한 개별의 한국인들이다. 그러나 시대마다 다른 개별의 한국인들을 시공을 넘어 하나로 묶어주는 계열체적 집합이 존재할 수 있다. 시간적으로 21세기를 살아가는 현재의 한국인은 조선인, 고려인, 고대 한국인과도 공유할 수 있는 문화문법이 있고, 공간적으로 기독교인도 불교인도 유교인도 모두 같은 한국인에게 하는 문화문법이 있을 수 있다. 이에 대한 자세한 설명은 졸고, 『제주의 윤리문화와 도덕교육』(제주: 누리, 2009), pp. 47~54 참조.

4) A. Pieper(진교훈·유지한 역), 『현대윤리학 입문』(서울: 철학과 현실사, 1999), pp. 30~34 참조.

관도 있는 것이다.

이상의 도덕 개념을 구조화하여 나타내면 아래의 〈그림〉과 같다.[5]

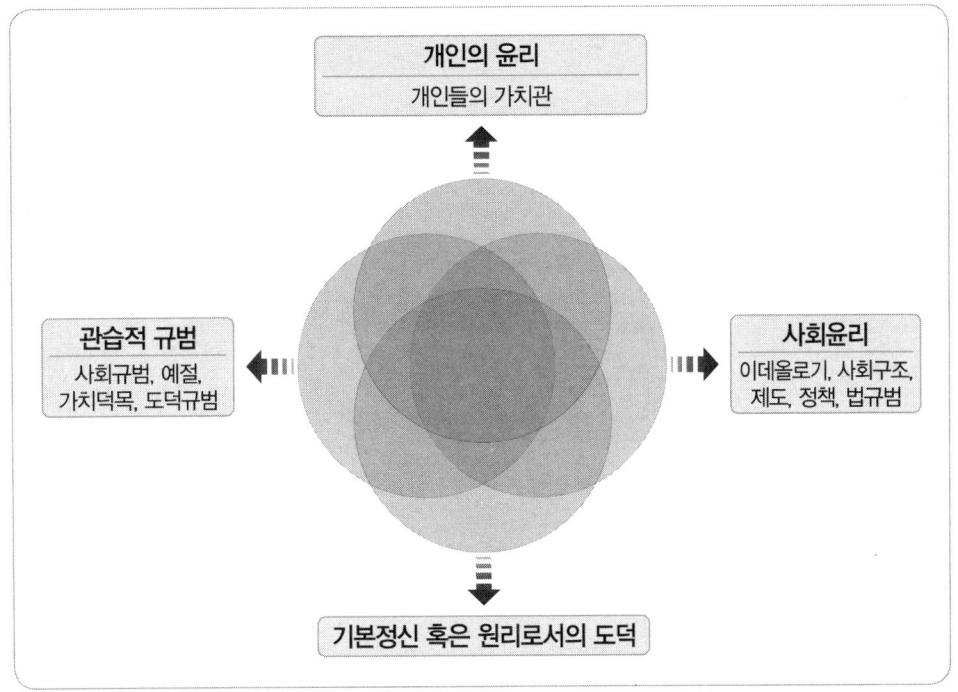

〈그림〉 도덕개념의 구조도

개인들의 가치관으로서의 도덕 개념을 제외하면, 결국 도덕 개념은 '특정질서 혹은 제도

---

[5] 필자와 비슷하게 도덕의 개념을 유형화하는 예로는 튜리엘(Elliot Turiel)을 들 수 있다. 그는 사회적 지식의 영역을 사회인습적 영역, 개인적 영역, 도덕적 영역으로 구분한다. 개인적 영역은 필자의 개인의 윤리(가치관)에 해당하고, 사회인습적 영역은 제도로서의 도덕 개념에 해당하고, 도덕적 영역은 기본정신 혹은 원리로서의 도덕 개념에 해당하는 것으로 볼 수 있다. 그러나 튜리엘과 필자의 다른 관점은 그가 세 영역의 발달경로를 서로 다른 영역이고 구분되는 개념으로 보았다면, 필자는 그림에서 보듯이 세 영역을 서로 겹치는 개념으로 여긴다는 것이다. 사실 필자는 튜리엘의 관점을 접하기 전에 도덕 개념의 구조도를 작성했다. 튜리엘의 관점을 보려면, Elliot Turiel & Marta Laupa, "사회영역이론", William M. Kurtiness& Jacob L. Gewwirtz 편저, 문용린 역, 『도덕성의 발달과 심리』(서울: 학지사, 2004), pp. 563~584; Daniel K. Lapsley 저, 문용린 역, 『도덕심리학』(서울: 중앙적성출판사, 2000), pp. 181~216 참조.

로서의 도덕'과 '기본정신 혹은 원리로서의 도덕' 개념으로 요약할 수 있다. 일반적으로 사회과학이 주로 전자의 입장에서, 즉 개개인의 이익, 행복, 사회공동체의 질서 유지와 발전을 위한 필요라는 차원에서 도덕을 다룬다면, 윤리학은 전자(특수성)를 늘 후자(보편성)에 비추어 보아 반성적 통찰을 함으로써 전자가 나아가야 할 방향을 지시한다는 차원에서 도덕을 다룬다고 말할 수 있다.6)

〈도덕교육에서 문제 삼는 '도덕'〉은 여기서 제시한 두 가지 도덕 개념을 모두 포함한다. 그러나 〈윤리학에서 문제 삼는 '도덕'〉은 후자, 즉 기본 정신 혹은 원리로서의 도덕이다. 윤리학에서는 이러한 도덕 개념을 도덕적 진리로 여긴다. 말하자면 윤리학은 도덕적 진리에 관한 철학적 탐구를 본질로 한다. 따라서 도덕교육에서 윤리학을 가르쳐야 한다는 관점은 엄격히 말해 도덕교육이 아니라 '(도덕)철학'을 교육하자는 주장이다. 그러나 도덕교육을 통하여 달성하고자 하는 교육의 목적은 도덕철학적 지식을 갖춘 사람이 아니라, 도덕성을 함양하여 실제 도덕을 실천하는 사람을 양성하는데 있다. 궁극적으로 (도덕)철학교육의 목적이 '윤리학자'를 양성하는 데 있다면, 도덕교육은 '실천적 도덕인'을 양성하는 데 있는 것으로 대비시킬 수 있다.

도덕성의 함양과 실천적 도덕인을 양성하는 교육목적을 달성하려면 두 가지 도덕 개념을 모두 도덕교육의 내용으로 삼아야 한다. 먼저, 〈제도로서의 도덕〉만을 도덕교육의 내용으로 삼을 경우에는 학생들을 인습적·타율적 도덕성의 함양에 머무르게 할 것이다. 여기서는 특정 사회에 이미 형성되어 있는 지배적인 가치 규범을 외적 권위나 환경적 영향에 의해 내면화하도록 하는 교육만이 있을 것이기 때문이다. 나아가 이러한 교육은 학생들로 하여금 도덕적 상대주의에 빠지게 만들 수 있다. 시대와 장소에 따라 변화하는 규범 유형만을 교육내용으로 삼을 것이기 때문이다.

그러나 한편, 〈원리로서의 도덕〉만을 도덕교육의 내용으로 삼는 것도 문제가 있다. 구체적인 도덕 현상들을 도외시하는 이러한 접근은 주로 형이상학적인 규범적 명제만을 교육내용으로 삼을 것이기에 자칫 현실과 동떨어진 추상적이고 사변적인 차원의 도덕교육에 머무를 가능성이 크기 때문이다. 또한 앞서 지적했듯이, 이러한 도덕교육은 윤리학적 지식을 갖춘 이론적 교양인을 길러낼지언정 실천적 도덕인을 양성하지는 못할 것이다. 원리에 토대하여 도덕을 실천하는 반성적·자율적 도덕성의 함양도 어디까지나 기존의 가치 규범에 대한

---
6) 박찬구, 『우리들의 윤리학』(서울: 서광사, 2006), p. 26.

스스로의 숙고와 반성적 성찰을 통해 가능한 것이다.

요컨대, '원리가 없는 규범'은 방향을 상실하기 쉽고, '규범이 없는 원리'는 관념의 유희뿐이다. 따라서 〈제도로서의 도덕〉과 〈원리로서의 도덕〉은 도덕교육의 내용구성에서 서로 배제할 수 없는 두 요소라고 할 수 있다. 이렇게 볼 때, 교과내용학적 관점에서 도덕교육의 학문적 배경은 사회과학과 윤리학이라 하겠다. 물론 여기서 모든 사회과학적 학문이 도덕교육의 이론적 배경이 되는 것은 아니고, 〈제도로서의 도덕〉의 연구에 관심을 가지고 있는 사회과학만이 해당된다. 예컨대, 정치학, 사회학, 심리학, 인류학 등이 그 대표적인 학문분과라 할 수 있겠지만, 기존 우리 학계의 학문적 관심사로 말한다면 '국민윤리학'이 여기에 해당한다고 말할 수 있다. 이른바 '국민윤리학'은 "특정의 시공간적 특성을 갖는 사회에서 실제로 작용하고 있는 도덕규범의 문제"를 주된 연구대상으로 삼았기 때문이다.[7]

그러나 사실 〈제도로서의 도덕〉을 연구하는 학문분과는 특정 사회과학이나 국민윤리학만의 과제라고 할 수 없다. 〈원리로서의 도덕〉을 주 연구대상으로 삼는 윤리학도 그것의 연구가 특정사회의 윤리학자에 의해 수행되는 한 연구자는 그 사회에서 작동하고 있는 도덕규범 현상의 분석에서 출발할 수밖에 없는 것이다. 그런 연후에 이 현상이 갖고 있는 문제점을 비판하고 새로운 도덕적 대안을 철학적으로 모색하는 작업이 바로 윤리학과 윤리학자가 담당해야할 몫인 것이다. 여기서 "현 사회에서 작동하고 있는 도덕규범 현상을 분석"하는 작업이 기술윤리학적 과제에 해당한다면, "현상이 갖고 있는 문제점을 비판하고 새로운 도덕적 대안을 모색"하는 작업은 규범윤리학적 과제에 해당하는 것이다. 우리가 보통 윤리학을 지칭할 때는 규범윤리학을 의미하지만, 실제 윤리학적 탐구에 있어서 기술윤리학과 규범윤리학은 서로 떨어질 수 없는 윤리학의 한 몸을 이루는 것이다. 결국 이상의 맥락에서, 교과내용학의 관점에서 본 도덕교육의 학문적 배경은 넓게 보아 윤리학이라 하여도 무리가 아니라 하겠다.

2. 교과교육학의 관점에서 본 도덕교육의 학문적 배경

교과교육학의 입장에서, 도덕교육학은 도덕을 어떻게 가르칠 것인가 하는 문제를 이론적

---

7) 한국국민윤리학회, 『국민윤리학개론』(서울: 형설출판사, 1986), 제1장을 참조.

실천적 차원에서 다루는 도덕교육방법론이다. 여기서는 다시 두 가지 하위 주제로 나뉠 수 있다. 하나는 도덕은 가르칠 수 있는가라는 문제와 관련된 메타이론적 차원의 문제이고, 다른 하나는 어떻게 하면 도덕을 잘 가르칠 수 있는가와 관련되는 교육실천론적 차원의 문제이다. 물론 후자는 전자를 그 선결조건으로 한다.[8] 도덕교육의 방법 또는 기법 차원의 문제는 도덕은 가르쳐질 수 있는 것이라는 전제를 받아들여야 비로소 성립될 수 있는 것이다.

먼저, 도덕은 가르칠 수 있는가라는 문제와 관련된 메타이론적 차원에서 도덕교육의 학문적 배경은 무엇인가? 도덕이 가르쳐질 수 있는 것인가가 규명되기 위해서는 우선적으로 도덕이라는 것이 어떠한 형태의 지식인지가 검토되어야 한다. 도덕적 진리는 과학이나 기술과 같은 형태의 지식인가, 아니면 이들과는 다른 어떤 것인가. 전자라면 도덕적 지식도 분명하게 논증될 수 있고, 이에 토대하여 가르칠 수 있다. 그러나 후자라면 도덕교육은 검증되지 않은 특정의 신념을 자라나는 세대에게 주입(indoctrination)하려는 행위는 될 지언 정 교육이나 학습행위라고는 볼 수 없고, 따라서 도덕은 가르칠 수 없는 것이 될 수도 있다. 어쨌든 이러한 과제들을 다루는 학문분과는 메타윤리학과 교육철학이라 하겠다. 메타윤리학은 도덕적 진리의 성격을 다루고, 교육철학은 '교육'과 '교육 아닌 행위'를 구분하는 데 관심을 두기 때문이다.

둘째, 도덕은 가르칠 수 있는 것이라 전제해도 문제는 남는다. 도덕교육은 도덕적 지식의 성격이 무엇이든 간에 지식을 가르치는 것이 아니라 도덕성을 함양하는 데 있는 것이기 때문이다. 도덕적 지식을 갖추었다고 도덕을 실제 실천하는 도덕적 성품이 함양되었다고 볼 수 있는 것인지, 아니면 도덕성은 도덕적 지식을 갖추는 것 이상의 그 무엇으로 구성되는지 관심을 갖지 않을 수 없다. 도덕성을 구성하는 요소가 무엇인지가 구체적으로 밝혀져야 교육과 학습이 가능한지도 검토될 수 있는 것이기 때문이다. 나아가 도덕성의 형성과 그것의 발달은 어떻게 이루어지는 것인지도 밝혀질 때 교육과 학습은 더 효과적일 수 있다. 이러한 과제들을 다루는 학문분과는 도덕심리학과 교육심리학이라 하겠다. 도덕성의 본질에 대해서는 윤리학자들도 관심을 두어왔지만, 보다 심층적이고 과학적으로 그것에 관심을 가져온 현대의 학문분과는 도덕심리학이다. 교육심리학은 도덕성의 형성과 발달을 위한 교육방법론에 더 관심을 기울인다. 이러한 점에서 도덕심리학과 교육심리학은 도덕교육의 메타이론적 차원과 교육실천론적 차원을 연결하는 고리 선상에 있는 배경학문들이라 할 것이다.

---

8) 추병완·박병기 외 공저, 『윤리학과 도덕교육2』(서울: 인간사랑, 2000), 39쪽.

셋째, 어떻게 하면 도덕을 잘 가르칠 수 있는가와 관련되는 교육실천론적 차원에서 배경 학문이 되는 것은 일반교육학의 교육과정론, 교육공학 등이다. 물론 교육실천론은 이들 학문분과로부터 도움을 받기도 하지만 도덕교육의 특성상 독자적인 방법론을 모색할 수 있고, 서로 영향을 줄 수 있다.

교육실천론에서 먼저 고려되어야 할 것은 도덕교육의 목적 및 목표를 어떻게 설정하고, 그에 따른 교육내용의 선정과 조직은 어떻게 할 것인가 등과 관련된 교육과정론이다. 따라서 여기에는 도덕교육 철학적 관점이 관여될 수밖에 없다. 도덕 혹은 도덕성의 개념, 도덕교육을 받은 사람의 개념 등이 전제되어야 비로소 도덕과 교육과정을 수립할 수 있을 것이기 때문이다. 나아가 이렇게 구성된 교육과정을 어떻게 운영할 것인가 하는 방법적 차원의 문제도 검토되어야 한다. 즉, 전 교육과정을 통한 접근을 할 것인가, 아니면 도덕과라는 독립된 교육과정을 통하여 접근할 것인가 하는 것은 도덕교육과 관련한 중요한 교육철학적 관점을 함의한다.

교육실천론에서 다음으로 고려되어야 할 것은 실제 도덕수업의 지도와 관련한 교수-학습 방법론의 문제이다. 여기에는 두 가지 차원에서 모색할 수 있다. 하나는 학습 지도 방법(instructional method)적 차원이고, 다른 하나는 학습 지도 기법(instructional technique)적 차원이다.[9] 전자는 수업을 이끄는 교수자의 철학이나 자세를 나타내는 것으로서 이는 보통 교육의 목적을 달성하기 위한 접근법이다. 즉, 도덕교육을 통해서 어떤 구체적인 가치를 전달하여 어떤 특정한 덕성을 지닌 인간으로 만들고자 하는지, 아니면 학생들의 가치 문제에 직접적으로 개입하지 않으면서 다만 가치에 관련된 사고와 판단의 기회만을 주고자 하는지에 따라서 다른 방법론적 철학이 설정되는 것이다.

이에 비해 후자의 지도 기법적 차원은 지도 방법에서 선정한 방향으로서의 성과를 거두기 위해 동원되는 수단적 지도 방식을 뜻하는 것으로 구체적인 도덕교육의 현장과 밀접한 관계를 지닌다. 즉, 도덕수업이나 도덕을 직접적으로 교육하는 현장에서 어떤 수업기법을 활용하고 어떤 수단을 사용할 것인가와 같은 문제를 다루는 영역이다. 교육실천론에서 또 다른 고려사항으로는 노녁교사론, 교육평가론 등도 포함되어야 할 것이다.

---

9) 정세구, 『국민윤리교육론』(서울: 교육과학사, 1983), 122쪽.

3. 도덕교육학의 의미

이상에서, 도덕교육의 이론적 기초가 되는 대표적인 배경 학문분과는 윤리학, 심리학, 교육학 등이다. 그런데 도덕교육의 이론과 실천을 탐구함에 있어 어느 학문분과보다도 가장 기초가 되어야 하고 고려되어야 할 학문적 배경은 인간학이다. 특히, 인간학 중에서도 윤리인간학적 측면과 교육인간학적 측면에 대한 관심은 소홀히 할 수가 없다. 도덕이나 교육의 현상은 출발부터 인간학적인 것이기 때문이다. 인간사회가 아니라면 도덕이나 교육은 전혀 그 의미를 갖지 못한다. 윤리인간학은 인간은 왜 도덕적이어야 하는가하는 물음과 관련되며, 교육인간학은 교육 안하면 어떤가라는 관점에서 교육적 존재로서의 인간본질을 다룬다.

도덕교육학은 바로 이들 학문분과(인간학, 윤리학, 심리학, 교육학)들이 내놓은 연구결과를 바탕으로 하면서, 도덕교육의 교과내용학과 교과교육학을 두루 연구하는 일종의 응용학문 분과라 하겠다. 도덕교육학적 관점을 통하여 〈교과내용학으로서의 도덕교육〉과 〈교과교육학으로서의 도덕교육〉은 서로 별개가 아니라 하나의 유기적인 이론으로 통합될 수 있는 것이다. 이상의 논의를 바탕으로 할 때, 도덕교육학은 아래와 같은 이론적 구조를 갖는다고 할 수 있다.

첫째, 도덕교육의 윤리학(도덕철학)적 기초이다. 여기서는 도덕에 관한 철학적 탐구를 중심과제로 삼는다. 도덕 개념을 어떻게 규정하느냐에 따라 도덕교육에서 가르쳐야 할 내용이 달라질 수 있다. 예컨대, '특정질서 혹은 제도로서의 도덕'을 가르쳐야 한다고 주장하는 사람이 있을 수 있고, '기본정신 혹은 원리로서의 도덕'을 가르쳐야 한다고 주장하는 사람이 있을 수 있다. 둘째, 도덕교육의 심리학적 기초이다. 여기서는 도덕적 마음의 본질 혹은 도덕성의 구성요소가 무엇인지, 나아가 행위로 이끄는 핵심적 동인이 무엇인지를 밝히고자 하며, 그러한 도덕성은 어떻게 형성되고 발달해 가는지를 탐구한다. 도덕성의 본질과 행위로 이끄는 일차적 동인이 도덕적 인지인지, 정의적인 것인지, 행위의 습관화인지를 탐구할 필요가 있다. 셋째, 도덕교육의 교육학적 기초이다. 여기서는 도덕교육을 받은 사람의 개념은 어떤 사람인지를 규정하고, 그러한 사람을 길러내기 위한 교육방법론을 탐구한다. 아울러 교육의 실제와 관련하여 교육과정 및 교재를 어떻게 구성할 것인지, 교수-학습의 방법과 기법, 교사의 역할, 교육평가 등의 과제를 다룬다.

Ⅱ. 도덕교육론의 갈래와 최근의 이론적 동향

도덕교육학은 윤리학, 심리학, 그리고 교육학 등의 학제적 접근을 통하여 연구해야 할 응용학문 분과이지만, 모든 학자들이 배경 학문을 같은 수준에서 고려한 가운데 도덕교육에 대해 탐구하고 이론적 관점을 제시해 온 것은 아니다. 이론은 현상을 보는 틀이고 실천을 이끌어 가는 지반이지만, 하나의 현상을 어떻게 해석하고 실제에 적용할 수 있는가 하는 관점은 연구자에 따라 달라질 수 있는 것이기 때문이다. 그래서 도덕을 어떻게 하면 잘 가르칠 수 있는지에 대하여 학자들은 그동안 상이한 입장을 표명하여 왔다. 도덕교육에 관한 윤리학적 접근, 심리학적 접근, 교육학적 접근 등이 그것이다.

먼저, 도덕교육에 대한 윤리학적 접근에서 볼 때, 프랑케나(W. K. Frankena)가 구분했듯이, 소크라테스 이래 도덕교육은 '지적 도덕성의 형성을 위한 교육'과 '행적 도덕성의 형성을 위한 교육'으로 대별되어 왔다.[10] 전자는 '원리 중심 윤리학'에 토대한 자유주의 도덕교육론이고, 후자는 '덕 중심의 윤리학'에 바탕을 둔 공동체주의 도덕교육론이다. 도덕교육에서 무엇을 가르쳐야 할 것인가와 관련하여, 원리 중심의 도덕교육론은 '개인적 자아'와 '원리'(도덕적 추론능력)라고 하는 반면, 덕 중심의 도덕교육론은 '공동체적 자아'와 '내용'(덕, 가치, 규범)이어야 한다고 주장해왔다.

둘째, 도덕교육에 대한 심리학적 접근은 도덕성 혹은 도덕적 행위를 이끌어내는 일차적 동인이 무엇인가(인지·정의·행동)에 관심을 두면서 도덕교육에서는 바로 그 동인을 형성시켜주어야 한다고 주장한다. 도덕교육에 대한 인지적 접근, 정의적 접근, 행동적 접근 간의 쟁점이 그것이다. 인지발달론자들은 주로 도덕적 추론을, 정신분석학자들은 죄의식, 수치심, 자존감 등의 감정영역을, 행동주의와 사회학습이론가들은 유혹에의 저항, 공격성향, 이타적 혹은 친사회적 행동 등의 행동적 영역을 강조해왔다.[11]

셋째, 도덕교육에 대한 교육학적 접근은 홀(Robert T. Hall)이 잘 분류했듯이, ① 가치

---

10) W. K. 프랑케나, "도덕교육 철학을 향하여," B. I. 차잔·J. F. 솔티스 편저, 이병승 옮김, 『도덕교육의 철학』(서울: 서광사, 2005), 235~268쪽.
11) 정창우, "초·중등 도덕과 교육의 목표 설정을 위한 도덕심리학적 기초연구," 『도덕교육의 새로운 해법』 (서울: 교육과학사, 2004), 109쪽.

전달: 강경론적 접근(the hard line approach), ② 가치중립: 온건론적 접근(the soft line approach), ③ 중도적 접근(the middle way approach)으로 구분된다. 가치전달의 강경론은 직접적인 교수 방식에 의한 도덕적 가치의 주입이나 교화를 도모하려는 도덕사회화론의 입장이고, 가치중립의 온건론은 가치들이 전적으로 상황에 따라 상대적이라는 신념에 따라 비지시적이고 가치가 배제된 방식으로 도덕적 가치를 가르쳐야 한다는 자율적 도덕발달론의 입장이다.[12]

미국을 중심으로 한 현대 도덕교육의 역사는 이러한 이론적 스펙트럼의 어느 한 지점을 배경으로 이루어져 왔다. 지난 1980년대까지 도덕교육을 주도해온 패러다임은 자유주의 전통의 이른바 '원리 중심의 윤리'에 기반을 둔 것이었다. 칸트의 형식주의 윤리설에 기반을 둔 콜버그류(類)의 발달론적 도덕교육론자들이 그들이다.[13] 근대적 자유주의 인간관에 기초를 두고 있는 그들은 인간의 도덕성이 보편적 과정을 거쳐 단계적으로 발달한다는 전제하에, 도덕교육을 통해 이것의 '발달'(moral development)을 자극해 주어야 한다고 주장한다. 요컨대, 그들이 주장하는 도덕교육이란, 도덕적 상황에 처한 학습자기 관련된 도덕 규칙이나 원리를 성찰하여 정확한 판단을 내릴 수 있도록 도덕적 사고 및 판단능력을 길러주는 것이다. 이러한 점에서, 그들은 학습자들에게 선조로부터 물려받은 도덕적 행위전통으로서의 덕목이나 규범 등을 가르치는 것은 맹목적이며, 또한 도덕적 습관을 형성시키려는 그런 교육은 '주입'(indoctrination)과 다른 것이 아니라고 본다. 따라서 학습자들에게 가르칠 것은 사회의 규범이나 관례와 같은 행위전통이 아니라, 보편적이고 객관적인 도덕적 규칙이나 원리라는 것이다.

원리 중심의 도덕교육론은 대체로 교육의 방법론상으로 '인지적 접근'과 연결된다. 한마디로 도덕교육에 대한 인지적 접근이란, 소수의 도덕원리를 바탕으로 도덕적 문제 해결의 과정과 절차 및 그에 필요한 능력을 함양하기 위하여 도덕규범에 대한 지적 이해와 도덕적 사고·판단 능력의 육성에 중점을 두는 접근법이기 때문이다. 이러한 도덕교육의 접근은 일면

---

12) Robert T. Hall, *Moral Education: A Handbook for Teachers* (Minneapolis: Winston Press, 1979), pp. 5~19.

13) 도덕교육에 대한 인지발달론적 접근을 주도하여온 콜버그(L. Kohlberg)를 비롯한 인지적·반성적 접근을 주장하는 윌슨(J. S. Wilson), 스크리븐(M. Scriven), 법리적 모형론(Jurisprudential Model) 자인 올리버(D. Oliver)와 쉐이버(J. Shaver), 가치분석모형을 주장하는 쿰즈(J. Coombs)와 뮤스(M. Meux), 그리고 차드윅(J. Chadwick) 등은 대표적인 학자들이라 할 수 있다.

타당성을 가지고 있다고 말할 수 있다. 그러나 도덕적 규칙과 원리에 대한 지적 이해와 사고·판단 능력의 함양만으로 과연 건전한 도덕적 인격의 육성이 달성되는 것으로 볼 수 있을지는 의문이 아닐 수 없다.

한편, 자유주의적 패러다임 내에 있으면서 원리 중심의 인지적 접근과는 결이 다른 또 하나의 주도적 도덕교육론은 래스(Louis E. Raths) 등의 가치명료화이론이다.[14] 그들은 도덕의 보편적 원리의 존재를 부정하고 가치를 전적으로 개인의 것으로 돌린다. 그러면서 특정 가치를 강조하여 가르치기 보다는 개인이 가치를 획득해 가는 과정과 관련되는 모종의 능력과 태도를 갖추도록 하는 것을 교육의 목표로 삼는다. 가치화 과정에서 인지·정의·행동의 세 측면을 모두 고려하고 있어 통합적 가치교육론이라 할 수 있지만, 가치명료화론이 강조하는 것은 가치 갈등이나 도덕적 문제들을 해결하는 콜버그류의 인지적 접근과는 달리 자기의식(self-awareness)과 자기주의(self-caring)를 증진시키는데 더 관심을 두고 있다. 말하자면 가치화 과정에서 판단이 중요한 요소이지만, 이것은 옳고 그름을 판단하는 것이라기보다는 자신이 좋아하고 싫어하는 것에 대한 판단인 것이다.[15] 이 점에서, 이 이론은 도덕교육에 대한 정의적 접근론이라 할 수 있다. 그러나 이러한 가치명료화는 가치를 개인의 것으로 돌림으로써 바람직한 가치 내지 도덕적 가치와 그렇지 못한 가치들 간의 구분을 무시해 버렸다. 단적으로 "테레사 수녀와 매춘부를 구분하지 않는" 것이다.[16]

콜버그이론과 가치명료화론의 한계와 문제점에 주목하면서 1980년대 중반이후 도덕교육에 대한 새로운 패러다임이 미국을 중심으로 하여 등장하였다. 이른바 '인격교육적 접근', '덕교육적 접근', '공동체주의적 접근' 등이 그것이다. 사실 이 접근들은 새로운 것이 아니다. 1960년대 이전까지 미국에서 주류를 이루던 패러다임이었다. 그런 점에서 새로운 패러다임이라기보다는 전통적 패러다임의 재등장 혹은 부활이라 할 것이다. 그동안 이러한 접근들은 자유주의자들로부터 덕목과 행위중심의 도덕교육, 개인의 자율성을 무시하는 주입, 덕목보따리, 원리 없는 도덕상대주의의 조장 등의 비난을 받아온 바 있다. 그러나 새롭게 부활한 이

---

14) 래스·하아민·싸이몬, 정선심·조성민 공역, 『가치를 어떻게 가르칠 것인가: 가치명료화이론과 교수전략』(서울: 철학과 현실사, 1994) 참조.
15) 허쉬·밀러·필딩 공저, 김항원 외 공역, 『도덕·가치교육의 교수모형』(서울: 교육과학사, 1996), 19쪽.
16) Thomas Lickona, *Education for Character: How our Schools Can Teach Respect and Responsibility* (New York: Bantam Books, 1991); 토마스 리코나, 박장호·추병완 옮김, 『인격교육론』(서울: 백의, 1998), 23쪽.

접근들은 주장하는 학자들마다 편차가 없지 않지만, 그동안 우리에게 잊혀져 왔던 덕과 인격의 함양, 전통과 역사의 중요성, 공동체의 복원 등과 같은 매우 유용한 교육적 개념들을 부활시켜주고 있다. 뿐만 아니라 이들은 기존의 지배적 패러다임이 되어왔던 자유주의 도덕교육론의 문제점을 해소하는 동시에, '도덕성' 혹은 '도덕적 인격'에 대한 개념적 지평의 확대를 도모하고 도덕교육에 대한 통합적 접근의 가능성을 열어놓고 있다.

인격교육론에 의하면,[17] '도덕성' 혹은 '도덕적 인격'이란 도덕규범에 대한 지적 이해와 사고·판단 능력 이상의 것으로 구성되는 것이다. 이를테면 인격교육론의 대표 주자 중의 한 사람인 리코나(Thomas Lickona)에 의하면, 도덕성은 도덕적 인지, 도덕적 느낌, 도덕적 행위를 포함하는 개념이며, 따라서 훌륭한 인격이란 선을 아는 것, 선을 바라는 마음, 선을 행하는 것, 즉 사고의 습관, 심정의 습관, 행동의 습관으로 구성된다는 것이다.[18] 그리고 그들은 이러한 인격의 구성요소와 특성을 드러내기 위한 이론적 근거로 아리스토텔레스적 전통의 덕(德) 개념에 주목한다. 아리스토텔레스에게 있어 덕이란 원리 중심의 윤리론자들이 비난하듯 이른바 '덕목 보따리'가 아니다. 덕이란 도덕적으로 탁월한 품성, 즉 도덕적으로 훌륭한 것, 뛰어나서 칭찬 받을 만한 것으로서, 인간을 선(善)하게 하며 그 자신의 일을 잘하게 하는 성향 내지 성품을 뜻한다.[19] 따라서 유덕(有德)한 사람은 하나 혹은 몇 개의 편향된 덕목들을 발달시킨 자가 아니라, 여러 가지 덕들을 충실하고도 조화롭게 발달시킴으로써 통합된 도덕적 성향, 즉 선에 대해 알고, 느끼고 의욕하며, 행동하는 성향을 지니는 것이다. 이러한 맥락에서 인격교육론자들은 도덕적 인격의 특성을 덕의 관점에서 파악하고, 인격교육은 곧 덕을 기르고 계발하는 문제로 본다. 이처럼 도덕성을 덕 중심으로 파악하고, 도덕교육을 덕으로 구성되는 인격의 함양으로 보는 관점을 도덕교육에 대한 '덕교육적 접근' 혹은 '인격교육적 접근'이라 한다.[20]

---

17) 인격 교육의 부활을 주도해온 학자들로는 베넷(W. Bennett), 위인(E. Wynne), 프리차드(I. Pritchard), 킬패트릭(W. Kilpatrick), 리코나(T. Lickona), 라이언(K. Ryan), 레밍(J. S. Leming) 등을 들 수 있다. 그리고 단체로는 미국 인격 교육 연구소(American Institute for Character Education)가 그 중추적인 역할을 수행해 왔다.
18) 토마스 리코나, 박장호·추병완 옮김, 앞의 책, 72쪽.
19) Aristoteles, *The Nichomachean Ethics*. 이에 대해서는 柳炳烈, "道德敎育의 目標로서의 '道德的 人格'에 관한 硏究," 도덕윤리과교육』 제7호(한국도덕윤리과교육학회, 1996.7), 256쪽에서 재인용.
20) 위의 책, 252~279쪽.

한편, 공동체주의자들은 공동체의 '위대한 전통'을 가르쳐야 한다고 주장한다.[21] 예컨대 공동체주의의 대표 주자인 맥킨타이어(A. MacIntyre)에 의하면, 인간은 결코 공동체로부터 분리된 추상적 개인으로 존재할 수 없으며, 오직 공동체의 삶 속에서만 개인의 정체성을 획득할 수 있다.[22] 그런데 원리 중심의 자유주의적 도덕교육론자들이 가정하는 인간관은 '독립된 개인'으로서, 그들은 구체적인 역사적·사회적·정치적 상황으로부터 추상화되어 있는 '원자적 자아'이다. 그렇기 때문에 도덕교육에 있어서도 자율성, 합리성 등과 같은 개인의 존엄성 측면에만 지나치게 집착한 나머지 '내용' 없는 '형식'의 도덕교육으로 일관해 왔고, 그 반대의 축이라 할 수 있는 인간 존재의 사회적 본질 및 공동체, 공동체의 위대한 전통으로서의 규범이나 덕목과 같은 '내용'들을 간과하여 왔다는 것이다. 이러한 관점에서 그들은 공동체의 위대한 전통들을 가르칠 것을 주장하고 있다. 그리고 다음 세대에게 공동체의 위대한 전통을 교육하는 것은 맹목적인 '주입'과는 다른 것이며, 전통에 기초한 합리성을 찾아서 교육하는 이른바 '도덕사회화'(moral socialization)인 것이다.

나아가, 덕은 본질적으로 사회적 산물이지 개인의 이성이나 숙고로부터 나오는 것이 아니다. 덕의 본질적 구성요소의 하나가 선(善)을 아는 것이라 할 때, 개인의 이성으로부터 나온 도덕규준은 선을 보장하지 못한다. 우리가 도덕적으로 추구해야할 선이 무엇인지를 알려주고 사회의 구성원들로 하여금 공통된 선의 개념을 지니게 해 주는 원천은 공동체에 있는 것이다. 따라서 공동체야말로 그러한 선이 무엇인지를 알려줄 뿐만 아니라 덕이 함양될 수 있는 실질적인 장소라 할 수 있다. 그리고 여기서 선이란 자유주의자들의 추상적인 도덕원리가 아니라, 공동체에 근거를 둔 모종의 구체적인 도덕원리라 할 수 있다. 따라서 도덕교육은 공동체의 행위전통을 교육하는 '내용'의 도덕교육과 더불어, 전통에 기초한 도덕원리를 찾아 교육하는 '형식'의 도덕교육이 공히 다루어져야 한다. 왜냐하면 인격의 본질로서의 덕성은 전통에 기초한 다양한 덕들의 습득으로 이루지는 것이기는 하지만, 덕성의 완성자로서 유덕한 사람은 몇 개의 편향된 덕목들을 발달시킨 자가 아니라 덕들을 조화롭게 발달시킴으

---

21) 공동체주의의 대표적인 학자로는 샌들(M. Sandel), 맥킨타이어(A. Macintyre), 테일러(C. Taylor), 웅거(R. M. Unger), 월처(M. Walzer), 바버(B. Barber), 셀즈닉(P. Selznick), 에치오니(A. Etzioni) 등을 들 수 있다. 이들의 윤리학적 관점에 대한 소개는 심성보, 『교육윤리학입문』(서울: 내일을 여는 책, 1995), 117~242쪽.

22) Alasdair Macintyre, *After Virtue*, 2nd ed. (Notre Dame: University of Notre Dame Press, 1984), pp.11~22.

로써 통합된 도덕적 성향을 지닌 자이기 때문이다. 따라서 유덕한 사람은 공동체에 근거한 모종의 도덕원리에 입각하여 선을 규정하고 이를 토대로 선을 알고, 느끼고 의욕을 가지며, 행동하는 성향을 지닌 자이다.

이상이 인격교육론과 덕교육론, 그리고 공동체주의자들이 주장하는 도덕교육에 대한 패러다임이다. 그러나 새롭게 부활한 도덕교육의 패러다임이 이상에서처럼 인격과 덕, 공동체의 중요성을 복원하고 도덕교육에서 원리와 내용, 인지·정의·행동 등의 통합적 접근의 틀을 제시하였지만 자유주의적 도덕교육론의 온전한 대안인지는 의심의 여지가 있다. 우선, 인격과 덕과 공동체의 복원은 자칫 인격교육에 대한 전통적 패러다임이 그랬던 것처럼 도덕교육에서 덕목과 행위를 강조하고 개인의 자율성을 무시하는 주입의 위험성을 벗어나지 못한다. 둘째로, 도덕교육에서 원리와 내용의 통합을 주장하지만, 그들이 주장하는 원리란 보편적 원리라기보다는 공동체적 전통에 토대한 원리이고 실천적 지혜일뿐이다. 세계화시대에 있어 그들이 주장하는 도덕원리는 자칫 상대주의를 조장할 가능성이 없지 않다. 셋째로, 도덕성을 인지·정의·행동의 요소로 구분하고 그 세 측면을 골고루 발달시켜야 한다는 통합적 관점을 제시하고 있지만, 이 중 무엇이 더 중요하고 무엇을 보다 비중있게 다루어야 하는지 알 수 없다. 도덕성의 세 요소는 무 자르듯이 구분되는 것이 아니라 제 요소 간에 서로 겹치고 통합적인 것으로 보아야 한다.[23] 아무래도 인격교육은 인지적 측면의 도덕성을 소홀히 할 가능성이 높다.

결국, 원리 중심의 도덕교육론도 덕 중심의 도덕교육론도 온전한 것이 아닌 것 같다. 또한 인지·정의·행동의 어느 한 측면을 강조하여 접근하는 것도 일면적 도덕교육론일 수밖에 없다. 그래서 도덕교육에 관한 최근의 이론적 동향은 한마디로 '통합적 접근론'인 것 같다. 개인과 공동체의 조화, 원리와 내용의 통합, 인지·정의·행동의 통합, 사회화와 발달의 통합 등이 그것이다. 물론 오늘날 다각도로 모색되고 있는 도덕교육의 통합적 접근론은 그동안의 이론적 연구와 실제적 경험의 결과이겠지만, 이론적·실제적으로 정합된 것인지는 아직 모르겠다.[24] 정합성을 갖춘 보다 포괄적인 도덕교육론이 창출되기 위해서는 원리와 내용, 인지와 정의, 발달과 사회화 등을 동시에 주장해도 전혀 논리적 모순이 없는 보다 차원 높은 논

---

23) 이에 관한 좋은 참고는 고미숙, "도덕성의 세 가지 측면(인지적·정의적·행동적 측면)의 구분에 따른 도덕교육의 오해와 이해," 『대안적 도덕교육』(서울: 교육과학사, 2005), 77~109쪽.

24) 도덕교육에 관한 통합적 접근론과 그 한계에 대한 고찰은 정창우, "현대 도덕교육의 통합적 접근법 개관," 위 책(11장), 247~268쪽 참조.

리적 가정 내지 추상적 원리가 수립될 수 있어야 할 것이다. 그렇다면 동양 전통의 도덕교육론은 그 대안이 될 수 있을까?

Ⅲ. 동양도덕교육론 연구의 의의

도덕교육은 '도덕'과 '교육'이라는 용어의 합성어이기에, '도덕'교육과 도덕'교육'으로 구분하여 이해할 수 있다. '도덕'교육은 '무엇을' 가르칠 것인가에 초점을 두는 교과내용학적 관점이고, 도덕'교육'은 '어떻게' 가르칠 것인가에 초점을 두는 교과교육학적 관점이다. 종합하여 도덕교육은 '무엇을' '어떻게' 가르칠 것인가를 모두 포함하는 개념이고, 이 개념에 대한 나름의 규정을 바탕으로 정합된 하나의 사유체계를 구성할 때 그것을 우리는 도덕교육철학, 도덕교육이론 혹은 패러다임이라 부를 수 있다. 말하자면, 하나의 도덕교육 패러다임은 '무엇을'에 해당하는 가르칠 내용으로서 '도덕' 혹은 '도덕성'에 대한 그만의 도덕(심리)철학적 관점을 가지고 있으며, 그것을 '어떻게' 효과적으로 가르칠 것인가 하는 교육방법론에 대한 독자적인 교육철학적 관점을 가지고 있다.

동양도덕교육 혹은 동양도덕교육론도 이러한 맥락에서 접근할 수 있겠다. 물론 동양도덕교육은 '동양', '도덕', '교육'이라는 세 가지 용어의 조합이기에 이들 용어의 짜깁기에 따라 더 많은 해석이 가능하겠지만, 일단 여기서는 '동양도덕'을 하나의 용어로 보려한다. 그래야 저러한 맥락처럼 이해 가능하기 때문이다. 따라서 동양도덕교육은 **'동양도덕'**교육과 동양도덕**'교육'**으로 구분하여 이해할 수 있고, 교과내용학과 교과교육학적 관점에 따라 동양도덕교육의 다양한 이론적 패러다임이 성립될 수 있겠다. 혹자는 동양도덕을 교육하는 데에 무슨 다양한 이론적 관점이 있을 수 있겠는가 의문을 품을지 모르지만 그렇지 않다. 예컨대, 현상적으로 드러나는 '유교도덕'의 내용은 같을지라도 저변에 깔려있는 이론적 관점에 따라 그것은 전혀 다른 함의를 갖는다. 그리고 이에 따라 유교도덕을 어떻게 잘 가르칠 것인가 하는 교육방법론에 대한 이론적 관점도 다를 수 있다. 이를테면, 세계와 인간을 바라보는 관점(주리론 혹은 주기론, 성선설 혹은 성악설)은 유교도덕교육의 서로 다른 이론적 패러다임을 가르는 중요한 철학적 전제에 해당한다. 그럼에도 불구하고, 우리는 그동안 유교도덕교육론이

가질 수 있는 다양한 이론적 관점과 갈래들을 무시하여 왔다.

사실 지난 1990년대 초까지만 해도 우리는 유교도덕교육론을 교화(indoctrination)[25] 혹은 덕목과 행위 중심의 교육론 정도로 인식하여 왔다. 예컨대, 한 연구는 유교도덕교육론을 덕목 중심의 교육론으로 전제하면서, 그것을 서양 현대의 원리 중심의 교육론과 유기적으로 결합하여 한국적 상황에 맞도록 통합적 도덕교육론을 수립할 것을 주장했다.[26]

그러나 90년대 중반이후 유교도덕교육론을 덕목과 행위 중심의 교육론으로 단정할 수 없다는 연구들이 나왔다. 서은숙, 오석종 등의 연구가 대표적이다.[27] 연구자도 원리와 내용의 통합적 접근이라 주장한 바 있다.[28] 더 나아가 최근에는 유교도덕교육론이 원리와 내용의 통합뿐만 아니라, 개인과 공동체, 목적윤리와 의무윤리, 사회화와 발달 등을 통합적으로 접근하는 도덕교육론이라고 주장하는 연구들도 나왔다.[29] 이러한 연구결과들을 종합하여 연구자는 유교도덕교육론이 도덕교육에서의 '개인과 공동체', '원리와 내용', '인지와 정의와 행동', '발달과 사회화' 등의 양극단을 모두 포괄하는 이론적·실제적 정합성을 갖춘 통합적 도덕교육론이라 주장한 바 있다.[30]

그렇다. 우리의 위대한 전통인 유교도덕교육론은 도덕교육에서의 '개인과 공동체', '원리와 내용', '인지와 정의·행동', '발달과 사회화' 등의 양극단을 모두 포괄하는 이론적·실제적 정합성을 갖춘 통합적 도덕교육론이라 여긴다. 특히 신유학, 즉 주자학과 조선유학은 세

---

25) 정재걸, 「조선전기 교화연구」(서울대 박사학위논문, 1989); 김대용, 『조선초기 교육의 사회사적 연구』 (서울: 한울아카데미, 1994).

26) 목영해, 「퇴계와 칸트 도덕관의 교육론적 탐구」(부산대학교 대학원 박사학위논문, 1994).

27) 서은숙, 「孔孟思想에 나타난 德性涵養에 關한 硏究」(서울대학교 대학원 박사학위논문, 1998); 오석종, 「〈小學〉의 德敎育論 硏究」(서울대학교 대학원 박사학위논문, 1999). 서은숙은 孔孟思想에 나타난 도덕교육론을 덕성함양이라 보면서 크게 知的 領域과 行動의 領域으로 나누어, 지적 영역의 교육은 道德的 知識 習得(人間의 道理 理解와 知的 技能習得)을 목표로 하며, 행동적 영역의 교육은 道德習慣培養(基本德目 習慣化), 道德感情培養(性情純化), 道德行爲訓練(存養省察과 力行)을 목표로 한다고 보고 있다. 오석종은 『小學』에 나타난 덕성교육의 제반 원리들에 대해 분석하고 있다.

28) 강봉수, 「조선전기 도학적 덕교육론 연구」(한국정신문화연구원 한국학대학원 박사학위논문, 2000); 『유교 도덕교육론』(서울: 원미사, 2001); 『한국전통도덕교육론』(경기 파주: 한국학술정보, 2006).

29) 박재주, "제7차 교육과정에서의 중등학교 도덕과 교과서에 나타난 전통윤리교육 내용에 관한 비판적 연구", 『중등 도덕·윤리교과서의 문제점과 개선방안』(한국윤리교육학회 추계 학술대회 논문집, 2004); 이종흔, "도덕·윤리교과에서 전통윤리 교육의 개선방안: 개인과 공동체, 원리와 내용의 통합적 접근을 중심으로", 『국민윤리연구』 제58호(2005. 4).

30) 강봉수, "현대 한국의 도덕교육과 유교도덕교육론", 앞의 책.

계와 인간을 포괄적으로 설명하는 고도의 형이상학적 개념틀[리기론理氣論]을 가지고 있었기에, 도덕교육에 관한 통합적 관점도 수립할 수 있었던 것이라 판단한다. 나아가 동양도덕교육의 이론적 갈래에는 도덕교육에 대한 인류의 지적 전통에는 사회화와 발달이라는 기존의 두 패러다임과는 전혀 결이 다른 또 하나의 패러다임이 있어왔던 것이 아닌가 한다. 그것을 기존의 패러다임과는 다른 제3의 패러다임이라 부를 때, 그것은 서양보다는 동양철학(노장, 불교)에 담겨져 온 패러다임이고, 유교철학 내에서도 그러한 패러다임을 발견할 수 있다고 여긴다. 예컨대, 왕양명의 도덕교육에 관한 관점은 그 대표적인 것이다.

우리의 위대한 전통인 동양도덕교육론은 처음부터 통합교육적 성격을 가진 정합된 이론이었다. 이는 실로 놀라운 일인지 모른다. 아니, 그것은 놀랄 일이 아니라 부끄러워해야 할 일이 아닌가 한다. 우리는 그동안 서구의 과학적 근대성에 짓눌려 전통을 극복의 대상으로만 여겨왔지 새롭게 재해석해 내려는 시도를 해오지 못했다. 그래서 우리의 학문이나 교육 현장을 뒷받침하는 이론적 관점은 여전히 서구 이론의 맹목적 추종일 뿐이다. 최근에 동양도덕교육론에 관한 연구 관심과 더불어 우리 도덕교육의 이론적 근거로 삼아야 한다는 주장이 나오고 있는 것은 다행스런 일이다. 그러나 아직도 연구 관심은 부족하다. 동양도덕교육론을 우리 도덕교육의 이론적 배경으로 삼아야 한다는 주장도 설익은 수준이다. 기껏해야 그것은 현대 도덕교육론을 보조하는 정도이거나, 전통윤리를 교육하는 데에 활용할 수 있을 것이란 정도에 불과하기 때문이다. 연구자가 보기에 이러한 주장은 본말이 전도된 것이라 여긴다. 오히려 우리 전통의 동양도덕교육론을 '대목'으로 하고 서양의 도덕교육론을 '가지'로 삼아야 한다는 것이 논자의 주장이다. 따라서 남은 과제는 이러한 위대한 전통을 오늘날 실제 도덕교육 현장에서 어떻게 유효히 활용할 수 있을까 하는 활용방안의 연구가 아닐까 한다.

Ⅳ. 맺음말: 이 책의 가정과 논조

이 책은 저러한 문제의식을 가지고 그동안 필자가 연구해온 동양철학에 바탕을 둔 도덕교육론의 이론적 패러다임의 갈래들을 종합하여 정리한 것이다. 앞서 시사되었듯이, 이 책에서 가정하는 동양전통의 도덕교육론적 패러다임의 갈래는 크게 보아 세 가지다. 당위(當爲)

윤리에 바탕을 둔 자율적 도덕발달론, 유위(有爲)윤리에 토대한 도덕적 사회화론, 그리고 무위(無爲)윤리에 바탕한 자발적 도덕직관론이 그것이다.

당위윤리란 행위의 결과와 무관하게 단지 어떤 가치규범이 옳다는 이유 때문에 지켜지기를 주장하는 윤리이론이다. 인간은 원래부터 이성적 존재이고 도덕적 존재이다. 그래서 그는 자율적인 실천이성의 빛으로 도덕법칙을 입법하고 집행하고 심판할 수 있다. 당면한 도덕적 문제 상황에서 보편화 가능한 도덕원리에 따라 추론하고 판단하며, 그것을 행위의 결과와 무관하게 마땅히 실천해야할 도덕적 의무로 삼는다. 이러한 관점에 토대한 도덕교육이란 실천이성의 계발을 목표로 삼는다. 그러나 인간은 원래부터 이성적 능력을 보지하고 있기에 그것의 계발도 스스로 발달시킬 수 있다. 교사는 간접적인 방식으로 그들의 학습을 도울 수 있다. 이러한 점에서 당위윤리에 토대한 도덕교육론을 자율적 도덕발달론이라 한다.

유위윤리란 행위의 결과가 선(善)과 유용성(실용성)을 낳는다면 그것이 도덕적으로 옳다고 여기는 윤리이다. 인간은 이익을 추구하는 욕망의 존재이다. 그러나 인간의 이기적 욕망을 그대로 방치하면 세상은 이전투구의 마당이 된다. 따라서 그것은 합리적인 기준과 제도로 통제되고 조절되어야 한다. 합리적 기준과 제도는 공동체의 공공선과 복리의 유용성에 바탕을 두어야 한다. 인간은 경험적 지성을 통하여 그러한 문화와 제도를 건설할 수 있었다. 도덕의 견지에서 그러한 문화와 제도를 '특정질서로서의 도덕'(규범, 가치덕목 등)이라 부를 수 있다. 그러한 도덕규범들은 자라나는 세대에게 전수되어야 한다. 전수의 역할을 맡은 이를 교사라 부른다. 이러한 유위윤리에 토대한 도덕교육론을 도덕적 사회화론이라 한다.

당위윤리도 유위윤리도 인간세계의 작위적 도덕기준일 뿐이다. 선험적 이성을 가정하든 경험적 지성에서 비롯되었든 도덕이나 윤리는 인간세계의 문화일 뿐이다. 자연세계에는 도덕이 없다. 인간을 제외한 자연세계의 생명들은 생명의 보존 자체를 삶의 목적으로 삼는다. 필요와 요구를 넘어서지 않는 욕구가 생명을 보존하는 유지선이다. 필요이상도 필요이하도 생명보전에 도움이 되지 않는다. 필요와 요구가 발생하면 나의 생명을 보전하기 위해 불가피하게 타자의 생명을 공격해야 하고 잡아먹어야 한다. 그래서 모든 생명은 자리적(自利的) 존재이다. 자리적 욕구는 본능이면서 본성이고 자발적(自發的)이다. 그러나 나 또한 언젠가는 타자에게 잡아먹힐 수밖에 없다. 따라서 '자리적'이라는 것은 생명유지를 위해 '자기의 이익을 추구하지만 동시에 그것이 이타적인 행위가 된다'(자리즉이타自利卽利他)는 뜻이 담겨 있다. 나의 욕구추구가 곧 남에게도 선(善)이다. 이처럼 자연세계는 넓게 보면 〈욕구와 선善의 일치〉를 겨냥하고 있다. 이것이 자연세계의 원리이고 여여(如如)한 사실이다.

자연세계의 원리를 인간도 본받아야 한다는 주장이 있다. 자연세계의 원리를 인간들의 도덕적 기준으로 따를 것을 종용한다는 점에서 그것을 '무위적 도덕' 혹은 '무위윤리'라 부를 수 있다. 무위윤리는 생명의지(욕구)와 생명사랑(도덕감)의 일치를 추구하는 윤리학이다. 이러한 무위윤리는 인간중심적인 지능의 분별심과 욕망을 내려놓을 때 실현될 수 있다. 지능의 분별심과 욕망을 내려놓으면 세계의 여여한 사실을 있는 그대로 볼 수 있는 '눈밝음'의 직관적 사유가 열리고, 그것은 도덕적 상황에서 의식적인 추론과정 없이도 즉각적으로 선과 악, 옳고 그름을 판별해낼 수 있다. 그러나 지능의 분별심과 욕망을 내려놓고 생명사랑의 원리에 따르는 삶은 누가 의도적으로 강요할 수 없고, 내가 스스로 터득할 수 있을 뿐이다. 다만 눈밝음을 먼저 터득한 선지식(善知識; 교사)이 간접적인 방법으로 촉구할 수는 있을 것이다. 이러한 무위윤리에 토대한 도덕교육론을 '자발적 도덕직관론'이라 명칭하겠다.

이 책에서는 이상의 동양도덕교육론의 패러다임들이 공자철학에 뿌리를 두고 있다고 여긴다. 공자철학과 『논어(論語)』에 대한 기존의 해석은 대체로 당위철학(當爲哲學)적 관점이었다. 인본주의적 휴머니즘에 바탕을 두고 당위윤리와 왕도정치를 주장한 것이 공자사상의 핵심이라는 것이다. 이러한 기존의 관점은 틀리지 않다. 실제 공자는 현실정치의 마당에서 도덕정치가 구현되는 사회를 건설하고자 분투했던 실천적 사상가로 평가되기 때문이다. 그러나 공자철학을 기존의 상식처럼 당위철학으로만 규정해서는 안 된다. 『논어』를 주의 깊게 읽다보면 어록(語錄)의 사례에서 혹은 어록의 행간에서 얼마든지 당위철학과는 결이 다른 사유의 흔적들을 만날 수 있기 때문이다. 그것은 다름 아닌 유위철학(有爲哲學)적 사유와 무위철학(無爲哲學)적 사유들이다. 한마디로, 공자철학의 본질은 그 중 어느 하나를 진리로 단정하지 않는 '시중적'(時中的)이고 '미제적'(未濟的)인 세상보기의 도(道)로 요약할 수 있다. 그랬기에 공자는 도덕교육론과 관련해서도 이 책에서 가정하는 세 가지 이론적 패러다임을 두루 포괄하는 관점을 보여주었던 것이 아닌가 한다(2장~5장).

그러나 공자의 이러한 관점은 이후의 사상가들에게 철학적 사유의 다양한 질료를 제공해주기는 하지만, 정합성을 갖춘 하나의 철학적 사유체계라는 관점에서 본다면 논리적 모순을 안고 있다. 앞서 개관한 세 가지의 도덕교육론 패러다임은 각각 세계와 인간과 교육을 바라보는 철학적 가정과 전제를 달리하고 있기 때문이다. 전혀 다른 가정과 전제들을 포괄할 수 있는 보다 높은 차원의 논리적 가정 내지 추상적 원리가 제시되지 못하는 한 공자철학은 하나의 정합된 철학적 사유체계라고 보기 어렵다. 그래서 우리는 그의 철학을 '미제적 세상보기의 도'로 규정하는 바이고, 기존의 관점들은 공자를 당위철학을 정초한 최초의 유교철학자로 단정지어왔던 것이겠다.

사정이 이러하기에, 공자철학은 도통(道統)의 분화를 예고하고 있었다. 중국사에서 춘추전국(春秋戰國)이라는 미증유(未曾有: 일찍이 경험해 본 적이 없음)의 악(惡)의 시대는 공자 이외에도 제자백가(諸子百家)의 사상가들을 탄생시켰다. 양자(楊子)-노자(老子)-장자(莊子) 등으로 이어지는 무위철학적 사유의 패러다임이 있었는가 하면, 증자(曾子)-자사(子思)-맹자(孟子) 등으로 이어지는 당위철학적 사유의 패러다임과, 자하(子夏)-묵자(墨子)-순자(荀子)- 한비자(韓非子) 등으로 이어지는 유위철학적 사유의 패러다임도 있었다. 어느 패러다임에도 배속시킬 수 없는 사상가들도 물론 있었다. 그러나 이 책에서 제자백가의 사상들을 모두 돌아보기는 어렵다. 우리는 이 책에서 동양도덕교육론 패러다임의 전형을 보여준다고 판단되는 대표적인 철학자들의 사상을 선택적으로 고찰하고자 한다. 노자의 무위윤리와 자발적 도덕직관론(6장), 맹자의 당위윤리와 자율적 도덕발달론(7장), 그리고 순자의 유위윤리와 타율적 도덕사회화론(8장)이 그것이다.

이러한 동양도덕교육론 패러다임의 전형들은 각각 하나의 정합된 도덕철학과 교육론의 사유체계를 보여주고 있다. 이들에게는 적어도 사유체계 내에서 이론적·논리적 모순은 없다. 그러나 각각의 패러다임들은 인간들의 현실적인 도덕적 삶과 도덕성 발달의 실제를 담아내지 못하는 일면성을 지니고 있다. 탈인간중심주의를 선언하는 노장철학의 무위윤리를 제외하고 생각한다면, 인간은 행위결과의 유용성을 따지는 유위윤리에 따라 살기도 하지만, 행위결과와 무관하게 도덕법칙이 옳다는 이유만으로 도덕적 의무로 받아들이는 당위윤리에 따라 살아가기도 하는 존재이다. 어쩌면 인간의 도덕성 발달과 도덕적 삶은 전통과 습관의 마당을 거쳐 이성의 궁전으로 들어가는 존재일지 모른다. 이것은 현대 도덕심리학과 교육론자들의 관점이기도 하거니와, 공자야말로 이러한 도덕성의 발달과 도덕적 삶의 현실을 누구보다 제대로 이해하고 있었다고 할 수 있다. 그러나 앞서 지적했듯이, 공자의 관점은 이론적 정합성이 떨어진다는 점이었다.

인간의 도덕성 발달과 도덕적 삶을 포괄하는 이론을 구축하려면 도덕교육에서의 '개인과 공동체', '원리와 내용', '인지와 정의·행동', '발달과 사회화' 등의 양극단을 모두 포괄하는 이론적·실제적 정합성을 갖춘 통합적 도덕교육론이 필요하다. 이를 위해서는 전혀 다른 가정과 전제들을 포괄할 수 있는 보다 높은 차원의 논리적 가정 내지 추상적 원리가 정초되어야 한다. 동양철학사에서 이러한 문제의식을 가지고 통합적 도덕교육론을 모색한 시도가 송명대의 리기(理氣)철학적 사유들이다. 우리는 그러한 전형적 시도를 주자(朱子)철학을 통하여 볼 것이다(9장).

그러나 주자학적인 틀에서 리기철학적 사유들은 그 자체가 리기이분법적 원형에서 출발하는 까닭에, 어느 문제에 관한 이론이든 모든 리기론은 리에 치중하는 이른바 '주리적(主理的) 이론'이 아니면 기에 치중하는 '주기적(主氣的) 이론'에 흐를 수밖에 없다.[31] 아무리 리와 기 중의 어느 한편에 편향하지 않고 공평한 태도로 리와 기를 조화시키는 노력을 기울이며 이론을 구축한다고 하더라도 결과적으로는 '주리' 아니면 '주기'의 경향을 완전히 벗어나는 무색투명의 중립적 이론을 구축할 수 없다. 예의 주리적 경향의 대표적인 사상가로 주희와 퇴계를 들 수 있다면, 주기적 경향의 대표적인 사상가로 장횡거, 율곡 등을 들 수 있을 것이다. 역시 이 책에서는 이들 사상가의 관점을 모두 돌아볼 여력이 없다. 두 경향을 대표한다고 생각되는 사상가의 관점을 선택적으로 고찰한다. 퇴계의 당위윤리와 발달 지향의 도덕교육론(10장), 율곡의 유위윤리와 사회화 지향의 도덕교육론(11장)이 그것이다.

그런데 리기철학의 사유는 리기이원론에 토대하여 퇴계나 율곡처럼 '주리'나 '주기'의 어느 한 패러다임을 고집할 수밖에 없는가? 리기철학적 사유에서 무위윤리에 토대한 도덕교육론은 정초될 수 없는가? 이 책에서는 그러한 사상과 이론이 있다고 여긴다. 그것은 리기론적으로 '기즉리'(氣卽理) 혹은 '리즉기'(理卽氣)의 리기일원론에 입각하여 무리윤리를 정초하고 그에 터한 자발적 도덕직관론을 입론해낸다. 그 대표적인 전형을 우리는 왕양명의 철학에서 고찰할 것이다(12장).

이상의 탐구를 바탕으로, 이 책의 결론(13장)에서는 앞의 3절에서 제기했던 위대한 동양철학적 전통을 오늘날 실제 도덕교육 현장에서 어떻게 유효히 활용할 수 있을까 하는 활용방안을 모색해 보고자 한다.

---

31) 윤사순, "동양 본체론의 의의," 한국동양철학회 편, 『동양철학의 본체론과 인성론』(연세대학교출판부, 1982, 초판; 1996, 7판), 154~155쪽.

동양도덕
교육론

제1부
동양도덕교육론의 사상적 연원 : 공자철학의 재조명

제2장 철학적 기초: 세계와 인간을 보는 관점 / 40

제3장 윤리사상 다시 읽기 : 인(仁) 개념의 재조명 / 60

제4장 『논어』속의 인간상 : 인격전형의 교육적 함축 / 85

제5장 포괄적 도덕교육론 : 가르침과 배움의 패러다임 / 113

제1부
동양도덕교육론의 사상적 연원
[공자철학의 재조명]

사가(史家)들은 기원전 770년을 기점으로 이전을 서주(西周), 이후를 동주(東周)라 부른다. 서주시대는 인문적 문화가 꽃핀 시대였다. 그러나 주왕에 대한 제후들의 충성은 시간이 흐름에 따라 점차 약화되기 시작했고, 12대 유왕(幽王)을 끝으로 그 태평성대가 막을 내린다. 13대 평왕(平王, 771년) 때에 주는 호경(鎬京)에서 낙양(洛陽)으로 밀려났고 이때부터 동주라 부르며, 그것은 곧 춘추전국시대의 개막을 알리는 시점이었다. 이 중 춘추시대(BC.770-BC.403; 367년간)는 주왕실이 약화된 틈을 타 세력을 확장한 제후들이 서로 존왕양이(尊王攘夷)의 명분아래 천하를 호령하던 때를 일컫는다.

주의 건국 초기 무(武)임금은 71개의 제후국을 세우고 이 중 55개국에 자신의 형제와 동성 씨족을 제후로 봉하여, 혈연적 유대(親親)를 지키게 하고 '예(禮)'를 준수하게 함으로써 통치질서를 굳건히 할 수 있었다. 그러나 춘추시대에 접어들면서 주왕을 정점으로 하는 봉건질서가 붕괴하게 되면서, 왕권의 약화와 제후 간 혈연적 연대의 쇠퇴, 그리고 사회 경제적 기초의 변화에 따른 제후국 간의 멸국겸병(滅國兼兵)으로 '예'가 붕괴되는 상황에 직면하게 된다. 공실(公室)은 쇠퇴하고 사가(私家, 世卿家)가 대두하였으며, 신하가 군주를 시해하고 세자가 권력을 찬탈하는 무도한 행위가 일어난다. 이를 두고 공자는 "천하에 도가 사라진(天下無道) 상황" 혹은 "예가 무너지고 악이 붕괴된(禮壞樂崩) 상황"이라 진단하고 있다.

『논어』, 「팔일편」(八佾篇)에는 '예'에 어긋난 행위들이 생생하게 기록되고 있다. 예컨대, 노나라의 계손씨(季孫氏)는 대부의 신분으로 천자만이 향유할 수 있는 팔일무(八佾舞)를 자기 집 마당에서 연출토록 하였다. 노나라의 삼환(三桓), 즉 계손씨·숙손씨(淑孫氏)·맹손씨(孟孫氏)는 제사를 마치는 의식을 거행할 때 천자만이 전용으로 사용하는 옹(擁)음악을 연주하게 하였고, 제나라의 관중(管仲)은 제후만이 설치할 수 있는 색문(塞門)과 반점(反坫)을 자기 집 마당에 세웠다. 그야말로 군주와 신하 간의 관계가 어지러워지고 하극상의 반란이 빈번해졌다. 위, 송, 진나라 등에서는 신하가 군주를 시해한 사건이 발생하였고, 초나라에서는 세자가 부군(父君)을 죽이고 군주의 자리를 차지하였다. 이외에 241년간 지속된 춘추 시기에 모두 36명의 군주가 신하에게 피살되었으며, 이러한 혼란을 틈타 수많은 국인(國人)의 폭동과 역인(役人)의 반란이 일어났다고 전한다.

공자(孔子, B.C. 552~479, 노魯나라 출신)는 바로 저러한 '천하무도(天下無道)'적인 춘추시대의 말기를 살았던 사상가이다.[1] 철학이나 사상은 항상 시대적 악과 아픔의 산물이다.

---

1) 이외에 제(齊)나라에는 관자(管子, ? - BC.645), 송(宋)나라에는 묵자(墨子, BC.501? - BC.416?), 초(楚)나라에는 양자(揚子, BC. ? - ?) 등이 각각 출생하여 병든 자기 시대를 고쳐 보려고 사유하고 꿈꾸고 행동하다가 시간의 법칙에 밀려났다. 공자의 생애를 간략히 약술해 둔다. 공자의 이름은 구(丘)이고, 자는 중니(仲尼)이다. 주나라 영왕(靈王) 21년 11월에 제후국인 노(魯)나라 창평향(昌平鄕)에서 태어났다(B.C. 551년, 서양철학자 탈레스가 죽기 1년 전이다). 선조는 송(宋)나라 사람이었는데, 송은 천자국인 은(殷)나라가 미자(微子)라는 사람의 자손에게 내린 봉토(封土)였다. 아버지의 이름은 숙량흘(叔梁紇), 어머니는 안징재(顏徵在)였다. 그는 이미 천자국인 주나라의 권위가 땅에 떨어지기 시작한 난세에 태어났다. 그러나 노나라는 주왕(周王)이 주공(周公)에게 내려준 봉토였기 때문에, 아직도 이 나라에는 주공이 이룩해 놓은 예악(禮樂)이 있었다. 공자가 주공을 이상적인 인물로 존경하였던 까닭 중 하나도 이 때문이었다. 그는 태어날 때부터 천재였으나, 후세 학자들은 그를 '태어나면서부터 도를 알고 편안한 마음으로 도를 실행한'[생지안행生知安行] 성인이라 부르지는 않았다. 어릴 때부터 예(禮)를 중히 여겨 놀 때에도 제기(祭器)를 펼쳐 놓고 예의에 맞는 거동을 하였다고 한다. 자라서 벼슬을 맡아서도 그 직무에 충실하였다. 전하는 바에 의하면, 위리(委吏:쌀창고를 관리하는 벼슬)가 되었을 때 회계를 공평하게 하였고, 창고관리를 맡았을 때 가축을 크게 번식케 하였다. 공자에게 특별한 스승은 없었으나 진실로 한 가지 기예나 한 가지 재능이라도 있는 사람이면 누구를 막론하고 스승으로 섬겼다. 선왕의 도를 배워 점차 이름이 높아갔다. 23세에 이르러 그의 문하에서 배우려는 제자가 생겨났다. 후에 주나라에 가서 그 곳의 제도와 문물을 조사하였다. 또 노자(老子)에게 예(禮)에 관하여 물었다고 전하고 있으나 사실인지는 모르겠다. 이는 『사기』(史記) 공자세가(孔子世家)에 근거한 주장이나, 오늘날 학자들은 여기서의 노자를 『도덕경』의 저자인 노자와 동일인물로 보지 않는다. 오히려 『도덕경』과 그 저자는 공자나 맹자보다도 후대인 전국시대 작품이고 인물로 여기고 있다. 공자가 노나라로 돌아와서 제자들을 가르치고 있을 때 큰 난리가 일어났다. 그래서 그는 노나라를 떠나 제(齊)나라로 갔다. 제나라 경공(景公)이 정치에 관하여 묻고 관리에 임용하여 국정에 참여시키고자 하였으나, 안영(晏嬰)이라는 사람의 반대로 등용되지 못하였다. 이에 공자는 다시 귀국하

그는 악의 시대를 광정하고 아픔을 치유하고자 동분서주하며 한평생을 살았다. 때로 좌절을 맛보기도 했지만 생의 말기 무렵 교육활동에 전념하기 전까지 그는 현실사회의 개혁을 위한 적극적 참여의 끈을 놓지 않았던 인물이다. 공자가 유교철학을 정초할 수 있었던 것도 이러한 시대적 아픔의 산물이었다.

철학이란 진리에 대해 사유(思惟)하는 학문이다. 사유를 통해 진리가 구성된다. 따라서 사유하는 방식에 따라 진리가 다르게 구성된다고 할 수 있다. 김형효에 의하면, 동서양의 철학사는 세 가지 진리와 그 사유로 얽혀왔다고 한다.[2] 유위적 사유(有爲的 思惟)와 현실성(現實性)의 진리, 당위적 사유(當爲的 思惟)와 이상성(理想性)의 진리, 그리고 무위적 사유(無爲的 思惟)와 사실성(事實性)의 진리가 그것이다. 그는 이 세 가지 진리와 사유를 각각 유위철학

여 노나라에서 관리로 임용되었는데, 중도(中都)의 사구(司寇)가 되었다. 이 때 사명을 받들고 제나라 대표와 협곡(夾谷)에서 회동하여 외교적 수완을 발휘하여, 강함을 믿고 약한 자를 억압하는 제나라를 굴복시켰다. 또 당시 권세로 악명을 떨치던 노나라 대부 소정묘(少正卯)가 정치를 문란하게 하자, 그를 의연히 죽여 나라의 적을 제거하고 기강을 확고히 하였다. 이렇게 정치를 하자 3개월 만에 노나라는 크게 다스려졌다. 제나라는 노나라의 위세가 커지는 것을 두려워한 나머지 각종 수단을 써서 그것을 방해하였다. 공자는 끝내 그의 이상을 실현하지 못하고 노나라를 떠나 천하를 두루 돌아다니기 시작하였다. 위(衛)로부터 시작하여 진(陳)으로, 광(匡)으로 돌아다니면서 이르는 곳마다 정치를 행하는 길을 제후들에게 설파하였다. 그럼에도 불구하고 역시 그의 이상은 받아들여지지 않았다. 애공(哀公) 11년, 68세에 노나라로 다시 돌아왔다. 이때부터는 벼슬할 뜻을 그만두고 경서(經書)를 정리하여 『춘추』(春秋)를 편찬하고, 제자들에게 학문을 강론하였다. 주나라 경왕(敬王) 41년(B.C. 479), 73세로 죽었다. 노나라 서울 근교의 수수(洙水)변에 묻혔다. 지금의 곡부현(曲阜縣) 북쪽 수수 근처의 울창한 숲 속에 그의 묘가 있다. 공자의 학문을 수사(洙泗)의 학이라 하는 것은 이 강 이름에서 따온 것이다. 공자는 스스로 '서술하되 창작하지 않음'[述而不作]을 표방하였다. 요·순의 도를 전하고, 문·무왕을 본받는 것을 평생의 업으로 삼았다. 그러므로 공자가 남긴 책에는 옛부터 전해오던 여러 학설들이 집대성되어 있는 것이다. 예를 들면, 『역』(易), 『시경』(詩經), 『서경』(書經), 『예기』(禮記), 『춘추』(春秋) 등이 그것들이다. 5경은 공자가 창작한 저서라기보다는 편서인 셈이고, 그의 문하에서 배우는 중요한 책들이었다. 『논어』(論語) 한 권만으로도 공자의 사상을 엿볼 수 있으나, 『대학』(大學), 『중용』(中庸), 『효경』(孝經) 등을 통해서도 그의 사상을 참고할 수 있다. 공자 문하에는 3천여 명의 제자들이 있었는데, 6예(六藝)에 통달한 제자가 70여명이었다. 그 가운데서도 가장 뛰어났던 제자들로 이른바 4과(四科)에 10철(十哲)이 있었다. 4과 10철은 덕행(德行)에 안연(顏淵)·민자건(閔子騫)·염백우(冉伯牛)·중궁(仲弓), 정사(政事)에 염유(冉由)·계로(季路), 언어(言語)에 재아(宰我)·자공(子貢), 문학(文學)에 자유(子游)·자하(子夏) 등이다. 이 밖에 자장(子張)·증삼(曾參)·유약(有若)·공서화(公西華) 등도 우수한 제자들이었다. 공총자(孔叢子)는 안연, 자공, 자로, 자장을 4우(四友)라 칭하였고, 시자(尸子)는 안연, 염백우, 자로, 재아, 자공, 공서화를 6시(六侍)라 칭하였다. 이상의 공자의 생애약술은 미우라 도우사꾸(강봉수 외 옮김), 『중국윤리사상사』(서울: 원미사, 2007), 45~46쪽.

2) 김형효, 『철학적 사유와 진리에 대하여, 1』(서울: 청계, 2004), 12~15쪽.

(有爲哲學), 당위철학(當爲哲學), 그리고 무위철학(無爲哲學)이라 부르며, 동서철학사에서 재생 반복되어 온 철학의 유형이라고 여긴다.[3]

'진리란 무엇인가'에 대한 동양철학적 물음은 '도(道)란 무엇인가'일 것이다. 그렇다면 공자의 진리와 도는 이들 중 어떤 것으로 규정할 수 있을까? 그동안 우리의 상식은 공자의 도를 당위적 사유(當爲的 思惟)와 이상성(理想性)의 진리로 규정하여왔다. 한마디로, 공자의 철학은 당위철학(當爲哲學)이고 당위유학(當爲儒學)이라는 것이다. 이러한 우리의 공자철학의 이해는 이른바 맹자-주희-퇴계로 이어져 온 유학사상의 정통적 해석에 짓눌려온 탓이 클 것이다. 물론 이러한 전통적 관점이 틀렸다고 할 수 없다. 분명 『논어論語』를 읽으면서 우리가 가장 많이 만나는 기록들은 당위적 사유와 이상성의 진리를 주장하는 언표들이기 때문이다.

그러나 공자의 철학을 기존의 상식처럼 당위철학 내지 당위유학으로만 규정해서는 안 된다. 『논어論語』를 주의 깊게 읽다보면 많지는 않지만 어록(語錄)의 사례에서 혹은 어록의 행간에서 얼마든지 당위적 사유와는 결이 다른 사유의 흔적들을 발견할 수 있기 때문이다. 그

---

[3] 당위철학, 유위철학, 그리고 무위철학에 관한 김형효의 설명을 대비적인 표로 구성하여 요약제시하면 아래와 같다.

구분	인간은 사회적 존재이자 자연적 존재		
	사회철학		자연철학
철학유형	유위철학	당위철학	무위철학
	유위적 사유와 현실성의 진리	당위적 사유와 이상성의 진리	무위적 사유와 사실성의 진리
인간본질과 사유양식	·기이기심의 본능적 존재 ·이기적 자아 ·도구적 이성 ·진화론적 이성	·이타심의 이성적 존재 ·보편적 자아 ·형이상학적 이성 ·도덕적 이성	·自利心의 본성적 존재 ·自利卽利他의 無我 ·자연적 본성 (영성, 신성, 법성)
진리추구와 철학양식	·경제과학적 진리 ·경제론적 소유론 ·본능적 이기심을 인정하는 생존의 진리추구 ·본능의 이기심을 수용하는 현실적 기술철학	·도덕철학적 존재자의 진리 ·인간중심의 보편적 소유론 ·반이기적 도덕철학	·초현실적인 해탈과 초탈의 진리 추구 ·사실적 무위철학
철학의 예	·이기주의, 공리주의 철학 ·순자철학	·플라톤, 칸트철학 ·맹자철학, 주자학	·노장철학, 불교철학 ·양명학
특징	·소유론의 철학 ·이성중심의 철학 ·인간중심의 철학		·무소유의 철학 ·몸의 철학 ·생태철학

것은 다름 아닌 유위철학적 사유와 무위철학적 사유들이다. 거듭 말하지만, 공자는 인간에 대한 신뢰를 바탕으로 도덕정치가 구현되는 사회를 건설하고자 분투했던 사상가였다. 현실 정치의 마당에서 혹은 교육의 장에서 그러한 이상을 실현하는데 생애의 전 과정을 바친 실천적 사상가로 평가 된다. 그러나 『논어論語』에서 우리는 당위적(當爲的) 도덕정치가 아니라 유위적(有爲的) 기술정치의 능력을 가지고 있는 관중(管仲)과 자산(子産) 같은 선대의 정치가나 자로(子路), 자공(子貢) 등의 제자들에 대해서도 공자가 긍정적으로 평가하고 있는 대목들을 만날 수 있다. 다른 한편으로, 공자는 현실사회의 개혁을 위해 적극적 참여의 길을 택하면서도 과연 그러한 개혁이 인간사회에서 가능한 것인지 근본적 의문을 가지고 있었던 것이 아닌가 한다. 그랬기에 그는 안연(顏淵)의 안빈낙도하는 삶을 칭찬했고, 증석(曾晳)의 현실 초탈적 삶의 소망에 적극 찬동하였고, 노장(老莊)사상가적 은둔자들의 비아냥거림에 대해서도 정면으로 반박하지 않았던 것이 아닌가 한다. 김형효도 이러한 점을 인정한다. 그에 따를 때, 공자의 철학에는 당위유학, 유위유학, 무위유학의 측면이 모두 들어 있다는 것이다.[4] 도올 김용옥도 단적으로 공자의 철학은 노장학과 유학의 경계를 허물고 있다고 주장한다.[5]

그렇다면 당위유학, 유위유학과 무위유학이 어떻게 변별되는가? 당위와 유위유학은 인간의 의지와 지성의 능동적 행위를 적극적으로 인정하는 사유의 모습을 지닌다. 당위유학은 인간이 선의 본래성을 지니고는 있지만, 그것을 현실화하기 위해서는 의지적인 수행과 점진적인 노력이 필요하다는 입장이다. 당위유학은 수기치인의 『대학大學』이념에 따라 세상을 심법(心法)으로 다스리려는 당위적인 정치사상과 결합하여 내성외왕의 도덕적 정치학으로 나아간다. 반면, 유위유학은 형이상학적인 본래성의 영역에 대한 탐구보다는 예의나 제도를 가지고 인간 세상에 대한 작위적이고 유위적인 경영을 목적으로 한다. 유위유학은 인간성이나 세상을 정치 경제적 기술로 장악하려고 하는 기술학에 가깝다. 한편, 무위유학은, 당위와 유위유학과는 달리, 작위적인 조작, 당위적인 수양과 노력의 의지를 작동하지 않아도 인간 본래의 자연성이 그대로 드러날 수 있다는 사고방식을 취한다. 본래성의 자연적 발현에 초점을 모으는 무위유학은 도덕적 자의식을 방기하여 우주적 자연과의 일체적 공감에 이르는 친자연적이고 초탈적인 사상이다. 또한 무위유학은 사회와 역사를 향한 작위적이고 당위적인 개입보다는 무위적 실천을 강조한다.[6]

---

4) 김형효, 앞의 책, 23~79쪽 참조.
5) 김용옥, 『논어 한글역주 1, 2, 3』(서울: 통나무, 2008).

공자유학에는 당위유학, 유위유학, 무위유학의 측면이 모두 들어있다. 따라서 공자유학의 본질은 그 중 어느 하나를 진리로 단정하지 않은 '시중적(時中的)이고 미제적(未濟的)인 세상보기의 도(道)'로 요약될 수 있다.[7] 더 나아가 김형효에 따를 때, 당위유학이 증자(曾子)와 맹자(孟子)를 거쳐 주자학(朱子學)과 퇴계학(退溪學)으로, 유위유학이 자공(子貢)과 순자(荀子)를 거쳐 율곡학(栗谷學)과 실학(實學)으로 이어져왔다면, 무위유학은 안연(顔淵)과 증석(曾晳)을 거쳐 상산학(象山學)과 양명학(陽明學)으로 이어져왔다.[8] 우리가 여기서 공자 이후의 세 가지 유형으로 발전된 철학적 흐름에 대해 살펴볼 계제는 아니다. 중요한 사실은 바로 공자철학이 세 가지 유형의 철학적 사유의 원천이라는 점이다. 그리고 이미 공자의 직전제자들로 구성된 공문의 학단 내에 이미 세 유형의 사유를 대표하는 증자학과 자공학, 그리고 안자학이 존재했음도 주목할 필요가 있다.[9] 여하튼 이러한 김형효나 도올의 관점은 필자로 하여금 『논어論語』를 다시 읽게 만든 계기를 준 것이 사실이다. 이제 『논어論語』를 직접 읽으면서 이러한 점들을 확인하기로 하자. 그러나 이 책에서 공자철학의 전모를 다 볼 수는 없다.[10] 이 책의 주제인 윤리사상과 도덕교육론에 한정하여 공자의 철학을 재조명한다.

---

6) 이상의 당위유학, 유위유학과 무위유학에 대한 대비적 설명은 김형효, 위의 책, 41~42쪽.
7) 김형효, 앞의 책 49~79쪽 참조.
8) 김형효, 같은 쪽.
9) 강봉수, 『주제별 키워드로 읽는 논어와 세상보기의 도』(서울: 원미사, 2012), 409~442쪽 참조.
10) 필자는 『주제별 키워드로 읽는 논어와 세상보기의 도』라는 책에서 저러한 관점을 가지고 논어의 어록을 키워드와 주제별로 분류하여 공자철학의 전모를 재해석한 바 있다. 진리관, 세계관, 심성론, 윤리론, 덕목론, 정치론, 인간상, 교학론 등이 그것이다. 이하의 2장~4장의 글도 이 책에서 가져와 깁고 보탠 것이다.

제2장
철학적 기초
[세계와 인간을 보는 관점]

I. 서론

세계와 인간을 바라보는 관점은 철학적 사유의 근본토대를 이룬다. 세계는 어떻게 탄생하였고 만물의 생성소멸을 이끄는 운동법칙 혹은 원리는 무엇인가? 세계와 인간의 관계는 어떻고, 세계 속에서 인간이란 존재의 본질은 무엇인가? 이러한 물음은 대체로 모든 철학자들이 자기철학을 사유할 때 처음으로 던지는 주제들이 아닐까 한다.

과연 공자는 세계를 어떻게 이해했을까? 즉, 그는 실재(reality)의 본질과 구조를 어떻게 이해했을까? 이 물음에 대한 직접적 답변을 『논어論語』에서 찾기란 쉽지 않다. 그러나 천(天)·명(命)·역(易) 등의 용어의 쓰임새를 통해 그의 세계관을 추론해 볼 수 있다고 생각한다. 이들 용어들은 고대 중국철학사에서 우주자연의 존재원리와 운동법칙을 설명하는 중요한 철학적 용어로 사용되어왔기 때문이다. 천(天)과 명(命) 혹은 천명(天命)은 '우주자연과 인간 간의 관계'(천인지제天人之際)라는 측면에서 주목되어온 주요 개념이라면, 역(易)은 우주자연의 기원과 운동법칙 그리고 인간의 삶과의 관계를 포괄적으로 설명하는 패러다임으로 발전하였다. 그러나 아쉽게도 『논어論語』에서는 주역의 용례와 문구의 인용은 겨우 세 번 정

---

1) 「공자세가孔子世家」의 기록에 의할 때, 그는 주역(周易)을 위편삼절(韋編三絶; 죽간을 묶은 끈이 세 번이나 끊어짐)할 정도로 읽었다고 한다. 이게 맞다면, 『논어論語』에도 주역의 경문을 인용하거나 아니면 이를 간접적으로 활용하여 세계관을 피력하는 대목들이 등장할만하다. 그러나 아무리 뒤져도 『논어論語』에는 주역을 인용한 구절을 찾기도 어렵거니와, 있더라도 세계관을 함의하는 것과는 무관한 내용이 인용되고 있을 뿐이다. 『논어論語』에서 주역의 용례와 문구의 인용은 겨우 세 번 등장한다. 子曰: "加【作假】

도 나오는데 세계관을 설명하는 것과는 거리가 멀다.[1] 따라서 이 장에서는 '천(天)' 혹은 '천명'(天命)의 용례에 주목하여 공자의 세계관을 읽어보고자 한다.

세계관에 대한 가정은 인간의 본질을 설명하는 관점으로 이어지게 마련이다. 이 세계 속에 인간이란 무엇인가? 인간과 다른 존재를 가르는 기준은 무엇인가? 동서철학을 떠나 인간이 여타 존재와 다른 것은 '마음'을 가진 존재라는 것이었다. 세계에서 차지하는 인간의 위상이 반드시 존재론적·가치론적 우월을 의미하는 것이 아닐지라도, 인간은 그 '마음'을 가졌다는 자체만으로 여타 존재와 다르다고 여겨왔다. 물론 이러한 인간의 믿음은 현대 첨단과학(생물학, 유전학, 뇌과학 등)의 발전으로 상당부분 깨지고 있지만, 여전히 인간본질의 규명은 마음에 대한 탐구를 떠나서 설명할 수 없다.

도대체 마음이란 무엇인가? 우리는 '마음이 아프다', '마음가짐이 틀렸다'는 식의 말을 흔히 사용한다. 이는 마음이 아픔을 느끼는 욕구하는 감정작용, 판단하는 생각작용 등 여러 가지 기능을 한다는 것으로 볼 수 있다. 그런데 유교철학적 전통에서는 이러한 제반 마음작용의 근저에 본체가 있다고 여긴다. 이른바 본성(性)이 그것이다. 그러니까 모든 마음의 표현은 마음속의 본성이 외부의 자극에 따라 몸을 통하여 밖으로 표출되는 작용이라는 관점이다. 물론 본성의 표출을 주재하는 것 또한 마음이다. 이러한 관점은 근세 성리학에서 본격화되어 심통성정론(心統性情論)으로 정립된 것이지만, 이미 그 단초는 고대 유교철학에서부터 마련되었다고 할 수 있다. 그렇다면『논어論語』에서도 이러한 관점을 찾을 수 있을까?

마음의 본체와 작용에 관한 공자의 체계적 관점을『논어』에서 찾아내긴 어렵다. 상식적인 수준에서 공자는 인간의 본성과 관련하여 성선(性善)을 주장한 것으로 이해되고 있지만,[2] 이러한 이해는 그의 것이기보다는 맹자유학과 주자학에 의해 해석된 관점일 뿐이다. 한마디로 공자의 인성론은 애매하다. 인성론 자체가 애매하기에 본성으로부터 감정이 표출되는 마음작용의 기능에 대한 관점 역시 체계적일 수 없다. 이 장에서는 인성론을 중심으로 공자의 심성론을 다시 읽어보고자 한다.

我數年, 五十【五十作"卒"】以學〈易〉, 可以無大過矣。"(述而: 16); 子曰: "南人有言曰: '人而無恒, 不可以作巫醫.' 善夫!" "不恒其德, 或承之羞." 子曰: "不占而已矣."(子路: 22, 恒卦九三의 爻辭); 曾子曰: "君子思不出其位."(憲問: 28, 艮卦의 象辭).

2) 미우라 도우사꾸 지음, 강봉수 외 옮김,『중국윤리사상사』(서울: 원미사, 2007), 56쪽; 성균관대유학과 교재편찬위,『유학개론』(성균관대학교출판부, 1982), 85쪽; 도올 김용옥,『논어 한글역주 2』(서울: 통나무, 2010), 467쪽.

Ⅱ. 세계관 : 天·命의 용례에 주목하여

일찍부터 자연·세계·우주 등의 의미를 포괄하는 개념인 '천'(天)은 중국철학의 중심 주제 중 하나였다. 그리고 이 '천' 개념은 인간의 삶과 연관되어 그 의미가 부여되었기 때문에 인간과 천의 관계를 지칭하는 '천인지제'(天人之際)에 대한 논의는 인간과 자연, 인간과 우주라는 포괄적 주제로 그 범위가 확대되어 왔다. 천인관계의 유형은 크게 천인합일론(天人合一論)과 천인분리론(天人分離論)으로 대별할 수 있다. 천인합일론은 천도(天道)와 인도(人道), 물리(物理)와 도리(道理)가 연속적이며, 천도는 인도의 존재론적 근거이다. 천인합일론에서의 천(天)은 그 성격에 있어서 단순한 물리적 자연현상 이상의 형이상학적 의미를 진하게 지닌다. 이에 비해서, 천인분리론(天人分離論)에서의 천은 무목적(無目的)·무의지적(無意志的)인 자연으로서 인간사회의 치란(治亂)과는 관계없이 일정한 법칙에 의해서 운행되는 것이며 인간의 이용 대상으로 인식된다.[3] 결국 천인관계의 본질은 '천' 개념을 어떻게 볼 것이냐에 달렸다. 중국철학사에서 '천'의 의미는 다양한 함의를 가져왔는데, 대략 8가지 정도로 요약할 수 있다.

첫째, 푸른창공을 뜻하는 창창유형(蒼蒼有形)의 천(天)이다. 이 천은 단순히 자연 현상의 하나인 하늘을 뜻하는 것이다. 예컨대, 주역의 기본 괘를 상징하는 하늘(天), 땅(地), 물(水), 불(火), 산(山), 못(澤), 우레(雷), 바람(風)의 여덟 가지는 고대 중국인들이 가장 주목했던 자연 현상들이었다.

둘째, 의지를 지닌 인격신을 뜻하는 상제천(上帝天)이다. 위의 여덟 가지 자연현상만이 아니라 모든 사물에는 신성(神聖)이 깃들어 있다. 애니미즘과 다신론적 사유가 그것이다. 그러나 점차 이들 중에서 하늘의 역할이 특별히 주목되었다. 그것은 더 이상 자연현상이고 여러 신성 중의 하나가 아니라, 그들 위에서 존재들의 생사고락을 주관하는 유일의 '절대적 신'(天帝)의 개념으로 관념화된다. 이것이 상제천(上帝天)이고 주재천(主宰天)으로서의 천 개념이다. 이러한 천 개념은 주로 고대(古代)의 시가(詩歌)나 은주(殷周)의 종교적 문화에서 자주 발견된다.

---

3) 장승구, 「퇴계의 향내적 철학과 다산의 향외적 철학 비교」(한국정신문화연구원 한국학대학원 박사학위논문, 1995), 11쪽.

셋째, 인간의 힘으로 어쩔 수 없는 불가항력적 힘이 있다. 명(命) 혹은 천명(天命)이 그것이다. 상제천은 인간의 길흉화복을 주재하지만, 천명은 객관적 필연성으로 인간에게 다가온다. 인간은 상제천에게 화를 줄이고 복을 달라고 빌 수도 있지만, 이 불가항력적인 운명은 빌었다고 바뀔 수가 있는 것도 아니다. 천명은 상제도 어쩔 수 없는 힘이다. 천명은 인간에게 사명(使命)을 내리기도 하지만, 그것은 바꿀 수 없는 명령이기에 준명(俊命: 명령을 기다림)하거나 지명(知命; 명령을 인식함)하여 순명(順命; 명령을 따름)하거나 입명(立命: 명령에 순응하여 안정을 얻음)할 수 있을 뿐이다.

천명으로서의 천 개념에는 종교적 의미도 담겨있지만, 한편으로 합리적인 사유도 깃들어 있다. 인간의 지적, 도덕적 자각에 따라서 미신적, 종교적 색채는 더욱 탈각되고 합리적이고 형이상학적 사유로 발전한다. 자연천(自然天)과 의리천(義理天) 개념이 그것이다.

넷째, 무위무불위(無爲無不爲)의 포괄적 자연계를 뜻하는 자연천(自然天)이다. 자연의 존재원리와 운행법칙은 상제와 상관없다. 자연(自然)은 말 뜻 그대로 '스스로 그러함'이다. 인위적 개입이 없어도 자연은 자기 스스로 존재하고 운동 변화한다. 자연에는 그 안에 존재와 운동변화의 법칙을 함장하고 있다. 인간도 자연의 일부이기에, 그러한 자연법칙을 따라야 한다. 이른바 노장(老莊)이나 도가철학에서 보는 천 개념이 이것이다.

다섯째, 도덕법칙의 근거로서의 의리천(義理天)이다. 인간은 단순히 자연의 일부이기만 한 존재가 아니다. 그들은 도덕적 존재이다. 자연은 도덕성이 없기에 물리적으로 주어진 자연법칙에 따라 살아갈 뿐이다. 그러나 인간은 도덕적 존재이기에 따라야할 도덕법칙이 따로 있다. 자연과 달리 인간에게 특별성을 부여한 것은 하늘이다(천명지위성天命之謂性; 『중용中庸』). 하늘은 인간이 따라야할 도덕법칙의 근거이다. 맹자(孟子)의 천(天) 개념은 여기에 있다.

여섯째, 궁극적인 형이상학적 법칙을 뜻하는 이법천(理法天)이다. 천(天)은 존재의 법칙(所以然)인 동시에 당위의 법칙(所當然)이다. 자연법칙(天道)과 도덕법칙(人道)이 별개의 것이 아니다. 따라서 도덕법칙은 자연법칙으로부터 추론될 수 있다. 이것은 성리학이 정립한 천 개념으로, 성리학자들은 천(天)이라는 용어를 리(理)와 태극(太極)이라는 용어로 대체하기도 하였다. 그들의 관점은 자연학과 인간학을 포괄적으로 설명하려는 거대 패러다임이다.

일곱째, 자연과학적 대상으로서의 천이다. 천은 종교적 의미와 형이상학적 의미로부터 탈각되었다. 자연은 물리적 대상일 뿐이고 인간에 의해 이용되어야할 수단에 불과하다. 청대(淸代) 이후의 실학적(實學的) 관점의 천 개념이다.

여덟째, 서양의 기독교 문명이 들어오면서 천은 다시 종교적 유일신의 의미로 재해석되기도 하였다.

이상에서 여섯째 이법천(理法天) 이후의 관점은 송대 이후의 근세철학적 사유이기에 공자의 관점과는 무관해 보인다. 그의 관점은 창창유형의 천, 상제천, 자연천, 의리천 개념 중에 있을 것이다. 이러한 천(天) 개념들 중에 『논어論語』에서 보이는 공자의 관점은 어떤 것이었을까? 『논어論語』에 나타나는 천(天) 개념을 정리해 보기로 하자. 우선, 제자인 자공(子貢)은 공자로부터 천도(天道)에 대해 얻어들은 바가 없다고 실토하고 있다. 그리고 공자는 천명(天命)에 대해서도 말을 드물게 했다.

> 자공이 말했다: "선생님의 문장에 대해서는 얻어 들을 수 있었다. 그러나 선생님께서 인성과 천도에 대해 말하는 것을 얻어 들어보질 못했다."[4]
>
> 공자께서는 이익과 운명과 인에 대해서는 말을 드물게 했다.[5]

저러한 자공과 또 다른 제자의 실토가 어떤 뜻인지는 분명치 않다. 실제 공자는 세계관에 대해 아무런 관점이 없었다는 것인지, 아니면 관점을 가지고 있으면서도 공자가 일부러 형이상학적이고 추상적인 논구를 제자들에게 하지 않은 것인지 모르겠다. 그것도 아니면 가르쳐 줘도 이해력이 모자란 자공 등의 제자와는 이에 대해 논란하지 않고, 안연과 같은 영리한 제자와만 대화를 나누었는지도 모를 일이다. 여하튼 자공의 실토처럼 실제로 『논어論語』에서 세계관을 세밀하게 설명하는 공자의 어록을 찾기 어려운 것이 사실이다. 그러나 '천'의 용례는 적지 않게 발견된다. 그 용례를 통해 공자의 천론(天論)을 추론해 볼 수 있다.

먼저, 『논어論語』에 나오는 천 개념의 하나는 의지를 가진 인격신으로서의 상제천(上帝天)이다. 4번 정도의 용례가 나온다.[6] 둘째는, 『논어論語』에서 가장 많이 발견되는 천 개념은 상제천(上帝天)과 함께 천명(天命)으로서의 천이다.[7] 천명은 인간의 힘으로 어쩔 수 없는

---

4) 子貢曰: "夫子之文章, 可得而聞也, 夫子之言性與**天**道, 不可得而聞也."(公冶長: 12)

5) 子罕言利與**命**與仁。(子罕: 1)

6) 子見南子, 子路不說。夫子矢之曰: "予所否者, **天**厭之, **天**厭之!"(雍也: 26); 王孫賈問曰: "與其媚於奧, 寧媚於竈, 何謂也?" 子曰: "不然, 獲罪於**天**, 無所禱也."(八佾: 13); 顏淵死。子曰: "噫! **天**喪予! **天**喪予!"(先進: 8); 子疾病, 子路使門人爲臣。病間, 曰: "久矣哉, 由之行詐也! 無臣而爲有臣。吾誰欺? 欺**天**乎! 且予與其死於臣之手也, 無寧死於二三子之手乎! 且予縱不得大葬, 予死於道路乎?"(子罕: 11).

불가항력적 운명의 힘을 의미한다. 『논어論語』에서 두 가지 의미의 천 개념은 사실 엄격하게 구분되지 않고 섞여있는 것으로 보인다. 이러한 점에서, 공자는 고대 은주(殷周)대의 종교적 천 개념을 계승하고 있으면서도, 한편으로 합리적인 방향으로 사유의 전환이 이루어지고 있다.

사람은 누구나 태어나고 죽는다. 모든 생명이 그렇다. 그것은 불가항력적인 객관적 필연이다. 내가 왜 다른 곳이 아니라 여기에 태어났고, 나의 부모와 형제가 누구인지도 내가 결정한 것이 아니다. 어쩌면 구체적인 개인의 명운과 부귀도 모두 하늘에 달린 문제일지 모른다. 나아가 나라에 도가 행해지고 행해지지 아니하는 국운(國運)도 그렇다. 이처럼, 인간의 자유의지에 따라 마음대로 되지 않는 일들이 있다. 그것을 천명(天命)이라 부른다. 천명을 근본적으로 거스를 수는 없다. 천명을 거스르려 할 때, 그것은 운명(運命)이나 숙명(宿命)으로 다가온다. 그러나 천명을 알고(知命) 그에 순응(順應)할 때 안심입명(安心立命)할 수 있다. 이것이 공자의 천명에 대한 하나의 관점인 것 같다.[8]

천명을 두려워하긴 해야 하지만, 공부를 통해서 알아낼 수 있다고 보는 점에서 공자의 천 개념은 합리적인 사유로의 진전이다. 말하자면, 공자는 신비하고 불가해(不可解)한 종교적 성격에서 대단히 합리적인 방향으로 천관의 변화를 보여주고 있는 것이다. 천(天) 혹은 명(命)의 용례는 아니지만 아래의 두 인용도 이러한 점을 반영하는 증거다.

> 공자가 병에 걸리자 자로가 기도하기를 청하였다. 공자가 말했다: "유래가 있는가?" 자로가 대답했다: "있습니다. 뢰(誄)에 말하기를, '위로 천신(天神)과 아래로 지신(地神)에게 기도한다.' 하였습니다." 공자가 말했다: "그렇다면 나는 이미 기도드린 지가 오래다."[9]
>
> 계로가 귀신 섬기는 법에 대해 물었다. 공자가 대답했다: "아직 사람을 섬길 수도 없는

---

7) 伯牛有疾, 子問之, 自牖執其手, 曰: "亡之, **命**矣夫. 斯人也而有斯疾也! 斯人也而有斯疾也!" (雍也: 8); 子曰: "回也, 其庶乎, 屢空. 賜, 不受**命**, 而貨殖焉, 億則屢中." (先進: 18); 司馬牛憂曰: "人皆有兄弟, 我獨亡." 子夏曰: "商聞之矣, 死生有**命**, 富貴在**天**. 君子敬而無失, 與人恭而有禮. 四海之內, 皆兄弟也, 君子何患乎無兄弟也?" (顏淵: 5); 公伯寮愬子路於季孫. 子服景伯以告, 曰: "夫子固有惑志於公伯寮, 吾力猶能肆諸市朝." 子曰: "道之將行也與, **命**也, 道之將廢也與, **命**也. 公伯寮其如**命**何!" (憲問: 38).
8) 子曰: "吾十有五而志于學, 三十而立, 四十而不惑, 五十而知**天命**, 六十而耳順, 七十而從心所欲, 不踰矩." (爲政: 4); 孔子曰: "君子有三畏, 畏**天命**, 畏大人, 畏聖人之言. 小人不知**天命**而不畏也, 狎大人, 侮聖人之言." (季氏: 8); 子曰: "不知**命**, 無以爲君子也, 不知禮, 無以立也, 不知言, 無以知人也." (堯曰: 3).
9) 子疾病, 子路請禱. 子曰: "有諸?" 子路對曰: "有之, 〈誄〉曰: '禱爾于上下神祇.'" 子曰: "丘之禱久矣." (述而: 34)

데 어찌 귀신을 섬길 수 있겠는가?" 감히 죽음에 대해 묻습니다. 대답했다: "아직 삶에 대해서도 모르거늘 어찌 죽음을 알 수 있겠는가?"10)

공자에게 합리성이란 무엇을 의미하는가? 하나는 자연세계에서의 운동변화의 법칙이고, 다른 하나는 역사현실에서의 섭리가 그것인 것 같다. 먼저, 무위적 자연법칙으로서의 천 개념의 용례를 보자.

> 공자가 말했다: "나는 말없음을 실천하고 싶다." 자공이 말했다: "선생님께서 말을 안 하시면 소자들이 어떻게 기술합니까?" 공자가 대답했다: "하늘이 무슨 말을 하는가? 사시(四時)가 움직이고 만물이 생겨남에 하늘이 무슨 말을 한단 말인가?"11)
> 공자께서 물가 상류에 계시다가 말했다: "흐르는 것이 이와 같구나! 밤낮을 쉬지 않는다."12)

하늘은 말이 없다. 그것은 인위적 개입 없이 운행한다. 봄이 가면 여름이 오고, 밤이 지나면 아침이 온다. 사시가 변하듯 만물도 태어나고 죽는다. 물이 흐르듯 세상은 변한다. 세상에 불변하는 것은 없다. 우주도 역사도 인생도 변화의 지속일 뿐이다. 이것이 자연의 세계이다. 자연은 '스스로'(自) '그러함'(然)이다. 자연만물은 항상 변화와 대립과 투쟁과 조화 속에 내재하는 것이다. 여기서 발견되는 공자의 세계관은 철저히 시간적이고, 생성론적이고 과정론적인 사유이다. 저 서양의 고대철학자인 헤라클레이토스(Heraclitus)적 사유가 그랬고, 노자와 장자의 사유가 이것이다. 공자는 역사현실도 이러한 무위적 자연법칙에 따를 때 가장 이상적이라고 여겼다. 이른바 요순지치(堯舜至治)와 무위이치(無爲而治)는 공자가 역사현실에서 이루고 싶은 궁극적 목표였고 이념이었다.13)

그러나 공자는 무위이치(無爲而治)가 말 그대로 이념형에 불과한 것임을 간파한 것 같다.

---

10) 季路問事鬼神。子曰: "未能事人, 焉能事鬼?" "敢問死。" 曰: "未知生, 焉知死?" (先進: 11)
11) 子曰: "予欲無言。" 子貢曰: "子如不言, 則小子何述焉?" 子曰: "**天**何言哉? 四時行焉, 百物生焉, **天**何言哉?" (陽貨: 19).
12) 子在川上曰: "逝者如斯夫! 不舍晝夜." (子罕: 16).
13) 子曰: "大哉! 堯之爲君也! 巍巍乎! 唯**天**爲大, 唯堯則之. 蕩蕩乎! 民無能名焉. 巍巍乎, 其有成功也! 煥乎其有文章!" (泰伯: 19).

자연세계와는 달리 역사현실에 부여된 천명은 다른 것이라 직관했다고 볼 수밖에 없다. 그랬기에 그는 달성해야할 이상을 역사현실에 맞추어 조정하였던 바, 그것이 바로 합리적인 도덕의 나라, 예악(禮樂)의 나라를 만드는 것이었다. 공자가 보기에 천(天)은 역사과정과 개인의 실존적 삶에서 일정한 섭리(攝理)를 주재하고 있다. 그는 스스로가 하늘로부터 일정한 사명(使命)을 부여받았다고 확신하고 그것의 실현에 일생을 몸 바친 것이다.

> 공자께서 광 땅에서 위기에 처했을 때 말했다: "문왕께서는 이미 죽었지만 그가 남긴 문화가 나에게 있지 않은가? 하늘이 이 문화를 버리려 했다면 나중에 죽을 자가 그 문화에 참여할 수 없었을 것이다. 하늘이 이 문화를 아직 버리지 않았거늘, 광인이 나를 어쩔 수 있겠는가?"14)
>
> 공자가 말했다: "하늘이 나에게 덕을 주셨거늘, 환퇴가 나를 어쩔 수 있겠는가?"15)

공자의 천에 대한 믿음은 역사현실이 우연성에 의해서가 아니라 천의 섭리에 의해 주재되고 있다는 믿음과 연결되고, 이러한 믿음은 역사현실에 일정한 합리성이 있다는 것을 가정한다. 공자에게 역사현실의 합리성이란 무엇을 의미하는가? 그것은 보다 이성적으로 계명되고 도덕적으로 성숙되어서 진정한 의미의 질서와 평화가 정착된 인간적 사회의 실현일 것이다. 도덕의 나라, 예악(禮樂)의 나라가 그것이다. 이러한 공자의 이상은 그가 천을 믿는 한에 있어서 확고한 불변적 믿음일 것이다. 많은 사례는 아니지만 도덕법칙의 근거로서의 의리천(義理天) 개념의 등장도 이와 무관하지 않을 것이다.

> 공자가 말했다: "나를 알아주는 이가 없구나!" 자공이 말했다: "어찌 선생님을 알아주지 않는다고 하십니까?" 공자가 말했다: "하늘을 원망하지 않고 사람을 탓하지 않는다. 아래로 일상의 도를 배우고 위로 천리에 통달하니(下學而上達), 나를 알아주는 이는 저 하늘인저!"16)

---

14) 子畏於匡, 曰: "文王旣沒, 文不在茲乎? 天之將喪斯文也, 後死者不得與於斯文也, 天之未喪斯文也, 匡人其如予何?"(子罕: 5).
15) 子曰: "天生德於予, 桓魋其如予何?"(述而: 22).
16) 子曰: "莫我知也夫! 子貢曰: "何爲其莫知子也?" 子曰: "不怨天, 不尤人, 下學而上達。知我者其天乎!"(憲問: 37).

하학(下學)은 '역사현실과 인간 삶의 제반 일'[人事]의 일을 배우는 것이고, 상달(上達)은 인사의 저변에 변치 않고 존재하는 섭리에 통달하는 것이다. 하늘은 말이 없기에 하늘을 탓할 이유도 없다. 그러나 하늘에 자연법칙이 있듯이 인사에는 섭리로서의 도덕법칙이 있다. 그것을 따라 배우고 나에게 주어진 사명을 다할 뿐이다.

그러나 공자는 자기의 사명을 자각하고 부단한 노력을 했음에도 불구하고 그것이 실현되지 못하자 현실 역사의 과정이 합리적이지만은 않을 뿐만 아니라, 설사 장기적 안목에서는 합리적이라고 하더라도 단기적으로는 불합리하고 불가해(不可解)한 측면이 있고, 또한 그러한 이상의 실현이 대단히 어렵다는 것을 자각하게 된다. 그러나 공자는 역사현실 속에서 예악의 나라를 만드는 자기의 이상이 실현 불가능한 것을 알면서도 최후까지 그 이상을 포기하지 않고 자기의 능력이 닿는 한에서 최선을 다했을 뿐만 아니라, 보다 장기적 안목에서 교육을 통한 이상의 실현을 추구함으로써 '진인사대천명'(盡人事待天命)을 몸소 실천하였다. 우리는 이것이 공자라는 성인의 진면목이었다고 평가해야 마땅할 것이다.

이상에서, 『논어論語』에서 나타나는 천 개념은 네 가지로 요약된다. 의지를 가진 인격신으로서의 상제천(上帝天), 인간의 힘으로 어쩔 수 없는 불가항력적 운명의 힘을 뜻하는 천명(天命), 무위적 자연법칙을 뜻하는 자연천(自然天), 도덕법칙의 근거로서의 의리천(義理天) 등이 그것이다. 한편, 『논어論語』에서 공자의 우주론을 추론해 볼 수 있는 또 하나의 용어가 '역(易)'자이다. 빌헤름(Hellmut Wilhelm)이 주장했듯이, 『주역(周易)』은 고대 중국인들의 '총체적 우주관', 또는 '삶과 세상에 대한 상징체계'라 할 수 있기 때문이다.[17] 「공자세가孔子世家」의 기록에 의할 때, 그는 『주역』을 위편삼절(韋編三絶; 죽간을 묶은 끈이 세 번이나 끊어짐)할 정도로 읽었다고 한다. 이것이 맞다면, 『논어』에도 주역의 경문을 인용하거나 아니면 이를 간접적으로 활용하여 세계관을 피력하는 대목들이 등장할만하다. 그러나 아무리 뒤져도 『논어』에서 『주역』을 인용한 구절을 찾기도 어렵거니와, 있더라도 세계관을 함의하는 것과는 무관한 내용이 인용되고 있을 뿐이다.

후대의 유교 사상가들은 『주역』의 「계사전(繫辭傳)」을 공자의 저술로 여기고, 여기에 토대하여 공자의 세계관을 해석해 내었지만, 청대(淸代)의 고증학을 거치면서 「계사전」은 공자의 작품이 아니라고 밝혀지고 있다. 공자가 「계사전」을 실제로 썼든 안 썼든 간에 그것이 함장

---

17) Hellmut Wilhelm, *Heaven, Earth, and Man in the Book of Changes* (University of Washington Press, 1980).

하고 있는 세계관에 대해 아무런 관점도 없었던 것일까?[18] 『논어』 속의 천(天)의 용례에 의할 때, 공자는 분명히 천명(天命)에 대해 인식했고, 노장류의 무위적 세계관(自然天)과 유가류의 당위적 세계관(義理天)을 동시에 가졌던 것으로 볼 수 있다. 그렇다면 공자는 분명 『주역』을 읽으면서 나름대로 세계관에 대한 관점을 가졌을 것으로 짐작할만하다. 그러나 아쉽게도 우리는 그것을 자세히 알 수가 없다. 다만, 지금까지 천(天) 개념을 중심으로 공자의 세계관을 추론한 바에 따를 때, 그는 이러한 두 관점을 모두 가지면서 어느 하나만을 특정의 진리로 규정하지 않았던 미제(未濟)의 사상가가 아닌가 한다. 주역의 마지막 괘가 바로 미제괘(未濟卦)였음을 우리는 주목할 필요가 있다. 공자의 사유가 미제적인 세상보기의 메시지를 띠고 있다는 것은 곧 인간을 미제적인 존재로 해석하고 있다는 것과 같다. 인간은 어떤 진리로서 완결되지 않은 영원한 불가사의의 존재라고 공자는 여기고 있는 듯이 보인다. 이러한 점을 다음의 절에서 고찰하여 보기로 하자.

Ⅲ. 심성론: 마음의 본체와 작용

1. 마음[心]이란 무엇인가?

『논어』에서 마음 '심(心)'자가 사용된 용례를 그리 많지 않다. 겨우 5번 나타나는데, 그것

---

18) 「계사전」에 의하면, "우주에는 '커다란 극'(太極)이 있었다. 이 태극이 양의를 낳았고, 양의는 사상을 낳았고, 사상은 팔괘를 낳았다."(易有太極, 是生兩儀, 兩儀生四象, 四象生八卦. 「계사상전繫辭上傳:11」). 이렇게 하여, 우선 가장 기본 괘인 팔괘가 탄생하였고, 이 팔괘가 서로 거듭(8X8)하여 64괘가 이루어진다. 「계사전」의 언표는 마치 세계 탄생의 기원과도 같다. 그러나 여기에 나타난 우주론은 다음의 한계를 갖는다. 첫째, 만물의 생성과정을 모두 설명하지 못하고 있다. 즉, 사물 이전의 음양, 사상, 팔괘 등의 생성까지만 언급하고 있을 뿐 아직 구체적인 사물의 탄생에 대한 언급이 없다. 둘째, 태극과 음양 간의 관계가 애매하다. 즉, 태극이 음양을 낳았다고 하는데, 태극은 무엇이고 어떻게 낳게 되었는지에 대한 구체적인 설명이 없다. 셋째, 태극 이전에는 무엇이 있었는가? 아무 것도 없었다면 태극은 어떻게 생겨나게 되었는지도 알 수 없다. 이러한 한계들이 오히려 우주론에 관한 다양한 해석의 가능성을 열어놓고 있다고 할 수 있다. 윤사순, "동양 본체론의 의의," 한국동양철학회 편, 『동양철학의 본체론과 인성론』(연세대학교 출판부, 1982년 초판, 여기서는 1996년 7판), 152~153쪽.

은 아래와 같다.

① 공자가 말했다: "나는 15세에 배움에 뜻을 두고, 30세에 자립하고, 40세에 유혹에 넘어가지 않고, 50세에 천명을 알았고, 60세에 귀에 거슬림이 없었고, 70세에 마음이 하고 싶은 바를 따라도 법도를 벗어나지 않았다."[19]

② 공자가 말했다: "안회는 그 마음이 3개월 동안 인을 어기지 않더니, 그 나머지는 날이면 날마다 월이면 월마다 인한 채로 흘러갈 뿐이다."[20] (*도올의 해석 참조)

③ 공자가 위나라에서 경쇠를 연주하고 있었다. 삼태기를 멘 사람이 공씨의 문 앞을 지나가다가 말했다: "속에 품은 마음이 있도다. 경쇠를 연주함이여!" 지나가서 말했다: "비루하고 비천함이여! 자기를 알아주지 않으면 그만둘 뿐이다. 물이 깊으면 옷을 벗어 건너고 물이 얕으면 옷을 걷고 건너면 그만이다." 공자가 말했다: "아~! 어려움이 없구나."[21]

④ 공자가 말했다: "배부르게 먹고 하루 종일 마음 쓰는 바가 없으면 곤란하다. 바둑과 장기가 있지 아니한가? 그거라도 하는 것이 안 하는 것보다는 현명하다."[22]

⑤ 요임금이 말했다: "아아! 너 순이여! 하늘의 역수가 너의 몸에 있으니 진실로 그 중을 잡으라. 사해가 곤궁하면 천록이 영원히 끊어질 것이다." 순임금이 또한 이것으로 우에게 명령했다: "나 소자 리는 감히 검은 희생을 받치며 (중략) 상제의 마음 속에 새겨져 있을 것입니다.(중략)" 무너진 나라를 부흥시키고 끊어진 세대를 이어주고, 숨은 인재를 천거하여 등용하자 천하 백성들의 마음이 돌아왔다.(중략).[23]

①은 욕구하는 마음이지만 법도를 벗어나지 않는 마음이다[從心所欲, 不踰矩]. ②는 인

---

19) 子曰: "吾十有五而志于學, 三十而立, 四十而不惑, 五十而知天命, 六十而耳順, 七十而從心所欲, 不踰矩."(爲政: 4).

20) 子曰: "回也, 其心三月不違仁, 其餘則日月至焉而已矣."(雍也: 6).

21) 子擊磬於衛, 有荷蕢而過孔氏之門者, 曰: "有心哉, 擊磬乎!" 旣而曰: "鄙哉, 硜硜乎! 莫己知也, 斯已而已矣。深則厲, 淺則揭。" 子曰: "果哉! 末之難矣。"(憲問: 42).

22) 子曰: "飽食, 終日無所用心, 難矣哉! 不有博奕者乎? 爲之猶賢乎已。"(陽貨: 22).

23) 堯曰: "咨! 爾舜! 天之曆數在爾躬, 允執其中。四海困窮, 天祿永終。" 舜亦以命禹。曰【曰上當有湯字】: "予小子履敢用玄牡, 敢昭告于皇皇后帝, 有罪不敢赦。帝臣不蔽, 簡在帝心。朕躬有罪, 無以萬方, 萬方有罪, 罪在朕躬。周有大賚, 善人是富。雖有周親, 不如仁人。百姓有過, 在予一人。" 謹權量, 審法度, 修廢官, 四方之政行焉。興滅國, 繼絶世, 擧逸民, 天下之民歸心焉。所重, 民食喪祭。寬則得衆, 信則民任焉, 敏則有功, 公則說。(堯曰: 1).

(仁)을 어기지 않는 마음이다[其心三月不違仁]. ③은 뭔가 감정이나 욕구불만 혹은 욕망하는 마음이다[有心哉]. ④는 배부름이나 추구하고 다른 일에 마음 쓰지 않는 마음이다[無所用心]. ⑤는 세상일에 대해 선악을 심판하고 상벌을 내리는 상제의 마음인데[簡在帝心], 이러한 상제의 마음에 따라 정치를 할 때 백성의 마음[天下之民歸心]을 얻을 수 있다. 결국 상제의 마음과 백성의 마음은 같은 것이겠다.

일단 용례들은 모두 마음의 본체 혹은 본성에 관한 것이기보다는 마음의 작용 혹은 기능에 관련한 것들이다. 그리고 여기서 마음이란 대체로 욕구와 욕망의 주체라는 점이다. 문제는 욕구의 수준과 대상에 있다. 좀 더 분석적으로 보자.

첫째, ④의 용례는 배고프면 배부름을 요구하는 일종의 생리적 욕구이다. 생명가진 모든 존재는 생명보존을 위한 생리적 욕구를 가지며, 이 점에서 인간도 마찬가지이다. 그러나 인간과 다른 생명존재 간에 차이점은 생명보존의 욕구해결로 만족할 수 있느냐에 달렸다. 예컨대, 밀림의 왕자 사자는 배고프면 토끼를 잡아먹는다. 그러나 배부르면 그는 토끼와 같이 논다. 그러나 사람은 배고파도 잡아먹고 배불러도 내일을 위해서 잡아둔다. 자연생명들은 생명의 보존을 제일의 욕구로 삼을 뿐, 그 이상도 이하도 없다. 이 틀 내에서 먹고 먹힌다. 이것이 그들 간에 놓여있는 자연스런 무위(無爲)의 법칙이다. 그러나 인간들은 자연스런 무위의 법칙을 정글의 법칙이라 이해한다. 그리하여 정글의 법칙을 치유할 문화와 도덕의 법칙을 입법한다. 공자가 밥 먹고 할 일이 없으면 바둑이나 장기라도 두라고 하는 것도 이러한 점에서이다. 물론 공자가 무위의 법칙보다 도덕과 인위(人爲)의 법칙만을 주장하는 지는 논의의 여지가 있다.

둘째, 인간은 문화를 생산하는 존재들이기에 생리적 욕구를 넘어 사회적 욕구, 도덕적 욕구, 초월적 욕구를 가질 수 있다. ①, ②, ③의 용례는 그러한 인간의 마음과 욕구를 표현한 것이다. ③은 다스려지지 않은 사회에 대한 불만과 그것이 해소되기를 바라는 일종의 사회적 욕구이다. ②는 일단 상식적인 수준에서 인(仁)의 덕을 소유하고자 하는 일종의 도덕적 욕구로 볼 수 있다. ①은 나의 욕망추구가 세상의 법도와 어긋나지 않는, 즉 '욕구와 선(善)의 일치'를 추구하는 일종의 초월적 욕구로 볼 수 있다.

그러나 문장에 주목할 때 ①, ②, ③의 용례는 자연의 무위적 관점에서도 해석할 수 있다. ①의 용례에서 '욕구와 선(善)의 일치'란 나의 욕구추구가 그 자체로 타자들에게 선을 베푸는 그런 행위이고 작용이다. 따라서 그것은 오히려 나의 욕구를 무화(無化)시키는 주체의 해체를 통해서 가능한 것으로 볼 수 있다. 초월하고자 하는 욕구로 말하면 '나'가 주체이지만, 초월한 상태의 '나'는 주체의 해체이다. 초월한 상태의 '나'의 마음은 ⑤의 용례에서 보이는 상제의 마음과 다르지 않을 것이다. 상제는 초월적 존재이고 자연일 수 있기에, 상제의 마음은 인간의 욕구와는 다른 자연적(自然的)·무위적(無爲的) 마음이라 볼 수 있다. 상제와 자연의 마음에는 인간들이 추구하는 그러한 욕구들 자체가 없다. 글자그대로 '스스로 그러함'일 뿐인 무위적 마음이다. 상제는 무위적 마음을 가지고 있기에 세상의 사실을 있는 그대로 여여(如如)하게 비출 수 있고 심판할 수 있다. 이러한 무위적 마음에 따른 정치가 무위이치(無爲而治)이고 백성의 마음을 얻는 첩경이다.

다음, ③의 용례가 나타난 문장에 주목해 보자. 공자는 세상이 다스려지지 않는데 대한 (혹은 자신이 중용되지 않는데 대한) 욕구불만 혹은 욕망하는 마음의 감정을 드러내고 있다. 그러나 삼태기를 멘 사람은 무위적 관점에서 공자를 탓하고 있고, 이에 대해 공자도 적극적 반론보다는 소극적 긍정에 가까운 한탄 혹은 중얼거림을 볼 수 있다. 이러한 공자의 중얼거림은 세상의 욕구를 도덕이나 혹은 인위의 법칙으로 다스릴 수 없고 오히려 그 욕구를 버려야만 다스려질 수 있을 것이라는 무위의 법칙을 드러낸 것이 아닌가 한다.

한편, 앞에서 ②의 용례를 인(仁)의 덕을 소유하고자 하는 일종의 도덕적 욕구라 가정했지만, 여기서도 인의 본질과 도덕의 개념을 무엇으로 볼 것이냐에 따라 전혀 다른 해석이 가능하다. 일단 공자윤리학에서 인은 도덕의 궁극적 원리이다. 그런데 나는 『논어』에서 나타나는 인의 개념을 세 가지로 여긴다. 당위도덕(當爲道德)으로서의 인, 유위도덕(有爲道德)으로서의 인, 무위도덕(無爲道德)으로서의 인이 그것이다.[24] 유위도덕 혹은 실용윤리란 행위의 결과가 선(善)과 유용성을 낳는다면 그것을 도덕적으로 옳다고 여기는 관점이다. 반면, 당위도덕은 행위의 결과(유용성, 실용성, 공리성)와 무관하게 단지 그 가치규범이 옳다는 이유 때문에 지켜지기를 주장하는 관점이다. 당위도덕적 인이 충서(忠恕)라면, 유위도덕적 인은 실용이고 공리이다. 한편, 당위도덕도 유위도덕도 사람중심, 나중심의 윤리라는 점에서 같다. 그러나 무위도덕은 타자중심, 생명중심의 윤리이다. 자연은 원래 공생공명의 세계이다. 무위도덕적 인이란 생명사랑의 마음이고 세상의 모든 존재들을 공생공명의 일체로 여기는 형제애의 마음이다. 이처럼, 인(仁)의 개념을 세 가지로 볼 수 있다면, ②의 용례에 나타난 인의 덕을 소유하고자 하는 마음의 도덕적 욕구도 일의적으로 해석할 수 없다.

---

24) 무위도덕, 당위도덕, 유위도덕에 대한 자세한 논거와 논의는 졸고, "공자의 윤리사상 다시 읽기: 仁 개념의 재조명을 중심으로", 『윤리연구』 제84호 (한국윤리학회, 2012. 3), 17~26쪽. 이 책의 3장 참조.

결국 마음에는 두 가지가 있다. 인위적인 마음과 무위적인 마음이다. 인위적인 마음은 인간만의 마음이고 그것은 온갖 욕구의 주체이다. 그러나 인간적 욕구를 초탈한 무위적 마음이 있다. 자연의 마음이 그것이고 인간도 그런 마음을 터득할 수 있다. 이 점에서 공자는 인간의 마음을 어느 한쪽으로만 정의하는 관점을 거부했던 것이 아닌가 한다. 그래서 그는 마음의 본체 혹은 본성에 대한 관점도 명확히 하기를 저어했던 것이라 여긴다.

2. 마음의 본체로서 인성론

모든 마음의 표현은 마음속의 본성이 몸을 통하여 밖으로 표출되는 작용이라는 관점을 가졌기 때문에, 중국의 사상가들은 마음의 작용보다는 본성을 탐구하는 데에 더 심혈을 기울였다. 특히, 중국철학에서 인간의 본성을 어떻게 볼 것이냐 하는 것은 이후의 사상적 체계를 세우는데 있어서 중요한 철학적 전제이고 가정이었다. 그러나 공자는 심성론적 체계를 명료하게 세우지 않았기에, 『논어』의 단편적인 기록들을 통하여 추론해 볼 수밖에 없다. 여하튼 중국유학철학사에서 인간본성을 보는 관점은 대략 7가지로 볼 수 있다.[25] 성선설(性善說; 맹자), 성악설(性惡說; 순자), 성유선유악설(性有善有惡說; 왕충), 성선악혼설(性善惡混說; 양웅) 혹은 성유탐인설(性有貪仁說; 동중서), 성삼품설(性三品說; 순열, 한유 등), 본연기질성설(本然氣質性說; 주자 등), 성무선무악설(性無善無惡說; 고자) 혹은 심무선무악설(心無善無惡說; 왕양명) 등이 그것이다. 이러한 7가지 관점 중에 『논어』에 함의된 공자의 인성론은 무엇일까? 공자의 인성론에 대한 전통적 해석은 성선설을 주장했다는 것이다. 그러나 이는 어디까지나 공맹유학을 정통유학으로 보는 유학자들의 해석일 뿐이다. 특히, 정이천과 주희의 해석이 크게 영향을 미쳤다. 일단 공자는 인성론 자체를 언급한 일이 거의 없다. 제자인 자공(子貢)이 그렇게 실토하고 있다.[26] 『논어』에서 인성과 관련한 구체적인 언급은 딱 한번이다.

공자가 말했다: "본성은 서로 가까운데, 학습으로 서로 별어졌다."[27]

---

25) 배종호, "동양 인성론의 의의," 『동양철학의 본체론과 인성론』(연세대학교 출판부, 1996), 343~367쪽 참조.
26) 子貢曰: "夫子之文章, 可得而聞也, 夫子之言性與天道, 不可得而聞也."(公冶長: 12)
27) 子曰: "性相近也, 習相遠也."(陽貨: 2).

이 구절에 대해 『논어집주』의 해석을 보면, 정자는 "이것은 기질지성을 말한 것이지 본연지성을 말한 것이 아니다. 만약 그 본연지성을 말한다면 '성은 곧 리'(性卽理)이니, 리는 불선함이 없고, 맹자가 성선을 말한 것이 이것이다. 본연지성이라면 어찌 서로 가까움이 있다고 하겠는가?"28)라고 말한다. 그리고 주자는 "여기서 이른바 성(性)이란 기질(氣質)을 겸하여 말한 것이다. 기질지성은 실로 사람마다 선하고 악함이 같지 아니하다. 그러나 그 처음으로 말한다면 모두 멂(선악의 갈림)이 심하지 않다. 단지 선에 학습이 되면 선해지고, 악에 학습이 되면 악해진다. 이로부터 비로소 서로 멀어지는 것이다."29)라고 주석하고 있다.

이러한 정자와 주자의 해석은 본연기질성론의 관점이다. 이 관점에 따를 때, 본연지성은 선 그 자체임으로 기질에 상관없이 인간일반의 본성은 선하다[性善]고 보는 것이다. 여하튼 이 구절에 대한 두 사람의 해석은 이후 주자학자들에게 공자의 정설처럼 믿게 만드는 계기가 되었다. 이러한 그들의 관점이 반드시 틀렸다고 단정할 수는 없지만, 우선 우리는 이 구절을 글자 그대로 해석할 필요가 있다고 여긴다. "성(性)은 서로 가깝지만은 습(習)은 서로 멀다."고 한 말을 글자 그대로 해석하면, 인성은 원래 선악의 차별이 없고, 습성으로 말미암아 서로 멀리 된다는 뜻이라 하겠다. 그렇다면 이는 본성의 선악을 어느 한쪽으로 규정한 것이라기보다는 성무선무악설(性無善無惡說)을 주장한 것이라 볼 수 있다.30)

이 구절에 대한 해석과 상관없이, 공자의 인성론을 성선설로 읽을 만한 기록이 『논어』에 전혀 없는 것은 아니다. 이를테면 다음의 인용은 대표적인 구절이다.

子曰:"人之生也直, 罔之生也幸而免。"(雍也: 17)
 [해석1] 공자가 말했다; "사람은 태어나면서 곧은 것이니, 곧지 않게 사는 삶은 요행으로 면하는 삶일 뿐이다."
 [해석2] 공자가 말했다: "사람의 삶은 곧아야 하는데, 곧지 않게 사는 삶은 요행으로 면하는 삶일 뿐이다."

전통적으로 위 구절의 '인지생야직'(人之生也直)을 "인간은 태어나면서 정직한 것"이라

---

28) 程子曰, 此言氣質之性, 非言性之本也. 若言其本, 則性卽是理, 理無不善, 孟子之言性善, 是也, 何相近之有哉.
29) 此所謂性, 兼氣質而言者也, 氣質之性, 固有美惡之不同矣. 然以其初而言, 則皆不甚相遠也, 但習於善則善, 習於惡則惡, 於是, 始相遠耳.
30) 배종호, 앞의 글, 앞의 책, 357쪽.

번역[해석1]하여 마치 인간의 본성을 선한 것으로 보는 주장으로 읽어왔다. 예컨대, 도올도 직(直)을 '정직'이라 보진 않지만, 이 구절을 맹자에 앞서 성선론을 주장한 공자의 생각으로 보고 있다.31) 여기서 관건은 '생'(生)자를 어떻게 읽을 것인가 인데, 그것은 두 가지로 읽을 수 있다. 전통적인 관점처럼 하나[해석1]는 '낳다, 태어나다'는 것이고, 다른 하나[해석2]는 '살다, 삶'이다. [해석1]의 문제는 앞의 생[人之生]자와 뒤의 생[罔之生]자를 서로 다른 의미로 해석하고 있다는 점이다. 그러나 [해석2]는 생(生)자를 모두 '살다, 삶'으로 해석하는 관점이다. 한 문장에서 같은 글자를 서로 다른 뜻으로 사용하고 있는 것은 아무래도 어색하다. 그래서 나는 전통적 해석에 동의하지 않는다. 이 구절은 공자가 그냥 단순하게 사람은 삶을 곧게 살아가야 한다고 주장한 단편적 기록으로 보는 것이 더 타당하지 않은가 한다.

그러나 이 구절을 [해석1]처럼 전통적 관점으로 읽는다 해도 우리는 공자의 인성론이 무엇인지 명쾌하게 규정할 수 없게 된다. 성무선무악설과 성선설 중 어느 것이 맞는가? 다음의 기록들을 만나면 우리는 더욱 난처해진다.

> 공자가 말했다: "태어나면서 아는 자는 최상이고, 배워서 아는 자는 그 다음이며, 괴롭게 배워서 아는 자는 또 그 다음이다. 곤한데도 배우지 않은 자들은 최하의 사람이 된다."32) ; 공자가 말했다: "오직 상지(上知)와 하우(下愚)는 변화시키지 못한다."33) ; "중인 이상은 상지의 사람과 대화가 가능하지만, 중인이하는 상지의 사람과 대화가 불가능하다."34)

위 세 단편적 기록은 인간이 태어나면서부터 마치 결정론적으로 생지자(生知者 혹은 上知者; 선천적으로 아는 자, 즉 聖人), 학지자(學知者, 배워서 아는 자, 즉 君子), 곤지자(困知者혹은 下愚; 괴롭게 배워야만 아는 자, 즉 民)로 나뉘는 것처럼 읽어온 것들이다. 이것은 훗날 성유선유악설, 성유선악혼설, 성삼품설을 주장하는 논거가 되기도 한 것이었다. 그리고 주자학에서는 기질지성의 다양성을 논거하는 것으로 읽었던 것이기도 하다.

공자는 그 무엇보다 배움과 교육을 강조했던 사상가였다. 그런 점에서 그가 인성을 결정론적으로 보았을 리는 만무하다. 그래서 나는 적어도 위 세 단편에 관한한 모두 배움과 교육

---

31) 김용옥, 『논어 한글역주 2』(서울: 통나무, 2010), 467쪽.
32) 孔子曰: "生而知之者上也, 學而知之者次也, 困而學之, 又其次也, 困而不學, 民斯爲下矣." (季氏: 9).
33) 子曰: "唯上知與下愚不移." (陽貨: 3).
34) 子曰: "中人以上, 可以語上也, 中人以下, 不可以語上也." (雍也: 19).

의 관점에서 읽는다. 특히, 이것들이 도덕적인 의미에서 본성이 선하거나 악하게 태어나는 자가 있다고 보는 관점과는 거리가 멀다고 여긴다. 생지자나 상지자는 성인이다. 그는 인간 중심적인 상대적 진리를 넘어 무위적 진리를 깨달은 자가 아닐까 한다. 무위적 진리를 터득한 성인은 세상을 있는 사실 그대로 여여(如如)하게 바라본다. 태어나면서부터 그런 사실성의 진리를 터득한 사람이 있을 수도 있을 것이다. 그러나 그것은 어디까지나 배움과 교육의 관점에서 보면 이상이고 도달해야할 궁극적 목표일뿐이다.

그렇다면 공자의 인성에 대한 관점은 무엇인가? 다시 돌아가서, 성무선무악설과 성선설 중 어느 것이 맞는 가가 관건인 것 같다. 성무선무악설을 주장한 대표적인 고대 사상가는 고자(告子)이고, 성선설을 주장한 대표적인 이는 맹자(孟子)이다. 그렇다면 과연 공자의 관점은 무엇일까? 나는 앞에서 '생'(生)자를 두 가지 뜻으로 해석할 수 있다고 하였다. 즉, ① '낳다, 태어나다', ② '(더불어) 살다, 삶'이 그것이다. 이에 더하여 앞 절에서 보았듯이 '인'(仁)자도 두 가지로 해석할 수 있다고 여긴다. ① '생명사랑, 생명력', ② '(두 사람이) 서로 사랑함'이 그것이다. 생(生)과 인(仁)을 조합하여 해석하면, ① '생명을 낳고, 생명을 사랑한다.', ② '너불어 살고 서로 사랑한다.'가 될 것이다.

나는 전자의 ①이 고자의 관점(성무선무악설)이고, 그 시원은 공자로부터 시작되었다고 여긴다. 그리고 후자의 ②는 맹자의 관점(성선설)에 가깝지만, 순자의 관점(성악설)으로 발전할 수도 있다. 순자는 인간의 본성을 이기심으로 보지만, 모두가 죽는 이전투구로부터 벗어나기 위해, 인간은 도덕[禮]을 만드는 지성을 발휘했다고 여긴다. 맹자가 선천적 인의의 도덕성으로 욕망을 극복하는 당위윤리를 주장했다면, 순자는 후천적 예법(禮法)으로 욕망을 합리적으로 조절하는 혹은 욕망을 예법에 걸맞게 합리적으로 추구하는 유위윤리를 주장하였다. 그러나 고자는 당위윤리도 유위윤리도 아닌 무위윤리를 생각했던 것이 아닌가 한다. 무위윤리란 '자리즉이타'(自利卽利他), 즉 나의 욕구추구가 곧 도덕적 선이 되는 윤리이다.

공자는 모든 인성론의 시원이고, 어느 하나를 진리로 규정하지 않은 관점을 가졌다고 여긴다. 그랬기에 공자는 인성론에 대해 적극적으로 언급하지 않았던 것이 아닌가 한다. 입론의 선후를 따진다면, 처음에 공자도 고자처럼 성무선무악설이 맞다고 봤다. 그러나 춘추시대라는 욕망으로 들끓은 악의 사회적 상황이 공자로 하여금 고자적 관점과 무위윤리를 고수할 수 없게 만들었다. 그래서 그는 생(生)과 인(仁)의 해석을 ②번으로 재해석하였다.

결국 공자의 인성론은 성무선악설이고, 여기에 문화적 혹은 2차적 인성론을 덧붙인 관점이라 하겠다. 전자로부터 무위윤리가 입법될 수 있고, 후자로부터 당위윤리와 유위윤리가 입법될 수 있다. 무위윤리는 생명중심주의이고 자연주의이다. 모든 만물은 생명을 소중히 여긴다. 생명을 보존하기 위해, 말하자면 필요와 요구를 벗어나지 않은 범위 내에서 자리심을 추구한다. 그 자리심은 동시에 타자의 생명에게도 보시를 제공한다. 자연은 그렇게 생명끼리 서로 얽혀있고 서로 생명을 북돋운다. 그러나 당위윤리나 유위윤리는 인간중심주의적인 관점이다. 이 중 공자가 더 무게중심을 두고 사유한 관점은 당위윤리적 관점인 듯하다. 시대적 상황이 그러한 사유로 더 치중하게 만들었다.

Ⅳ. 결론

세계와 인간을 바라보는 관점은 철학적 사유의 근본토대를 이룬다. 이 장에서 우리는 공자가 여러 가지 상황에서 남긴 『논어』의 어록(語錄)을 통하여 그의 세계관과 심성론을 다시 읽어보고자 하였다. 특히, 세계와 인간본질에 관련된 용어의 사례들에 주목하여 그것들을 분류하고 유형화하면서 해석학적 글 읽기를 시도하였다.

연구결과를 바탕으로 공자의 세계관과 심성론을 재구성해 본다. 먼저, 『논어』에 나타나는 천 개념은 네 가지로 요약된다. 의지를 가진 인격신으로서의 상제천(上帝天), 인간의 힘으로 어쩔 수 없는 불가항력적 운명의 힘을 뜻하는 천명(天命), 무위적 자연법칙을 뜻하는 자연천(自然天), 도덕법칙의 근거로서의 의리천(義理天) 등이 그것이다. 이러한 천 개념에서 우리가 주목할 것은 그가 노장류의 무위적 세계관(自然天)과 유가류의 당위적 세계관(義理天)을 동시에 가지고 있었다는 것이다. 요컨대, 그는 이러한 두 관점을 모두 가지면서 어느 하나만을 특정의 진리로 규정하지 않았던 미제(未濟)의 사상가였다고 하겠다. 공자의 사유가 미제적인 세상보기의 메시지를 띠고 있다는 것은 곧 인간을 미제적인 존재로 해석하고 있다는 것과 같다. 인간은 어떤 진리로서 완결되지 않은 영원한 불가사의의 존재라고 공자는 여기고 있는 듯이 보인다.

공자는 원래 인간의 본성은 선하지도 악하지도 않은[性無善無惡] 것으로 보았다. 즉, 인간의 본성은 생명을 낳고[生] 생명을 사랑[仁]하는 자연생명의 본성과 다르지 않다고 보았던 것이다. 자연생명들은 자기보존을 위해 자리심을 추구한다. 그러나 그것은 동시에 이타심이

기도 하다. '자리즉이타'(自利卽利他), '욕구와 선의 일치'이다. 그들은 자기보존을 위한 필요와 요구에 따라 무위적 마음을 작동시킨다. 필요와 요구의 충족을 위해 다른 생명을 해쳐야 하지만, 그도 역시 다른 생명의 먹이가 된다. 필요와 요구가 충족되면 쾌감을 느끼고 즐겁고, 충족되지 않으면 불쾌하고 슬프고 화가 난다. 그 이상도 이하도 아니다. 이것이 무위적 자연 생명의 세계이다. 인간도 본래 이러한 삶이 가능했었다.

그러나 인간은 사회를 이루면서 생리적 욕구 수준의 필요와 요구의 충족에 머무를 수 없었다. 그들은 생명보존 수준의 생리와 안전의 욕구를 넘어 사회적 욕구, 자아실현의 욕구 등이 발생하였다. 인간세계에서 이러한 욕구는 이제 자연스런 욕구가 되었다. 아마도 공자는 이러한 인간적 욕구가 자연스럽게 충족되며, 인간 상호간에 '욕구와 선의 일치'가 이루어지도록 하는 사회윤리가 작동되고 그러한 정치가 가능했던 시대를 상정했던 것 같다. 이를테면 당우(唐虞)시대의 무위윤리(無爲倫理)와 무위이치(無爲而治)가 그것이다. 그러나 불행히도 이러한 시대는 오래가지 못했다. 인간들은 서로를 비교하기 시작하였다. 이른바 지성과 이성에 눈뜨게 된 것이다. 바야흐로 공자가 살아야했던 시대는 춘추라는 악의 시대였다. 그래서 그는 더 이상 성무선무악설에 토대한 무위적 마음의 작용이 불가능하게 되었다고 진단했고, 새로운 인성론을 구축할 수밖에 없었다. 새로운 인성은 후천적으로 함양되어야할 2차적 본성이다.

공자는 인간의 욕망을 인정하되 그것을 합리적인 방향에서 추구하도록 하는 공리와 실용의 유위윤리와 패도정치도 예외적으로 인정했다. 그러나 이를 현실적으로 인정하고 여기에서 머무를 경우, 이러한 실용과 공리의 인정이 자칫 사람들로 하여금 이익의 이전투구로 몰고 가지 않을까 우려한 것 같다. 그래서 그는 가능만하다면 도(道)와 인(仁)의 이름으로 인간의 욕망을 보다 근본적으로 치유하는 당위도덕과 인의(仁義)의 정치를 실현하고자 고군분투하였다. 특히, 공자 말년의 삶은 제자들에게 이러한 당위의 도덕성을 함양하는데 모든 것을 바친 교육적 삶이었다. 당위의 도덕성을 설득하기 위해 그는 인간의 본성이 원래 선한 것이란 성선설의 입론도 고민하였다. 여하튼 사람들은 자기 욕망과 삶의 목표들이 실현 여부에 따라 온갖 감정들을 분출한다. 그러나 당위의 도덕성으로 무장된 사람은 내가 하고 싶지 않은 일을 남에게도 강요하지 않는 충서의 원리에 따라 욕망을 절제하고 감정을 적절히 조절할 수 있다. 이를 위해 도덕적 추론능력과 같은 이성적 사유도 중요해진다. 이것이 공자의 심성론의 핵심인 듯하다.

그러나 공자는 자기시대에 실용적 진리도 당위적 진리도 실현하지 못하였다. 다만 자신은 70세에 '욕구와 선의 일치'를 실현하는 무위적 진리를 터득할 수 있었다. 공자시대에 그가 그랬듯, 오늘날도 인간들은 온갖 인위적 노력에도 불구하고 인간의 문제를 해결하지 못하고 있는 실정이다. 궁극적으로 인간의 문제를 해결하는 길은 탈인간적 무위의 사유와 진리를 통해서만 가능한 것이 아닌가 하는 생각이다. 공자가 70세에 '종심소욕불유구'(從心所慾不踰矩)!!를 선언하는 것은 바로 이 점을 알려주는 것이 아니겠는가. 나 중심, 인간중심의 주체적 사유를 해체시킬 때, 우리는 비소로 세계를 있는 그대로의 사실을 직관해낼 수 있다. 세계는 생명들의 그물이다. 그것이 생명세계의 사실이다. 나의 생명을 보존하려면 타자의 생명이 보존되어야만 가능하다. 내가 행복하려면 남도 행복해야 가능하다. 문제는 이러한 무위적 진리의 터득을 70세가 아니라 좀 더 이른 나이에 터득할 수는 없는가하는 점에 있다.

제3장
윤리사상 다시 읽기
[인(仁) 개념의 재조명]

I. 서론

공자유학은 당위유학, 유위유학, 무위유학의 측면이 모두 들어있다. 따라서 공자유학의 본질은 그 중 어느 하나를 진리로 단정하지 않은 '시중적(時中的)이고 미제적(未濟的)인 세상보기의 도(道)'로 요약될 수 있다. 이러한 점을 앞의 2장에서 세계관과 심성론의 탐색을 통해서 입증한 바 있다. 세계와 인간을 바라보는 관점은 철학적 사유의 근본토대를 이룬다고 하였다. 그렇다면, 이러한 미제적 세상보기의 관점은 윤리학을 정초하는 사유체계에도 그대로 반영됨직 하다. 이미 앞 장에서 그러한 점이 어느 정도 시사된 바 있지만, 이 장에서는 본격적으로 공자의 윤리사상을 읽어보기로 한다.

이 책의 1장에서, 도덕 개념은 '특정질서 혹은 제도로서의 도덕'과, '기본정신 혹은 원리로서의 도덕' 개념으로 요약할 수 있다고 하였다. 전자의 도덕은 일정한 시대와 장소에서 구체적 질서나 규범으로 표출되는 특정사회 도덕(group moral)을 의미하고, 후자의 도덕은 다양한 특정사회 도덕들의 밑바탕에 놓여 있는 어떤 공통된 정신, 즉 도덕의 기본 원리를 의미한다. 우리는 이러한 도덕 개념의 이해방식에 따라 『논어論語』에 함의된 공자의 윤리사상을 고찰할 수 있다고 여긴다. 이를 위해 우선 예(禮)·악(樂)·인(仁)이라는 용어들에 주목하고자 한다. 『논어』에는 이외에 여러 가지 덕목들이 제시되고 있지만, 위 세 가지 용어야말로 공자 윤리론의 핵심용어들이라 생각하기 때문이다.

결론부터 말하면, 공자는 특정질서 혹은 규범으로서의 도덕 개념을 예악(禮樂)이라 규정하였고, 모든 규범과 덕목의 바탕이 되는 기본정신 혹은 도덕의 궁극적 원리로 인(仁)을 제시하여 그것을 전덕(全德)으로 삼았다. 전덕으로서의 인(仁)을 터득할 때 덕 있는 사람이라 할 수 있는바, 그는 도덕적 상황에서 인(仁)의 원리를 바탕으로 규범을 입법하고 집행하고 심판할 수 있다. 이미 필자는 이러한 공자의 윤리사상을 다른 글에서 주장해왔다.[1] 이 장에서는 이러한 관점을 재확인하는 가운데, 특히 공자의 인(仁)사상을 재조명하고자 한다. 지금까지 공자의 인(仁) 개념은 당위윤리적 관점에서만 읽어왔다.[2] 그러나 인(仁)은 일의적인 개념이 아니다. 당위윤리뿐만 아니라 유위윤리와 무위윤리적 관점도 함께 함의하고 있는 것이 인의 사상이다.[3] 이 장에서는 그러한 점을 드러내기 위해 공자의 윤리사상 다시 읽기를 시도한다.

Ⅱ. 예악(禮樂) : 특정질서로서의 도덕

공자가 살았던 춘추시대는 종법과 혈연관계를 토대로 하는 주대의 봉건제도가 무너지는 가운데 중앙집권화가 가속화되고 이욕의 추구가 보편화되는 추세에 있었다. 이러한 상황에 대해, 공자는 '천하에 도가 사라진'(天下無道) 혹은 '예가 무너지고 악이 붕괴된'(禮壞樂崩) 시대로 진단한 바 있다. 이러한 시대적 상황을 맞아 공자가 해야 할 일차적인 과업은 예악의 문화를 다시 복원하는 일이었다.

공자가 복원하고자 했던 예악의 문화는 가장 가까이는 주례(周禮)였다. 그러나 그것이 전부는 아니었다. 그는 할 수만 있다면, 주나라보다 더 앞선 선진(先進)의 예악을 따르겠다고 했기 때문이다.[4] 주례는 오례(五禮: 길례吉禮, 가례嘉禮, 빈례賓禮, 군례軍禮, 흉례凶禮)로 정리되듯이, 규범이고 제도의 뜻이 담겨있다. 그러나 예의 시원은 의례의 절차였다. 여기에서

---

1) 공자의 윤리사상에 대한 이러한 관점은 일찍이 필자가 주장해 왔으며, 어느 정도 통용되는 관점이라 여긴다. 졸저, 『유교도덕교육론』(서울: 원미사, 2001), 42~46쪽; 『한국전통도덕교육론』(파주: 한국학술정보, 2006), 28-30쪽.
2) 필자는 그 이유를 맹자와 주자에 의해 해석된 정통유학적 관점에서 공자를 읽어왔기 때문이라고 여긴다.
3) 무위윤리, 당위윤리, 유위윤리라는 용어는 철학적 사유의 유형을 무위철학, 당위철학, 유위철학으로 구분한 김형효로부터 가져왔다. 김형효, 『철학적 사유와 진리에 대하여』(서울: 청계, 2004) 참조.
4) 子曰: "先進於禮樂, 野人也, 後進於禮樂, 君子也。如用之, 則吾從先進。"(先進: 1)

부터 출발하여 예는 예절이고 도덕규범이고 법이고 제도를 의미하는 포괄적인 개념으로 발전하였다. 『논어』에서 공자는 이 모든 규범들을 뜻하는 용어로 예(禮)를 채택하고 있다. 그러니까 『논어』에서 예(禮)의 용례는 크게 세 가지로 쓰인다.

먼저, 의례와 예절로써 예(禮)이다.[5] 아래 주(註) 10의 사례들은 예절 혹은 도덕규범으로서의 개념이 보이기도 하지만, 주로 상제례(喪祭禮) 등 의례적 절차를 지칭하는 뜻으로 예(禮)를 사용하고 있다. 둘째, 도덕규범으로써 예(禮)의 용례이다.[6] 도덕규범이란 마땅히 옳은 바를 규정하는 행위의 규칙이다. 그리고 웃어야 할 상황에서 웃고, 슬퍼해야 할 상황에서 슬퍼하고, 공경해야 할 상황에서 공경하고, 관용해야 할 상황에 관용해야 하는 것이 옳음의 도덕이다. 이처럼, 규범이란 단순히 외적인 형식이고 절차만을 의미하지 않았기에, 공자는 그것을 예라고만 칭하지 않고 예악(禮樂)이라 불렀던 것이다. 이 점에 대해서는 뒤에서 더 논의하겠다. 셋째는, 정치 혹은 치도(治道)로서의 예(禮)이다.[7] 도덕규범으로서의 예가 개인이 타인에게 혹은 개인이 사회에 대한 의무를 규정하는 개인윤리라면, 치도로서의 예는 제도이고

---

5) 孟懿子問孝。子曰: "無違。" 樊遲御, 子告之曰: "孟孫問孝於我, 我對曰: 無違。" 樊遲曰: "何謂也?" 子曰: "生事之以禮, 死葬之以禮, 祭之以禮。"(爲政: 5); 子入太廟, 每事問。或曰: "孰謂鄹人之子, 知禮乎? 入太廟, 每事問。" 子聞之曰: "是禮也。"(八佾: 15); 子貢欲去告朔之餼羊。子曰: "賜也! 爾愛其羊, 我愛其禮。"(八佾: 17); 宰我問, "三年之喪, 期已久矣。君子三年不爲禮, 禮必壞, 三年不爲樂, 樂必崩。舊穀旣沒, 新穀旣升, 鑽燧改火, 期可已矣。" 子曰: "食夫稻, 衣夫錦, 於女安乎?" 曰: "安。" "女安則爲之! 夫君子之居喪, 食旨不甘, 聞樂不樂, 居處不安, 故不爲也。今女安則爲之!" 宰我出。子曰: "予之不仁也! 子生三年, 然後免於父母之懷。夫三年之喪, 天下之通喪也, 予也有三年之愛於其父母乎!"(陽貨: 21).

6) 有子曰: "信近於義, 言可復也。恭近於禮, 遠恥辱也。因不失其親, 亦可宗也。"(學而: 13); 子貢曰: "貧而無諂, 富而無驕, 何如?" 子曰: "可也, 未若貧而樂, 富而好禮者也。" 子貢曰: "〈詩〉云: '如切如磋, 如琢如磨', 其斯之謂與!" 子曰: "賜也, 始可與言詩已矣, 告諸往而知來者。"(學而: 15); 林放問禮之本。子曰: "大哉問! 禮與其奢也寧儉, 喪與其易也寧戚。"(八佾: 4); 子曰: "居上不寬, 爲禮不敬, 臨喪不哀, 吾何以觀之哉?"(八佾: 26); 子游曰: "喪致乎哀而止。"(子張: 14); 孔子曰: "益者三樂, 損者三樂。樂節禮樂, 樂道人之善, 樂多賢友, 益矣。樂驕樂, 樂佚遊, 樂宴樂, 損矣。"(季氏: 5).

7) 子曰: "能以禮讓爲國乎, 何有? 不能以禮讓爲國, 如禮何?"(里仁: 13); 子曰: "恭而無禮則勞, 愼而無禮則葸, 勇而無禮則亂, 直而無禮則絞。君子篤於親, 則民興於仁, 故舊不遺, 則民不偸。"(泰伯: 2); 子路曰: "衛君待子而爲政, 子將奚先?" 子曰: "必也正名乎!" 子路曰: "有是哉, 子之迂也! 奚其正?" 子曰: "野哉, 由也! 君子於其所不知, 蓋闕如也。名不正, 則言不順, 言不順, 則事不成, 事不成, 則禮樂不興, 禮樂不興, 則刑罰不中, 刑罰不中, 則民無所措手足。故君子名之必可言也, 言之必可行也。君子於其言, 無所苟而已矣。"(子路: 3); 樊遲請學稼。子曰: "吾不如老農。" 請學爲圃。曰: "吾不如老圃。" 樊遲出。子曰: "小人哉, 樊須也! 上好禮, 則民莫敢不敬, 上好義, 則民莫敢不服, 上好信, 則民莫敢不用情。夫如是, 則四方之民襁負其子而至矣, 焉用稼?"(子路: 4); 子曰: "知及之, 仁不能守之, 雖得之, 必失之。知及之, 仁能守之, 不莊以涖之, 則民不敬。知及之, 仁能守之, 莊以涖之, 動之不以禮, 未善也。"(衛靈公: 32); 子曰: "道之以政, 齊之以刑, 民免而無恥; 道之以德, 齊之以禮, 有恥且格。"(爲政: 3).

법이라는 점에서 그것은 사회의 정의로운 구조를 규정하는 것이며 사회윤리라 할 수 있다. 예나 지금이나 사회가 정의로우려면 위정자가 먼저 솔선하여 예를 지켜야 하고, 백성들에게도 예외 없이 공정하게 예로서 다스려야 한다.

예는 의례이고 예절이고 도덕이고 법이고 제도이다. 그런데 공자는 이러한 모든 규범을 예라고만 칭하지 않고, 예악(禮樂)이라 불렀다고 하였다. 이렇게 부른 공자의 의도는 예가 단순히 형식적이고 외면적인 행위만을 규정하는 규칙만을 의미하는 것이 아니라는 뜻이 담겨 있다. 예의 시원인 의례적 절차에서는 반드시 음악[樂]이 연주되었다. 절차의 마디마다 리듬을 주고 하모니를 넣고자 했던 것이다. 음악이 무엇인가? 사람의 감정을 담는 그릇이다. 슬플 때 슬픔을 노래하고, 기쁠 때 기쁨을 노래한다. 의례적 행사에도 그에 걸맞는 음악이 곁들여질 때 행사는 더욱 장중해지고 의미를 더하게 된다. 그래서 공자는 시와 음악을 매우 중시하였다. 그는 제나라에서 음악을 연구하였고, 말년에는 각국의 시를 모아 정리하기도 하였다.

공자에게 있어 시와 음악 그 자체도 중요한 테마였지만, 더 중요한 것은 예악의 규범문화이다. 그가 궁극적으로 시와 음악을 연구하고 정리한 것도 사실은 예악의 문화를 되살리려했던 데 있었기 때문이다.

> 공자가 말했다: "예다, 예다 말하는데, 옥과 비단을 말하는 것이겠는가? 악이다, 악이다 말하는데 징과 북을 말하는 것이겠는가?"[8]

예란 단순히 옥이나 비단을 의미하는 것이 아니고, 악이란 징이나 북을 의미하는 것이 아니다. 예는 형식이고 절차이고 구분이고 규칙이다. 악은 의미이고 조화이고 화합이고 하모니이다. 그래서 예악은 단순히 규범적인 것만이 아니라 심미적인 뜻이 담겨 있는 것이다. 다음의 기록들을 보자.

> 공자가 말했다: "시에 흥기하고, 예에 서고, 악에 이루어진다.[9]
> 유자가 말했다: "예의 실천은 조화가 중요하다. 선왕의 도는 이것을 아름답게 여겼다. 크

---
8) 子曰: "禮云禮云: 玉帛云乎哉? 樂云樂云: 鐘鼓云乎哉?" (陽貨: 11).
9) 子曰: "興於詩, 立於禮, 成於樂." (泰伯: 8).

고 작은 일이 이로부터 말미암았다. 행해지지 않은 것이 있으면 조화를 알고 조화롭게 해야 한다. 또한 예절로서 하지 않으면 행해지지 않을 것이다.[10]

시와 예와 음악은 같이 간다. 사실 공자시대에는 시가 음악이고 음악이 곧 시였다. 무릇 예는 음악에서 시작하여 음악으로 끝난다. 이처럼 예는 형식적 절차나 외면적 행위에 그쳐서는 안 된다. 내면적 감정과의 조화, 사람과 사람간의 조화가 무엇보다 중요하다. 이러한 예악의 의미를 잘 정리하여 보여주는 기록이 저 『예기(禮記)』라는 경전이다. 말할 것도 없이 공자의 사상을 이은 것이다. 두 기록만 보자.

> 악이란 천지의 조화이고, 예란 천지의 질서이다. 조화하기에 만물이 모두 화합하고, 질서가 있기에 만물이 모두 구별이 있다. 악은 하늘로부터 일어나고 예는 땅으로부터 제작된다. 질서의 구획이 지나치면 어지럽고, 조화가 지나치면 난폭해진다. 천지에 밝은 이후에야 예악이 흥기할 수 있다.[11]
>
> 악이란 같음이고, 예란 다름이다. 같으니 서로 친애하고, 다르니 서로 공경한다. 악이 지나치면 난장판이 되고, 예가 지나치면 소원해진다. 내면적 감정과 외적인 꾸밈이 서로 합해야 예악의 일이라 할 수 있다. 예의가 서면 귀천의 서열이 생기고, 악문을 같이하면 상하가 서로 화합한다. 호오를 드러내면 현불초가 구별된다. 형정으로 폭력을 금지시키고, 작위로 현명한 이를 등용하면 정치가 균등해진다. 인으로 사랑하고 의로 바르게 하면 백성의 다스림이 이루어진다.[12]

예는 질서이고 다름이다. 악은 조화이고 같음이다. 그런데 예가 지나치면 인간관계가 소원해지고, 악이 지나치면 인간관계에 구분이 사라지고 난장판이 된다. 그래서 예와 악의 기가 막힌 중용이 중요하다. 내면적 감정과 외면적 꾸밈이 서로 부합해야 한다. 『예기』의 기록

---

10) 有子曰: "禮之用, 和爲貴。先王之道, 斯爲美, 小大由之。有所不行, 知和而和, 不以禮節之, 亦不可行也。"(學而: 12).
11) 樂者, 天地之和也, 禮者, 天地之序也, 和故百物皆化, 序故羣物皆別, 樂由天作, 禮以地制, 過制則亂, 過作則暴, 明於天地, 然後能興禮樂也.(『禮記』〈樂記篇〉).
12) 樂者爲同, 禮者爲異, 同則相親, 異則相敬, 樂勝則流, 禮勝則離, 合情飾貌者, 禮樂之事也, 禮義立則貴賤等矣, 樂文同則上下和矣, 好惡著則賢不肖別矣, 刑禁暴, 爵擧賢, 則政均矣, 仁以愛之, 義以正之, 如此, 則民治行矣.(『禮記』〈樂記篇〉).

은 예와 악을 모두 갖추었을 때 덕 있는 자가 되는 것이라 하고 있다(禮樂皆得, 謂之有德). 통기타라는 악기도 하나의 악기로서 역할하려면 기타 줄이 각기 음을 내며 자기 역할을 해주어야 한다. 사물놀이 연주도 네 가지 연장(쇠, 장고, 북, 징)을 치는 치배들이 각기 자기 역할을 해줄 때 화합의 음악이 된다. 오케스트라도 그렇고 모든 음악이 그렇다. 이처럼 인간 사회의 삶도 모든 구성원들이 예에 따라 주어진 자기 역할을 다해줄 때 전체적으로는 화합의 장이 될 수 있는 것이다(君君臣臣父父子子). 공자가 구상했던 예악의 문화는 바로 음악적 하모니의 세계와 다르지 않다.

그런데 문제는 음악적 하모니의 세계를 지향하는 예악의 문화가 보수적일 수 있고, 문화상대적일 수 있다는 점이다. 예악이란 시공을 점하는 특정사회의 규범이고 심미적 가치일 수밖에 없기 때문이다. 공자에게 있어 예가 어떻게 습득되는가를 보면 이 점은 더욱 뚜렷해진다. 박문약례(博文約禮)가 그것이다.[13] 예는 어디로부터 오는가? 문(文)에 대해 널리 배움으로부터 온다. 문(文)이란 앞선 세대가 일구어온 사상이고 문화이다. 이러한 사상과 문화에 대해 널리 배운 것을 바탕으로 오늘날에 걸맞게 규범으로 입법하고 제도로 구체화한 것이 바로 예이다. 나는 이것이 박문약례(博文約禮)의 뜻이라고 여긴다. 오늘날에 걸맞게 재 입법하는 것이기에, 예가 묵수적(墨守的)이고 맹목적인 보수성을 갖는 것만은 아닐 것이다. 다음의 기록은 그러한 사례이다.

> 공자가 말했다: "검정 베로 만든 면류관이 예인데, 오늘날에는 생사로 만드니 검소하다. 나는 대중을 따르겠다. 단상 아래에서 절하는 것이 예인데, 오늘날에는 단상 위에서 절하니 교만하다. 비록 대중을 어기지만 나는 아래에서 절하는 예를 따르겠다.[14]

그럼에도 불구하고, 예의 내원이 앞선 세대의 사상과 문화에 근거하는 한 보수성을 띨 가능성이 높고, 더욱이나 문화상대적일 수밖에 없다. 예가 기존 사회질서의 유지만이 아니라 발전과 진보를 위해 기여하는 방향으로 입법되기 위해서는 입법의 근거가 되는 보다 보편적 기준이 필요하다. 어쩌면 그 출발은 기존의 사상과 문화를 괄호 속에 넣고 시작해야 하는 것인지도 모르겠다.

---

13) 子曰: "君子博學於文, 約之以禮, 亦可以弗畔矣夫!"(雍也: 25).
14) 子曰: "麻冕, 禮也, 今也純, 儉, 吾從衆。拜下, 禮也, 今拜乎上, 泰也。雖違衆, 吾從下."(子罕: 3).

자하가 물었다: "'예쁜 웃음에 보조개여! 아름다운 눈에 선명한 눈동자여! 흰 바탕에 문채 냄이로다!'라 했는데 무슨 뜻입니까?" 공자가 대답했다: "그림 그리는 일은 흰 비단보다 나중의 일이다." 다시 물었다: "예는 나중의 일입니까?" 공자가 말했다: "나를 일으켜 세우는 자는 상이로구나! 비로소 더불어 시를 말할 수 있겠다.15)

검은 눈동자를 더욱 선명하게 드러나게 하는 것은 흰 바탕이고, 그림을 부각시키는 것도 흰 도화지이고 흰 비단이 전제되어야 한다. 마찬가지로, 새로운 시대를 여는 진보적인 예를 입법해 내기 위해서는 지난 사상과 문화를 일단 괄호 속에 넣는데서 출발해야 할지 모른다. 공자는 이전시대에 풍미했던 예악의 문화를 되살리고자 고군분투하였다. 그것은 단순히 주례(周禮) 자체를 회복하는 것이라기보다는 지난 시대에 풍미했던 예악의 문화였다. 새로운 시대에는 새로운 예악의 문화가 필요했다. 이를 위해서는 오히려 지난시기의 예악도 반성적 검토를 거쳐야 할 대상이었다. 그 반성적 검토와 새로운 예악의 입법을 위한 준거가 필요했다. 공자는 바로 이를 위한 새로운 보편적 규준으로 인(仁)의 원리를 제시했다.

공자가 말했다: "사람이면서 인하지 않으면 예는 무엇 하리오? 사람이면서 인하지 않으면 악을 무엇 하리오?16)

예는 의례이고 예절이고 도덕이고 법이고 제도이다. 그러나 예는 단순히 형식적이고 외면적인 행위만을 규정하는 규칙인 것은 아니다. 예는 세상의 다름을 구분하고 질서를 위한 것이지만, 그것의 궁극적 존재이유는 존재들 간의 화합과 하모니를 위한 것이다. 음악적 하모니의 세계를 지향하는 것이 예악의 문화이다. 그러나 예악의 내원은 특정사회의 사상과 문화적 전통에 토대하는 것이기에 보수성과 문화상대성을 갖는다. 따라서 그것은 늘 보편성의 각도에서 반성적 검토를 거쳐야 할 대상이다. 반성적 검토를 위한 보편적 규준이 바로 인(仁)의 원리이다. 이것이 공자 윤리학의 체계이다. 그렇다면 인이란 무엇인가?

---

15) 子夏問曰: "'巧笑倩兮, 美目盼兮, 素以爲絢兮.' 何謂也?" 子曰: "繪事後素." 曰: "禮後乎?" 子曰: "起予者商也! 始可與言〈詩〉已矣."(八佾: 8).
16) 子曰: "人而不仁, 如禮何? 人而不仁, 如樂何?"(八佾: 3).

Ⅲ. 인(仁): 전덕(全德) 혹은 원리로서의 도덕

1. 알 수 없는 인(仁)의 실체

사실 공자는 인(仁)의 본질에 대해 일의적으로 개념정의한 적이 없다. 제자들의 질문에 따라 혹은 상황에 따라 인이 무엇인지에 대해 단편적으로 답변할 뿐이었다. 그래서 『논어』에서 인은 마치 알 수 없는 실체로 등장한다.

공자께서는 이익과 운명과 인에 대해서는 말을 드물게 했다.[17]

위의 기록을 어떻게 이해해야 할까? 공자는 인(仁)에 대해 드물게 말했다고 한다. 사실 따져보면 공자는 이익과 운명에 대해서는 물론이고, 특히 인에 대해서는 많은 언급과 기록을 남겼다. 그렇다면 이 기록은 단순히 말년의 공자만을 경험한 나이어린 특정제자의 개인적 소회를 피력한 것일 뿐인가? 나는 그렇지 않다고 여긴다. 이 구절에 대해, 나는 공자가 인에 대해 일의적 개념정의를 명쾌히 하지 않았다는 기록으로 이해해야 한다고 생각한다.

인(仁)이란 용어 자체는 『시경(詩經)』에서는 육체적 아름다움을 묘사하는 데 쓰였고,[18] 『주례(周禮)』에서는 인(仁)을 포함한 지(知), 성(聖), 의(義), 충(忠), 화(和)와 더불어 여러 가지 덕목 중의 하나로 나온다.[19] 그런데 공자는 이 인(仁)이라는 단어에 새로운 의미를 부여하여 덕(德)의 절정, 즉 인간성의 완성을 표시하는 전문용어로 만들었다. 그래서 『논어』속에서 인(仁)의 의미는 두 가지라 생각한다. 하나가 여러 덕목 중의 하나인 협의(狹義)의 인(仁)이라면, 다른 하나는 공자가 새롭게 정립한 광의(廣義)의 인(仁)이다. 전자를 실천적(實踐的) 인덕(仁德)이라 부를 수 있다면, 후자는 궁극적 도덕원리로서의 전덕(全德)이라 할 수 있다. 실천적 인덕은 인의 전통적 의미인 사랑[仁愛] 혹은 사랑의 두터움[仁厚]이다. 그러나 전덕으로서의 인은 도덕의 제일원리이고 도덕실천의 내적 근거라 할 것이다.[20] 이 덕을 터득한 사람은

---

17) 子罕言利與命與仁。(子罕: 1).
18) 『詩經』, 『鄭風篇』. "洵美且仁."
19) 미우라 도우사꾸 지음, 『중국윤리사상사』, 강봉수 외 옮김(서울: 원미사, 1997), 81쪽.

도덕의 주체자가 되어 규범을 입법하고 집행할 수 있는 능력의 소유자가 될 것이다. 이상이, 인의 다층적 의미에 대한 큰 그림이다.[21]

그런데 여기서 문제는 전덕이고 도덕의 제일원리이며 도덕실천의 내적 근거가 되는 인의 본질이 무엇인가 하는 점이다. 인의 실체를 알 수 없게 만드는 지점이 바로 여기이다. 지금까지 공자의 인(仁)사상은 당위윤리적 관점에서만 읽어왔다. 그러나 인은 일의적인 개념이 아니다. 당위윤리뿐만 아니라 유위윤리와 무위윤리적 관점도 함께 함의하고 있는 것이 인의 사상이다. 그렇기 때문에 공자의 인사상은 어느 한 가지 개념으로 규정할 수 없는 다의적 무개념(無槪念)이라 여길 수밖에 없다. 용례를 가지고 분석해보기로 하자. 먼저, 협의의 인 개념을 보기로 한다.

2. 협의의 인(仁) 개념: 인애 혹은 사랑의 두터움

협의의 인 개념은 여러 가지 덕목들 중에 하나로서의 인을 말한다. 이 때 인은 사랑[仁愛] 혹은 사랑의 두터움[仁厚]의 뜻이다. 먼 훗날 주희는 이러한 인을 '사랑의 이치'(愛之理)라 하고, 전덕(全德)으로서의 인을 '마음의 덕'(心之德)이라 규정하였다.[22] 다른 덕목들과 더불어 인을 규정하는 『논어』의 용례를 몇 가지만 보자.

> 번지가 지혜로움에 대해 물었다. 공자가 대답했다: "사람의 의로움에 힘쓰고 귀신을 공경하되 멀리하면 지혜롭다할 수 있다." 仁에 대해 물었다. 대답했다: "仁이란 어려운 일을 먼저하고 이익을 나중으로 돌린다면 인이라 할 수 있다.[23]
> 번지가 인을 물었다. 공자가 대답했다: "사람을 사랑하는 것이다." 지혜로움을 물었다.

---

20) 牟宗三에 의하면, "仁은 일체의 덕목을 초월하면서 일체의 덕목을 포괄하는 것이며, 모든 덕성의 근원이요 도덕 창조의 궁극적 근원이다. 그러므로 仁은 全德(완전한 이상적 덕성)이다"라고하여 필자의 견해를 뒷받침하고 있다. 牟宗三, 『心體與性體(二)』(臺北: 學生書局, 1969), 223쪽; 陣立夫도 仁을 모든 덕(全德)의 명칭이라 보고 있다. 陣立夫, 『中國哲學의 人間學的 理解』, 鄭仁在 옮김 (서울: 民知社, 1980), 77~78쪽; 蒙培元은 이 仁을 '道德理性'이라 부르고 있다. 蒙培元, 『中國 心性論』, 李尙鮮譯 (서울: 法仁文化社, 1996), 61쪽.
21) 이상의 논의는 졸저, 『유교도덕교육론』, 앞의 책, 44쪽.
22) "仁者, 愛之理, 心之德也."(學而: 2).
23) 樊遲問知. 子曰: "務民之義, 敬鬼神而遠之, 可謂知矣." 問仁. 曰: "仁者先難而後獲, 可謂仁矣."(雍也: 20).

공자가 대답했다: "사람을 아는 것이다." 번지가 통달하지 못하자, 공자가 말했다: "곧은 것을 들어 굽은 것에 놓으면 굽은 자가 곧아진다." 번지가 나와서 자하를 보고 말했다: "옛날에 내가 선생님께 지혜로움에 대해 묻자, 선생님이 말하시길, '곧은 것을 들어 굽은 성에 놓으면 굽은 자가 곧아진다.' 하셨는데 무슨 뜻입니까?" 자하가 말했다: "풍부하구나, 말씀이여! 순임금이 천하를 소유함에 무리 중에서 뽑아 고요를 천거하자, 인하지 아니한 자들이 멀어졌다. 탕임금이 천하를 소유함에 무리 중에서 뽑아 이윤을 천거하자, 인하지 아니한 자들이 멀어졌다. 24)

공자가 말했다: "유야! 너는 여섯 가지 말과 여섯 가지 폐해에 대해 들어본 적이 있느냐?" 대답했다: "아직 못 들었습니다." "앉아라. 내가 너에게 말해주겠다. 인을 좋아하면서 배우기를 좋아하지 아니하면 그 폐해가 어리석음에 있고, 지혜를 좋아하면서 배우기를 좋아하지 아니하면 그 폐해가 방탕함에 있고, 신뢰를 좋아하면서 배우기를 좋아하지 아니하면 그 폐해가 남을 해침에 있고, 정직을 좋아하면서 배우기를 좋아하지 아니하면 그 폐해가 경직됨에 있고, 용감하길 좋아하면서 배우기를 좋아하지 아니하면 그 폐해가 환란에 있고, 강직하길 좋아하면서 배우기를 좋아하지 아니하면 그 폐해가 경솔함에 있다. 25)

3. 광의의 인(仁) 개념: 전덕(全德) 혹은 도덕의 제일원리

광의의 인 개념은 일단 모든 규범[禮]과 덕목들의 바탕이 되는 기본정신 혹은 원리가 된다는 뜻에서의 인이다. 그런 뜻에서 인은 도덕의 제일원리이고 도덕실천의 근거이며, 전덕(全德)이라 부를 수 있다.

안연이 인에 대해 물었다. 공자가 대답했다: "자기를 이기고 예를 회복하는 것이 인이다. 하루라도 자기를 이기고 예를 회복한다면 천하가 인으로 돌아갈 것이다. 인을 하는 것

---

24) 樊遲問仁。子曰: "愛人。" 問知。子曰: "知人。" 樊遲未達。子曰: "擧直錯諸枉, 能使枉者直。" 樊遲退, 見子夏曰: "鄕也吾見於夫子而問知, 子曰: '擧直錯諸枉, 能使枉者直', 何謂也?" 子夏曰: "富哉言乎! 舜有天下, 選於衆, 擧皐陶, 不仁者遠矣。湯有天下, 選於衆, 擧伊尹, 不仁者遠矣。"(顔淵: 22).

25) 子曰: "由也! 女聞六言、六蔽矣乎?" 對曰: "未也。" "居! 吾語女。好仁不好學, 其蔽也愚, 好知不好學, 其蔽也蕩, 好信不好學, 其蔽也賊, 好直不好學, 其蔽也絞, 好勇不好學, 其蔽也亂, 好剛不好學, 其蔽也狂。"(陽貨: 8).

이 자기로부터 말미암지 남으로부터 말미암겠는가?" 안연이 말했다: "청컨대 그 절목을 묻습니다." 공자가 대답했다: "예가 아니면 보지 말고, 예가 아니면 듣지 말고, 예가 아니면 말하지 말고, 예가 아니면 행동하지 말라." 안연이 말했다: "제가 민첩하지 못하나 이 말씀을 섬기기를 청하나이다. 26)

인이 바탕이 되지 않은 예는 행위만을 규정하는 형식에 그칠 수 있다. 인의 원리에 토대하지 않은 예악(禮樂)은 관습적이고 상대주의적 도덕에 머무를 수 있다. '자기를 이기고 예로 돌아감'(克己復禮)에서 복례(復禮)의 예는 관습의 도덕이 아니다. 도덕의 제일원리인 인에 근거하여 재해석된 예라고 보아야 한다. 결국 공자에게 있어 인(仁)과 예(禮)는 상호보완 관계에 있다. 인은 예라는 절도 및 규범의 본질이 되고, 그 본질이 없고서는 표준으로서의 예가 존립할 근거가 없다. 그리고 인 역시 예라는 형식적 규범을 무시하고서는 밖으로 실현될 수 없다. 그리고 모든 덕목들도 "근본정신+행위규범"으로 이루어져 있다.

> 공자가 말했다: "공손하면서 예가 없으면 수고롭고, 삼가면서 예가 없으면 두렵고, 용감하면서 예가 없으면 어지럽고, 정직하면서 예가 없으면 너그럽지 못한다. 군자가 부모에 돈독하면 백성들이 仁에 흥기하고, 옛 친구를 버리지 않으면 백성들이 투박하지 않는다. 27)

공손(恭), 신중함(愼), 용기(勇), 정직(直)의 덕들은 그 덕들이 지향하는 근본정신과 함께 그것을 실현하는 행위규범으로서의 예가 있게 마련이다. 여기서 각각의 덕목들을 '총괄하는 덕'(全德)이 바로 인(仁)임은 물론, 각 덕목들에 따르는 예(禮)의 타당성을 규정하는 원리도 인이다. 이처럼, 인은 모든 규범과 덕목의 바탕이 되는 도덕의 제일원리이고 전덕이다. 그렇기에 인은 주희가 규정했듯이 '마음의 덕'(心之德)인 것이며, 이 전덕을 터득한 인자는 도덕의 입법자인 동시에 집행자이고 심판자가 될 수 있다. 전덕으로서의 인이라 해서 인의 본래의 뜻이 사라지는 것은 아니다. 한마디로 인은 사랑이다. 이 사랑의 원리를 삶의 일상과 도덕적 상황에 걸맞게 각각 입법된 것이 효제충신 등의 덕목이고 규범인 예이다. 예컨대, 효는 부모

---

26) 顏淵問仁。子曰: "克己復禮爲仁。一日克己復禮, 天下歸仁焉。爲仁由己, 而由人乎哉?" 顏淵曰: "請問其目。" 子曰: "非禮勿視, 非禮勿聽, 非禮勿言, 非禮勿動。" 顏淵曰: "回雖不敏, 請事斯語矣。"(顏淵: 1).
27) 子曰: "恭而無禮則勞, 愼而無禮則葸, 勇而無禮則亂, 直而無禮則絞。君子篤於親, 則民興於仁, 故舊不遺, 則民不偸。"(泰伯: 2).

와 자식 간의 사랑이고, 충은 군신간의 사랑을 표현하는 덕목인 셈이다. 그러나 사랑을 실천하는 규범은 시공에 따라 달라지는 상대적인 것이다. 주어진 상황에 가장 적절한 최적의 사랑을 실천하는 규범을 입법하고 실천할 수 있는 자가 바로 전덕으로서의 인을 터득한 자이다. 그리고 그는 동시에 심판자이기도 하다. 이처럼, 최적의 도덕을 입법하고 집행하고 심판하기 위해서는 도덕적 판단능력과 실천의지가 매우 중요하다. 말하자면, 전덕으로서의 인을 터득한 자는 사랑의 도덕감[仁], 도덕적 판단능력[知], 도덕적 실천능력[勇]이 동시에 요구되는 것이다. 아래의 기록들은 바로 이러한 측면을 입증하는 사례들이다.

> 공자가 말했다: "군자의 도에 세 가지가 있는데, 나는 할 수가 없다. 인자는 근심하지 아니하고, 용자는 두려워하지 아니한다." 자공이 말했다: "선생님께서 겸손히 말한 것이다.[28]
>
> 공자가 말했다: "지자는 의혹하지 아니하고, 인자는 근심하지 아니하고, 용자는 두려워하지 아니한다.[29]
>
> 공자가 말했다: "지혜로운 자는 물을 좋아하고, 인자한 자는 산을 좋아한다. 지혜로운 자는 동적이고, 인자한 자는 정적이다. 지혜로운 자는 낙천적이고 인자한 자는 장수한다.[30]
>
> 공자가 말했다: "불인자는 곤궁한데 오래도록 머물지 못하고 즐거움에도 오래 즐기지 못한다. 인자는 인을 편안히 여기고 지혜로운 자는 인을 이롭게 한다.[31]
>
> 공자가 말했다: "덕 있는 자는 반드시 말을 잘한다. 그러나 말을 잘한다고 반드시 덕이 있는 것은 아니다. 인자는 반드시 용감하다. 그러나 용감한 자라고 반드시 인하지는 않다.[32]

지혜로운 자는 유혹이 없다. 한 치의 흔들림 없이 옳고 그름, 선과 악을 판별한다. 지혜로운 자는 물을 좋아하고, 동적이고, 낙천적이다. 물은 위에서 아래로 흐른다. 장애를 만나 돌아갈 지언 정 아래로 흘러감은 변함이 없다. 흘러가는 물은 깨끗한 곳도 더러운 곳도 가리지 않는다. 지혜롭게 흘러갈 곳을 안다. 흐르기에 동적이고, 아래로만 향하기에 옳고 그름의 준별이 분명하고, 미추를 가리지 않기에 낙천적이다. 인자한 자는 근심이 없다. 산은 가만히 그

---

28) 子曰: "君子道者三, 我無能焉, 仁者不憂, 知者不惑, 勇者不懼." 子貢曰: "夫子自道也."(憲問: 30).
29) 子曰: "知者不惑, 仁者不憂, 勇者不懼."(子罕: 28).
30) 子曰: "知者樂水, 仁者樂山。知者動, 仁者靜。知者樂, 仁者壽."(雍也: 21).
31) 子曰: "不仁者不可以久處約, 不可以長處樂。仁者安仁, 知者利仁."(里仁: 2).
32) 子曰: "有德者必有言, 有言者不必有德。仁者必有勇, 勇者不必有仁."(憲問: 5).

자리에 있으면서 세상을 굽어본다. 산에서 세상을 보라. 산 아래 모든 존재가 오밀조밀 존재를 빛내며 화합의 하모니를 이룰 뿐이다. 나만을 부각시키려는 욕심이 없기에 근심이 있을 수 없다. 산을 걸어보라. 모든 이를 평화롭게 만든다. 근심이 없고 평화롭기에 인자는 장수할 가능성이 높다. 그래서 인자한 자는 인을 편안히 여기고, 지혜로운 자는 인을 이롭게 한다. 한편, 용기가 있는 자는 두려움이 없고 거칠 것이 없다. 그러나 세상에 대한 사랑의 바탕이 없는 용기는 파괴를 낳을 뿐이고, 지혜로운 판단 없는 용기는 만용을 낳을 뿐이다.[33] 그래서 군자는 지혜[知]와 사랑[仁]과 용기[勇]를 두루 갖추어야 한다. 그러한 이가 바로 전덕으로서의 인을 터득한 자이다. 전덕으로서의 인을 터득한 자는 자기 자신에 대한 도덕적 심판자가 될 뿐만 아니라, 타인과 사회의 도덕성에 대한 평가도 가능하다.[34]

그러나 군자는 전덕인 인을 터득하기 위해 노력하는 수양인이기에 인자(仁者) 그 자체는 아니다. 궁극적인 전덕의 터득은 성인이어야만 가능할 것이다. 그래서 공자 자신도 성인과 인자는 감당할 수 없노라고 실토한 바 있다.[35] 그런데 공자 자신도 성인과 인자를 감당할 수 없고 군자도 아직 인자가 아니라면 과연 전덕을 터득한 인자와 성인됨은 가능한 것인가? 어쩌면 그것은 불가능한 것처럼 보인다. 자신에 대해서 뿐만 아니라, 공자는 당시대의 제자들을 비롯한 여러 정치가들을 논평하면서 그들이 인자와는 거리가 멀다고 매우 인색하게 평가하고 있기 때문이다.[36] 공자가 제자들에 대해 혹은 제자들 간의 인색한 평가는 더욱 공부와 수양에 정진하라는 뜻에서 내린 것일 수도 있을 것이다. 그리고 당대의 정치가에 대한 인색

---

33) 子曰: "好勇疾貧, 亂也. 人而不仁, 疾之已甚, 亂也." (泰伯: 10).
34) 子曰: "唯仁者能好人, 能惡人." (里仁: 3); 子曰: "人之過也, 各於其黨. 觀過, 斯知仁矣." (里仁: 7); 子曰: "如有王者, 必世而後仁." (子路: 12); 子曰: "里仁爲美. 擇不處仁, 焉得知?" (里仁: 1).
35) 子曰: "君子而不仁者有矣夫, 未有小人而仁者也." (憲問: 7); 子曰: "若聖與仁, 則吾豈敢? 抑爲之不厭, 誨人不倦, 則可謂云爾已矣." 公西華曰: "正唯弟子不能學也." (述而: 33).
36) 몇 가지 사례만 제시한다. 宰我問, "三年之喪, 期已久矣. 君子三年不爲禮, 禮必壞, 三年不爲樂, 樂必崩. 舊穀旣沒, 新穀旣升, 鑽燧改火, 期可已矣." 子曰: "食夫稻, 衣夫錦, 於女安乎?" 曰: "安." "女安則爲之! 夫君子之居喪, 食旨不甘, 聞樂不樂, 居處不安, 故不爲也. 今女安則爲之!" 宰我出. 子曰: "予之不仁也! 子生三年, 然後免於父母之懷. 夫三年之喪, 天下之通喪也, 予也有三年之愛於其父母乎!" (陽貨: 21); 孟武伯問子路仁乎? 子曰: "不知也." 又問. 子曰: "由也, 千乘之國, 可使治其賦也, 不知其仁也." "求也何如?" 子曰: "求也, 千室之邑, 百乘之家, 可使爲之宰也, 不知其仁也." "赤也何如?" 子曰: "赤也, 束帶立於朝, 可使與賓客言也, 不知其仁也." (公冶長: 7); 子張問曰: "令尹子文三仕爲令尹, 無喜色, 三已之, 無慍色. 舊令尹之政, 必以告新令尹. 何如?" 子曰: "忠矣." 曰: "仁矣乎?" 曰: "未知, 焉得仁?" "崔子弑齊君, 陳文子有馬十乘, 棄而違之. 至於他邦, 則曰: '猶吾大夫崔子也.' 違之. 之一邦, 則又曰: '猶吾大夫崔子也.' 違之. 何如?" 子曰: "清矣." 曰: "仁矣乎?" 曰: "未知, 焉得仁?" (公冶長: 18).

한 평가는 실제 그 정치가가 인하지 못한 측면이 있었을 것이다. 공자가 제자에 대해 유일하게 인자에 가깝다고 평가한 이가 있다. 바로 안연(顔淵)이 그다.

> 공자가 말했다: "안회는 마음이 3개월 동안 인을 어기지 않았고, 그 나머지는 날마다 월마다 이를 뿐이었다.(*도올의 해석 참조)37)

실로 안연에 대한 공자의 평가는 대단한 측면이 있다. 또한 공자가 앞선 시대의 정치가들에 대해서 인자라고 평가하는 이들이 있다. 이제 이를 보겠지만, 먼저 던져야 할 의문은 대체 공자의 인물평가 기준이 무엇이란 말인가? 말할 것도 없이 그것은 전덕인 인을 터득했느냐 일 것이다. 그런데 정작 우리는 지금까지 전덕인 인의 기능에 대해서만 고찰했지, 그것의 실체에 대해서는 논구해보지 못했다. 전덕은 도덕의 제일원리이고 도덕실천의 근거이다. 그래서 전덕을 터득한 인자는 도덕의 주체가 되어 덕목과 규범을 입법하고 집행하고 심판할 수 있다. 대체 전덕인 인의 실체가 무엇이건대 그러한 기능을 갖는가? 인의 일차적인 의미는 사랑이라고 했다. 과연 사랑이란 무엇인가? 그것은 유위적이고 실용적인 측면과 관계있는 것인가? 행위의 이해득실과 무관하게 마땅히 추구되어야 할 당위적 원리인가? 유위도 당위도 아닌 무위적 자연성인가?

Ⅳ. 전덕(全德)으로서 인(仁) 개념의 다층성

1. 유위(有爲)윤리로서 인(仁)

공자가 인자라고 평가하는 인물로는 세 부류가 있다. 요(堯)·순(舜)이 첫째 부류이고, 백이(伯夷)·숙제(叔齊)·미자(微子)·기자(箕子)·비간(比干)·태백(泰伯) 등이 둘째 부류이고, 관중(管仲)·자산(子産) 등이 셋째 부류이다. 시기적으로 첫째 부류는 당우시대, 둘째 부류는

---
37) 子曰: "回也, 其心三月不違仁, 其餘則日月至焉而已矣." (雍也: 5).

은나라 시대의 인물이고, 셋째 부류는 주나라 춘추시대 인물인데 공자보다는 앞선 세대를 산 사람들이다. 우선 셋째의 경우부터 보자.

> 자로가 말했다: "환공이 공자 규를 죽일 때 소홀은 따라 죽었지만 관중은 따라 죽지 않았습니다." 이어 물었다: "관중은 인자가 아니지요?" 공자가 대답했다: "환공이 제후들을 규합할 때 무력을 쓰지 않은 것은 관중의 힘이었다. 그로보아 인한 것 같다. 인자 같아."[38]
>
> 자공이 물었다: "관중은 인자가 아니지요? 환공이 공자 규를 죽일 때 따라 죽지 않고 오히려 환공을 도왔으니까요." 공자가 대답했다: "관중이 환공을 도와 패제후가 되게 하고, 천하를 한 번 광정하였다. 이로 인해 백성들을 지금까지도 그 선물을 받고 있다. 관중이 아니었다면 우리는 머리를 풀고 옷깃을 왼쪽으로 하는 풍습을 따르고 있을 것이다. 어찌 필부들이 알량한 소신을 지키기 위해 도랑에서 스스로 목매죽어도 아무도 알아주지 않은 것과 같겠는가?[39]
>
> 공자가 자산을 평하여 말했다: "군자의 도에는 네 가지가 있다. 자기를 실천함에 공손하고, 윗사람을 섬김에 공경하고, 백성을 보양함에 은혜롭고, 백성을 부림에 의로워야 한다.[40]

앞의 두 사례에서 보듯이, 군신 간 의리를 배반했고 패도정치를 통하여 제환공을 패제후의 반열에 올려놓은 관중에 대해 공자는 인자라고 평가하고 있다. 그 근거는 주변 제후국을 규합할 때 무력을 사용하지 않았다는 점과, 오랑캐로부터 중국의 문화를 지켜냈다는 점이다. 한마디로, 관중이 인자인 이유는 백성들을 위한 정치를 했다는 것이다. 각국이 천하를 다투는 시기였기에 무력적 전쟁은 국가적으로나 백성들에게 엄청난 피해와 아픔을 낳게 마련이다. 이 전쟁에서 질 경우 자국의 문화를 고수하는 것도 어려울 것이다. 가능할 수만 있다면 무력적 전쟁을 하지 않는 것 자체가 백성을 사랑하는 길이다. 그리고 그는 비록 방법적으로 패도라는 수단을 통한 것이지만, 제환공을 도와 부국강병을 이루고 백성들의 복리증진을 힘

---

38) 子路曰: "桓公殺公子糾, 召忽死之, 管仲不死." 曰: "未仁乎?" 子曰: "桓公九【作糾】合諸侯, 不以兵車, 管仲之力也. 如其仁, 如其仁."(憲問: 17).

39) 子貢曰: "管仲非仁者與? 桓公殺公子糾, 不能死, 又相之." 子曰: "管仲相桓公霸諸侯, 一匡天下, 民到于今, 受其賜. 微管仲, 吾其被髮左衽矣. 豈若匹夫匹婦之爲諒也, 自經於溝瀆而【後漢書】有人字】莫之知也?"(憲問: 18).

40) 子謂子產, "有君子之道四焉, 其行己也恭, 其事上也敬, 其養民也惠, 其使民也義."(公冶長: 15).

썼다. 한편, 자산은 공자보다는 1세대 앞서 활약했던 덕 있는 정치가였고, 법가사상의 선구자로 거론된다. 자산에 대해서 공자는 직접 인자라고 표현하지 않고 군자라고 평하지만, 그 근거 또한 백성의 복리증진에 있었다.

이처럼, 공자가 패도정치의 전형인 관중과 자산에 대해 인자라고 평하는 점은 그동안의 공자사상에 대한 상식에서 벗어나는 것이다. 기존의 관점은 대체로 공자의 인사상을 당위윤리적 관점에서 해석해왔다. 그러나 여기서 보여주는 인사상은 당위윤리라기보다는 유위윤리이고 실용윤리라 하겠다. 부국강병을 이루고 백성을 사랑하는 길이라면 그 수단과 방법은 패도적이든 법가적이든 상관없다는 것이다. 유위윤리 혹은 실용윤리란 행위의 결과가 선과 유용성을 낳는다면 그것이 도덕적으로도 옳다고 여기는 관점이다. 특히, 그 선(善)과 유용성이 백성일반의 복리라면 유위윤리는 현대적 의미의 공리주의적 사고에 가깝다고 하겠다. 이러한 관점에 가장 밀접해 있는 고대 중국의 사상가가 묵자(墨子, 성명은 墨翟)이다. 그는 겸애교리(兼愛交利)를 주장했다. 그에게 있어 인(仁)이란 곧 이익이었고, 그 이익은 모든 구성원이 공유되어야 한다는 사유를 전개했다. 공자의 인사상이야말로 묵자적 사유의 선구라고 할 것이다. 이상에서 보듯이, 유위윤리로서의 인은 유용성이고 실용성이며 공리성을 갖기 때문이다.

공자 자신도 이러한 관점에서 당시 노(魯)나라의 정치를 농단하던 계손씨(季孫氏) 밑에서 가신으로 일하던 양호(陽虎)의 부름에 나아가고자 피력한 바 있다.[41] 양호의 부름에 응하고자 했던 공자의 태도가 마지못해 하는 것처럼 보이지만 반드시 그렇지 않다고 여긴다. 공자는 정치적 반역을 저지른 공산불요(公山弗擾)나 불힐(佛肸)의 부름에도 똑 같은 태도를 취한 바 있기 때문이다.[42] 그리고 공자는 제(齊)나라 대부인 진성자(陳成子)가 제간공(齊簡公)을 시해하자 무력적 토벌을 주장하기도 하였다.[43]

---

41) 陽貨欲見孔子, 孔子不見, 歸孔子豚。孔子時其亡也, 而往拜之。遇諸塗。謂孔子曰: "來! 予與爾言。" 曰: "懷其寶而迷其邦, 可謂仁乎?" 曰: "不可。" "好從事而亟失時, 可謂知乎?" 曰: "不可。" "日月逝矣, 歲不我與。" 孔子曰: "諾, 吾將仕矣。" (陽貨: 1)

42) 公山弗擾以費畔, 召, 子欲往。子路不說, 曰: "末之也已, 何必公山氏之之也?" 子曰: "夫召我者, 而豈徒哉? 如有用我者, 吾其爲東周乎?" (陽貨: 5); 佛肸召, 子欲往。子路曰: "昔者由也聞諸夫子曰: '親於其身爲不善者, 君子不入也。' 佛肸以中牟畔, 子之往也, 如之何?" 子曰: "然, 有是言也。不曰堅乎, 磨而不磷, 不曰白乎, 涅而不緇。吾豈匏瓜也哉? 焉能繫而不食?" (陽貨: 7).

43) 陳成子弒簡公。孔子沐浴而朝, 告於哀公曰: "陳恒弒其君, 請討之。" 公曰: "告夫三子!" 孔子曰: "以吾從大夫之後, 不敢不告也。君曰告夫三子者!" 之三子告, 不可。孔子曰: "以吾從大夫之後, 不敢不告也。" (憲問: 22).

2. 당위(當爲)윤리로서 인(仁)

공자가 인자라고 평했던 두 번째 부류의 인물인 백이(伯夷)·숙제(叔齊)·미자(微子)·기자(箕子)·비간(比干) 등에 대한 기록을 보자.

염유가 물었다: "선생님께서는 위나라 임금을 위해 일하실까?" 자공이 대답했다: "글쎄, 내가 물어보겠다." 들어가 물었다: "백이와 숙제는 어떤 사람입니까?" 대답했다: "옛 현인이다." 다시 물었다: "원망했습니까?" 대답했다: "인을 구하여 인을 얻었는데 무엇을 원망하겠는가?" 나와서 말했다: "선생님께서는 하지 않을 것이다.[44]

미자는 떠나고, 기자는 노예가 되고, 비간은 간하다가 죽임을 당했다. 공자가 말했다: "은나라에는 세 인자가 있었다.[45]

두 사례의 경우, 공자가 관련 인물들을 인자라고 평가한 근거는 부자간의 효(孝), 형제간의 우애, 군신 간의 충(忠) 혹은 의리 문제와 관련이 있음을 알 수 있다. 백이와 숙제의 경우에 처음의 도덕적 갈등은 왕위계승을 둘러싸고 아버지의 유언을 존중할 것인지, 아니면 형제간의 서열(큰 아들 계승)을 존중할 것인지가 문제가 되고 있다. 어쩌면 이는 효와 충간의 갈등으로 볼 수도 있고, 형제간의 우애와 의리의 문제이기도 하다. 이러한 가치갈등 상황에서 백이와 숙제는 갈등과 문제를 최소화시키는 방향을 선택, 제3자인 동생에게 왕위가 계승되도록 나라를 떠나는 것으로 해결하고 있다. 백이와 숙제가 맞닥뜨린 두 번째 갈등은 군신 간의 의리 문제이다. 당시 은나라의 주왕이 무도하여 나라가 쇠하고 있었지만, 여전히 은나

---

44) 冉有曰: "夫子爲衛君乎?" 子貢曰: "諾, 吾將問之." 入曰: "伯夷·叔齊何人也?" 曰: "古之賢人也." 曰: "怨乎?" 曰: "求仁而得仁, 又何怨?" 出曰: "夫子不爲也."(述而: 14). 백이와 숙제는 은(혹은 상)나라 고죽군의 두 아들이다. 아버지는 자신이 죽으면 동생 숙제를 세우라고 유언했다. 아버지가 죽자, 숙제는 형인 백이에게 왕위를 양보하려 하고, 백이는 아버지의 유언을 따를 것을 주장했다. 결국 두 사람은 모두 왕위를 버리고 은의 제후국인 주나라로 도망쳤다. 이에 나라사람들이 그 다음 아들을 세웠다. 두 사람은 주나라의 서백(문왕)에게 몸을 의탁하기 위해 찾아갔으나, 서백은 이미 죽고 그 아들 무왕이 다스리고 있었다. 그 뒤에 무왕이 은나라 주(紂)왕을 정벌하려자, 백이와 숙제는 무왕의 말고삐를 잡고 토벌하지 말 것을 간하였으나, 무왕은 듣지 않고 은나라를 멸망시키고 주나라를 건국하였다. 이에 백이와 숙제는 주나라의 녹을 먹는 것을 부끄럽게 여기고 주나라를 떠나 수양산에 숨어서 고사리를 캐먹으며 살다가 끝내 굶어 죽었다.

45) 微子去之, 箕子爲之奴, 比干諫而死. 孔子曰: "殷有三仁焉."(微子: 1).

라는 천자의 나라이고 주나라는 제후국이었다. 제후국이 천자국을 치려는 것은 일종의 정치적 모반이다. 그래서 백이와 숙제는 주무왕에게 그것이 충성과 의리에 반하는 부당한 처사라고 간언하지 않을 수 없었다. 그럼에도 불구하고, 주무왕은 은주왕을 토벌하여 스스로 천자의 나라가 되고자 하였다. 이에 백이와 숙제는 두 나라 임금을 섬기는 것이 군신간의 의리에 반하는 것이라 여기고, 주나라를 떠나 수양산에 숨어 지냈던 것이다. 한편, 무도한 은주왕에 대해 미자가 나라를 떠나고, 기자가 노예가 되고, 비간이 간언을 하다가 죽은 것도 전형적인 군신간의 의리문제라 하겠다.

나는 이 두 사례의 경우 공자가 관련 인물들을 인자라 평한 것은 전형적인 당위윤리적 관점에서 판단한 것이라 여긴다. 부자간의 효, 형제간의 우애, 군신간의 충성과 의리 등은 행위의 결과(유용성, 실용성, 공리성)와 무관하게 단지 그 가치규범이 옳다는 이유 때문에 지켜지기를 주장하는 것이다. 공자가 효제(孝悌)를 인을 실현하는 근본이라 여긴 것도 이러한 맥락이다.

유자가 말했다: "그 사람됨이 효제자이면서 윗사람을 범하기를 좋아하는 자는 드물다. 윗사람을 범하기를 좋아하지 않으면서 난을 일으키는 자는 있지 아니하다. 군자는 근본에 힘쓴다. 근본이 서면 도가 생겨난다. 효제는 그 인을 실천하는 근본인저!⁴⁶⁾

재아가 물었다: "삼년상은 기간이 너무 깁니다. 군자가 삼년동안 예를 행하지 않으면 예가 반드시 무너질 것이고, 삼년동안 음악을 연주하지 않으면 음악이 붕괴될 것입니다. 옛 곡식이 다하고 새 곡식이 자라나며, 불을 내는 나무도 불을 바꿉니다. 이와 같이 상례도 1년이면 좋습니다." 공자가 말했다: "쌀밥을 먹고 비단옷을 입으면 너는 안락하냐?" 대답했다: "안락합니다." "네가 안락하면 그렇게 하라? 군자는 상을 당함에 맛있는 것을 먹어도 달지 아니하고, 음악을 들어도 즐겁지 아니하며, 좋은 곳에 거처해도 안락하지 않기 때문에 하지 않는 것이다. 지금 네가 안락하다면 그렇게 하라!" 재아가 나가자 공자가 말했다: "재여는 인하지 않구나!, 자식은 삼년동안 길러진 연후에야 부모의 품에서 벗어날 수 있고, 삼년상은 천하에 통용되는 상례이거늘, 재여는 삼년동안 자기 부모에게 사랑받지 않았단 말인가?⁴⁷⁾

---

46) 有子曰: "其爲人也孝弟, 而好犯上者, 鮮矣, 不好犯上, 而好作亂者, 未之有也. 君子務本, 本立而道生。孝弟也者, 其爲仁之本與!"(學而: 2).

47) 宰我問, "三年之喪, 期已久矣. 君子三年不爲禮, 禮必壞, 三年不爲樂, 樂必崩. 舊穀旣沒, 新穀旣升, 鑽燧改火, 期可已矣." 子曰: "食夫稻, 衣夫錦, 於女安乎?" 曰: "安." "女安則爲之! 夫君子之居喪, 食旨不甘, 聞樂不

부모가 자식을 낳아 삼년동안 품에서 키워내듯 자식이 돌아가신 부모를 위해 삼년상을 치르는 것은 천하에 통용되는 보편적 규범이다. 그것이 효이고, 인을 실현하는 근본이고 출발이다. 형제간의 우애도 효의 확장이고, 군신간의 충과 의리도 효의 국가·사회적 확대에 다름 아니다. 훗날 맹자는 이것을 오륜(五倫)으로 정식화하였다. 이러한 가치규범을 지키는 것은 단지 그것이 옳기 때문이지 다른 이유가 있는 것이 아니다. 내가 도덕적이어야 할 이유는 단지 인간이기 때문인 것이다. 이러한 당위윤리를 주장하는 현대의 도덕철학자는 칸트라 할 것이다. 그는 도덕실천을 위한 입법의 형식을 정언명법으로 정식화하였다. 정언명법의 하나는 '나의 행위의 격률이 항상 동시에 보편적 입법의 원리로서 타당하도록 행위 하라'는 것이었다. 내가 실천하고자 하는 도덕규범이 옳은 것인가는 보편화의 원리에 의해 검증되는 것이어야만 한다. 이러한 보편화의 원리를 공자에게서도 찾아볼 수 있다. '내가 하고 싶지 않은 것을 남에게 베풀지 말라'(己所不欲, 勿施於人)는 충서(忠恕)의 원리가 그것이다.

> 중궁이 인(仁)에 대해 물었다. 공자가 대답했다: "문을 나서면 중요한 손님을 모시듯 하고, 백성을 부림에 큰 제사를 올리듯 하라. 내가 하고 싶지 않은 것을 남에게 베풀지 말라. 그러면 나라에 원망이 없고 가문에도 원망이 없을 것이다." 중궁이 말했다: "내가 민첩하지 못하오나 이 말씀을 섬기고자 청하나이다." 48)
>
> 자공이 물었다: "한 마디 말로 종신토록 행동의 지침으로 삼을 만한 것이 있습니까?" 공자가 대답했다: "서(恕)인저! 내가 하고 싶지 않은 것을 남에게 베풀지 말라." 49)
>
> 공자가 말했다: "삼아! 나의 도는 하나로 꿰뚫었다." 증자가 대답했다: "예." 공자가 나가자 문인이 물었다: "무슨 말입니까?" 증자가 대답했다: "선생님의 도는 충서(忠恕)일 뿐이다. 50)

'내가 하고 싶지 않은 것을 남에게 베풀지 말라'(己所不欲, 勿施於人)는 충서(忠恕)의 원리는 바로 나의 행위의 격률이 보편화 가능성을 묻는 것이다. 충서란 추기급인(推己及人), 즉

樂, 居處不安, 故不爲也。今女安則爲之!" 宰我出。子曰: "予之不仁也! 子生三年, 然後免於父母之懷。夫三年之喪, 天下之通喪也, 予也有三年之愛於其父母乎!"(陽貨: 21).

48) 仲弓問仁。子曰: "出門如見大賓, 使民如承大祭。己所不欲, 勿施於人。在邦無怨, 在家無怨。" 仲弓曰: "雍雖不敏, 請事斯語矣。"(顔淵: 2).

49) 子貢問曰: "有一言而可以終身行之者乎?" 子曰: "其恕乎! 己所不欲, 勿施於人。"(衛靈公: 23).

50) 子曰: "參乎! 吾道一以貫之。" 曾子曰: "唯。" 子出, 門人問曰: "何謂也?" 曾子曰: "夫子之道, 忠恕而已矣。"(里仁: 15).

나를 중심으로 타인을 생각하는 역지사지(易地思之)의 원리이기 때문이다. 이것이 바로 당위윤리서의 인(仁) 개념이라 여긴다. 당위윤리로서 인은 단지 인간이기 때문에 따라야할 보편적 규범과 의무를 규정하는 원리라 하겠다. 이러한 인의 전덕(全德)을 터득한 이가 백이, 숙제, 그리고 태백 같은 사람이었던 것이다.[51)]

3. 무위(無爲)윤리로서 인(仁)

공자가 인자라고 평가했던 마지막 부류로써 요(堯)·순(舜)의 경우를 보자.

> 자공이 말했다: "만일 백성들에게 널리 베풀고 나아가 다른 무리까지도 구제할 수 있다면 어떠한가요? 인자라 할 수 있는지요? 공자가 대답했다: 어찌 인에만 종사한다고 하겠는가!! 필시 성인의 일이라 할만하다. 그 일은 요와 순임금도 힘들어했다. 무릇 인이라는 것은 자기를 세우고 싶으면 남을 먼저 세우고, 자기가 도달하고 싶으면 남을 먼저 도달케 하는 것이다. 가까이서 비유를 들어보면 인의 방도를 알 수 있다고 말할 수 있다.[52)]

위의 사례에서 우선, '박시어민이능제중(博施於民而能濟衆)'의 해석을 어떻게 할 것인지를 검토할 필요가 있다. 관건은 무리 중(衆)자를 무엇으로 볼 것이냐에 달렸다. 앞의 민(民)이 자기나라의 백성이라면, 중(衆)은 다른 나라의 백성을 뜻하는 것으로 읽는 것이 기존의 관점이었다. 그러나 이는 적어도 천자국과 제후국으로 이루어진 삼대(夏·殷·周)이후의 정치적 상황이나 제도를 전제하여 읽은 관점이라 여긴다. 당우(唐虞; 堯舜)시대는 아직 국가체제라기보다는 씨족연합체인 부족국가 수준의 정치가 이루어지던 시기이다. 이러한 사정을 염두에 두고 읽는다면 해석은 달라질 수 있다. 즉, 민(民)은 부족국가의 구성원인 백성이지만, 중(衆)은 인간의 무리를 넘어선 동물이나 자연을 의미하는 넓은 뜻으로 읽을 수 있다. 이렇게 읽은 수 있는 근거는 뒤따르는 공자의 대답에서도 짐작할 수 있다. 민(民)에게 베푸는 것

---

51) 齊景公有馬千駟, 死之日, 民無德而稱焉。伯夷, 叔齊餓於首陽之下, 民到于今稱之。其斯之謂與? (季氏: 12); 子曰: "泰伯, 其可謂至德也已矣。三以天下讓, 民無得而稱焉。"(泰伯: 1).

52) 子貢曰: "如有博施於民而能濟衆, 何如? 可謂仁乎?" 子曰: "何事於仁! 必也聖乎! 堯、舜其猶病諸! 夫仁者, 己欲立而立人, 己欲達而達人。能近取譬, 可謂仁之方也已。"(雍也: 28).

을 넘어 중(衆)까지 구제하는 이가 있다면 그는 단지 인(仁)를 넘어 성(聖)이라 할 수 있다는 것이다. 그리고 이러한 일은 요순조차도 어려워했다고 덧붙이고 있다. 그래서 나는 이 구절에 대한 해석을 위와 같이 했다.

이러한 관점에 설 때. 이제 인의 원리는 단순히 인간중심주의적이고 당위윤리를 넘어 비인간중심주의(자연주의, 환경주의)와 무위윤리로 등록될 수 있다. 인이란 '내가 하고 싶지 않은 것을 남에게 베풀지 말라'(己所不欲, 勿施於人)는 충서(忠恕)의 원리가 아니다. 무릇 인이란 '자기를 세우고 싶으면 남을 먼저 세우고, 자기가 도달하고 싶으면 남을 먼저 도달케 하는 것이다'(己欲立而立人, 己欲達而達人). 전자가 나 중심주의이고 인간중심주의라면, 후자는 타자중심이고 비인간중심주의이다. 위 기록에 대한 정자(程子; *도올에 의하면 정명도)의 주석(註釋)은 이러한 나의 관점을 뒷받침해 준다.

위 기록의 끝에 나오는 '가까이서 비유를 들어보면 인의 방도를 알 수 있다'(能近取譬, 可謂仁之方也已)는 구절의 해석과 관련하여 정자의 해석은 이렇다. "정자가 말했다: 의서(醫書)에서 손발이 마비(痲痺)된 것을 불인(不仁)이라 하니, 이 말이 인(仁)을 가장 잘 형용한 것이다. 인자(仁者)는 천지(天地)와 만물(萬物)을 한 몸으로 여기니 자기(自己) 아닌 것이 없다. 천지만물이 모두 자기와 일체(一體)임을 인식한다면 어느 것인들 이르지 못하겠는가? 만약 자신에게 소속시키지 않으면 저절로 모두 자신에게 소속되지 않는 것과 같다. 마치 손발이 불인(不仁), 즉 마비(痲痺)가 오면 기(氣)가 이미 관통하지 않아 모두 자신에게 소속되지 않는 것과 같다."53) 이러한 정자의 비유처럼, 손발의 사지와 오장육부가 모두 나의 몸을 구성하는 유기체이고 일체이다. 어느 한 곳이라도 피가 돌지 않고 기가 소통하지 않으면 그곳에 마비가 오고 죽어간다. 타인들도 인간을 구성하는 유기체이고, 나도 타인도 천지만물도 우주를 구성하는 유기체이다. 그래서 천지만물과 내가 기(氣)를 나눈 형제이고, 우주와 내가 일체이다. 나의 몸 어딘가에 피가 돌지 않으면 마비가 오듯, 우주의 어느 곳이라도 기(氣)가 소통하지 않으면 역시 마비가 오게 되어 있다. 그래서 기는 우주의 생명을 살리는 피와 같은 것이다. 마비가 불인(不仁)이라면 생명을 살리는 것은 인(仁)이다. 이렇듯, 인(仁)은 인간들만이 따라야할 당위의 의무가 아니라, 우주를 구성하는 모든 천지만물이 공유해야할 생명사랑이다. 도덕적 의무는 당위성지만, 생명사랑은 무위적 자연성이다. 다음의 기록을 보자.

---

53) 程子曰, 醫書, 以手足痿痺, 爲不仁. 此言, 最善名狀. 仁者, 以天地萬物爲一體, 莫非己也. 認得爲己, 何所不至. 若不屬己, 自與己不相干, 如手足之不仁, 氣已不貫, 皆不屬己.

자공이 말했다: "나는 사람들이 나에게 무엇인가 강요하는 것을 바라지 않습니다. 나 또한 사람들에게 강요하는 것이 없도록 하고 싶습니다." 공자가 말했다: "사야! 네가 미칠 수 있는 것이 아니다.54)

제자인 자공이 "나는 사람들이 나에게 무엇인가 강요하는 것을 바라지 않습니다. 나 또한 사람들에게 강요하는 것이 없도록 하고 싶습니다."고 하자, 공자는 네가 미칠 수 있는 바가 아니라고 잘라 말하고 있다. 정이천과 주자는 당위윤리학자로 등록되지만 이에 대한 그들의 주석은 무위적 관점을 보여주고 있어 주목된다. 여하튼 이에 대한 그들의 주석을 보자. "정자(*도올에 의하면 정이천)가 말했다: 〈나는 남이 나에게 무엇인가 강요하는 것을 바라지 않고, 나 또한 남에게 강요하는 것이 없도록 하는 것〉은 인(仁)이다. 〈나에게 베풀어지기를 원치 않는 것을, 남에게 베풀지 말라〉는 서(恕)이다. 서(恕)라면 자공이 혹 힘쓸 수 있는 바이지만, 인(仁)이라면 그가 미칠 수가 없는 것이다." "내(朱子)가 생각건대, 〈무(無)〉자는 스스로 그렇게 되는 것을 뜻하고, 〈물(勿)〉자는 억지로 금지시키는 뜻이다. 이처럼 인(仁)과 서(恕)는 구별이 되는 것이다."55) 이러한 정자와 주자의 논의를 표로 구성해 보자.

〈표 1〉 무위적 인(仁) 개념과 당위적 인(仁) 개념의 특징 비교

	무위윤리로서의 인(仁)	당위윤리로서의 인(仁)
황금율의 법칙	• 나는 남이 나에게 무엇인가 강요하는 것을 바라지 않고, 나 또한 남에게 강요하는 것이 없도록 하는 것 (我不欲人之加諸我, 吾亦欲無加諸人) • 자기를 세우고 싶으면 남을 먼저 세우고, 자기가 도달하고 싶으면 남을 먼저 도달케 하는 것이다' (己欲立而立人, 己欲達而達人).	• 나에게 베풀어지기를 원치 않는 것을, 남에게 베풀지 말라 (施諸己而不願, 亦勿施於人) • 내가 하고 싶지 않은 것을 남에게 베풀지 말라 (己所不欲, 勿施於人)
仁의 의미	• 생명사랑	• 충서(忠恕): 사람사랑
성격	• 無字의 의미: 자연성 (無者自然而然)	• 勿字의 의미: 당위성 (勿者禁止之謂)
의미와 해석	• 타자 혹은 비인간중심주의적 도덕	• 나 혹은 인간중심주의적 도덕

그렇다!! 정자는 바로 무위윤리로서의 인과 당위윤리로서의 인의 차이가 무엇인지를 밝혀주고 있는 것이다. 인자와 성인은 세상을 한 몸으로 인식한다. 만물은 형제다. 형과 아우는 '같음'과 동시에 '다름'의 존재이다. 같은 부모와 같은 핏줄을 가지고 태어났기에 '같음'이고, 그러나 형제끼리도 생김새도 성격도 다를 수 있기에 '다름'이다. 자연은 만물의 부모다. 그러기에 만물은 같다. 그러나 만물은 각자 생김새도 특성도 다르다. 만물은 같기에 서로 사랑해야 하고, 동시 다르기에 그 다름을 인정하고 존중하고 배려해 주어야 한다. 그렇게 자연은 공생공명의 세계이다. 자기를 세우고 싶으면 남을 먼저 세우고, 자기가 도달하고 싶으면 남을 먼저 도달케 해야 한다. 그것이 바로 공생공명의 형제애이고 무위윤리적 인인 것이다. 나를 중심으로 혹은 인간을 중심으로 접근하는 한 공생공명의 형제애는 실현될 수 없다. 나를 버려야만 한다(無我). 무위윤리는 자아의식을 방기해야 가능하다. 필요와 요구 수준을 넘어서는 모든 욕망을 버려야만 한다.[56] 나의 자의식을 버릴 때 세상은 사실 그대로 여여(如如)하게 보이게 되어있다. 진실로 무위적 인에 뜻을 두면 '사악함이 없다'(無惡).[57] 주자가 말했듯이, 무악(無惡)이기에 그것은 물악(勿惡)과 다르다. 물악은 의도적으로 악을 저지르지 않으려는 의무의식이지만, 무악은 자의식을 버린 데서 나오는 자연성이고 무의식에 가깝다. 그리고 무위적 인의 덕을 실현한 성인은 필요와 요구를 넘어서는 모든 욕망을 버렸기에, 인위적 문화와 인간욕망의 출현을 낳은 언어를 가급적 멀리하려 한다.[58]

---

54) 子貢曰: "我不欲人之加諸我也, 吾亦欲無加諸人。" 子曰: "賜也, 非爾所及也。"(公冶長: 11).
55) 程子曰, 我不欲人之加諸我, 吾亦欲無加諸人, 仁也. 施諸己而不願, 亦勿施於人, 恕也. 恕則子貢或能勉之, 仁則非所及矣. 愚謂, 無者自然而然, 勿者禁止之謂, 此所以爲仁恕之別.
56) 子曰: "志士仁人 , 無求生以害仁 , 有殺身以成仁。"(衛靈公: 8).
57) 子曰: "苟志於仁矣, 無惡也。"(里仁: 4)
58) 子曰: "巧言令色, 鮮矣仁!"(學而: 3); 或曰: "雍也仁而不佞。" 子曰: "焉用佞? 禦人以口給, 屢憎於人。不知其仁, 焉用佞?"(公冶長: 4); 司馬牛問仁. 子曰: "仁者, 其言也訒。" 曰: "其言也訒, 斯謂之仁矣乎?" 子曰: "爲之難, 言之得無訒乎?"(顏淵: 3).

V. 결론

이 글은 공자의 윤리사상을 다시 읽되, 특히 인(仁) 개념의 재조명에 초점을 두고 있다. 공자는 특정질서 혹은 규범으로서의 도덕 개념을 예악(禮樂)이라 규정하였고, 모든 규범과 덕목의 바탕이 되는 기본정신 혹은 도덕의 궁극적 원리로 인(仁)을 제시하여 그것을 전덕(全德)으로 삼았다. 예는 의례이고 예절이고 도덕이고 법이고 제도이다. 그러나 예는 단순히 형식적이고 외면적인 행위만을 규정하는 규칙인 것은 아니다. 예는 세상의 다름을 구분하고 질서를 위한 것이지만, 그것의 궁극적 존재이유는 존재들 간의 화합과 하모니를 위한 것이다. 음악적 하모니의 세계를 지향하는 것이 예악의 문화이다. 그러나 예악의 내원은 특정사회의 사상과 문화적 전통에 토대하는 것이기에 보수성과 문화상대성을 갖는다. 따라서 그것은 늘 보편성의 각도에서 반성적 검토를 거쳐야 할 대상이다. 반성적 검토를 위한 보편적 규준이 바로 인의 원리이다. 전덕으로서의 인을 터득할 때 덕 있는 사람이라 할 수 있는바, 그는 도덕적 상황에서 인의 원리를 바탕으로 규범을 입법하고 집행하고 심판할 수 있다. 이것이 공자 윤리학의 체계이다.

그런데 정작 인이란 무엇인가? 전덕으로서의 인은 도덕의 제일원리이고 도덕실천의 근거이다. 그러나 인은 일의적 개념이 아니다. 인은 세 가지의 뜻을 가진 다의적 개념이다. 유위윤리적 인, 당위윤리적 인, 무위윤리적 인 개념이 그것이다. 공자는 상황에 따라 서로 다른 인 개념을 제시했고, 어느 하나를 진리의 왕국으로 등극시키지 않았다. 이처럼, 인의 원리는 다의적 뜻을 가진 것이었기에 그동안 좀처럼 파악하기가 어려웠던 것이다. 물론 그가 춘추시대라는 악의 상황에서 실천해보고자 고군분투했던 인 개념은 당위윤리였다. 이 점에서 공자의 인사상을 당위적 측면에서 파악했던 기존의 관점이 틀린 것만은 아니라 하겠다. 그러나 공자는 실용적 윤리도 인정했고, 특히 말년에는 당위적 이상실현이 어렵다는 것을 직감하고 무위적 삶을 살고자 하였다.

이 시점에서 우리는 공자가 왜 인의 개념을 일의적으로 규정하고 진리로 등극시키지 않았는지를 생각해 보아야 한다. 어느 하나를 진리로 등극시키면 나머지는 비진리의 나락으로 떨어지게 마련이다. 인간의 욕망을 인정하는 유위적이고 실용적 인 개념은 자칫 인간을 맹목적 존재로 추락시키고 물신의 노예로 이끌 수가 있다. 당위윤리는 보편적 이성으로 욕망의 제거를 목표로 삼는다. 그래서 당위적 인 개념은 너무 이상적이다. 그것이 너무 이상적이기에 당위윤리는 오히려 도덕군자를 가장한 위선을 조장할 수 있다. 공자가 그랬듯, 욕망추구의 물신주의도 욕망극복의 이성주의도 다 부질없는 삶임을 느끼는 순간 인간들은 무위적 삶으로 돌아가고자 하는 것이 아닌가 한다. 공자는 70세를 넘어 그것이 가능했다고 실토했다(七十, 從心所欲, 不踰矩). 무위윤리는 욕망으로 들끓는 현실세계를 살아가는 보통사람들이 깨치기가 어렵다는 한계가 있다.

　21세기, 우리가 가야할 윤리의 길은 무엇인가? 공자의 시중적이고 미제적인 도(道)의 의미에 유념하되, 무위윤리를 선택해야 하지 않을까 한다. 다만 보통사람들이 깨칠 수 있고 달성할 수 있는 수준에서 재해석되어야 할 것이다. 거칠지만 나는 이렇게 제시해 둔다. "내가 먼저 행복해야 주변 사람에게도 살갑게 대할 수 있는 이치처럼, 나의 행복을 추구하되 타자(인간, 자연)들과 행복을 같이 나누는 길"이 바로 그것이다. 무위윤리로서의 인이 그것을 보장해 줄 수 있다고 믿는다. 그것은 생명의지(욕망)와 생명에 대한 존중(도덕감)의 일치를 추구하는 윤리학이라 여기기 때문이다. 이를 위해 우리가 해야 할 일이 무엇인가? 공부다. 인의 중요성을 알고, 그것을 터득하기 위해 노력하고 수양하는 방법밖에 무엇이 있겠는가? 공자도 이 점을 매우 중시했고 제자들에게 강조했다.

제4장
『논어』 속의 인간상
[인격전형의 교육적 함축]

I. 서론

『논어論語』에는 인물을 지칭하는 여러 가지 용어들이 등장한다. 신분을 지칭하는 왕(王)-공(公)-후(侯) 등의 용어가 나오고, 관직명을 지칭하는 천자(天子)-제후(諸侯)-경(卿)-대부(大夫)-재(宰) 등의 용어도 나온다. 또한 지배층을 의미하는 용어뿐만 아니라 피지배계층을 지칭하는 서인(庶人), 백성(百姓) 등의 용어도 등장한다. 이러한 신분이나 관직명은 물론이고, 피지배계층을 지칭하는 용어들의 경우는 그 뜻이 명확하기에 별도의 검토를 요하지 않는다.

그런데, 정치적 의미의 지배-피지배계층을 지칭하는 용어로만 돌릴 수 없는 인칭용어들이 등장한다. 성인(聖人), 군자(君子), 사(士), 소인(小人), 민(民) 등이 그 대표적인 것들이다. 이들 용어들도 정치적 의미와 무관한 것은 아니었다. 이를 테면, 성인이 왕을 부르는 다른 용어였다면, 군자는 경대부를 지칭하는 용어였다.[1] 앞으로 보겠지만『논어』에도 이러한 흔적이 강하게 남아있다. 그러나 공자는 이러한 용어들에 전통적 의미를 넘어 새로운 의미를 부여하였다. 정치적 의미가 아니라 철학적 혹은 도덕적인 의미를 부여한 것이다. 예컨대, 군자와 소인은 대비되는 측면에서 도덕적으로 '된 사람'과 '그렇지 못한 사람'으로 구분할 수도 있다. 이외에 은자(隱者), 현자(賢者), 지자(知者), 광자(狂者), 견자(猖者) 등의 용어도 있다.

---

1) 『시경詩經』・『서경書經』・『춘추좌씨전春秋左氏傳』등에서 성(聖)은 주로 성왕(聖王)인 왕을 지칭하는 용어로 쓰였고, 군자(君子) 역시 경대부(卿大夫) 등 지배층의 사회신분을 지칭하는 용어로 쓰였다. 金勝惠, 『原始儒教』(서울: 민음사, 1990), 91~104쪽 참조.

이들은 지배-피지배계층을 지칭하는 용어들과는 더욱 거리가 있어 보인다.

이 장에서는 『논어』 속에 나타나는 구체적인 인칭용례를 통하여 각각의 인간상들이 어떻게 구분될 수 있는지 검토해 보는 것을 일차적인 목적으로 한다. 구분되는 인간상들의 인성적 특질을 밝혀낼 수 있다면 그들은 우리에게 인격적 전형으로 다가올 수 있다. 막스 셸러(Max Scheler, 1874~1928)에 따를 때, 인격적 전형은 추종자를 낳고 추종자들의 도덕적 성숙을 가져올 수 있다.[2] 추상적인 규범이 하지 못하는 것을 구체적인 전형은 종종할 수 있다. 전형은 인간을 변화시키고 그로 하여금 그의 부정적인 본성의 경향을 극복하고 더 높고 더 이상적인 자아실현을 도와준다.[3] 전형을 추종한다는 것은, 전형자가 의욕하고 행동하는 것을 그대로 배우는 모방이나 복종이라기보다는, 인격의 전형자가 의욕하고 행동했던 것처럼 의욕하고 행동하는 방법을 배우는 것으로, 그것은 전형적인 인격의 가치내용에 대한 진실한 헌신이기 때문이다. 따라서 『논어』 속의 인간상들을 탐구하는 것은 곧 인격적 전형의 도덕교육적 의의를 드러내는 의미도 갖는 것이겠다.

II. 성인(聖人)과 은자(隱者)

1. 성인(聖人)과 성인(成人)

『논어』에는 성인(聖人)이 어떤 사람인지를 구체적으로 설명해주는 기록이 없다. 분명한

---

[2] Alfons Deeken, Process and Permanence in Ethics, *Max Scheler's Moral Philosophy* (NewYork: Paulist Press, 1974); 금교영, 『인격주의 윤리학』(울산대학교 출판부, 2001); 여기서는 이인재, "셸러의 가치윤리학과 도덕교육", 진교훈 외, 『윤리학과 윤리교육』(서울: 경문사, 1997), 416~418쪽 참조.

[3] Deeken는 다음과 같이 말한다. "도덕적 가치는 청소년들에게 추상적인 방식으로 제시되어서는 안 되고 그들이 종종 마음속에 사랑하고 있는 모범적인 인격을 통해 제시되어야만 한다. 이런 방식을 통해 가치들은 그 자체로 효과적으로 드러나고, 젊은이들은 가치를 자신에게 요구되는 하나의 의무로서 경험하게 될 것이다. 젊은이들은 인격전형에 대한 도덕적 태도에 감정이 이입됨으로써 공감의 감정을 유발할 것이고, 동기부여를 받을 것이고, 도덕적 행동을 하도록 더욱 자극받을 것이다. 성인들도 도덕적 가치를 주로 모범적인 인격을 통해서 파악한다. 사실상 어떤 사람도 이와 같은 인격전형이 없이는 올바른 가치판단을 내릴 수 없다." Alfons Deeken, Process and Permanence in Ethics, 이인재, 위 논문, 427쪽에서 재인용.

것은 그 누구보다 이상적인 인물이라는 점이다. 『논어』에 성인을 지칭하는 '성'(聖)자의 용례는 5번 나온다. 먼저, 다음의 두 인용을 보자.

> 공자가 말했다: "성인을 내가 만나 뵐 수 없다면, 군자라도 만날 수 있으면 좋겠다." 또 말했다: "선인을 내가 만나 뵐 수 없다면, 항심을 가진 자라도 만날 수 있다면 좋겠다. 없는데도 있는 척하고, 텅비어 있으면서 가득 찬척하고, 빈약하면서 풍요로운 척하면 항심을 유지하기가 어렵다."[4]
>
> 공자가 말했다: "군자는 세 가지를 두려워한다. 천명을 두려워하고, 대인을 두려워하고, 성인의 말씀을 두려워한다. 소인을 천명을 알지 못하니 두려워하지 않고, 대인을 얕보고, 성인의 말씀을 업신여긴다."[5]

성인은 군자, 선인(善人), 유항자(有恒者) 혹은 대인(大人)보다 더 이상적인 인물이고, 현실적으로 만나기가 어려운 사람이다. 위 두 기록에 의할 때, 성인-(대인)-군자가 같은 계열이고, 선인-유항자가 또 하나의 계열을 지칭하는 것 같다. 아니면, 성인-(대인)-군자-선인-유항자로 이어지는 하나의 가치서열로 볼 수도 있다. 선인-유항자는 도덕적인 가치서열인 것 같다. 유항자가 도덕적 원칙을 가지고 살아가는 사람이라면, 선인은 도덕적 원칙을 가지면서도 맹목적이 않고 시공적 상황에 적절하게 적용할 줄 아는 사람이 아닐까 한다.[6] 주희가 군자는 재덕(才德)을 겸비한 사람이라 주(註)하듯이, 군자-(대인)-성인은 도덕적 원칙에 따른 삶 이상의 무엇을 가지고 세상을 살아가는 인물들이다.[7] 군자가 구체적으로 어떤 사람인지는 뒤에서 따로 보기로 하지만, 일단 그는 성인됨을 목표로 하여 살아가는 사람일 것이다. 여하튼 여기서 성인이 누구인지는 분명치 않다. 그렇다면 공자는 성인이었는가?

> 태재가 자공에게 물었다: "선생님은 성인입니까? 얼마나 다능하십니까?" 자공이 대답했다: "실로 하늘이 낳은 성인이며 또한 다능합니다." 공자가 듣고 말했다: "태재가 나를 아

---
4) 子曰: "聖人, 吾不得而見之矣, 得見君子者, 斯可矣。" 子曰【子曰疑衍文】: "善人, 吾不得而見之矣, 得見有恒者, 斯可矣。亡而爲有, 虛而爲盈, 約而爲泰, 難乎有恒矣。"(述而: 25)
5) 孔子曰: "君子有三畏, 畏天命, 畏大人, 畏聖人之言。小人不知天命而不畏也, 狎大人, 侮聖人之言。"(季氏: 8).
6) 張子曰, 有恒者, 不二其心, 善人者, 志於仁而無惡.
7) 聖人, 神明不測之號, 君子, 才德出衆之名.

는 구나! 나는 어렸을 때 빈천했던 까닭으로 비루한 일에 다능하다. 그런데 군자가 다능한가? 다능하지 않다." 금뢰가 말했다: "공자께서는 '나는 등용되어 보지 못한 까닭으로 다양한 재주를 가지게 되었다.'고 말한 바 있다."[8]

공자가 말했다: "만약 성인과 인자라면 내가 어찌 감당하리오? 다만 배움을 싫증내지 아니하고, 사람을 가르치는데 게을리 하지 아니한다고 말할 수 있을 뿐이다." 공서화가 말했다: "바로 그것을 제자가 배울 수 없는 것입니다."[9]

태재(大宰)의 물음에 자공(子貢)은 공자가 '하늘이 낳은 성인'(天縱之將聖)이라 답하고 있지만, 정작 공자는 성인과 인자를 감당하지 못할 위인으로 보면서 자신은 배움과 교육을 중시할 뿐이라고 말하고 있다. 다만 여기서 알 수 있는 것은 성인이 혹은 군자조차도 다재다능한 사람이 아니라는 점이고, '나면서 아는 자'(生知者)라기보다는 배움과 교육을 통해서 이룰 수 있는 경지라는 것이다. 성인은 하학(下學)에서 상달(上達)까지 모든 학문적 성취를 이룬 자이다.

자유가 말했다: "자하의 문인인 어린 제자들은 마당에 물 뿌리고 청소하며, 응대하고 진퇴하는 예절을 감당하는 것은 할 수 있지만, 그것은 말지일 뿐이다. 근본은 없으니 어찌할 것인가?" 자하가 듣고 말했다: "슬프다, 언유의 말이 지나치구나! 군자의 도는 무엇을 먼저 전하고 무엇을 뒤로 미뤄야 하는가? 초목에 비유하면 구별할 수가 있는 것이다. 군자의 도를 누가 속일 수 있단 말인가? 시작과 끝을 완벽히 한 자는 오직 성인일 뿐인저!"[10]

하학은 물 뿌리고 청소하며, 응대하고 진퇴하는 예절 등의 일상사에 대한 공부이다. 그리고 상달은 일상사의 저변에 놓여있는 세계와 인간 삶의 이치를 통달하는 공부이다. 하학은 말지이고 상달은 근본이다. 그러나 뿌리와 가지가 같이 가듯이, 본(本)과 말(末)이 별개로 존

---

8) 大宰問於子貢曰: "夫子聖者與? 何其多能也?" 子貢曰: "固天縱之將聖, 又多能也." 子聞之曰: "大宰知我乎! 吾少也賤, 故多能鄙事. 君子多乎哉? 不多也." 牢曰: "子云: '吾不試, 故藝.'" (子罕: 6).

9) 子曰: "若聖與仁, 則吾豈敢? 抑爲之不厭, 誨人不倦, 則可謂云爾已矣." 公西華曰: "正唯弟子不能學也." (述而: 33).

10) 子游曰: "子夏之門人小子, 當灑掃應對進退, 則可矣, 抑末也. 本之則無如之何?" 子夏聞之, 曰: "噫! 言游過矣! 君子之道, 孰先傳焉? 孰後倦焉? 譬諸草木, 區以別矣. 君子之道, 焉可誣也? 有始有卒者, 其惟聖人乎!" (子張: 12).

재하는 것이 아니다. 군자도 여기에 힘쓰지만, 성인은 이미 이 모든 것을 통달한 사람이다. 그렇다면 성인(聖人)은 성인(成人)인가?

> 자로가 완성된 인간에 대해 물었다. 공자가 대답했다: "만약 장무중의 지혜와 공작의 '욕심 없음'과 변장자의 용기와 염구의 재예를 갖추고, 그 위에다가 예악으로 문채를 낸다면 역시 완성된 인간이라 할만하다." 또 말했다: "오늘날의 완성된 인간이야 어찌 반드시 그렇게까지 하겠는가? 이익을 보면 의로움을 생각하고, 위기를 만나면 목숨을 다하고, 오래된 언약을 잊지 않으며, 삶을 소중히 여기는 말을 하면 또한 완성된 인간이라 할만하다." 11)

성인(成人), 즉 완성된 사람이란 지혜(知慧), 무욕(無欲), 용기(勇氣), 재예(才藝), 예악(禮樂)을 갖춘 사람이다. 성인(聖人)이 완성된 사람이라면, 성인(成人)과 성인(聖人)은 같다고 할 수 있고, 5가지 덕목은 성인(聖人)이 갖추고 있는 덕으로 볼 수 있다. '성'(聖)자가 쓰인 용례는 아니지만, 『논어』에서 공자가 성인(聖人)의 모범으로 드는 사람은 요임금과 순임금 등이다. 이를 통해 간접적으로 성인(聖人)의 특성을 보기로 하자.

> 자로가 군자에 대해 물었다. 공자가 대답했다: "자기를 수양하되 경으로써 한다." 자로가 물었다: "그렇게만 하면 됩니까?" 공자가 대답했다: "자기를 수양하되 다른 사람을 편안케 하는 것으로써 한다." 자로가 물었다: "그렇게만 하면 됩니까?" 공자가 대답했다: "자기를 수양하되 백성을 편안케 하는 것으로써 한다. 자기를 수양하고 백성을 편안하게 하는 것은 요와 순임금도 힘들어했을 것이다." 12)
> 자공이 말했다: "만일 백성들에게 널리 베풀고 나아가 다른 무리까지도 구제할 수 있다면 어떠한가요? 인자라 할 수 있는지요? 공자가 대답했다: 어찌 인에만 종사한다고 하겠는가!! 필시 성인의 일이라 할만하다. 그 일은 요와 순임금도 힘들어했다. 무릇 인이라는 것은 자기를 세우고 싶으면 남을 먼저 세우고, 자기가 도달하고 싶으면 남을 먼저 도달케 하는 것이다. 가까이서 비유를 들어보면 인의 방도를 알 수 있다고 말할 수 있나." 13)

---

11) 子路問成人。子曰: "若臧武仲之知, 公綽之不欲, 卞莊子之勇, 冉求之藝, 文之以禮樂, 亦可以爲成人矣。" 曰: "今之成人者何必然? 見利思義, 見危授命, 久要不忘, 平生之言, 亦可以爲成人矣。"(憲問: 13).
12) 子路問君子。子曰: "修己以敬。" 曰: "如斯而已乎?" 曰: "修己以安人。" 曰: "如斯而已乎?" 曰: "修己以安百姓。 修己以安百姓, 堯、舜其猶病諸?"(憲問: 45).

성인(聖人)은 수양과 공부를 바탕으로 완전한 덕을 갖추고 백성들의 안녕에 기여하는 사람이다. 지혜(知慧), 무욕(無欲), 용기(勇氣), 재예(才藝), 예악(禮樂) 등의 모든 덕을 아우르는 전덕(全德)이 인(仁)이다. 성인은 한마디로 인(仁)의 덕을 소유한 자이다. 그러나 성인이 소유하는 인은 단순히 당위윤리 혹은 유위윤리적 의미의 인 개념과는 다르다.[14]

공자의 인(仁)사상에 대한 기존 관점은 대체로 당위도덕으로 해석하는 것이다. 당위도덕이란 한마디로 도덕법칙이 옳다는 이유로 지켜져야 한다는 관점이다. 인간은 선험적으로 착한 본성을 가지고 태어났기에 결과에 상관없이 도덕법칙을 그런 이유에서 실현할 수 있는 존재라는 것이다. 부모가 자식을 낳아 삼년동안 품에서 키워내듯 자식이 돌아가신 부모를 위해 삼년상을 치르는 것은 천하에 통용되는 보편적 규범이다.[15] 그것이 효이고, 인을 실현하는 근본이고 출발이다.[16] 형제간의 우애도 효의 확장이고, 군신간의 충과 의리도 효의 국가·사회적 확대에 다름 아니다. 훗날 맹자는 이것을 오륜(五倫)으로 정식화하였다. 이러한 당위도덕으로서의 인이란 '내가 하고 싶지 않은 것을 남에게 베풀지 말라'(己所不欲, 勿施於人)는 충서(忠恕)의 원리가 그것이다. 그러나 공자의 인사상은 당위도덕적 개념으로만 규정할 수 없다. 예컨대, 관중은 군신 간 의리를 배반했고 패도정치를 통하여 제환공을 패제후의 반열에 올려놓은 인물이다. 그에 대해 당위도덕적 관점에서 바라보는 자로(子路)와는 달리, 공자는 관중에 대해 인자(仁者)라고 평가하고 있다.[17] 그 근거는 주변 제후국을 규합할 때 무력을 사용하지 않았다는 점과, 오랑캐로부터 중국의 문화를 지켜냈다는 점이다. 한마디로 관중이 인자인 이유는 백성들을 위한 정치를 했다는 것이다. 공자가 패도정치의 전형인 관중

---

13) 子貢曰: "如有博施於民而能濟衆, 何如? 可謂仁乎?" 子曰: "何事於仁! 必也聖乎! 堯、舜其猶病諸! 夫仁者, 己欲立而立人, 己欲達而達人。能近取譬, 可謂仁之方也已。"(雍也: 28).
14) 무위도덕, 당위도덕, 유위도덕에 대한 자세한 논거와 논의는 졸고, "공자의 윤리사상 다시 읽기: 仁 개념의 재조명을 중심으로", 『윤리연구』제84호(한국윤리학회, 2012. 3), 17~26쪽; 이 책의 3장 참조.
15) 宰我問, "三年之喪, 期已久矣。君子三年不爲禮, 禮必壞, 三年不爲樂, 樂必崩。舊穀旣沒, 新穀旣升, 鑽燧改火, 期可已矣。" 子曰: "食夫稻, 衣夫錦, 於女安乎?" 曰: "安。" "女安則爲之! 夫君子之居喪, 食旨不甘, 聞樂不樂, 居處不安, 故不爲也。今女安則爲之!" 宰我出。子曰: "予之不仁也! 子生三年, 然後免於父母之懷。夫三年之喪, 天下之通喪也, 予也有三年之愛於其父母乎!"(陽貨: 21).
16) 子曰: "弟子, 入則孝, 出則悌, 謹而信, 汎愛衆, 而親仁。行有餘力, 則以學文。"(學而: 6); 有子曰: "其爲人也孝弟, 而好犯上者, 鮮矣, 不好犯上, 而好作亂者, 未之有也。君子務本, 本立而道生。孝弟也者, 其爲仁之本與!"(學而: 2)
17) 子路曰: "桓公殺公子糾, 召忽死之, 管仲不死。" 曰: "未仁乎?" 子曰: "桓公九【作糾】合諸侯, 不以兵車, 管仲之力也。如其仁, 如其仁。"(憲問: 17).

에 대해 인자라고 평하는 점은 그동안의 공자사상에 대한 상식에서 벗어나는 것이다. 여기서 보여주는 인사상은 당위윤리라기보다는 유위도덕이고 실용윤리라 하겠다. 부국강병을 이루고 백성을 사랑하는 길이라면 그 수단과 방법은 패도적이든 법가적이든 상관없다는 것이다. 이처럼 유위도덕 혹은 실용윤리란 행위의 결과가 선과 유용성을 낳는다면 그것이 도덕적으로도 옳다고 여기는 관점이다.

당위도덕도 유위도덕도 인간중심의 윤리이고 도덕이라는 점에서 같다. 그러나 무위윤리는 탈인간중심적이다. 인용된 옹야(雍也: 28)를 보자. 여기서 우선, '박시어민이능제중'(博施於民而能濟衆)의 해석을 어떻게 할 것인지를 검토할 필요가 있다. 관건은 무리 '중'(衆)자를 무엇으로 볼 것이냐에 달렸다. 앞의 민(民)이 자기나라의 백성이라면, 중(衆)은 다른 나라의 백성을 뜻하는 것으로 읽는 것이 기존의 관점이었다. 그러나 이는 적어도 천자국과 제후국으로 이루어진 삼대(三代; 夏·殷·周)이후의 정치적 상황이나 제도를 전제하여 읽은 관점이라 여긴다. 당우(唐虞; 堯舜)의 시대는 아직 국가체제라기보다는 씨족연합체인 부족국가 수준의 정치가 이루어지던 시기이다. 이러한 사정을 염두에 두고 읽는다면 해석은 달라질 수 있다. 즉, 민(民)은 부족국가의 구성원인 백성이지만, 중(衆)은 인간의 무리를 넘어선 동물이나 자연을 의미하는 넓은 뜻으로 읽을 수 있다. 이렇게 읽은 수 있는 근거는 뒤따르는 공자의 대답에서도 짐작할 수 있다. 민(民)에게 베푸는 것을 넘어 중(衆)까지 구제하는 이가 있다면 그는 단지 인(仁)를 넘어 성(聖)이라 할 수 있다는 것이다. 그리고 이러한 일은 요순조차도 어려워했다고 덧붙이고 있다. 그래서 나는 이 구절에 대한 해석을 인용에서와 같이 하였다. 이러한 관점에 설 때, 이제 인(仁)의 원리는 단순히 인간중심적이고 당위윤리를 넘어 탈인간중심주의(자연주의, 환경주의)와 무위윤리로 등록될 수 있다. 인이란 '내가 하고 싶지 않은 것을 남에게 베풀지 말라'(己所不欲, 勿施於人)는 충서(忠恕)의 원리가 아니다. 무릇 인이란 '자기를 세우고 싶으면 남을 먼저 세우고, 자기가 도달하고 싶으면 남을 먼저 도달케 하는 것이다'(己欲立而立人, 己欲達而達人). 전자가 나 중심주의이고 인간중심주의라면, 후자는 타자중심이고 비인간중심주의이다. 위 기록에 대한 정자(程子; 정명도)의 주석(註釋)은 이러한 나의 관점을 뒷받침해 준다.

위 기록의 끝에 나오는 '가까이서 비유를 들어보면 인의 방도를 알 수 있다'(能近取譬, 可謂仁之方也已)는 구절의 해석과 관련하여 정자의 해석은 이렇다. "정자가 말했다: 의서(醫書)에서 손발이 마비(痲痺)된 것을 불인(不仁)이라 하니, 이 말이 인(仁)을 가장 잘 형용한 것이다. 인자(仁者)는 천지(天地)와 만물(萬物)을 한 몸으로 여기니 자기(自己) 아닌 것이 없다. 천지만물이 모두 자기와 일체(一體)임을 인식한다면 어느 것인들 이르지 못하겠는가? 만약 자신에게 소속시키지 않으면 저절로 모두 자신에게 소속되지 않는 것과 같다. 마치 손발이 불인(不仁) 즉, 마비가 오면 기(氣)가 관통하지 않아 모두 자신에게 소속되지 않는 것과 같다."[18] 이러한 정자의 비유처럼, 손발의 사지와 오장육부가 모두 나의 몸을 구성하는 유기체이고 일체이다. 어느 한 곳이라도 피가 돌지 않고 기가 소통하지 않으면 그곳에 마비가 오고 죽어간다. 타인들도 인간을 구성하는 유기체이고, 나도 타인도 천지만물도 우주를 구성하는 유기체이다. 그래서 천지만물과 내가 기(氣)를 나눈 형제이고, 우주와 내가 일체이다. 나의 몸 어딘가에 피가 돌지 않으면 마비가 오듯, 우주의 어느 곳이라도 기(氣)가 소통하지 않으면 역시 마비가 오게 되어 있다. 그래서 기는 우주의 생명을 살리는 피와 같은 것이다. 마비가 불인(不仁)이라면 생명을 살리는 것은 인(仁)이다. 이렇듯, 인(仁)은 인간들만이 따라야할 당위의 의무가 아니라, 우주를 구성하는 모든 천지만물이 공유해야할 생명사랑이다. 도덕적 의무는 당위성지만, 생명사랑은 무위적 자연성이다.

무릇 성인(聖人)은 무위윤리적 인(仁)의 덕을 소유한 자이다. 그러기에 그는 인위적인 정치가 아니라 무위적인 정치를 통해서 백성들을 다스린다. 역시 '성'(聖)자의 용례는 아니지만, 이를 징표하는 기록을 인용한다.

> 공자가 말했다: "무위로 다스린 자는 순임금인저! 무엇을 했는가? 자기를 낮추고 남쪽 벽면을 향하여 바로 앉아있을 뿐이었다."[19]
>
> 공자가 말했다: "정치를 덕으로 함은 마치 북극성이 제자리에 있으면 뭇별들이 팔짱을 짓고 도는 것과 같다."[20]

무위정치(無爲而治)란 인위적으로 하지 않는데도 저절로 다스려지는 것이다. 그것은 마치 북극성이 제자리에 위치하고 있으면 뭇별들이 저절로 그를 중심으로 돌아가는 것과 같다. 무위이치는 자아의식을 방기해야 가능하다. 필요와 요구 수준을 넘어서는 모든 욕망을 버려야만 한다. 성인은 세상을 한 몸으로 인식한다. 만물은 형제다. 형과 아우는 '같음'과 동시에 '다름'의 존재이다. 같은 부모와 같은 핏줄을 가지고 태어났기에 '같음'이고, 그러나 형제끼

---

18) 程子曰, 醫書, 以手足痿痺, 爲不仁. 此言, 最善名狀. 仁者, 以天地萬物爲一體, 莫非己也. 認得爲己, 何所不至. 若不屬己, 自與己不相干, 如手足之不仁, 氣已不貫, 皆不屬己.
19) 子曰: "無爲而治者其舜也與? 夫何爲哉? 恭己正南面而已矣."(衛靈公: 4).
20) 子曰: "爲政以德, 譬如北辰, 居其所而衆星共[作供]之."(爲政: 1).

리도 생김새도 성격도 다를 수 있기에 '다름'이다. 자연은 만물의 부모다. 그러기에 만물은 같다. 그러나 만물은 각자 생김새도 특성도 다르다. 만물은 같기에 서로 사랑해야 하고, 동시 다르기에 그 다름을 인정하고 존중하고 배려해 주어야 한다. 그렇게 자연은 공생공명의 세계이다. 나를 중심으로 혹은 인간을 중심으로 접근하는 한 공생공명의 형제애는 실현될 수 없다. 나를 버려야만 한다(無我). 자기를 세우고 싶으면 남을 먼저 세우고, 자기가 도달하고 싶으면 남을 먼저 도달케 해야 한다. 그것이 바로 공생공명의 형제애이고 인(仁)인 것이다. 이러한 무위윤리적 인(仁)의 사상이 정치공동체에까지 자연스럽게 실현되도록 하는 것이 무위이치(無爲而治)인 것이다.

요컨대, 성인(聖人)은 학문적 성취를 이룬 자이고, 지혜(知慧)·무욕(無欲)·용기(勇氣)·재예(才藝)·예악(禮樂)을 갖춘 사람이고, 이러한 수양과 공부를 바탕으로 무위적 윤리와 무위의 정치를 실현할 수 있는 '완성된 인간'[成人]이다. 이에 비해, 군자는 성인을 따라 배우려는 수양인인 듯 하다. 완성된 인간으로서 성인(聖人)은 현실적으로 존재하기 어려운 것 같다. 공자는 성인(聖人)을 옛날의 성인(成人)이라 하고, 군자를 오늘날의 성인(成人)이라 대비시키고 있기 때문이다. 여하튼 앞으로 더 자세히 보겠지만, 이상의 논의를 바탕으로 성인(聖人)과 군자를 대비시켜 보면 아래의 표와 같다.

〈표1〉 성인과 군자의 특징비교

성 인	군 자
• 옛날의 성인(成人), 즉 완성된 사람	• 오늘날의 성인(成人)
• 지혜(知慧)·무욕(無欲)·용기(勇氣) • 재예(才藝)·예악(禮樂)을 갖춘 사람	• 이익을 보면 의로움을 생각하고(見利思義), 위태로움을 보면 목숨을 던질 수 있고(見危授命), 오래된 언약을 지키고(久要不忘), 삶을 살리는 말을 함(平生之言).
• 하학에서 상달까지 학문적 성취를 이룬 사람	• 학문적 성취를 위해 노력하는 수양인
• 무위윤리를 실현하는 사람 (己欲立而立人, 己欲達而達人; 仁)	• 당위윤리(己所不欲, 勿施於人; 忠恕) 혹은 유위윤리(禮法)를 실현하는 사람
• 무위이치를 실현하는 사람 (修己以安百姓)	• 修己以敬, 修己以安人: 군자들 내에서는 무위윤리의 실천이 가능하지만, 백성을 위한 정치에서는 아직 그 정도에 못 미침. 그래서 군자는 왕도정치, 인위정치를 실현하려함.

군자가 성인(聖人)을 따라 배우려는 수양인이라면, 성인은 군자에게 있어 인격적 전형이 된다. 따라서 군자는 성인의 특성과 겹칠 수 있다. 이 점은 앞으로 보게 될 것이다. 한편, 성인-군자의 계열은 아니지만, 성인의 반열에서 검토되어야 할 사람들이 있다. 이른바 현자(賢者)라고 지칭되는 은자(隱者)가 그들이다.

2. 은자(隱者; 현자賢者)

성인(聖人)과 은자(隱者)가 어떻게 다른가? 결정적인 차이는 세상에 대한 참여와 비참여의 여부이다. 성인이 참여의 길을 선택한다면, 은자는 비참여의 길을 간다.

> 공자가 말했다: "현자는 세상을 피하고, 그 다음은 땅을 피하고, 그 다음은 사물을 피하며, 그 다음은 말을 피한다." [21]

현자는 자신이 살고 있는 세상을 피하고, 나라를 피하고, 문화를 버리고, 언어조차 버리려 한다. 그래서 은자인 것이다. 그들은 세속을 떠나서 천지자연의 법칙에 따르는 자유로운 삶을 누리고자 한다. 설령 세속에서 살아간다하더라도, 그들은 세속의 외물 세계에 속박당하지 않고 자신의 자유로운 삶을 추구한다. 도도히 흐르는 물은 누가 멈출 수가 있단 말인가? 공자가 당시대에 만난 은자가 7명이었던 것 같다.

> 공자가 말했다: "일어난 자가 일곱 사람이다." [22]

나는 「헌문(憲問): 39」에 이어 나오는 위 기록을 그 근거로 여긴다. 그러나 도올에 의하면, '작자'(作者)라는 용어는 중국고대사상사에서 "문명의 최초의 전기를 이룩한 사람들"을 뜻한다고 한다. [23] 그리고 송나라 유학자인 장횡거(張橫居)는 그 7명의 작자를 복희(伏羲), 신

---

21) 子曰: "賢者辟世, 其次辟地, 其次辟色, 其次辟言。"(憲問: 39).
22) 子曰: "作者七人矣。"(憲問: 40).
23) 김용옥, 『논어 한글역주 3』(서울: 통나무, 2008; 여기서는 2011판), 418쪽.

농(神農), 황제(皇帝), 요(堯), 순(舜), 우(禹), 탕(湯)으로 보았다. 그러나 나는 도올의 관점보다는 주희의 해석을 따른다. 주희는 집주(集註)에서 이씨(李氏)의 말을 인용하여 "일어나 은둔하려고 떠나간 자가 지금 일곱 사람인데, 구체적으로 누구인지는 모르겠다."[24]고 하고 있다. 주희의 해석대로 7명이 누구인지는 명확하지 않을 수 있다. 그리고 굳이 그 사람들을 찾아서 채우려하는 것은 천착(穿鑿)일지도 모른다. 그러나 『논어論語』의 「헌문(憲問)」과 「미자(微子)」편에 보면 대략 7명의 은자가 등장하고 있다. 신문(晨門), 하궤(荷簣), 원양(原壤), 접여(接輿), 장저(長沮), 걸익(桀溺), 장인(丈人) 등이 그들이다.[25] 이들이 공자의 무리에게 하는 말과 행동거지의 요지를 각각 보자.

신문(晨門) : "그 불가능한줄 알면서도 억지로 일을 벌이는 자 말인가?"

하궤(荷簣) : "비루하고 비천함이여! 자기를 알아주지 않은 그만둘 뿐이다. 물이 깊으면 옷을 벗어 건너고 물이 얕으면 옷을 걷고 건너면 그만이다."

원양(原壤) : 걸터앉아 기다리고 있었다.(주희에 의하면, 원양은 공자의 친구인데 어머니가 죽었는데도 노래를 불렀을 정도로 노장의 무리였다고 여긴다.)

접여(接輿) : "봉황이여, 봉황이여! 얼마나 덕이 쇠잔해졌는가? 지난 일에 대해서는 간할 수 없고, 오는 일에 대해서는 쫓아갈 뿐이로다. 그만두라, 그만둬! 오늘날 정치를 하는 것은 위태롭다."

장저(長沮) : "그는 나루를 알고 있습니다."

---

24) 李氏曰, 作, 起也, 言起而隱去者, 今七人矣, 不可知其誰何, 必求其人以實之, 則鑿矣.
25) 子路宿於石門。晨門曰: "奚自?" 子路曰: "自孔氏." 曰: "是知其不可而爲之者與?" (憲問: 41); 子擊磬於衛, 有荷簣而過孔氏之門者, 曰: "有心哉, 擊磬乎!" 旣而曰: "鄙哉, 硜硜乎! 莫己知也, 斯已而已矣. 深則厲, 淺則揭." 子曰: "果哉! 末之難矣." (憲問: 42); 原壤夷俟. 子曰: "幼而不孫弟, 長而無述焉, 老而不死, 是爲賊." 以杖叩其脛. (憲問: 46); 楚狂接輿歌而過孔子曰: "鳳兮鳳兮! 何德之衰? 往者不可諫, 來者猶可追. 已而已而! 今之從政者殆而!" 孔子下, 欲與之言. 趨而辟之, 不得與之言. (微子: 5); 長沮, 桀溺耦而耕, 孔子過之, 使子路問津焉. 長沮曰: "夫執輿者爲誰?" 子路曰: "爲孔丘." 曰: "是魯孔丘與?" 曰: "是也." 曰: "是知津矣." 問於桀溺. 桀溺曰: "子爲誰?" 曰: "爲仲由." 曰: "是魯孔丘之徒與?" 對曰: "然." 曰: "滔滔者天下皆是也, 而誰以易之? 且而與其從辟人之士也, 豈若從辟世之士哉?" 耰而不輟. 子路行以告. 夫子憮然曰: "鳥獸不可與同群, 吾非斯人之徒與而誰與? 天下有道, 丘不與易也." (微子: 6); 子路從而後, 遇丈人以杖荷蓧. 子路問曰: "子見夫子乎?" 丈人曰: "四體不勤, 五穀不分. 孰爲夫子?" 植其杖而芸. 子路拱而立. 止子路宿, 殺鷄爲黍而食之, 見其二子焉. 明日, 子路行以告. 子曰: "隱者也." 使子路反見之. 至則行矣. 子路曰: "不仕無義. 長幼之節, 不可廢也, 君臣之義, 如之何其廢之? 欲潔其身, 而亂大倫. 君子之仕也, 行其義也. 道之不行, 已知之矣." (微子: 7);

걸익(桀溺) : "물이 도도하게 흘러가는 것처럼 천하의 모든 것이 그러한데, 누가 그것을 바꿀 수 있단 말입니까? 또한 사람을 피하는 선비를 따르기 보다는 세상을 피하는 선비를 따르는 것이 어떻겠습니까?"

장인(丈人) : "사체도 수고롭게 하지 않고 오곡도 분간할 줄 모르는 자가 누구의 선생님이란 말인가?"

하나 같이 이들은 공자와 그의 무리를 비꼬고 있다. 한마디로 공자의 무리들은 자연의 섭리를 거스르고 인위를 도모하는 자들이다. 불가능한 줄 알면서도 억지로 일을 도모하는 자들일 뿐이다. 오곡도 분간할 줄 모르고 사체도 수고롭게 하지 않으면서, 자신들이 아니면 마치 세상이 어떻게 될 것처럼 동분서주하고 있다. 그냥 놓아두라, 세상을 떠나라, 자연의 섭리에 맡겨두라. 한마디로 모든 것을 무위의 법칙에 맡기라는 것이 그들에게 주는 충고이다. 이러한 충고에 대해 공자는 뭐라 적극적으로 대구하지 못하고 탄식을 할 뿐이다. 멍하게 실의에 빠질 뿐이다.

공자도 이미 알고 있었을 것이다. 그러나 어쩔 것인가? 도탄에 빠진 이 세상을 광정하는 것이 정말 그들의 충고대로 쉽지 않고, 혹은 불가능하더라도 마냥 손 놓고 있어야 한다는 말인가? 당한 악에 시름하는 백성들은 어쩌란 말인가? 그건 무책임한 일일 뿐이다. 공자가 세상에 대한 참여의 길을 선택할 수밖에 없었던 이유가 바로 여기에 있다. 그래서 그는 말한다. "새와 짐승들과 더불어 무리지어 살 수 없는 것이거늘, 내가 이 사람의 무리와 더불어 하지 않으면 누구와 더불어 할 것인가? 천하에 도가 있다면 내가 바꾸려 하겠는가?" 이것이 은자와 다른 성인과 군자의 길인 것이다.

Ⅲ. 군자(君子)와 소인(小人)

군자가 성인을 따라 배우려는 수양인이라면, 소인은 그 대립 항에 있는 사람인 것 같다. 『논어』에서 군자와 소인을 대비시켜 설명하는 구절이 많이 나온다. 그러나 '군자'와 '소인'이라는 용어는 공자 이전부터 있어온 인칭용어였다. 공자 이전의 '군자'는 경대부(卿大夫) 등의 지배자(정치가)층을 지칭하는 것이었다면, '소인'은 피지배층을 의미하는 것이었다. 『논어』에도 이러한 의미의 '군자'와 '소인' 개념의 용례가 일정부분 나온다. 다음의 사례는 그 대표적인 경우이다.

계강자가 공자에게 정치를 물었다: "무도한 자를 죽이고 도 있는 자를 나아가게 하면 어떻습니까?" 공자가 대답했다: "당신은 정치를 함에 어찌 살육을 쓰려 하십니까? 당신께서 선하고자 하면 백성들은 선해진다. 군자의 덕은 바람이고, 소인의 덕은 풀입니다. 풀 위로 바람이 불면 반드시 풀은 눕게 되어 있습니다."26)

공자께서 무성에 갔는데, 가야금 연주하는 소리를 들었다. 선생님께서 빙그레 웃으시며 말했다: "닭을 잡는데 어찌 소 잡는 칼을 쓰는가?" 자유가 대답했다: "옛날 언이 선생님께 듣기를, '군자가 도를 배우면 사람을 사랑하고, 소인이 도를 배우면 부리기 쉽다.'고 했습니다." 공자가 말했다: "여보아라, 언의 말이 옳다. 앞의 말은 농담일 뿐이다."27)

공자가 말했다: "군자는 세 가지를 경계해야 한다. 어려서는 혈기가 정해지지 않았기에 경계함이 안색에 있어야 한다. 장성해서는 혈기가 바야흐로 강해짐으로 경계함이 다툼에 있어야 한다. 늙어서는 혈기가 이미 쇠해짐으로서 경계함이 얻음에 있어야 한다."28)

앞의 두 사례의 기록은 군자와 소인을 각각 지배층과 피지배층으로 보는 경우이고, 뒤의 한 사례는 군자를 지배층 개념으로 사용하는 경우로 볼 수 있다. 그러나 공자는 '군자'와 '소인'의 개념을 이러한 정치적 지배층과 피지배층을 의미하는 것을 넘어서 철학적 혹은 도덕적 의미의 개념으로 다시 규정하였다. 물론 한계는 있어 보인다. 즉, 그는 '군자'와 '소인'을 모두 정치적 지배층의 후보군인 사(士)계급 이상에 대하여 호칭하되, '군자'는 도덕적인 수양을 바탕으로 바른 정치를 하는 사람이라면, '소인'은 도덕적 수양 없이 이익과 명예만을 추구하는 부정적 의미의 정치가를 지칭하는 뜻으로 규정하고 있는 것이다. 우선, 군자가 누구인지를 보기로 한다.

---

26) 季康子問政於孔子曰: "如殺無道, 以就有道, 何如?" 孔子對曰: "子爲政, 焉用殺? 子欲善而民善矣。 君子之德風, 小人之德草。 草上【一作尙】之風, 必偃。"(顏淵: 19).
27) 子之武城, 聞弦歌之聲。 夫子莞爾而笑曰: "割鷄焉用牛刀?" 子游對曰: "昔者偃也聞諸夫子曰: '君子學道則愛人, 小人學道則易使也。'" 子曰: "二三者! 偃之言是也。 前言戲之耳。"(陽貨: 4).
28) 孔子曰: "君子有三戒, 少之時, 血氣未定, 戒之在色, 及其壯也, 血氣方剛, 戒之在鬪, 及其老也, 血氣旣衰, 戒之在得。"(季氏: 7).

1. 군자(君子)

자로가 군자에 대해 물었다. 공자가 대답했다: "자기를 수양하되 경으로써 한다." 자로가 물었다: "그렇게만 하면 됩니까?" 공자가 대답했다: "자기를 수양하되 다른 사람을 편안케 하는 것으로써 한다." 자로가 물었다: "그렇게만 하면 됩니까?" 공자가 대답했다: "자기를 수양하되, 백성을 편안케 하는 것으로써 한다. 자기를 수양하고 백성을 편안하게 하는 것은 요와 순임금도 힘들어했을 것이다."[29]

자로가 따르다가 뒤처졌다. 지팡이를 짚고 대바구니를 멘 장인이라는 사람을 만났다. 자로가 물었다: "당신은 우리 선생님을 못 봤습니까?" 장인이 말했다: "사체도 수고롭게 하지 않고 오곡도 분간할 줄 모르는 자가 누구의 선생님이란 말인가?" 지팡이를 꽂아두고 김을 매었다. 자로가 두 팔을 끼고 서 있었다. 자로에게 머물러 묵게 하고, 닭을 잡고 기장밥을 지어 먹이고 두 아들을 만나게 하였다. 다음날 자로가 돌아와 말했다. 공자가 말했다: "은자로다." 자로에게 돌아가 만나보게 했다. 가보니 어디론가 가버리고 없었다. 자로가 말했다: "벼슬하지 않으면 의로움이 없는 것이다. 장유의 예절도 폐할 수 없는 것이거늘, 군신의 의리를 어찌 폐할 수 있단 말인가? 자신의 몸을 깨끗이 하고자 큰 인륜을 어지럽히는 짓이다. 군자가 벼슬하는 것은 그 의로움을 실천하는 것이다. 도가 행해지지 아니하면 그만두는 것을 알아야 한다."[30]

군자됨의 출발은 자기를 수양하는 데에 있다. 자기 수양을 바탕으로 남을 편안케 하고, 백성을 편안케 하는 일에 나서는 이가 바로 군자이다. 자로(子路)의 주장대로, 이 점에서 군자나 성인은 은자와 다르다. 그런데 문제는 자기 수양의 내용이 무엇인가 하는 점이다. 그것은 개인적 인격완성을 의미하는가, 아니면 안인(安人) 혹은 안백성(安百姓)의 기술을 의미하는가? 전자라면 안인은 수기와 개념상 별개의 것이며, 수기를 한 결과가 안인으로 이어지는

---

[29] 子路問君子。子曰: "修己以敬。" 曰: "如斯而已乎?" 曰: "修己以安人。" 曰: "如斯而已乎?" 曰: "修己以安百姓。修己以安百姓, 堯, 舜其猶病諸?"(憲問: 45).

[30] 子路從而後, 遇丈人, 以杖荷蓧。子路問曰: "子見夫子乎?" 丈人曰: "四體不勤, 五穀不分。孰爲夫子?" 植其杖而芸。子路拱而立。止子路宿, 殺鷄爲黍而食之, 見其二子焉。明日, 子路行以告。子曰: "隱者也。" 使子路反見之。至則行矣。子路曰: "不仕無義。長幼之節, 不可廢也, 君臣之義, 如之何其廢? 欲絜其身, 而亂大倫。君子之仕也, 行其義也。道之不行, 已知之矣。"(微子: 7).

것이다. 이 경우는 당위적 왕도정치가 구현될 수 있다. 그러나 후자라면 수기가 곧 안인의 기술을 내용으로 하는 것이 된다. 이 경우는 유위적 패도정치 혹은 실용적 기술정치가 구현될 수도 있다. 따라서 전자는 개인적 차원에서 내적인 도덕성의 완성에 초점이 두어지고, 후자는 사회적 차원에서 안인의 기술 습득에 더 초점이 두어지게 마련이다. 이처럼 자기 수양의 내용이 문제가 되는 이유는 훌륭한 도덕적 인격자가 반드시 사회적으로도 유능한 통치자로 된다는 보장도 없으며, 비도덕적 인물이 사회적으로 유능한 인물인 경우가 없는 것도 아니기 때문이다. 당위적 왕도정치와 유위적 패도정치가 그래서 같이 존재할 수가 있는 것이다. 물론 성인이라면 당위의 왕도도 유위의 패도도 넘어선 무위이치를 펼치겠지만, 현실정치에서 그것은 쉬운 일이 아니다.

공자에게 자기수양의 내용은 무엇인가? 수양하는 군자가 어떤 사람인지를 중심으로 그 내용을 들여다보기로 하자. 우선, 군자(君子)라는 용례만 나오는 기록들을 모아 정리해보면, 군자란 ① 공부와 교육에 열정을 쏟는 사람[31], ② 특정진리를 교조화된 신념으로 여기지 않는 사람[32], ③ 안빈낙도하며 도를 추구하는 사람[33], ④ 근심, 두려움에 의연히 대처하는 사람[34],

---

31) 子曰: "學而時習之, 不亦說乎? 有朋自遠方來, 不亦樂乎? 人不知而不慍, 不亦君子乎?"(學而: 1); 子曰: "富與貴, 是人之所欲也, 不以其道得之, 不處也。貧與賤, 是人之所惡也, 不以其道得之, 不去也。君子去仁, 惡乎成名? 君子無終食之間違仁, 造次必於是, 顚沛必於是。"(里仁: 5); 曾子曰: "君子以文會友, 以友輔仁。"(顔淵: 24); 子曰: "君子博學於文, 約之以禮, 亦可以弗畔矣夫!"(雍也: 25); 子夏曰: "百工居肆以成其事, 君子學以致其道。"(子張: 7); 子游曰: "子夏之門人小子, 當灑掃應對進退, 則可矣, 抑末也。本之則無如之何?" 子夏聞之, 曰: "噫! 言游過矣! 君子之道, 孰先傳焉? 孰後倦焉? 譬諸草木, 區以別矣。君子之道, 焉可誣也? 有始有卒者, 其惟聖人乎!"(子張: 12).

32) 子曰: "君子不器。"(爲政: 12); 子曰: "君子 不重則不威, 學則不固。主忠信。無友不如己者。過則勿憚改。"(學而: 8); 子曰: "君子之於天下也, 無適也, 無莫也, 義之與比。"(里仁: 10); 宰我問曰: "仁者, 雖告之曰: '井有仁【當作人】焉。' 其從之也?" 子曰: "何爲其然也? 君子可逝也, 不可陷也, 可欺也, 不可罔也。"(雍也: 24)

33) 子曰: "君子食無求飽, 居無求安, 敏於事而慎於言, 就有道而正焉, 可謂好學也已。"(學而: 14); 子欲居九夷。或曰: "陋如之何? 子曰: "君子居之, 何陋之有?"(子罕: 13); 子曰: "君子病無能焉, 不病人之不己知也。"(衛靈公: 18); 子曰: "君子疾沒世而名不稱焉。"(衛靈公: 19); 子曰: "君子謀道不謀食。耕也, 餒在其中矣, 學也, 祿在其中矣。君子憂道不憂貧。"(衛靈公: 31); 宰我問, "三年之喪, 期已久矣。君子三年不爲禮, 禮必壞, 三年不爲樂, 樂必崩。舊穀旣沒, 新穀旣升, 鑽燧改火, 期可矣。" 子曰: "食夫稻, 衣夫錦, 於女安乎?" 曰: "安。" "女安則爲之! 夫君子之居喪, 食旨不甘, 聞樂不樂, 居處不安, 故不爲也。今女安則爲之!" 宰我出。子曰: "予之不仁也! 子生三年, 然後免於父母之懷。夫三年之喪, 天下之通喪也, 予也有三年之愛於其父母乎!"(陽貨: 21).

34) 司馬牛問君子。子曰: "君子不憂不懼。" 曰: "不憂不懼, 斯謂之君子矣乎?" 子曰: "內省不疚, 夫何憂何懼?"(顔淵: 4); 司馬牛憂曰: "人皆有兄弟, 我獨亡。" 子夏曰: "商聞之矣, 死生有命, 富貴在天。君子敬而無失, 與人恭而有禮。四海之內, 皆兄弟也, 君子何患乎無兄弟也?"(顔淵: 5).

⑤ 말에 신중하고, 말보다는 행동과 실천을 중시하는 사람[35], ⑥ 안과 밖의 품격이 갖추어진 사람[36], ⑦ 사적 이익을 위해 싸우거나 파당 짓지 않는 사람[37], ⑧ 조그만 의리에 얽매이지 않는 사람[38], ⑨ 악(하류)에 거처하지 않고, 허물이 있으면 개선하는 사람[39] 등으로 정리

---

35) 子貢問君子. 子曰: "先行, 其言而後從之."(爲政: 13); 子曰: "君子食無求飽, 居無求安, 敏於事而愼於言, 就有道而正焉, 可謂好學也已."(學而: 14); 子曰: "君子欲訥於言, 而敏於行."(里仁: 24); 子曰: "文莫吾猶人也! 躬行君子, 則吾未之有得."(述而: 32); 子曰: "論篤是與, 君子者乎? 色莊者乎?"(先進: 20); 子曰: "君子恥其言而過其行."(憲問: 29); 子曰: "君子不以言擧人, 不以人廢言."(衛靈公: 22); 季氏將伐顓臾. 冉有, 季路見於孔子曰: "季氏將有事於顓臾." 孔子曰: "求! 無乃爾是過與? 夫顓臾, 昔者先王以爲東蒙主, 且在邦域之中矣, 是社稷之臣也. 何以伐爲?" 冉有曰: "夫子欲之, 吾二臣者皆不欲也." 孔子曰: "求! 周任有言曰: '陳力就列, 不能者止.' 危而不持, 顚而不扶, 則將焉用彼相矣? 且爾言過矣, 虎兕出於柙, 龜玉毁於櫝中, 是誰之過與?" 冉有曰: "今夫顓臾, 固而近於費. 今不取, 後世必爲子孫憂." 孔子曰: "求! 君子疾夫舍曰欲之而必爲之辭. 丘也聞有國有家者, 不患寡而患不均, 不患貧而患不安. 蓋均無貧, 和無寡, 安無傾. 夫如是, 故遠人不服, 則修文德以來之. 旣來之, 則安之. 今由與求也, 相夫子, 遠人不服, 而不能來也, 邦分崩離析, 而不能守也, 而謀動干戈於邦內. 吾恐季孫之憂, 不在顓臾, 而在蕭墻之內也."(季氏: 1); 孔子曰: "侍於君子有三愆, 言未及之而言謂之躁, 言及之而不言謂之隱, 未見顔色而言謂之瞽."(季氏: 6); 陳亢謂子貢曰: "子爲恭也, 仲尼豈賢於子乎?" 子貢曰: "君子一言以爲知, 一言以爲不知, 言不可不愼也. 夫子之不可及也, 猶天之不可階而升也. 夫子之得邦家者, 所謂立之斯立, 道之斯行, 綏之斯來, 動之斯和. 其生也榮, 其死也哀, 如之何其可及也?"(子張: 25)

36) 子曰: "質勝文則野, 文勝質則史. 文質彬彬, 然後君子."(雍也: 16); 棘子成曰: "君子質而已矣, 何以文爲?" 子貢曰: "惜乎, 夫子之說君子也! 駟不及舌. 文猶質也, 質猶文也. 虎豹之鞹猶犬羊之鞹."(顔淵: 8); 曾子有疾, 孟敬子問之. 曾子言曰: "鳥之將死, 其鳴也哀, 人之將死, 其言也善. 君子所貴乎道者三, 動容貌, 斯遠暴慢矣, 正顔色, 斯近信矣, 出辭氣, 斯遠鄙倍【背同】矣. 籩豆之事, 則有司存."(泰伯: 4); 子曰: "君子道者三, 我無能焉, 仁者不憂, 知者不惑, 勇者不懼." 子貢曰: "夫子自道也."(憲問: 30); 子路問成人. 子曰: "若臧武仲之知, 公綽之不欲, 卞莊子之勇, 冉求之藝, 文之以禮樂, 亦可以爲成人矣." 曰: "今之成人者何必然? 見利思義, 見危授命, 久要不忘, 平生之言, 亦可以爲成人矣."(憲問: 13); 子曰: "君子義以爲質, 禮以行之, 孫以出之, 信以成之. 君子哉!"(衛靈公: 17); 孔子曰: "君子有九思, 視思明, 聽思聰, 色思溫, 貌思恭, 言思忠, 事思敬, 疑思問, 忿思難, 見得思義."(季氏: 10); 子夏曰: "君子有三變, 望之儼然, 卽之也溫, 聽其言也厲."(子張: 9).

37) 子曰: "君子無所爭. 必也射乎! 揖讓而升, 下而飮. 其爭也君子."(八佾: 7); 子曰: "君子矜而不爭, 群而不黨."(衛靈公: 21); 陳司敗問: "昭公知禮乎?" 孔子曰: "知禮." 孔子退, 揖巫馬期而進之, 曰: "吾聞君子不黨, 君子亦黨乎? 君取於吳爲同姓, 謂之吳孟子. 君而知禮, 孰不知禮?" 巫馬期以告. 子曰: "丘也幸, 苟有過, 人必知之."(述而: 30); 陳亢問於伯魚: "子亦有異聞乎?" 對曰: "未也. 嘗獨立, 鯉趨而過庭. 曰: '學詩乎?' 對曰: '未也.' '不學詩, 無以言.' 鯉退而學詩. 他日, 又獨立, 鯉趨而過庭. 曰: '學禮乎?' 對曰: '未也.' '不學禮, 無以立.' 鯉退而學禮. 聞斯二者." 陳亢退而喜曰: "問一得三, 聞詩聞禮, 又聞君子之遠其子也."(季氏: 13); 儀封人請見, 曰: "君子之至於斯也, 吾未嘗不得見也." 從者見之. 出曰: "二三子何患於喪乎? 天下之無道也久矣, 天將以夫子爲木鐸."(八佾: 24).

38) 子曰: "君子貞而不諒."(衛靈公: 36); 子夏曰: "雖小道, 必有可觀者焉, 致遠恐泥, 是以君子不爲也."(子張: 4); 佛肸召, 子欲往. 子路曰: "昔者由也聞諸夫子曰: '親於其身爲不善者, 君子不入也.' 佛肸以中牟畔, 子之往也, 如之何?" 子曰: "然, 有是言也. 不曰堅乎, 磨而不磷, 不曰白乎, 涅而不緇. 吾豈匏瓜也哉? 焉能繫而不食?"(陽貨: 7).

39) 子貢曰: "君子亦有惡乎?" 子曰: "有惡, 惡稱人之惡者, 惡居下流而訕上者, 惡勇而無禮者, 惡果敢而窒者."

할 수 있을 것 같다.

　자기 수양을 바탕으로 남을 편안케 하고, 백성을 편안케 하는 일에 나서는 이가 바로 군자이다. 원칙은 정치가로서 군자는 내면적 덕성을 구유하고 있어야 한다. 그러나 백성을 다스리는 현실정치에서는 훌륭한 도덕적 인격자가 반드시 사회적으로도 유능한 통치자로 된다는 보장도 없으며, 비도덕적 인물이 사회적으로 유능한 인물인 경우가 없는 것도 아니다. 당위적 왕도정치든 유위적 패도정치든 그 정치의 관건은 백성을 편안케 하는 데 있다. 군자는 특정진리만을 자기신념으로 교조화하지 않으며[君子不器], 백성을 중심에 두는 정치[民本政治]가 우선이다. 그렇다면 공자가 주장하는 자기 수양의 내용에는 개인적 인격함양과는 별도로 안백성(安百姓)의 기술도 포함하고 있는 것으로 보아야 할 것이다. 정치가로서의 군자를 지칭하는 용례에서도 이 점을 확인할 수 있다. 지배자로서의 군자의 특성을 정리하여 보면 아래와 같다.

　먼저, 군자는 출사에 조심하고 자기직책에 걸맞게 정치에 임해야 한다.[40] 군자는 나라에 도가 있으면 벼슬하고, 나라에 도가 없으면 거두어 숨어야 한다. 그리고 군자는 생각이 그 자리를 벗어나지 아니한다. 둘째, 덕과 예에 바탕을 둔 정치에 임해야 한다.[41] 군자는 자기를 실천함에 공손하고, 윗사람을 섬김에 공경하고, 백성을 보양함에 은혜롭고, 백성을 부림에 의로워야 한다. 군자는 은혜롭되 낭비하지 않고, 수고롭되 원망하지 않고, 욕심을 가지되 탐욕하지 않고, 태연하되 교만하지 않고, 위엄이 있되 사납지 않아야 한다. 그리고 군자는 예에

曰: "賜也亦有惡乎?" "惡徼以爲知者, 惡不孫以爲勇者, 惡訐以爲直者."(陽貨: 24); 子貢曰: "紂之不善, 不如是之甚也. 是以君子惡居下流, 天下之惡皆歸焉."(子張: 20); 子貢曰: "君子之過也, 如日月之食焉, 過也, 人皆見之, 更也, 人皆仰之."(子張: 21).

40) 子曰: "直哉史魚! 邦有道, 如矢, 邦無道, 如矢. 君子哉蘧伯玉! 邦有道, 則仕, 邦無道, 則可卷而懷之."(衛靈公: 6); 曾子曰: "君子思不出其位."【此艮卦之象辭也】(憲問: 28).

41) 南宮适問於孔子曰: "羿善射, 奡【作澆】盪舟, 俱不得其死然. 禹, 稷躬稼而有天下." 夫子不答. 南宮适出, 子曰: "君子哉若人! 尙德哉若人!"(憲問: 6); 子謂子產, "有君子之道四焉, 其行己也恭, 其事上也敬, 其養民也惠, 其使民也義."(公冶長: 15); 子張問於孔子曰: "何如斯可以從政矣?" 子曰: "尊五美, 屛四惡, 斯可以從政矣." 子張曰: "何謂五美?" 子曰: "君子惠而不費, 勞而不怨, 欲而不貪, 泰而不驕, 威而不猛." 子張曰 "何謂惠而不費?" 子曰: "因民之所利而利之, 斯不亦惠而不費乎? 擇可勞而勞之, 又誰怨? 欲仁而得仁, 又焉貪? 君子無衆寡, 無小大, 無敢慢, 斯不亦泰而不驕乎? 君子正其衣冠, 尊其瞻視, 儼然人望而畏之, 斯不亦威而不猛乎?" 子張曰: "何謂四惡?" 子曰: "不敎而殺謂之虐, 不戒視成謂之暴, 慢令致期謂之賊ㅍ猶之與人也, 出納之吝謂之有司."(堯曰: 2); 子曰: "恭而無禮則勞, 愼而無禮則葸, 勇而無禮則亂, 直而無禮則絞. 君子篤於親, 則民興於仁, 故舊不遺, 則民不偸."(泰伯: 2); 子曰: "不知命, 無以爲君子也, 不知禮, 無以立也, 不知言, 無以知人也."(堯曰: 3).

의한 정치를 해야 한다. 공손하면서 예가 없으면 수고롭고, 삼가면서 예가 없으면 두렵고, 용감하면서 예가 없으면 어지럽고, 정직하면서 예가 없으면 너그럽지 못하기 때문이다. 그래야 백성들이 투박해지지 않는 법이다.

   셋째, 절개를 지키고 신뢰의 정치를 해야 한다.[42] 육척의 어리고 고아인 임금을 맡길 수 있고, 백리 제후국의 운명을 기탁할 수 있으며, 큰 절개에 당하여 빼앗을 수 없어야 한다. 그리고 군자는 신뢰를 얻은 후에 그 백성을 수고롭게 하고, 신뢰가 얻지 못하면 자신을 채찍하려 한다. 군자는 임금에게 신뢰를 얻은 후에 간한다. 신뢰를 얻지 못하면 자신을 비판해야 한다. 넷째, 명분을 바로잡는 정명의 정치를 해야 한다.[43] 명분이 바르지 않으면 언명이 통하지 않고, 언명이 통하지 않으면 일이 성사될 수 없고, 일이 성사되지 않으면 예악이 일어나지 않고, 예악이 일어나지 않으면 형벌이 적중하지 못하고, 형벌이 적중하지 못하면 백성들이 수족을 놓을 곳이 없게 된다. 그래서 군자는 명분이 반드시 말에 부합되도록 해야 하고, 말은 반드시 실천되도록 해야 하는 것이다. 다섯째, 아랫사람을 부림에 존중하고 포용하며, 한 사람에게 모든 것을 갖추기를 구하지 않아야 한다.[44]

2. 군자(君子) 대 소인(小人)

   『논어』에는 군자와 소인을 대비시키는 기록들이 많이 등장한다. 먼저, 공자는 자하(子夏)에게 소인(小人)이 되지 말고 군자(君子)가 되라고 가르친다.

   공자가 자하에게 말했다: "너는 군자유가 되어야지 소인유가 되어서는 안 된다."[45]

---

42) 曾子曰: "可以託六尺之孤, 可以寄百里之命, 臨大節而不可奪也, 君子人與? 君子人也."(泰伯: 6); 子夏曰: "君子信而後勞其民, 未信, 則以爲厲己也. 信而後諫, 未信, 則以爲謗己也."(子張: 10).

43) 子路曰: "衛君待子而爲政, 子將奚先?" 子曰: "必也正名乎!" 子路曰: "有是哉, 子之迂也! 奚其正?" 子曰: "野哉, 由也! 君子於其所不知, 蓋闕如也. 名不正, 則言不順, 言不順, 則事不成, 事不成, 則禮樂不興, 禮樂不興, 則刑罰不中, 刑罰不中, 則民無所措手足. 故君子名之必可言也, 言之必可行也. 君子於其言, 無所苟而已矣."(子路: 3)

44) 子夏之門人問交於子張. 子張曰: "子夏云何?" 對曰: "子夏曰: '可者與之, 其不可者拒之.'" 子張曰: "異乎吾所聞, 君子尊賢而容衆, 嘉善而矜不能. 我之大賢與, 於人何所不容? 我之不賢與, 人將拒我, 如之何其拒人也?"(子張: 3); 周公謂魯公曰: "君子不施【弛】其親, 不使大臣怨乎不以. 故舊無大故, 則不棄也. 無求備於一人!"(微子: 10).

45) 子謂子夏曰: "女爲君子儒! 無爲小人儒!"(雍也: 11).

군자와 소인을 대비시키는 기록들을 통하여 우리는 군자와 소인의 인성적 특징을 알 수 있다. 군자와 소인이 어떻게 대비되는가? 그 대비적 기록들을 정리하여 보면 아래의 표와 같다.[46]

〈표 2〉 군자와 소인의 대비적 특성

군자	소인
• 두루 널리 보고 편협하지 않다.	• 편협하여 널리 보지 못한다.
• 덕을 품는다.	• 흙을 품는다.
• 잘못에 대해 자신을 자책한다.	• 잘못을 반성하지 않고 넘긴다.
• 의로움에 밝다.	• 이익에 밝다.
• 여유롭고 너그럽다.	• 근심하고 두려워한다.
• 사람의 장점을 키우고 단점을 보완한다.	• 사람의 장점을 누르고 단점을 지적한다.
• 화합하되 부화뇌동하지 않는다.	• 부화뇌동할 뿐 화합하지 못한다.
• 말보다 실천을 중시한다.	• 실천보다 말이 앞선다.
• 말이 도리에 어긋나면 기뻐하지 않는다.	• 말이 도리에 어긋나더라도 기뻐한다.
• 사람을 적성에 맞춰 배치하고 부린다.	• 모든 것을 완비하기를 요구하며 부린다.
• 태연자약하여 교만하지 않는다.	• 교만하고 태연자약하지 못한다.
• 군자이면서 인하지 않은 자는 있다.	• 소인이면서 인자는 없다.
• 위로 천리(天理)에 통달한다.(上達)	• 아래로 인사(人事)에 통달한다.(下達)
• 천명·대인·성인의 말씀을 두려워한다.	• 천명·대인·성인을 얕보고 업신여긴다.
• 궁핍함을 견디며 고수한다.	• 궁핍을 당하면 넘치는 일을 한다.
• 자신의 허물을 자신에게서 구한다.	• 자신의 허물을 남에게로 돌린다.
• 작은 지식을 몰라도 큰일을 맡을 수 있다.	• 큰일을 맡지 못하나 작은 지식은 가진다.
• 용기가 있되 의로움이 없으면 난을 일으킨다.	• 용기가 있되 의로움이 없으면 도적이 된다.

---

46) 子曰: "君子周而不比, 小人比而不周." (爲政: 14); 子曰: "君子懷德, 小人懷土, 君子懷刑, 小人懷惠." (里仁: 11); 子曰: "君子喩於義, 小人喩於利." (里仁: 16); 子曰: "君子坦蕩蕩, 小人長戚戚." (述而: 36); 子曰: "君子成人之美, 不成人之惡. 小人反是." (顔淵: 16); 子曰: "君子和而不同, 小人同而不和." (子路: 23); 子曰: "君子易事而難說也. 說之不以道, 不說也, 及其使人也, 器之. 小人難事而易說也. 說之雖不以道, 說也, 及其使人也, 求備焉." (子路: 25); 子曰: "君子泰而不驕, 小人驕而不泰." (子路: 26); 子曰: "君子而不仁者有矣夫, 未有小人而仁者也." (憲問: 7); 子曰: "君子上達, 小人下達." (憲問: 24); 孔子曰: "君子有三畏, 畏天命, 畏大

이상의 여러 대비되는 측면에서도 특별히 주목되는 것은 "군자이면서 인하지 않는 자는 있지만 소인이면서 인자는 없다"는 기록이다. 군자는 성인이 되기 위해 수양하는 자이기에 성인의 인성적 특질과 겹치는 부분이 있을 수 있지만, 그럼에도 군자가 성인에 미칠 수 없는 결정적 차이는 아직 그가 무위윤리적 인(仁)의 덕까지는 소유하지 못했다는 점일 것이다. '군자이면서 인하지 않는 자가 있을 수 있다'는 공자의 지적은 이를 두고 한 것이라 여긴다. 그러나 소인은 당위적 혹은 유위적 인의 덕조차 소유하지 못한 자일 뿐이다.

3. 소인(小人; 향원鄕愿 · 비부鄙夫)

'소인'은 저러한 특성 외에도 안색은 위엄이 있으나 내실은 유약하고, 다루기가 어려우며, 허물이 있으면 문채를 꾸미면서 자신을 정당화하려고 한다. 그리고 덕성을 함양하고 세상을 경영할 수 있는 능력의 터득에 경주하기보다는 농사짓는 법과 같은 작은 일에 신경 쓰기도 한다.[47] 한편, 향원(鄕愿), 비부(鄙夫)도 소인을 뜻하는 비슷한 용례인 듯하다. 향원은 덕을 도둑질하는 자이다.[48] 그리고 비부들은 임금을 섬길 수가 없다. 얻지 못했을 때는 어떻게 얻을까를 걱정하고, 이미 얻으면 잃을까 걱정하는 소인배들이기 때문이다.[49]

소인배들도 하나의 가치인격유형이다. 그러나 그들은 최하위의 저급한 가치를 추구하는 인격유형이기에 따라 배워야할 인격적 전형은 아닐 것이다. 문제는 예나 지금이나 저급한 가치를 추구하는 인격유형이 역사적 현실 속에 존재한다는 점이고, 그들도 추종자를 낳을 수 있다는 점에 있다.

人, 畏聖人之言. 小人不知天命而不畏也, 狎大人, 侮聖人之言."(季氏: 8); 衛靈公問陳於孔子. 孔子對曰: "俎豆之事, 則嘗聞之矣, 軍旅之事, 未之學也." 明日遂行. 在陳絶糧, 從者病, 莫能興. 子路慍見曰: "君子亦有窮乎?" 子曰: "君子固窮, 小人窮斯濫矣."(衛靈公: 1); 子曰: "君子求諸己, 小人求諸人."(衛靈公: 20); 子曰: "君子不可小知而可大受也, 小人不可大受而可小知也."(衛靈公: 33); 子路曰: "君子尙勇乎?" 子曰: "君子義以爲上, 君子有勇而無義爲亂, 小人有勇而無義爲盜."(陽貨: 23).

47) 子曰: "色厲而內荏, 譬諸小人, 其猶穿窬之盜也與?"(陽貨: 12); 子曰: "唯女子與小人爲難養也, 近之則不孫, 遠之則怨."(陽貨: 25); 子夏曰: "小人之過也必文."(子張: 8); 樊遲請學稼. 子曰: "吾不如老農." 請學爲圃. 曰: "吾不如老圃." 樊遲出. 子曰: "小人哉, 樊須也! 上好禮, 則民莫敢不敬, 上好義, 則民莫敢不服, 上好信, 則民莫敢不用情. 夫如是, 則四方之民襁負其子而至矣, 焉用稼?"(子路: 4).

48) 子曰: "鄕原, 德之賊也."(陽貨: 13).

49) 子曰: "鄙夫可與事君也與哉? 其未得之也, 患得之. 旣得之, 患失之. 苟患失之, 無所不至矣."(陽貨: 15).

Ⅳ. 사(士)와 민(民)

　　수양인으로서의 군자든 지배자(정치가)로서의 군자든, 그들은 이미 인간사회를 지도하는 위치에 있는 리더라고 하겠다. 공자 이전부터 군자는 주로 지배층인 경대부들을 지칭하는 용어였다는 점에서도 이를 알 수 있다. 그러나 사(士)는 애매하다. 일단 그는 천자나 제후, 또는 경대부 밑에 등용되어 관리의 역할을 하는 위치에 있는 사람이었다. 제후는 천자로부터 국(國)을 봉토(封土)로 받고, 경대부는 천자나 제후로부터 식읍(食邑)을 분봉(分封)받는다. 땅을 분봉받은 제후나 경대부는 대대손손 땅이나 권력을 유지할 수 있었다. 그러나 사(士)는 그러한 식읍을 보유하지 않는다. 그는 단지 녹(祿)을 받으며 제후나 대부 밑에서 관리직을 수행하는 신분이었다.

　　그런데 문제는 이러한 사(士)가 일반백성을 의미하는 서인(庶人)이나 백성(百姓)과 어떤 차이가 있었는가 하는 점이다. '사'는 처음부터 서인과 구분되는 독립된 계층(신분)이었는지, 아니면 서인과 크게 구별되지 않는 사서인(士庶人)이었는지 명확하지 않다. 『論語』를 읽다보면 공자는 물론 그의 제자들이 처음부터 독립된 사(士)의 신분을 가진 자라기보다는 비천한 출신임이 암시되는 대목들을 만나게 되기 때문이다.[50] 그렇다면 사(士)와 서인(庶人)은 뚜렷한 신분적 차이가 없는 상하이동이 가능했던 집단이었다가, 점차적으로 나뉘어져 서인 위에 군림하는 지배층으로 되었다고 볼 수 있다.[51] 이러한 점에서 편의상 '士'와 '民'을 같이 묶어 검토하고자 한다.

---

[50] 예컨대, 공자는 〈子罕: 6〉에서 "나는 어렸을 때 천한 사람이어서 비루한 일에 다능하다."고 하였고, 〈雍也: 6〉에 보면 "공자가 〈仲弓〉을 평하여 말했다: 얼룩소의 자식이라도 그 털빛이 붉고 뿔이 단정하다면 사람들이 쓰지 않으려 해도 산천이 그냥 내버려두겠는가?"했는데, 중궁의 부친이 비천한 출신임을 엿볼 수 있다.

[51] 徐復觀에 의하면, "國人이라고 불리는 국가경제와 군사력의 기초를 이루던 자유농민들 중에서 건장한 자들을 甲士라고 불렀는데, 戰時에는 그들을 동원하여 戰士로 활약하게 하다가 선발되어 하급관리가 된 것이 士의 기원이 되었으며, 여기에 몰락귀족들이 유입되어 士계급이 확대되고 지식인 계층을 이루게 되었다."고 한다. 또한 金勝惠는 "士들은 춘추시기에 들어와 상공업이 발전되고 인구의 도시집중현상이 확대되면서 각국의 상비병력이 증가되자 농경에서 완전히 유리되어 戰士로서 또는 오로지 다른 전문직에 종사하게 되는 경향이 현저해졌다. 춘추 말기인 孔子시대에 이르러서 士들은 政治上에 필요한 지식을 추구하는 전문지식인의 성격을 띠게 되었다. 孔門은 이러한 士의 새로운 경향을 대표하는 단체였음과 동시에 그들이 학파를 확립하는데 성공함으로써 士의 의미 자체를 전환시키는 데 기여했다."고 한다. 김승혜, 앞의 책, 90쪽 참조.

1. 사(士)

1) 사(士) 일반

사(士)의 신분을 새롭게 정초하고, 사의 집단을 처음으로 형성한 이가 바로 공자가 아닐까 한다. 이러한 맥락에서 사(士)는 아직 군자에는 미치지 못하지만 인간사회의 리더가 되기를 희망하는 사람들이라 하겠다. 따라서 사(士)에게 있어 군자는 따라 배워야 할 인격적 전형이 된다. 그런데 사(士)라고 해서 모두가 같은 급의 사(士)는 아니다.

> 자공이 물었다: "어떡해야 선비라 이를 만합니까?" 공자가 대답했다: "자기의 행동에 대해 부끄러워함이 있고, 사방에 사신 가서 임금의 명령을 욕되지 않게 하면 선비라 할 수 있다." 다시 물었다: "감히 다음을 묻습니다." 대답했다: "종족들이 효자라 호칭하고 향당사람들이 공손한 자라 호칭하는 것이다." 다시 물었다: "감히 그 다음을 묻습니다." 대답했다: "말을 함에 신뢰가 있고, 행동함에 과단성이 있는 것이다. 비천한 소인의 일이지만 그래도 그 다음이라 할 수 있다." 다시 물었다: "오늘날 정치하는 자들은 어떻습니까?" 대답했다: "아~~ 한 두 되짜리 그릇에 불과한 사람들에 대해 무슨 논평을 하겠는가?"[52]

무릇 사(士)란 나라에 나아가서 행동에 부끄러움이 없어야 하고 임금의 명령을 욕되지 않게 해야 한다. 다음으로 집에 있다면 효경(孝敬)을 실천하는 자라도 되어야 한다. 말에 신뢰가 있고 행동에 과단성이 있어야 하지만 그 정도로는 아직 사(士)라기보다 소인에 가깝다. 정작 오늘날 정치하는 자들은 그것조차 못하고 있다는 것이 공자의 생각이다. 따라서 그들이 등용이 되고 리더가 되려면 군자적 자질과 안인(安人)의 기술을 습득해야 하는 것이다. '士'의 용례에서 이를 확인할 수 있다.

사(士)는 ① 군자적 자질의 핵심이 되는 인(仁)의 전덕을 습득하기 위해 노력해야 한다. 한마디로 살신성인(殺身成仁)의 자세가 요구된다.[53] ② 인의 덕을 습득하기 위해 노력하는 선

---

[52] 子貢問曰: "何如斯可謂之士矣?" 子曰: "行己有恥, 使於四方, 不辱君命, 可謂士矣." 曰: "敢問其次." 曰: "宗族稱孝焉, 鄕黨稱弟焉." 曰: "敢問其次." 曰: "言必信, 行必果, 硜硜然小人哉! 抑亦可以爲次矣." 曰: "今之從政者何如?" 子曰: "噫! 斗筲之人, 何足算也"(子路: 20).

[53] 曾子曰: "士不可以不弘毅, 任重而道遠. 仁以爲己任, 不亦重乎? 死而後已, 不亦遠乎?"(泰伯: 7); 子貢問爲

비는 거친 옷이나 음식을 부끄러워해서도 안 되고, 안락한 거처를 추구해서도 안 된다. 정당한 부의 추구를 위해서 일의 귀천을 따지지 않아야 하지만, 정당한 부를 산출하는 일이 아니라면 과감히 떠나야 한다.[54] ③ 사람들과 더불어 함에 늘 자상하고, 근면하고, 의롭고, 사려 깊게 행동할 뿐만 아니라 매사에 그에 걸맞는 도리를 다해야 한다.[55]

한편, 성인, 군자, 사(士)도 아닌 인칭용어들이 있다. 선인(善人)·유항자(有恒者)·지자(知者)·긍자(矜者)·우자(愚者)·광자(狂者)·견자(狷者) 등이 그것이다. 아마도 이들 인칭용어들은 어느 한 측면의 덕이 특별히 두드러진 자들을 지칭하는 것인 듯하다. 군자든 사(士)든 처음부터 모든 덕을 습득할 수는 없다. 사람은 개인마다 자질이 다를 수 있고, 그러기에 어느 한 측면의 덕이 우세할 수 있는 것이다. 성인이나 군자적 자질은 서서히 갖추어져 가는 것이다. 이 점에서 이들도 군자나 성인을 향하여 공부하고 노력하는 사(士)의 유형이라 할 것이다.

2) 선인(善人)·유항자(有恒者)

먼저, 선인(善人)·유항자(有恒者)의 사례를 보자.

> 공자가 말했다: "성인을 내가 만나 뵐 수 없다면, 군자라도 만날 수 있으면 좋겠다." 또 말했다: "선인을 내가 만나 뵐 수 없다면, 항심을 가진 자라도 만날 수 있다면 좋겠다. 없는데도 있는 척하고, 텅 비어있으면서 가득 찬척하고, 빈약하면서 풍요로운 척하면 항심을 유지하기가 어렵다."[56]

仁. 子曰: "工欲善其事, 必先利其器. 居是邦也, 事其大夫之賢者, 友其士之仁者."(衛靈公: 9); 子曰: "志士仁人, 無求生以害仁, 有殺身以成仁."(衛靈公: 8).

54) 子曰: "士志於道, 而恥惡衣惡食者, 未足與議也."(里仁: 9); 子曰: "士而懷居, 不足以爲士矣."(憲問: 3); 子曰: "富而可求也, 雖執鞭之士, 吾亦爲之. 如不可求, 從吾所好."(述而: 11).

55) 子張問, "士何如斯可謂之達矣?" 子曰: "何哉, 爾所謂達者?" 子張對曰: "在邦必聞, 在家必聞." 子曰: "是聞也, 非達也. 夫達也者, 質直而好義, 察言而觀色, 慮以下人. 在邦必達, 在家必達. 夫聞也者, 色取仁而行違, 居之不疑. 在邦必聞, 在家必聞."(顔淵: 20); 子路問曰: "何如斯可謂之士矣?" 子曰: "切切偲偲, 怡怡如也, 可謂士矣. 朋友切切偲偲, 兄弟怡怡."(子路: 28); 子張曰: "士見危致命, 見得思義, 祭思敬, 喪思哀, 其可已矣."(子張: 1).

56) 子曰: "聖人, 吾不得而見之矣. 得見君子者, 斯可矣." 子曰【子曰疑衍文】: "善人, 吾不得而見之矣, 得見有恒者, 斯可矣. 亡而爲有, 虛而爲盈, 約而爲泰, 難乎有恒矣."(述而: 25).

성인을 고찰할 때 보았듯이, 성인-군자가 같은 계열이고, 선인-유항자가 또 하나의 계열을 지칭하는 것 같다. 주자가 군자는 재덕(才德)을 겸비한 사람이라 주(註)하듯이, 군자-성인은 도덕적 원칙에 따른 삶 이상의 심미적, 철학적 가치를 가지고 세상을 살아가는 인물들이다. 그러나 선인-유항자는 도덕적인 가치서열인 것 같다. 유항자가 도덕적 원칙을 가지고 살아가는 사람이라면, 선인은 도덕적 원칙을 가지면서도 맹목적이지 않고 시공적(時空的) 상황에 적절하게 적용할 줄 아는 사람이 아닐까 한다. 도덕적 원칙을 맹목적으로 지키려는 유항자와는 달리, 선인은 필요에 따라 전쟁을 감수할 수도 있고, 성인으로의 비약을 꿈꿀 수도 있는 인간이다.[57]

3) 지자(知者) · 인자(仁者) · 용자(勇者)

용어의 뜻 그대로, 지자는 지혜로운 사람이고, 인자는 인자한 사람이고, 용자는 용기 있는 사람이다.[58] 지혜로운 사람은 인을 이롭게 하고, 인자한 사람은 인을 평안히 여긴다. 지혜로운 사람은 물을 좋아하고, 인자한 사람은 산을 좋아한다. 지혜로운 사람은 동적이고, 인자한 사람은 정적이다. 지혜로운 사람은 낙천적이고 인자한 사람은 장수한다. 지혜로운 사람은 유혹당하지 않고, 인자한 사람은 근심하지 않고, 용기 있는 사람은 두려워하지 않는다. 그러나 지혜와 인자함과 용기는 모두 성인이나 군자가 갖추어야할 덕목들이 아닌가 한다. 말하자면, 군자는 도덕적 판단능력[知], 사랑과 배려의 도덕감[仁], 도덕적 실천능력[勇]이라는 세 덕을 갖추어야 한다. 이 덕을 갖추려 노력하다 보면 전덕으로서의 인을 체인한 성인까지도 멀지 않을 것이다. 그러나 지자와 인자와 용자는 아직 어느 하나의 덕만을 갖춘 선비들일 뿐이다.

4) 광자(狂者) · 견자(狷者) · 긍자(矜者) · 우자(愚者)

광자(狂者)는 품은 뜻이 높아 그것을 달성하고자 행동이 앞서는 사람이다. 반면, 견자(狷者)

---

57) 子張問善人之道。子曰: "不踐迹, 亦不入於室。"(先進: 19); 子曰: "善人敎民七年, 亦可以卽戎矣。"(子路: 29); 子曰: "善人爲邦百年, 亦可以勝殘去殺矣.' 誠哉是言也!"(子路: 11).

58) 子曰: "可與言而不與之言, 失人, 不可與言而與之言, 失言。知者不失人, 亦不失言。"(衛靈公: 7); 子曰: "不仁者不可以久處約, 不可以長處樂。仁者安仁, 知者利仁。"(里仁: 2); 子曰: "知者樂水, 仁者樂山。知者動, 仁者靜。知者樂, 仁者壽。"(雍也: 21); 子曰: "知者不惑, 仁者不憂, 勇者不懼。"(子罕: 28).

는 품은 뜻이 좁지만 그것조차도 확실한 것이 아니라면 하지 않는 바가 있는 사람이다. 전자가 적극적이고 지나치게 과(過)한 사람이라면, 후자는 소극적이고 불급(不及)한 사람이다. 후자가 어떤 일을 추진함에 있어 하나하나의 원칙과 절차를 따진다면, 전자는 조그만 의리나 예절에 구애받지 않는다. 공자는 중용의 선비를 얻을 수 없다면 차라리 광자나 견자와 함께 하겠다고 하고 있다.59) 한편, 긍자(矜者)는 자긍심이 있는 자이고, 우자(愚者)는 우직한 사람이다.60)

2. 민(民; 필부匹夫·향인鄕人)

'민'(民)은 두 가지 의미로 쓰이고 있다. 하나는 그냥 사람일반을 지칭할 때 쓰인다. 특별히 벼슬하지 않은 사람일반을 지칭하는 경우도 여기에 해당한다.61) 그리고 필부(匹夫), 향인(鄕人)도 이점에서 비슷하다.62) 또 다른 하나는 피지배층으로서 백성을 의미할 때 쓰인다. 천자의 입장에서는 경대부 이하 모든 이가 백성일 수 있고, 경대부 입장에서는 사서인 모두가 백성일 수 있다.63) 아무래도 '민'은 하나의 인간상일 수 있지만 따라 배워야할 인격적 전형과는 거리가 있기에 더 이상의 고찰을 생략한다.

---

59) 子曰: "不得中行而與之, 必也狂狷乎! 狂者進取, 狷者有所不爲也."(子路: 21); 子曰: "狂而不直, 侗而不愿, 悾悾而不信, 吾不知之矣."(泰伯: 16).

60) 子曰: "古者民有三疾, 今也或是之亡也. 古之狂也肆, 今之狂也蕩, 古之矜也廉, 今之矜也忿戾, 古之愚也直, 今之愚也詐而已矣."(陽貨: 16).

61) 曾子: "愼終追遠, 民德歸厚矣."(學而: 9); 子曰: "古者民有三疾, 今也或是之亡也. 古之狂也肆, 今之狂也蕩, 古之矜也廉, 今之矜也忿戾, 古之愚也直, 今之愚也詐而已矣."(陽貨: 16). 樊遲問知. 子曰: "務民之義, 敬鬼神而遠之, 可謂知矣." 問仁. 曰: "仁者先難而後獲, 可謂仁矣."(雍也: 20); 子曰: "中庸之爲德也, 其至矣乎! 民鮮久矣."(雍也: 27); 子曰: "吾之於人也, 誰毁誰譽? 如有所譽者, 其有所試矣. 斯民也, 三代之所以直道而行也."(衛靈公: 24); 子曰: "民之於仁也, 甚於水火. 水火, 吾見蹈而死者矣, 未見蹈仁而死者也."(衛靈公: 34).

62) 子曰: "三軍可奪帥也, 匹夫不可奪志也."(子罕: 25); 子貢問曰: "鄕人皆好之, 何如?" 子曰: "未可也." "鄕人皆惡之, 何如?" 子曰: "未可也, 不如鄕人之善者好之, 其不善者惡之."(子路: 24).

63) 子曰: "道千乘之國, 敬事而信, 節用而愛人, 使民以時."(學而: 6); 子曰: "道之以政, 齊之以刑, 民免而無恥; 道之以德, 齊之以禮, 有恥且格."(爲政: 3); 哀公問曰: "何爲則民服?" 孔子對曰: "擧直錯諸枉, 則民服, 擧枉錯諸直, 則民不服."(爲政: 19); 季康子問, "使民敬忠以勸, 如之何?" "臨之以莊則敬, 孝慈則忠, 擧善而敎不能則勸."(爲政: 20); 季康子問政於孔子曰: "如殺無道, 以就有道, 何如?" 孔子對曰: "子爲政, 焉用殺? 子欲善而民善矣. 君子之德風, 小人之德草. 草上【一作尙】之風, 必偃."(顔淵: 19); 哀公問社於宰我. 宰我對曰: "夏后氏以松, 殷人以柏, 周人以栗, 曰: 使民戰栗." 子聞之曰: "成事不說, 遂事不諫, 旣往不咎."(八佾: 21); 子曰: "雍也可使南面." 仲弓問子桑伯子. 子曰: "可也簡." 仲弓曰: "居敬而行簡, 以臨其民, 不亦可乎? 居簡而行簡,

V. 결론

이 장은 『논어論語』 속에 나타나는 인간상들의 인성적 특질을 탐구한 것이다. 검토된 인간상들은 성인(聖人), 은자(隱者), 군자(君子), 소인(小人), 사(士), 민(民) 등이었다.

성인은 학문적 성취를 이룬 자이고, 지혜(知慧)·무욕(無欲)·용기(勇氣)·재예(才藝)·예악(禮樂)을 갖춘 사람이고, 이러한 수양과 공부를 바탕으로 무위적 윤리와 무위의 정치를 실현할 수 있는 완성된 인간이다. 무위의 법칙에 따라 살아간다는 점에서 은자 혹은 현자들도 성인의 반열에 있는 전형들이다. 그러나 그들이 성인과 다른 것은 세상에 관여하지 않는다는 점이다. 그들은 세속을 떠나서 천지자연의 법칙에 따르는 자유로운 삶을 누리고자 한다. 설

無乃大簡乎?" 子曰: "雍之言然."(雍也: 1); 子曰: "恭而無禮則勞, 愼而無禮則葸, 勇而無禮則亂, 直而無禮則絞. 君子篤於親, 則民興於仁, 故舊不遺, 則民不偸."(泰伯: 2); 子曰: "泰伯, 其可謂至德也已矣. 三以天下讓, 民無得而稱焉."(泰伯: 1); 子曰: "民可使由之, 不可使知之."(泰伯: 9); 仲弓問仁. 子曰: "出門如見大賓, 使民如承大祭. 己所不欲, 勿施於人. 在邦無怨, 在家無怨." 仲弓曰: "雍雖不敏, 請事斯語矣."(顔淵: 2); 樊遲請學稼. 子曰: "吾不如老農." 請學爲圃. 曰: "吾不如老圃." 樊遲出. 子曰: "小人哉, 樊須也! 上好禮, 則民莫敢不敬, 上好義, 則民莫敢不服, 上好信, 則民莫敢不用情. 夫如是, 則四方之民襁負其子而至矣, 焉用稼?"(子路: 4); 子路曰: "衛君待子而爲政, 子將奚先?" 子曰: "必也正名乎!" 子路曰: "有是哉, 子之迂也! 奚其正?" 子曰: "野哉, 由也! 君子於其所不知, 蓋闕如也. 名不正, 則言不順, 言不順, 則事不成, 事不成, 則禮樂不興, 禮樂不興, 則刑罰不中, 刑罰不中, 則民無所措手足. 故君子名之必可言也, 言之必可行也. 君子於其言, 無所苟而已矣."(子路: 3); 子曰: "知及之, 仁不能守之, 雖得之, 必失之. 知及之, 仁能守之, 不莊以涖之, 則民不敬. 知及之, 仁能守之, 莊以涖之, 動之不以禮, 未善也."(衛靈公: 32); 子謂子産, "有君子之道四焉, 其行己也恭, 其事上也敬, 其養民也惠, 其使民也義."(公冶長: 15); 子貢問政. 子曰: "足食, 足兵, 民信之矣." 子貢曰: "必不得已而去, 於斯三者何先?" 曰: "去兵." 子貢曰: "必不得已而去, 於斯二者何先?" 曰: "去食. 自古皆有死, 民無信不立."(顔淵: 7); 孔子曰: "生而知之者上也, 學而知之者次也, 困而學之, 又其次也, 困而不學, 民斯爲下矣."(季氏: 9); 齊景公有馬千駟, 死之日, 民無德而稱焉. 伯夷, 叔齊餓于首陽之下, 民到于今稱之. 其斯之謂與?(季氏: 12); 子曰: "善人敎民七年, 亦可以卽戎矣."(子路: 29); 子曰: "以不敎民戰, 是謂棄之."(子路: 30); 堯曰: "咨! 爾舜! 天之曆數在爾躬, 允執其中. 四海困窮, 天祿永終." 舜亦以命禹. 曰【曰上當有湯字】: "予小子履敢用玄牡, 敢昭告于皇皇后帝, 有罪不敢赦. 帝臣不蔽, 簡在帝心. 朕躬有罪, 無以萬方, 萬方有罪, 罪在朕躬." 周有大賚, 善人是富. "雖有周親, 不如仁人. 百姓有過, 在予一人." 謹權量, 審法度, 修廢官, 四方之政行焉. 興滅國, 繼絶世, 擧逸民, 天下之民歸心焉. 所重, 民食喪祭. 寬則得衆, 信則民任焉, 敏則有功, 公則說.(堯曰: 1); 子張問於孔子曰: "何如斯可以從政矣?" 子曰: "尊五美, 屛四惡, 斯可以從政矣." 子張曰: "何謂五美?" 子曰: "君子惠而不費, 勞而不怨, 欲而不貪, 泰而不驕, 威而不猛." 子張曰: "何謂惠而不費?" 子曰: "因民之所利而利之, 斯不亦惠而不費乎? 擇可勞而勞之, 又誰怨? 欲仁而得仁, 又焉貪? 君子無衆寡, 無小大, 無敢慢, 斯不亦泰而不驕乎? 君子正其衣冠, 尊其瞻視, 儼然人望而畏之, 斯不亦威而不猛乎?" 子張曰: "何謂四惡?" 子曰: "不敎而殺謂之虐, 不戒視成謂之暴, 慢令致期謂之賊, 猶之與人也, 出納之吝謂之有司."(堯曰: 2)

령 세속에서 살아간다하더라도, 그들은 세속의 외물 세계에 속박당하지 않고 자신의 자유로운 삶을 추구한다. 그러나 성인과 군자의 눈으로 볼 때, 이들의 비관여적 삶은 무책임한 처사일 뿐이다. "새와 짐승들과 더불어 무리지어 살 수 없는 것이거늘, 내가 이 사람의 무리와 더불어 하지 않으면 누구와 더불어 할 것인가? 천하에 도가 있다면 내가 바꾸려 하겠는가?" 이것이 은자와 다른 성인과 군자의 길인 것이다.

군자는 성인이 되기 위해 수양하는 자이기에 성인의 인성적 특질과 겹치는 부분이 있다. 그럼에도 군자가 성인에 미칠 수 없는 결정적 차이는 아직 그가 무위윤리적 인(仁)의 덕까지는 소유하지 못했다는 점이다. 어쨌든 군자됨의 출발은 자기수양에 있다. 군자란 ① 공부와 교육에 열정을 쏟는 사람, ② 특정진리를 교조화된 신념으로 여기지 않는 사람, ③ 안빈낙도하며 도를 추구하는 사람, ④ 근심, 두려움에 의연히 대처하는 사람, ⑤ 말에 신중하고, 말보다는 행동과 실천을 중시하는 사람, ⑥ 안과 밖의 품격이 갖추어진 사람, ⑦ 사적 이익을 위해 싸우거나 파당 짓지 않는 사람, ⑧ 조그만 의리에 얽매이지 않는 사람, ⑨ 악(하류)에 거처하지 않고, 허물이 있으면 개선하는 사람 등으로 정리할 수 있다. 자기 수양을 바탕으로 남을 편안케 하고, 백성을 편안케 하는 일에 나서는 이가 바로 군자이다. 원칙은 정치가로서 군자는 내면적 덕성을 구유하고 있어야 한다. 그러나 백성을 다스리는 현실정치에서는 훌륭한 도덕적 인격자가 반드시 사회적으로도 유능한 통치자로 된다는 보장도 없으며, 비도덕적 인물이 사회적으로 유능한 인물인 경우가 없는 것도 아니다. 당위적 왕도정치든 유위적 패도정치든 그 정치의 관건은 백성을 편안케 하는 데 있다. 군자는 특정진리만을 자기신념으로 교조화하지 않으며[君子不器], 백성을 중심에 두는 정치[民本政治]가 우선이다.

군자가 성인을 따라 배우려는 수양인이라면, 소인은 그 대립 항에 있는 사람이다. 군자가 도덕적인 수양을 바탕으로 바른 정치를 하는 사람이라면, 소인은 도덕적 수양 없이 이익과 명예만을 추구하는 부정적 의미의 정치가를 지칭한다. 소인의 대표적인 전형이 향원(鄕愿)과 비부(鄙夫)이다.

사(士)는 아직 군자에는 미치지 못하지만 인간사회의 리더가 되기를 희망하는 사람들이다. 사(士)는 ① 군자적 자질의 핵심이 되는 仁의 전덕을 습득하기 위해 노력해야 한다. 한마디로 살신성인(殺身成仁)의 자세가 요구된다. ② 인의 덕을 습득하기 위해 노력하는 선비는 거친 옷이나 음식을 부끄러워해서도 안 되고, 안락한 거처를 추구해서도 안 된다. 정당한 부의 추구를 위해서 일의 귀천을 따지지 않아야 하지만, 정당한 부를 산출하는 일이 아니라면 과감히 떠나야 한다. ③ 사람들과 더불어 함에 늘 자상하고, 근면하고, 의롭고, 사려 깊게 행동할 뿐만 아니라 매사에 그에 걸맞는 도리를 다해야 한다. 그러나 사(士)라고 해서 모두가 같은 급의 사(士)는 아니다. 사(士)의 유형에는 선인(善人)·유항자(有恒者)·지자(知者)·긍자(矜者)·우자(愚者)·광자(狂者)·견자(狷者) 등으로 지칭되는 이들이 있다. 이들은 각각 어느 한 측면의 덕이 특별히 두드러진 자들을 지칭한다. 처음부터 모든 덕을 습득할 수는 없다. 사람은 개인마다 자질이 다를 수 있고, 그러기에 어느 한 측면의 덕이 우세할 수 있다. 성인이나 군자적 자질은 서서히 갖추어져 가는 것이다.

'민'(民)이란 그냥 사람일반 혹은 벼슬하지 않는 일반백성을 뜻한다. 필부(匹夫)나 향인(鄕人)이 그들이다. 그러나 '민'은 피지배층을 의미하는 뜻으로도 쓰인다. 선비도 군자도 성인도 이 일반백성으로부터 나온 사람들이다. 그런 점에서 사(士)나 군자나 성인은 일반백성들에게 인격적 전형이 되는 사람들이다. 사(士)에겐 군자나 성인이 전형이 되고, 군자에겐 성인이 전형이 된다. 은자나 소인조차도 전형일 수 있다. 그들은 바로 우리들의 전형일 수 있다. 내가 누구를 전형으로 삼고 살아갈 것인지에 따라 삶의 방향과 태도는 달라질 수 있다.

인격적 전형은 도덕적 세계에서 선을 실행하도록 하는 가장 효과적인 자극제이고 발전과 변화를 위한 가장 중요한 근원이라고 셀러(Max Scheler)는 말한다. 한 인간이 도덕적 행동을 하고 도덕적 존재가 되는 것은 규범을 따르는 것보다 하나의 전형을 따를 때이다. 그래서 셀러는 "윤리적 세계에 대한 선한 인간의 가장 큰 작용은 자신의 의욕이나 행동에 토대를 두는 것이 아니라, 직관과 사랑에 의해 접근 가능한 존재와 '그렇게 있음'에 의해 그가 배타적으로 소유하고 있는 잠재적인 전형가치에 근거를 두고 있다."[64]고 말하고 있다. 이처럼, 셀러가 말하는 전형의 도덕교육적 의의가 『논어』 속의 인간상들에 함의되어 있다.

---

64) 이인재, 앞의 논문, 418쪽.

제5장
포괄적 도덕교육론
[가르침과 배움의 패러다임]

Ⅰ. 서론

인류의 역사상 공부나 교육의 현상이 없었던 시대는 없다. 문제는 무엇이 공부이고 교육인가 하는 점에 있었다. 자의적인 뜻에서 공부는 '배움'이고, 교육이란 '가르침'이다. 전자는 학생의 일이고, 후자는 스승의 일이다. 학생 없이 스승이 있을 수 없듯이 스승이 없으면 학생도 없다. 가르침에 배움이 있고, 배움에 가르침이 있다. 여기서 스승을 반드시 교사라는 사람으로 좁혀 생각할 필요는 없다. 더불어 공부하는 동료 학생은 물론 주변의 모든 자연만물도 스승일 수 있기 때문이다. 따라서 '배움'과 '가르침'은 늘 동시적인 현상이라 보아야 한다. 이 '가르침'과 '배움'의 동시적 활동을 여기서는 '교학'이라 부르고자 한다. '교학'의 본질이 무엇인지를 규정하는 관점은 다양하다. 나는 '가르침'과 '배움'의 관계설정에 따라 교학을 보는 네 가지 관점이 도출될 수 있다고 여긴다. 다음의 표를 먼저 보자.

〈표 1〉 '가르침'과 '배움'의 관계설정

	'가르침'(敎)	'배움'(學)
'가르침'(敎)	① 교×교(敎×敎)	③ 학×교(學×敎)
'배움'(學)	② 교×학(敎×學)	④ 학×학(學×學)

〈표 1〉에서 〈① 교×교〉는 학생의 존재를 거의 무시한 채 일방적인 교사의 가르침만이 있는 경우이다. 이른바 '인독트리네이션'(indoctrination)이 이것이다. 인독트리네이션은 검증되지 않는 특정신념을 합리적이지 않는 세뇌, 강압 등의 방법으로 학생들에게 주입시키는 것이다.[1] 이러한 인독트리네이션은 '교학'이라 볼 수 없다.

현대 교육학 개론의 수준에서 '교학'은 〈② 교×학〉과 〈③ 학×교〉의 경우를 말한다. 먼저, 〈② 교×학〉은 교사가 수업을 이끌고 학생은 수동적으로 따라가는 수업의 경우인데, 사회화 중심의 교학, 교사 중심의 교수-학습법이다. 〈① 교×교〉와 〈② 교×학〉는 교사 중심의 수업현상을 보여주기 때문에 비슷한 교학의 개념으로 오독될 수 있다. 자칫 〈② 교×학〉의 경우 교사의 능력과 자질에 따라 〈① 교×교〉식의 인독트리네이션의 위험성이 없는 것도 아니기 때문이다. 그러나 분명히 두 개념은 다르다. 〈① 교×교〉는 '인독트리네이션'이고, 〈② 교×학〉은 '교학'인데, 사회화 중심의 교학 혹은 교화적 교학이다. 이러한 관점에서 교학을 정의하는 대표적인 현대 교육학자는 뒤르케임(Emile Durkheim)이다. 그는 교육이란 "어린 세대를 대상으로 하는 체계적 사회화", "이기적, 반사회적 존재로서의 개인이 집단적 의식을 내면화하도록 함으로써 그를 사회적 존재로 형성하는 과정"[2]이라고 말한다. 언어 학습 내지 사회화의 예에서 보는 것처럼, 사회를 떠난 인간은 생각할 수 없기에 개인적 존재를 사회적 존재로 형성하는 과정이 필요하다는 것이다. 그러나 이러한 교학은 사회체제의 유지와 발전을 위해 필요하고 국적 있는 교육을 지향하지만 닫힌 교육이고, 자칫 인독트리네이션

---

[1] I. A. 스누크는 인독트리네이션의 개념을 방법, 내용, 의도, 결과의 기준으로 설명될 수 있다고 보면서 다음과 같이 정의하고 있다. ① 방법 기준: 입증이나 타당한 논리와 상관없이 일방적인 승복과 동의만을 요구하는 방식에서 인독트리네이션은 일어나는 데, 그 특징은 자유로운 토론이나 질문이 허용되지 않고, 내용을 기계적으로 반복해서 연습시키고, 학생들에 대한 어떤 류의 위협이 존재한다. ② 내용 기준: 인독트리네이션의 내용은 대체로 교조(doctrine)이다. 교조란 신념체계의 하나로 그것은 참인지 거짓인지가 알려져 있지 않으며 과학적이지 못하다. 그러한 신념체계는 주로 정치적, 종교적, 사회적인 경우가 많다. 한 가지 견해를 그와 동등하게 정당한 어떤 다른 견해를 배제하면서까지 제시하려고 할 때에는 인독트리네이션의 가능성이 많다. ③ 의도 혹은 목적 기준: 교사가 학생을 인독트리네이션을 하려할 때에는 특정 신념이나 교리 혹은 교조를 일방적으로 주입시키는 형식을 쓰게 되고, 한 번 형성된 신념을 약화시키지 못하게 할 정도로 그 학생으로 하여금 명제를 확고부동하게 신념화하도록 하기 위한 의도에서 비롯된다. ④ 결과 기준: 인독트리네이션이 된 학생은 자신이 갖고 있는 신념에 대한 이유나 증거를 제대로 갖추고 있지 못하다. 또한 아주 폐쇄적인 태도를 지니고 있으며, 합리적인 검증이나 검사를 위하여 열려 있지도 않다. I. A. Snook, *Indoctrination and Education* (London and Boston; Routledge and Kegan Paul, 1972); 윤팔중 역,『교화와 교육』(서울: 배양사, 1993 중판) 참조.

[2] E. Durkheim(이종옥 역),『교육과 사회학』(서울: 배양사, 1978).

(indoctrination)의 위험성이 있다.

다음으로, 〈② 교×학〉이 사회화 중심의 교학 혹은 교사중심의 수업이라면, 〈③ 학×교〉는 학생의 배움 중심으로 수업을 이끌고 교사는 보조자가 되는 자율적 발달 중심의 교학 혹은 탐구식의 교수-학습법이다. 이러한 관점에서 교학을 정의한 대표적인 현대 교육학자는 피터즈(R.S. Peters)라 하겠다. 그에 의할 때, "교육은 그 개념 안에 붙박혀 있는 세 기준을 모두 충족시키는 방향으로, '가치 있는 활동' 또는 '사고와 행동의 양식'으로 사람들을 입문시키는 성년식"이다. "교육은 가치 있는 것을 전달함으로써 그것에 헌신하는 사람을 만드는 것"(규범적 기준)이고, "교육은 지식과 이해, 그리고 모종의 지적 안목을 길러주는 것"(인지적 기준)이며, "교육은 교육받는 사람의 의식과 자율성을 전제로 한다."(방법적 기준)는 점에서 도덕적으로 온당한 방법이지 않으면 안 된다.[3] 요컨대, 뒤르케임의 교육이 직접전달과 교사중심의 교육이라면, 피터즈의 교육은 간접전달과 학생중심의 교육이라 하겠다.

〈① 교×교〉의 인독트리네이션도, 〈② 교×학〉의 사회화 중심의 교학도, 〈③ 학×교〉의 자율적 발달 중심의 교학도, 이 모두가 지식을 쌓고 관념을 축적하는 '말있음'의 교육이라는 점에서 같다. 지금까지 인류문명의 교육사에서 주류를 이뤄왔던 교육의 방법들이었다. 그러나 〈④ 학×학〉의 교학은 노자가 '말없는 가르침'을 실현하는 교육의 방법으로 규정하고 싶다. 이것은 특별한 스승이나 교사가 따로 없이 학생끼리 혹은 혼자 스스로 배움에 정진하는 자득(自得)의 교학론이다. 여기서는 자연만물이 스승이고 교사일 수 있다. 〈② 교×학〉과 〈③ 학×교〉의 교학이 경험적 지성 혹은 보편적 이성의 계발을 목표로 여기는 교학이라면, 〈④ 학×학〉의 교학은 오히려 지성과 이성의 자아의식을 해체함으로써 만물일체의 자리심(自利心: 自利卽利他)을 직관하는 교학론으로 규정할 수 있다. 선불교에서 수행을 같이하는 도반(道伴)의 개념도 여기에 해당한다. 나는 이를 학생들의 자발성에 토대한 돈오(頓悟) 혹은 직관적 성격의 배움이라는 뜻에서 '무위적(無爲的) 교학'이라 부른다. 지성과 이성의 사유는 분별을 낳고, 우열을 가르고, 지배의 철학을 잉태한다. 그것은 나 중심 혹은 인간중심의 사유이고 '인위적(人爲的) 교학'이다. 그러나 '무위적 사유'는 세상을 사실 그대로 여여(如如)하게 비추는 거울이고 '눈밝음'(明)이다. 그래서 '무위적 교학'은 분별심과 우열심을 지우고 공생공영의 자리심(自利心)을 자득(自得)하는 돈오와 직관의 교학론이 아닐까 한다.

---

3) R. S. Peters(이홍우 역), 『윤리학과 교육』(서울: 교육과학사, 1966).

이 장에서는 이상의 공부와 교육에 관한 개념적 지형도를 가지고 『논어論語』를 읽어보고자 한다. 필자를 포함하여 지금까지 공자의 교학사상에 대한 관점은 대체로 〈② 교×학〉과 〈③ 학×교〉의 경우로 읽어왔다.[4] 그러나 나는 이외에 〈④ 학×학〉의 관점도 공자의 교학사상에 함의되어 있다고 주장하고자 한다. 말하자면, 공자의 교학사상은 이상에서 제시한 교학의 관점을 모두 담고 있는 포괄적 교육철학 혹은 포괄적 도덕교육론이라는 것이다. 이 장에서는 바로 이러한 가정을 『논어』 다시 읽기를 통하여 밝히고자 한다.[5] 그런데 공부와 교육의 관점에서 『논어』를 읽으려 할 때 우리를 당황하게 하는 것은 이른바 '배우지 않아도 아는 자'(生知者)가 실재하느냐는 것이다. 그런 자가 실재한다면 적어도 그들의 경우에는 공부나 교육 자체가 필요 없는 것이 되기 때문이다. II장에서 나는 생지자가 실재하지 않는다는 점을 분명히 할 것이다. 그리고 현대적인 의미에서 공자가 생각했던 혹은 실천했던 발달과업을 검토하면서, 그가 교학의 대상으로 삼았던 사람은 모든 사람이었다는 점을 입증할 것이다. 이러한 사상적 기초에 대한 검토를 바탕으로 III장에서는 교학의 목적과 목표, 교학의 내용 등을 돌아본다. 그리고 IV장에서는 교학의 원리와 방법, 교사의 역할을 고찰하고자 한다. V장에서는 논의를 요약하고 의의를 돌아본다.

II. 교학의 사상적 기초

1. 생지자(生知者)는 실재하는가?

공자가 말했다: "태어나면서부터 아는 자는 최상이고, 배워서 아는 자는 그 다음이며, 괴롭게 배워서 아는 자는 또 그 다음이다. 곤한데도 배우지 않는 자, 그들은 최하의 인간이 된다.[6]

---

4) 강봉수, 『유교도덕교육론』(서울: 원미사, 2001), 31~72쪽 참조.
5) 따라서 이 글은 새로운 연구이기보다는 필자의 기존 연구에 더하여 새롭게 연구된 바를 보완하여, 공자의 교육사상을 종합적으로 재 고찰하는 성격의 글이라 하겠다.
6) 孔子曰: "生而知之者上也, 學而知之者次也, 困而學之, 又其次也, 困而不學, 民斯爲下矣."(季氏: 9).

위 기록은 인간이 태어나면서부터 마치 결정론적으로 생지자(生知者; 선천적으로 아는 자), 학지자(學知者; 배워서 아는 자), 곤지자(困知者; 괴롭게 배워야만 아는 자)로 나뉘는 것처럼 읽어온 것이다. 훗날 인성론을 주장하는 이들은 이 공자의 기록을 근거로 성유선유악설(性有善有惡說; 왕충), 성유선악혼설(性有善惡混說; 동중성, 양웅), 성삼품설(性三品說; 한유)을 주장하기도 하였다. 주자학도 이 기록을 기질지성의 다양성을 논거하는 것으로 읽었다. 그러나 정작 공자의 인성론은 성무선무악설(性無善無惡說)에 가깝기도 하거니와(제2장 참조), 사실 이 사례를 도덕적인 인성론의 관점에서 읽는 것 자체가 적절하지 않다고 여긴다. 여하튼 공자는 사람의 인성이든 지적 능력이든 선천적으로 결정되는 것으로 보았을까? 다음의 사례를 보자.

> 공자가 말했다: "중인 이상은 상위의 사람과 말을 할 수 있지만, 중인 이하는 상위의 사람과 말을 할 수 없다."[7]
> 공자가 말했다: "오직 최상의 지혜로운 자와 최하의 어리석은 자는 옮길 수 없다."[8]

두 사례를 앞의 사례와 연관시켜 표로 정리하여 보자.

계씨: 9	생지(生知)		학지(學知)		곤지(困知)
옹야: 19	상(上)	중인이상(中人以上)		중인이하(中人以下)	
양화: 3	상지(上知)				하우(下愚)

생지-(중인이상)-상지가 같은 계열이고, 학지-중인이 또 같은 계열이고, 곤지-(중인이하)-하우가 또 같은 계열의 사람임을 알 수 있다. 그런데 〈옹야: 19〉에서 "중인이상은 상지와 대화가 가능하나, 중인이하는 상지와 대화가 불가능하다."고 한다. 〈양화: 3〉은 "상지와 하우는 변화시키기가 어렵다."고 한다. 대체 이게 무슨 뜻일까? 서로 대화할 수 없고 변화시킬 수 없을 정도로 선천적으로 결정되어 태어났기 때문이란 말인가? 정말 '태어나년서부터 모든 것을 아는 사람'(生知者)이 실재할 수 있을까? 이 말을 현대적인 뜻에서 번역하여 이

---

7) 子曰: "中人以上, 可以語上也, 中人以下, 不可以語上也." (雍也: 19).
8) 子曰: "唯上知與下愚不移." (陽貨: 3).

해해 볼 수는 있을 것이다. 지(知)의 의미를 지적능력(지능지수 IQ) 혹은 공감능력(감성지수 EQ)로 생각하는 것이다.

생지자는 IQ 혹은 EQ가 매우 높은 자라면, 학지자는 중간이고, 곤지자는 낮은 자일 수 있겠다. 생지자는 세상을 공평무사하게 바라보는 예민한 공감능력과 함께, 세상의 진리를 사실 그대로 직관해내는 지적능력이 뛰어나다. 그래서 그는 특별한 가르침이나 교사의 직접적인 가르침 없이도 세상의 진리를 자득해 낼 수 있다. 아마도 그가 공감하고 직관해내는 진리는 인간중심적인 상대적 진리(당위적 진리와 유위적 진리)를 넘어 무위적 진리일 것이다. 그가 곧 상지이고 성인(聖人)이다. 무위적 진리를 터득한 성인은 세상의 진리를 사실 그대로 여여(如如)하게 바라볼 수 있기 때문이다

그러나 교학의 관점에서 보면, 태어나면서 아무리 예민한 EQ와 높은 IQ를 가졌더라도 자기수양의 과정 없이 그것이 발현될 수는 없는 법이다. 인간은 누구나 어린시절의 천진난만함이 어른의 세계에 들어오면서 상처입기 마련이기 때문이다. 어린아이는 무장되어 있지 않고, 자기 자신을 주위에 있는 그대로 노출시킨다. 어린아이는 순진성과 자발성의 원본이다. 어린아이는 아직 세상의 부정과 저항을 잘 모른다. 그러나 어린아이는 그의 자발성의 신화가 깨어지는 순간에 어른의 세계로 진입하게 되고, 그와 동시에 역사와 사회현실의 복잡함과 어려움 앞에서 그의 의식이 안으로 분열한다. 그 분열은 주객분리를 가져오고, 주객분리는 판단을 잉태하며, 판단과 함께 천진한 자발성은 숨어버리고 간접적 표현과 수식이 그 자리를 대신한다. 누구든지 어른이 되면 운명적으로 천진난만한 자발성을 상실하고 이욕의 때가 묻기 마련이고, 하늘로부터 부여받은 생지(生知)의 공감과 직관능력이 가려지고 잊혀져 버린다.9) 따라서 이를 다시 회복해야 한다. 잊혀지고 가려진 생지의 공감과 직관능력을 회복함!! 이것이 생지자가 해야 할 자기수양의 과제가 아닐까 한다.

아무리 생지자라도 자기수양의 과정을 거쳐야만 세상의 진리를 사실 그대로 보는 안목을 터득할 수 있다. 그렇다면 '태어나면서부터 세상의 진리를 아는 자'(生知者)는 결국 실재하는 것이 아니다. 다만 IQ나 EQ의 능력에서 다르게 태어나기에 '가르침'과 '배움'에 임하는 수고와 노력에서 개인마다 달리 요구될 뿐이다. 그렇다면 〈옹야: 19〉와 〈양화: 3〉의 사례도 해석이 쉬워진다. 중인이상과 중인이하는 IQ나 EQ의 능력에서 별로 차이가 없지만, 공부와 가르

---

9) 이상의 어린아이의 심성에 대한 고찰과 표현은 김형효, 『맹자와 순자의 철학사상』(서울: 삼지원, 1990), 117~122쪽.

침에 임하는 자세와 노력에서 차이가 있다. 중인이상은 선천적 능력은 조금 모자라도 열심히 공부해서 상지와 대화를 할 수 있을 정도가 된 사람이다. 중인이하는 그 반대이겠다. 상지와 하우는 변화시키기가 어렵다. 상지는 선천적 자기능력을 믿는 경향이 강하여 후천적 노력을 게을리 할 수도 있고, 이미 많은 것을 알고 있어 자신의 달성한 지적체계를 잘 수정하려 하지 않을 가능성도 높기 때문이다. 반대로 하우의 경우는 선천적 지능이 너무 모자라 교육을 통해서 변화시키기가 쉽지 않은 게 사실이다. 그러나 선천적 생지자는 흔치 않은 것도 사실이다. 세상을 아는 것은 선천적 능력보다 후천적 노력의 결과라는 것이 현실에 더욱 가깝다. 공자조차도 태어나면서 아는 자가 아니라 공부를 통하여 알게 된 자라고 하지 않았던가.[10]

또한, 공자가 세상의 진리를 사실 그대로 보게 된 것도 70세를 넘어서라고 고백하고 있다(七十而從心所欲, 不踰矩). 그렇다면 상지의 경지란 공부와 교육의 관점에서 도달해야할 이상이고 궁극적 목표라 하겠다. 한편, 학지자나 곤지자도 어린시절의 천진난만함을 경험한다. 그러나 어른의 세계로 진입한 후에 어린시절의 천진난만함을 회복하는 데는 생지자와 같을 수 없다. 세상의 진리를 직관하는 감수성이 뛰어나지 못하기 때문이다. 그래서 그들은 지적(知的)인 공부를 통하여 점진적으로 세상을 알아갈 수밖에 없는 처지에 있는 자들이다. 세상의 진리를 먼저 터득한 스승과 교사의 가르침도 매우 중요하다. 생지자가 실재하는 것이 아니라면, 이후의 공부나 교육에 관한 공자의 관점은 대체로 학지자나 곤지자를 대상으로 한 것이겠다.

우리 모두가 학지자나 곤지자의 입장에 서고 보면, 공부나 교육이란 끝이 없는 과정의 연속이다. 일생 동안 교육을 받고 공부를 해도 세상의 진리를 온전히 터득하기는 쉽지 않다. 이를테면 우리가 무위적 진리를 지적인 수준에서 운위할 수 있더라도 실제 그것을 온몸으로 터득하여 실천하기는 지난한 일이다. 예수, 석가, 공자와 같은 성인이 아니라면 말이다. 그렇다면 우리는 훨씬 더 앎에 대하여 겸손해질 필요가 있다. 여기에서 "아는 것이란 아는 것을 안다하고 모르는 것을 모른다고 하는 것"[11]이라는 공자의 말씀을 되새길 필요가 있다.

---

10) 子曰: "我非生而知之者, 好古敏以求之者也."(述而: 19); 子曰: "十室之邑, 必有忠信如丘者焉, 不如丘之好學也."(公冶長: 27).

11) 子曰: "由! 誨女知之乎! 知之爲知之, 不知爲不知, 是知也."(爲政: 17).

2. 발달과업

공부나 교육이 끝이 없는 자기수양의 과정이라면 생의 마디마다 혹은 단계마다 달성해야 할 발달과업(development task)이 있을 수 있다. 발달과업이란 교육심리학자인 해빙허스트(Robert Havinghurst)가 주장한 것으로, 그에 의하면 인간은 누구나 발달과정에서 달성해야만 하는 과업이 있다.[12] 이를테면, 유아기 때에는 배설행위를 배우고, 걷기를 배우고, 말을 배워야 한다. 아동기와 학동기에는 학교에서 공부하고, 청소년기에는 자기정체성을 정립하고, 청년이 되면 배우자를 만나고 직업을 가져야 한다. 이처럼 삶의 마디마다 인간은 달성해야할 과업이 있고, 그것을 잘 수행해 내야만 한다. 이를 테면, 다음과 같은 사례는 공자가 발달과업이라 함직한 기록의 흔적이라 볼 수 있을 것이다.

> 공자가 말했다: "군자는 세 가지를 경계해야 한다. 어렸을 때는 혈기가 정해지지 않았기에 경계할 것이 여색에 있고, 장성해서는 혈기가 강하기에 경계할 것이 다툼에 있고, 늙어서는 혈기가 쇠약해지기에 경계할 것이 재물에 있다."[13]
> 원양이 걸터앉아 기다리고 있었다. 공자가 말했다: "어려서 불손하고, 장성해서 조술할 것이 없고, 늙어서 죽지도 않으면, 그는 인생을 도적질한 자이다." 몽둥이로 정강이를 두드렸다.[14]

어려서는 혈기가 정해지지 않아 외면적인 모습이나 여색에 빠질 수가 있다. 따라서 이를 경계하고 공손함을 배워야 한다. 장성하면 혈기가 넘쳐 남과 자칫 다툴 수가 있다. 따라서 이를 경계하고 사람됨에 대한 좋은 평판을 얻도록 해야 한다. 그리고 늙으면 혈기가 약해지는 대신 재물에 눈멀 수 있다. 이를 경계하지 않으면 인생을 도적질 하는 것과 다르지 않다. 따라서 훌륭한 인생을 마감할 수 있도록 자신의 삶을 잘 관리해야 한다. 그러나 모든 사람이 이러한 발달과업을 성공적으로 수행해내는 것은 아니다. 최근에 베일런트(George E. Vaillant)라는 심리학자의 성인발달에 관한 연구는 공자의 발달과업을 이해하는 데 도움을 준다.[15] 사

---
12) Robert Havinghurst, *Human Developement and Education*(NewYorK: MacKay), 1953, p.2.
13) 孔子曰: "君子有三戒, 少之時, 血氣未定, 戒之在色, 及其壯也, 血氣方剛, 戒之在鬪, 及其老也, 血氣旣衰, 戒之在得."(季氏: 7)
14) 原壤夷俟. 子曰: "幼而不孫弟, 長而無述焉, 老而不死, 是爲賊." 以杖叩其脛.(憲問: 46).
15) George E. Vaillant(이덕남 옮김), 『행복의 조건』(서울: 프런티어, 2010).

실은 베일런트가 공자로부터 영감을 얻었을 것이다.

> 공자가 말했다: "나는 15세에 배움에 뜻을 두었고, 30세에 자립했고, 40세에 유혹에 이끌리지 않았고, 50세에 천명을 알았고, 60세에 귀에 거슬리는 것이 없었고, 70세에 마음 내키는 대로 해도 법도를 넘어서지 않았다." 16)

위 기록에서 보듯이, 공자부터도 삶의 과정과 마디마다 달성해야 할 발달과업을 단계적으로 수행해낸 사람인 것 같다. 공자는 열다섯에 배움에 뜻을 두었다고 한다. 이 시대에 있어, 배우는 '학(學)'이란 육예(六藝; 禮·樂·射·御·書·數)를 의미한다. 예(禮)는 각종 의례와 도덕규범이고, 악(樂)은 시(詩)와 음악이다. 사(射)는 활쏘기이고, 어(御)는 말이 끄는 수레를 모는 것이다. 예와 악이 문(文)적인 과목이라면, 사와 어는 무(武)적인 과목이다. 그러니까 문무(文武)를 모두 공부했다는 것이 된다. 서(書)는 글 읽기와 쓰기이고, 수(數)는 셈하기이다. 그러나 여기서 '배움에 뜻을 둠'(志于學)을 이러한 과목들을 배우는 것으로 단순하게 이해해선 안 된다. 물론 이러한 뜻이 포함된 것은 맞다. 그러나 '지우학'의 의미는 그 이상이다. 열다섯은 사춘기이다. 비로소 본격적으로 내가 누구인가에 대한 물음을 던지며 자아정체성을 모색하는 시기이다. 정체성은 청년이 혹은 성인이 달성해야할 중요한 발달과업이다. 정체성(identity)이란 부모로부터 독립된 자기만의 생각, 즉 자기만의 가치, 정치적 견해, 열정, 취향 등을 가지는 것이다. '지우학'은 바로 이러한 자아정체성을 탐색하기 시작했다는 뜻이고, 세상에 대해 탐구하기 시작했다는 뜻으로 읽어야 할 것이다.

에릭슨(E. H. Erikson)과 베일런트에 따르면, 성인이 달성해야할 발달과업의 하나는 친밀성(intimacy)에 있다고 한다. '친밀성'이란 자기중심주의를 극복하고 상호관계를 통해 동료들과 어울릴 수 있는 것이다. 이것은 동성 간의 관계에서 형성할 수도 있지만, 특히 이성 간(배우자)의 관계형성을 통해 형성되는 것이다. 공자는 19세에 결혼했고, 친밀성의 과업을 달성했다. 이 시대에도, 그리고 유교사상에서도 성인남녀의 결혼 문제는 '인륜의 큰 일'(人倫之大事)로 규정할 만큼 매우 중요한 발달과업으로 여겼다. 그러나 결혼은 오늘날처럼 배우자 당사자들 간의 문제라기보다는 집안끼리의 문제로 여겼기 때문에, '친밀성'의 과업에 대

---

16) 子曰: "吾十有五而志于學, 三十而立, 四十而不惑, 五十而知天命, 六十而耳順, 七十而從心所欲, 不踰矩." (爲政: 4).

해 주목하지 않은 것 같다.

'친밀성'과 함께 성인이 달성해야할 발달과업의 또 하나는 '이력(履歷) 터닦기'(career consolidation)이다. '이력 터닦기'란 개인적 정체성의 확립을 넘어 일의 세계에서 사회적 정체성을 확립하는 것을 말한다. 이력 터닦기는 나만의 스펙을 쌓는 것이고 일종의 전문가가 되는 것이고 나의 직업을 찾는 것이다. 공자는 30세에 자립했다고 한다. 30세라 해서 정확히 서른 살이라기보다는 30대 기간으로 보아야 할 것이다. 공자는 어려서 가난하고 비천하게 자라났다고 한다. 그런 그가 15세에 배움에 뜻을 두었고, 20~30대 기간 동안에 일의 세계에 대한 이력을 갖추었고, 자립할 수 있는 삶의 기반을 달성했다는 것이 된다. 실제 공자는 이 기간 동안에 계손씨의 밑에서 위리(委吏; 창고지기), 사직리(司職吏; 목장관리)라는 벼슬을 경험했고, 주(周)나라에 가서 예제(禮制)를 배웠고, 제(齊)나라에 가서는 시(詩)와 악(樂)을 배우기도 하였다.

'정체성', '친밀성', '이력 터닦기'라는 발달과업의 수행을 바탕으로 다음에 성인이 달성해야할 발달과업은 '생산성'(generativity)이다. 공자는 40대에 불혹(不惑)했다고 한다. 어쩌면 공자가 불혹을 주장한 이면에는 오히려 정반대로 이 시기에 유혹(誘惑)이 많고, 따라서 이것을 이겨내야 한다는 뜻이 함의되어 있는지 모르겠다. 현대 심리학자인 레빈슨(Daniel J. Levinson)에 의하면, 40~45세는 이른바 '중년 변화기'(mid-life transition)에 해당하는 시기로써, 자신의 삶을 재평가하는 어려운 과제를 제기하게 된다고 한다.[17] 이를테면, 이 시기에 제기하는 어려운 질문들은 "나는 지금까지 무엇을 해왔나?", "나의 가장 기본적인 가치들은 무엇인가?", "나의 재능은 무엇이고, 나는 그것을 활용하고 있는가, 아니면 소모하고 있는가?", "나의 목표들은 무엇인가?" 등과 같은 것들이다. 그래서 어떤 사람들은 이 기간 동안에 이혼, 재혼, 직업변경과 같은 주요한 변화를 꾀하기도 한다는 것이다. 이러한 점에서, 이 시기는 인생에 있어 '제2의 사춘기'일 수도 있다. 이 '중년변화기'를 제대로 극복하지 못하면 인생을 망칠 수도 있는 것이다. 다음의 두 사례를 통해서도 이러한 공자의 관점을 확인할 수 있다.

> 공자가 말했다: "나중에 태어난 자를 두려워해야 한다. 어찌 나중 오는 자가 지금만 같지 못할 것을 알 수 있는가? 그러나 40~50세가 되어도 들리는 바가 없으면 또한 두려워

---

[17] Daniel J. Levinson, et. al., *The Seasons of a Man's Life* (NewYork: Knopf, 1978); 존 마틴 리치와 조셉 드비티스 지음(추병완 옮김), 『도덕발달이론』(서울: 백의, 1999), 150쪽.

할 것도 없다."¹⁸⁾

공자가 말했다: "나이 40이 되어 악명을 드러내면 끝이다."¹⁹⁾

그러나 '중년변화기'를 거치게 되면, 이제 본격적으로 에릭슨과 베일런트가 주장하는 생산성의 과업을 과감하게 추진해 나가게 된다. 공자가 불혹했다는 것도 바로 이러한 제2의 사춘기를 극복한 이후에 획득한 발달과업이 아닌가 한다. 생산성은 자기보다 나이 어린 사람들을 보살피는 동시에 다른 사람의 자율성을 존중하면서 상호관계를 형성할 수 있는 능력을 기반으로 성취된다. 직업적 성취, 학문적·예술적 업적을 통해 생산성이 향상되고, 후세양육과 교육에 관심이 많아진다. 공자의 40대에 한 업적은 후학들을 교육하기 시작했다는 기록 외에 별로 알려진 것이 없다. 공자가 정치의 마당에 등용되어 자기 뜻을 펼치는 생산성의 과업을 달성한 것은 50세가 된 이후의 일이다. 그는 계손씨(季桓子) 밑에서 중도(中都)의 재(宰)를 역임했고, 정공(定公) 밑에서 대사구(大司寇)라는 높은 벼슬을 하면서 정치적 농간을 부리던 대부 소정묘를 주살했고, 협곡의 회담에서 제경공(齊景公)을 대상으로 외교적 수완을 발휘하기도 하였다. 그리고 제자인 자로(子路)와 함께 삼환씨(三桓氏)의 식읍(食邑)을 허무는 개혁정책을 추진하기도 하였다. 이러한 생산성의 과업을 수행하다가 공산불요의 반란 등으로 실패하고, 공자는 56세부터 주유천하에 나서게 된다. 그러니까 이 시기에 공자는 짧지만 정치적 성공과 실패를 동시에 경험한다. 이러한 경험을 통해서 그는 천명(天命)을 알게 된 것이 아닌가 한다. 천명이란, 세상 돌아가는 이치와 인간 삶의 원리를 말한다.

13년 동안의 주유천하하는 동안 공자는 많은 나라의 실정을 경험했고, 여러 권력자들과 만나 정치적 자문에 응하기도 하였다. 그러나 한편으로 삶의 위기에 처하기도 하였다. 광 땅에서는 양호로 몰려 죽을 고비를 넘겼고, 진나라와 채나라 경계지역에선 식량이 떨어지고 제자들이 질병에 시달리는 액운을 만나기도 했고, 환퇴의 난을 경험하기도 하였다. 이러한 온갖 경험을 하면서 세상을 바꾸고 악을 광정하는 일이 만만치 않다는 것과 마음대로 되는 것이 아님을 깨우치게 되었을 것이다. 60세에 이순(耳順)했다는 것은 이러한 점에서 이해할 수 있다. 즉, 이순이란 나와 다른 삶의 원리에 따라 살아가는 것도, 모순되는 이치들에 대해서도 공감할 수 있는 능력이 아닐까 한다. 그래서 그는 주유천하를 끝내고 노나라로 돌아와서

---

18) 子曰: "後生可畏, 焉知來者之不如今也? 四十五十而無聞焉, 斯亦不足畏也已."(子罕: 22).
19) 子曰: "年四十而見惡焉, 其終也已."(陽貨: 26).

는 정치에 뜻을 접고, 오로지 시서예악(詩書禮樂)을 정리하는 일과 후진양성에 매진하게 된다. 베일런트는 이러한 과업을 '의미의 수호자'(keeper of meaning)라 부르고 있다. 즉, 의미의 수호자는 과거의 문화적 성과를 대변하고, 과거의 전통을 보존하는 방향으로 단체나 조직을 이끄는 자라고 한다.

공자는 70세에 마음 내키는 대로 해도 법도를 넘어서지 않았다(從心所欲, 不踰矩)고 했다. 이는 그야말로 인생을 달관한 경지라고 하겠다. 이에 대해 에릭슨과 베일런트는 '통합'(integrity)의 과업이라 불렀다. 에릭슨은 통합을 "세상의 이치와 영적 통찰에 도달하는 경험"이라 하였고, 베일런트는 "아무리 값비싼 대가를 지불하더라도 이 세상에 '나'라는 존재는 오직 하나뿐이며, 한 번 태어나 한 번 죽는 존재라는 사실을 겸허하게 있는 그대로 받아들이는 것"이라 하였다.

이상에서, 공자의 사례를 바탕으로 발달과업을 보았지만, 누구나 공자처럼 단계적으로 주어지는 발달과업을 수행하기는 어렵다. 베일런트가 주장했듯, 인생의 특정시기에 반드시 특정 과업을 수행해야 하는 것도 아니다. 말하자면 제시된 발달과업들은 누구에게나 보편적인 과제일 수 있지만, 그것의 수행은 개인마다 시기와 나이에 상관없이 주어진 여건에서 달성할 수 있으면 되는 것이다. 하나하나 발달과업을 달성해 가는 과정 자체가 크게 보면 공부와 교육의 과정이다. 그러나 상식적 수준에서 혹은 좁은 뜻에서 공부나 교육은 특정시기(아동~청년기 혹은 공자로 말하면 15~30세)에 달성해야 할 과업이다. 그러나 이 과업조차도 나이와 상관없이 수행할 수 있으면 그만이다. 이러한 점은 오늘날 평생교육의 개념과도 부합한다.

3. 교학의 대상

공자의 인성론은 성무선무악설(性無善無惡說)에 가깝다. 『논어』에서 인성론과 관련한 유일한 언표는 "본성은 서로 가까우나 습관으로 멀어진다."(性相近, 習相遠)는 것이었다. 이에 대해 훗날 주희는 성(性)을 리(理)로 읽어 마치 성선설의 근거처럼 해석하였지만, 도덕적 본성으로 말한다면 이 언표는 성무선무악설로 읽는 것이 더 합당하다. 그러나 반드시 성(性)을 도덕적 본성으로 읽어야 할 필연성이나 근거도 없는 게 사실이다. 차라리 그것은 태어날 때 타고난 소박한 소질(素質)이고 가능태로 읽는 것이 더 합당하다. 타고난 소질은 사람마다 다를 수 있다. 그러나 그것은 후천적 교육과 학습에 비한다면 작은 것이다. 그렇다면 사람마다의 소질의 차이는 매우 작은 것이고 비슷하다. 사실 소질조차도 그것의 계발 여부는 전적으로 후천적 교육과 학습에 달린 것이라고 보아야 한다. 도덕성의 발달 또한 그러하다. 도덕성의 발달이든 소질의 계발이든 후천적 교육과 학습이 더 중요하다. 이것이 공자의 관점이라 여긴다.

공자가 공부와 교육이라는 발달과업을 얼마나 중시했는지는 교학의 대상과 관련한 기록을 보면 드러난다. 한마디로 "가르침을 주는 데는 사람을 가리지 않는다."[20]는 것이 공자의 생각이었다. 춘추시대는 신분사회였다. 크게 보아 지배층과 피지배층으로 구분된다. 천자와 제후로부터 경대부까지가 지배층이었다면, 서인(庶人)이나 백성(百姓) 혹은 민(民)은 피지배층이었다. 사(士)는 어디에 속하는가? '사'는 사대부(士大夫)로써 '대부' 쪽에 가까운 신분이기보다는 사서인(士庶人)으로 '서인' 쪽에 가까웠던 신분으로 이해된다. 즉, '사'는 처음부터 독립된 신분이었기보다는 사서인으로부터 점차적으로 독립된 신분을 확보하여 지배층으로 된 자들이다. 이러한 맥락에서 보면, 공자의 유교무류(有敎無類)의 교학관은 말 그대로 모든 이를 대상으로 하는 교육이다.

> 공자가 말했다: "사랑하는데 수고롭지 않겠는가? 충실한데 가르치지 않겠는가?"[21] 공자가 말했다: "스스로 속수이상을 행한 자에게 나는 가르치지 않은 적이 없다."[22]
>
> 호향의 사람과는 더불어 말하기가 어려운데, 공자가 그 출신의 동자를 만나자, 문인들이 의심하였다. 공자가 말했다: "나아가고자 하는 이와 더불어 한 것이지, 물러나고자 하는 이와 더불어 한 것이 아닌데, 무엇이 문제인가? 사람이 자신을 깨끗이 하고자 나아가면 그 깨끗이 하려는 것과 더불어 하지, 옛 날 행적을 문제 삼지 않는다."[23]

배움에 충실하고자 하는 자는 누구든지 유교무류의 교학대상이다. 최소한의 스승과 배움에 대한 예절을 지킨다면 그가 오랑캐 출신 사람이라도 상관없다. 그런데 곤요롭게 태어났

---

20) 子曰: "有敎無類。"(衛靈公: 38).
21) 子曰: "愛之, 能勿勞乎? 忠焉, 能勿誨乎?"(憲問: 8).
22) 子曰: "自行束脩以上, 吾未嘗無誨焉。"(述而: 7).
23) 互鄕難與言, 童子見, 門人惑. 子曰: "與其進也, 不與其退也, 唯何甚? 人絜己以進, 與其絜也, 不保其往也。"(述而: 28).

는데도 배우려 하지 않는 자들이 바로 피지배층인 백성이 되었다(困而不學, 民斯爲下矣。"〈季氏: 9〉)고 하였다. 사서인(士庶人)에서 '사'와 '서인'으로 구별되어, '사'는 지배계층으로 되고 '서인'은 일반백성으로 남게 된 것이 여기에 기원한다. 또한 여기서부터 공자의 교학관이 유교무류의 관점을 견지하면서도 지배층을 위한 교학과 피지배층을 위한 교학으로 구분되기 시작한 것이 아닌가 한다. 여하튼 공자는 피지배계층인 일반백성들에 대해서도 유교무류에 포함되는 대상으로 보았다는 점은 명백하다. 다음의 사례를 보자.

> 공자가 위나라로 갈 때 염유가 모셨다. 공자가 말했다: "많구나, 백성들이!" 염유가 물었다: "백성들이 많으면 다음 무엇을 합니까?" 대답했다: "부유하게 해줘야 한다." 다시 물었다: "부유하면 다음은 무엇을 합니까?" 대답했다: "교육해야 한다."[24]

공자와 염유 간의 대화에서 유추해 볼 수 있는 공자의 생각은, 우선 먹고사는 문제의 해결이 전제되지 않으면 인간들이 가지고 있는 소질의 계발이 엉뚱한 방향으로 갈 수 있으며 교육을 한다고 해도 그 효과가 없을 것이라는 점이다. 그러나 먹고사는 문제가 해결되었는데도 교육이 뒤따르지 않으면 사람들은 이익의 이전투구(泥田鬪狗)를 벌이며 물신(物神)의 노예가 될 가능성이 있다. 따라서 부의 축적이 이전투구식이 아니라 합리적으로 추구하도록 하기 위해서도 반드시 교육을 해야 한다는 것이 공자의 생각이다.

Ⅲ. 교학의 목적, 목표, 내용

1. 교학의 목적과 목표

교학의 목적은 무엇인가? 그것은 '가르침'의 주체(국가·사회적 요구)의 관점에서 볼 것

---

[24] 子適衛, 冉有僕。子曰: "庶矣哉!" 冉有曰: "旣庶矣, 又何加焉?" 曰: "富之。" 曰: "旣富矣, 又何加焉?" 曰: "敎之。"(子路: 9).

인지, '배움'의 주체(학생의 개인적 요구)의 관점에서 볼 것인지에 따라 다를 수 있다. 예나 지금이나 '가르침'의 목적은 자라나는 세대를 '인간된 삶으로 입문'시키는 동시에 '사회적 충원'을 위한 것이었다. 그리고 '배움'의 목적은 '자아의 실현'과 '인격의 발달'에 있었다. 나는 이것이 저 멀리 공자에서부터 가까이 피터스(R. S. Peters)까지 모든 교육사상가들이 공유했던 교육철학이 아닌가 한다.

전자의 관점에서 교육은 '인간된 삶으로의 입문 과정'이다. 교육은 그 자체가 본질적 가치 실현을 위한 활동이다. 그것이 교육의 내재적 가치인 것이다. 그러나 교육은 기능과 기술 습득을 위한 외재적 가치 실현에도 기여한다. 사회적 충원과 노동력의 재생산을 위한 인력자원의 개발은 교육이 담당해야 할 중요한 기능이다. 그러나 교육의 외재적 가치는 내재적 가치 실현을 위한 본질적 활동이 뒷받침된 다음의 일이라 보아야 한다. 한편, 후자의 관점에서 교육은 배움의 주체들인 학생의 자아실현과 인격발달을 위한 활동이다. 현대 심리학자들의 고찰처럼 자아실현과 인격완성의 심리적 상태가 비슷할지 모르지만, 엄격히 말해 자아실현을 위한 교육과 인격완성을 위한 교육은 그 길이 다르다. 전자의 교육은 개인의 자질과 능력, 흥미와 관심에 기초하여 접근되어야 할 성격의 교육이지만, 후자의 교육은 오히려 개인을 떠나 사회적·도덕적 덕성을 함양함으로써 가능한 교육이다. 여하튼 인격발달과 자아실현 혹은 도덕적 선함과 지적인 총명함은 교육의 위대한 두 가지 목적이었다.

그러나 춘추시대는 신분사회라고 하였다. 그래서 교학의 목적은 예나 지금이나 다름이 없을 것이지만 아무래도 구체적인 교학의 목표와 관련해서는 신분이나 계급적 이해가 반영될 수밖에 없었을 것이다. 『논어』에서도 이러한 점이 보인다. 먼저, 지배층을 대상으로 한 교학의 경우는 수기안인(修己安人), 즉 도덕적 품성과 지도자적 자질을 함양함으로써 이를 바탕으로 사회에 나아가 봉사할 수 있는 능력을 기르는 것이 목표이다.

> 자로가 군자에 대해 물었다. 공자가 대답했다: "경으로 자기를 닦는다." 자로가 물었다: "그렇게만 하면 됩니까?" 공자가 대답했다: "자기를 수양하고 사람들을 편안하게 한다." 자로가 물었다: "그렇게만 하면 됩니까?" 공자가 대답했다: "자기를 수양하고 백성을 편안하게 한다. 자기를 수양하고 백성을 편안하게 하는 것은 요와 순임금도 힘들어했다."[25]

---

25) 子路問君子。子曰: "修己以敬。" 曰: "如斯而已乎?" 曰: "修己以安人。" 曰: "如斯而已乎?" 曰: "修己以安百姓。修己以安百姓, 堯·舜其猶病諸?" (憲問: 45).

그러나 이러한 지배층을 대상으로 한 교학은 도덕적 품성과 지도자적 자질의 함양보다 자칫 안인과 정치의 기술을 배우는 데 더 치중하고, 교학이 벼슬을 얻기 위한 수단으로 전락하는 폐단도 있었다.[26] 여하튼 교학의 출발은 어디까지나 자기수양과 도덕적 품성의 함양에 있다. 위기지학(爲己之學)은 자기수양을 우선시하는 교학이다. 그러나 위인지학(爲人之學)은 남에게 보여주기 위한 것이고 안인의 기술을 더 중시하는 교학이다. 자기수양과 지도자적 자질이 갖추어지지 않은 자를 정치에 쓰는 것은 사람의 자식을 도적질하는 것과 다름이 없다. 또한 그 폐해는 고스란히 자신뿐만 아니라 타인과 백성과 국가에까지 미칠 수밖에 없다.[27]

지배층을 위한 교학이 도덕적 품성과 지도자적 자질을 함양하는 데 있었다면, 피지배층을 위한 교학은 아무래도 도덕적 품성과 함께 생산기술을 습득하는 것을 목표로 한다. 여기서 도덕적 품성의 함양도 차이가 있을 수 있다. 지배층을 위한 도덕성은 세상의 진리와 도덕의 원리의 탐구에 바탕을 두는 것이라면, 피지배층을 위한 도덕성은 주로 도덕적 일상에 요구되는 덕목과 규범들이었을 것이다. 백성들이 도덕적 품성을 길러야 하는 이유는 국가의 정당한 지배에 잘 따르도록 하기 위한 것이라 여기는 데서도 이를 엿볼 수 있다. 그리고 그들을 위한 교학은 지적인 접근보다는 실천을 통한 접근일 가능성이 높다. 당시에 일반백성들이 어려운 문자를 해득하기는 쉽지 않았을 것이기 때문이다. 다음의 기록들을 보자.

공자가 말했다: "군자는 위로 통달하고, 소인은 아래로 통달한다."[28]

공자가 말했다: "백성들은 따르게 할 수 있으나, 알게 할 수는 없다."[29]

공자께서 무성에 갔는데, 가야금 연주하는 소리를 들었다. 선생님께서 빙그레 웃으시며 말했다: "닭을 잡는데 어찌 소 잡는 칼을 쓰는가?" 자유가 대답했다: "옛날 언이 선생님께 듣기를, '군자가 도를 배우면 사람을 사랑하고, 소인이 도를 배우면 부리기 쉽다.'고 했습니다." 공자가 말했다: "여보아라, 언의 말이 옳다. 앞의 말은 농담일 뿐이다."[30]

---

26) 子曰: "三年學, 不至於穀, 不易得也."(泰伯: 12); 闕黨童子將命。或問之曰: "益者與?" 子曰: "吾見其居於位也, 見其與先生並行也. 非求益者也, 欲速成者也."(憲問: 47); 子路使子羔爲費宰. 子曰: "賊夫人之子." 子路曰: "有民人焉, 有社稷焉, 何必讀書, 然後爲學?" 子曰: "是故惡夫佞者."(先進: 24); 子曰: "古之學者爲己, 今之學者爲人."(憲問: 25).

27) 子曰: "由也! 女聞六言, 六蔽矣乎?" 對曰: "未也." "居! 吾語女. 好仁不好學, 其蔽也愚, 好知不好學, 其蔽也蕩, 好信不好學, 其蔽也賊, 好直不好學, 其蔽也絞, 好勇不好學, 其蔽也亂, 好剛不好學, 其蔽也狂."(陽貨: 8)

28) 子曰: "君子上達, 小人下達."(憲問: 24).

29) 子曰: "民可使由之, 不可使知之."(泰伯: 9).

지배층이 도를 배우면 백성을 사랑하고, 백성들이 도를 배우면 국가의 지도에 잘 따른다. 한편, 지배층은 지도자적 자질과 치도(治道)를 배우지만, 백성들은 각자의 분야에서 생산기술을 배워야 한다.[31] 그리고 지배층이나 피지배층 모두가 배워야할 영역이 있었다. 국방을 위한 전쟁의 기술이다. 춘추시대 자체가 서로 부국강병을 다투는 전쟁의 시대였기 때문이다. 당시 지배층은 기본적으로 문무(文武)를 겸하여 배우는 사람들이었다. 육예(六藝; 禮樂射御書數)가 그것이다. 피지배층인 백성들도 전쟁의 기술을 배우는 것은 중요한 것이었다. 따라서 피지배층을 대상으로 하는 교학의 목표는 도덕적 품성의 함양과 함께, 생산 및 전쟁의 기술을 습득하는 데 있었다고 하겠다.[32]

2. 교학의 내용과 교학을 이룬 사람

공자가 일반백성의 교육에 큰 관심을 가졌다 하더라도, 아무래도 그가 실제 교학의 현장에서 실천한 것은 제자들을 대상으로 한 것이었다. 그랬기에 『논어』의 기록에는 그들을 대상으로 했던 교학의 이론과 실제에 대해 주로 담겨있을 수밖에 없다. 특히, 이제부터 살펴 볼 교학의 내용, 원리와 방법 등은 일반백성들보다는 사(士) 계급 이상의 제자들을 대상으로 제시된 것으로 보아야 하겠다. 먼저, 제자들에게 주어졌던 교학의 내용을 보자.

공자가 말했다: "질이 문을 이기면 투박하고, 문이 질을 이기면 반지르르하다. 문과 질이 다 갖추어져야 군자다."[33]

공자께서는 네 가지로 가르쳤다: "文, 行, 忠, 信."[34]

---

30) 子之武城, 聞弦歌之聲。夫子莞爾而笑曰: "割鷄焉用牛刀?" 子游對曰: "昔者偃也聞諸夫子曰: '君子學道則愛人, 小人學道則易使也.'" 子曰: "二三者! 偃之言是也。前言戲之耳."(陽貨: 4).
31) 子夏曰: "百工居肆以成其事, 君子學以致其道."(子張: 7); 樊遲請學稼。子曰: "吾不如老農." 請學爲圃。曰: "吾不如老圃." 樊遲出。子曰: "小人哉, 樊須也! 上好禮, 則民莫敢不敬, 上好義, 則民莫敢不服, 上好信, 則民莫敢不用情。夫如是, 則四方之民襁負其子而至矣, 焉用稼?"(子路: 4).
32) 子曰: "善人教民七年, 亦可以卽戎矣."(子路: 29); 子曰: "以不教, 民戰, 是謂棄之."(子路: 30).
33) 子曰: "質勝文則野, 文勝質則史。文質彬彬, 然後君子."(雍也: 16).
34) 子以四教: 文 , 行 , 忠 , 信。(述而: 24).

교학의 내용을 선정하는 기준은 문(文)과 질(質)이다. 문과 질이 조화를 이룰 수 있도록 교육과정을 구성해야 한다는 것이다. 문은 무엇이고 질은 무엇인가? 일단 문은 외면적 문화의 총칭이라 본다면, 질은 내면적 자질, 성품, 덕이라 볼 수 있겠다. 그리고 공자는 문(文)·행(行)·충(忠)·신(信)의 네 가지를 교육과정으로 삼았다고 했다. 이때의 문(文)은 문자화된 교과목을 의미하는 것이고, 행(行)은 문자화된 교재가 없고 행동실천을 통해서 교학하는 교과목이다. 그리고 충(忠)은 개인윤리적 덕목의 총칭이라면, 신(信)은 사회윤리적 덕목의 총칭이 아닐까 한다. 물론 충신으로 대표되는 덕성의 함양은 학생들 스스로의 자각과 자득이 중요한 교과들이다. 이상에 유의하여 교육과정의 체계를 표로 정리해 보면 다음과 같다.

〈표 2〉 교학 내용의 선정기준과 교육과정의 구성체계

교학내용 선정의 기준	문(文) : 외면적 문화		질(質): 내면적 덕성	
교육과정의 구성: 4과	문(文)	행(行)	충(忠)	신(信)
교과목의 조직	『시(詩)』 『서(書)』	육예(六藝) : 예(禮)·악(樂) 사(射)·어(御) 서(書)·수(數)	개인윤리적 덕목의 총칭	사회윤리적 덕목의 총칭
의의	문화, 규범, 제도, 일상의 생활양식들에 대해 교학하는 것을 목표로 함. 총칭하여 예악(禮樂)의 습득임.		내면적 덕성의 함양, 궁극적으로 전덕(全德)인 인(仁)의 터득을 목표로 함.	

육예(六藝)는 공자학단과 상관없이 일찍부터 교과목으로 존재해왔던 것이라 하겠다. 그리고 육예에 대한 교학은 아직 인지적 능력이 발달하지 않은 어린시절부터 이루어졌을 것이다. 그렇다고 이것의 교학을 어린시절에 모두 마친다는 뜻은 아니다. 특히, 문무(文武)의 교과에 해당하는 예악(禮樂)이나 사어(射御)는 어른이 되어서도 계속하여 교학에 임해야 했던 과목들일 것이다. 그러나 육예의 교과는 문자화된 교재가 따로 있었던 것이 아닌 것 같다. 행동실천을 통해서 교학이 이루어진다고 보겠다. 내면적 덕성을 함양하는 충신(忠信)의 교학도 따로 교재가 있던 것이 아니겠다. 다양한 도덕적 실천의 상황에서 그때그때 관련되는 덕

목에 대하여 교학이 이루어졌던 것이 아닐까 여겨진다. 그리고 이 교학의 궁극적 목표는 전덕(全德)이요, 도덕의 제일원리요, 모든 도덕실천의 근거인 인(仁)의 원리를 터득하는데 있었다고 하겠다.[35]

한편, 오늘날처럼 종이가 아니라 죽간(竹竿)에 새겨진 것이겠지만 문자화된 교재가 『시(詩)』·『서(書)』·『역(易)』 등이었을 것이다. 이 중 주역(周易)의 경우는 실제 교재로 활용되었는지 의문이지만[36] 『시』와 『서』는 매우 중요한 교과였다. 먼저, 공자는 『시』에 대하여 "시 삼백을 한마디로 말하면 생각에 사악함이 없다."(爲政: 2)고 하였고, "시 삼백을 외우고도 정치에 통달하지 못하고 사신 가서도 써먹지 못한다면 무엇하겠는가."(子路: 5)하였다. 시는 사람의 감정을 글과 노래로 표현하는 것이다. 슬플 때 슬픔을 노래하고, 기쁠 때 기쁨을 노래한다. 그래서 시는 사람의 정서순화와 덕성의 함양에 중요한 기여를 한다. 공자도 바로 이 점 때문에 시를 중시했던 것이다. 아울러 시는 지도자적 자질과 안인(安人)의 기술을 교학하기 위해서도 중시되고 있다. 다음으로, 『서』는 당우(唐虞)시대부터 삼대(夏·殷·周)시대에 이르기까지 성왕과 제왕들의 모범적 정치에 대한 기록이고 언행록이다. 말할 것도 없이 여기서 성왕과 제왕이란 요(堯)·순(舜)·우(禹)·탕(湯)·무(武) 등이겠다. 『서』가 이처럼 성왕과 제왕의 언행록이고 정치철학적 교재이기 때문에, 지도자적 자질과 안인의 기술 등을 교학하기 위해 중요한 교과일 수밖에 없었을 것이다.

결국, 공자학단에서 가장 중요시 되었던 교과목은 "『시』·『서』·예·악"이던 것으로 보인다.[37] 여기서 『 』가 있고 없고는 문자화된 교재인가 아닌가를 구분하는 것이다. 나아가 공자학단에서 『시』·『서』·예·악을 가장 중요한 교과로 삼았다는 것은 분명하지만, 이에 못지 않게 우리가 주목해야 할 점이 한 가지 있다. 그것은 다름이 아니라 이른바 이단(異端)의 사

---

35) 강봉수, 『유교도덕교육론』, 앞의 책, 44쪽.
36) 『孔子世家』의 기록은 공자가 주역을 위편삼절(韋編三絶; 죽간을 묶은 끈이 세 번이나 끊어짐)할 정도로 읽었다고 한다. 그러나 정작 『논어』에는 역(易)자의 용례는 3번인데, 이 중 주역의 내용을 인용하는 구절은 2번이고, 1번은 공자가 '시간이 허락한다면 주역을 공부하고 싶다'는 소망을 피력한 언표이다.
37) 子所雅言, 〈詩〉, 〈書〉, 執禮, 皆雅言也.(述而: 17); 子曰: "小子何莫學夫詩? 詩, 可以興, 可以觀, 可以群, 可以怨. 邇之事父, 遠之事君, 多識於鳥獸草木之名."(陽貨: 9); 子謂伯魚曰: "女爲《周南》, 《召南》矣乎? 人而不爲《周南》, 《召南》, 其猶正墻面而立也與?"(陽貨: 10); 陳亢問於伯魚曰: "子亦有異聞乎?" 對曰: "未也. 嘗獨立, 鯉趨而過庭. 曰: '學詩乎?' 對曰: '未也.' '不學詩, 無以言.' 鯉退而學詩. 他日, 又獨立, 鯉趨而過庭. 曰: '學禮乎?' 對曰: '未也.' '不學禮, 無以立.' 鯉退而學禮. 聞斯二者." 陳亢退而喜曰: "問一得三, 聞詩聞禮, 又聞君子之遠其子也."(季氏: 13).

상에 대해서도 열린 자세를 가졌었다는 점이다. 다음의 기록을 보자.

子曰: "攻乎異端, 斯害也已." (爲政: 16)
[해석1] 공자가 말했다: "이단을 전공하는 것은 해로울 뿐이다."
[해석2] 공자가 말했다: "이단을 공격하는 것은 해로울 뿐이다."

공자는 '군자는 불기(不器)해야 하고 주이불비(周而不比)해야 한다.'고 했다. 즉, 군자는 신념을 갖되, 닫힌 신념이 아니라 열린 신념을 가져야 한다는 것이다. "공호이단 사해야이(攻乎異端, 斯害也已)"에 대한 기존의 해석은 [해석1]이었다. 그러나 기존의 해석은 정통적 유학을 자처하는 자들에 의해 해석된 관점일 뿐이다. 공자 시대에는 공문의 학단에 대립할 정도로 이단이라 할만한 사상도 없었던 것으로 보아야 한다. 따라서 [해석2]가 맞다고 생각한다. 특정 가치와 진리만을 자기신념으로 삼는 교조화된 신념은 교리에 기댈 뿐 자신의 주체적 역량을 상실시킨다. 세상을 이분법적으로 해석하여 적과 동지로 구분한다. 이분법적 사유는 혁명적 열광주의를 낳고 광기의 폭력만을 낳을 뿐이다. 악을 광정한다는 명분으로 또 다른 악을 낳으면 안 된다. 시중적(時中的) 도(道)에 따르는 삶의 자세가 중요하다. 시중적 삶의 태도는 세상 눈치 보기와 거리가 멀다. 악을 광정하기 위해 싸워야 할 상황에는 싸울 줄 알고, 화 내야 할 상황에서 화낼 줄 알고, 말해야 할 상황에는 할 말을 할 줄 아는 태도다. 정치에 나서야 할 상황에서는 참여의 길을 과감히 택할 수 있고, 물러나야 할 상황에서는 미련 없이 버릴 줄도 아는 삶의 자세이다. 바로 공자 자신부터가 당위와 유위와 무위의 사유를 포함하는 열린 사유와 그런 신념을 소유했던 사상가였다. 공자의 인(仁) 사상이 단순히 당위윤리적 원리만이 아니었다는 점도 이러한 측면을 증거한다.[38]

『시』·『서』·예·악 등이 중요한 교과였지만, 이들은 어디까지나 문(文), 즉 외면적 문화, 규범, 제도 등의 교학을 위한 교육과정을 구성하는 교과목들일 뿐이다. 공자의 교학체계가 완성되려면 질(質), 즉 충신(忠信)으로 대표되는 덕성의 함양을 위한 교육과정과 교과가 교학되어야 한다. 덕성함양의 궁극적 목표는 전덕(全德)이요, 도덕의 제일원리요, 모든 도덕실천

---

38) 공자의 인(仁)사상은, 당위도덕으로만 읽어온 기존의 상식과는 달리, 무위도덕, 당위도덕, 유위도덕적 관점에서 해석될 수 있다. 무위도덕으로서 인이 생명사랑이라면, 당위도덕과 유위도덕은 사람사랑이다. 사람사랑의 원리로 당위도덕이 충서(忠恕)라면, 유위도덕은 실용이다. 이 책의 3장 참조.

의 근거인 인(仁)의 원리를 터득하는데 있다고 하였다. 그런데 전덕으로서의 인은 유위와 당위와 무위의 사유를 포함하는 원리였다. 즉, 유위적 인은 행위의 결과가 선(善)과 유용성을 낳는다면 그것이 도덕적으로 옳다고 여기는 관점이고, 당위적 인은 행위의 결과(유용성, 실용성, 공리성)와 무관하게 단지 그 가치규범이 옳다는 이유 때문에 지켜지기를 주장하는 관점이며, 무위적 인은 나 중심 혹은 인간 중심의 자아의식을 방기함으로써 세상만물과 공생공명의 자리심을 갖는 것으로 보는 관점이다(제3장 참조).

공자의 교학체계가 완성되려면 문(文)과 질(質)이 조화되는 교육과정을 이수해야 하는 것이고, 그 모든 것을 교학한 사람이 곧 성인(聖人)이고 군자(君子)일 것이다. 무위적 인의 원리에 바탕을 두고 덕과 규범을 입법하고 집행하고 심판할 수 있는 자라면 성인일 것이다. 그러나 성인은 역사 현실에서 만나보기가 쉽지 않다. 아성(亞聖)까지 포함하더라도 요·순·우·탕·문·무·주공 등과 같은 이들을 현실에서는 만나기도 되기도 쉽지 않은 것이 사실이다. 공자조차도 "만약 성인과 인자라면 내 어찌 감당하리오."(述而: 33)라고 하지 않았던가. 더구나 당시는 춘추시대요, 악의 시대였다.

그러나 이처럼, 성인됨이 어렵고 누구나 도달할 수 없는 경지라면 보통사람들은 성인되기 자체를 포기해 버릴지도 모른다. 그래서 공자는 이상적 인격 이외에 일반인들이 배워서 도달할 수 있는 제2의 이상적 인격을 정할 수밖에 없었고, 실천적으로 도달할 수 있는 경지를 보여줄 필요가 있었다. 그것이 바로 군자(君子)다. 군자는 성인되려고 항상 노력하는 수양인이다. 공자 자신도 바로 공부하는 수양인으로써 호학(好學)하는 자세를 몸소 제자들에게 보여주었다. "충신으로 말하면 자신과 같은 이가 있을 것이지만, 배우기를 좋아함에서 자기만 같은 자는 없을 것"이라 하면서, 호학(好學)하는 것과 관련해서는 자신 스스로를 지나치게 과찬할 정도였다. 그리고 군자는 '도덕적 판단능력'(知)·'사랑과 배려의 도덕감'(仁)·'도덕적 실천능력'(勇)이라는 통합적 덕성을 갖추어야 한다. 이러한 군자의 덕성을 갖추려 노력하다 보면 언젠가는 진덕으로서의 인(仁)의 모든 것을 체인(體認)한 성인의 경지에도 도달할 수 있을 것이다. 이처럼, 공자는 모든 인(仁)을 터득한 성인보다는 그것을 터득하려고 노력하는 사람으로서의 군자상(君子像)을 제시하여 제자들의 분발을 촉구하였던 것이다.

Ⅳ. 교학의 원리와 방법

1. 교학의 원리

교학의 원리와 방법을 본다. 여기서 교학의 원리란 지금까지 고찰한 교육과정을 실제로 교학의 장에서 구현하기 위한 방향을 모색하는 데에 이론적·실천적 지표가 되는 원칙을 말한다. 그리고 교학의 방법은 교수-학습의 방법(instructional method)이나 기법(instructional technique)을 말한다.

먼저, 교학의 원리를 보자. 『논어』에 나타난, 교학의 원리는 대체로 다음과 같이 정리해 볼 수 있지 않을까 한다. ① 호학(好學; 자발적 학습동기)의 원리, ② 하학이상달(下學而上達)의 원리, ③ 선행후지(先行後知)의 원리, ④ 학사병진(學思竝進)의 원리, ⑤ 개별화의 원리 등이다. 각각의 사례를 보자.

가. 호학(好學; 자발적 학습동기)의 원리

교학에 있어 자발적 학습동기를 가지는 것보다 중요한 일이 없을 것이다. 기본적으로 학생이라면 '배움'에 뜻을 두고 그것에 정진하고자 하는 마음자세가 중요하다. 교사의 솔선수범은 더 중요할 것이다. 자신 먼저 호학(好學)하는 마음을 가지고 '가르침'에 나서는 자가 스승이어야 한다. 공자야 말로 '배움'을 좋아하고 '가르침'에 나서는 전형이었다.[39]

학생에게 호학하는 마음과 학습동기를 부여해 주는 것도 스승의 역할이다. 호학의 자세를 누그러뜨리는 학생에게 때로는 따끔한 충고도 필요할 것이다. 그러한 충고에도 불구하고 호학의 학습동기를 갖추지 않은 학생에 대해 공자는 가르침을 행하지 않았다.[40] 호학의 자발

---

39) 子曰: "學而時習之, 不亦說乎? 有朋自遠方來, 不亦樂乎? 人不知而不慍, 不亦君子乎?"(學而: 1); 子曰: "十室之邑, 必有忠信如丘者焉, 不如丘之好學也."(公冶長: 27); 子在齊聞韶【〈史記〉有"學之"二字】, 三月不知肉味, 曰: "不圖爲樂之至於斯也."(述而: 13); 子曰: "默而識之, 學而不厭, 誨人不倦, 何有於我哉?"(述而: 2); 子曰: "德之不修, 學之不講, 聞義不能徙, 不善不能改, 是吾憂也."(述而: 3).

40) 子曰: "學如不及, 猶恐失之."(泰伯: 17); 子夏曰: "日知其所亡, 月無忘其所能, 可謂好學也已矣."(子張: 5); 冉求曰: "非不說子之道, 力不足也." 子曰: "力不足者, 中道而廢. 今女畫."(雍也: 10); 子曰: "譬如爲山, 未

적 학습동기가 부여된 학생은 언제나 배울 자세가 되어있다. 이미 내가 알고 있더라도 나의 박식과 능력을 자랑하지 않으며, 아랫사람에게 묻기를 부끄러워하지도 않는다. 그리고 허물이 있으면 자책하며 자신을 돌아보고 성찰하고자 한다.⁴¹⁾

나. 하학이상달(下學而上達)의 원리

하학이상달(下學而上達)이란 "아래로 인간의 일을 배우고 위로 천리에 통달한다."는 것으로,⁴²⁾ 이 원리는 교육과정의 투여를 단계적으로 해나가야 한다는 원칙이라 하겠다. 여기서 하학(下學)이 일상적 삶의 생활양식과 관습, 덕목과 규범, 예절과 의례 등에 대해 교학하는 것을 의미한다면, 상달(上達)은 형이하적(形而下的) 삶의 바탕에 놓여있는 형이상적(形而上的) 원리에 대해 교학하는 것을 말한다. 공자부터가 이러한 단계적 교학의 원리를 따랐고, 제자들에게도 이를 적용했을 것이다. 즉, 어린제자들에게는 육예(六藝; 禮樂射御書數)의 과목으로 일상적 삶의 생활양식, 덕목과 규범, 그리고 예절 등을 교학하는 데 실천적 노력을 기울였고, 나아가 공식적 교육과정을 통하여 『시』·『서』·예·악을 가르쳤다. 그리고 궁극적으로는 전덕으로서 인의 원리를 터득하도록 촉구하는 교학을 실행하였을 것이다.

'하학'을 거쳐 '상달'로 가는 것은 자연스러운 교학의 과정이다. 이 모든 단계적 과정을 거쳐야 성인이 되고 군자가 될 수 있다. 소인배나 일반백성은 하학공부에 머무르고 말았기 때문에 군자나 성인이 될 수 없다. '하학'은 말지이고 '상달'은 근본인 것이 아닌 데도 소인들은 스스로 거기에 머무르고 마는 족속들이다.⁴³⁾

成一簣, 止, 吾止也. 譬如平地, 雖覆一簣, 進, 吾往也."(子罕: 18); 子曰: "不憤不啓, 不悱不發. 擧一隅, 不以三隅反, 則不復也."(述而: 8).

41) 曾子曰: "以能問於不能, 以多問於寡, 有若無, 實若虛, 犯而不校, 昔者吾友嘗從事於斯矣."(泰伯: 5); 子貢問曰: "孔文子何以謂之文也?" 子曰: "敏而好學, 不恥下問, 是以謂之文也."(公冶長: 14); 子曰: "見賢思齊焉, 見不賢而內自省也."(里仁: 17); ○子曰: "已矣乎, 吾未見能見其過而內自訟者也."(公冶長: 26); 子曰: "古者言之不出, 恥躬之不逮也."(里仁: 22).

42) 子曰: "莫我知也夫!" 子貢曰: "何爲其莫知子也?" 子曰: "不怨天, 不尤人, 下學而上達. 知我者其天乎!"(憲問: 37); 子游曰: "子夏之門人小子, 當洒掃應對進退, 則可矣, 抑末也. 本之則無如之何?" 子夏聞之, 曰: "噫! 言游過矣! 君子之道, 孰先傳焉? 孰後倦焉? 譬諸草木, 區以別矣. 君子之道, 焉可誣也? 有始有卒者, 其惟聖人乎!"(子張: 12).

43) 子曰: "君子上達, 小人下達."(憲問: 24)

공자의 '하학이상달' 원리는 '관습의 도덕을 지나서 원리의 도덕으로 나아간다'는 현대 도덕교육철학자인 피터스(R. S. Peters)적 가정과 다르지 않다고 본다. 피터스는 여러 심리학적, 경험론적 연구결과를 토대로 하여 인간의 도덕발달의 단계상 아동의 시기에는 합리적 혹은 원리적 도덕성을 위한 교육이 부적절하다고 주장하고 있다.[44] 오히려 합리적 도덕성은 전통과 관습적 도덕성의 내면화를 토대로 할 때 이루어질 수 있을 것이라고 주장한다.[45] 그리하여 그는 "습관과 전통(Habit and Tradition)의 마당을 지나 이성의 궁전(the Palace of Reason)에 들어갈 수 있고, 또 들어가야만 한다."고 말한다.[46]

다. 선행후지(先行後知)의 원리

선행후지(先行後知)의 원리는 특히 하학의 교학에 적용되는 원칙인 듯하다. 아직 인지적 능력이 덜 발달된 어린제자들에게는 우선 지적인 교학보다는 정의적 · 행동적 측면의 함양 공부를 시킨다. 그리고 지적 능력이 향상됨에 따라 지식의 이해와 원리를 탐구하는 교학으로 나아간다.

공자는 지적인 교학보다 행적인 교학을 훨씬 중요시한 것 같다. 〈자장: 12〉에서 자유(子游)가 하학공부를 말지로 여기는 것과는 반대로, 공자는 여기에 머물러 버리는 것은 문제지만 오히려 하학공부야 말로 근본에 해당하는 것으로 여길 정도이다. 지적 교학보다 행적 교학을 강조한다고 해서 여기에 지적인 측면이 전혀 무시되는 것도 아니다. 하학의 교학은 "습관에 의해 도야되는 심성이며, 이 습관과 함께 지혜가 자라는 것"(習與智長, 化與心成)이기 때문이다. 다음의 자하(子夏)의 주장을 통해서도 이러한 공자의 관점을 엿볼 수 있다.

---

44) "합리적이고 지적이고 상당한 정도의 자발성을 가지고 행위하는 그러한 인간을 개발하는 것이 바람직하다고 말할 때, 그러나 아동 발달의 엄연한 사실은, 아동의 발달이 이루어지는 이 수년간의 대부분의 시기에 그들은 이러한 '형식의 삶을 가지는 것'(합리적 원리적 도덕성을 지칭함: 연구자)이 불가능할 뿐만 아니라 이 같은 삶의 형식을 전달하는 적절한 방식에도 둔감하다는 점이 밝혀지고 있다." R. S. Peters, *Moral Development and Moral Education*(Gorge Allen & Unwin Ltd., 1981), 이를 우리말로 번역한, 南宮達華 譯, 『道德發達과 道德敎育』(서울: 文音社, 1998 제1판 제2쇄), 73쪽.
45) 그래서 피터스는 "내가 말한 기본 도덕규칙과 관련된 건전한 도덕적 습관의 형성은 합리적 도덕성의 필요조건이라고 말해도 좋을 것이다."라고 한다. R.S.Peters, 남궁달화 역, 위의 책, 74쪽.
46) R. S. Peters, 남궁달화 역, 위의 책, 70쪽.

자하가 말했다: "어진이를 어질게 대하길 여색을 좋아하듯 하고, 부모를 섬기는 데에 힘을 다하고, 임금을 섬기는 데에 몸을 다하고, 벗을 사귐에 말이 신뢰를 얻도록 하라. 그러면 비록 배우지 않았더라도 나는 반드시 배웠다고 말하겠다."[47]

일상의 덕목과 규범과 예절을 습득하고 실천한다면 배우지 않아도 배운 것과 다르지 않다. 이처럼, 공자는 먼저 행적인 공부와 실천을 습관화하고 그 다음에 지적인 공부와 학문에 임하라고 권고한다.[48]

라. 학사병진(學思竝進)의 원리

학사병진(學思竝進)의 원리는 '배움'이 배움에 그쳐선 안 되고, '배운 바를 성찰'해야 한다는 원칙이다. '배움'만 있고 '생각'이 없으면 나만의 관점이 없고, '생각'만 하고 '배움'이 없으면 나의 관점이 진리인양 착각한다. 교학에는 '배움'과 '생각'을 겸해야 한다. 이것이 학사병진의 원리이다.

공자가 말했다: "배우고 생각하지 아니하면 나만의 관점이 없고, 생각만 하고 배우지 아니하면 나의 관점이 진리인양 착각하기 쉽다."[49]

공자가 말했다: "법어의 말씀은 따라야 하지 않겠는가? 자신의 잘못을 개선함이 중요하다. 손여의 말씀은 기쁘지 아니한가? 뜻을 헤아리려함이 중요하다. 기뻐하되 뜻을 헤아리지 못하고, 따르되 개선하지 아니한다면, 나는 어찌해야 할 지 모르겠다."[50]

검증된 진리는 받아들이고, 검증되지 않은 가정은 그 뜻을 헤아려 보는 것이 학사병진(學思竝進)이다. 이러한 '학사병진'을 전제로 할 때, '배움'이 '생각'보다 먼저다. '배움'을 바탕

---

47) 子夏曰: "賢賢易色, 事父母, 能竭其力; 事君, 能致其身; 與朋友交, 言而有信. 雖曰未學, 吾必謂之學矣."(學而: 7).

48) 子曰: "弟子, 入則孝, 出則悌, 謹而信, 汎愛衆, 而親仁. 行有餘力, 則以學文."(學而: 6); 子曰: "蓋有不知而作之者, 我無是也. 多聞, 擇其善者而從之, 多見而識之, 知之次也."(述而: 27).

49) 子曰: "學而不思則罔, 思而不學則殆."(爲政: 15).

50) 子曰: "法語之言, 能無從乎? 改之爲貴. 巽與之言, 能無說乎? 繹之爲貴. 說而不繹, 從而不改, 吾末如之何也已矣."(子罕: 23).

으로 '배운 바에 대해 성찰'하는 것이기 때문이다. 새로운 창작이나 옛 것의 현대화도 먼저 옛 것을 배우고 그것을 토대로 하는 것이다. 그래서 먼저 널리 배워야 한다.[51] 그리고 박문약례(博文約禮)와 박학(博學)·독지(篤志)·절문(切問)·근사(近思)[52]는 학사병진의 절차이거나 방법론이다. ① 이단(異端)을 가리지 말고 일단 널리 배운다. ② 배우는 바의 핵심적 뜻이 무엇인지 집중한다. ③ 의심나는 점을 스승에게 질정한다. ④ 배움과 가르침을 바탕으로 나의 관점을 성찰한다. ⑤ 성찰한 바의 요점을 명료히 한다. ①~④의 과정이 박문(博文)이라면, ⑤는 약례(約禮)일 것이다.

마. 개별화의 원리

개별화의 원리는 말 그대로 학생들마다 각기 다른 개성과 소질을 가진 존재임을 존중하여 교학에 적용하는 원칙이다.

> 공자가 말했다: "묘라도 꽃피지 않는 것이 있으며, 꽃피워도 열매 맺지 않는 것이 있는 법이다.!"[53]
> 공자가 말했다: "같이 배우더라도 더불어 도에 나아갈 수 없으며, 더불어 도에 나아가더라도 더불어 설 수 없으며, 더불어 서더라도 더불어 권도를 할 수 없을 수 있다."[54]

이러한 개별화의 원리를 교수-학습의 방법으로 적용한 것이 이른바 인재시교(因材施教) 혹은 수인이교(隨人異教)라는 방법이다. '인재시교'란 재질에 따라 가르침을 베푼다는 것이고, '수인이교'란 사람에 따라 다른 가르침을 행한다는 뜻이다. 이에 대해서는 뒤에서 실례를 보겠다. 여하튼 공자는 제자들을 교학함에 있어 개별화의 원리를 적용하였다. 이를테면, 많은 제자들이 인(仁)의 실체를 묻는다. 그러나 공자는 질문하는 제자마다 달리하여 대답을 한다.

---

51) 子曰: "吾嘗終日不食, 終夜不寢, 以思無益, 不如學也。"(衛靈公: 30); 子曰: "述而不作, 信而好古, 竊比於我老彭。"(述而: 1); 子曰: "溫故而知新, 可以爲師矣。"(爲政: 11).
52) 子夏曰: "博學而篤志, 切問而近思, 仁在其中矣。"(子張: 6); 子曰: "君子博學於文, 約之以禮, 亦可以弗畔矣夫!"(雍也: 25); 子曰: "博學於文, 約之以禮, 亦可以弗畔矣夫!"【○重出。】(顔淵: 15).
53) 子曰: "苗而不秀者, 有矣夫! 秀而不實者, 有矣夫!"(子罕: 21).
54) 子曰: "可與共學, 未可與適道, 可與適道, 未可與立, 可與立, 未可與權。"(子罕: 29).

바. 일과 배움을 병행하는 원리

일과 배움을 병행하는 원리도 주목 할만 한 원칙이다. 『논어』에서는 자하(子夏)의 기록으로 겨우 한 사례가 검토되지만,[55] 공자와 그의 학단에서 매우 중요시 되었던 원칙일 것으로 여겨진다.

2. 교사 중심의 사회화 교학 방법

공자는 하학이상달(下學而上達), 선행후지(先行後知), 학사병진(學思竝進)의 원리 등에 따라 학습자의 수준에 걸맞게 교육과정이 제공하였다. 먼저, 아직 인지능력이 덜 발달된 어린 제자들에게는 육예(六藝)의 과목으로 일상적 삶의 생활양식, 덕목과 규범, 그리고 예절 등을 정의적·행동적 접근을 통하여 교학하고자 하였다. 둘째, 인지능력이 발달함에 따라 공식적 교육과정을 통하여 『시』·『서』·예·악을 교학하였다. 셋째, 궁극적으로는 전덕으로서 인의 원리를 터득하도록 촉구하는 교학을 실행하였던 것으로 이해된다. 이러한 우리의 이해가 맞다면 공자는 세 가지 교학의 관점을 모두 가졌던 것으로 볼 수 있다. 〈② 교×학〉, 〈③ 학×교〉, 〈④ 학×학〉이 그것이다.

〈② 교×학〉은 사회화 중심의 교학이고 교사 중심의 주입식 수업이다. 어린제자들이나 일반백성을 위한 교학은 이러한 관점에서 이루어졌던 것으로 이해된다. 〈③ 학×교〉는 자율적 발달 중심의 교학이고 학생 중심의 탐구식 수업이다. 인지능력이 발달된 성인학생을 위한 『시』·『서』·예·악의 교학은 이러한 관점에서 이루어졌던 것으로 보인다. 〈④ 학×학〉은 학생 스스로의 자득과 직관과 돈오가 중심이 되는 무위적 교학이다. 전덕으로서 인의 원리를 터득하는 교학은 이러한 관점에서 접근되었던 것이 아닌가 한다. 그렇다면 각각의 관점에 따른 교학의 방법과 교사의 역할도 각각 달랐을 것으로 추론할 수 있다.

먼저, 〈② 교×학〉의 교학을 위해 공자가 제시한 지도방법과 기법은 ① 행동실천해보기, ② 모범보이기와 감화설득, ③ 교육적 환경의 조성 등을 들 수 있다. 그리고 교사는 누구보다 먼저 알고 있는 문화와 전통의 대변자이고, 지식의 전달자이자, 권위 있는 모범자이다.[56]

---

55) 子夏曰: "仕而優則學, 學而優則仕。"(子張: 13).
56) 강봉수, 『유교도덕교육론』, 앞의 책, 50~51쪽.

가. 행동실천해보기

공자는 말보다는 실천을 중시했다. 그래서 그는 남의 환심을 사려고 아첨하는 교묘한 말과 보기 좋게 꾸미는 얼굴빛을 하는 사람을 미워하며(學而: 3), 말보다는 행동이 앞서야 함을 강조하고 있다. 공자가 실천위주의 교육을 실시했음은, 예(禮)를 가르칠 때 더욱 잘 나타나고 있다. 이를테면, 예가 아니면 보지 말고, 예가 아니면 듣지 말고, 예가 아니면 말하지 말며, 예가 아니면 움직이지도 말라(顔淵: 1)고 한 것은 바로 예의 실천을 강조하여 말한 것이라 하겠다.

나. 모범보이기와 감화설득

공자는 당시의 예악(禮樂)을 대표하는 스승으로서 제자들의 본보기가 되었다. 그는 자기 자신이 행동으로 시범을 보임으로써 제자들이 감화를 받아 스스로 깨닫게 하였다. 이와 같이 수범적으로 가르친다는 것은, 교육자의 평소 생활이 향상 가르치고 있다는 자세로 임하며, 먹고 마시고 더불어 사는 삶 뿐만 아니라 보고 듣고 말하고 행함이 모범적인 것을 요구한다. 『논어』의 향당편(鄕黨篇)에는 공자가 얼마나 몸소 실천을 통한 모범을 보이고자 했는지 낱낱이 기록하고 있다.

다. 교육적 환경의 조성

공자는 '후천적인 학습에 의하여 선인(善人)도 악인(惡人)도 될 수 있다'(性相近, 習相遠)고 생각했기 때문에 교육적 환경을 매우 중시하였다. 특히 그는 환경 중에서도 동네와 벗을 중요시하였다. 이를테면, 공자는 "마을의 인심이 인후(仁厚)한 것이 아름다우니, 인심이 좋은 마을을 선택하되 인(仁)에 처하지 않으면 어떻게 지혜롭다 하겠는가?"(里仁: 1)라고 말하고 있다. 또 그는 "유익한 벗이 셋이요, 손해 보는 벗이 셋이다. 곧은 이와 벗하고, 믿음직한 이와 벗하고, 박학한 이와 벗하면 유익하다. 편벽스런 이와 벗하고, 능글능글한 이와 벗하고, 재잘거리는 이와 벗하면 손해본다."(季氏: 4)고 하면서 "나만 못한 이와는 벗하지 말라"(學而: 8)고 하고 있다. 자기보다 더 훌륭한 사람들이 있는 환경을 좋은 것으로 생각하고, 그 환경이 사람을 교화한다고 생각한 것이다.

3. 학생 중심의 자율적 발달 교학 방법

〈③ 학×교〉의 교학을 위해 공자가 제시한 지도방법과 기법은 ① 자발적 동기유발, ② 대화와 토론하기, ③ 개성의 존중과 개별화(因材施敎, 隨人異敎) 등이다. 교사는 학생의 학습을 도와주는 조언자이거나 촉진자이다. 교사라고 해서 반드시 교실 수업내의 교사만을 생각해서는 안 된다. 진리의 등불이 되어주고 조언해 주는 사람이라면 시공을 넘어 그가 곧 스승이다. 옛 성현이 스승이고, 길 가는 행인도 교사가 될 수 있다.[57] 자율적 발달 중심〈③ 학×교〉 교학의 방법들을 각각 보자.[58]

가. 자발적 학습동기

교학의 원리에서 자발적 학습동기의 중요성과 관련하여 호학(好學)의 마음과 자세를 보았다. 공자 자신도 '15세가 되어 학문에 뜻을 두었다'(吾十有五而志於學)고 한 것처럼, 아직 인지능력이 발달하지 않은 어린제자들의 경우 본격적으로 세상에 대해 탐구하는 학문의 길에 자발적 학습동기를 부여받기는 어려웠을 것이다. 따라서 앞에서 본 호학의 원리도 대체로 인지능력이 발달된 청년이후를 대상으로 한 것일 가능성이 높다고 하겠다. 여하튼 공자는 인간의 본성을 무한한 계발의 대상으로 긍정하면서 자발적 열의를 강조하였다. 교학이란 교사가 일방적으로 주는 일이 아니고 '안으로부터 이끌어 내는 일'이라 생각했기에, 공자는 "달려들지 않으면 깨우쳐 주지 않았고, 애태워 하지 않으면 말해주지 않되, 한 귀퉁이를 들어주었는데 이것을 가지고 남은 세 귀퉁이를 깨닫지 못하면 다시 되풀이하지 않았다."[59] '달려듬'[憤]과 '애태워함'[悱]은 일종의 자발적 성의로서, 스스로 힘써 쉬지 않고 향상되기를 지향하는 자세라 할 수 있다.

---

57) 子曰: "三人行, 必有我師焉, 擇其善者而從之, 其不善者而改之."(述而: 21); 衛公孫朝問於子貢曰: "仲尼焉學?" 子貢曰: "文, 武之道, 未墜於地, 在人. 賢者識其大者, 不賢者識其小者. 莫不有文, 武之道焉. 夫子焉不學? 而亦何常師之有?"(子張: 22).
58) 강봉수, 『유교도덕교육론』, 앞의 책, 51~53쪽.
59) 子曰: "不憤不啓, 不悱不發. 擧一隅, 不以三隅反, 則不復也."(述而: 8).

나. 대화와 토론하기

『논어』자체가 공자와 제자들 간의 대화록이고 토론을 통한 교학 교재의 표본임은 말할 것도 없다. 플라톤의 대화편에서 보이는 소크라테스의 산파술(産婆術)에 비유되기도 하나, 공자의 토론식 교학은 소크라테스의 그것과 근본적인 차이를 보여주고 있다. 표면적이고 형식적인 차이로, 소크라테스의 산파술에서는 스승이 질문을 하고 제자들이 답변하는 식이라면, 『논어』에서는 제자들의 질문에 스승이 가르쳐 주는 식이다. 그러나 근본적인 차이는, 스승으로서 소크라테스는 아무 것도 모르는 척(?)하면서 서투른 대답을 하는 제자들의 답변에 서슬 퍼런 질문을 계속하여 던지나, 스승으로서의 공자는 모든 것을 안다고 과신하지는 않지만 알고 있는 한도 안에서 제자들의 질문에 애정을 가지고 일깨워 주고 있다는 점이다. 어떤 스승이 또 어떤 접근방법이 더 교육적일까?

수업현장에서 교사와 학생 간에 벌어지는 문답의 유형으로 네 가지를 상정할 수 있다. 첫째, 교사가 묻고 교사가 대답하는 경우, 둘째, 교사가 묻고 학생이 대답하는 경우, 셋째, 학생이 묻고 교사가 대답하는 경우, 넷째, 학생이 묻고 동료학생이 대답하는 경우이다. 이 중 첫째는 수업의 환기를 위해 필요할 수 있으나 교육적으로는 별로 의미 없는 대화이다. 둘째는 소크라테스적 방법이고 셋째는 공자적 방법이다. 이 중 나는 그래도 공자적 방법이 소크라테스적 방법보다 교육적으로 의미가 크다고 여긴다. 아무래도 소크라테스의 대화법의 경우, 교사의 질문에 학생들은 질문의도에 맞춰 대답해버릴 가능성도 많다. 또한 질문자와 응답자의 싸움에서 늘 이기는 쪽은 질문자일 수밖에 없기에, 이 방법은 학생들로 하여금 학습에 대한 자신감을 떨어뜨리고 주눅이 들게 만들 가능성이 크다. 그러나 학생이 먼저 질문을 한다는 것은 자발적 학습동기가 부여되어 있다는 뜻이고, 학생의 질문에 응답하는 교사도 질문의 의도에 부응할 수 있고 학생의 개별성을 존중할 수 있다. 이점에서 공자적 방법이 더 교육적으로 의미가 크다고 여긴다. 그러나 둘째의 소크라테스적 방법이나 셋째의 공자적 방법보다 더 의미가 큰 것은 넷째의 학생이 묻고 동료학생이 대답하는 경우이다. 이것이야 말로 진정한 의미의 토론수업이 될 수 있다.

다. 개성의 존중과 개별화: 인재시교(因材施敎), 수인이교(隨人異敎)

공자는 제자들의 개성과 자질이 모두 다름을 인정하고 그것에 맞는 교육을 하였다. 그는 이를 일러 "사람에 따라 가르침을 달리한다."(隨人異教) 또는 "재질에 따라 가르침을 베푼다."(因材施教)라 했다. 이러한 대표적인 사례가 선진편(先進篇)에 보인다.[60] 자로(子路)가 "옳은 것을 들으면 실행하여야 합니까?"라고 묻자, 공자는 "부형(父兄)이 계신데, 어찌 들으면 실행할 수 있겠는가?"라고 반문하고, 염유(冉有)의 똑같은 질문에 대해서는 "들으면 실행하여야 한다."고 대답하였다. 그러자 이에 대해 공서화(公西華)가 의혹을 제기하자 공자는 "구(求)는 물러남으로 나아가게 한 것이요, 유(由)는 일반인보다 나음으로 물러가게 한 것이다."라고 대답하고 있다.

4. 학생과 교사가 따로 없는 무위적 직관의 교학 방법

〈④ 학×학〉의 교학을 위해 공자가 제시한 지도방법은 ① 불설교회(不屑教誨), ② 직관 등의 자득적(自得的) 방법들이다. 학생 스스로의 자득과 직관과 돈오가 중심이 되는 무위적 교학이기에 여기서는 교사와 학생이 따로 없고 모두가 교사이고 동시에 학생인 도반(道伴)이다.

가. 불설교회(不屑教誨): 달갑게 여기지 않는 가르침

불설교회(不屑教誨)란 "달갑게 여기지 않는 가르침"으로 『맹자(孟子)』에서 빌려온 것이다. 맹자는 "가르치는 데에도 역시 방법이 많다. 내가 탐탁하게 여기지 않아서 가르쳐 주지 않는다면, 그것 역시 가르쳐 주는 것일 따름이다."[61]라 하였다. 요컨대, 불설교회는 '가르침 없이 가르치는 것'이다. 이러한 표현을 쓰진 않았지만, 불설교회의 가르침은 공자가 먼저 사용하였다. 다음의 사례를 보자.

> 유비가 공자를 만나고 싶어 했는데 공자가 병을 핑계로 사양했다. 장명이 문을 나서자 거문고를 들어 노래 부르며 사자가 듣게 하였다.[62]

---

60) 子路問, "聞斯行諸?" 子曰: "有父兄在, 如之何其聞斯行之?" 冉有問, "聞斯行諸?" 子曰: "聞斯行之." 公西華曰: "由也問聞斯行諸, 子曰: '有父兄在', 求也問聞斯行諸, 子曰: '聞斯行之'. 赤也惑, 敢問." 子曰: "求也退, 故進之, 由也兼人, 故退之."(先進: 21).
61) 孟子曰, 教亦多術矣. 予不屑之教誨也者, 是亦教誨之而已矣.『孟子』(告子下: 16)
62) 孺悲欲見孔子, 孔子辭以疾. 將命者出戶, 取瑟而歌, 使之聞之.(陽貨: 20).

불설교회는 '달갑지 않은 가르침' 혹은 '가르침 없이 가르침'이다. 〈② 교×학〉이든 〈③ 학×교〉의 교학은 교사 중심인지 학생 중심인지의 차이만 있을 뿐 분명하게 가르치는 교사와 배우는 학생이 구분된다. 이 경우에 교사는 학생들에게 직접적인 방법이든 간접적이든 진리를 제시할 수밖에 없다. 특히, 그 진리를 제시하는 수단은 말이거나 언어일 수밖에 없다. 교사가 하는 말과 언어가 곧 진리가 된다. 다음의 사례를 보자.

> 공자가 말했다: "해진 솜옷을 입고 여우와 담비가죽으로 만든 옷을 입은 자와 더불어 하면서도 부끄러워하지 않은 자는 자로일진저! 시에 '남을 해치지 아니하고 남의 것을 탐내지도 아니하니 어찌 착하지 아니한가?'라 했다. 자로가 종신토록 그것을 암송하고자 하였다. 공자가 말했다: '이 정도의 도로 어찌 착하다고 하겠는가?'"[63]

자로(子路)는 공자가 한 말(혹은 언표)를 진리로 받아들여 종신토록 받들겠다고 하고 있다. 이처럼, 말과 언어는 선택을 강요하고 긍정과 부정, 옳고 그름, 약과 독을 동시에 열어주지 못한다. 말과 언어에 의한 가르침은 학생들의 자유로운 사고를 오히려 닫아버릴 수 있다. 그래서 공자는 자신의 말을 진리로 긍정하려는 자로에게 "이 정도가 진리라 할 수 있겠는가?"고 반문하고 있다. 아마도 자로는 따끔했을 것이고 충격을 받았을 것이다. 진리가 무엇인지 자신만의 탐구에 전념케 했을 것이다.

이러한 공자의 가르침은 노자가 말하는 '말없는 가르침'(不言之敎)과 크게 다르지 않다. 노자는 "성인은 무위의 일에 처하고, 말없는 가르침을 행한다."[64]고 말한다. 성인은 자기의 마음에 소유욕적인 욕심이 전혀 없기에 세상의 사실을 있는 그대로 여여(如如)하게 비출 수 있다. 그는 말과 언어로 세상을 재단하지 않고 특정의 신념을 진리로 규정하지 않는다. 그러기에 그는 말없는 가르침을 행할 뿐이다. 무엇을 진리로 여길 것인지는 전적으로 학생자신의 각성과 자득에 달렸다. 선불교에서도 이러한 가르침을 말한다. '불설교회'나 '불언지교'는 마치 선승과 학승간의 선문답과도 같고, 수행중인 수도승을 향하여 주창자를 내리치거나 '할'을 외치는 것과도 비슷한 것이 아닌가 한다. 공자는 이것을 교학의 현장에서 적극 활용했던

---

63) 子曰: "衣敝縕袍, 與衣狐貉者立, 而不恥者, 其由也與? '不忮不求, 何用不臧?'" 子路終身誦之. 子曰: "是道也何足以臧?"(子罕: 26).
64) 聖人處無爲之事, 行不言之敎. 『道德經』(제2장).

것으로 볼 수 있다. 전덕으로서의 인을 터득케 하는 교학의 경우가 그렇다.

전덕으로서의 인은 유위와 실용성의 원리도, 의무와 당위성의 원리도, 무위와 자연성의 원리도 아닌 그 모든 것이었다. 공자는 이 중 어느 하나만을 진리로 규정하지 않았고, 시중적(時中的)이고 미제적(未濟的)인 도(道)의 논리에 충실했다. 그랬기에 그는 인(仁)이 무엇인지를 묻는 제자들에게 각기 다른 대답을 할 뿐이었다. 그 대답도 차분히 인의 개념을 일의적으로 규정하는 설명이기보다는 다의적이었고 선문답과도 같은 방식이었다. 그래서 결국 인을 터득하는 것은 학생 개개인의 각성과 자득의 정도에 달린 것이었다.

나. 직관: 관(貫)

〈④ 학×학〉의 교학이라 해서 교사가 없는 것은 아니라고 했다. '불설교회', '불언지교', '선문답'의 예에서 본 바처럼 다른 교학론과는 근본적으로 교사의 역할이 다르다. 여기서의 교사는 반드시 학생보다 잘난 사람도 진리를 선점한 사람도 아니다. 진리 자체가 규정되지 않고 열려있다.

> 공자가 말했다: "내가 지혜로움을 가졌는가? 지혜로움이 없다. 미천한 사람이라도 나에게 질문하면 막연하다. 나는 그 양단을 들어 알려줄 뿐이다."[65]

특정신념을 진리로 규정하지 않기에, 교사가 따로 없고 진리탐구에 나선 사람이라면 모두가 교사이고 동시에 학생이다. 모두가 그야말로 불교에서 말하는 바의 도반(道伴)일 뿐이다. 어쩌면 공자와 제자들의 관계도 도반이었지 사제지간이 아닐지 모른다. 적어도 공자 자신은 그렇게 생각했을 가능성이 높다. 진리와 도는 궁극적으로 학생 자신이 터득하는 것이다. 어쩌면 도를 사득하는 데는 많은 경험이나 학식도 오히려 걸림돌이 될 뿐이다. 그동안의 모든 경험적 지식을 무화(無化)시킴으로써 비로소 진리와 도는 새롭게 용솟음치고 자각되는 것일지 모른다. 다음의 사례를 보자.

> 공자가 말했다: "사야! 너는 내가 많이 배워서 기억하는 자로 생각하는가?"

---

65) 子曰: "吾有知乎哉? 無知也。有鄙夫問於我, 空空如也。我叩其兩端而竭焉。"(子罕: 7).

대답했다: "그렇습니다. 아닙니까?" 말했다: "아니다. 나는 하나로 관통[貫]했다."[66]

공자는 경험적 지성이나 보편적 이성의 계발을 통하여 진리를 습득한 자가 아니라, 오히려 그것들을 무화시킴으로써 세상의 여여(如如)한 진리를 '관통'[貫]하게 되었다고 한다. 이는 마치 좌선(坐禪)을 통하여 진리를 각성하는 선불교의 돈오(頓悟)적 공부방법을 연상시킨다. 그러나 '관'(貫)자의 용례가 이것뿐이라 그것이 돈오적 방법과 얼마나 비슷한지 검증할 수 없어 못내 아쉽다.

V. 결론

이 장은 『논어』에 함의된 공자의 교육사상을 다시 읽어본 것이다. 교학(敎學)이란 '가르침'과 '배움'이다. 교학의 유형에는 '가르침'과 '배움'의 조합에 따라 네 가지가 있을 수 있다. 검증되지 않은 신념을 맹목적으로 가르치기만 하는 인독트리네이션, 교사 중심의 사회화적 교학, 학생 중심의 자율적 발달의 교학, 특별한 스승이나 교사가 따로 없이 학생끼리 혹은 혼자 스스로 배움에 정진하는 자득과 무위적 교학이 그것이다. 이 중 인독트리네이션은 진정한 의미의 교학이라 볼 수 없기에, 교학의 유형은 이를 뺀 세 가지이다. 공자는 이러한 세 가지 의미의 교학을 모두 시도한 교육사상가였다.

'태어나면서부터 모든 것을 아는 사람', 이른바 생지자(生知者)는 실재하지 않는다. 현실의 인간은 학지자(學知者)이거나 곤지자(困知者)이고, 공자의 교학론은 그들을 위한 프로그램이다. 공자는 15세 '배움에 뜻을 두었다'(志于學). 그러나 배움이란 끝이 없다. 평생교육의 필요는 오늘날의 사정만은 아니다. 그러나 인간의 삶에는 생의 마디마다 달성해야할 발달과업이 있고, 배움도 일종의 발달과업이다. 공자 자신부터 그 발달과업을 충실히 수행한 사람이었고, 가르침을 받고자 하는 모든 이에게 배움의 기회를 주고자 하였다(有敎無類).

고금을 떠나 가르침의 목적은 자라나는 세대를 '인간된 삶으로 입문'시키는 동시에 '사

---

66) 子曰: "賜也, 女以予爲多學而識之者與?" 對曰: "然, 非與?" 曰: "非也, 予一以貫之."(衛靈公: 2)

회적 충원'에 있었다. 그리고 배움의 목적은 '자아의 실현'과 '인격의 발달'에 있었다. 교학의 목적으로 예나 지금이나 다름이 없지만, 아무래도 공자시대의 교학은 계급적 이해를 반영할 수밖에 없었다. 지배층을 위한 교학이 도덕적 품성과 지도자적 자질을 함양하는 데 두고 있었다면, 피지배층을 위한 교학은 아무래도 도덕적 품성과 함께 생산기술을 습득하는 것을 목표로 하였다.

교학의 내용을 선정하는 기준은 문(文)과 질(質)의 조화였다. 문은 외면적 문화의 총칭이라면, 질은 내면적 자질이고 성품이고 덕이다. 그래서 공문의 교육과정은 문(文; 詩·書)·행(行; 六藝)·충(忠; 개인윤리)·신(信; 사회윤리)으로 구성되었다. 이러한 학문적 수련과 인격적 수양에 충실한 자를 군자(君子)라 이른다. 군자는 '도덕적 판단능력'(知)·'사랑과 배려의 도덕감'(仁)·'도덕적 실천능력'(勇)이라는 통합적 덕성을 갖추어야 한다. 이러한 군자의 덕성을 갖추려 노력하다 보면 언젠가는 전덕으로서의 인(仁)의 모든 것을 체인(體認)한 성인의 경지에도 도달할 수 있다. 공자는 모든 인(仁)을 터득한 성인보다는 그것을 터득하려고 노력하는 사람으로서의 군자상을 제시하여 제자들의 분발을 촉구하였다.

교학의 원리란 교육의 목표와 내용을 학습현장에서 구현하기 위해 적용되는 이론적·실천적 지표이고 원칙이다. 교학의 원리는 ① 호학(好學; 자발적 학습동기)의 원리, ② 하학이상달(下學而上達)의 원리, ③ 선행후지(先行後知)의 원리, ④ 학사병진(學思竝進)의 원리, ⑤ 개별화의 원리 등이다. 교학의 방법이란, 교학의 원리에 따라 구체적인 교실현장에서 교수-학습을 이끌어 가는 방법(instructional method)이나 기법(instructional technique)을 말한다. 공자는 먼저, 아직 인지능력이 덜 발달된 어린제자들에게는 육예의 과목으로 일상적 삶의 생활양식, 덕목과 규범, 그리고 예절 등을 정의적·행동적 접근을 통하여 교학하고자 하였다. 둘째, 인지능력이 발달함에 따라 공식적 교육과정을 통하여 『시』·『서』·예·악을 교학하였다. 셋째, 궁극적으로는 전덕으로서 인의 원리를 터득하도록 촉구하는 교학을 실행하였다. 공자는 세 가지 교학의 관점을 모두 가졌던 것으로 볼 수 있다. 〈② 교×학〉, 〈③ 학×교〉, 〈④ 학×학〉이 그것이다.

〈② 교×학〉은 사회화 중심의 교학이고 교사 중심의 주입식 수업이다. 어린제자들이나 일반백성을 위한 교학은 이러한 관점에서 이루어졌던 것으로 이해된다. 〈③ 학×교〉는 자율적 발달 중심의 교학이고 학생 중심의 탐구식 수업이다. 인지능력이 발달된 성인학생을 위한 『시』·『서』·예·악의 교학은 이러한 관점에서 이루어졌던 것으로 보인다. 〈④ 학×학〉은 학생 스스로의 자득과 직관과 돈오가 중심이 되는 무위적 교학이다. 전덕으로서 인의 원리를 터득하는 교학은 이러한 관점에서 접근되었던 것이 아닌가 한다. 각각의 관점에 따른 교학의 방법과 교사의 역할도 각각 달랐을 것으로 추론할 수 있다.

먼저, 사회화 중심⟨② 교×학⟩의 교학을 위해 공자가 제시한 지도방법과 기법은 ① 행동실천해보기, ② 모범보이기와 감화설득, ③ 교육적 환경의 조성 등을 들 수 있다. 그리고 교사는 누구보다 먼저 알고 있는 문화와 전통의 대변자이고, 지식의 전달자이자, 권위 있는 모범자이다. 둘째, 자율적 발달중심⟨③ 학×교⟩의 교학을 위해 공자가 제시한 지도방법과 기법은 ① 자발적 동기유발, ② 대화와 토론하기, ③ 개성의 존중과 개별화(因材施教, 隨人異教) 등이다. 교사는 학생의 학습을 도와주는 조언자이거나 촉진자이다. 교사라고 해서 반드시 교실 수업내의 교사만을 생각해서는 안 된다. 진리의 등불이 되어주고 조언해 주는 사람이라면 시공을 넘어 그가 곧 스승이다. 옛 성현이 스승이고, 길 가는 행인도 교사가 될 수 있다. 셋째, 무위적⟨④ 학×학⟩의 교학을 위해 공자가 제시한 지도방법은 ① 불설교회(不屑教誨), ② 직관 등의 자득적(自得的) 방법들이다. 학생 스스로의 자득과 직관과 돈오가 중심이 되는 무위적 교학이기에 여기서는 교사와 학생이 따로 없고 모두가 교사이고 동시에 학생인 도반(道伴)이다.

오늘의 시점에서도 공자의 교학론은 더 깁거나 뺄 것이 없다고 생각한다. 과연 현대의 교육학자 중에 누가 이보다 더 체계적이고 포괄적인 도덕교육론을 전개했던지 나는 모르겠다. 그의 포괄적 도덕교육론은 오늘날 우리교육을 반성적으로 돌아보게 할 뿐이다.

동양도덕
교육론

제2부
동양도덕교육론 패러다임의 형성 : 제자백가사상

제6장 노자의 무위윤리와 자발적 도덕직관론 / 156
제7장 맹자의 당위윤리와 자율적 도덕발달론 / 190
제8장 순자의 유위윤리와 도덕적 사회화론 / 210

제2부
동양도덕교육론 패러다임의 형성
[제자백가사상]

　춘추전국시대는 그야말로 중국사, 동양사 아니 세계사적으로도 악(惡)이 가장 횡행했던 시기라 할 수 있다. 춘추(春秋)시대(BC. 770~BC.403 ; 367년간)가 주나라 왕실이 약화된 틈을 타 세력을 확장한 제후들이 서로 존왕양이(尊王攘夷; 천자국을 보호하고 오랑캐를 무찌름)의 명분아래 천하를 호령하는 시기였다면, 전국(戰國)시대(BC. 403~BC. 221 ; 182년간)는 주왕실의 권위는 땅에 떨어지고 약육강식이 점차 심해져, 유력한 제후국인 7웅(七雄; 진秦·초楚·연燕·제齊·한韓·위魏·조趙)이 서로 왕을 참칭(僭稱)하며 천하를 통일하려고 서로 다투었던 시기였다. 그나마 춘추시대가 공자의 진단으로 '천하에 도가 사라지고'(天下無道) '예악이 무너져버린'(禮壞樂崩) 시대였다면, 전국시대가 되면 '천하무도'적 양상은 더욱 심화된다. 맹자의 진단으로 전국시대는 "요임금과 순임금이 돌아간 후, 성인의 도는 쇠미해지고 포악한 군주가 대를 이어 일어나는 상황"(堯舜旣沒, 聖人之道衰, 暴君代作) 혹은 "윗사람이고 아랫사람이고 이익의 이전투구"(上下交征利)를 벌이는 시대였다.

　전국시대는 농업혁명이 일어난 시기였다. 철제 농기구와 소가 끄는 쟁기가 등장하고, 대규모의 관개(灌漑)와 여러 종류의 치수(治水)사업, 운하의 건설 등이 추진되었다. 대규모의 황무지 개간과 단위면적당 생산력이 급격히 증가하였을 뿐만 아니라, 토지 사유제가 촉진되고 상업의 발달과 화폐가 유통되기 시작했다. 이로 인해 경제적 부에 토대한 신흥귀족계급이 등장하였고 빈부격차가 심화되어 이농민의 발생을 가져오기도 하였다. 이러한 생산양식의 변화와 더불어 사회구성체도 재편성되는 바, 원시 공동체적 '읍제국가'에서 중앙집권적인 '영토국가'가 등장하였다.

전국시대는 이러한 사회경제적 변동과 무관하지 않다. 제후국간의 패권다툼과 맞물려 '전국(戰國)'이라는 미증유의 혼란 상태를 야기하게 되었다. 이 점은 제후국의 숫자 변화로도 알 수 있다. 서주 초기 71개국이었고, 춘추 초기에는 170여 개 국으로 늘었던 제후국이, 전국 초기에 오면 20개 국, 전국 중기 이후에는 7개국(七雄)으로 압축되었다. 이후로는 그야말로 7웅이 천하를 차지하기 위해 먹고 먹히는 난타전이 시작된다. 교전의 횟수와 전술 측면에서도 춘추시대보다 더욱 격화되는 양상을 보인다. 전술 측면에서 전차전(춘추)에서 보병전으로 바뀌고, 군사력은 10배 내지 30배까지 증가하였다. 참전병사의 수와 사상자의 수도 비례하여 늘어날 수밖에 없는데, 예컨대 기원전 293년에 진나라는 한·위 연합군을 대파하여 24만 명을 참수하였고, 기원전 260년에는 진나라가 조나라의 항졸 40만 명을 갱살(坑殺: 땅에 파묻음)하였다고 전한다.

전쟁으로 인한 참상과 사회혼란, 그리고 민중의 고통은 말할 필요가 없다. 전야(田野)와 성(城)은 황폐화되고 피로 물들었으며, 전쟁터와 피정복국의 민중은 학살되거나 노예로 전락했으며, 그나마 살아남은 민중들도 빈번한 징발과 과다한 부세로 파탄지경에 이를 수밖에 없었다. 이러한 정황을 두고 맹자는 "땅을 쟁탈하느라 전쟁을 하여 죽은 백성이 들에 가득하고, 성을 쟁탈하느라 전쟁을 하여 죽은 자가 성에 가득하다."(爭地以戰, 殺人盈野, 爭城以戰, 殺人盈城)고 진단하고 있다. 전쟁, 질병, 죽음, 가난, 고통, 증오, 질투, 중상모략 등이 이 시대를 일컫는 대명사가 아닐까 한다. 악의 시대에는 그것을 아픔으로 느끼고 인식하는 철학자들의 등장을 요구한다. 전국시대에 그 많은 백가(百家)의 철학적 사유가 전개된 것도 이러한 맥락과 무관하지 않았다.

춘추시대에는 관자(管子; ?~BC. 645, 齊), 공자(孔子; BC. 552~BC.479, 魯), 양자(楊子; BC. ?~?, 楚), 묵자(墨子; BC. 501?~BC. 416?, 宋) 등이 각각 출생하여 병든 자기 시대를 고쳐 보려고 사유하고 꿈꾸고 행동하다가 시간의 법칙에 밀려 나갔다면, 전국시대의 대표적인 사상가로는 노자(老子; BC ?~?, 초楚나라 출신),[1] 장자(莊子; BC. 399?~?, 송몽宋

---

[1] 노자는 언제 태어나 죽었고, 대체 그는 누구인가? 그가 실제 『도덕경』을 쓴 것은 맞는가? 아직까지 이에 대한 정설은 없는 것 같다. 일반적으로 노자의 생존시기와 『도덕경』이 쓰여진 시기를 전국시대(戰國時代,

蒙나라 출신), 맹자(孟子; BC. 372?~BC. 289?, 추鄒나라 출신), 순자(荀子; BC. 298?~BC. 235?, 조趙나라 출신) 등이 활약하였고, 이외에 법가(法家), 명가(名家) 등 제자백가의 사상들이 출현하여 전국시대의 무도(無道)함을 광정하고자 하였다.

그러나 미증유의 악의 시대인 전국시대에 신임을 받는 이들은 실용적 기술정치와 패도적(覇道的) 법술과 병법을 소중히 여기는 사상가와 정치가들이었다. 당시의 제후와 위정자들에게 초미의 관심사는 천하를 쟁취하고 나라와 집안을 다스리고 살찌우는데 있었기 때문이다. 유가류(儒家類)의 사상가로 순자(荀子)를 들 수 있고, 법가류의 사상가로 상앙(商鞅)과 한비자(韓非子) 등을 들 수 있다. 특히, 전국시대에 위문후(魏文候)의 이리(李悝), 진효공(秦孝公)의 상앙(商鞅), 한소후(韓昭候)의 신불해(申不害), 초도왕(楚悼王)의 오기(吳起) 등은 대표적인 패도의 기술정치로 부국강병을 추구하고 실현하였던 자들이라 하겠다. 그러나 우리가 알 듯이, 공자에서 증자와 자사를 거쳐 맹자로 이어지는 공맹유학은 이러한 실용적 유위(有爲)윤리와 패도정치에 맞서 인의(仁義)의 당위(當爲)윤리와 왕도(王道)정치를 부르짖었고, 이의 실현을 위해 천하의 제후들을 설득하기 위해 동분서주하였다. 물론 공맹의 주장은 제후나 위정자들에게 별로 받아들여지지 못했음은 말할 것도 없다.

한편, 이 당시에 패도의 기술정치도 왕도의 도덕정치도 모두 무의미하다고 여겼던 사상가들이 있었다. 그들은 어느 것으로도 '악'을 생산하는 사회구조를 개선할 수 있다고 여기지 않았다. 나아가 사회구조를 개선한다고 '악'이 근절되는 것으로 여기지도 않았다. 오로지 인간들이 자기중심적인 지능의 분별심과 욕망을 내려놓고 무위자연(無爲自然)한 삶으로 돌아갈 때만이 그것이 가능하다고 보았다. 그래서 그들은 적극적 참여보다는 비참여의 길을 선택할 것을 종용하였고, 무위의 정치를 부르짖었다. 춘추시대의 양자(揚子)를 이어 노자(老子)와 장자(莊子) 등이 대표적이다.

BC. 403~221; 182년간) 중기로 보는 것이 통설이다. 그러나 이것은 정설이 아니라 통설일 뿐이기에 이에 대한 견해가 아직도 분분하다. "공자가 노자를 찾아 예를 물었다"는 사마천(司馬遷, BC 145~BC. 86)의 『史記』 속의 「공자세가」와 「노자열전」 등을 들어 노자가 공자보다 선배이거나 동시대의 인물이라는 관점이 기존의 정설이었다. 그러나 청대 고증학을 거치면서 이러한 정설은 무너졌다. 노자가 실존인물이 아닐 가능성도 있으며, 설령 그가 실존인물이고 『도덕경』을 썼다하더라도, 공자와 『논어』 보다 앞설 수 없다는 것이다. 이를테면, 풍우란(馮友蘭)은 고증학적 연구결과 외에도 문채와 논리학상의 "선결문제"를 들면서 노자의 『도덕경』은 『논어』와 『맹자』 보다 후대여야 하고, 따라서 그것은 전국시대의 작품으로 봐야한다고 주장했다. 나는 최근의 통설에 따라 노자를 공자보다 뒤인 전국시대 인물로 가정한다. 보다 자세한 논의는 강봉수, 『노자에게 길을 묻다! - 무위적 세상보기의 道』(제주: 누리, 2014), 12~20쪽 참조.

제1부에서, 공자철학의 본질은 그 중 어느 하나를 진리로 단정하지 않는 '시중적'(時中的)이고 '미제적'(未濟的)인 세상보기의 도(道)를 추구하였음을 보았다. 그랬기에 공자는 도덕교육론과 관련해서도 포괄적인 관점을 제시할 수 있었다. 그러나 공자의 이러한 관점은 이후의 사상가들에게 철학적 사유의 다양한 질료를 제공해주기는 하지만, 정합성을 갖춘 하나의 철학적 사유체계라는 관점에서 본다면 논리적 모순을 안고 있다. 공자의 미제적 세상보기는 그의 사유체계 내에서부터 서로 다른 세계와 인간과 교육을 바라보는 철학적 가정과 전제를 가정하고 있었다. 전혀 다른 가정과 전제들을 포괄할 수 있는 보다 높은 차원의 논리적 가정 내지 추상적 원리가 제시되지 못하는 한 공자철학은 하나의 정합된 철학적 사유체계라고 보기 어렵다.

　사정이 이러하기에, 공자철학은 도통(道統)의 분화를 예고하고 있었다. 양자(楊子)-노자(老子)-장자(莊子) 등으로 이어지는 무위철학적 사유의 패러다임이 있었는가 하면, 증자(曾子)-자사(子思)-맹자(孟子) 등으로 이어지는 당위철학적 사유의 패러다임과, 자하(子夏)-묵자(墨子)-순자(荀子)-한비자(韓非子) 등으로 이어지는 유위철학적 사유의 패러다임도 있었다. 어느 패러다임에도 배속시킬 수 없는 사상가들도 물론 있다. 그러나 여기서 제자백가의 사상을 모두 돌아보기는 어렵다. 우리는 제2부에서 동양도덕교육론 패러다임의 전형을 보여준다고 판단되는 대표적인 철학자들의 사상을 선택적으로 고찰하고자 한다. 노자의 무위윤리와 자발적 도덕직관론(6장), 맹자의 당위윤리와 자율적 도덕발달론(7장), 그리고 순자의 유위윤리와 타율적 도덕사회화론(8장)이 그것이다. 말하자면, 우리는 이 세 사상가에 의해서 동양도덕교육론의 패러다임이 전형적으로 형성되었다고 가정한다.

제6장
노자의 무위윤리와 자발적 도덕직관론

I. 서론

'타잔'[1]과 '로빈슨 크루소'[2]의 차이가 무엇인가? 우리가 아는 한, '타잔'은 교육이라는

---

1) 타잔[Tarzan] : 미국 작가 E.R. 버로스가 모험소설 〈타잔 시리즈〉에서 창조한 주인공. 1914년 제1작 《원인(猿人) 타잔》으로 시작해 모두 26권이다. 영국 귀족 그레이스토크경(卿) 부부는 임지인 아프리카로 가던 중 배가 난파되어 아프리카 서해안에 표착해 사내아이를 낳고 부부가 함께 숨진다. 이 아이는 암원숭이 카라에 의해 길러져 정글의 왕자가 되며 문명국 탐험대와 접촉해 교육을 받고 자기 출신을 알게 된다. 그는 일단 영국 귀족생활을 시작하여 미국 아가씨 제인과 결혼하지만 문명의 허식이 싫어 아프리카로 돌아와 밀림생활을 계속한다. 타잔이 활동하는 아프리카는 토착 야만족 외에 아틀란티스대륙에서 유래하는 잊혀진 종족과 문명도시가 점재(點在)하는 환상적 대륙으로, 그의 발자취는 유럽에서 땅속 세계인 페르시더까지 넓혀져 간다. 작품은 각각 내용은 다르지만 중복되는 점이 많고 환상적 색채가 강하며 비교적 충실한 편이다. 한편 타잔이라는 이름은 1930년대에 할리우드에서 영화화됨으로써 세계적으로 유명해졌다. 타잔역의 J. 와이즈뮬러가 《원인 타잔(1932)》 등 12작품에서 주연을 맡았는데, 모두 밀림의 왕자 타잔과 그 가족의 모험활극으로, 원작의 자취는 없다. 83년 영국 영화감독 H. 허드슨에 의해 원작 제1작에 충실한 영화 《그레이스토크-타잔의 전설》이 만들어졌다.(출처: Daum 백과사전)

2) 로빈슨 크루소[The Life and Strange Surprising Adventures of Robinson Crusoe] : 영국 소설가 D. 디포의 장편소설. 원제는 《로빈슨 크루소의 생애와 신비롭고 놀라운 모험》이며 1719년 간행되었고, 그 해에 속편이 출간되었다. 요크 출생의 크루소는 부모의 충고를 듣지 않고 항해모험에 나선다. 출항 이후 태풍이 앞길을 예고하는 듯이 그를 덮쳤는데도 두려움 없이 항해했으나 결국 배는 난파되었다. 그리하여 28년에 걸친 무인도생활을 하게 된다. 사람이 접근하지 않는 섬에서 남겨진 몇 개의 도구를 이용하여 살기 편하도록 자연을 개조하고, 집을 만들고, 곡물을 재배하며 꿋꿋하게 살아간다는 이야기가 중심으로 되어 있다. 그때까지의 낭만적인 소설과 다르게 쉬운 문장을 구사하여 사실적으로 그린 것에 특색이 있으며, 고난에 지배당하지 않고 착실히 생활을 해간다는 당시 영국시민의 생활태도가 잘 나타나 있는 영국소설 성립기의 중요한 작품이다. 그리스도교 우화(寓話)로서의 특색도 있다. (출처: Daum 백과사전)

문화(문명)를 거치지 않은 자연인이다. 그는 자연에서 자연과 함께 자연인으로 살아간다. 그러나 '로빈슨 크루소'는 다르다. 이미 그는 교육받은 문화인이다. 비록 그가 사람이 없는 외딴 섬에 갇혀 살아가지만 문화인으로서의 삶을 포기하지 않았다. '로빈슨 크루소'처럼 의도하지 않게 외딴 섬에 표류하든 의도적으로 속세를 등져 수도원으로 숨든, 인간의 세계를 거친 사람들은 이미 문화적 인간이다. 이들도 이러할 진대, 일반적인 인간들은 그들의 세계에서 타인들과 더불어 일상적인 삶을 살아간다. '타잔'이 아닌 한 우리는 처음부터 인간세계에 내던져진 존재이다. 그리고 인간의 세계로 진입케 해주는 통로가 바로 교육이라는 것이다. 이처럼 인간은 처음부터 교육적 존재이기에 동서고금을 막론하고 교육 현상이나 행위가 없었던 적이 없다.

또한, 인류의 위대한 지성들은 예외 없이 교육의 중요성을 주장해왔다. 이 점에서 노자도 예외가 아니다. 그가 『도덕경道德經』을 집필했다는 것 자체가 교육적 의도가 아니고 무엇이겠는가? 그런데 노자의 교육론을 생각하면 아연하다. 상식적인 수준에서, 교육이란 문명을 축적하고 전승하는 대표적인 기제인데, 그는 단적으로 인간들에게 문명의 껍질을 벗어 던지라고 말하고 있기 때문이다. 그 자신도 이미 인간세계에 내던져진 채로 살아온 문화적 인간이라는 점에서 더욱 그렇다. 이미 문화적 문명인인 그가 남을 향하여 문명의 탈을 버리도록 교육하려는 처사는 자기모순이 아닌가? 대체 문명의 탈을 벗고 자연으로 돌아가는 인간을 키워내는 교육이 가능이나 한 것인가? 이러한 의문들 때문에 노자는 반문명론자일 뿐만 아니라 반교육론자로 오해되기도 하였다. 그저 자연의 모습에 따라 무위자연하면 그만이지 특별한 교육적 처방이 필요 없다는 것이다. 그가 이른바 '말없는 가르침'(不言之敎)을 주장한 점에서 혐의는 더욱 짙어진다.

노자의 교육에 대한 관점을 어떻게 이해해야 할까? 결론부터 말하면, 그는 반문명론자도 반교육론자도 아니라는 점이다. 그는 반문명론자가 아니라 다른 형태의 문명을 제시하였고, 반교육론자가 아니라 다른 형태의 교육을 주장한다고 보아야 한다. 이러한 점을 입증하기 위하여 나는 『도덕경』을 노자가 후학들에게 다른 형태의 문명을 알려주기 위해 저술한 하나의 교재로 보고자 한다. 이른바 '교재'란 특정한 교수-학습의 목표를 달성하기 위해 일정한 학습내용을 의도적·체계적으로 조직·구성한 교수-학습 자료라 할 수 있다. 따라서 여기에는 가르치고자 하는 교육목표와 내용이 명시적으로 제시되어 있을 뿐만 아니라, 그 교육목표를 달성하기 위하여 교육내용을 어떻게 가르칠 것인가 하는 교육방법론도 함축되어 있다고 볼 수 있다. 말하자면, 하나의 교재로서 『도덕경』에는 교육목표, 교육내용, 교육방법 등의 교육과정적 체계를 갖춘 대안적 교육이론과 사상이 함의되어 있다고 여긴다.

노자는 반문명론자이고 반교육론자가 아니라 대안적 교육사상 혹은 도덕교육론을 제시한 사상가라는 관점에서 접근한 기존연구들이 없었던 것은 아니다. 이를 테면, 노자의 덕교육론을 치열한 이성의 계발 문제로 해석한 연구,3) 그 반대로 도덕적 민감성이나 열정, 의지 등의 마음공부로 해석한 연구4)도 있다. 또한 노자의 교육사상은 존재비약을 위한 초월적 수양공부론으로 읽은 연구5) 등도 있다. 이러한 유형의 연구 중에 서명석과 박병기의 연구가 좀 더 필자의 관점에 가까이 있지만, 이들은 교육과정적 측면에서 체계적으로 다룬 글들이 아니다. 따라서 이 장에서 나는 『도덕경』을 하나의 교재로 삼아 여기에 함의된 교육사상을 체계적으로 다시 읽어내고자 한다.

II. 말없는 가르침

노자의 교육론을 단적으로 보여주는 언표가 '말없는 가르침'(不言之敎)인 것 같다. 따라서 이 언표가 어떠한 맥락에서 주장되는지부터 보기로 하자. 『도덕경』에서 직접적으로 언표되는 경우는 두 번(2장, 43장)이다.

천하(사람들이)가 모두 아름다움을 아름다움이 되는 것으로만 안다면 이것은 추함일 뿐이고, 선(善)을 착함이 되는 것으로만 안다면 이것은 불선(不善)일 뿐이다. 그러므로 유와 무가 서로 공생(더불어 삶)하고, 어려움과 쉬움이 서로 이루고, 깊과 짧음이 서로 형성하고, 높음과 낮음이 서로 기울고, 음과 소리가 서로 조화하고, 앞과 뒤가 서로 수반한다. 이로써 성인은 무위(無爲)의 일에 거처하고 '말없는 가르침'(不言之敎)을 행한다. 만물은 자라나면서도 다투지 않고, 공생하면서도 소유하지 않고, 일을 하면서도 의지하려 않고, 공을 이루

---
3) 김태훈, "『노자』의 덕(德그)에 관한 도덕교육적 고찰", 『도덕윤리과교육』 제24호(한국도덕윤리과교육학회. 2007. 7).
4) 박병기, 『동양 도덕교육론의 현대적 해석』(서울: 인간사랑. 2009), 267~290쪽.
5) 서명석, 『가르침과 배움 사이로』(경기: 책인숲, 2012), 267~336쪽.

어도 머물지 않는다. 대저 오직 머물지 않기에, 이로써 떠나가지도 않는다.[6]

〈아름다움/추함〉, 〈선함/불선함〉, 〈유/무〉, 〈어려움/쉬움〉, 〈긺/짧음〉, 〈높음/낮음〉, 〈음/소리〉, 〈앞/뒤〉 등은 단가적 택일이 아니라 서로 상관적 대대(待對)와 차연(差延)을 이룬다.[7] 말하자면, 이 세계는 반대되는 한 쌍의 범주들이 그 반대편을 자신의 존재 근거로 하면서 얽혀있다. 그것이 만물의 존재방식이고 세계의 운행 원칙이다. 그런데 인간들은 이러한 세계의 여여(如如)한 사실을 모르고 어느 하나를 택일하여 규정짓기를 즐겨한다. 단가적 택일의 관점이 유위(有爲)의 일이라면, 상관적 차연의 관점은 무위(無爲)의 일이다. 성인은 유위가 아니라 무위의 일에 거처하고, 이러한 무위의 세계를 불언(不言)으로 가르친다. 노자도 이를 본받고자 한다.

천하의 지극한 부드러움이 천하의 지극한 견고함을 제멋대로 다루고, 무(無)는 틈새가 없는 곳에도 들어간다. 나는 이로써 무위가 유익함을 안다. 말없는 가르침과 무위의 유익함을 천하(의 사람들은)는 거의 미치지 못한다.[8]

왜 성인과 노자가 무위의 세계를 불언(不言)으로 가르치고자 하는가? 왜 말없는 가르침이 더 유익하다고 여기는가? 말없음의 침묵으로 하는 가르침이 대체 가능이나 한 것인가? 저러한 무위의 세계와 만물의 존재방식을 가르치기 위해서라도 언어교수가 필요한 것이 아니겠는가? '말없는 가르침'(不言之敎)이란 아무 말도 하지 않으면서 하는 침묵 형태의 가르침을 말하는 것이 아닐 것이다. 문제는 말과 언어에 있다. 노자가 보기에 말이나 언어란 어떤 존재나 가치를 일정한 의미로 규정하는 단가적 택일의 수단일 수밖에 없다는 것이다. 그는 『도덕경』을 시작하는 1장에서부터 이 점을 제일먼저 주장하였다.

도를 도라 말할 수 있으면 상도(常道: 항상된 불변의 도)가 아니고, 이름을 이름이라 명

---

6) 天下皆知美之爲美, 斯惡已, 皆知善之爲善, 斯不善已, 故有無相生, 難易相成, 長短相形, 高下相傾, 音聲相和, 前後相隨, 是以聖人處無爲之事, 行**不言之敎**, 萬物作焉而不辭, 生而不有, 爲而不恃, 功成而弗居, 夫唯弗居, 是以不去. (2장).
7) 강봉수, 『노자에게 길을 묻다!-무위적 세상보기의 道』, 앞의 책, 63~84쪽 참조.
8) 天下之至柔, 馳騁天下之至堅, 無有入無間, 吾是以知無爲之有益, **不言之敎**, 無爲之益, 天下希及之. (43장).

칭할 수 있으면 상명(常名: 항상된 불변의 이름)이 아니다. 무명(無名: 무라는 명칭, 이름없음)은 세계의 시작이고, 유명(有名: 유라는 명칭, 이름있음)은 만물의 어머니이다. 그러므로 항상 무욕(無欲: 욕심없음)으로써 그 묘합(無라는 이름, 이름없음, 만물의 같음)을 보고, 항상 유욕(有欲: 욕심있음)으로써 그 틈새(有라는 이름, 이름있음, 만물의 다름)를 본다. 이 둘(無와 有)은 동시에 나왔지만 이름을 달리한다. 동시에 말하면 현(玄)이라 한다. 현묘하고 현묘함이여, 그것은 온갖 묘리(妙理)가 출현하는 문(門)이다.[9]

말해진 도는 불변의 도가 아니고, 명칭이 부여된 이름은 불변의 이름이 아니다. 우리는 흔히 빙우라는 이름이 빙우의 본질을 드러내는 것처럼 빙우를 규정하기를 즐겨한다. 특정한 존재나 가치의 본질을 드러내어 그것의 개념을 정의하거나 이론화하면서 진리로 등록시키고자 한다. 반면에 정의된 개념이나 이론적 틀로 포착되지 않는 존재나 가치의 사실을 비본질적 요소로 취급하고 비진리의 영역으로 신비화한다. 노자가 주장하는 '말해진 도'와 '명칭이 부여된 이름'은 바로 정의된 개념이나 이론과 다르지 않다. 개념이나 이론은 세상을 포착해내는 하나의 있을 법한 안경이고 도식(schema)일 뿐이다. 특정색의 안경과 도식을 가지고 읽어낸 세계의 본질을 진리라고 주장하면 안 된다. 모든 관점이 일리(一理)일 뿐이다. 일리들을 모두 합한다 해도 진리인 것은 아니다. 오늘날 과학자들은 하나의 이론 속에 모든 이론들을 포함하는 만물이론(M-theory)의 가능성을 말하지만,[10] 언제나 진리는 비진리와 공

---

9) 道可道非常道, 名可名非常名. 無名天地之始, 有名萬物之母. 故常無欲以觀其妙, 常有欲以觀其徼, 此兩者, 同出而異名, 同謂之玄, 玄之又玄, 衆妙之門.(1장).

10) 과학자들이 세계의 실재를 탐구하는 방법은 직접 관찰을 통해 그것을 발견할 수 있다는 소박한 실재론이 아니다. 스티븐 호킹 등은 '모형의존적 실재론'(model-dependent realism)을 주장한다. 모형은 일종의 개념들의 구성물이고 안경이고 도식과 다르지 않다. 특정 모형이 사건들을 성공적으로 설명할 경우, 그 모형과 그것을 구성하는 요소들과 개념들에 실재성 혹은 절대적 진리성을 부여하게 된다. 똑같은 물리적 상황을 서로 다른 근본 요소들과 개념들을 써서 모형화할 수 있는 다양한 방식들이 있다. 이를테면, 우주를 설명하는 모형들로 천동설을 주장하는 프톨레마이오스모형이 있고, 지동설을 주장하는 코페르니쿠스모형이 있다. 우주의 탄생과 관련해서는 창조모형도 있고, 빅뱅이론모형도 있다. 물리현상을 설명하는 모형으로 뉴턴모형, 양자물리학모형 등이 있다. 이처럼 과학자들은 특정모형에 기초해서 세계와 현상의 법칙을 발견할 뿐이다. 과학의 역사에서 학자들은 계속해서 더 나은 이론 혹은 모형을 발견해왔다. 점점 더 나은 이론과 모형들을 거치다보면 언젠가는 종착점에 도달할 수 있을까? 이와 관련하여 과학자들은 모형중의 모형인 "M-이론"을 주장한다. 그것은 다양한 이론들의 집합 전체를 일컫는 만물의 이론이 될 수 있는 후보라는 게 호킹의 주장이다. 스티븐 호킹·레오나르드 플로디노프(전대호 옮김), 『위대한 설계』(서울; 까치, 2010), 12~13쪽; 228쪽 등 참조.

존하고 도는 그러한 진리의 규정너머에 존재한다. 〈말할 수 있는 도/말할 수 없는 도〉, 〈이름 있음/이름없음〉, 〈유욕/무욕〉, 〈묘합/틈새〉가 하나의 문에서 나왔지만 이름을 달리한다는 노자의 언명은 바로 이러한 뜻을 함의한다. 이것이 세계의 사실이다.

노자에게 말이나 언어는 특정한 안경으로 세상을 보는 개념이나 이론을 은유한다. 개념이나 이론은 단가적 택일의 논리로 세상을 해석할 뿐, 세계의 여여한 사실을 있는 그대로 읽어내지 못한다. 따라서 단가적 택일의 논리가 하나의 일리일 수는 있지만, 그것은 진리도 도도 아니다. 도를 아는 성인은 이러한 언어로 규정되는 단가적 택일의 논리를 거부한다. "도를 아는 자는 말하지 않고, 말하는 자는 알지 못한다(知者不言, 言者不知; 56장)." 또한 "말을 많이 하면 더욱 궁색해질 뿐이다(多言數窮; 5장)." 그래서 노자도 성인의 '말없는 가르침'을 본받고자 하는 것이다. 그러나 거듭 말하지만, 말없는 가르침이란 언어로 규정되는 단가적 택일의 논리를 거부하는 것이지 침묵으로 가르친다는 것이 아니다. 아래의 인용에서도 이를 알 수 있다.

> 신뢰의 말은 아름답지 않고, 아름다운 말은 신뢰가 없다. 좋은 말은 변명하지 않고, 변명하는 말은 좋지 않다. 지자(知者)는 박학(博學)하지 않고, 박학한 자는 알지 못한다. 성인은 무엇을 쌓아놓지 않는다. 이미 남을 위하니 자기는 더욱 드러나고, 이미 남에게 주니 자기는 더욱 많아진다. 하늘의 도는 이로움을 주지 손해를 끼치지 않는다. 성인의 도도 남을 위해 일하지 다투지 않는다.[11]

신뢰의 언어와 아름다운 언어, 좋은 말과 변명의 말은 어떤 차이가 있을까? 아름다운 언어와 변명하는 말은 저 단가적 택일의 논리이다. 세상을 보는 특정한 이론이 대중들에게 그럴듯하게 보이려면 온갖 논거로 변명하면서 합리화해야 하고 아름답게 꾸며야 한다. 아름다운 언어와 변명의 말로 나의 주장이 진리인 것처럼 보여야만 설득력이 있게 마련이다. 그러나 신뢰의 언어와 좋은 말은 자기변명과 꾸밈이 필요 없다. 사실을 있는 그대로 표현하면 그만이기 때문이다. 자연의 소리가 그러한 것처럼 말이다.

---

11) 信言不美, 美言不信, 善言不辯, 辯言不善, 知者不博, 博者不知, 聖人不積, 既以爲人, 己愈有, 既以與人, 己愈多, 天之道, 利而不害, 聖人之道, 爲而不爭.(81장).

들으려 해도 들리지 않는 말(희언希言)은 자연의 소리이다. 그러므로 회오리바람도 아침 나절 내내 불지 않고, 깜짝 내리는 소나기도 하루 종일 내리지 않는다. 누가 이렇게 하는가? 천지이다. 천지도 오히려 오래가지 않는데, 하물며 사람에 있어서랴? 그러므로 도에 종사하는 자는 도에서는 도와 같이 하고, 덕에서는 덕과 같이 하고, 잃음에서는 잃음과 같이 한다. 도와 같이하는 자에 대해서는 도가 또한 즐거이 그를 얻으려 하고, 덕과 같이하는 자에 대해서는 덕이 또한 즐거이 그를 얻으려 하고, 잃음과 같이하는 자에 대해서는 잃음이 또한 즐거이 그를 얻으려 한다. 신뢰가 부족하면 믿음이 생겨나지 않는다.[12]

희언(希言)은 들으려 해도 들리지 않는 말인 바(聽之不聞, 名曰希; 14장), 자연의 소리가 그것이다. 자연의 말은 우리가 감각적으로 들을 수 없는 침묵의 말이고, 자기변명이나 꾸밈이 없는 무위의 말이다. 무위의 말은 세상을 단가적으로 재단하지 않는다. 세상은 처음부터 단가적으로 택일할 수 없는 상관적 대대와 차연의 세계이다. 유와 무가 공존한다. 회오리바람과 소나기는 유(有)의 소리이다. 그러나 그것은 처음부터 무의 침묵을 전제로 생겨난 것일 뿐이며 또한 오래가지 않는다. 곧 무의 침묵으로 사라진다. 무의 침묵과 유의 소리가 공존한다. 무의 침묵이 말할 수 없는 상도(常道)라면, 유의 소리는 말할 수 있는 비상도(非常道)이다. 자연의 말은 〈말할 수 있는 도/말할 수 없는 도〉, 〈침묵/소리〉를 모두 허용하는 무심의 말이다. 단가적 택일의 논리와 자기를 고집하지 않기에, 자연의 말은 도와도 동거하고 덕과도 동거하고 도와 덕을 잃은 실(失)과도 동거한다. 그래서 단가적 택일의 논리만을 강요하는 변명과 꾸밈의 말은 믿음이 생겨나지 않지만, 자연의 말은 신뢰롭다. 노자가 『도덕경』을 통하여 '말없는 가르침'을 행하고자 했던 교육적 의도가 여기에 있다.

---

12) 希言自然, 故飄風不終朝, 驟雨不終日, 孰爲此者, 天地, 天地尙不能久, 而況於人乎, 故從事於道者, 道者同於道, 德者同於德, 失者同於失, 同於道者, 道亦樂得之, 同於德者, 德亦樂得之, 同於失者, 失亦樂得之, 信不足, 有不信.(23장).

Ⅲ. 지식을 쌓는 교육과 욕망을 비우는 교육

이제 교육은 두 가지로 대별할 수 있다. 〈말있는 가르침; 언지교言之敎〉와 〈말없는 가르침; 불언지교不言之敎〉가 그것이다. 전자의 교육이 단가적 택일의 논리와 진리를 가르치려는 교육이라면, 후자의 교육은 상관적 대대와 차연의 도를 가르치려는 교육이다. 전자의 교육이 존재의 의미와 가치의 본질을 끊임없이 드러내고 새롭게 규정하며 축적해 가는 교육이라면, 후자의 교육은 오히려 존재의 의미와 가치의 본질을 상대화시키고 무화(無化)시키는 교육이다. 전자가 지식을 쌓고 관념을 축적하는 교육의 길이라면, 후자는 욕망을 덜어내고 도를 터득하는 교육이다. 노자가 그렇게 말하고 있다.

> 학문을 배우면 날로 늘어가지만, 도를 닦으면 날로 줄어든다. 줄고 또 줄어서 무위에 이른다. 무위하지만 하지 않음도 없다. 천하를 취하려면 항상 일없음을 해야 한다. 그 일 있음에 미치면 족히 천하를 취할 수가 없다.[13]

〈말있는 가르침〉은 '학(學)'을 위하는 것이다. 학이 무엇인가? 모방하여 따르는 것이다 (學, 效也). 그러니까 〈말있는 가르침〉은 성현들이 탐구하여 밝혀온 바의 존재와 가치의 본질, 문화적 전통과 관습, 삶의 제반 원리 등의 학문적 결실들을 모방하여 따르도록 가르치는 교육인 셈이다. 이러한 교육은 지식을 쌓아가고 관념을 축적해 가는 교육일 수밖에 없다. 노자가 볼 때, 이러한 교육의 전형이 공자가 실행한 교육이었다.

공자는 누구보다 스스로 배우기를 좋아했고 가르치기를 게을리 하지 않았다. 그가 배우고 가르쳤던 바가 무엇인가?[14] 문·행·충·신(文行忠信)이었다.[15] 문(文)은 문자화된 교과로써 『시詩』『서書』를 의미하고, 행(行)은 행동실천의 교과로써 육예(六藝: 예·악·사·어·서·수 禮樂射御書數)이다. 충(忠)은 개인윤리적 덕목의 총칭을 의미하고, 신(信)은 사회윤리적 덕목의 총칭이다. 특히, 공자는 학(學)과 함께 습(習)을 강조하였다(學而時習之). 습은 새가 날개

---
13) 爲學日益, 爲道日損, 損之又損, 以至於無爲, 無爲而無不爲, 取天下, 常以無事, 及其有事, 不足以取天下.(48장).
14) 공자의 교육론에 대한 자세한 고찰은 졸고, 『주제별 키워드로 읽는 논어와 세상보기의 도』(서울: 원미사, 2012), 365~405(제11장 교학론); 이 책의 5장 참조.
15) "子以四敎: 文, 行, 忠, 信." 『論語』〈述而: 24〉.

를 자주 움직여 속의 흰털이 보이는 모습을 형상화한 글자로서, 같은 행동을 반복하는 것이다. 그는 '인간의 타고난 본성은 비슷하나 습관으로 멀어진다(性相近, 習相遠)'는 인성론의 관점을 가지고 있었기에, 저러한 교과의 배움과 동시에 반복학습으로 체화되는 습관을 강조했던 것이다.

노자는 이러한 공자의 교육에 동의하지 않는다. 단적으로 교과가 무엇인가? 그것은 교수-학습의 장에서 이루어지는 일체의 문화유산(체계적 지식)의 분과를 의미한다. 그것은 세상을 단가적 택일의 논리로 접근하는 제반 학문의 분과와 다르지 않다. 모든 분과학문은 자기만의 중심 개념과 독특한 논리구조와 접근방식을 가지고 있다. 그래서 그들은 자기만의 개념과 논리와 접근방식을 가지고 세상을 탐구한다. 문학적 접근과 정치학적 접근을 통하여 드러낸 존재의 의미와 가치의 본질은 다를 수밖에 없다. 더 좁게는 뉴턴물리학과 양자물리학이 보는 세계도 다르다. 공자학단의 교과인 『시(詩)』, 『서(書)』와 예악(禮樂)도 세상과 인간 삶의 본질을 보는 서로 다른 접근방식이다. 공자는 교육의 궁극적 목적으로 인간을 인간답게 하는 본질인 인(仁)을 터득한 사람에 두고 있었지만, 저 교과들을 배우고 익히면 인자가 되는 것인지 모르겠다. 물론 공자는 학(學)의 배움과 더불어 사(思)의 생각을 강조하였다(學思竝進). 선현의 가르침을 맹목적으로 모방하여 따르는 학습만이 아니라 반성적 성찰을 통하여 자기만의 생각을 갖도록 독려하였다. 그럼에도 불구하고 공자의 교육은 근본적으로 다양한 지식 쌓기와 관념의 축적에서 벗어나지 못한다.

노자의 관점에서 볼 때 공자의 교육론만 탓할 일이 아니다. 동서고금을 막론하고 그동안 인류가 펼쳐온 대체적인 교육행위가 저런 것이 아니었을까? 특히, 학문이 다양하게 분화된 근대이후의 교육은 그야말로 지식 쌓기와 관념의 축적을 위한 것에 지나지 않는다. 다양한 학문분과가 밝혀낸 단가적인 택일의 논리들을 합산할 때 세상의 본질에 다가서는 진리가 성립되는가? 저 스티븐 호킹이 말하는 M이론은 진리일까? 그것 또한 하나의 '말해진 비상도(非常道)'에 불과할 것이다. 라즈니쉬가 언어교수의 문제를 지적한 것도 이러한 '말있음의 가르침'의 폐해에 동의한 것이라 여긴다. 그의 주장을 보자. "많은 사람들이 언어 교수와 같은 삶을 살고 있다. 언어 교수는 삶의 가장 거짓된 형태이다. 진실에는 언어가 필요 없다. 비언어적 차원에서만 진실을 만날 수 있다. 언어가 방해하지 않는 곳에 존재하는 것, 교육에 의해 습득된 개념이 너와 진실 사이에 개입하지 않는 곳에 존재하는 것," 바로 여기에 깨달음의 도가 있다.[16]

---

16) 라즈니쉬(변지현 옮김), 『죽음의 예술』(서울: 청하, 1983), 31~32쪽.

노자가 단가적인 택일의 학문과 교육적 접근을 두고 더욱 우려한 점은 세상을 향한 인간들의 지배욕과 소유욕에 있었다. 여기에는 자연에 대한 인간의 지배와 소유뿐만 아니라, 인간세계 내의 희소가치 혹은 본질적 가치를 두고 그들 간에 벌이는 경쟁도 포함된다. 인간들이 학문을 하는 이유는 세계를 장악하고자 하는 지배욕에 다름 아니다. 특히, 연구주체와 연구대상을 분리시키는 대상학(對象學)으로서의 과학은 더욱 그렇다. 자연과학은 자연을 대상화시켜 자연현상의 이면에 숨겨진 법칙을 밝혀내고자 한다. 인문·사회과학은 사회의 구성원들을 대상화시켜 사회현상의 법칙을 찾아내려 한다. 어떤 과학이든 막론하고 여기에서는 인간과 사물의 존재의미를 묻는 존재론은 탈각되고 오로지 진리발견이라는 미명하에 서로 먼저 세상을 장악하고자 하는 소유욕과 지배욕만이 있을 뿐이다. 사실 사유학(思惟學)을 자처하며 존재의미와 가치탐구를 존재이유로 삼는 철학이나 인문학도 예외는 아니다. 그들 역시 진리의 왕국에 등극하기 위해 사상적·이론적 투쟁을 벌인다. 여기서 승리한 사상이나 이론이 당시대의 진리가 되고, 그들에 의해 확정된 삶의 원리가 본질적인 가치와 삶의 기준을 형성한다. 그리고 모든 학문적 결과들은 교육을 통하여 재생산되는데, 진리를 장악하고 본질적인 가치와 기준에 가까이 접근했는지 여부에 따라 사람들의 지위가 차등화되고 계급화된다.

본질과 희소가치를 두고 벌이는 학력(점수) 경쟁이 사회를 더욱 혼란하고 황폐화시킨다. 그래서 노자는 단적으로 당시대의 진리를 자처하는 유가적 학문과 교육을 폐기할 것을 권유하고 있다. 그가 보기에 "성인이라는 이상적 가치와 지혜를 버리면 백성들은 훨씬 이롭게 되고, 인의라는 가치를 버리면 백성들은 모두 효도와 자애를 회복하게 된다."(絶聖棄智, 民利百倍, 絶仁棄義, 民復孝慈; 19장)는 것이고, "축적하는 학습을 그만두면 걱정거리도 없어진다."(絶學無憂; 20장)는 것이다.

지식을 쌓고 관념을 축적하는 '말있음'의 교육대신에, 노자는 '말없는 가르침'으로 이루어지는 도의 수련에 나설 것을 주장한다. 도(道)의 깨달음과 덕(德)의 터득(회복)이 그것이다. 도를 닦는 데는 지식을 쌓고 관념을 축적하는 것이 오히려 방해가 될 뿐이다. 도의 깨달음과 덕의 회복은 지금까지 축적해온 지식과 관념을 덜어냄으로써 성취된다. 지식과 관념을 덜어낸다는 것은 이성과 지성의 분별심으로부터 비롯된 욕망(지배욕, 소유욕 등)을 비우고 세계의 여여(如如)한 사실을 무심과 허심의 마음으로 바라볼 수 있는 것과 다르지 않다. 노자가 '말없는 가르침'을 통하여 우리에게 가르치고자하는 교육 의도(목적과 목표)를 집약하여 보여주는 언표가 다음의 인용이다.

혼과 백을 신고서 하나로 품어 분리됨이 없게 할 수 있을까? 오로지 기(氣)를 부드럽게 하여 어린 아기처럼 될 수 있을까? 마음의 거울을 잘 닦아서 티끌이 없게 할 수 있을까? 백성을 사랑하고 나라 다스리기를 무위(無爲)로 할 수 있을까? 천문의 열리고 닫힘을 암컷처럼 할 수 있을까? 명백하게 통달하기를 무지(無知)로 할 수 있을까? 도는 생기하고, 덕은 쌓는다. 도와 덕은 더불어 살되 소유하지 않고, 남을 위해 일하되 보답을 기대하지 않고, 남을 성장시키되 주재하려 않는다. 이것을 현덕(玄德)이라 이른다.17)

혼은 양기이고 백은 음기의 상징이라 볼 수 있다. 혼과 백을 합해 생명을 이룬다는 점에서 그것들이 서로 분리된다는 것은 죽음을 의미할 것이다. 그러나 여기서는 죽음의 의미보다는 이분법적으로 세상을 재단하여 구분하려는 처사를 의미하는 것으로 읽어야 할 것이다. 예컨대, 세상을 남자와 여자로 구분하여 절대화하게 되면 경쟁을 가져오고 우열과 차별을 낳게 된다. 세상은 단가적 택일의 논리로 구분할 수가 없다고 하였다. 남자와 여자는 서로 상관적 대대와 차연을 이룰 뿐이다. 남자는 여자의 남자이고 여자는 남자의 여자이다. 남자는 오로지 남자가 아니라 여자에 상대하여 남자일 뿐이고, 여자 또한 그러하다. 남자와 여자는 같음과 동시에 다름일 뿐이다. 이러한 사실을 그대로 보여주는 인간이 바로 어린 아기이다. 그는 아직 양기와 음기, 어느 한쪽으로 기가 굳어지지 않아서 여자도 남자도 아닌 충기(沖氣)의 중성적 존재이다. 그리고 그는 계산하지 않은 허심의 마음으로 세상을 보는 순수성의 원본이기에 티끌 하나 없는 거울과 같은 존재이기도 하다. 그래서 그는 상관적 대대와 차연으로 이루어진 세계의 여여한 사실을 있는 그대로 비춰낼 수 있다. 아기의 거울로 비춰본 상관적 대대와 차연의 세계에서는 암컷의 사심(私心)없는 어머니가 끊임없이 생명들을 탄생시키고, 생명들은 서로 자리즉이타(自利卽利他)의 마음으로 더불어 살아간다. 인위적으로 조작하지 않아도 이렇게 세상은 무위적으로 다스려지고 있다. 이것이 도가 탄생시키고 덕이 운영하는 세계 그 자체이다. 노자가 '말없는 가르침'을 통하여 이루고자 하는 교육 목적이 바로 이러한 세계의 사실을 알려주려는 데 있다. 이를 교육의 목표로 좀 더 상세화시켜 보자.

---

17) 載營魄抱一, 能無離乎, 專氣致柔, 能嬰兒乎, 滌除玄覽, 能無疵乎, 愛民治國, 能無爲乎, 天門開闔, 能爲雌乎, 明白四達, 能無知乎, 生之畜之, 生而不有, 爲而不恃, 長而不宰, 是謂玄德.(10장).

〈표 1〉 '말없는 가르침'의 교육목표

교육 영역	교육목표의 상세화	근거
도의 깨달음	• 세계의 탄생과 원리 이해	천문의 열리고 닫힘을 암컷처럼 할 수 있을까?
	• 만물의 존재방식 이해	혼과 백을 싣고서 하나로 품어 분리됨이 없게 할 수 있을까?
	• 이해를 위한 눈밝음의 깨달음	명백하게 통달하기를 무지(無知)로 할 수 있을까?
덕의 터득 (회복)	• 어린 아기 같은 본성의 회복	오로지 기(氣)를 부드럽게 하여 어린 아기처럼 될 수 있을까?
	• 무위윤리와 겸허의 덕 수련	마음의 거울을 잘 닦아서 티끌이 없게 할 수 있을까?
	• 무위정치의 이념과 방법 습득	백성을 사랑하고 나라 다스리기를 무위(無爲)로 할 수 있을까?

〈표 1〉에서 보듯이, '말없는 가르침'의 교육목적은 도를 깨닫고 덕을 터득하는 데 있다. 그래서 『도덕경』은 도를 깨닫고 덕을 터득하게 하는 경전인 셈이다. 전자가 지(知)의 공부라면, 후자는 행(行)의 공부를 시키는 교육영역이라 할 수 있다. 그러나 지공부와 행공부는 별개로 가는 것이 아니라 동시적이다. 도의 깨달음과 동시에 자연적 본성이 회복되는 지행합일(知行合一)의 공부이고 교육이다. 따라서 여기서의 구분은 어디까지나 편의상의 나눔일 뿐이다. 여하튼 도의 깨달음을 위해서는 세상의 탄생과 원리에 대한 이해, 만물의 존재방식과 더불어 삶에 관한 이해가 필요하다. 그리고 이러한 이해들은 저 '말있는 가르침'에서처럼 지식을 쌓고 관념을 축적하는 이성이나 지성의 접근법이 아니다. 그것은 세상의 여여한 사실을 즉각적으로 포착해내는 '눈밝음'(襲明)의 직관이고 깨달음이다. '눈밝음'의 깨달음을 얻는 순간 우리는 어린아기와 같은 자연적 본성을 회복할 수 있다. 자연스런 본성이 회복되면 세상을 장악하기보다는 겸허와 무심의 마음으로 만물을 대하고 무위적으로 세상이 다스려진다.

'눈밝음'의 깨달음과 자연적 본성을 회복한 이가 성인이다. 그는 '말없는 가르침'으로 백성을 가르치고 무위적으로 세상을 다스린다. 그러기에 그가 펼치는 교육과 다스림의 효과는 이런 것이다. "내가 무위할수록 백성들이 저절로 교화되고, 내가 고요함을 좋아할수록 백성들이 저절로 바르게 되고, 내가 일을 꾸미지 않을수록 백성들이 저절로 부유해지고, 내가 욕심이 없을수록 백성들이 저절로 질박해진다."(故聖人云, 我無爲而民自化, 我好靜而民自正, 我無事而民自富, 我無欲而民自樸; 57장).

Ⅳ. 도의 깨달음과 덕의 함양

'말없는 가르침'은 도의 깨달음과 덕성의 회복을 교육목적으로 삼는다. 이러한 목적을 달성하기 위한 세부적 교육목표들은 6가지였다. 이 6가지의 목표에 따른 교육 내용을 『도덕경』의 체계를 재구성하여 요약 제시해 보기로 하면 아래와 같다.

1. 세계의 탄생과 원리 이해

도는 기도 아니고 리도 아니다. 도는 기인 동시에 리이다(理卽氣, 氣卽理). 무계열인 도의 리는 천지의 시작이고, 유계열인 도의 기는 만물의 어머니이다. 이 둘은 동시적이지만 이름을 달리한다. 한마디로 도는 무정란이라는 기를 자가 수정시키는 원리이다. 무정형의 기에 자가수정의 원리가 질서를 부여한다. 수정된 수정란은 음양의 기로, 충기로 분화되면서 서로 교감한다. 도가 기를 생성하면 덕은 기를 축적한다. 기가 축적되면서 형체를 갖추고 만물이 이루어진다. 기들의 교감정도에 따라 세상의 다양성은 결정된다. 도는 만물을 생성할 뿐만 아니라 배양한다. 배양할 뿐만 아니라 전복하기도 한다. 만물을 살게 하기도 하고 죽게 하기도 한다. 그러나 이 모든 일은 작위가 아니라 무위적으로 무심으로 한다. 그러기에 도는 맛이 무미 담백하고, 보려 해도 들으려 해도 볼 수도 들을 수도 없다. 도의 행진은 좌우를 가리지 않고 공을 이루어도 이름이 없다. 만물을 배양하지만 만물의 주인으로 행세하지 않는다. 그래서 도는 오히려 빛나고 위대하다. 그러나 도로부터 생겨난 만물은 궁극적으로 다시 처음의 뿌리와 근원으로 돌아간다. 세계의 모든 만물은 유(有)에서 생기고 유는 무(無)에서 생겼다가, 결국 다시 만물은 무로 돌아간다.[18]

2. 만물의 존재방식 이해

　만물의 존재방식은 상관적 대대와 차연, 그리고 더불어 하는 삶이다. 만물은 같음과 동시에 다름으로 존재한다. 만물의 존재이면에는 늘 무(계열)가 바탕으로 자리 잡고 있다. 그래서 무(계열)의 차원에서 보는 세상은 모두가 같음이고, 유(계열)의 관점에서 보면 세상은 모두가 다름이다. 그러나 다름으로 존재하는 만물은 홀로 독립하여 존재하지 않고 대립된 쌍들이 마치 대대(待對)하여 새끼줄 꼬기처럼 존재하는 상관적 차연(差連)으로 존재한다. 이것이 만물의 존재방식이고, 세계의 법칙이자 도(道)이다. 도는 무정형의 기이고 자가수정의 원리였다. 리(理)이면서 기(氣)이고, 무(無)이면서 유(有)였다. 그러나 이제 도는 만물의 존재방식이기도 하다. 만물은 무와 유의 공존이고, 대립된 쌍들의 상관적 차연으로 이루어졌다. 한마디로 만물은 모두가 형제(兄弟)다. 형과 아우는 〈같음과 동시에 다름〉의 존재이다. 같은 부모와 같은 핏줄을 가지고 태어났기에 '같음'이고, 그러나 형제끼리도 생김새도 성격도 다를 수 있기에 '다름'이다. 자연은 만물의 부모다. 그러기에 만물은 같다. 그러나 만물은 각자 생김새도 특성도 다르다. 만물은 같기에 서로 사랑해야 하고, 동시에 다르기에 그 다름을 인정하고 존중하고 배려해 주어야 한다. 그렇게 자연은 공생공명의 세계이다. 나를 중심으로 혹은 인간을 중심으로 세상을 보는 한 공생공명의 형제애는 이 세상에서 실현될 수 없다. 그래서 만물은 서로 더불어 병작하는 삶을 산다.[19]

3. 이해를 위한 '눈밝음'의 깨달음

　모든 만물은 태어났다가 다시 뿌리로 돌아갈 뿐만 아니라 서로 병작하는 삶을 산다. 이것이 만물의 '항상됨'(常)이고 불변의 도(道)이다. 그러나 인간들은 지능의 분별심으로 인하여 세상의 여여한 사실을 모른다. 이성이든 지성이든 그것은 세상을 비교하고 계산하고 판별하는 도구이다. 귀천을 가르고 선악과 미추를 이분법적으로 나눈다. 지식을 쌓고 관념을 축적한다. 그럴수록 세상을 장악하려는 소유욕과 지배욕은 커진다. 남을 이기고 세상을 장악하

---
18) 강봉수, 『노자에게 길을 묻다!- 무위적 세상보기의 도』, 앞의 책, 35~62쪽 참조.
19) 강봉수, 위의 책, 63~84쪽 참조.

려는 지식 쌓기보다는 세상의 여여한 사실을 바로 볼 줄 아는 '눈밝음'(明)을 회복해야 한다. '눈밝음'은 세상을 빛과 어둠, 진리와 비진리로 이분법적으로 재단하지 않고, 세상의 사실을 있는 그대로 '즉각적으로 포착'(襲常, 襲明)해 내는 직관능력이다. 그래서 '눈밝음'은 이성이 말하기 전에 천리를 즉각적으로 판별하는 거울과 같다. 거울은 세상을 주체중심으로 보지 않고, 세상을 있는 그대로 비추는 물건이다. 지능의 분별심과 필요 이상의 욕심을 모두 내려놓은 텅 빈 마음(虛心)과 고요한 마음(靜心)을 가질 때, 비로소 이러한 만물의 탄생과 복귀 그리고 병작하는 삶을 볼 수 있는 '눈밝음'(明)을 가질 수 있다.[20]

4. 어린 아기 같은 본성의 회복

어린아이는 순진하고 순수함(purity)의 원본이다. 그래서 어린아이는 아직 세상의 부정과 저항을 잘 모른다. 어린아이는 충기(沖氣)의 존재이다. 충기는 아직 음기도 양기도 아닌 음양사이의 텅 빈 허공이다. 그래서 어린아이는 유연하고 활력에 넘치고 세상과 쉽게 조화를 이룬다. 유연하기에 오히려 자신을 지탱할 수 있고, 남녀의 성욕을 모르기에 오히려 자연스런 정기가 넘치고, '남과 다투려는 마음이 없기에'(無爭欲) 종일 울어도 목이 쉬지 않는다. 그러나 어린아이의 순수성, 유연성, 활력, 무쟁욕은 그의 자발성의 신화가 깨어지는 순간에 어른의 세계로 진입하게 되고, 그와 동시에 역사와 사회현실의 복잡함과 어려움 앞에서 그의 의식이 안으로 분열된다. 그 분열은 주객분리를 가져오고, 주객분리는 판단을 잉태하며, 판단과 함께 천진한 자발성은 숨어버리고 간접적 표현과 수식이 그 자리를 대신한다. 누구든지 어른이 되면 운명적으로 천진난만한 자발성을 상실하고 이욕의 때가 묻으며, 하늘로부터 부여받은 본성이 가려지기 마련이다. 어른은 본성의 '눈밝음'에 때가 끼기에 더 이상 세상을 있는 그대로 보질 못한다. 그래서 생명의 자연성을 넘어서는 욕심을 부리고, 사심으로 세상을 재단하려 한다. 세상에 재앙을 몰고 오는 이유가 바로 여기에 있다. 따라서 어린아이의 본성을 회복해야 하고, '눈밝음'의 직관능력을 복기해야 한다.[21]

---

20) 강봉수, 위의 책, 81~109쪽; 강봉수, "노자 인성론의 수양론적 재해석: 지성과 본능의 소유론적 욕망 내려놓기", 『도덕윤리과교육』 제39호(한국도덕윤리과교육학회, 2013. 7), 101~129쪽 참조.
21) 강봉수, 위의 책, 같은 쪽; 위의 논문, 같은 쪽 참조.

5. 무위윤리와 겸허의 덕 수련

자연생명의 세계는 필요와 요구라는 몸의 자연성에 따라 살아갈 뿐 사심(私心)이 없다. 생명유지를 위해 남을 해치는 자리적 행위는 선(善)이다. 해침을 당하는 입장에서는 악(惡)이다. 그러나 해침을 당하는 자도 남을 해쳐야 자기생명을 유지할 수 있다. 선에 상대하여 악이 있고 악에 상대하여 선이 있다. 마찬가지로 옳음에 상대하여 그름이 있고 그름에 상대하여 옳음이 있을 뿐이다. 그러나 이것을 두고 윤리적 상대주의나 주관주의로 읽어서는 곤란하다. 그렇게 읽는 처사는 인간중심적이고 작위적인 관점일 뿐이다. 자연에는 사심(私心)이 없다. 이러한 사심을 지우고 자의식을 버려야 한다. 자의식과 분별심의 소유욕을 내려놓을 때 비로소 남을 먼저 위하는 삶을 살 수가 있다. 또한 남을 먼저 위하는 삶이라 해서 또한 그것이 당위적이거나 의지적인 노력을 통하여 이루어지는 의무의식의 발로이거나 보답을 기대하는 삶이 아님에 유의해야 한다. 무위윤리는 생명사랑의 원리에 따라 선악과 옳고 그름을 판단하고, 〈욕망과 선善의 일치를 이루는 삶〉 혹은 〈자기 몸을 보존하기 위해 오히려 사사로움을 버리고 남을 먼저 위하는 삶〉을 지향한다. 이러한 도덕원리가 통용되는 사회에서는 사람들의 덕성도 자연스럽게 무위적으로 발현되게 되어 있다. 인위적으로 덕스러움을 갖추고자 하지 않아도 덕은 이미 본성에 내재되어 있다. 겸허의 덕이 그것이다. 겸허의 덕은 만물과 만인에게 부담을 주지 않고 그들에게 존재의 터전을 제공해주는 자비(慈悲)나 보시(布施)의 의미를 지닌다.[22]

6. 무위정치의 이념과 방법 습득

도는 항상 무위의 무심으로 일을 한다(道常無爲而無不爲). 또한 항상 일을 하지만 이름 내려 하지 않는다. 무위의 정치는 무심과 무욕으로 백성들에게 무한 보시와 시여를 해주는 자비의 정치와 다르지 않다. 무위정치는 사회구조를 개혁하고 세상을 바꾸는 정치가 아니다. 무위정치는 세상을 경제적으로나 도덕적으로 장악하거나 고치려고 애쓰는 현실주의적 또는

---

22) 강봉수, 위의 책, 110~135쪽; 강봉수, "노자『도덕경』에 함의된 생명사랑의 무위윤리와 겸허의 덕",
『윤리교육연구』제31집(한국윤리교육학회, 2013. 8), 411~436쪽 참조.

이상주의적 정치가 아니다. 이 점에서 무위정치는 예악의 당위적 규범으로 세상을 다스리려는 유가적인 도덕정치도 거부하고, 형정의 유위적 규범으로 사회를 기술적으로 통치하려는 법가적인 패도정치도 거부한다. 무위정치는 세상을 보는 마음을 바꾸는 정치이다. 후왕과 제후가 지성의 분별심과 욕망을 내려놓고 세상에 대해 작위적 관여를 하지 않음으로써 오히려 백성들의 삶이 풍부해지고 다스려지는 정치이다. 나라가 대국이든 소국이든 크기의 문제는 아니다. 나라의 구성원은 물론 세계의 구성원 모두가 한 몸이고 유기체적 공동체일 뿐이다. 그래서 무위정치는 모든 구성원이 서로 자기 몸의 생명유지에 필요한 수준의 자리적(自利的) 욕구를 추구하고, 그것이 곧 타인의 생명에도 기여하는 이타적 생명공동체를 지향한다.[23]

V. 배움 중심의 무위적 교학: 자발적 도덕직관론

이제 이상의 교육목표와 내용을 가르치는 교수-학습의 방법을 보기로 하자. '가르침'(敎)과 '배움'(學)의 과정인 교학의 패러다임에는 네 가지가 있다. 인독리네이션적 주입법, 교사중심의 도덕적 사회화론, 학생중심의 탐구식 혹은 자율적 발달론, 학생과 교사가 따로 없이 자발적 직관을 중시하는 무위적 교학론이 그것이다.[24] 이 중 앞의 세 패러다임은 지금까지 인류문명의 교육사에서 주류를 이뤄왔던 교육의 방법들이었다. 그것들은 모두 지식을 쌓고 관념을 축적하는 '말있음'의 교육이었다는 점에서 같다.

그러나 넷째의 무위적 교학론은 다르다. 이것은 특별한 스승이나 교사가 따로 없이 학생끼리 혹은 혼자 스스로 배움에 정진하는 자득(自得)의 교학론이다. 여기서는 자연만물이 스승이고 교사일 수 있다. 교사중심의 도덕사회화론과 학생중심의 자율적 발달론의 교학이 경험적 지성 혹은 보편적 이성의 계발을 목표로 여기는 교학이라면, 무위적 교학은 오히려 지성과 이성의 자아의식을 해체함으로써 만물일체의 자리심(自利心: 自利卽利他)을 직관하는

---

23) 강봉수, 위의 책, 136~167쪽; 강봉수, "노자의 무위정치와 생명평화공동체", 『윤리교육연구』제32집(한국윤리교육학회, 2013. 12), 137~162쪽 참조.

24) 강봉수, 『주제별 키워드로 읽는 논어와 세상보기의 도』(서울: 원미사, 2012), 365~405쪽(제11장 교학론); 이 책의 5장 참조.

교학론으로 규정할 수 있다. 선불교에서 수행을 같이하는 도반(道伴)의 개념도 여기에 해당한다. 나는 이를 학생들의 자발성에 토대한 돈오(頓悟) 혹은 직관적 성격의 배움이라는 뜻에서 '무위적(無爲的) 교학'이라 부른다. 지성과 이성의 사유는 분별을 낳고, 우열을 가르고, 지배의 철학을 잉태한다. 그것은 나 중심 혹은 인간중심의 사유이고 '인위적(人爲的) 교학'이다. 그러나 '무위적 사유'는 세상을 사실 그대로 여여(如如)하게 비추는 거울이고 '눈밝음'(明)이다. 그래서 '무위적 교학'은 분별심과 우열심을 지우고 공생공영의 자리심(自利心)을 자득(自得)하는 돈오와 직관의 교학론이다.

노자의 교학론이야 말로 직관적 깨달음을 중시하는 무위적 교학이다. 그는 세상의 여여한 사실과 변함없는 도를 직관하는 능력을 '눈밝음'이라 규정(知常曰明; 16장)하면서, "자기 중심으로 세상을 보는 자는 눈밝지 못하지만"(自見者不明; 24장), 사사로운 자의식을 버리고 "자기의 본성을 볼 줄 아는 자는 눈밝다"(自知者明; 33장)고 하였다. 그리고 세상의 사실과 변함없는 도를 포착하는 것은 이성이나 지성의 사유가 아니라 직관적 사유와 깨달음이라는 점에서 습상(是謂襲常; 52장)과 습명(是謂襲明; 33장)을 말하였다. 그러나 이러한 직관적 깨달음인 '눈밝음'의 능력에도 교학의 수준에 따라 편차가 있고 순서가 있다.

상사(上士)는 도를 들으면 부지런하게 실천하고, 중사(中士)는 도를 들으면 반신반의하고, 하사(下士)는 도를 들으면 크게 비웃는다. (하사가) 비웃지 않으면 족히 도라고 할 수 없을 것이다. 그러므로 격언에 이런 말이 있다. 밝은 도는 어두운 것 같고, 나아가는 도는 물러나는 것 같고, 평평한 도는 치우친 것 같다. 상덕은 골짜기와 같고, 가장 결백한 것은 모욕과 같고, 넓은 덕은 부족한 것 같고, 확고히 세워진 덕은 구차한 것 같고, 질박한 진리는 빛바랜 것 같다. 큰 방위는 모서리가 없고, 큰 그릇은 늦게 이루어지고, 큰 소리는 거의 소리가 들리지 않고, 큰 현상은 형태가 없고, 도는 숨어서 이름이 없다. 대저 오직 도는 아낌없이 대여해주고 또한 모든 것을 이룬다.[25]

"밝은 도는 어두운 것 같고, 나아가는 도는 물러나는 것 같고, 평평한 도는 지우친 것 같

---

25) 上士聞道, 勤而行之, 中士聞道, 若存若亡, 下士聞道, 大笑之, 不笑不足以爲道, 故建言有之, 明道若昧, 進道若退, 夷道若纇, 上德若谷, 大白若辱, 廣德若不足, 建德若偸, 質眞若渝, 大方無隅, 大器晚成, 大音希聲, 大象無形, 道隱無名, 夫唯道, 善貸且成. (41장).

다. 상덕은 골짜기와 같고, 가장 결백한 것은 모욕과 같고, 넓은 덕은 부족한 것 같고, 확고히 세워진 덕은 구차한 것 같고, 질박한 진리는 빛바랜 것 같다. 큰 방위는 모서리가 없고, 큰 그릇은 늦게 이루어지고, 큰 소리는 거의 소리가 들리지 않고, 큰 현상은 형태가 없고, 도는 숨어서 이름이 없다. 대저 오직 도는 아낌없이 대여해주고 또한 모든 것을 이룬다." 이것이 세계의 사실이다. '눈밝음'에 뛰어나고 덕을 갖춘 상사(上士)는 세상의 도를 바로 실천하지만, 그러하지 못한 중사(中士)는 반신반의하고, 하사(下士)는 도를 비웃을 뿐이다. 그래서 '눈밝음'의 직관능력도 점진적으로 넓혀져 가는 배움의 길이다. "자신으로 자기를 보고, 집으로 집을 보고, 고을로 고을을 보고, 나라로 나라를 보고, 천하로 천하를 본다."는 것이 그것이다.

> 잘 세운 것은 뽑히지 않고, 잘 안은 것은 벗어나지 않는다. 자손은 제사지내기를 그치지 않는다. 도를 수양함이 자신에게 있으면 덕이 참되고, 수양함이 집안에 미치면 덕이 여유가 있고, 수양함이 고을에 미치면 덕이 오래가고, 수양함이 나라에 미치면 덕이 풍요로워지고, 수양함이 천하에 미치면 덕이 널리 퍼진다. 그러므로 자신으로 자기를 보고, 집으로 집을 보고, 고을로 고을을 보고, 나라로 나라를 보고, 천하로 천하를 본다. 내가 어떻게 천하가 그러한 줄 아는가? 바로 이(도를 수양함) 때문이다.[26]

"자신으로 자기를 보고, 집으로 집을 보고, 고을로 고을을 보고, 나라로 나라를 보고, 천하로 천하를 본다."는 것이 교학의 순서인 것은 분명한데, 대체 이것이 무슨 뜻인가? 교학의 순서라는 측면으로만 보면, 유교경전인 『대학大學』의 수신·제가·치국·평천하(修身齊家治國平天下)를 떠올리게 한다. 유교의 공부법인 격물치지(格物致知)와 성의정심(誠意正心)은 한마디로 지식을 쌓고 관념을 축적하는 교학이다. 격물치지는 세상의 이치와 인간적 도리를 이성과 지성으로 탐구하는 지적(知的)인 공부법이다. 성의정심은 탐구된 진리와 도리를 내면화하는 행적(行的)인 공부법(敬)이다. 이러한 공부법을 가지고 자신으로부터 가문으로, 국가로, 천하로 그 교학의 범위와 내용을 넓혀가는 것이 수신·제가·치국·평천하이다. 그러나 노자는 이러한 유교적 가르침으로 대표되는 '말있음'의 교육을 비판하였다. 유교

---

26) 善建者不拔, 善抱者不脫, 子孫以祭祀不輟, 修之於身, 其德乃眞, 修之於家, 其德乃餘, 修之於鄕, 其德乃長, 修之於國, 其德乃豊, 修之於天下, 其德乃普, 故以身觀身, 以家觀家, 以鄕觀鄕, 以國觀國, 以天下觀天下, 吾何以知天下然哉, 以此.(54장).

적 교학이 나를 중심으로 지식을 쌓고 관념을 축적해 가는 단계적인 과정이라면, 노자의 교학은 각 과정과 단계를 별개로 생각한다. 노자의 관점을 이해하기 위해서는 소강절(邵康節)의 주장을 잠시 빌려올 필요가 있다.[27] 그는 '세상을 보는'(觀物) 경지를 ① 눈으로 보는 것(觀之以目), ② 마음으로 보는 것(觀之以心), ③ 이치로 보는 것(觀之以理)으로 유형화하고, 또한 ④ 나로써 사물을 보는 것(以我觀物), ⑤ 사물로써 사물을 보는 것(以物觀物)으로 유형화하고 있다.[28] 여기서 ① 관지이목(觀之以目)과 ② 관지이심(觀之以心)은 ④의 이아관물(以我觀物)이라 하고, ③의 관지이리(觀之以理)를 ⑤의 이물관물(以物觀物)이라 규정한다. 눈이나 마음으로 보는 것은 감각이나 사사로운 욕심으로 사물을 대하는 이아관물(以我觀物)이고, 경험적 지성이나 합리적 이성으로 세계를 보는 것이다. 그러나 세계의 여여한 사실을 있는 그대로 보려면 '이치로 보아야 하고'(觀之以理), '물로써 물을 보아야 한다'(以物觀物).[29] 그래서 소강절은 "나를 중심으로 사물을 보지 않아야 물을 물 자체로 볼 수 있다."[30]고 하고 있다. 이러한 그의 주장은 노자의 관점을 잘 해석해 주고 있다.

'나로 나를 본다는 것'(以身觀身)은 나의 생명이 요구하는 필요를 중심에 두고 나를 본다는 뜻이다. 나를 보려면서 타인과 비교하여 지성의 분별심을 발휘하면 안 된다. '가문으로 가문을 보는 것'(以家觀家)은 가문을 구성하는 구성원의 관점에서 가문을 보는 것이다. '고을로 고을을 보는 것'(以鄕觀鄕), '국가로 국가를 보는 것'(以國觀國), '천하로 천하를 보는 것'(以天下觀天下) 등도 비슷한 맥락이다. 국가와 천하를 운영하는데 나의 사사로운 이해가 끼어들어서는 안 된다. 백성의 관점에서 국가를 보고 천하를 보아야 하는 것이다. 이것이 소강절의 '물로써 물을 보는'(以物觀物) 경지이고 '눈밝음'의 직관능력이다. 이신관신(以身觀身), 이가관가(以家觀家), 이향관향(以鄕觀鄕), 이국관국(以國觀國), 이천하관천하(以天下觀天下) 모두가 '물로써 물을 보는 것'(以物觀物)이라 할 수 있기에, 이 순서를 유가의 수신·제가·치국·평천하처럼 단계적인 공부의 과정이라 볼 수도 없다. 단지 그것들은 물로써 물을 보는

---

27) 소강절외 '觀物'의 인식론에 대한 좀 더 자세한 고찰은 황광욱, "邵雍의 觀物을 통해 본 徐敬德 哲學의 一面", 『東洋古典研究』 第13輯(東洋古典學會, 2000.6), 267~277쪽 참조.

28) 邵康節, 『皇極經世』, 「觀物內篇」. "夫所以謂之觀物者, 非以目觀之也. 非觀之以目, 而觀之以心也. 非觀之以心, 而觀之以理也. (中略). 聖人之所以能一萬物之情者, 謂其能反觀也. 所以謂之反觀者, 不以我觀物也. 不以我觀物者, 以物觀物之謂也."

29) 같은 책, "以物觀物性也, 以我觀物情也, 性公而明, 情偏而暗." 그리고 노사광(정인재 역), 『중국철학사』 (서울: 탐구당, 1987), 199쪽.

30) 같은 책, 「觀物外篇」. "不我物, 則能物物."

다양한 차원이고 유형일 뿐이라 하겠다. 물로써 물을 보는 '눈밝음'의 직관능력을 깨달은 성인은 다양한 차원과는 상관없이 그 차원에 걸맞는 도를 즉각적으로 포착해 낼 수 있다.

> 문을 나오지 않아도 천하를 알고, 들창으로 엿보지 않아도 하늘의 도를 본다. 그 나아감이 더욱 멀수록 그 앎은 더욱 작아진다. 이로써 성인은 나가지 않아도 알고, 보지 않아도 명칭을 부여하고, 일하지 않아도 이룬다.[31]

문(戶)이나 들창(牖)은 모두 단가적 택일의 논리로 무장한 개념, 이론, 학문분과이거나 특정한 도식(schema)을 은유한다. 이러한 도식을 통하여 세상을 볼수록 지식이나 관념은 축적될지 모르지만 세상의 여여한 사실을 깨달음에는 오히려 멀어진다. 나아갈수록 앎이 오히려 작아진다는 것은 이러한 뜻이다. 성인은 도식 없이 세상을 본다. 성인은 나가지 않아도 알고, 보지 않아도 명칭을 부여하고, 일하지 않아도 이룬다. 그러나 성인은 세상을 눈밝게 알아도 그것을 자랑하지 않고, 모르면서 아는 척 하지 않는다. 단지 무위적으로 세상에 처할 뿐이다. 그래서 성인은 앎에 있어서 병이 없다.

> 알면서 알지 못하는 척하는 것이 최상이고, 알지 못하면서 아는 척하는 것이 병이다. 무릇 오직 병을 병으로 여기는 것은 병이 아니다. 성인은 병이 없다. 그는 병을 병으로 여기기 때문이다. 이로써 병이 아니다.[32]

VI. 결론

노자는 '말없는 가르침'을 주장한다. 그것은 '말있는 가르침'과 대비된다. '말있는 가르침'은 단가적 택일의 논리로 무장한 개념, 이론, 학문분과, 혹은 특정한 도식(schema)을 통

---

31) 不出戶, 知天下, 不闚牖, 見天道, 其出彌遠, 其知彌少, 是以聖人不行而知, 不見而名, 不爲而成.(47장).
32) 知不知上, 不知知病, 夫唯病病, 是以不病, 聖人之不病也, 以其病病, 是以不病.(71장).

하여 세상보기의 법을 가르치고자 하는 교육론이다. 이것이 지금까지 인류문명의 교육사에서 주류를 이뤄왔던 교육론이다. 이러한 교육은 가르치면 가르칠수록, 배우면 배울수록 지식이 쌓이고 관념은 축적될지 모르지만, 세상의 여여(如如)한 사실과 불변의 도를 깨달음에는 오히려 방해가 된다. 이 '말있는 가르침'은 지능의 분별심으로 세상을 장악하려는 소유욕과 지배욕을 키우는 데에 교육의 목적을 두고 있기 때문이다. 그래서 노자는 이러한 교육대신에 '말없는 가르침'을 주장한다. 그가 보기에 말과 언어로 개념화할 수 없는 곳에 진리를 넘어 도의 세계가 있다고 여기기 때문이다.

언제나 진리는 비진리와 공존하고 도의 세계는 그러한 진리의 규정너머에 존재한다. 이러한 도의 세계를 있는 그대로 보기 위해서는 '물로써 물을 보는'(以物觀物) '눈밝음'의 직관능력과 깨달음을 터득해야 하고, 생명의 필요에 충실한 어린 아기와 같은 자연적 본성을 회복해야 가능하다. 노자의 '말없는 가르침'은 이러한 도의 깨달음과 덕성의 함양을 교육의 목적으로 삼는다. 이러한 교육론은 특별한 스승이나 교사가 따로 없이 학생끼리 혹은 혼자 스스로 배움에 정진하는 자득(自得)의 교학론이다. 지성과 이성의 자아의식을 해체함으로써 만물일체의 자리심(自利心: 自利卽利他)을 직관하는 무위적 교학론이다.

그런데 '말없는 가르침'의 교육론을 읽으면서 아쉬운 것은 세상의 도를 보는 '눈밝음'의 깨달음과 본성의 회복을 위한 구체적인 수양이나 공부법이 무엇인가 하는 점이다. 예컨대, 장자는 심재(心齋)와 좌망(坐忘)을 제시하고,[33] 불교에서는 기도와 명상(좌선坐禪)을 제시한

---

[33] 장자의 심재(心齋)와 좌망(坐忘)은 대립과 차별의 세계를 넘어 절대 자유의 경지를 뜻하는 제물(齊物)의 세계에 도달하는 수양방법이다. 먼저, 심재는 '마음을 고요하게 하는 것'으로 무심과 허심으로 세상을 보는 방법이다. 이에 대해 장자는 안회(顔回; 공자의 애제자)와 중니(仲尼; 공자) 간의 대화 형식을 빌려 제시하고 있는데, 그 대화를 인용해 둔다. 〈안회가 물었다: "심재가 무엇입니까?" 중니가 대답했다: "너는 뜻을 하나로 통일하여, 귀로만 듣지 말고 마음으로 들어라! 마음으로만 듣지 말고 기(氣)로써 듣도록 해라! 귀는 듣는 것에서 그치고, 마음은 바깥 사물과 부합하는 데서 그치지만, 기라는 것은 텅 비움으로써 바깥 사물을 있는 그대로 맞아들인다. 도(道)는 오로지 텅 비우는 곳에 보이는 법이다. 이처럼 텅 비우는 경지에 이르는 것을 심재라고 한다."〉.『莊子』「人間世: 1」. 다음으로, 좌망은 감각을 통한 경험 기능을 쉬게 하고 판단 기능을 멈추어 경험적 사태와 만난 내용으로서의 앎을 끊어버리는 방법이다. 이 역시 안회와 중니 간의 대화 형식을 통하여 제시되고 있다. 인용한다. 〈안회가 말했다: "나는 좌망에 들었습니다." 중니가 놀라며 물었다: "좌망? 그것이 무엇이냐?" 안회가 대답했다: "사지의 형체를 잊어버리고 마음의 총명함도 잊어버려 감각적 지각작용을 떠나고 이성적 분별작용을 버린다면 도(道)와 한 몸을 이뤄 두루 통하게 됩니다. 이것을 좌망이라고 합니다." 중니가 감탄하여 말했다: "과연 도와 한 몸을 이룬다면 선과 악, 현인과 불초를 가르고 옳고 그름을 판별할 필요도 없도다. 나 또한 너를 따르겠다."〉.『莊子』「大宗師; 6」. 이러한 심재와 좌망을 통하여 제물의 세계에 도달한다는 것은 한마디로 나 중심 혹은

다. 그러나 노자의 『도덕경』에는 이러한 수양법이 없다. 그냥 『도덕경』을 읽고 이해하면 교육의 목적과 목표가 달성되는가? 노자의 철학이나 『도덕경』도 세상을 보는 또 하나의 도식이 될 수도 있지 않겠는가? 노자가 『도덕경』이라는 도식으로 세상보기를 우리에게 종용했다면, 이는 그 자신이 비판했던 '말있는 가르침'이고 언어교수로 전락하여 『도덕경』에 대한 지식을 쌓고 그것으로 세상을 보는 관념을 하나 더 축적하는 꼴이 되고 말 것이다. 라즈니쉬의 주장을 경청해 보자.

"진실을 경전이나 철학 속에서 찾는다는 것은 물에 비친 달을 보는 것과도 같은 것이다. 만약 네가 어떤 이에게 삶을 어떻게 살아야 하느냐고 묻는다면, 너는 그릇된 가르침을 청하고 있는 것이다. 왜냐하면 그 사람은 오직 그의 삶에 대해서만 말할 수 있기 때문이다. 그리고 결단코 두 개의 삶이란 동일할 수가 없는 것이다. 그가 너에게 무슨 말을 하든지 그것은 그의 삶에 관한 것이다. 그것도 그가 삶을 살았을 경우에 한해서이다. 그도 역시 다른 사람에게 질문을 했을지 모른다. 그도 누구인가를 추종할 것이다. 그 자신도 한 모방자에 불과할 것이다. 그렇다면 너에게 전달된 것은 비추어진 그림자의 그림자인 것이다. 수세기가 지나면서 사람들은 비추어진 그림자의 그림자를 또 다시 비추어 볼 것이다. 그런데 진짜 달은 저 하늘에서 너를 기다리고 있다. 저 달은 너의 달이다. 저 하늘은 너의 하늘이다. 곧장 보라. 지금 즉시 보라. 왜 나(라즈니쉬 자신; 필자)의 눈이나 다른 사람의 눈을 빌리려 하는가? 너에게도 눈이, 아름다운 눈이 있다. 보라, 직접 보라. 왜 다른 사람의 깨달음을 빌리려 하는가? 명심하라. 그것이 나에게는 깨달음일지라도, 네가 그것을 빌리는 순간, 너에게는 지식이 되어버린다. 그것은 더 이상 깨달음이 아니다. 오직 자기 자신이 직접 경험한 것만이 깨달음이 될 수 있다. 내가 달을 보았을 때, 그것은 나에게 깨달음이 될 수 있다. 그러나 내가 그것을 너에게 이야기하는 순간, 그것은 한낱 지식이 되어 버린다. 그것은 더 이상 깨달음이 아니다. 그것은 단지 말, 언어에 지나지 않는다. 언어란 항상 거짓이다."[34]

인간 중심의 사고를 버린 무아(無我) 혹은 상아(喪我)의 상태와 다르지 않다. 이에 대한 안성자유(顔成子游)와 남곽자기(南郭子綦) 간의 대화도 인용해 둔다. 〈자유가 말했다: "어찌되신 일입니까? 사지의 형체는 마치 바짝 마른 장작처럼 만들고, 마음은 마치 싸늘히 식어버린 재처럼 만들 수가 있는 것입니까? 지금 선생님께서 책상에 기대고 앉아계신 모습은 예전과는 사뭇 다릅니다." 자기가 대답했다: "자유야! 좋은 말이다. 나는 지금 나를 잊었는데 너는 이것을 아느냐?"〉. 『莊子』「齊物論; 2」.

34) 라즈니쉬, 앞의 책, 31쪽.

나는 라즈니쉬가 노자를 대변한다고 여긴다. 우리가 『도덕경』을 또 하나의 도식으로 삼으면 안 될 것이다. 나의 삶은 내가 살아내야 하고, 직접 체험과 경험을 통하여 깨달음의 도를 추구해야 할 것이다. 나머지는 오직 기도와 명상만이 있을 뿐이다.

제7장
맹자의 당위윤리와 자율적 도덕발달론

Ⅰ. 서론

공자는 당위철학, 유위철학, 무위철학 중 어느 하나를 진리로 단정하지 않는 '시중적'(時中的)이고 '미제적'(未濟的)인 세상보기의 도(道)를 주장한 사상가로 등록된다. 그러나 세 철학적 사유는 각각 세계와 인간과 교육을 보는 서로 다른 관점을 가정한 것이기에 공자의 사상 안에는 이미 논리적 모순을 안고 있는 것이었다. 논리적으로 수미일관한 철학적 사유체계가 정립되기 위해서는 서로 다른 관점을 포괄할 수 있는 더 높은 차원의 추상적 원리가 제시되거나, 아니면 어느 하나만의 관점에 토대하여야 한다. 그래서 공자철학은 이후에 도통의 분화를 예고하고 있었던 것이다. 앞 장에서 보았듯이, 노자는 무위철학의 길을 정초하였다. 그러나 노자의 무위철학은 이미 욕망들의 격전장이 되어버린 춘추전국이라는 악(惡)의 시대에 설득력을 갖기 어려웠다. 그래서 사실 공자도 실천적 삶은 당위철학에 토대한 인(仁)의 윤리와 도덕정치를 실현하고자 동분서주하였던 것이다. 이러한 공자의 당위유학과 실천적 삶을 좀 더 이론적·사상적으로 보충하면서 병든 악의 시대를 치유하고자했던 이가 바로 맹자(孟子, BC. 372?~BC. 289?)이다.[1]

---

[1] 맹자의 생애를 약술해 둔다. 맹자의 이름은 가(軻), 자는 자여(子輿) 혹은 자거(子車)이며, 주나라 열왕(烈王) 4년(B.C. 372)에 제후국인 추[鄒:지금의 산동성(山東省) 추현(鄒縣)]나라에서 태어난 사람이다. 어렸을 때 자애로운 어머니의 '세 번 이사한 가르침'[三遷之教]을 받았고, 커서는 자사(子思)의 문하에서 배웠다. 추나라가 공자의 탄생지인 노나라와는 6리 밖에 떨어져 있지 않아, 맹자는 공자를 아주 숭모하였고 깊이 사숙하였다. 학문을 이룬 후 천하를 다스리는 도로써 양(梁)나라 혜왕(惠王)과 제(齊)나라 선왕(宣王)

맹자는 당위유학을 정초하기 위하여 제자백가(諸子百家)의 사상가들과 사상적 투쟁까지 벌여야 했다. 부국강병과 전쟁을 주장하는 소진(蘇秦)과 장의(張儀)를 물리쳐야 했고, 양자(揚子)와 묵자(墨子)의 학설을 따르는 무리들과도 대척해야 했으며, 고자(告子)와는 인성론을 주제로 철학적 논쟁도 불사했다. 한마디로, 그는 유위철학과 무위철학을 배척하고 당위철학을 정초하고 실천하고자 하였다. 소진, 장의, 묵자적 사유가 유위철학을 대변한다면, 양자와 고자는 무위철학적 사유를 가졌던 사상가로 분류된다. 여기서 이들의 사유를 모두 돌아볼 수는 없다. 대표하여 양자와 묵자의 사상, 그리고 인성론과 관련해서는 고자의 사상을 간략히 검토하면서 맹자철학의 본의가 무엇인지를 보기로 한다. 이를 토대로 그가 주장했던 당위적 인의(仁義)의 윤리학과 도덕교육론을 고찰하기로 한다.

II. 맹자유학의 철학적 기초

1. 양·묵(楊·墨)의 학설을 배척하라

을 설득하였으나 등용되지 못하였다. 이 때 천하는 혼란에 빠져 열국들이 합종연횡(合從連橫)하면서 오로지 침략하고 정벌하는 일에 몰두하여 서로 힘을 겨루고 있었다. 맹자는 당·우삼대(唐虞三代)의 덕을 전하고 인의(仁義)를 설파하며 왕도(王道)를 주장하였으나 현실적인 사회적 상황과는 거리가 있었고, 따라서 그의 주장은 배척당할 수밖에 없었다. 유일하게 등(藤)나라 문공(文公)이 그를 신임하여 등용시켜서 그의 진언을 수용하여 정치를 개혁하려 하였던 바가 있다. 그러나 등문공은 불행히도 일찍 죽고 말았다. 맹자는 끝내 그의 포부를 실천에 옮기지 못하고 물러나 제자 만장(萬章)의 무리들과 문답을 주고받으면서 『맹자』 7편을 지어 공자의 교의를 밝혔다. 난왕(赧王) 26년(B.C. 289)에 84세로 죽었다. 맹자는 소진(蘇秦), 장의(張儀)와 더불어 동시에 상이한 학설을 강경하게 주장하기도 하였고, 고자(告子)와 논쟁을 벌이기도 하였다. 양·묵(楊墨)의 무리를 배척하였고, 성학(聖學)의 본 뜻을 강도 높게 천명하면서 세상을 향하여 부르짖었다. 맹자는 활기 없이 담담한 도학(道學)이 아니라, 세상의 도심(道心)과 인심(人心)을 위하여 헌신적으로 활동한 위인이었다. 한편으로 군자인 동시에 정치가의 면목이 있었고, 다른 한편 의인(義人)이면서 다소의 권도(權道)를 말하기도 하였다. 공자에게서 원만하고 온후한 인격을 볼 수 있다면, 맹자에게서는 늠름한 기상을 볼 수 있다. 공자는 봄바람처럼 화사하였으나, 맹자는 가을 서리나 강렬하게 내리쬐는 햇볕과 같았다. 이상의 맹자의 생애약술은 미우라 도우사꾸(강봉수 외 옮김), 『중국윤리사상사』(서울: 원미사, 2007), 100쪽.

맹자가 자기철학의 실현을 위해 우선적으로 감당해야 했던 일은 양자(楊子; 楊朱, BC. ? ~ ?)와 묵자(墨子; 墨翟, BC. 479~381)의 학설을 배척하는 것이었다. 『맹자』에서 맹자는 "양·묵(楊墨)의 학설이 세상을 어지럽히고 있다"고 개탄한다.

> 성왕이 나오지 아니하니 제후가 방자하고 초야의 선비들이 멋대로 의논을 펼친다. 양주·묵적의 말이 천하에 가득하여, 천하의 말이 양주에게 돌아가지 않으면 묵적에게 돌아간다.[2]

대체 양자와 묵자의 학설이 무엇인데, 맹자는 그들의 학설을 배척하려는가? 전국시대는 이익의 이전투구(泥田鬪狗)를 벌이는 악의 시대였다. 이러한 악이 어디로부터 왔는가? 양자의 관점에서 권력자들이 악을 광정한다는 명분으로 너도나도 이전투구에 나서는 것이 문제라고 보았다면, 묵자는 차별적 봉건제도에서 비롯된 권력, 부, 명예 등을 독점하려는 것이 문제라고 진단한 것 같다. 그래서 묵자는 겸애주의(兼愛主義)를 주장했다면, 양자는 귀생주의(貴生主義)를 주장했다.

공자의 당위윤리적 인(仁)에 토대한 실천적 삶을 계승하려했던 맹자의 입장에서 묵자의 겸애주의가 더 불온하다. 왜 그런가? 그는 공자의 혈연중심의 별애(別愛: 차별적, 차서적 사랑)에 반대하고 겸애(兼愛: 무차별적 사랑)를 주장했을 뿐만 아니라, 그 사랑(仁)의 본질은 이익을 똑같이 나누는 것이라는 공리주의(公理主義)적 교리(交利)사상을 전개했기 때문이다. 묵자의 주장을 보자.

> 부자가 서로 사랑하고 형제가 서로 사랑하며, 부부가 서로 사랑하고 붕우가 서로 사랑하고 군신이 서로 사랑하고 대소 빈부 강약이 서로 사랑하고 집집마다 서로 사랑하고 각국이 서로 사랑하고 일체의 인류가 서로 사랑하기를 자기 사랑하는 것같이 하여 그 각각의 사이에 털끝만큼의 차별도 없어야 한다.[3]

> 국가는 서로 공격하지 않고 사람과 가문끼리 서로 교란하지 않는다면 이것이 천하의 해로움이겠는가? 그것은 천하의 이로움(利)이라 말하지 않을 수 없다. 여러 이익의 근원을 찾아볼 때, 그 이익은 어디서 생겨나는가? 그 이익을 남을 사랑하고 이롭게 하는데서 생겨났

---

2) "聖王不作, 諸侯放恣, 處士橫議, 楊朱 墨翟之言盈天下. 天下之言, 不歸楊, 則歸墨."(「滕文公下: 9」).
3) 『墨子』「兼愛中; 2」.

다고 말해야 한다. 남을 사랑하고 남을 이롭게 하는 사람들을 별(別)이라 불러야 하는가? 겸(兼)이라 불러야 하는가? 반드시 겸애라 불러야 한다. 그렇다면 서로 겸애하는 사람들은 천하에 큰 이익(大利)를 생기게 하는 자가 아니겠는가?[4]

묵자는 이러한 겸애와 교리가 하늘(天)과 귀신(鬼神)의 뜻(天志)이라 여겼으며, 도덕적 행위나 정치의 시비득실(是非得失)을 판단하는 준거로 삼표(三表: 本·原·用)를 제시하였다. 삼표란, 첫째, 본(本)은 옛 성왕의 사적(事跡)에 근본을 둔다는 것이고, 둘째, 원(原)은 아래로 백성들이 직접 듣고 본 사실에서 연원을 찾아야 한다는 것이며, 셋째, 용(用)은 국가와 백성의 이익에 맞는지 살펴보아야 한다는 것이다.[5] 이러한 삼표에 의거한 행위인지 여부에 따라 하늘과 귀신이 상벌을 내릴 것이라는 상제천(上帝天)의 관점을 그는 견지했다.[6] 그러나 묵자는 하늘이 모든 만물을 차별없이 사랑하듯이 사람들도 서로 겸애해야 하지만, 선험적으로 인간본성이 선하거나 악하다고 보진 않았다. 그는 소염론(所染論)을 주장했다.[7] 즉, 물들이는 방법에 따라 착한 사람이 되기도 하고 악한 사람이 되기도 한다는 것이다. 나라와 백성을 다스림에도 어떻게 물들일 것이냐가 중요하다. 따라서 인간을 겸애의 도(道)로 염색하여 서로 상하지 않게 해야 한다는 도덕사회화론의 교육적 관점을 견지하였다. 나아가 묵자는 민의(民意)를 하나의 이데올로기로 통일시키는 상동(尚同)의 정치와, 인재를 차별 없이 능력에 따라 등용하는 상현(尚賢)의 정치를 주장하였다. 또한 그는 물자를 절약해야 한다는 절용론(節用論), 과도한 상제례를 반대하는 절장론(節葬論), 전쟁을 반대하는 비전론(非戰論), 마음을 어지럽히는 음악에 반대하는 비악론(非樂論)을 주장하기도 하였다.

다음으로, 양자의 사상을 간략히 보자. 그는 체계적인 사유의 흔적을 남기진 않았지만, 묵자적인 실용적 패도정치도 공자적인 당위적 도덕정치에도 반대하며, 귀기(貴己) 혹은 귀생주의(貴生主義)에 토대한 정치적 불간섭주의의 사유를 전개한 듯하다. 여러 책에 산재해 있는 그에 관한 단편적인 기록을 몇 가지 인용한다.

---

4) 『墨子』「兼愛下: 2」.
5) 『墨子』「非命上: 1」.
6) 『墨子』「天志篇」.
7) "묵자가 실을 물들이는 것을 보고 탄식하며 말했다. 파란 물감을 물들이면 파래지고, 노란 물감으로 물들이면 노래진다. 넣는 물감이 변하면 그 색깔도 변한다. 다섯 가지 물감을 넣으면 다섯 가지 색이 된다. 그러니 물들이는 것을 신중하게 하지 않을 수 없다. 유독 실을 물들이는 것만 그런 것이 아니고 나라도 물들여지는 것이니 신중해야 할 일이다." 『墨子』「所染篇: 1」.

양주가 말했다; 백성자고는 털 한 오라기로도 사물을 이롭게 하지 않았고, 나라를 버리고 숨어 살면서 밭을 갈았다. 대우도 자기 한 몸을 이롭게 하는 일을 하지 않아 자신의 몸을 지치고 깡마르게 만들었다. 옛날 사람들은 자기 몸의 털 한 오라기라도 손해 보아 천하를 이롭게 할 수 있어도 주지 않았다. 천하를 다 주어 자기 한 몸을 받들고자 해도 취하려 하지 않았다. 사람마다 자기 몸의 털 한 오라기라도 손해 보려 하지 않고, 사람마다 천하를 이롭게 하려 나서지 않는다면, 천하는 다스려질 것이다.[8]

지금 여기에 어떤 사람이 있는데, 그는 의로움을 위해 위험한 성에 들어가지 않았고 군대의 일에도 관여하지 않았다. 천하를 크게 이롭게 하기 위해 정강이 털 한 오라기와도 바꾸려 하지 않았다. 세상의 주인들이 반드시 따라가 예를 표했는데, 그 지혜가 귀하고 그 행동이 높았다. 그는 사물을 경시하고 생명을 중시하는 선비였기 때문이다.[9]

생명을 온전히 하고 참 진리를 보존하여 어떠한 물질에도 내 형체를 얽매이게 하지 않는 것이 양자의 입장이었다.[10]

양자는 자기를 귀하게 여겼다.[11]

인용에서 보듯이, 양자의 사상은 한마디로 귀기(貴己) 혹은 귀생(貴生), 즉 생명주의자이다. 생명을 중시여기는 사고는 이기주의도 이타주의도 아니다. 생명은 언제나 자신을 최적의 상태로 유지하기 위한 필요와 요구에 예민하다. 이것이 생명가진 모든 존재들의 본능이고 본성이다. 인간의 본성도 마찬가지이다. 필요이상도 필요이하도 생명을 위협할 뿐이다. 모두가 생명의 필요와 본성에 따라 살아갈 때, 천하는 자연스럽게 다스려지고 평화가 온다는 것이 양자사상의 핵심이다.[12] 이러한 그의 사상은 전형적인 무위철학적 사유의 흔적이고 노장

---

8) "楊朱曰, 伯成子高不以一毫利物, 舍國而隱耕, 大禹不以一身自利, 一體偏枯. 故之人損一毫利天下不與也, 悉天下奉一身不取也. 人人不損一毫, 人人不利天下, 天下治矣."『列子』「楊朱篇」.
9) "今有人於此, 義不入危城, 不處軍旅, 不以天下大利易其脛一毛, 世主必從而禮之, 貴其智高其行, 以爲輕物重生之士也."『韓非子』「顯學篇」.
10) "全生保眞, 不以物累形, 楊子之所立也."『淮南子』
11) "楊子貴己."『呂氏春秋』
12) "태곳적 사람들은 사람의 삶이란 잠시 와 있는 것임을 알았고, 죽음은 잠시 가버리는 것임을 알고 있었다. 그러므로 마음을 따라 움직이면서 자연을 어기지 아니하고 그가 좋아하는 것이 몸의 즐거움에 합당한 것이면 피하지 않았다. 그러므로 명예로도 권장할 수 있는 일이 아니었고 본성을 따라 노닐며 만물이 좋아하는 일을 거스르지 않고, 죽은 뒤의 명예는 추구하지 않았다."『列子』「楊朱篇」

(老莊)철학의 선구를 이룬다고 하겠다.[13] 물론 『열자(列子)』라는 책[14]에서는 양자를 종욕주의(從欲主義) 혹은 쾌락주의자로 그리는 기록이 여러 번 나온다.[15] 그러나 단편적인 그러한 기록이 양자의 핵심사상은 아니라고 여긴다. 귀생(貴生), 전생보진(全生保眞), 경물중생(輕物重生)이야말로 양자사상의 핵심이다. 이러한 관점에서 그는 세상에 대한 참여보다는 비참여의 길을, 즉 정치적 불간섭주의를 표방했던 것으로 양해된다.

그러나 이러한 양자의 귀생주의와 앞서 본 묵자의 겸애주의도 맹자가 보기에는 불온한 사상으로 여겨졌다. 두 사상가의 학설에 대한 맹자의 비평을 보자.

양자는 자신을 위함을 취하였으니, 하나의 털을 뽑아서 천하가 이롭더라도 하지 않았다. 묵자는 겸애를 하였으니, 이마가 갈려 발꿈치에 이르더라도 천하에 이로우면 하였다.[16]

양씨는 자신만을 위하니, 이는 군주가 없는 것이요, 묵씨는 똑같이 사랑하니, 이는 아버지가 없는 것이다. 아버지가 없고 군주가 없으면 이는 금수이다.[17]

---

13) 양자와 노자 중 누가 선배이고 어느 시대 사람인지는 불분명하다. 나는 노자를 전국시대 중기 이후의 인물로 보는 통설을 따른 바 있고, 『맹자』에는 노자 관련 기록이 없는 대신 양자 관련 기록이 나오는 것으로 보아 양자가 노자보다 선배로 여긴다. 중국철학자인 풍우란은 논리적인 선결문제를 들어 노자를 맹자 이후의 인물로 여기는데, 이러한 그의 관점도 나의 관점을 보완해준다. 풍우란(박성규 옮김), 『중국철학사(상)』(서울: 까치, 2003), 273쪽.

14) 중국 전국시대의 인물로 알려지고 있는 열자(列子; 본명 列禦寇)는 노자, 장자와 함께 중국 도가의 기본 사상을 확립시킨 사상가 가운데 한 사람이며, 『열자』를 지은 것으로 전해진다. 춘추시대 사람이라는 설도 있지만 대체로 전국시대 정(鄭)나라 사람으로 정나라 재상인 자양(子陽)과 같은 시대, 곧 기원적 389년경에 살았으며 장자 이전의 사람으로 알려져 있다. 생애가 불확실해 허구적인 인물로 의심하는 학자들도 있다. 여러 전적을 종합해 볼 때, 열자는 무위적 사유를 전개하였고, 세상을 피해 살다간 사람으로 여겨지고 있다. 현재 전해지는 『열자』는 위진(魏晉)시대에 장담(張湛)이 주석을 달아 놓은 책에 근거한 것이다. 김학주 옮김, 『열자』(경기: 연암서가, 2011) 참조.

15) 예컨대, 『열자』 「양주편」의 기록에는 '인생은 짧은 것이니, 맛있는 음식과 좋은 옷을 입고 음악과 미인을 즐겨야 한다.', '현재의 삶을 즐겨야지 어찌 죽은 뒤의 일을 걱정할 겨를이 있겠는가!' 등과 같은 종욕주의나 단기적 쾌락주의의 주장으로 읽을 수 있는 내용들이 없지 않다. 그래서 기존의 양자사상에 대한 해석은 그가 염세적 인생관을 가졌고, 감각이고 찰라적인 쾌락주의를 주장한 사상가로 읽혀져 왔다. 이러한 관점에 있는 대표적인 글로 미우라 도우사꾸(강봉수 외 공역), 『중국윤리사상사』(서울: 원미사, 2007), 176~180쪽 참조.

16) "楊子取爲我, 拔一毛而利天下, 不爲也. 墨子兼愛, 摩頂放踵利天下, 爲之."(「盡心上; 26」).

17) "楊氏爲我, 是無君也; 墨氏兼愛, 是無父也. 無父無君, 是禽獸也."(「滕文公下: 9」).

맹자가 보기에, 양자는 자신만을 위하는 위아주의(爲我主義)자이고 이기주의자요, 묵자는 모두에게 이익만 된다면 무슨 일이든 다 하는 겸애주의자이고 공리주의자이다. 양자에게는 나만 있고 우리가 없으며, 반대로 묵자에게는 나는 없고 우리만 있다. 그래서 양주에게는 군주가 없고, 묵자에게는 아버지가 없다. 군주가 없다는 말은 공적인 영역인 정치공동체가 없다는 것이고, 아버지가 없다는 말은 사적인 영역인 개별성이 없는 뜻이다. 개인만의 이익을 추구하든 전체의 이익만을 추구하든, 맹자가 보기에 두 사상은 인의(仁義)의 도덕과 왕도정치를 말하지 않고 오로지 이익과 실용만을 주장하는 점에서도 문제이다. 군주와 아버지의 존재를 모르면서 이익과 실용만을 추구하도록 인간을 내버려두면 물신의 노예로 만들고, 금수나 다름없다. 맹자의 주장을 보자.

> 공명의가 말하기를 "임금의 푸주간에 살진 고기가 있고 마구간에 살찐 말이 있는데도 백성들에게 굶주린 기색이 있으며 들에는 굶어 죽은 시체가 있다면 이는 짐승을 내몰아 사람을 잡아먹게 하는 것이다"하였다. 양주·묵적의 도가 종식되지 않으면 공자의 도가 드러나지 못할 것이니, 이는 부정한 학설이 백성을 속여 인의의 정도를 꽉 막는 것이다. 인의가 꽉 막히면 짐승을 내몰아 사람을 잡아먹게 하다가 사람들이 장차 서로 잡아먹게 될 것이다. 내가 이 때문에 두려워하여 선성의 도를 보호하여 양·묵을 막으며 부정한 말을 추방하여 부정한 학설이 나오지 못하게 하는 것이다. 부정한 학설은 그 마음에서 나와 그 일에 해를 끼치며, 일에서 나와 정사에 해를 끼치니, 성인이 다시 나오셔도 내 말을 바꾸지 않으실 것이다.[18]

두 사상가에 대한 맹자의 비판은 정당한가? 양자는 맹자가 보듯 위아적 종욕주의나 이기주의자가 아니라 생명의 본능과 본성에 충실한 귀생주의자였다. 생명의 필요와 요구를 넘어서지 않는 욕구의 추구는 도덕적 선도 악도 아니다. 노자에서 보았듯이, 생명의 필요에 충실한 욕구는 위아적 종욕이나 이기주의가 아니라 오히려 타자에게 선(善)을 베푸는 행위, 즉 "자리가 곧 이타"(自利卽利他)인 것이었다. 자연세계에서 생명들은 서로 먹고 먹히는 유기체

---

18) "公明儀曰: 『庖有肥肉, 廐有肥馬, 民有飢色, 野有餓莩, 此率獸而食人也.』 楊墨之道不息, 孔子之道不著, 是邪說誣民, 充塞仁義也. 仁義充塞, 則率獸食人, 人將相食. 吾爲此懼, 閑先聖之道, 距楊墨, 放淫辭, 邪說者不得作. 作於其心, 害於其事; 作於其事, 害於其政. 聖人復起, 不易吾言矣."(「滕文公下: 9」).

적 공동체이다. 원래 이러한 세계에 오히려 인간들이 개입함으로써 혼란스러워졌다. 그래서 양자는 인간들도 생명들의 세계로 다시 돌아갈 것을 주장한 것이다. 정치적 불간섭주의가 그것이다. 말하자면, 양자는 군주를 없앨 것을 주장했다기보다는 군주에게 작위적 간섭을 하지 않도록 요구하는 역할변화와 무위(無爲)의 정치를 주장한 것으로 볼 수 있다. 한편, 묵자도 맹자가 보듯 자기 아버지를 제쳐두고 전적으로 공적인 영역만을 강조한 것으로 보기 어렵다. 그는 공자적인 효제(孝悌)의 윤리가 혈연적 유대와 사적인 이익만을 위해 기능하지 않을까 우려한 것으로 보아야 한다. 실제 춘추전국시대적 상황은 사가(私家)가 공실(公室)을 침해하는 일이 비일비재했었다. 이러한 상황에서 묵자는 나부터 남의 아버지를 위하고 공적인 영역을 위해 봉사할 때 남도 나의 아버지와 사적인 영역을 침범하는 일이 사라지게 될 것으로 진단했던 것이다. 이것이 겸애와 교리사상의 본의일 것이다.

그럼에도 불구하고, 맹자는 여전히 양·묵의 학설을 믿을 수 없었다. 아무래도 묵자적인 무차별적 겸애의 사랑은 너무 이상적이고 비현실적인 것으로 받아들였다. 묵자적 사고보다는 차라리 양자가 좀 더 현실적이라 여긴 듯하다. 위아적인 사랑은 이기주의자로 머물게 할지 모르지만, 타인과 공동체를 향한 사랑의 확대도 결국 자기사랑으로부터 시작될 수밖에 없는 것이기 때문이다. 다음의 인용은 그런 뜻에서 피력된 것이 아닐까 한다.

> 묵적에서 도피하면 반드시 양주로 돌아가고, 양주에서 도피하면 반드시 유학으로 돌아올 것이니, 돌아오면 받아줄 뿐이다. 지금에 양주·묵적의 학자들과 변론하는 것은 마치 뛰쳐나간 돼지를 좇는 것과 같으니, 이미 그 우리로 돌아오거든 또 따라서 발을 묶어 놓는 구나.[19]

2. 인성론적 기반 : 성선설(性善說)

공자를 사숙(私淑)했다 [20] (『孟子』, 離婁下;22)는 맹자의 가장 큰 공헌은 역시 인간본성의

---

19) "逃墨必歸於楊, 逃楊必歸於儒. 歸, 斯受之而已矣. 今之與楊墨辯者, 如追放豚, 旣入其苙, 又從而招之."(「盡心下; 26」).
20) 직접 공자문하에서 수학하지 못하고, 공자의 도를 이어온 선배들에게 사사로이 배워서 선하게 되었다는 뜻이다. 공자의 도는 직전제자인 증자(曾子)에서 공자의 손자인 자사(子思)를 거쳐 맹자로 이어졌다.

선(善)함을 주장하는 인성론을 확립했다는 점일 것이다. 그런데 정작 공자는 인성론과 관련하여 성무선무악설(性無善無惡說)을 주장했고, 2차적 본성으로 성선설(性善說)을 정초했었다(제2장 참조). 맹자는 증자(曾子)에서 자사(子思)로 내려온 당위유학적 도통을 전수받았다. 그러나 그는 당위유학적 도통을 이어받으면서 공자를 사숙하였지만, 처음부터 성선설을 주장했던 것은 아닌 것 같다. 잠시나마 맹자 역시 성무선무악설을 고민했던 것 같다. 그는 단적으로 "욕구하고자 하는 것을 일컬어 선(善)이라 한다."[21]고 규정했었기 때문이다. 이는 곧 "나의 자리적 욕구추구가 곧 타자에서 선(善)이 되는"(욕구와 선의 일치)를 지향하는 성무선무악설의 관점을 의미한다.

성무선무악설은 인간의 본성은 선험적으로 선도 악도 아니며, 모든 생명가진 존재들처럼 생(生)의 욕구가 본능이고 본성이라는 관점이다. 단정할 순 없지만 양자가 그런 관점을 가졌던 것 같고, 노자와 장자의 관점이 그랬고, 이제 보겠지만 고자(告子)가 이를 분명히 밝혔다. 맹자도 인간을 포함한 모든 생명가진 존재들(개, 소, 버들)은 이러한 생의 본능과 본성을 가진다고 하였다(告子上:1,2,3,8). 그것을 그는 식색지성(食色之性)이라 부른다. 그러나 맹자는 이러한 관점을 끝까지 고수하지 못하였다. 그는 인간에게는 식색지성 외에 도의지성(道義之性)도 아울러 가지고 태어났다고 선언한 것이다. 그러니까 사정은 이렇다.

원래 인간에게는 식색지성도 욕구이고 선(善)이며, 도의지성도 욕구이고 선(善)이었다. 식색지성과 도의지성을 동시에 추구해도 욕구가 실현되고 선이 실현될 수 있었다. 그리고 식색지성과 도의지성은 모두가 본성(性)이며 본능(命)이기에 그것은 '배우지 않아도 실현할 수 있는' 양지양능(良知良能)의 능력이었다. 인간은 처음부터 욕구와 선의 일치를 담보할 수 있는 존재였다. 욕구와 선의 일치, 즉 자리심(自利心; 自利卽利他)이 인간의 본능이고 본성이었다. 그러나 맹자는 이러한 관점을 끝까지 고수하지 못했다. 그는 식색지성과 도의지성이라는 두 욕구가 갈등할 경우에는 도의지성을 더 바람직한 선(善)으로 규정했고, 더 나아가 식색지성을 악으로 도의지성만을 도덕적 선으로 규정하고 말았던 것이다. 그래서 결국 맹자는 욕구와 선의 일치를 포기하고, 도의지성을 도덕적 옳음(보편적 이성)으로 해석해야만 했다.[22] 맹자의 주장을 직접 보자.

---

21) "可欲之謂善."(「盡心下: 24」).
22) 김형효, 『철학적 사유와 진리에 대하여 1』(서울: 청계, 2004), 23~79쪽; 이주행, 『무위유학: 왕기의 양명학』(서울: 소나무, 2005), 71~128쪽 참조.

① 입이 맛있는 음식을 찾고, 눈이 색(色)을 밝히며, 귀가 아름다운 음악을 듣고, 코가 향기로운 냄새를 맡으려 하며, 사지(四肢)가 편안한 것을 좋아하는 것 등은 인간의 본성(性)이다. 그러나 여기에는 운명(命)적인 것이 있으므로 군자(君子)는 그런 것을 〈성性〉이라 부르지 않는다. ② 인(仁)이 부자(父子)간에 베풀어지고, 의(義)가 군신(君臣)간에 유지되며, 예(禮)가 손님과 주인 간에 지켜지고, 지(知)가 현자(賢者)에게서 밝혀지며, 성인(聖人)이 천도(天道)에 따라 행하는 것 등은 인간의 운명(命)이다. 그러나 여기에는 본성(性)적인 것이 있으므로 군자는 그런 것을 〈명命〉이라고 부르지 않는다.[23]

인용에서 ①은 동물성과 공유하는 인간의 식색지성(食色之性)이고, ②는 동물성과 구별되는 인간만의 도덕성(道德性: 仁義禮智)이라 볼 수 있다. 이처럼 크게 보면 식색지성과 도덕성이 모두 인간의 본능이고 본성의 한 축을 이룬다. 그런데 ①의 식색지성이나 ②의 도덕성이 모두 명(命)인 동시에 성(性)이고 성(性)인 동시에 명(命)이지만, 식색지성은 성(性)이라기보다는 명(命)에 가깝고 도덕성은 명(命)이라기보다는 성(性)에 더 가깝다고 맹자는 말하고 있다. 이를 어떻게 읽어야 할 것인가. 〈명命〉이란 인간이 통제할 수 없기 때문에 어쩔 수 없이 받아들여야 되는 부분을 지칭하고, 〈성性〉은 인간이 닦고 키워야 할 부분을 가르치는 것으로 보아야 할 것이다.[24] 그러니까 전자는 본능이고 후자는 본성이다. 이렇게 보아야 해석이 된다. 그래서 그는 욕구 즉 식색(食色)이 인성의 전부로서 인간을 도덕적으로 중립적인 존재로 보는 고자(告子)의 입장을 배척하면서(告子上:1,2,3,4), 오히려 인간을 다른 동물과 구별하는 도덕성이야말로 인간본질을 특징짓는 것으로 생각했다. 이러한 생각에서 맹자는 인간의 본성이 선하다는 성선설을 주장하게 된 것이다. 그리하여 그는 사람에 따라 어떤 이는 그 본성이 선(善)하고 어떤 이는 불선(不善)하다는 차별적인 인성론도 수긍하지 않았고, 군주(君主)의 정치 여하에 따라서 선(善)하게 될 수도 있고 불선(不善)하게 될 수도 있다는 환경결정론도 받아들이지 않았다(告子上:6).

『맹자孟子』「고자告子」편에서는 인성론을 둘러싼 고자와 맹자간의 논쟁이 실려 있다. 이 두 사람 간에 이루어진 인성론 논쟁은 이 주제와 관련한 첫 번째 철학적 논쟁이 아닌가 싶다. 두 사람의 관점을 대비시켜보자.

---

23) "口之於味也, 目之於色也, 耳之於聲也, 鼻之於臭也, 四肢之於安佚也, 性也. 有命焉, 君子不謂性也. 仁之於父子也, 義之於君臣也, 禮之於賓主也, 知之於賢者也, 聖人之於天道也, 命也. 有性焉, 君子不謂命也."(「盡心 下: 24」).
24) 김승혜, 『원시유교』(서울: 민음사, 1990), 169쪽.

〈표 1〉 고자(告子)와 맹자(孟子)의 인성론 논쟁

	告子	孟子
성기류설 (性杞柳說)	성(性)은 버드나무와 같고, 의(義)는 그것을 구부려 만든 그릇과 같다. 인성이 인의(仁義)라 함은 버드나무로 그릇을 만드는 것과 같다.	당신은 버드나무의 본성을 따라서 그릇을 만들었는가? 아니면 버드나무의 본성을 상하게 해서 그릇을 만들었는가? 만일 버드나무를 상하게 해서 그릇을 만들었다면, 당신은 사람도 상하게 해서 인의(仁義)를 갖게 할 것인가?
성단수설 (性湍水說)	성(性)은 소용돌이치는 물(湍水)과 같아서 동쪽으로 길을 터놓으면 동쪽으로 흘러가고, 서쪽으로 터놓으면 서쪽으로 흘러간다. 인성에 선과 악의 구분이 없는 것은 물에 동서의 구분이 없는 것과 같은 것이다.	물이 진실로 동서의 구분은 없으나, 상하(上下)의 구분도 없겠는가? 인성이 선(善)함은 물이 아래로 흘러가는 것과 같은 것이다.
생즉성설 (生卽性說)	삶의 본능(生)이 성(性)이다.	삶의 본능이 성(性)이라 한다면, 그것은 흰 것을 흰 것이라고 하는 것과 같은 것인가? 그렇다면, 개의 성은 소의 성과 같고, 소의 성은 사람의 성과 같은가?
인내의외설 (仁內義外說)	식색(食色)이 성(性)이다. 인(仁)은 안에 있는 것이고 밖에 있는 것이 아니다. 의(義)는 밖에 있는 것이고 안에 있는 것이 아니다. 내 동생을 사랑하고 진(秦)나라 사람의 동생은 사랑하지 않는 일이 있으니, 이것은 내가 마음에서 기뻐하여 나오는 것이므로 인(仁)은 안에 있는 것이다. 그러나 초(楚)나라 사람의 어른도 어른으로 받들고 내 어른도 어른으로 받드는 것은, 받드는 대상인 어른이 기뻐하는 것이므로 의(義)는 밖에 있는 것이다.	어른이라는 사실 자체가 의(義)인가? 어른으로 받드는 것이 의(義)인가?

고자의 경우 성(性)은 본성이고, 의(義)는 후천적인 도덕성이다. 그러나 맹자의 경우 성은 곧 인의(仁義)이고, 선험적 도덕성이다. 우선, 고자의 성기류설(性杞柳說)과 성단수설(性湍水說)은 성무선악(性無善無惡)의 논거이다. 본성은 버드나무나 물과 같다. 그것들은 선악의 방향이 정해져 있지 않다. 그릇을 만드는 것과 물의 길을 내는 것은 후천적인 인위이다. 도덕성도 후천적 인위이다. 그러나 맹자의 관점은 버드나무의 본성은 가지를 아래로 뻗어가는 것이고, 물 역시 위에서 아래로 흐르는 것이 본성이라는 것이다. 버드나무의 뻗어가는 성질을 꺾어 그릇을 만들고, 아래로 흐르는 물을 좌우로 돌리는 것이 인위이고 본성을 훼손하는 꼴이다. 이처럼 도덕성도 선천적인 것이다. 그야말로 성기류설과 성단수설은 성무선무악(性無善無惡)과 성선(性善)의 대립적 관점을 보여주고 있다.

다음으로, 고자의 경우, 생즉성설(生卽性說)과 인내의외설(仁內義外說)을 합쳐 해석하면, [본성(性) = 삶의 본능(生; 생명) = 사랑(仁)]이라는 등식이 성립한다. 말하자면, 본성이란 삶의 본능, 즉 생명에 대한 사랑이라 하겠다. 그러나 이러한 고자의 관점에 대하여 맹자는 생(生)이란 이기심이고 동물성일 뿐이고, 생을 본성으로 여긴다면 동물성과 인성 간의 차이가 무엇이고, 동물과 다른 인간의 본질이 무엇이냐고 묻고 있다. 인의(仁義)의 도덕성이야말로 인간만이 가지고 있는, 인간을 인간이게 하는 본질이고 특성이라 여기는 것이다.

이상이, 고자와 맹자의 인성론에 관한 대비적 관점이다. 요약해서 이렇게 정리할 수 있다. 먼저, '생'(生)자를 두 가지 뜻으로 해석할 수 있다. 즉, ① '낳다, 태어나다', ② '(더불어) 살다, 삶'이 그것이다. 다음, '인'(仁)자도 두 가지로 해석할 수 있다. ① '생명사랑, 생명력', ② '(두 사람이) 서로 사랑함'이 그것이다. 생과 인을 조합하여 해석하면, ① '생명을 낳고, 생명을 사랑한다.', ② '더불어 살고 서로 사랑한다.'가 될 것이다. 여기서 전자의 ①이 양자, 노자, 고자의 관점(성무선무악설)이고, 후자의 ②는 맹자의 관점(성선설)에 가깝지만, 묵자(소염설所染說)나 순자(성악설性惡說)의 관점으로 발전할 수도 있다. 묵자와 순자는 인간의 본성이 이기심으로 기울기 쉽다고 보았다. 그러나 그들은 모두가 죽는 이전투구로부터 벗어나기 위해, 인간은 도덕(예禮)을 만드는 지성을 발휘했다고 여긴다. 맹자가 선천적 인의의 도덕성으로 욕망을 극복하는 당위윤리(當爲倫理)를 주장했다면, 묵자와 순자는 후천적 예법(禮法)으로 욕망을 합리적으로 조절하는 유위윤리(有爲倫理)를 주장하였다. 그러나 고자는 당위윤리도 유위윤리도 아닌, 무위윤리(無爲倫理)를 생각했던 것이 아닌가 한다. 무위윤리란 '자리즉이타'(自利卽利他), 즉 나의 욕구추구가 곧 도덕적 선이 되는 윤리이다. 맹자가 보기에 묵자 등의 관점은 인간을 물신의 노예로 이끌 가능성이 농후하고, 고자 등의 관점은 세계에서 차지하는 인간의 위상이 위험스럽다고 여겼다. 맹자가 양·묵의 학설을 배척하고 고자와 철학적 논쟁을 벌이면서 성선설을 입론한 이유가 여기에 있다.

전국시대는 이익의 이전투구를 벌이는 악의 시대였다. 양자나 고자처럼 인간적인 모든 욕망을 내려놓고 생(生)의 필요와 요구에 충실한 삶을 살라는 것은 지나친 이상(理想)이기도 하거니와, 세상에서 주도적 위치를 점하고 있는 인간의 존재위상을 끌어내리는 것이다. 맹자가 보기에 오히려 동물세계야말로 더욱 약육강식의 욕망이 지배하는 곳처럼 보였다. 동물세계에서 약육강식은 자연스런 자연법칙일지 모르지만 인간세계에서 그것은 생각만해도 끔찍하다. 전국시대라는 현실이 이를 증명하고도 남지 않는가? '무차별적 사랑'(兼愛)을 주장하고 사랑의 실현을 '이익의 공유'(交利)로 여기는 묵자의 사상도 비현실적일 뿐만 아니라 인간을 그 자체로 존엄한 존재로 보지 않고 사물화(事物化)시킬 우려가 있다. 인간은 그 자체로 존엄해야 하고, 세계에서 주도적 위치를 점해야 한다. 인간만이 이성을 가졌고 도덕성을 선험적으로 보지한 존재이기 때문이다.

맹자에게 있어 인간 본질을 규정하는 성선(性善)의 보증수표가 하늘(天)이다. 그는 마음을 다하여[진심盡心] 도덕적 본성을 자각할 때 그것이 곧 하늘에서 온 것임을 알게 될 것이라 말한다.[25] 이는 자사(子思)의 『중용(中庸)』을 이은 관점이지만,[26] 맹자에게 있어 천(天)은 경외(敬畏)의 대상이라기보다 형이상학적 실체이다.[27] 이처럼, 인격천(人格天)에서 형이상학적 혹은 윤리적 천(天)으로의 변화는 도덕의 근원이 외부나 신(神)에 있지 않고 인간의 내부에 자리 잡고 있음을 알리는 경종이다. 하늘은 성실[성誠] 그 자체(離婁上:12)로, 모든 인간에게 도덕성을 부여하는 보편적 도덕원리이며 궁극적 실체이기 때문이다.

그러나 맹자가 성선을 주장했을 때 의미하는 바는 모든 인간이 공자와 같은 성인으로 태어났다는 것이 아니다. 인간에게는 동물성과 도덕성이 공존하기에 선할 수도 있고 악할 수도 있다. 따라서 천성(天性)인 본성을 자각(自覺)하고 보존[존심存心]하지 않으면 언제든지 인간은 이기심(利己心)과 이욕심(利欲心)에 물들고 악(惡)으로 떨어질 가능성을 가지고 있는 것이다. 맹자는 전국시대적 악의 상황이 여기에서 비롯된 것이라 진단하고 있다.[28] 또한 여기에서 동물성을 억제하고 도덕성을 이끌어 내는 교육의 필요성이 제기된다. 도덕성을 이끌

---

25) "孟子曰, 盡其心者, 知其性也, 知其性, 則知天矣."(「盡心上: 1」).
26) 『中庸』. "天命之謂性, 率性之謂道, 修道之謂教."
27) 牟宗三, 『中國哲學의 特質』, 宋恒龍譯, (서울: 同和出版社, 1983), 66~67쪽 참조.
28) "王曰 何以利吾國, 大夫曰 何以利吾家, 士庶人曰 何以利吾身, 上下交征利, 而國危矣."(「梁惠王上: 1」).

어 내는 교육이기에, 그것은 밖으로부터 뭔가를 주입하는 '직접전달(直接傳達)'의 교육방식보다는, 내재된 도덕적 본성을 자각하도록 일깨우고 그것을 보존하고 확충해 나갈 것을 촉구하는 키에르케고르적 의미의 '간접전달(間接傳達)' 혹은 '자율적 발달론'의 도덕교육일 가능성이 높다.

Ⅲ. 인의(仁義)의 윤리학과 왕도(王道)정치

1. 당위적 인의(仁義)의 윤리

이제 맹자가 정초한 인의(仁義)의 당위윤리와 그에 토대한 왕도정치의 이상을 보자. 맹자는 하늘로부터 부여받은 선한 도덕적 본성이 인간 안에 내장되어 있다고 본다.

> 우물에 막 빠지려 하는 어린이를 본 사람이면 누구나가 놀랍고 측은한 마음을 가질 것이니, 이는 그 부모의 호감을 사기 위해서도 아니고, 이웃 사람들과 친구들의 칭찬을 듣기 위해서도 아니다.[29]

> 자기 성정에 따라 행한다면 선할 것이다. 만약 선하지 않게 된다 해도 그것은 그 본바탕이 나쁜 탓이 아니다. 사람은 누구나 측은히 여기는 마음을 가지며, 부끄러워하고 미워하는 마음을 가지며, 공경하고 사양하는 마음을 가지며, 옳고 그름을 가리는 마음을 가진다. 이 측은지심은 인이요, 수오지심은 의요, 사양지심은 예요, 시비지심은 지다. 인의예지는 밖에서부터 나에게 이르는 것이 아니라 내가 본래부터 지니고 있는 것이다.[30]

---

29) "所以謂人皆有不忍之心者, 今人乍見孺子將入於井, 皆有怵惕惻隱之心, 非所以內交於孺子之父母也, 非所以要譽於鄕黨朋友也, 非惡其聲而然也."(「公孫丑上: 6」).

30) "孟子曰: 乃若其情, 則可以爲善矣, 乃所謂善也. 若夫爲不善, 非才之罪也. 惻隱之心, 人皆有之; 羞惡之心, 人皆有之; 恭敬之心, 人皆有之; 是非之心, 人皆有之. 惻隱之心, 仁也; 羞惡之心, 義也; 恭敬之心, 禮也; 是非之心, 智也. 仁義禮智, 非由外鑠我也, 我固有之也."(「告子上: 6」).

인용에서 보듯 정확히 말하여, 인간의 마음(心)에 내장되어 있는 도덕적 본성은 인의예지의(仁義禮智)의 사덕(四德)이다. 이 네 가지 덕(德)에 뿌리를 두고 표출된 마음(도덕적 감정)이 곧 사단(四端)인데, "측은히 여기는 마음"[측은지심惻隱之心, 인지단仁之端], "부끄러워하고 싫어하는 마음"[수오지심羞惡之心, 의지단義之端], "공경하고 사양하는 마음"[사양지심辭讓之心, 예지단禮之端], "옳고 그름을 판단하는 마음"[시비지심是非之心, 지지단智之端] 이 그것이다. 이 사덕(四德)에 토대한 사단(四端)의 마음은 '배우거나 생각하지 않고도 누구나가 자연스럽게 느끼게 되는'[양지양능良知良能] 천연적인 마음[적자지심赤子之心 혹은 본심本心]이다.

사덕(四德)을 대표하는 것은 인(仁)으로써, 그것은 공자에서와 마찬가지로 도덕의 제일원리가 되는 전덕(全德)이 된다고 본다. 측은지심(惻隱之心)과 불인지심(不忍人之心)은 동일한 내용으로서 마음의 1차적 작용이라면, 나머지 세 가지 마음, 즉 수오지심(羞惡之心), 사양지심(辭讓之心), 시비지심(是非之心)은 이러한 1차적 마음을 바탕으로 해서 성립하는 2차적 마음으로 볼 수 있다. 맹자가 "인이란 사람의 마음이다"(仁, 人心也; 告子上:11)라고 언표한 것도 이러한 주장을 위한 증거로 볼 수 있다. 이렇게 볼 때 사단(四端)은 측은지심(惻隱之心)으로, 사덕(四德)은 인(仁)으로 귀결된다고 할 수 있다.[31] 따라서 측은지심(惻隱之心)인 인(仁)의 도덕심은 자발적으로 규범을 결정하는 입법자이다. 모든 도덕 활동은 도덕 주체에 의하여 발현되고 완성되며, 규범 또한 도덕 주체에 의하여 결정되기 때문에 도덕 주체야말로 인간 존재의 근거이다.[32]

그러나 맹자는 1차적 마음인 인(仁)과 더불어 2차적 마음 중에서 의(義)를 상대적으로 강조했다. 공자가 살았던 춘추시대보다 더 혼란해진 전국시대적 악의 상황에서 맹자는 훨씬 더

---

31) 이 점을 좀 더 명확히 이해하는 데는 주희의 설명이 도움이 된다. 주희는 그의 만년 작품인 「仁說」에서 〈仁〉을 性卽理의 德으로, 仁義禮智의 四德을 포괄하는 全德으로 보고 있다. 부연하면, 〈仁〉의 의미는 두 가지다. 하나는 '愛之理로서의 仁'이고, 다른 하나는 '心之德으로서의 仁'이다. 전자는 仁의 전통적 의미인 사랑(仁愛) 혹은 사랑의 두터움(仁厚)의 뜻으로 그것은 四德 속의 협의의 仁 개념이다. 후자는 全德으로서의 광의의 仁 개념이다. 이러한 두 가지 仁 개념은 앞서 공자에서 본 것이다. 주희를 공맹의 관점을 잇고 있는 것이라 볼 수 있겠다. 어쨌든 주희도 全德으로서의 仁은 나머지 모든 德들을 포괄하는 德으로써, 말하자면 도덕의 제일원리이고 도덕실천의 내적 근거로 보고 있다. 『朱子大全』, 卷 67, 「仁說」. 주희의 〈仁說〉에 관한 고찰은 梁承武, 「朱子의 仁說에 대한 再照明」, 『儒學思想硏究』 제1집(서울: 儒敎學會, 1986). 그리고 이 책의 제9장 참조.

32) 황갑연, 『공맹 철학의 발전』(서울: 서광사, 1998), 42쪽.

옳고 그름을 엄격히 분별하고 그에 터하여 악을 광정하는 일에 나설 수밖에 없었다. 또 한편으로, 맹자가 한탄했듯이, 사상적으로는 양주의 위아주의(爲我主義)와 묵적의 겸애사상(兼愛思想)이 세상을 혼란스럽게 이끌고 있었다. 이러한 시대적·사상적 상황이 아마도 맹자로 하여금 인(仁)과 더불어 의로움의 윤리를 강조하게 한 배경이 되었을 것이다. 양주의 위아나 묵적의 겸애와 달리, 맹자에게 있어 인(仁)은 내 부모를 공경하는 마음을 남의 부모에게까지 미치게 하고 내 자녀를 사랑하는 마음을 남의 자녀들에게까지 미치게 하는 것, 즉 충서(忠恕)의 도(道)가 가족에서 이웃으로 사회로 국가로 확대해가는 것이다. 이를 위해서는 대상에 걸맞게 사랑(仁)을 적절히 분배하는 기준이 있어야 한다. 그것이 의로움(義)이다.

'의로움'[義]은 수오지심의 뿌리이지만, 원래의 뜻은 '옳음'[誼] 혹은 '마땅함'[宜]이다. 문제는 '의로움', '옳음', '마땅함'의 기준이 무엇인가 하는 점이다. 김낙진에 의하면,[33] '의로움'의 기준에 대한 동양사상적 이해는 세 가지로 대별할 수 있는데, 첫째가 개인들 간의 사사로운 은혜에 바탕을 둔 자객과 호걸의 의리이고, 둘째는 사회적 지위에 따라 부여되는 의리로써 유교의 분의(分義)이며, 셋째는 차등 없는 헌신으로서의 의리를 대변하는 묵자와 한비자(韓非子)의 의리가 그것이다. 이 중 말할 것도 없이 맹자의 관점은 유교적 의리이다. 유교의 의리란 한마디로 "명분론에 따라 자기에게 부여한 직분을 다함"이다.[34] 『논어』에서 "임금은 임금다워야 하고 신하는 신하다워야 하며 아버지는 아버지다워야 하고 자식은 자식다워야 한다.(君君臣臣父父子子)"는 언표는 그 전형적인 예이다. 여기서 "~다움" 혹은 "~답게 행동함"은 보다 실천적인 직분으로 구체화될 필요가 있는 데 그것은 바로 덕목과 규범으로 제시되는 것이다. 예컨대, 『예기(禮記)』에서는 "~다움"을 덕목으로 풀어 해석하고 있고, 맹자는 오륜(五倫)의 실천윤리로 구체화하였다.

> 사람의 의란 무엇인가? 부모는 자애롭고, 자식은 효도하고, 형은 양순하고, 동생은 공경하고, 지아비는 의롭고, 지어미는 명을 받들고, 윗사람은 은혜롭고, 어린 사람은 순종하고, 임금은 어질고, 신하는 충성하는 것, 이 열 가지를 일러서 사람의 의라고 한다.[35]
> 사람에게는 도가 있다. 배부르게 먹고, 따뜻하게 입고, 편안히 살면서 배움이 없으면 심

---
33) 김낙진, 『의리의 윤리와 한국의 유교문화』(서울: 집문당, 2004), 39~71쪽 참조.
34) 위 책, 55쪽.
35) 『禮記』, 「樂記」. "何謂人義? 父慈, 子孝, 兄良, 弟弟, 父義, 婦聽, 長惠, 幼順, 君仁, 臣忠, 十者謂之人義."

승과 별로 다르지 않다. 성인이 이를 걱정하여 설(契)을 사도(司徒)로 삼아 인륜을 가르쳤으니, "부자는 친함이 있어야 하고(父子有親), 군신은 의리가 있어야 하고(君臣有義), 부부는 분별이 있어야 하고(夫婦有別), 장유는 서열이 있어야 하고(長幼有序), 붕우는 신의가 있어야 한다(朋友有信)"라고 하여 오륜의 내용을 구체적으로 밝혀놓았다.36)

그리고 의리를 구체적인 실천규범의 차원으로 제시된 것이 예의(禮儀)이다. 유교에서 말하는 "예의삼백(禮儀三百), 위의삼천(威儀三千)"이라는 모든 행위의 도덕규범은 의리의 구체화된 표현에 다름 아니다. 말하자면, 분의(分義)에 입각하여 직분에 따른 덕목과 예의가 제정되고, 이제 그러한 덕목을 실현하고 규범으로서의 예를 준수함이 곧 의리를 지키는 것이 된다. 이처럼 의리란 합리적으로 지위와 역할을 나누고(分) 그에 따른 덕목과 규범을 준수함을 책임으로 부과하는 도덕적 명령(義)이다.37) 그리고 이러한 도덕적 명령을 따르는 것은 신의 명령이거나 행위의 결과가 이익(유용성)을 가져오기 때문이 아니라 인간으로서 마땅히 따라야 할 당위이다. 인간은 내재된 도덕성을 가지고 태어난 존재이기 때문이다.

분의와 예의를 정함에 전제가 되는 내재된 도덕성으로서의 궁극적 원리가 인(仁)이다. 인(仁)은 전덕으로서 도덕의 제일원리이고 도덕실천의 내적 근거이다. 맹자의 유교윤리학은 이 전덕인 인(仁)에 기초하여 도덕적 문제 사태를 파악하고(智) 가장 적합하고 합리적인(義) 규범(禮)을 입법하라는 것이라 하겠다. 말할 것도 없이 기존 규범(분의와 예의)에 대한 반성적 평가의 규준도 인(仁)이다. 그래서 맹자 윤리학의 핵심은 인(仁)과 의(義)의 조화와 균형에 있다. 이것이 맹자적 인의(仁義) 윤리학의 본질이다.

그런데 도덕현실에서 '의로움' 윤리를 실현하는 데는 그리 간단치가 않다. 인(仁)과 의(義)의 조화와 균형적 결단을 내린다는 것이 말처럼 쉬운 일이 아니기 때문이다. 맹자가 규정했듯이, 두 규범은 서로 기원이 다르다. 즉 인(仁)이 부자관계를 핵심으로 하는 가족규범으로 출발한 것이라면,38) 의(義)는 형제관계에서 비롯되지만 이를 장유와 군신관계로 확대시켜 적용되는 사회규범이다.39) 처음부터 유교윤리는 서로 이율배반적인 가족규범과 사회규범의

---

36) "人之有道也, 飽食, 煖衣, 逸居而無教, 則近於禽獸. 聖人有憂之, 使契爲司徒, 教以人倫: 父子有親, 君臣有義, 夫婦有別, 長幼有序, 朋友有信."(「藤文公上: 4」).
37) 김낙진, 앞의 책, 57쪽.
38) 공자는 효제를 인을 실천하는 근본(孝弟也者, 其爲仁之本與)이라 하였다.
39) 『孟子』. "仁之實 事親是也, 義之實 從兄是也."; "未有仁而遺其親者也, 未有義而後其君者也."

일치를 지향하고 있다. 가족이라는 혈연공동체 안에서는 아무래도 엄격하게 따지고 나누는 합리성(分義)보다는 정서적 유대감(親), 사랑(愛), 배려 등이 중요한 덕목으로 등장한다. 그러나 사회라는 비친면적 공동체에서는 그 반대이다. 그러기에 자칫 분의와 예의를 강조할 때 인간관계는 소원해지고 형식으로 흐를 수 있다. 반대로 인(仁)과 악(樂)을 강조할 때 인간관계는 절도가 없어지고 온정적으로 흐를 가능성이 크다.

"인(仁)에 도타운 사람은 의(義)에 박하니 사랑은 하되 존중하지 못하며, 의(義)에 도타운 사람은 인(仁)에 박하니 존중은 하되 사랑하지 않는다."40)는 『예기禮記』의 언표는 유학자들의 지향점과 고민을 종합적으로 표현해 주고 있다. 그래서 '의로움'의 윤리를 실현하는 데는 대단한 도덕적 안목이 필요하다. 인과 의의 조화와 균형이란 단순한 산술적 평균과는 거리가 멀다. 그것은 시공간적 상황에 따라 그에 알맞은 최적의 시중적(時中的) 중용(中庸)을 포착하는 행위선택이다. 따라서 여기서는 고도의 지적·도덕적 안목을 요구하는 것이다. 맹자가 시비지심(是非之心)이라는 지(智)의 덕을 강조한 이유가 여기에 있다. 또한 '의로움'의 윤리를 실현하는 데는 매우 높은 도덕적 열정과 실천의지가 필요하다. 맹자가 사양지심(辭讓之心)의 예(禮)의 덕을 이러한 필요에서다.

'의로움'의 윤리는 인(仁) 혹은 적어도 〈무사심無私心〉에 기초하여 〈도덕이 단지 옳다는 이유〉로 실천해야함을 요구한다. 우선, 여기서 '무사심'은 행위주체의 의리실천이 자기의 사적 이익과는 무관해야 한다는 것이다. 그리고 '무사심'은 무욕(無欲)이나 숙멸(寂滅)이라기보다는 맹자가 언표했듯이 과욕(寡欲)에 가깝다. 물론 과욕(寡欲)이라 해도 그것이 사심(私心)과의 경계선이 어디인지는 항상 문제거리가 될 것이지만, 사심에 기초한 행위는 의리실천이 아니다.41) 공자가 말했듯이, 설사 사적 이익을 추구한다고 하더라도 그것은 의로움에 기초해야만 한다.42) 공자를 이어 맹자도 의(義)와 이(利)를 엄격히 구분하고자 하였다.

---

40) 『禮記』「表記」. "厚於仁者 薄於義, 親而不尊, 厚於義者 薄於仁, 尊而不親."
41) 여기서 寡欲과 私心의 경계는 필요(need)와 욕망(desire)의 구별로 설명할 수 있을 것이다. 즉 필요에 따른 사적이익의 추구는 의로운 것일 수 있지만, 필요를 넘어선 욕망의 추구는 사심이라 하겠다.
42) 『論語』. "不義而富且貴 於我如浮雲."

2. 왕도정치의 이상

맹자의 인(仁)에 토대한 '의로움'의 윤리는 사회철학적으로 인정(仁政)과 왕도정치(王道政治)의 이상으로 이어진다. 국가공동체에는 늘 지배자와 피지배자가 있게 마련이다. 그것이 천하에 통용되는 의리이다.

옛 말에 이르기를 '혹 마음이 수고로운 자가 있고, 혹 몸이 수고로운 자가 있다. 마음이 수고로운 자는 남을 다스리고, 몸이 수고로운 자는 남에게 다스려진다'하였으니, 남에게 다스려지는 자는 남을 먹여주고, 남을 다스리는 자는 남에게 얻어먹는 것이 천하의 공통된 의리이다. [43]

노심자(勞心者)는 지배층으로 백성들을 다스리고, 백성들인 노력자(勞力者)는 피지배층으로 지배층을 먹여 살린다. 그러나 노심자와 노력자는 서로 정치적 이해득실과 갈등으로 대립하는 지배와 피지배의 관계이기보다는 서로 돕고 서로 살리는 사회적 분업과 교환의 관계이어야 한다. 이들의 관계가 전자로 나아갈 때 세상은 어지러워지고 모두가 이익을 다투는 이전투구의 마당이 된다. 전국시대의 악은 이로부터 왔다.[44] 세상이 다스려지고 후자의 관계로 나아가기 위해서는 누구보다 군주를 비롯한 노심자들의 역할이 중요하다. 그래서 맹자는 인정(仁政)과 왕도(王道)의 정치를 주장한다.

인정(仁政)이란 '차마하지 못하는 마음'(불인지심不忍之心)을 미루어 '차마하지 못하는 정치'(不忍之政)을 펼치는 정치를 말한다. '차마하지 못하는 정치'란 충서(忠恕)의 도를 국가사회에 적용하는 것인바, 한마디로 백성들의 삶의 고락(苦樂)에 예민하게 대처하는 정치이다. 그러니까 노심자들의 정치가 타당한지를 결정하고 인정(仁政)의 여부를 점검하는 최고의 지침은 민심(民心)의 소재파악에 있다고 할 수 있다. 마치 한 인간의 인감됨이 자신의 본심(本心)을 보존하고 배양하여 얼마나 진심(盡心)했는가에서 판정되듯이, 한 군주의 임금됨

---

[43] 或勞心, 或勞力; 勞心者治人, 勞力者治於人; 治於人者食人, 治人者食於人: 天下之通義也.(藤文公上: 4).
[44] "孟子見梁惠王. 王曰:「叟不遠千里而來, 亦將有以利吾國乎? 孟子對曰:「王何必曰利? 亦有仁義而已矣. 王曰『何以利吾國』? 大夫曰『何以利吾家』? 士庶人曰『何以利吾身』? 上下交征利而國危矣. 萬乘之國弑其君者, 必千乘之家; 千乘之國弑其君者, 必百乘之家. 萬取千焉, 千取百焉, 不爲不多矣. 苟爲後義而先利, 不奪不厭."(梁惠王上: 1).

은 자기 백성의 마음을 얼마나 기쁘게 하는가에 따라 결정된다. 이러한 맹자의 인정을 왕도의 정치라 부르고, 그것은 민본주의(民本主義)적 정치사상에 다름 아니다. 이러한 민심에 바탕을 둔 인정과 왕도를 베풀 수 있는 인자(仁慈)한 사람만이 군주의 지위에 있어야 한다. 군주가 인정과 왕도를 행하지 않고 민심을 배반한 정치를 할 때에는 역성혁명(易姓革命)도 정당화될 수 있다는 것이 맹자의 관점이다.

> 맹자가 말했다. 백성이 귀중하고 나라가 그 다음이고, 군주는 가볍다. 이러한 까닭에 백성의 마음을 얻어서 천자가 되며, (중략) 나라가 위태로우면 군주를 바꾼다.[45]

백성이 있어야 나라가 있고, 나라가 있어야 군주도 있는 법이다. 민본에 바탕을 둔 인정을 베푸는 가장 좋은 방법은 백성들과 생사고락(生死苦樂)을 같이하는 것이다. 이른바 여민동락(與民同樂)이 그것이다. 예컨대, 제선왕(齊宣王)이 자신은 식색(食色)의 욕망에 속하는 재물, 아름다운 여자, 넓은 사냥터, 세속적인 음악, 명예와 용맹 등을 좋아한다고 고백하자, 맹자는 그의 주장을 모두 수긍하는 가운데 그러한 것들은 백성들도 좋아하는 것임을 인정하고 백성들과 함께 더불어 즐길 수 있다면 인정을 베풀 수 있는 것이라고 설명하고 있다(「梁惠王下: 1,3,5」 등 참조).

민본에 바탕을 둔 인정과 왕도가 베풀어지기 위해서는 현량한 신하들도 잘 선택해야 한다. 신하의 선택도 좌우에 있는 사람들의 추천이 아니라 백성들의 의견을 물어서 간택해야 하고(「梁惠王下: 7」), 군주가 신하를 채용한 후에는 그들의 직분에 따라 역할을 주어야 하며, 그들이 역할을 배운 바대로 실천할 수 있도록 허용해야 한다(「梁惠王下:9」「藤文公下: 2」). 나아가 백성들에게는 '항산'(恒産)을 갖도록 해야만 한다고 주장한다.

> 백성들이 사는 방도란 일정한 생활 근거가 있는 사람은 일성한 마음을 지니고, 일징한 생활 근거가 없는 사람은 일정한 마음이 없습니다. 진실로 일정한 마음이 없게 되면 방탕하고 편벽되며, 사악하고 분수에 넘쳐 못하는 짓이 없게 됩니다. 죄에 빠지게 된 연후에 따라가서 처벌한다면 그것은 백성을 그물로 잡는 것입니다. 어찌 인자한 사람이 임금의 자리

---

45) "孟子曰: 民爲貴, 社稷次之, 君爲輕. 是故得乎丘民而爲天子, 得乎天子爲諸侯, 得乎諸侯爲大夫. 諸侯危社稷, 則變置. 犧牲旣成, 粢盛旣潔, 祭祀以時, 然而旱乾水溢, 則變置社稷."(「盡心下: 14」).

에 있으면서 백성들을 그물로 잡는 일을 할 수 있겠습니까? 46)

항산(恒産)이란 부모와 처자를 먹여살릴 만한 생활의 안정선을 주는 수입원의 확보를 가리킨다. 공자의 안빈낙도(安貧樂道)적 삶은 군자나 가능한 것이다(「梁惠王上: 7」). 최소한의 경제적 안정이 이루어져야만 항심(恒心), 곧 도덕적인 생활을 영유해 나갈 수 있는 것이 백성들이다. 백성들에게 항산과 항심을 갖게 하기 위해서는 군주가 먼저 과욕(寡慾)하는 생활태도를 가져야 한다. 그리고 공정한 토지분배와 세금을 걷도록 해야 한다. 이른바 정전법(井田法)이 그것이다. 정전법은 주(周)대의 토지분배와 세금제도로 900무(畝)의 농지를 아홉으로 균등하게 나누어서 가운데에 위치한 공전(公田)은 여덟 가구가 함께 경작하여 국가의 수입원으로 바치고, 100무씩의 사유지는 각기 경작하여 항산을 갖게 하는 것이다. 또한 왕다운 정치란 여기에 또 다른 무엇을 특별히 베푸는 데 있는 것이 아니라, 전쟁이나 부역을 일으켜서 자연스러운 농사와 목축의 시기 등을 백성들에게 빼앗지 않도록 하는 것이다.

모든 국가사회 구성원들에게 직분에 걸맞는 항산(恒産)이 주어지도록 한 다음에 할 일은 무엇인가? 말할 것도 없이 그것은 교육(教育)이다. 맹자는 군자에게 세 가지 즐거움이 있는데, 하나가 부모가 생존하고 형제가 무고한 것이고, 둘째가 위로 하늘에 아래로 남에게 부끄럽지 않은 것이며, 셋째가 천하영재를 얻어 교육하는 것인데, 이러한 즐거움 속에 왕노릇함은 포함되지 않는다고 한다. 47) 이러한 그의 주장에서도 당위적 인의(仁義)윤리에 바탕으로 한 자기수양과 교육의 중요성을 엿볼 수 있다. 이제 그의 도덕교육론을 살피기로 한다.

---

46) "民之爲道也, 有恆産者有恆心, 無恆産者無恆心. 苟無恆心, 放辟邪侈, 無不爲已. 及陷乎罪, 然後從而刑之, 是罔民也. 焉有仁人在位, 罔民而可爲也?"(「藤文公上: 3」).

47) "孟子曰:「君子有三樂, 而王天下不與存焉. 父母俱存, 兄弟無故, 一樂也. 仰不愧於天, 俯不怍於人, 二樂也. 得天下英才而教育之, 三樂也. 君子有三樂, 而王天下不與存焉."(「盡心上: 20」).

Ⅳ. 존심양성(存心養性)의 덕성함양과 자율적 도덕발달론

1. 도덕교육을 받는 사람의 개념

전덕(全德)으로서의 인(仁)을 터득한 사람은 구체적인 도덕상황에서 사랑(仁)의 원리를 바탕으로 하여 상황을 파악하고(智) 적절한(義) 규범(禮)을 입법하고 집행할 수 있다. 전덕을 깨달은 사람은 비로소 완전한 도덕적 주체자가 될 수 있고 그가 곧 성인(聖人)이다.[48] 사실 성인은 오랜 옛날부터 사상을 막론하고 중국인들에게 이상적인 인물상으로 등장했었다. 말 그대로 성인은 일반 사람들에게서 멀리 떨어져 있는 고원(高遠)한 이상(理想)일 뿐이었다.[49] 앞서 공자의 성인관도 그랬고, 뒤에 볼 순자도 다분히 그렇다. 그러나 이 고원한 이상으로서의 성인을 현실로 끌어내린 사람이 맹자다. 즉, 맹자는 성인을 자기 시대의 모범적인 인격으로 보는 성인관을 제시하며, 누구든지 배움을 통해 성인이 될 수 있음을 처음으로 보여주고 있다. 누구나 사단(四端)을 확충하여 실마리에 불과한 사덕(四德)을 터득하고 완성하면 성인이 될 수 있다.

그리고 사단의 확충과 덕성의 터득 여부에 따라 도덕 주체자로서의 성인도 다양할 수 있다. 이를테면, 맹자는 성인의 유형으로 네 사람을 들고 있다(「萬章下: 1」).

> **백이(伯夷)型**: 백이는 눈으로 나쁜 색을 보지 아니하고 귀로 나쁜 소리를 듣지 아니하였다. 자기 임금이 아니면 섬기지를 않았고, 자기 백성이 아니면 부리지도 않았다. 정치가 잘 다스려지면 나아가고, 혼란에 빠지면 물러섰다. 횡포한 정치가 나오고 무지막지한 백성이 있는 곳에 차마 머물지 않고 향인(鄕人)과 같은 곳에 있다고 생각하면 관복을 입고 도탄에 앉아 있는 것으로 여겼다. 은(殷)나라 주왕(紂王)내에 불해의 바닷기에 살면서 천하가 맑아지기를 기다렸다. 그러므로 백이의 풍문을 들은 자는 탐욕한 자라도 염치를 깨닫게 되고, 약한 자라도 뜻을 세우게 되었다.

---

48) "聖人, 先得我心之所同然耳."(「告子上: 7」).
49) 드 배리, 『중국의 '자유' 전통』, 표정훈 옮김(서울: 이산, 1998), 101쪽.

이윤(伊尹)型 : 이윤은 말하기를 섬기지 아니할 임금이 누구며, 부리지 아니할 백성은 누구인가? 정치가 잘 다스려져도 나가고, 혼란스러워도 나아간다. 말하건대 하늘이 이 백성을 낳으셨으면 선지(先知)가 후지(後知)를 깨우치게 하고 선각(先覺)이 후각(後覺)을 깨우치게 하는 것이라. 나는 천민(天民)의 선각자이다. 나는 장차 이 도(道)로서 이 백성을 깨우치게 하리라. 천하의 백성을 생각하고 그들이 요순(堯舜)의 혜택을 입지 못하였다고 느낀다면, 그것은 마치 자기가 그들을 구덩이 속으로 밀어 넣은 것처럼 생각하고, 천하의 중책을 스스로 책임지고 있다고 여겼다.

유하혜(柳下惠)型 : 유하혜는 더러운 임금도 부끄러워하지 않고, 작은 관직도 사양하지 않고, 나아가도 그 현명함을 감추지 않고 반드시 그 도리를 다하고, 쫓겨나도 원망하지 않으며 불우한 경우에 처해도 괴로워하지 않았다. 너는 너고 나는 나인데, 네가 내 곁에서 옷을 벗고 있어도 네가 어찌 나를 더럽힐 수 있겠느냐고 생각하였다. 그러므로 유하혜의 소문을 들은 자는 인색한 이도 너그러워지고 경박한 이도 돈후해졌다.

공자(孔子)型 : 공자가 제(齊)나라를 떠날 때 쌀을 씻다가 떠났고, 노(魯)나라를 떠날 때 '나는 천천히 가노라'고 말씀하셨다. 부모의 나라를 떠나는 도리였다. 급할 때는 급히 하고 오래 두고 생각할 때는 그렇게 하고, 은둔해 있을 때는 그렇게 하고 벼슬할 때는 그렇게 하는 이가 공자였다.

맹자는 "백이는 '성인으로서 맑았던 사람'(聖之淸)이고, 이윤은 '성인으로서 정치적 사명을 다했던 사람'(聖之任)이며, 유하혜는 '성인으로서 모든 사람과 조화를 이룰 수 있었던 사람'(聖之和)이고, 공자는 '성인으로서 때를 알아서 그에 따라 적중한 일을 해나간 사람'(聖之時)이다. 공자 같은 분을 집대성했다고 하는 것이다"(萬章下:1)라고 말하고 있다. 성지청인 백이가 칼날 같은 원칙을 가지고 세상의 선악 혹은 옳고 그름을 분별하는 사람이라면, 성지화인 유하혜는 마치 뻘 속의 연꽃처럼 세상의 시궁창을 정화시키고 조화시키는 사람이다. 성지임인 이윤은 백성과 나라를 살리는 길이라면 어떤 일도 마다하지 않고 자기의 직분을 다하려는 사람이다. 성지시인 공자는 이러한 세 유형을 모두 집대성했다. 그래서 그는 나아가야 할 때와 물러나야 할 때를 알고, 추상같이 원칙을 앞세울 때와 양보와 관용을 베풀어야 할 때를 안다. 이러한 점에서, 공자는 가장 완전한 도덕 주체자이고 나머지는 그렇지 못하다. 완전하든 그렇지 못하든 그 한도 내에서 도덕주체들은 의지의 자율성에 입각하여 도덕규범을 세우고 도덕 활동 방향을 결정해 나간다. 도덕규범에 대한 입법성과 자율성은 양지(良知)와

양능(良能)에 의하여 성립된다. 양지의 작용에 의해서 도덕 활동의 방향을 결정하고, 양능의 작용에 의하여 결정된 방향에 대하여 실천으로 옮겨진다.

2. 존심양성(存心養性)의 덕성함양

갈등과 분쟁은 본능의 무절제로 인한 도덕의식의 부재로 흔히 야기된다. 맹자에 의하면 인의예지(仁義禮智)의 도덕성을 선천적으로 갖고 있다고 하는데, 그렇다면 인간사회에 아무런 어려움도 없지 않겠는가? 그러나 그것은 전혀 그렇지 않다. 우리가 보았듯이, 맹자가 말한 성선(性善)이란 선(善)한 가치를 실현하는 능력이 인간의 본성 안에 내재(內在)해 있다는 것이지, 개인의 신상에 완전하게 표현되어 나오는 것은 아니다.[50] 즉, 본성 안에 내재해 있는 사덕(四德)이란 말 그대로 사단(四端)의 실마리일 뿐이다. 따라서 그것을 보존하고 길러내야 한다[존심양성存心養性]. 선험적으로 주어진 덕성은 완성된 것이 아니라 가능성으로 주어져 있기 때문에 반드시 후천적으로 배양하고 발전시켜야 하는 것이다.

방법은 이미 경험적으로 확인된 사단의 마음을 확충하는 길[四端擴充]이다. 이 사단의 마음을 확충하고 발휘되지 못할 경우 인간의 본성은 외부의 세력, 동물적 본능과 물욕에 의해서 악(惡)의 방향으로 나아가게 된다.[51] 따라서 맹자의 수양공부와 교육은 본심(本心; 본래의 마음)을 보존하여 물욕을 조절하고, 나아가 사단(四端)을 어떻게 확충할 것이냐에 모아진다. 사단을 확충하는 공부를 통하여 비로소 사덕이 완성되고 덕있는 사람이 되는 것이다.

맹자는 덕성함양을 위한 구체적인 수양공부의 방법으로 구방심(求放心), 과욕(寡慾), 존야기(存夜氣), 양기(養氣) 등을 들고 있다. 첫째, 구방심은 나쁜 생각을 몰아내고 흩어진 본심을 찾는 것이다. 사악한 생각이 일어날 때는 본래의 영험한 마음을 잃게 된다. 맹자는 이를 '흐트러진 마음(放心)'이라 부르면서 이를 다시 찾는 것이 급선무라고 하고 있다(「告子上: 11」). 둘째, 과욕은 가려진 본심을 밝히려 물욕을 조절하는 것으로써, 맹자는 "마음을 기르는 데는 과욕보다 더 좋은 것이 없다"(「盡心下: 35」)고 한다. 맹자는 인간의 본성 안에 사덕(四德)의

---
50) "孟子曰, 乃若其情則可以爲善矣, 乃所謂善也. 若夫爲不善, 非才之罪也.……仁義禮智非由外鑠我也, 我固有之也, 弗思耳矣. 故曰求則得之, 舍則失之, 或相倍蓰而無算者, 不能盡其才者也."(「告子上: 6」).
51) "孟子曰, 富歲, 子弟多賴, 凶歲, 子弟多暴, 非天之降才爾殊也, 其所以陷溺其心者然也."(「告子上: 7」).

도덕성과 더불어 식색(食色)의 욕망이 존재한다는 사실을 인정하였다. 사단과 식색은 하나가 커지면 다른 하나가 적어지는 상반관계에 놓여 있으므로 맹자가 과욕을 강조하는 이유는, 식색의 욕망을 적게 함으로써 사단이 클 수 있게 하자는 데 있는 것이다. 셋째, 존야기는 야기(夜氣)를 보존하고 기르는 것이다. 야기란, 밤중에 사방이 두루 적막하여 몸과 마음이 평온하고 청명하며 조금도 사악한 생각이나 망상이 없는 상태를 말한다. 낮에 외물(外物)을 접할 때는 형형색색의 사물들이 눈에 비치고 귀에 들려 욕심을 일으키고 본성을 덮어 버리게 된다. 밤에는 외계의 자극으로부터 생겨나는 사악한 생각이 소멸되고 정신은 저절로 순결해 진다. 이러한 야기를 보존하고 기른다면 스스로 본래의 인성을 넓힐 수 있을 것이다(「告子上: 8」). 넷째, 양기는 호연지기(浩然之氣)를 기르는 것이다.

> 한 제자가 맹자에게 그의 장점을 물었다. 맹자는 "나는 남의 말을 알고(知言), 나의 호연지기를 잘 기른다."고 답변했다. 제자는 또 호연지기가 무엇인지 물었다. 맹자는 "말하기 어렵다. 그 기(氣)란 아주 크고 굳세어서 아무 탈 없이 곧바로 길러 내면 천지 사이에 꽉 차게 된다. 그 기는 의(義)와 도(道)가 함께 있어 도우니 이것이 없으면 실현하기에 부족하게 된다. 이것은 의(義)를 거듭 쌓아서 생기게 된 것이다. 의(義)가 갑자기 엄습해 와서 이를 얻은 것이 아니다. 행하는 것이 마음에 흡족하지 않음이 있으면 쭈그러든다. 나는 그래서 고자는 일찍이 의(義)를 몰랐다고 말한 것이니 그것은 그가 의(義)를 외재적인 것으로 보았기 때문이다.[52]

호연(浩然)이란 물이 광대하게 흐르는 모습을 형용하는 것으로 마음이 활짝 열려서 모든 것이 명확해진 상태를 묘사한다. 맹자에 의하면, 이 기(氣)는 지극히 크고 지극히 굳세며 의(義)와 도(道)가 짝함으로써만 키워진다. 그리고 그것은 하루아침에 이루지는 것이 아니라 의(義)가 많이 축적됨으로서 생겨나는 것이다. 결국 호연지기란 인의예지(仁義禮智) 속에 거함으로써 생기는 생기(生氣)로서 그 사람 전체를 채우고 결국 밖으로 드러나는 품위 또는 고귀함이다.

---

52) "曰:「我知言, 我善養吾浩然之氣.」「敢問何謂浩然之氣?」曰:「難言也. 其爲氣也, 至大至剛, 以直養而無害, 則塞于天地之間. 其爲氣也, 配義與道; 無是, 餒也. 是集義所生者, 非義襲而取之也. 行有不慊於心, 則餒矣. 我故曰, 告子未嘗知義, 以其外之也."(「公孫丑上: 2」).

3. 자율적 도덕발달론과 교사의 역할

존심양성의 덕성함양을 위한 수양공부에 있어서 교육의 역할 내지 교사의 역할은 무엇인가? 선한 도덕성이 자기 안에 구비되어 있다함은 자기 속에서 스스로 그 도덕성을 끄집어 내야 함을 의미한다. 즉, 도덕성의 소유자로서 개인은 교육의 외적 근원보다는 내적, 개인적 노력을 통해 완성된다. 무엇보다 맹자가 말한 바의 '정기이물정(正己而物正)'의 교육방식은 교육의 현장에서 교사와 학생의 역할이 무엇이어야 하는 지를 단적으로 암시해 주고 있다.

'정기이물정(正己而物正)'!![53] (교사)자신의 덕(德)을 닦고 나서 그 방법을 사물(事物; 학생)에 옮겨 행하는 것, 이것이 '정기(正己)하고 물정(物正)'하는 것이다. (교사)자신의 덕은 닦지 않고 단지 사물(학생)에만 선(善)하라고 하는 것은 정기(正己)도 않으면서 사물에만 선(善)을 강요하는 '정물(正物)'의 개념이다. 여기서 '물정(物正)'과 '정물(正物)'은 개념상 엄청난 차이가 있다. 주자(朱子)의 해석에 의할 때 '물정(物正)'은 '물자정(物自正)'으로써, 물(物)이 스스로 혹은 자연적으로 바르게 됨이다. 그러나 '정물(正物)'은 교사가 인위적으로 사물(학생)에 간섭하여 조작하는 개념이다. 자신의 덕을 닦지 않은 채 학생들에게만 일방적으로 정물(正物)하려는 교육이 '인독트리네이션'(indoctrination)이다. 그러나 꽃이 꽃되게 하고 사물(事物)이 사물되게 자연적 율동에 맡겨두는 태도가 '물정(物正)'의 개념이다. 그래서 조선의 유학자인 조광조도 '자신의 덕을 닦고 그 방법을 사물에 옮겨 행하면 사람들이 모두 '감화하여 자연스럽게 덕을 닦을 것이지만'(物正), '인위적으로 정물(正物)을 하려 한다면 아무리 실시한들 무슨 이익이 있겠는가.'라고 반문하고 있다.[54]

정물(正物)의 '인독트리네이션'과 물정(物正)의 '교육'은 교육학적으로 큰 차이가 있다. 정물(正物)은 교사가 자신의 덕은 닦지 않은 채 학생들에게 일방적으로 선(善)을 행하라고 강요하는 인위적 간섭과 조작의 개념이다. 그러나 물정(物正)은 선생이 먼저 덕을 닦고(正己) 모범을 보임으로써 학생들이 자율적·자발적으로 학습에 나서는 '침묵의 가르침'(묵화默化)과도 같은 것이다. 물론 물정이 묵화라고 해서 그것이 학생들을 자유방임의 상태로 방치해 두는 것으로 생각해서는 안 된다. 어디까지나 그것은 간섭과 조작의 인독트리네이션은 하지 않

---

53) "有大人者, 正己而物正者也."(「盡心章 上; 19」).
54) 『중종실록』, 권31, 중종 13년 1월 정묘. "三代之治, 今可復致者, 雖不可易言, 豈全無致之之道乎. 自上先養己德, 推之行事, 則人皆誠服, 不期化而自化矣. 若吾德不修, 而修飾於事爲之間, 則亦何益乎. 須敦厚其德, 使萬化自明德中流出, 則下民自然觀瞻所感, 有不能已者矣."

으면서, 간접적인 방법으로 학생들의 학습을 돕는 방식으로 읽어야 한다. 맹자에 의할 때, 그 하나가 학생들의 자발적 학습동기와 환경을 조성해 주는 일이다. 맹자의 직접 언표를 보자.

한 제(齊)나라 사람이 그를 가르치거늘 여러 초(楚)나라 사람들이 떠들어댄다면 비록 날마다 종아리를 치면서 제(齊)나라 말을 하기를 요구하더라도 될 수 없을 것이다. 그러나 그를 끌어다가 제나라의 수도인 장악에 수년간 놔두면 비록 날마다 종아리를 치면서 초나라 말을 하기를 요구한다 하더라도 또한 될 수 없을 것이다.[55]

나아가, 맹자는 외부에서 이끌어 주는 교육은 인간의 잠재능력과 소양의 싹을 아예 뽑아버리는 것과 같으므로 교육적으로 지양해야 한다는 관점을 제시한다.

송(宋)나라 사람이 싹이 자라지 않는 것을 민망히 여겨 뽑은 일이 있었다. 허둥대며 돌아와 집사람에게 말하기를 "오늘은 피곤하도다. 내가 싹이 자라는 것을 도왔다(助苗長)!"고 하거늘, 그 아들이 달음질하여 가보니 싹이 말랐는지라, 천하에 싹이 자라는 것을 돕지 않는 자가 적구나! 유익함이 없다고 내버려두는 자는 싹을 김매지 않는 자요, 자라는 것을 돕는 자는 싹을 뽑는 자이니 한갓 유익함이 없을 뿐만 아니라 해로운 것이다![56]

싹이 빨리 자라도록 돕는 조장(助長)의 개념은 훈련, 강제, 촉구의 개념과 같이 개인의 밖에서 이끌고 자극하는 의미와 상통한다. 조장, 훈련, 강제, 촉구의 개념은 인간의 자발성이나 의도를 거의 허용하지 않는다.[57] 맹자는 바로 이처럼 자발성이나 의도를 존중하지 않는 교육은 옳지 못하다고 보는 것이다. 외부에서 조장하는 것은 싹을 뽑아버리는 것과 같다. 이것이 바로 '정물'의 인독트리네이션이다. 그러나 한편, 그냥 내버려두는 것은 싹을 김매지 않는 것과 같다. 교사가 적극적으로 나서 학생들을 조장해서는 안될 일이지만 그렇다고 불조장(不助長)으로 그냥 내버려두어서도 안될 일이다.

---

55) "曰, 一齊人傅之, 衆楚人咻之, 雖日撻而求其齊也, 不可得矣. 引而置之莊嶽之間數年, 雖日撻而求其楚, 亦不可得矣."(「滕文公下: 6」).
56) "宋人, 閔其苗之不長而揠之者. 芒芒然歸, 謂其人曰, 今日病矣, 予助苗長矣. 其子趨而往視之, 苗則槁矣. 天下之不助苗長者寡矣. 以爲無益而舍之者, 不耘苗者也, 助之長者, 揠苗者也. 非徒無益, 而又害之."(「公孫丑上: 2」).

① 목수와 수레바퀴를 만드는 사람은 다른 사람에게 규구(規矩)를 줄 수 있을망정, 사람에게 기술을 가지게는 못한다. ② 이루(離婁)의 눈밝음과 공수자(公輸子)의 재주도 규구(規矩)의 표준을 쓰지 않으면 모지고 둥근 것을 만들 수 없고, 사광(師曠)의 귀밝음도 육율(六律)로서 하지 않으면 오음(五音)을 바르게 하지 못하고, 요순(堯舜)의 도(道)도 인정(仁政)으로 하지 않으면 천하를 평정하여 다스리지 못할 것이다. [58]

지식이나 기술, 또는 도덕성을 계발할 것인지의 여부는 학생 자신의 마음에 달려 있다. 그렇다고 교사가 마냥 불조장(不助長)으로 내버려두어서는 안 된다. 교사는 규구(規矩), 즉 도덕의 제일원리인 인의(仁義)를 제공하여 학생들의 갈 방향을 바로 잡아주는 역할을 해야 한다. 그러나 그것은 어디까지나 직접적이기보다는 간접적인 방법에 의해서이다. 또한 그것이 간접적인 방법이라 해서 저 서양의 아무 것도 모르는 척하는 소크라테스적 교사와는 다르다. 누구보다 교사는 잘 알고 있어야 한다. 그래야 교사는 학생들의 다양한 흥미와 소질에 적절하게 대처할 수 있다. 그러한 교사의 역할을 맹자는 '제 때에 비가 내려 감화하는 것'과 같은 것이라 하고 있다.

군자(君子)는 가르침을 5가지 방법으로 전한다. 제 때에 비가 내려 감화하는 것과 같은 것이 있으며, 덕(德)을 이루게 하는 경우가 있으며, 재질을 통달하게 하는 경우가 있으며, 물음에 답하는 경우가 있으며, 그윽이 착한 것을 다스리게 하는 경우가 있으니, 이 5가지가 군자가 가르침을 전달하는 방법이다. [59]

교사의 교육방법이 학생의 흥미, 소질, 재능에 따라 달라짐을 볼 수 있다. '제 때에 비가 내려 감화하는 것과 같다'함은 학생이 마음의 보존과 배양을 가뭄에 비가 오기를 갈망하듯 하다가, 이에 응해 교사의 가르침이 알맞은 제 때의 비로 내려 교육적 효과를 거두는 것이다. 교사의 가르침은 학생이 이미 갖추고 있는 덕의 단서(端緖), 내적 재능, 물음, 착한 마음 등의

---

57) 申孝淑, 「孟子와 荀子의 教育思想 比較研究」(韓國精神文化研究院附屬大學院 碩士論文, 1987), 41쪽.
58) ① "孟子曰 梓匠輪輿 能與人規矩, 不能使人巧."(「盡心下: 5」), ② "孟子曰, 離婁之明, 公輸子之巧, 不以規矩, 不能成方員, 師曠之聰, 不以六律, 不能正五音, 堯舜之道, 不以仁政, 不能平治天下."(「離婁上: 1」).
59) "孟子曰, 君子之所以教者五. 有如時雨化之者, 有成德者, 有達財者, 有答問者, 有私淑艾者, 此五者, 君子之所以教也."(「盡心上: 40」).

바탕에 의거하여 이를 이끌어주고 완성해주는 것이다. 그러므로 학생의 자발성, 의도, 흥미와 같은 내적 조건을 고려하지 않는 교사의 교육적 권위는 아무 소용이 없다.[60]

V. 결론

맹자는 고자와의 철학적 논쟁을 벌이면서 성선설을 입론하였다. 또한 양•묵의 학설과 대결하면서 당위적 인의의 윤리학을 정초하였다. 이러한 인의의 윤리를 사회적으로 확장하여 인정에 토대한 왕도정치의 이상을 실현하고자 하였다. 인의의 윤리와 왕도정치의 이상을 실현하기 위한 수단으로 무엇보다 교육의 중요성을 강조하였다.

맹자는 도덕성이 개인 내재적이라 보기 때문에 이 선함의 단서를 확충하면 된다(存心養性). 이 선의 단서를 확충하면 덕이 되는 것이다. 전덕으로서 인(仁)은 도덕의 제일원리로써 그것을 소유한 개인의 내적안목이다. 이 내적안목을 터득한 사람은 도덕원리에 입각하여 규범을 입법하고 집행할 수 있는 도덕주체가 될 수 있다. 그런데 이 내적안목의 성숙은 전적으로 자신에게 달린 것이지 남이 가르쳐 준다고 해서 달성될 수 있는 것이 아니다. 이것을 가르칠 수 있다고 생각하는 것 자체가 지적 오만이고 자율성의 침해라고 생각된다. 굳이 가르칠 수 있다는 표현을 쓴다면 그것은 '전덕'이 있음을 이해시킬 수 있을 뿐이다. 따라서 교육의 객체인 학생들의 자율성을 존중하는 이러한 교육은 직접적이기보다 간접적인 방법이다. 지적토론이 중시되고 비판적 사고능력의 함양을 위한 교수기법 등이 중시된다. 교과와 교사의 역할도 간접적이다. 교과는 지식을 전달하는 매체라기보다는 지적토론을 위한 자료일 뿐이다. 그리고 교사는 그 지적토론을 이끌어 가는 보조자의 역할에 국한된다. 이상의 점에서, 맹자의 교육론은 현대적 의미의 자율적 도덕발달론과 다르지 않다고 본다.

그러나 맹자의 도덕교육론을 시공을 달리하는 콜버그류의 자율적 도덕발달론과 등치시켜 이해하는 것은 지나친 단순화의 오류를 가져올 수 있다. 콜버그류의 자율적 도덕발달론

---

60) 신효숙, 위 논문, 43쪽.

은 원리중심의 윤리에 토대하여 도덕적 이성의 계발을 중시한다. 맹자의 관점도 도덕적 이성의 계발을 중시하지만, 그가 말하는 이성은 엄격히 말해 감정과 분리된 이성이 아니라 감성에 토대한 이성 혹은 인지적 감성의 계발이다. 분열된 인격과 그에 토대한 교육은 근대 이후의 산물일 뿐이다. 따라서 맹자의 교육론은 발달지향의 인격교육 혹은 덕성교육론이라 해야 할 것이다.

제8장
순자의 유위윤리와 도덕적 사회화론

Ⅰ. 서론

순자(荀子, B.C. 298?~235?)는 명확하지 않지만 맹자보다 50~60년 뒤에 태어났고 활동했다.[1] 맹자는 전국시대적 악(惡)의 상황이 근본적으로 인간들의 선한 본성을 잃어버리고 이익만을 다투는 데서 비롯되었다고 보았다. 그래서 그는 인간 본성의 회복을 역설했고, 당위적 인의(仁義)의 윤리에 토대한 '도덕의 나라'(王道政治)를 건설하고자 고군분투하였다. 그러나 그의 주장은 현실적인 사회상황과는 거리가 있었고, 받아들여질 수 없었다. 양(梁)나라 혜왕(惠王)과 제(齊)나라 선왕(宣王)을 설득하였으나 등용되지 못했고, 유일하게 등(藤)나라 문공(文公)이 그를 신임하여 등용해 줌으로써 인의의 윤리와 왕도정치를 실험할 기회를 얻었으나 불행히도 등문공은 일찍 죽고 말았다. 그러나 순자는 달랐다. 그는 유위적(有爲的)인 예

---

[1] 순자의 생애를 약술해 둔다. 순자의 이름은 황(況)이다. 순경(荀卿) 또는 손경(孫卿)으로 불려졌으며, 조(趙)나라 사람이었다. 태어나고 죽은 때에 관해서는 이설들이 분분하여 정확히 알 수 없으나, 맹자보다 50~60년 뒤에 태어났던 것 같다. 15세 때 제(齊)나라에서 유학하였고, 양왕(襄王)대에는 높은 벼슬에 임용되어 제나라 사부(師傅)가 되었으며, 세 번이나 제주직(祭酒職)에 임명되었다. 후에 겨우 주장이 받아들여질 즈음에 제나라 관직을 버리고, 진(秦)나라로 갔다가 다시 초(楚)나라로 갔다. 초의 재상 춘신군(春申君)이 그를 존중하여 난릉(蘭陵)의 수령으로 삼았다. 춘신군이 죽은 후에는 관직에서 파면되었고, 이후부터는 물러나 성학(聖學) 연구에 전념하면서 전력을 다하여 책을 펴는 데 이바지했다. 난릉에서 죽었다. 후세에 전해지고 있는 그의 책은 아주 많다. 한(漢)나라 초에 322편이 있었는데, 유향(劉向)이 32편으로 간추려『손경신서』(孫卿新書)를 지었다. 32편은 여러 문하인들이 참여해서 쓴 것 같고 순자의 친필인 것 같지는 않다. 「대략편」(大略篇) 이하 6편은 순자의 어록들을 기록한 것이다. 이상의 순자의 생애약술은 미우라 도우사꾸(강봉수 외 옮김),『중국윤리사상사』(서울: 원미사, 2007), 112~113쪽.

법(禮法)의 윤리에 토대한 '문화의 나라'를 건설하고자 하였다. 전국시대적 악의 사회상황에서는 순자적 해법이 어느 정도 적중했다.

순자는 제(齊)나라 양왕(襄王)대에 높은 벼슬에 임용되어 사부(師傅)의 직을 지냈고, 세 번이나 제주(祭酒)의 직에 임용되기도 하였다. 진(秦)나라를 거쳐 초(楚)나라에서는 재상 춘신군(春申君)이 그를 존중하여 난릉(蘭陵)의 수령으로 임명해주었다. 이처럼, 순자는 맹자와는 달리 현실의 정치마당에 참여하여 자기의 뜻을 펼칠 기회가 있었다. 그것이 가능했던 것은 말할 것도 없이 전국시대적 악의 상황을 광정하는 그의 사상적 대안이 적중했기 때문일 것이다. 그러나 그의 한계도 있었다. 전국시대의 악의 상황은 말 그대로 모든 나라들이 서로 천하의 패권을 차지하기 위하여 부국강병과 전쟁을 도모하는 시대였다. 그래서 당시 위정자들은 인의(仁義)나 예(禮)보다 법(法)과 형정(刑政)이라는 강력한 통치수단으로 나라를 다스리고자 하였고, 그러한 사상가(정치가)들을 등용하고자 하였다. 이를테면, 위문후(魏文候)의 이리(李悝), 진효공(秦孝公)의 상앙(商鞅), 한소후(韓昭候)의 신불해(申不害), 초도왕(楚悼王)의 오기(吳起) 등이 대표적인 법가적 패도의 기술정치로 부국강병을 추구하고 실현하였던 자들이라 하겠다.[2] 전국시대를 끝내고 천하가 진(秦)나라로 돌아가게 한 것도 법가적 처방이었다.

그러나 순자는 법가적 처방을 비롯한 제가(諸家)의 관점들에 대하여 반대하였다. 그는 법가들이 "법에 눈이 어두워서 현자의 가치를 모르고, 권세만을 고집하면서 (현자의) 지혜를 활용할 줄 모른다."[3]고 비판한다. 한마디로 그들은 법과 형벌에 의한 권력정치만을 알 뿐 인의와 예의에 입각한 덕치(德治)의 효용성을 모른다는 것이다. 법가적 처방은 위로부터의 강압을 통한 정치이기에 백성들을 두려움에 떨게 만들뿐 밑으로부터의 자발적 동의를 얻을 수 없다. 한편, 법가적 처방의 반대 항에 도가(道家)적 처방이 있는데, 이를테면 노자는 "유약하게 굽히는 것만을 알고 강하게 펴나가는 것을 몰랐다."[4]고 순자는 비판한다. 그가 보기에 노자의 처방은 자유방임의 정치이거나 무정부주의일 뿐이라는 것이다. 이기적 존재인 인간의 본성을 선(善)하다고 여기고 인성(仁政)과 왕도(王道)만 부르짖는 맹자적 처방도 비현실적이

---

[2] 이들은 대체로 법가사상을 대변하는 자들이었다. 법가사상은 크게 법(法: 법률과 제도)·세(勢: 권력과 권위)·술(術: 인재등용술과 정치기술)로 요약할 수 있다. 신도(愼到, BC. 395?~315?)가 세(勢)를, 신불해(申不害, BC. 385?~337)가 술(術)을 주장하고, 상앙(商鞅, BC. ?-338)은 법(法)을 강조하였다. 이러한 법·세·술을 한데모아 법가사상을 체계화한 이가 한비자(韓非子, BC. 280?~233)이다. 진시황이 그를 크게 쓰고자 했으나 친구였던 이사(李斯)의 모함으로 중용되지 못했다.

[3] "慎子蔽於法而不知賢, 申子蔽於勢而不知知."(解蔽篇; 21-22).

[4] "有見於詘, 無見於信."(天論篇: 51).

다. 인간의 이기심을 인정한 묵자의 사상이 순자의 관점에 부합하지만, 불행히도 묵자는 실용에 눈이 어두워서 문화의 중요성을 알지 못했다.[5] 묵자가 절용과 과욕을 주장하였지만, 정작 이기심을 자기규제에 의해 스스로 규율할 수 있는 규범을 제공해주지 못하였다는 것이다.

순자철학은 이러한 제가의 학설을 비판적으로 수용하면서 정초되었다고 할 수 있다. 그는 묵자를 따라 인간을 이기적 존재로 인정한다. 법가를 따라 문화와 규범의 필요성을 인식하였다. 그러나 그는 법가의 외적인 강제규범에 반대하여 내적인 자율규범이 바람직하다고 여겼다. 묵자의 '무차별적 사랑'(兼愛)의 비현실성에 반대하여 공자와 맹자의 '차서(次序)적 사랑'(仁義)을 따랐다. 위정자의 덕치의 효용성에 대해서도 인식하였다. 이러한 점에서 순자는 공자와 유교의 사상적 후계자이다. 그러나 인간본성의 선함에 토대한 맹자적인 당위윤리와 왕도정치는 너무 이상적(理想的)이다. 이상이 너무 높으면 오히려 위선(僞善)을 낳을 수 있다. 인간의 현실적 이기심을 인정하면서 그 이기심을 자율적으로 규제할 수 있는 문화의 건설이 바람직한 처방이다. 이것이 순자가 겨냥한 철학이었다. 이제 순자의 철학과 윤리사상에 유의하면서 그의 도덕교육론을 고찰해 보기로 하자.

II. 순자유학의 철학적 기초

1. 천인분리(天人分離)의 세계관

동양철학에서 천인관계의 유형은 크게 천인합일론(天人合一論)과 천인분리론(天人分離論)으로 대별할 수 있다. 천인합일론은 천도(天道)와 인도(人道), 물리(物理)와 도리(道理)가 연속적이며, 천도는 인도의 존재론적 근거이다. 천인합일론에서의 천(天)은 그 성격에 있어서 단순한 물리적 자연현상 이상의 형이상학적 의미를 진하게 지닌다. 이에 비해서, 천인분리론(天人分離論)에서의 천은 무목적(無目的)·무의지적(無意志的)인 자연으로서 인간사회의 치란(治亂: 다스려짐과 어지러움)과는 관계없이 일정한 법칙에 의해서 운행되는 것이며

---

5) "墨子蔽於用而不知文."(解蔽篇: 21).

인간의 이용 대상으로 인식된다. 고대 중국철학에서 이러한 두 유형의 천인관계론의 전형을 맹자와 순자에서 볼 수 있다.

공자에서 맹자로 이어지는 천(天)이 인간의 치란에 관여(上帝天)하거나 인간의 도덕적 본성을 보증하는 형이상학적 실체(義理天)였다면, 순자에게 있어서 천(天)이란 물리적 자연현상에 지나지 않는다(창창유형蒼蒼有形의 천天). 다음의 인용을 보자.

> 하늘의 운행에는 일정한 법도가 있다. 그것은 요임금을 위해서 존재하는 것도 아니고, 걸임금 때문에 없어지는 것도 아니다. 초목이 생장하는 것처럼 작용을 하지 않아도 완성되고, 사계절이 순환하는 것처럼 구하지 않아도 저절로 얻어진다. 이러한 것을 하늘의 직분(천직天職)이라고 한다. 수많은 별들이 일정하게 돌고, 해와 달이 번갈아 빛을 비추고, 사시사철은 번갈아 바뀌고, 음과 양은 상황에 따라 바뀌며 만물을 생성시키고, 비바람은 저 멀리 내리고 불어 만물의 생육을 돕는다. 만물은 각각 나름대로의 조화를 얻어 생겨나고, 각각 나름대로의 양육을 얻어 성장한다. 그러한 일을 하는 것은 드러나 보이지 않고, 그 공적만을 드러낸다. 이러한 것을 신묘함이라고 한다. 모두가 그렇게 하여 이루어 놓은 것은 알지만, 이루어 놓은 방법이 어떠한지 그 형체를 알 수가 없다. 이러한 것을 하늘이라고 하는 것이다.[6]

순자는 자연 현상을 하늘의 작용 그 자체로 보고 있다. 그 작용은 만물의 생장소멸을 이끌어가는 법칙이고 원리일 뿐이다. 물론 법칙은 겉으로 드러나지 않고 법칙의 작용한 결과물만 보이기에 그것의 작용은 신비롭다. 하늘이 만물을 생성하고 양육을 돕는다. 인간 또한 하늘로부터 생명을 획득했지만, 하늘의 작용은 여기까지이다.[7] 그러기에 하늘은 인간 삶의 고락(苦樂: 기쁨과 슬픔)이나 길흉화복(吉凶禍福)에 관여하지 않는다. 하늘은 인간의 주재자가 아니라 그냥 본래부터 자연일 뿐이다. 인용을 보자.

---

6) "天行有常. 不爲堯存.; 不爲桀亡. 不爲而成, 不求而得, 夫是之謂天職.; 列星隨旋, 日月遞炤, 四時代御, 陰陽大化, 風雨博施. 萬物各得其和以生, 各得其養以成, 不見其事而見其功, 夫是之謂神. 皆知其所以成, 莫知其無形. 夫是之謂天"(天論篇: 1~2)
7) "天地者, 生之始也; 禮義者, 治之始也."(王制篇)

사람이 추위를 싫어한다고 해서 하늘이 겨울을 없애지는 않는다. 사람들이 먼 거리를 싫어한다고 하여 땅이 그 넓음을 없애지는 않는다.[8]

근본에 힘쓰며 낭비하지 않는다면 하늘도 가난하게 할 수 없고, 섭취를 잘하고 때에 맞춰 운동하면 하늘도 병들게 할 수 없다. 도를 닦아서 어긋남이 없게 하면 하늘도 화를 줄 수가 없다.[9]

하늘과 땅의 운행 원리나 법칙은 사람의 감정이나 행위와 무관하다. 자연의 길과 인간의 길은 서로 다르다(天人分離). "하늘에 있는 것 중에는 해와 달보다 밝은 것이 없고, 땅에 있는 것 중에는 물과 불보다 밝은 것이 없고, 물건 중에는 진주와 옥보다 밝은 것이 없으며, 사람에게는 예의보다 더 밝은 것이 없다."[10] 이처럼, 하늘에는 영원불변하는 도가 있고, 땅에는 영원불변의 원리가 있는 것처럼, 사람은 인간의 법칙으로 다스려져야 한다. 뒤에서 보겠지만, 그 인간의 법칙을 순자는 예의(禮義)이고 문화라고 여긴다.

순자는 인간을 하늘의 권위로부터 해방시켰다. 하늘은 더 이상 신격적으로 존중하고 사모해야할 대상이 아니다. 그는 인간의 이성적·합리적 정신을 가치롭게 여기면서 궤변이나 미신적 요소를 씻어 내었다. 여기에서 더 나아가 그는 오히려 하늘을 이용의 대상으로 삼고자 하였다.

하늘을 위대한 것으로 생각했을 때의 입장은, 하늘의 양육을 받아서 생성한 만물에 인간의 손을 가하여 유용한 것으로 만들어 가는 입장과 비교하여 어느 쪽이 나을 것인가? 하늘이 부여하는 운명에 따라 살고 하늘을 예찬할 따름이라는 입장은, 하늘이 주는 운명을 법칙화하여 그에 대처해 가는 입장과 비교하여 어느 쪽이 나을 것인가? 만물에 대하여 사색하고 만물을 만물로서 자리잡게 한다는 입장은, 실제로 만물을 통치하여 만물을 잃는 일이 없게 하는 입장과 비교하여 어느 쪽이 나을 것인가? 이처럼 인간으로서의 입장은 잊어버리고 하늘의 일만을 생각한다면 그것은 만물의 실정을 잃어버리는 것이다.[11]

---

[8] "天不爲人之惡寒也而輟冬, 地不爲人之惡遼遠也而輟廣."(天論篇: 6).
[9] "彊本而節用, 則天不能貧, 養備而動時, 則天不能病, 修道而不貳, 則天不能禍"(天論篇: 1).
[10] "在天者莫明於日月, 在地者莫明於水火, 在物者莫明於珠玉, 在人者莫明於禮義."(天論篇: 10).
[11] "大天而思之, 孰與物畜而制之. 從天而頌之, 孰與制天命而用之. 思物而物之, 孰與理物而勿失之也. 故錯人而思天, 則失萬物之情."(天論篇: 11).

자연에는 자연의 길이 있고, 인간에게는 인간의 길이 따로 있기에, 이제 더 이상 하늘은 인간이 따라야할 도덕적 가치기준의 근원도 아니다. 인간의 길인 도덕적 기준은 인간 스스로 만들어내야 한다. 하늘은 인간에게 선험적으로 도덕성을 부여한 것도 아니기에 인간본질에 대한 고찰 또한 인간들이 보여주는 현실적 삶에 바탕을 두고 탐구되어야 한다.

2. 인성론적 기반: 성악설(性惡說)

맹자에게 있어서 인간은 하늘이 부여한 도덕성을 처음부터 함장하여 태어났다는 점에서 다른 동식물과는 그 존재론적 위상이 달랐다. 그러나 순자에게 있어 하늘은 만물을 낳을 뿐 그 이상의 적극적 역할을 하지 않는다. 이 점에 착안할 때 결국 인간도 다른 동식물들과 존재론적 연장선상에 있을 뿐인 것이다. 따라서 인간의 자연적 본성은 이기적 욕망의 존재에 가깝다. 그래서 순자는 단도직입적으로 "인간의 본성이란 악(惡)한 것이며, 그것이 선(善)하게 되는 것은 작위적 노력(인위:僞)"라고 말한다.

> 사람의 본성은 惡한 것이니 그것이 善하다고 하는 것은 인위적인 노력에 의한 것이다. 이제 인간의 본성은 나면서부터 이익을 좋아하는데 그것을 따르기 때문에 싸움이 생기고 사양이 없어졌다. 사람은 나면서부터 남을 미워함이 있어 그 본성을 따르는 까닭에 남을 해치는 일이 생기고 충성과 신의가 없어지는 것이다. … 이렇게 보아 인간의 본성은 악(惡)함이 분명하다. 그 선(善)은 인위(僞)의 결과이다.[12]

그런데 인간의 본성이 선천적으로 악(惡) 그 자체라면 어떻게 인위적인 노력을 했다고 해서 선(善)하게 될 수 있는 것인가? 맹자는 인간을 식색지성(食色之性)과 도의지성(道義之性)을 동시에 가진 존재로 보면서 이 중 도덕성을 인간의 〈본질〉로 간주하였다. 그러면 순자가 성(性)을 악(惡)이라고 주장하는 것은 맹자의 식색의 성과 도덕성 중에 식색의 성이 인간 〈본

---

12) "人之性惡, 其善者僞也. 今人之性, 生而有好利焉. 順是, 故爭奪生, 而辭讓亡焉, 生而有疾惡焉, 順是故殘賊生, 而忠信亡焉. 生而有耳目之欲, 有好聲色焉. 順是, 故淫亂生, 而禮義文理亡焉. 然則, 從人之性, 順人之情, 必出於爭奪, 合於犯分亂理, 而歸於暴. 用此觀之, 然則, 人之性惡明矣. 其善者僞也."(性惡篇: 1).

성)에 가까운 것으로 본 것은 아닌가? 여기서 〈본질〉과 〈본성〉에 강조점을 둔 것에 주목하기 바란다. 〈본성〉이 인간에게 선천적으로 주어진 자연적 성향에 주의하고 있다면, 〈본질〉은 그것이 없으면 인간이랄 수 없는 바로 그 요소를 의미한다. 맹자는 바로 후자의 측면에 주목하고 그것을 성선(性善)이라 주장했던 것이다. 그렇다면 순자는 말의 뜻 그대로의 본성에 주목하여 성악(性惡)을 주장한 것으로 읽을 수 있지 않을까. 말하자면 맹자나 순자가 성(性)이란 용어를 똑같이 쓰고 있지만 그 의미는 다르다는 것이다. 그렇다면 순자에게 맹자적 의미의 도덕성은 없는 것일까? 있어야 한다. 그래야 악(惡)을 교정할 수 있는 교육적 근거가 마련될 수 있기 때문이다.

> 물과 불은 기(氣)는 있어도 생명[生]이 없고, 풀과 나무는 생명은 있어도 인식기능[知]이 없으며, 동물(금수禽獸)은 인식기능은 있어도 도덕성[義]이 없다. 그런데 인간에게는 기(氣)와 생(生)과 지(知)를 가지고 있고 의(義) 역시 갖추고 있어, 세상에서 가장 존귀한 존재이다. 13)

인용은 순자가 우주만물 안에서 인간의 위치가 어디인가를 보여주는 대표적인 구절이다. 순자는 인간 안에 생(生)과 지(知)와 의(義), 즉 첫째로 육체를 키우고 보존하려는 욕망과 감정적인 면이 있고, 둘째로 경험을 종합하여 사리를 분별할 수 있는 지성적인 면을 가지고 있으며, 셋째로 사리에 맞다고 판단된 것을 행함으로써 의로움(義)에 이를 수 있는 능력이 있다고 보고 있다. 즉, 욕(欲)·지(知)·의(義)를 동시에 가지고 태어난 존재가 인간이고, 이것들은 인간의 자연적 본성인 셈이다. 그렇다면 순자의 인간관이 맹자와 어떤 차이도 없는 것이 아닌가? 맹자도 인간의 자연적 본성은 식색지성과 도의지성을 동시에 가지고 태어났다고 하였기 때문이다. 오히려 순자가 맹자보다 더 철저하고 구체적으로 인간을 분석하고 있다고 하겠다.

그러나 인간이 이 세상에 올 때 가지고 오는 욕(欲)·지(知)·의(義)는 완제품이라기보다는 소박한 재질에 불과하다. 그리고 이 소박한 재질은 가만히 두어도 저절로 자라나는 비옥한 씨앗이 아니다. 이른바 본성이 선(善)하다고 보는 관점은 씨앗이 싹트기 전의 소박한 재질을 지칭한 것일 뿐이고, 그것이 자라남에 인위적 가공이 제공되지 않으면 너무나도 쉽게 악(惡)

---

13) "水火有氣而無生, 草木有生而無知, 禽獸有知而無義, 人有氣有生有知, 亦且有義, 故最爲天下貴也."(王制篇: 14).

으로 빠져들 가능성이 있다. 말하자면, 우리는 이 세상을 살려는 순간부터 악(惡)의 유혹에 빠질 수밖에 없다. 순자의 성악설(性惡說)은 이러한 관점에서 이해되어야 한다. 인용을 보자.

① 사람의 본성은 태어나면서 꾸밈없는 소박성으로부터 이탈하고 또 타고난 소질도 그 림자를 감추어 가게 되고, 결국은 반드시 이를 상실해 버린다. 이로보아 사람의 본성은 악한 것이 분명하다. 이른바 사람의 본성이 선하다고 여기는 관점은 태어나서도 그 소박함에서 이탈하지 않아 아름다움을 유지하고, 자질로부터도 벗어나지 않아서 이로움을 간직함을 말하는 것이다. ② 사람의 본성은 근본이고 시작이고 질박한 것이다. 인위라는 것은 문화이고 이치이고 성대한 것이다. 본성이 없으면 인위를 가할 곳이 없고, 인위가 아니면 본성은 아름답지가 못한 것이다. 본성과 인위가 합하여 비로소 성인이라는 명목이 서고, 천하의 큰 공적을 성취할 수 있는 것이다.[14]

결국 순자의 관점에서 인성은 선도 악도 아닌 가능태이다. 그런데 가능태로서의 이 인성은 인위적으로 가공하지 않으면 너무나도 쉽게 악으로 빠져들 가능성이 많기에 문화(文化)에 의해서 교화(敎化)되어야 한다. 이렇게 보는 순자가 생각하는 인간이란 한마디로 사회적 동물이라 하겠다.

사람의 힘은 소만 못하고 달리는 것은 말만 못하지만, 우마(牛馬)를 사용할 수 있는 것은 무엇 때문인가? 그것은 인간은 무리[羣]를 이룰 수가 있는데 그들은 사회를 이룰 수 없기 때문이다. 인간이 이렇게 무리를 이룰 수 있는가 하면 그것은 분(分) 때문이다. 분(分)은 어떻게 가능한가 하면 의(義)의 도덕성이 있기 때문이다. 의(義)로 분별을 할 수 있기 때문에 화합이 가능한 것이다.[15]

'무리를 이룰 수 있다'는 것이 인간의 본질적인 특징으로서, 말하자면 인간은 사회적 존재

---

14) ① "今人之性, 生而離其朴, 離其資, 必失而喪之. 用此觀之, 然則, 人之性惡明矣. 所謂性善者, 不離其朴而美之, 不離其資而利之也." (性惡篇: 4). ② "性者本始材朴也, 僞者文理隆盛也. 無性則僞之無所加, 無僞則性不能自美. 性僞合, 然後成聖人之名, 一天下之功, 於是就也." (禮論篇: 10).
15) "力不若牛, 走不若馬, 而牛馬爲用, 何也. 曰人能羣, 彼不能羣也. 人何以能羣. 曰分. 分何以能行. 曰以義." (王制篇: 14).

이지 개인적 존재가 아님을 알 수 있다. 그리고 무리를 이룰 수 있는 까닭은 분의(分義)에 의해서인데, 이 분의(分義)란 사회적 관계를 규율하는 규범으로서의 예(禮)에 다름 아니다. 따라서 도덕의 근원은 맹자처럼 인간 안에 있는 것(내재적)이 아니라 인간 밖(외재적)에 있다. 그리고 인간에게는 경험을 종합하여 사리를 분별할 수 있는 지성이 있기에 예(禮)를 인식하여 사리에 맞다고 판단된 것을 행할 수 있다. 그리고 교육은 기본적으로 도덕적 문화전통으로 입문시키는 사회화 과정에 다름 아닐 것이다.

Ⅲ. 예의(禮義)의 윤리와 예치(禮治)의 정치학

1. 유위적 예의(禮義)의 윤리

순자에게 있어 인간의 자연적 본성은 소박한 재질로써 욕(欲)·지(知)·의(義)를 가지고 있지만, 그것은 인위적으로 가공하지 않으면 너무나도 쉽게 악(惡)으로 빠져들 수 있다. 말하자면, 이 세상을 살려는 순간부터 우리는 악의 유혹에 빠지도록 프로그램화되어 있다. 그러나 그것 자체가 나쁜 것이 아니라, 각자의 비합리적 욕망추구에서 오는 사회혼란이 문제다. 전국시대적 악의 상황도 여기에서 비롯되었다. 따라서 사회혼란을 방지할 인위적 장치(裝置)가 필요하다. 그것이 바로 문화이고 예의(禮義)의 윤리이다.

> 예는 어떻게 생겨난 것일까? 사람은 태어나면서 욕망을 가지는데, 욕망하는 것을 얻지 못하면 구하지 않을 수 없고, 구함에 있어서는 일정한 한계가 없기에 싸우지 않을 수 없으며, 싸우면 혼란하고, 혼란하면 궁핍해진다. 선왕은 이 혼란을 싫어했기 때문에 예의를 정하여, 사람의 욕망을 양육하고 욕망을 충족시켜주었다. 욕망이 물질로 인하여 파탄이 오지 않도록 욕망과 물질 간에 서로 균형을 유지하면서 증가해 가도록 하였다. 이것이 예가 생겨난 이유이다.[16]

---

16) "人生而有欲, 欲而不得, 則不能無求, 求而無度量分界, 則不能不, 爭則亂, 亂則窮, 先王惡其亂也, 故制禮義

인간은 이기적 욕망의 존재이다. 그래서 인간들을 자연 상태로 그냥두면 서로 욕망을 다투는 이전투구의 마당이 된다. 욕망은 합리적으로 관리되고 조절되어야 한다. 방법은 두 가지가 있다. 하나는 외적인 강제규범으로 규율하는 타율적 접근이고, 다른 하나는 인간들의 자연적 본성을 교정하여 내부에 규범이 자리 잡게 함으로써 자기규제가 가능하도록 하는 자율적 접근이다. 전자가 법가(法家)적 처방이라면, 후자가 순자의 처방이다. 욕망은 자율적이고 합리적으로 조절되어야 한다. 그래서 순자는 예(禮)를 '도덕의 극치'[17]요, 인간이 따라야 할 길인 인도(人道)의 극치라고 말한다.

예가 어찌 지극한 것이 아니겠는가? 융성하게 하여 그것으로 한계를 삼으면, 천하에서 더 가감할 것이 없게 된다. 본말(本末)이 서로 따르고, 처음과 끝이 상응하며, 문화를 극진히 하여 차등(差等)이 있게 하고, 통찰력을 극진하게 하여 (시비와 분별의) 논리가 분명하게 한다. 천하가 그것을 따르면 다스려지고, 따르지 않으면 혼란해진다. 따르는 사람은 편안하게 되고 따르지 않는 사람은 위태롭게 되며, 따르는 사람은 생존하고 따르지 않는 사람은 멸망한다. 그러므로 먹줄은 곧음의 극치요, 저울은 균형의 극치며, 둥글고 모난 자는 원과 사각의 극치인 것과 같이, 예(禮)라는 것은 인도(人道)의 극치인 것이다.[18]

순자가 예(禮)를 인도(人道)의 극치라 보는 점에서 그는 욕망규율의 합리적 근거로서의 예를 절대화하고 있다. 예가 객관적으로 실재하는 도덕적 진리라는 것이다. 이러한 점에서 그의 예 개념은 공자의 관점과 대비된다. 공자에게 있어 예는 어디까지나 특정질서로서의 도덕이었고, 그것은 시대적 상황에 따라 전덕인 인(仁)의 원리에 따라 재입법되고 수정될 수 있는 것이었다. 그러나 순자의 예 개념은 상도(常道)로서 일정불변하다는 규범성 때문에 법가처럼 공권력의 힘을 빌려 법제화되어 강제규범화될 수도 있다. 순자 밑에서 법가사상의 체계자인 한비자(韓非子; BC. ?~BC. 233)가 나온 것도 이러한 맥락과 관련된다. 그러나 순자는 예가

以分之, 以養人之欲, 給人之求. 使欲必不窮乎物, 物必不屈於欲, 兩者相持而長. 是禮之所起也."(禮論篇: 1).

17) "書者政事之紀也. 詩者中聲之所止也. 禮者法之大分, 羣類之紀綱也. 人不可不學之, 而學止於禮, 此道德之極也."(勸學篇: 4).

18) "禮豈不至矣哉, 立隆以爲極, 而天下莫之能損益也. 本末相順, 終始相應, 至文以有別, 至察以有說. 天下從之者治, 不從者亂. 從之者安, 不從者危. 從之者存, 不從者亡. 故繩者直之至, 衡者平之至, 規矩者方圓之至, 禮者人道之極也."(禮論篇: 5).

법제화되어 강제규범화되는 것을 바라지 않았다. 그는 제도화된 법(法) 자체보다 법의 본뜻을 이해하여 환경에 따라 이를 적응시킬 수 있는 군자의 존재가 더 중요하다는 사실을 강조하였다.[19] 법제도보다 인격자의 존재와 자율적 규범의 효용성을 중요시하였다는 점에서 순자는 법가와 다르다. 그러나 그는 법가에서 만민에게 적용될 수 있다고 제시한 것에 대등할 만한 보편적인 예법(禮法)의 확립에 관심을 두었다.[20]

그런데 순자는 무엇을 근거로 예를 객관적으로 실재하는 도덕적 진리로 규정했는가? 예의 기원을 묻는 앞의 인용에서도 언급되었지만, 그것은 선왕(先王)으로 지칭되는 성인(聖人)들이 만든 것이기 때문이다. 물론 성인도 인간이기에 처음부터 선한 자이기보다는 이기적 본능을 교정하고 선을 쌓음으로써(적선積善) 된 것"(儒效篇:9)이다. 인간은 선천적인 지각(知) 능력을 바탕으로 하는 경험적 지성을 발휘할 수 있다. 그러니까 성인은 천도(天道)와 인도(人道)의 구별을 명백히 알아[21], 인간의 도(道)를 누구보다 먼저 한 몸에 내재화한 자일뿐만 아니라 인간의 지능과 작위적 노력을 가해 문화(文化)를 일으켜온 자들이다. 도덕적 문화전통을 수립하는 데도 누대에 걸친 여러 성인들이 관여해왔다. 이러한 점에서 문화란 인간의 지능과 인위적 노력의 산물이므로 일조일석에 이루어진 것이 아니라 누적되어 온 문화에 첨삭을 가하여 갈고 닦은 집약적 총체이다. 그러므로 순자에 있어서 예(禮)란 오랜 세월을 거친 인간들의 사유양식과 행위규준의 산물이자 보편적 문화유산인 셈이다.[22]

문화를 일으켜온 성인들은 인간의 본성과 인정(人情)에 토대하여 예를 입법해 왔다. 인간은 이기적 존재(生之欲)이지만, 무리(群)를 이룰 수 있는 사회적 존재이다. 무리를 이루어 살아가려면 자기의 이기적 욕망을 무리들이 용인할 수 있는 범위 내에서 추구되어야 한다. 이것이 바로 인정(人情)이다. 그러니까 성인들은 인정에 유의하여 인륜을 구축해왔다. 지나침도 모자람도 없는 적정선(適定線)에서 인정(人情)이 오고가야 한다는 전제하에 그에 대한 적정선을 찾아 생활의 여러 측면에서 규정해 놓은 것이 예(禮)인 것이다. 인용을 보자.

> 문리(文理: 수식 혹은 형식)을 크게 드러내고 성정(性情: 내용)을 간략히 하는 것은 예가 지나친 것이고, 반대로 문리를 간략히 하고 성정을 크게 드러내는 것은 예가 미치지 못하

---

19) "法者, 治之端也, 君子者, 法之原也. 不知法之義, 而正法之數者, 雖博臨事必亂."(禮論篇).
20) 김승혜, 『원시유교』, 앞의 책, 266쪽.
21) "道者非天之道, 非地之道, 人之所以道也."(儒效篇: 3).
22) "偽起而生禮義, 禮義生而制法度."(性惡篇).

는 것이다. 문리와 성정, 이 두 가지가 서로 안팎이 되고 속과 겉이 되어 함께 나란히 진행하여 잘 어울리는 것을 예의 중도를 얻었다고 한다.[23]

순자는 상도(常道)인 예에 따라 사회 전체에 위계적 틀을 제공하고자 하였다. 결국 그가 제시하는 예의 표준들은 성인들이 일구어온 보편적 문화유산을 체계적으로 정리하여 제시하는 것이겠다. 무엇보다도 예(禮)란 우선 사람으로서 마땅히 지켜야 할 도덕규범이다. 예(禮)란 존귀한 사람에게는 공경[敬]하고, 노인에게는 효도[孝]하고, 윗사람에게는 경애[悌]하고, 어린 사람에게는 자애[慈]롭고, 천한 사람에게는 은혜[惠]로운 것이다(예론편). 뿐만 아니라, 예는 궁정에서의 의식(儀式)절차요, 신분적 차등에 따라서 가옥, 거마, 의복, 장식에 이르기까지 모든 것을 규정하는 예법이고, 생사(生死)에 따르는 다양한 의례적 제도(성인식, 혼례 및 상제례 등)이기도 하다. 더 나아가 예는 사회제도와 법률의 기능까지 포함하는 객관적 사회규범이다. 특히, 순자가 예 개념을 사회적인 틀 또는 제도적 표현으로까지 확대시키고 있다는 점에서 그것은 사회윤리이다.[24] 그리고 이러한 의미의 예란 현실적인 차원에서 당시의 등급 내지 계급제도 및 그 전체 윤리관계로서 이것은 사람이 사람되는 것을 결정하는 사회적인 근원이다.[25] 예는 이처럼 인간관계를 규정하는 제도의 표준이기에 상하를 구분하여 조화를 이룰 수 있고, 사회를 유지시키고 편안하게 해준다.

2. 예치(禮治)의 정치학

순자에게 예는 개인윤리이면서 사회윤리이다. 모든 국가 체제의 구성이나 제도의 운영도 예에 따르도록 하고 있기 때문이다. 순자는 인간에게 이기적인 욕망이 있다는 사실 그 자체를 긍정적으로 받아들이고, 모든 구성원들이 가진 욕망을 예(禮)에 걸맞게 추구할 수 있도록 국가 경제를 적극적으로 발전시키고 생산을 권장하는 정치를 펼쳐나가야 한다고 보았다. 따

---

23) "文理繁, 情用省, 是禮之隆也. 文理省, 情用繁, 是禮之殺也. 文理情用相爲內外表裏, 並行而襍, 是禮中流也."(禮論篇: 6).
24) 순자의 예사상을 사회윤리학적 시각에서 분석하고 있는 대표적인 연구로는 權美淑, "荀子 禮治思想의 社會倫理學的 硏究"(韓國精神文化硏究院 韓國學大學院 博士學位論文, 1997) 참조.
25) 蒙培元, 『中國 心性論』, 앞의 책, 165쪽.

라서 나라가 다스려지고 부유해지기 위해서는 사회구성원들이 각기 자기역할에 충실하여야 한다. 서민인 농공상인은 농사일 등 나라를 먹여 살리는 일에 최선을 다해야 하고, 관리는 백성들의 일을 돕고 화목을 도모하고 치안을 담당하고, 군주와 재상들은 전체적인 측면에서 예의를 바탕으로 나라를 잘 다스려야 한다(「富國篇」). 이러한 순자의 관점은 정명론(正名論)적 정치관이고, 분사상(分思想: 분업론)에 기초한 경제관으로 읽을 수 있다.[26]

누구보다 군주의 바른 정치가 중요하다. 순자는 군주의 유형으로 세 가지를 제시한다. 왕자(王者), 패자(覇者), 망자(亡者)가 그것이다.

> 국가를 다스리는 사람이 나라 안에 의로움(義)을 확립하면 왕자(王者)가 되고, 신뢰로움(信)을 갖게 하면 패자(覇者)가 되며, 권모술수의 정책으로 일관하면 망자(亡者)가 된다. 이 세 가지야말로 지혜로운 군주가 신중히 고려하여 선택해야 할 바이다.[27]

왕자(王者)란 군주의 덕(德)과 예(禮)로 나라를 다스리는 임금을 지칭하고, 패자(覇者)는 부국강병을 위해 법(法)으로 나라를 다스리는 임금을 말하고, 망자(亡者)는 자신의 이득과 쾌락만을 추구하며 민심을 잃고 국가를 멸망으로 이끄는 군주를 가리킨다. 왕자는 유가적 왕도정치를 펼치고, 패자는 법가적 패도정치를 이끈다. 순자는 법가적 패도정치가 상벌을 정확하게 적용하여 천하에 신용을 얻는 측면이 있음을 인정하였지만,[28] 그의 정치관은 왕도정치를 추구하는 것이었다. 그러나 순자가 말하는 왕도정치는 맹자적인 왕도론과는 구분된다. 맹자의 왕도정치는 자신 안에 내재하는 '차마하지 못하는 마음'(불인지심不忍之心)을 미루어 '차마하지 못하는 정치'(不忍之政)을 펼치는 인정(仁政)의 정치였다. 그러나 순자의 왕도론은 선왕으로부터 전승된 예의를 배우고 매일 실천하여 사회제도를 통해 그것을 구현하는 이른바 예치(禮治)의 정치를 말한다.[29]

순자는 예치적 왕도정치를 실현하기 위해서는 군주가 먼저 욕심을 버리고 덕과 예로 나라를 다스려야함은 물론, 어질고 능력 있는 재상을 등용하고 관리들이 주어진 역할을 다할

---

26) 김승혜, 『원시유교』, 앞의 책, 276~282쪽.
27) "故用國者, 義立而王, 信立而覇, 權謀立而亡, 三者明王之所謹擇也."(王覇篇: 4).
28) 진(秦)나라는 법가적 패도정치로 나라를 다스리는 대표적인 국가였고, 순자는 진소왕(秦昭王)과의 면담에서 법치국가의 강점과 한계점을 지적한 바 있다. 김승혜, 앞의 책, 285쪽.
29) "國無禮則不正, 禮之所以正國也.(王覇篇: 42).

수 있도록 예로서 그들을 대해야 한다고 강조한다. 순자는 신하의 유형에도 네 가지가 있다고 여긴다. 아첨으로 총애를 받는 태신(態臣), 군주의 권리를 찬탈하는 찬신(簒臣), 충절을 지키며 백성을 아끼는 공신(功臣), 선왕의 예의를 융성케 하고 덕으로 백성을 교화하는 성신(聖臣)이 그것이다. 순자는 덕에 뛰어나고 유능한 사람을 순번을 기다리지 않고 채용하고, 덕이 없고 무능한 사람은 지체 없이 파면시켜야 한다고 하였다(「王制篇: 2-3」). 따라서 군주는 신하들의 현우지분(賢愚之分)을 판단하는 능력을 가지고 있어야 한다.

순자는 배움에 따른 신분사회의 형성을 주장하였다. 그는 인간 됨됨이에 따라 네 부류로 사람을 분류하였는데, 속인(俗人), 속유(俗儒), 아유(雅儒), 대유(大儒)가 그것이다. 속인과 속유는 외견상 학문의 유무(有無)차이가 있지만 내용상 모두 자신의 이익만을 추구하는 자들로 그들은 농공상인의 서민이 된다. 이기심을 억제하는 것을 배워서 공평해진 아유(雅儒) 혹은 소유(小儒)는 사대부(士大夫)가 되며, 마음이 관대해지고 지식이 예에 조화되어 있는 대유는 천자(天子)와 삼공(三公)이 될 수 있다고 주장한다(「儒效篇」). 그러나 이러한 부류의 사람들은 처음부터 정해지고 태어난 것이 아니다. 다음의 인용을 보자.

> 비록 왕공(王公)과 사대부의 자손이라도 예의에 속할 수 없으면, 서인으로 돌아가게 한다. 비록 서인의 자손이라도 학문을 쌓았고 그의 행실이 바르며 예의에 속할 수 있다면 경상(卿相) 및 사대부가 될 수 있다.[30]

순자의 이러한 신분관은 확실히 새로운 관점이다. 그것은 혈통과 종법(宗法)에 따른 신분사회가 아니라 자신의 학문적 노력과 수양의 정도에 따라 새롭게 형성될 수 있는 신분사회를 주장하는 것이기 때문이다. 그만큼 배움과 교육의 중요성이 부각될 수밖에 없다. 이제 순자의 수양론과 교육론을 보기로 하자.

---

30) "雖王公士大夫之子孫也, 不能屬於禮義, 則歸之庶人, 雖庶人之子孫也, 積文學, 正身行, 能屬於禮義, 則歸之卿相士大夫."(王制篇: 2-3).

Ⅳ. 적선화성(積善化性)의 덕성함양과 도덕적 사회화론

1. 도덕교육을 받은 사람의 개념

무리를 같이하여 살아갈 사회구성원들은 마땅히 선왕으로부터 내려온 예(禮)를 습득하고 실천해야 한다. 순자에게 있어서 도덕교육을 받은 사람이란 일단 사회의 규범과 도덕적 문화 전통을 내면화하여 실천할 수 있는 사람을 뜻한다. 순자의 관점에서 교육은 본질적으로 사회화 과정에 다름 아니기 때문이다. 이기심을 교정하고, 예의 이해와 습득 정도에 따라 인격완성의 정도가 결정된다. 인용을 보자.

> 사람으로서 예를 두고 지키는 사람은 사군자다. 예에서 벗어나는 사람은 보통 백성이다. 예의 테두리 안에서 하는 일마다 모두 어김없이 질서를 얻어 조금도 흐트러지지 않는 사람, 이런 사람은 성인이다. 그러므로 성인의 덕이 두터운 것은 바로 예를 닦아 거듭 쌓았기 때문이고, 성인의 덕이 큰 것은 바로 예를 넓혔기 때문이고, 성인의 덕이 높은 것은 바로 예를 존중했기 때문이며, 성인의 덕이 밝은 것은 바로 예의 실천을 극진히 했기 때문이다.[31]

순자는 "성인(聖人)조차도 인간이 선(善)을 쌓아 올려서(積善) 된 것"(儒效篇: 9)이라고 말한다. 그러나 진정한 성인(聖人)이란 천도(天道)와 인도(人道)의 구별을 명백히 알아[32], 인간의 도(道)를 한 몸에 내재화한 자일뿐만 아니라 인간의 지능과 인위적 노력을 가해 문화(文化)를 일으키는 자이다. 즉, 전통의 내면화와 실천을 넘어 규범의 창조자가 될 때 비로소 성인(聖人)이 된다. 그는 바로 인의(仁義)의 도(道)를 터득한 인자(仁者)이기도 한다. 성인은 인정(人情)에 토대하여 시대적 상황에 걸맞게 문리(修飾: 형식)와 성정(性情: 내용)이 중용적 표리를 이루도록 자유자재로 규범을 입법하고 집행할 수 있는 능력의 소유자이다.[33] 이 성인(聖人)됨

---

31) "人有是(=禮)士君子也, 外是民也, 於是其中焉, 方皇周挾, 曲得其次序, 是聖人也. 故厚者禮之積也, 大者禮之廣也, 高者禮之隆也, 明者禮之盡也."(禮論篇: 6).

32) "道者非天之道, 非地之道, 人之所以道也."(儒效篇: 3).

33) "先王之道, 仁之隆也, 比中而行之. 曷謂中. 曰 禮義是也.(儒效篇:3); 聖人, 縱其欲, 兼其情, 而制焉者理矣. 夫何彊何忍何危. 故仁者之行道也, 無爲也, 聖人之行道也, 無彊也. 仁者之思也恭, 聖人之思也樂."(解蔽篇: 2).

이 교육의 궁극적 목표이다.

그러나 성인이 되는 길은 모두에게 열려져 있는 길이지만 결코 만만한 길은 아니다. 맹자의 경우, 사람은 내재적인 인의(仁義)의 도덕성을 가지고 태어나기에 누구나 성인이 될 수 있는 가능성을 가지고 있었다. 그러나 순자의 경우, 성인은 부단한 자기수양과 배움을 통하여 실현될 수 있는 것이다.

> 우(禹)임금이 우임금이 된 까닭은 인의(仁義)와 올바른 규범(法正)을 실천한 까닭이다. 그러면 인의와 바른 규범은 누구나 알 수 있고 할 수 있는 도리인 것이다. 그러므로 누구든지 다 인의와 규범을 알 수 있는 소질과 행할 수 있는 능력을 가졌으므로 누구든지 다 우임금처럼 될 수 있는 것은 분명하다.(중략). 그러나 보통사람(塗之人)들도 우임금이 될 수는 있지만 우임금이 된다고 단언할 수는 없다. 비록 우임금이 못된다고 하여 우임금이 될 수 있다고 하는 것이 잘못된 말은 아니다. 마치 발로 걸으면 온 천하 못 갈 데가 없지만, 그러나 실제로 온 천하를 다 걷지 못하는 것과 같은 것이다.[34]

인간은 누구나 성인이 될 수 있는 소질을 타고났는데, 왜 우임금은 성인이 되고 보통사람은 성인되기가 어려운가? 공자의 대답처럼, 성인됨은 너무나 고원(高遠)한 이상(理想)이기 때문이다. "도의에 힘써 학문에 노력을 전심 집중하여 사색하고 숙고하고 오래오래 '선(善)을 쌓아'(積善) 쉬지 아니하면 신명(神明)에 통하고 천지(天地)에 참여할 수 있을 것이다. 성인이란 이처럼 학습을 쌓고 쌓은 결과로 된 것이다."[35] 그런데 보통사람들도 가능성은 있지만 말처럼 장기간 동안의 적선(積善)과 신명(神明)에 통하기가 쉽지 않은 일이다. 그래서 순자도 공자처럼 고원한 이상으로서의 성인보다는 수양하는 군자(君子)를 더 선호하는 것 같다(勸學 및 修身篇 등을 참조). 군자는 예를 내면화하고 실천하는 사람이기 때문이다.

---

34) "凡禹之所以爲禹者, 以其爲仁義法正也. 然則仁義法正, 有可知可能之理. 然而塗之人也, 皆有可以知仁義法正之質. 皆有可以能仁義法正之具, 然則, 其可以爲禹明矣.(中略). 塗之人, 可以爲禹則然, 塗之人能爲禹, 未必然也. 雖不能爲禹, 無害可以爲禹. 足可以徧行天下, 然而未嘗有能徧行天下者也."(性惡篇: 10).

35) "今使塗之人, 伏術爲學, 專心一志, 思索孰察, 加日縣久, 積善而不息, 則通於神明, 參於天地矣. 故聖人者, 人之所積而致也."(性惡篇: 10).

2. 도덕교육의 방법론

성인만이 예(禮)를 입법해 낼 수 있다. 그러나 맹자의 견해처럼 예는 성인의 본성에서 나온 것이라기보다는, 오히려 자신의 본성을 변화시키는 각고의 노력을 통해 얻은 인위(人爲)의 소산이다.36) 따라서 수양하는 군자의 공부와 교육은 문화유산인 예(禮)를 몸소 체득한 성인을 따라 배움에 다름 아니다. 거듭 말하지만, 순자의 관점에서 교육은 본질적으로 사회화 과정이다. 교육은 인간의 자연적 본성을 사회화시켜 사회에 적응할 수 있는 인간, 사회가 요구하는 인간을 길러내는 것이다. 이러한 의미의 교육에서는 교육과정으로서의 문화유산과 문화의 전달자로서의 교사의 역할이 매우 강조되게 마련이다. 그래서 순자는 "기(氣)를 다스리고 심(心)을 수양하는 방법은 예(禮)에 의거하는 만큼 빠른 길이 없고, 훌륭한 스승을 얻어 교훈을 받는 것만큼 요긴한 일이 없고, 호학(好學)하는 것만큼 신통한 것이 없다"(修身篇: 4)고 말한다.37)

순자는 유교전통 속에 오경(五經)의 개념을 처음으로 확립한 사람이기도 하다. 그만큼 그는 교육과정으로서의 교과서를 중시했음을 알려주는 반증이다. 먼저 그는 배움의 순서로『시경(詩經)』,『서경(書經)』등의 경전을 외우는 데서 비롯하고,『예(禮)』를 정독하는 데서 끝나는 것이라 하고 있다. 그리고 각 경전의 교육과정상의 의의로,『서경』은 정치의 기강이 되는 것으로 과거의 역사가 오늘을 사는 정치가들의 거울이라는 개념을 강조한다.『시경』은 인간의 감정을 적중하게 표현하고 알맞는 데서 그칠 줄을 알았다는 데서 인간의 폭을 넓혀주는 것이라고 보았다.『춘추(春秋)』는 인간 역사의 미묘함을 기록하여 천지(天地)의 이치를 알려준다고 하였다. 끝으로『예』와『악(樂)』은 사회규범을 밝혀주고 조화의 원리를 알려주기 때문에 배움의 극치를 이룬다고 평하였다(勸學篇: 4, 儒效篇: 6).

그러나 아무리 훌륭한 교재가 있다한들 그것을 해석하고 깨우쳐줄 스승이 없으면 학생들은 진의(眞意)를 깨닫고 실천하기 어렵다. 왜냐하면 교과서의 내용이란 추상적이거나 원칙적이거나 현실 적합성이 떨어질 가능성을 안고 있기 때문이다.38) 그래서 순자는 "학문을 하는데는 훌륭한 스승을 즐겨 따르는 것보다 빠른 길이 없으니, 예(禮)를 숭상하는 것은 그 다음

---
36) "凡禮義者, 是生於聖人之僞, 非故生於人之性也.‥‥告聖人化性而起僞, 僞起而生禮義, 禮義生而制法度. 然則禮義法度者, 是聖人之所生也."(性惡篇: 5).
37) 이러한 예는 또 있다. "禮者所以正身也, 師者所以正禮也. 無禮何以正身, 無師吾安知禮之爲是也."(修身篇: 11).
38) "禮樂法而不說, 詩書故而不切, 春秋約而不速."(勸學篇: 4).

의 일"39)이라 말한다. 스승은 전통의 해석자이고 전통의 전달자이다. 나아가 스승은 단순히 지식과 가치를 전달하는데 그치는 것이 아니라 학습자의 학문과 도덕성의 발달이 보편적 가치에 부합하느냐 아니냐를 가늠해 주는 합리적인 교육적 권위를 갖는다.

그리고 구체적인 교수방법으로 순자는 인위적이고 반복적인 습득과 쌓음(積)을 통한 지속적 실천을 강조하고 있다.

> 인간의 본성이라고 하는 것은 나로서는 어쩔 수 없는 것이지만 후천적 교화가 가능하다. 또 습관을 쌓는다는 것은 선천적으로 가지고 있는 것은 아니지만 노력하면 될 수 있는 것이다. 사람의 행동과 풍속, 습관 등은 본성을 변화시키는 것이며, 오로지 집중하여 여러 번 반복하면 습관이 되고, 습속이 마음을 변화시켜 오래오래 쌓으면 본질도 변화시키며 전일하게 수양하고 또 수양하면 신명(神明)에 통해서 천지(天地)에 참여할 수 있다.40)

습득은 일회적인 노력의 결과가 아니라 지속적인 노력의 축적이다. 아무런 노력이 깃들지 않는다는 의미의 자연적 본성이 정교하고 세련된 문화적 인간으로 질적 변화를 하기 위해서는 끊임없는 노력이 필요한 것이다. 그래서 순자에게 있어 〈적(積)〉은 자연에서 문화로 이행하는 가장 중요한 방법인 셈이다.41) 이와 같이 교육은 지속적인 노력을 쌓는 방법에 의해 후천적으로 획득된 자질을 제2의 본성으로 내면화시킨다. 이것이 이른바 적선화성(積善化性)이고 화성기위(化性起僞)의 덕성함양론이다.

순자는 교육에서 지배층의 모범적인 행동과 교육적 환경의 중요성에 대해서도 강조하고 있다. "군주가 몸을 닦는다는 말은 들었어도 몸을 닦지 않고서 나라를 다스린다는 말은 들은 적이 없다. 군주는 백성의 표준이요, 백성은 그 그림자이므로 그 표준이 바르면 그림자도 따라서 바르게 된다"(君道篇: 4)고 하여 군주의 모범을 강조한다. 또한 "옆으로 벌려 자라는 다북쑥도 빽빽한 삼밭 속에 끼어나면 막대를 세워주지 않아도 쪽 곧게 자란다. 또 아무리 하얀 모래도 진흙 속에 섞어 두면 검게 물들기 마련"(勸學篇: 2)이라 하는 등 교육의 사회 문화적, 인적 환경의 중요성을 강조한다.

---

39) "學莫便乎近其人, 學之徑, 莫速乎好其人, 隆禮次之."(勸學篇: 4)
40) "性也者, 吾所不能爲也, 然而可化也. 情也者, 非吾所有也, 然而可爲也, 注錯習俗, 所以化性也, 幷一而不二, 所以成積也, 習俗移志, 安久移質, 幷一而不二, 則通於神明, 參於天地矣."(儒效篇: 9).
41) 권미숙, 앞의 논문, 155쪽.

이렇게 볼 때, 순자의 교육은 외부(外部)의 힘으로 내부(內部)의 발전을 유도하는 자타교육(自他敎育)이라 할 수 있다. 맹자는 내재한 선(善)한 도덕성을 보존하고 배양할 것을 교육의 목적으로 삼았으므로, 학생의 의도와 개성을 존중하는 계발교육(啓發敎育)의 방법이었다. 그러므로 맹자의 교육은 내부로부터 밖으로 계발하는 교육(由內而外), 즉 학생의 자발적 능력에 근거하여 밖에서 교사가 조력하는 교육이다. 이와 달리, 순자는 깨달은 자인 교사가 학생을 밖에서 촉구하고 고무하는 것이다. 맹자에서의 '보존한다' '배양한다'와는 달리 '쌓는다' '훈련한다' '가르친다'라는 용어가 더 적합하다. 이러한 순자의 교육방법은 외부로부터 안으로의 계발을 유도하는(由外而內) 교육인 것이다.[42]

그렇다고 하여, 순자의 교육론을 이른바 '정물(正物)'의 인독트리네이션(indoctrination)으로 읽어서는 곤란하다. 맹자가 주장했던 '정기이물정(正己而物正)'[43]의 교육방식은 (교사)자신의 덕(德)을 닦고 나서 그 방법을 사물(事物; 학생)에 옮겨 행하는 것이다. (교사)자신의 덕은 닦지 않고 단지 사물(학생)에만 선(善)하라고 하는 것은 정기(正己)도 않으면서 사물에만 선(善)을 강요하는 '정물(正物)'의 개념이다. 여기서 '물정(物正)'과 '정물(正物)'은 개념상 엄청난 차이가 있다. '물정(物正)'은 '물자정(物自正)'으로써, 물(物)이 스스로 혹은 자연적으로 바르게 됨이다. 그러나 '정물(正物)'은 교사가 인위적으로 사물(학생)에 간섭하여 조작하는 개념이다. 자신의 덕을 닦지 않은 채 학생들에게만 일방적으로 정물(正物)하려는 교육이 '인독트리네이션'(indoctrination)이다. 그러나 꽃이 꽃되게 하고 사물(事物)이 사물되게 자연적 율동에 맡겨두는 태도가 '물정(物正)'의 개념이다.

정물(正物)은 교사가 자신의 덕은 닦지 않은 채 학생들에게 일방적으로 선(善)을 행하라고 강요하는 인위적 간섭과 조작의 개념이다. 그러나 물정(物正)은 선생이 먼저 덕을 닦고(正己) 모범을 보임으로써 학생들이 자율적·자발적으로 학습에 나서는 '침묵의 가르침'(묵화黙化)과도 같은 것이다. 물론 물정이 묵화라고 해서 그것이 학생들을 자유방임의 상태로 방치해 두는 것으로 생각해서는 안 된다. 어디까지나 그것은 간섭과 조작의 인독트리네이션은 하지 않으면서, 간접적인 방법으로 학생들의 학습을 돕는 방식으로 읽어야 한다. 맹자는 이러한 물정의 교육방법을 주장했다. 그는 인간의 본성을 선하다고 보았기 때문에 그것이 가능했

---

42) 林永喜, 『孔孟荀敎育哲學思想比較分析硏究』(文景書局, 民國 75), 127~130쪽, 159~162쪽. 신효숙, 앞의 논문, 63쪽에서 재인용.

43) "有大人者, 正己而物正者也." (『孟子』「盡心章 上; 19」).

다. 그러나 순자는 인간을 이기적 존재로 여긴다. 그래서 그는 이기적 본성을 도덕적으로 사회화시켜야 한다고 보았다. 그러나 이러한 그의 관점을 정물의 인독트리네이션으로 읽어서는 곤란하다. 순자에게 있어 스승은 누구보다 먼저 '정기(正己)'한 모범자이다. 그리고 교육의 내용으로써 예(禮)란 긴 세월동안 성인들이 경험적으로 일구어낸 공동체의 위대한 문화적 전통이다. 공동체의 위대한 전통을 교육하는 것은 맹목적인 '주입'과는 다른 것이며, 그것은 전통에 기초한 합리성을 찾아서 교육하는 '도덕적 사회화'에 다름 아니다.

V. 결론

순자는 제가의 학설을 비판적으로 수용하면서 자기철학을 정초하였다. 그는 묵자를 따라 인간을 이기적 존재로 인정하였고, 법가를 따라 문화와 규범의 필요성을 인식하였다. 그러나 법가의 외적인 강제규범에 반대하여 내적인 자율규범이 바람직하다고 여겼고, 묵자의 '무차별적 사랑'(兼愛)의 비현실성에 반대하여 공자와 맹자의 '차서(次序)적 사랑'(仁義)을 따랐다. 그는 위정자의 덕치와 예치의 효용성에 대해서도 인식하였다. 이러한 점에서 순자는 공자와 유교의 사상적 후계자이다. 그러나 인간본성의 선함에 토대한 맹자적인 당위윤리와 왕도정치는 너무 이상적(理想的)이라 여겼다. 그는 인간의 현실적 이기심을 인정하는 성악설의 기반위에 그 이기심을 자율적으로 규제할 수 있는 문화의 나라를 건설하고자 하였다. 예의(禮義)의 윤리와 예치(禮治)의 정치학이 그것이다.

순자에게 있어, 예란 선왕과 성인들이 기나긴 세월동안 일구어온 문화의 총체이고, 객관적으로 실재하는 도덕적 진리이다. 따라서 도덕적인 사람이 된다는 것은 이러한 도덕적 문화전통을 내면화하고 실천하는 사람이다. 이기심을 교정하고 예를 이해하고 습득하는 정도에 따라 인격완성의 정도가 정해진다. 성인조차도 선을 쌓아서(積善) 된 자이다. 그러나 성인은 예를 내면화하고 실천하는 정도를 넘어 새로운 예를 입법할 수 있는 인의(仁義)의 도를 터득한 사람이다. 이러한 성인됨이 배움과 교육의 궁극적 목표이지만, 그것이 달성은 현실적으로 쉬운 일이 아니다. 일단 도덕적 문화전통인 예를 내면화하고 실천하는 사람이 되는 것이 우선이다. 그가 군자이다.

공부와 교육은 문화유산인 예(禮)를 몸소 체득한 성인을 따라 배움에 다름 아니다. 순자의 관점에서 교육은 본질적으로 사회화 과정이다. 교육은 인간의 자연적 본성을 사회화시켜 사회에 적응할 수 있는 인간, 사회가 요구하는 인간을 길러내는 것이다. 학생들의 자율성의 침해는 교육이라는 이름으로 정당화될 수 있다. 따라서 이러한 교육은 간접적이기보다는 직접적인 방법에 의해 이루어질 수밖에 없다. 습관과 전통이 강조되고 설득하고 감화를 주고 모범을 보여주는 기법들이 동원된다. 교재와 교사의 역할도 직접적이다. 교재는 도덕실천의 전범(典範)이고, 교사는 먼저 그것을 습득하여 실천하고 있는 전형(典型)이다. 이상의 점에서, 순자의 교육론은 현대적 의미의 도덕적 사회화론과 다르지 않다고 본다.

동양도덕
교육론

제3부
동양도덕교육론 패러다임의 발전 : 리기(理氣)철학사상

제9장 주자의 리기철학적 윤리학과 통합적 도덕교육론 / 238

제10장 퇴계의 당위윤리와 발달 지향의 도덕교육론 / 278

제11장 율곡의 유위윤리와 사회화 지향의 도덕교육론 / 312

제12장 왕양명의 무위윤리와 자발적 도덕직관론 / 352

제3부
동양도덕교육론 패러다임의 발전
[리기(理氣) 철학사상]

　제3부에서는 신유교에 함의된 도덕교육의 이론적 패러다임을 고찰하고자 한다. '신유교'라 함은 중국의 송(宋)·명(明)시대에 꽃핀 유학사상을 말한다. 원래 유학은 인성론에 토대하여 실천도덕의 연구와 덕성함양의 방법론을 탐구하였다. 그러나 송명시대의 신유교는 인성과 우주의 관계를 중시하며 리(理)·기(氣)·심(心)·성(性)을 연구하여 포괄적인 철학의 체계를 수립하고자 하였다. 한마디로, 신유교는 인간의 도덕질서뿐만 아니라 우주질서까지도 윤리적으로 해석하려는 고도의 도덕형이상학적 체계를 갖춘 실천철학이라 하겠다. 시대가 이러한 철학적 체계를 요구하였다. 그것은 동양사에서 중세에서 근세에로의 역사적 전환에 따르는 사상적 요구였다.

　중국사에서 오호16국(五胡十六國)시대를 거쳐 수당(隋唐)시기에 이르는 동안은 한마디로 이민족(오랑캐)의 정치권력적 우위 아래 한족(漢族)의 귀족(호족)세력들이 더불어 살아갈 수밖에 없었던 시기였다. 이 시기 동안에도 지배를 정당화하기 위한 고도의 관념체계가 필요했고, 그것이 곧 불교였다. 천태학, 화엄학, 선불교 등의 중국불교가 사상적 발전을 이룬 것은 이러한 사정과 관련이 있다. 그러나 당나라 중엽이후 이민족과 귀족중심의 지배체제가 붕괴되기 시작한다. 무력적 성향이 강한 귀족세력의 체제에 대한 도전으로 당나라는 서서히 붕괴되고 오대(五代: 후양後梁, 후당後唐, 후진後晉, 후한後漢, 후주後周)라는 분열의 시대를 맞는다. 균전제가 붕괴되고 대토지소유주가 등장하는 한편 신흥사대부 계층이 떠오른다. 새로운 농업혁명과 상업혁명이 일어나면서 사회경제적 변화에 대처하지 못하는 귀족중심의 지배체제는 몰락할 수밖에 없었고, 새로운 시대를 열어야 했다. 이른바 중국사에서 중세에서 근세에로의 역사적 전환이다.

귀족정치의 몰락에 따른 군주와 관료 중심의 정치체제의 수립, 균전제의 붕괴와 대토지소유자 및 신흥지주의 등장에 따른 새로운 생산관계 방식의 모색(자유계약에 의한 지주전호제地主田戶制의 등장), 외래사상이 아니라 민족이데올로기에 토대한 새로운 생활철학의 모색 등이 시대적 과제가 되었다. 특히, 사상적 측면에서 불교를 대체할 철학이 필요하였다. 불교는 문화민족을 자처하는 한족의 자존을 꺾는 외래사상이었고, 비현실적이고 비역사적인 비참여의 철학이었다. 불교도들은 한마디로 임금도 아버지도 모르는 '무군무부(無君無父)의 무리'였다. 중국의 전통철학이긴 했지만 세상을 비웃는 노장(老莊)사상도 유용하지 않은 건 마찬가지이다. 새 시대에 걸맞는 새로운 참여의 철학이 필요하였다. 이러한 사정은 시간적 격차가 있지만 귀족중심의 체제와 불교시대였던 고려를 극복하고 신흥사대부에 의한 군주관료체제를 모색했던 조선에도 비슷했다.

그러나 새로운 철학은 불교와 노장사상의 문제점을 극복하는 한편, 그들의 깊숙한 영향 하에 모색되었다. 신유교의 여명을 개척한 대표적인 선구적 사상가들로 다음의 인물들을 들 수 있다.

- 주돈이(周惇頤, 1017~1073, 호는 濂溪):
    유학적 우주론의 모색: 태극도설(太極圖說)
- 장재(張載, 1020~1077, 호는 橫渠):
    태허(太虛)와 기(氣)의 본체론, 심통성정론(心統性情論)
- 정호(程顥, 1032~1085, 호는 明道):
    건원일기(乾元一氣)의 본체론, 심즉리설(心卽理說)
- 정이(程頤, 1033~1107, 호는 伊川):
    리기이원(理氣二元)의 본체론, 성즉리설(性卽理說)

이들의 선구적 업적에 힘입어 주희(朱熹, 1130~1200, 호는 회암晦菴)는 성리학(性理學)이라는 신유교의 체계를 처음으로 정초하고 집대성하였다. 정이의 성즉리설(性卽理說)을 이었다는 점에서 두 사람의 학문을 함께 불러 정주학(程朱學)이라 하고, 주희가 성리학을 집대성했다는 점에서 주자학(朱子學)이라 부르기도 한다. 정호의 심즉리설(心卽理說)을 이으면서 주희와 대적했던 사상가가 육상산(陸象山)이다. 육상산의 학문은 왕양명(王陽明)에 와서 양명학으로 집대성되었다. 이 두 사람의 학문을 한데 묶어 육왕학(陸王學)이라 하고, 심학적 신유학의 체계를 정초한 왕양명의 철학을 양명학(陽明學) 혹은 심학(心學)이라 부르기도 한다. 주자학과 양명학은 철학적으로 서로 다른 체계인가, 아니면 같은 체계 속에서의 발전인가를 두고 견해가 엇갈리고 있다. 필자는 주자학과 양명학이 서로 다른 체계의 신유교로 봐야한다는 견지에서 그들의 도덕교육론을 탐색할 것이다.

주자학은 리(理)와 기(氣)의 이분법적 원형에서 출발하는 까닭에, 어느 문제에 관한 이론이든 모든 리기론은 리(理)에 치중하는 이른바 '주리적(主理的) 이론'이 아니면 기(氣)에 치중하는 '주기적(主氣的) 이론'에 흐를 수밖에 없다. 아무리 리(理)와 기(氣) 중 어느 한편에 편향하지 않고 공평한 태도로 리와 기를 조화시키는 노력을 기울이며 이론을 구축한다고 하더라도 결과적으로는 주리(主理) 아니면 주기(主氣)의 경향을 완전히 벗어나는 무색투명의 중립적 이론을 구축할 수 없다. 정작 주자는 어느 편이었는가 하면 주리론적 관점이었다. 물론 그는 리와 기를 조화시키려는 시도를 적극적으로 보여주었다. 그런 점에서 필자는 그를 통합적 도덕교육론의 정초를 시도했던 사상가로 일단 읽으려 한다. 철저하게 주리론의 관점에서 신유교를 재해석하려했던 사상가는 조선의 철학자인 퇴계 이황이었다. 주희의 주리론적 관점에 주기론의 관점에서 이의를 제기했던 사상가가 나정암이었던 것 같다. 그러나 이 책에서는 그의 사상을 탐색하지 못했다. 대신 조선의 철학자인 율곡 이이의 사상을 통하여 주기론의 신유학적 체계와 도덕교육론을 탐색한다.

주희가 유교도덕교육론의 리기철학적(理氣哲學的) 정초를 바탕으로 '사회화'와 '발달'의 통합적 도덕교육론을 구축하고자 시도했다면, 퇴계는 주리론적 패러다임을 바탕으로 자율적 도덕발달론의 관점을 제시했고, 율곡은 주기론적 패러다임을 바탕으로 도덕적 사회화론의 관점을 수립하였다. 그러나 퇴계와 율곡도 통합적 관점을 결코 포기하지 않았다. 이 점에서 퇴계는 '발달' 지향의 통합적 도덕교육론을, 율곡은 '사회화' 지향의 통합적 도덕교육론을 정초하려 했던 것으로 읽어내고자 한다. 그러나 '사회화'도 '발달'도 아닌 제3의 패러다임을 구축하려 했던 사상가가 있다. 그가 바로 왕양명이다. 그는 리기일원론의 관점에서 리즉기(理卽氣) 혹은 기즉리(氣卽理)의 패러다임을 구축하였다. 주희와 퇴계의 체계가 당위유학이라면, 율곡의 체계는 유위유학이다. 왕양명의 유학은 무위유학이다. 왕양명의 관점을 살펴봄으로써 무위유학과 리즉기 패러다임이 함축하는 도덕교육론을 좀 더 자세히 들여다 볼 수 있을 것이다.

제9장
주자의 리기철학적 윤리학과 통합적 도덕교육론

I. 서론

공자는 당위철학, 유위철학, 무위철학을 모두 포함하는 폭넓은 철학적 사유를 전개하면서, 그 중 어느 하나를 진리로 단정 짓지 않는 '시중적'(時中的)이고 '미제적'(未濟的)인 세상 보기의 도(道)를 제시하였다. 그래서 그는 도덕교육론과 관련해서도 도덕사회화론, 자율적 발달론, 자발적 도덕직관론을 모두 포함하는 포괄적 교육론을 정초하였다. 그러나 공자의 이러한 관점은 이후의 사상가들에게 철학적 사유의 다양한 질료를 제공해주기는 하지만, 정합성을 갖춘 하나의 철학적 사유체계라는 관점에서 본다면 논리적 모순을 안고 있었다. 그가 사유했던 세 가지 철학과 교육의 패러다임은 각각 세계와 인간과 교육을 바라보는 철학적 가정과 전제를 달리하는 것이기 때문이다. 전혀 다른 가정과 전제들을 포괄할 수 있는 보다 높은 차원의 논리적 가정 내지 추상적 원리가 제시되지 못하는 한 공자철학은 하나의 정합된 철학적 사유체계라고 보기 어렵다.

사정이 이러하기에, 공자철학은 도통(道統)의 분화를 예고하고 있었다. 중국사에서 춘추전국(春秋戰國)이라는 미증유(未曾有)의 악(惡)의 시대는 공자이외에도 제자백가(諸子百家)의 사상가들을 탄생시켰다. 양자(楊子)-노자(老子)-장자(莊子) 등으로 이어지는 무위철학적 사유의 패러다임이 있었는가 하면, 증자(曾子)-자사(子思)-맹자(孟子) 등으로 이어지는 당위철학적 사유의 패러다임과, 자하(子夏)-묵자(墨子)-순자(荀子)-한비자(韓非子) 등으로 이어지는 유위철학적 사유의 패러다임도 있었다. 어느 패러다임에도 배속시킬 수 없는 사상가들도 물론 있었다. 그러나 우리는 앞 장들에서 동양도덕교육론 패러다임의 전형을 보여준다고 판단되는 대표적인 철학자들의 사상을 선택적으로 고찰하였다. 노자의 무위윤리와 자발적 도덕직관론, 맹자의 당위윤리와 자율적 도덕발달론, 그리고 순자의 유위윤리와 도덕적 사회화론이 그것이다.

이러한 동양도덕교육론 패러다임의 전형들은 각각 하나의 정합된 도덕철학과 교육론의 사유체계를 보여주고 있다. 이들에겐 적어도 사유체계 내에서 이론적·논리적 모순은 없다. 그러나 각각의 패러다임들은 인간들의 현실적인 도덕적 삶과 도덕성 발달의 실제를 담아내지 못하는 일면성을 지니고 있다. 탈인간중심주의를 선언하는 노자철학의 무위윤리를 제외하고 생각한다면, 인간은 행위결과의 유용성을 따지는 유위윤리에 따라 살기도 하지만, 행위결과와 무관하게 도덕법칙이 옳다는 이유만으로 도덕적 의무로 받아들이는 당위윤리에 따라 살아가기도 하는 존재이다. 어쩌면 인간의 도덕성 발달과 도덕적 삶은 전통과 습관의 마당을 거쳐 이성의 궁전으로 들어가는 존재일지 모른다. 이것은 현대 도덕심리학과 교육론자들의 관점이기도 하거니와, 공자야말로 이러한 도덕성의 발달과 도덕적 삶의 현실을 누구보다 제대로 이해하고 있었다고 할 수 있다. 그러나 앞서 지적했듯이, 공자의 관점은 이론적 정합성이 떨어진다는 점이었다.

인간의 도덕성 발달과 도덕적 삶을 포괄하는 이론을 구축하려면 도덕교육에서의 '개인과 공동체', '원리와 내용', '인지와 정의·행동', '발달과 사회화' 등의 양극단을 모두 포괄하는 이론적·실제적 정합성을 갖춘 통합적 도덕교육론이 필요하다. 이를 위해서는 전혀 다른 가정과 전제들을 포괄할 수 있는 보다 높은 차원의 논리적 가정 내지 추상적 원리가 정초되어야 한다. 동양철학사에서 이러한 문제의식을 가지고 통합적 도덕교육론을 모색한 시도가 송명(宋明)대의 리기(理氣)철학적 사유들이다. 이 장에서는 그러한 전형적 시도를 주자(朱子: 1130~1200, 이름은 희熹, 호는 회암晦菴)[1]의 철학을 통하여 고찰하기로 한다.

---

1) 주자의 생애를 약술해 둔다. 주자의 이름은 희(熹)이고, 자는 원회(元晦) 또는 중회(仲晦)이며, 어렸을 때의 자는 오이(五二)였다. 호는 회암(晦菴), 회옹(晦翁), 운곡노인(雲谷老人), 창주병수(滄洲病叟), 둔옹(遯翁) 등으로 불린다. 그가 거처했던 집을 무이정사(武夷精舍), 고정(考亭), 창주정사(滄洲精舍)라 이름했다. 휘주무원(徽州婺源) 출신으로, 고종건염(高宗建炎) 4년(1130)에 태어나 영종경원(寧宗慶元) 6년(1200)에 71세로 죽었다. 그의 아버지인 주송(朱松)의 자는 교년(喬年), 호는 위재(韋齋)로, 이연평과 같이 나예장의 문하에서 배웠다. 진사에 급제하고 관직을 맡았었는데, 금(金)나라와의 화평협상 문제를 놓고 재상인 진회(秦檜)와 뜻이 달라 사직하고 말았다. 주자는 어려서부터 매우 총명하여 다른 아이들의 추종을 불허하였다. 14세 때부터 적계(籍溪) 호원중(胡原仲), 백수(白水) 유치중(劉致中), 병산(屛山) 유언중(劉彦仲)에게 나아가 배웠으며, 22세에 진사에 급제하였다. 24세 때 비로소 이연평을 만나 그의 학설을 듣고는, 종

주자는 교육을 〈소학(小學)교육의 단계〉와 〈대학(大學)교육의 단계〉로 나누어, 8세가 되면 임금과 공경대부로부터 서민의 자제에 이르기까지 모두 소학(小學)에 들어가 일상생활의 실천적 규범을 배우고,[2] 15세가 되면 임금의 태자와 여러 왕자, 공경대부와 선비들의 아들과 일반백성의 우수한 자식들까지 모두 대학(大學)에 입학시켜 궁리(窮理)·정심(正心)·수기(修己)·치인(治人)의 도(道)를 배운다고 한다.[3] 여기서 〈소학교육의 단계〉는 기존의 일상적 사회규범에 대한 도덕적 훈련과 사회화에 해당하는 교육단계이고, 〈대학교육의 단계〉는 도덕의 원리를 궁구하면서 개인의 주체적 자아확립을 위한 교육단계인 것이다. 그런데 주희는

래의 공허한 언설들에 진실이 없음을 자각하고 이연평의 문인이 되었다. 효종(孝宗)이 즉위하여 직언을 구하니, 이에 답하기를 첫째, 제왕의 학은 먼저, 격물·치지(格物致知)하고 성의·정심(誠意正心)으로써 천하에 임해야 한다. 둘째, 금나라 사람의 그릇됨을 지적하면서 화명을 논하는 것의 불가함을 주장하였다. 그러나 재상 탕사퇴(湯思退) 등이 화명을 주장함으로써 주자의 의견은 끝내 채택되지 못했다. 이 때 문인이 이미 수백 명이 되고 명성은 날로 높아져 큰 세력을 이루었다. 감찰어사(監察御史) 진고(陳賈)가 효종에게 참소하기를, 주자는 도학의 이름을 빌려 거짓을 전한다고 하였다. 수부시랑(水部侍郞) 임률(林栗)도 또한 주자를 탄핵하기를, 장횡거·정이천의 설을 가지고서 세상을 속이고 있다고 하였다. 59세에 다시 효종에게 상소하는 글을 올렸는데, 효종은 이를 보고 크게 감동하여 그를 비각수찬(祕閣修撰)에 임명했다. 그 뒤 광종(光宗) 때는 담주(潭州) 지사가 되었다. 또 영종(寧宗)이 즉위함에 부름을 받아 서울로 왔으나, 당시 권세가였던 한탁주(韓侂冑)의 횡포에 대해 왕에게 직언을 하였다가 오히려 원한을 사서 겨우 46일 만에 파면되고 말았다. 이 때 심계조(沈繼祖), 호굉(胡宏) 유덕수(劉德秀) 등 반대당의 일파들은 이 기회를 이용하여 주자의 학이 거짓된 학이라고 매도하고, 임금의 자리를 엿보는 역적의 무리라고 배척하였다. 이 사건을 '경원의 당화'[慶元之黨禍]라고 한다. 주자는 비록 이와 같은 박해를 받았으나 태연히 학문을 연구하였다. 한편, 그가 죽자 문(文)이라는 시호를 내려졌으며 중대부(中大夫)로 증직되었다. 이종보경(理宗寶慶) 3년 다시 태사(太師)라는 벼슬을 제수 받았으며, 나아가 신국공(信國公)에 봉해졌다. 후에 다시 휘국공(徽國公)으로 고쳐졌다. 저서는 아주 많은데, 그 주요한 것을 들면 『학용논집주』(學庸論集註) 26권, 『논맹혹문』(論孟或問) 34권, 『중용집략』(中庸輯略) 1권, 『논맹정의』(論孟精義) 34권, 『역본의』(易本義) 12권, 『역학계몽』(易學啓蒙) 4권, 『시집전』(詩集傳) 8권, 『의례경전통해』(儀禮經傳通解) 37권, 『가례』(家禮) 5권, 『효경간오』(孝經刊誤) 1권, 『서명해의』(西銘解義) 1권, 『태극도설해』(太極圖說解) 1권, 『통서해』(通書解) 2권, 『정몽해』(正蒙解) 2권, 『이락연원록』(伊洛淵源錄) 14권, 『근사록』(近思錄) 14권, 『소학』(小學) 6권, 『자치통감강목』(資治通鑑綱目) 60권, 『한문고이』(韓文考異) 10권, 『초사집주』(楚辭集註) 4권 등이 있다. 이외에도 후세 사람이 주자의 문집을 편찬한 『주자문집』(朱子文集) 120권, 『주자어류대전』(朱子語類大全) 141권, 『주자전서』(朱子全書) 66권 등이 있다. 또 간단한 것으로 『주자서절요』(朱子書節要) 20권, 『주자학적』(朱子學的) 2권이 있다. 이상의 주자의 생애약술은 미우라 도우사꾸(강봉수 외 옮김), 『중국윤리사상사』(서울: 원미사, 2007), 370~371쪽.

2) 『大學』, 「大學章句序」. "人生八歲 則自王公以下 至於庶人子弟 皆入小學而 教之以灑掃應對進退之節 禮樂射御書數之文".

3) 『大學』, 「大學章句序」. "及其十有五年 則自天子之元子衆 以至公卿大夫元士之適者 與凡民俊秀 皆入大學 而 教之以窮理正心修己治人之道."

이처럼 교육의 단계를 설정하며 발달론과 사회화론의 조화를 포괄적으로 설명하기 위하여 우주(宇宙)와 삶에 관한 근본적 원리로서의 리(理)와 기(氣), 본연지성(本然之性)과 기질지성(氣質之性) 등의 개념을 사용하여 도덕형이상학(道德形而上學)을 정초하고 있는 것이다. 따라서 이 장에서는 이러한 주자철학의 고찰을 통하여 리기철학적 윤리학과 도덕교육론을 살피기로 한다.

II. 주자의 리기철학적 윤리학의 정초

주자는 요순(堯舜)이후에 면면히 계승되어져 오던 도통(道統)이 맹자(孟子)에 와서 끊어져 버렸음을 아쉬워한다. 그러나 다행스럽게도 옛 성현(聖賢)들의 책은 남아있어, 거의 천여 년이란 세월을 뛰어 넘었지만 비로소 송대(宋代)에 와서 정호(程顥)·정이(程頤) 두 선생이 나와 잊혀버린 도(道)를 되살리기 시작하였고, 주자 자신 또한 여기에 동참하려는 것이 학문연구의 주된 목적이라는 것이다.[4] 그런데 주자가 보기에 도(道)를 되살리는 일은 단순히 술이부작(述而不作: 기술만하고 창작하지 않음)으로만 될 성격의 것이 아니었다. 왜냐하면, 도의 계승이 너무나도 오랫동안 단절되어온 탓도 있지만, 주자가 보기에 성현의 도를 단순히 되살리는 것만으로는 세상과 인간을 설명하는 데 뭔가 미진한 점이 많다고 여겨졌기 때문이다. 이를테면, 그것은 공자의 미제적 세상보기의 도가 가지는 논리적 취약성, 세상에서 인간의 위치를 보는 노자적 관점의 불온성, 인간본성에 관한 맹자와 순자적 관점의 논리적 지엽성 등이다.

1. 세계의 탄생과 인간의 위치

주자의 리기철학은 우주의 생성론과 존재론을 담고 있는 거대 패러다임이다. 그러나 이것을 자연학으로 읽어서는 곤란하다. 세계의 탄생과 존재원리의 탐구는 어디까지나 인간학

---

4) 『中庸』, 「中庸章句序」 참조.

을 정초하기 위한 철학적 전제였다. 주자철학의 본질은 도덕형이상학이다. 세계를 보는 주자적 관점의 특성을 드러내기 위해 노자의 무위적 세계생성론을 잠시 돌아볼 필요가 있다.

노자에 의하면, 이 세계는 세계 밖에 초월적으로 존재하는 신(神)에 의해서 무(無)로부터 유(有)가 창조된 것도 어떤 위대한 설계자(예컨대, 정주학의 太極 또는 理)에 의해 질서가 부여된 것도 아니다. 시작도 없는 시작인 도(道)로부터 이 세계는 자발적으로 생성하였다. 도는 역동적 본체인 무정형의 기이면서 동시에 무정형의 기에 질서를 부여하는 자가수정의 원리이다. 도는 무정형의 기인 자신을 스스로 수정시킨다. 수정된 일원기는 자체의 법칙에 따라 분화하고 축적하면서 만물을 생성한다. 기들의 교감과 취산 정도에 따라 세계의 다양성이 결정되지만 그들은 존재론적이나 가치론적으로 평등하다. 이것이 노자가 보는 무위적 세계생성론의 요점이다.[5]

그러나 우리는 이러한 노자의 무위적 세계관에 익숙지 않다. 이 아름답고 조화로운 세계와 세계에서 차지하는 인간의 특별한 지위를 고려할 때 도저히 이 세계가 자발적으로 창조되었을 거라는 생각에 동의하기가 쉽지 않다. 절대적인 신이나 상제를 반드시 전제하진 않더라도, 이 세계를 창조함에는 어떤 위대한 설계자가 있었을 것이라 여긴다. 동양철학사에서 이러한 관점으로 뚜렷한 세계관을 정초한 이가 주자이다. 그는 노자의 관점과는 달리하여, 대안적 우주론을 주장한 대표적인 사람이다.

주자가 노장적 관점에 근본적으로 동의할 수 없었던 점은 기(氣)의 자연성에 있었다. 기의 자연성이란 기의 교감과 취산작용은 기의 자연스러운 활동성일 뿐이지 어떤 원리(理)가 선재하여 기에 형상과 질서를 부여하는 것이 아니라는 뜻이다. 말하자면, 리란 기의 자연법칙일 뿐이라는 것인데, 주자는 바로 이점을 동의할 수 없었다. 단적으로 말해 어떻게 '약육강식'이 상선(上善)이란 말인가? 오히려 그것은 기의 이기심과 비도덕성을 표현하는 최악의 언표가 아닌가? 자연세계에서는 그것이 자연법칙일지 모르지만 인간세계 내에서 '약육강식'은 생각 만해도 끔찍한 일이다. 좌우지간 '기의 자연성'은 그 자체가 악(惡)은 아닐지라도 결코 선(善)일 수는 없다. 오히려 '기의 자연성'은 리(理)의 이념이나 도덕법칙에 의해 치유되거나 통제되어야할 대상일 뿐이다. 그렇다면 세계탄생부터 리의 주재성(主宰性)에 의해 관리되어야 한다. 이러한 관점에서, 주자는 기보다는 리의 선재(先在)와 주재성을 강조하였다. 그에게

---

5) 강봉수, "세계의 자발적 생성: 역동적 본체와 자가수정의 원리로서 도(道)", 『노자에게 길을 묻다!! -무위적 세상보기의 도』(제주: 누리, 2014), 35~62쪽 참조.

우주론 정립의 자료가 된 주렴계의 『태극도설太極圖說』을 보자.

> 우주를 생성하는 원리는 극이 없으면서 동시에 궁극의 극(중심이 없으면서 동시에 가장 크고 위대한 중심)인 태극이다. 태극이 움직여 양을 낳는다. 움직임이 한계에 다다랐을 때 휴식이 뒤따른다. 휴식으로 궁극의 극은 음을 낳는다. 휴식이 한계에 다다르면 움직임으로 회귀한다. 움직임과 휴식은 서로가 서로의 뿌리가 되어 번갈아든다. 음과 양이 그들의 지정된 기능[分]을 취함으로써 두 힘이 확립되었다. 양은 음과 결합함으로써 변형된다. 이를 통해 물, 불, 나무, 쇠, 흙의 오행이 생겨났다. 그리고 다섯 기가 조화롭게 퍼져서 사계절이 진행되었다. 오행은 합치면 음양이 될 것이고, 음양은 합치면 궁극의 극이 될 것이다. 궁극의 극은 본질적으로 극이 없는 것이다. 오행은 형성과 동시에 나름의 독특한 성질[本性]을 갖는다. 극 없는 것의 참된 원리와 두 힘과 다섯의 정수가 놀라운 방식으로 상호 결합하여 응집이 일어난다. 하늘의 길은 사내를 형성시키고 땅의 길은 계집을 형성시킨다. 사내와 계집의 두 기는 서로에게 반응하고 영향을 미쳐 수많은 사물을 변화, 탄생시킨다. 이렇게 하여 생성이 생성으로 이어져 변화는 끝이 없다.[6]

해석은 주자적 관점에 의거해서 한 것이다. 주렴계 자신이 저런 뜻으로 보았는지는 여기서 논외이다. 우선, 무극이태극(無極而太極)이란 무엇인가? 형태로 지각되지 않는(無極), 생성과 변화의 원리(太極=理)가 그것이다. 우주 내에서 일어나는 끊임없는 생성과 변화에는 그 변화를 가능하게 하고 받쳐주며 질서를 형성하는 중심이 있다. 생성변화의 축이며 매듭이자 다양한 사물의 뿌리요 바탕이 다름 아닌 태극인 것이다. 사물의 형태와 기능을 담당하고 있는 음양의 기(氣)와는 달리 세계의 중심축은 시간과 장소에 있어 특정한 일점을 점유하고 있지는 않다. 공간상의 특정한 장소를 점하고 있지 않고 다른 감각기관에도 잡히지 않지만 그것은 보편적 중심으로 영원히 존재한다. 지각될 가능성이 없고, 기(氣)와는 카테고리를 달리한다는 의미에서 이 중심을 초월적(형이상形而上)이라 부를 수 있다. 이처럼, 주자가 생각한

---

6) 『太極圖說』. "無極而太極. 太極動而生陽, 動極而靜, 靜而生陰, 靜極復動, 一動一靜, 互爲其根, 分陰分陽, 兩儀立焉. 陽變陰合, 而生水火木金土, 五氣順布, 四時行焉. 五行一陰陽也, 陰陽一太極也, 太極本無極也, 五行之生也, 各一其性. 無極之眞, 二五之精, 妙合而凝, 乾道成男, 坤道成女, 二氣交感, 化生萬物, 萬物生生, 而變化無窮焉."

무극(無極)은 태극(太極)이라는 중심의 초월적 특성을 가리키는 형용어였다. 그래서 무극이태극(無極而太極)은 형태로 지각되지 않는 생성과 변화의 원리이다.

이 우주에는 리(理)도 있고 기(氣)도 있다(리기불상잡理氣不相雜: 본체론적 관점에서 볼 때, 리와 기는 논리적으로 각기 다른 개념이다.). 리는 형이상(形而上)의 도(道)로써 만물을 생성하는 근본이요, 기는 형이하(形而下)의 기(器)로써 만물을 생성하는 도구이다. 따라서 인간과 만물은 모두 이 근본으로서의 리와 도구로서의 기가 만나게 됨으로써 탄생한다.[7] 리는 정의(情意)도 계도(計度)도 조작(造作)도 없는 속성을 지녔고, 응결조작(凝結造作)할 수 있는 것은 기이다. 그러나 기가 응취하는 곳에는 항상 리가 있다.[8](리기불상리理氣不相離: 현상론의 관점에서 볼 때, 리와 기는 서로 떨어져 따로 존재하는 것이 아니다.). 그래서 리는 기의 원리이다. 원리의 리는 무색무취하지만, 활동성의 기는 청탁후박(淸濁厚薄)의 속성을 지녔다. 어느 것이 먼저랄 것도 없이 활동성의 기(곤합袞合하는 기: 끓고 있는 물방울의 비등과 같이 비예측적 충돌을 하는 기들의 모양)에는 리가 따르고 리는 기에 원리를 제공하여 세상은 탄생한다. 리와 기가 만나는 우주창생의 활동을 붕어빵틀과 밀가루반죽이 만나 붕어빵이 탄생하는 것에 비유해 볼 수 있다. 붕어빵틀은 리이고, 밀가루반죽은 기이다. 붕어빵틀은 형상과 질서와 원리를 제공하고, 밀가루반죽은 질료를 제공한다. 붕어빵틀과 밀가루반죽의 만남은 동시적이고, 이들의 만남으로 인해 붕어빵은 탄생한다. 이것이 주자의 우주론이다. 그에 따를 때 유교적 우주론의 시원인 주역의 「계사전」의 우주론도 이러한 관점에서 읽어야 한다. 즉, "우주에는 태극이라는 원리가 있다. 이 원리는 음양이라는 기와 더불어 세상을 탄생시킨다."(易有太極, 是生兩儀...).

주자에 의할 때, 리가 어떤 속성의 기에 원리를 제공할 것인지는 우연이지만, 그것이 세상의 다양성을 결정한다. 치우치고(편偏) 막힌(색塞) 기(氣)와 만나면 동식물이 되고, 바르고(정正) 뚫린(통通) 기(氣)와 만나면 인간이 된다.[9] 이렇게 하여 세상의 존재들은 결정되었다. 주자는 천지가 생명을 낳는 모습을 "맷돌"에 비유하고 있다. 맷돌과 콩이 만나 천차만별의 콩가루가 탄생하는 것이 바로 다양한 생명탄생 현상과 비슷하다. 여기서 주목해야 할 점은 인

---

7) 『朱子大全』, 卷58, 「答黃道夫書」. "天地之間, 有理有氣. 理也者, 形而上之道也, 生物之本也. 氣也者, 形而下之器也, 生物之具也. 是以人物之生, 必稟此理, 然後有性, 必稟此氣, 然後有形."
8) 『朱子語類』, 卷1, 「理氣上」. "蓋氣則能凝結造作, 理却無情意, 無計度, 無造作. 只此氣凝聚處, 理便在其中."
9) 『朱子語類』, 卷4, 「性理1」. "自一氣言之, 則人物皆受是氣而生, 自精粗而言, 則人得其氣之正且通者, 物得其偏且塞者."

간을 포함한 만물 탄생의 다양성은 어디까지나 우연이라는 것이다. 리가 어떤 기와 만날 것인지는 우연이기 때문이다. 따라서 이렇게 하여 태어난 세계 구성원들은 서로 불평하지 않는다. 주자에게 세계는 거대한 오케스트라 속에서 나름의 악기를 연주하고 있는 구성원들의 하모니 같은 것이다. 자연에는 투쟁과 혼돈보다 조화와 통일의 저류가 흐르고 있다. 이러한 점에서 주자의 세계관에도 노자의 관점처럼 존재론적 평등이 전제되고 있다. 그러나 여기서 유의해야 할 점은 이 유기체적 세계의 조화와 통일을 이끄는 것은 노장(老莊)처럼 '기의 자연성'이 아니라 '리의 선험법칙'이라는 점이다.

주자는 이처럼 세계 구성원간의 존재론적 평등을 전제하지만, 가치론적 평등까지 용납할 수는 없었다. 존재론적·가치론적 평등을 전제하는 노장적 관점에서는 세계의 구성원들 사이에서 인간이 특별한 지도적 위치를 차지할 수 없다. 주자는 바로 이 부분에 대하여 결코 동의할 수 없었다. 자연에서 이른바 '약육강식'은 조화와 통일을 가져오는 자연법칙이지만, 그것이 인간과 사물 간에 혹은 인간사회 내에서 통용되는 도덕법칙이 될 수는 없는 것이기 때문이다. 그래서 주자는 자연세계와는 다른 인간만의 도덕법칙의 근거를 세울 수밖에 없었다. 이른바 '성즉리'(性卽理)가 그것이다.

2. 인간의 본성과 당위의 윤리학

인간의 본성은 선(善)한가 악(惡)한가? 사람의 본성이 선(善)하다면 왜 악(惡)이 발생하는가? 왜 선한 본성이 함정에 빠지고 마는가? 맹자는 이에 대해 물욕(物慾)때문이라고 했었다. 그렇다면 물욕(物慾)은 왜 생겨나는가? 바로 이 물욕의 근원지에 대해서 맹자는 잘 몰랐던 것이라고 주자는 생각했다. 그래서 결국 맹자는 성선(性善)을 말했지만 그것은 성(性)의 본원처(本源處)만을 말한 것으로 또 다른 성(性)인, 즉 물욕의 근원지로서의 기질지성(氣質之性)이 있음을 몰랐기 때문에 경험을 포괄적으로 설명할 수 있는 논리를 만들기에는 미진할 수밖에 없었다는 것이다.[10] 그러면 순자는 어떠한가? 순자는 단지 좋지 못한 사람의 성(性)만을 보고 사람의 본성을 악(惡)하다고 보았다.[11] 이는 본성을 선하다고 본 맹자보다도 더 경험을 설

---

10) 『朱子語類』, 卷4, 「性理:1」. "孟子說性善, 他只見得大本處, 未說得氣質之性細碎處."
11) 『朱子語類』, 卷4, 「性理:1」. "荀子只見得不好人底性, 便說做惡."

명할 수는 편협한 논리이다. 순자는 아예 성(性)을 모르는 자라는 게 주자의 판단이다. 그래서 성(性)이 뭔지도 모르는 순자보다는 차라리 성삼품설(性三品說)을 주장했던 한퇴지(韓退之)가 더 설득력 있다고 주자는 말한다.[12] 그의 주장을 보자.

> ① 맹자는 언제나 성선(性善)을 주장하면서, 선하지 않은 것은 함정에 빠진 것이라 했다. 이 말은 처음에는 선하지 않은 것이 없다가, 나중에야 비로소 선하지 않게 된다는 말이 된다. (이러한 맹자의 말은) 성(性)만 논의하고 기(氣)를 논의하지 않은 것이니, 조금 부족한 점이 있다. ② 순자나 양웅 같은 사람은 기(氣)만 논하고 성(性)은 논의하지 않았기 때문에 명확하지 못했다. 이미 성(性)을 논의하지 않았으니, 이치(理)도 어두워지게 되었다.[13]

맹자와 순자, 그리고 한퇴지를 포함하여 모두 성(性)을 설명하는 논리로 부족하다면 어떡해야 하는가? 이에 대한 결론은 간단하다. 각각의 장점을 조합하는 것이다. 주자는 이것을 정이(程頤)의 말을 빌려서 주장하고 있다.

> 정자(程子)께서는 "성(性)을 논하면서 기(氣)를 논하지 않으면 갖추어지지 않고, 기(氣)를 논하면서 성(性)을 논하지 않으면 명확하지 않으니, 이 둘을 갈라놓는 것은 옳지 않다."고 말했다. 이것은 먼 옛날 성현들도 다하지 못한 뜻을 드러내어 밝힌 것이니, 그 공로가 매우 크다. 대체로 그 이치를 깨우치지 못한 채 전해오는 진한시대 이후의 기록들은 모두 헛소리다.[14]

인용에서 성(性)은 리(理), 즉 본연지성(本然之性)을 가리키고, 기(氣)는 기질지성(氣質之性)을 가리킨다. 성(性)을 논하면서 기(氣)를 논하지 않으면 갖추어지지 않고, 기(氣)를 논하면서 성(性)을 논하지 않으면 명확하지 않는다. 그것도 성(性)과 기(氣)를 동시에 말해야지 따

---

12) 『朱子語類』, 卷4, 「性理:1」. "如退之說三品等, 皆是論氣質之性, 說得儘好. 只是不合不說破簡氣質之性, 却只是做性說時, 便不可. 如三品之說, 便分將來, 何止三品? 數千百可也."

13) 『朱子語類』, 卷4, 「性理:1」. ① 孟子之論, 盡是說性善. 至有不善, 說是陷溺. 是說其初無不善, 後來方有不善耳. 若如此, 却似論性不論氣, 有些不備. ② 若荀揚則是論氣而不論性, 故不明. 旣不論性, 便却將此理來昏了.

14) 『朱子語類』, 卷4, 「性理:1」. "程子云, 論性不論氣, 不備. 論氣不論性, 不明. 二之則不是. 所以發明千古聖賢未盡之意, 甚爲有功. 大抵此理有未分曉處, 秦漢以來傳記所載, 只是說夢."

로따로 구분해서는 안 된다. 그렇게 해야 경험을 두루 망라하는 설명력을 가질 수 있다. 그러나 이것만으로는 아직 부족하다. 성(性)과 기(氣)를 동시에 말하면 경험을 설명하는 틀은 될지언정 진리를 담은 이론 틀은 될 수 없다. 왜 이 둘을 동시에 말해야만 하는지에 대한 정당화가 이루어져야 하는 것이다. 둘을 동시에 말해도 전혀 논리적 모순이 없는 보다 차원 높은 논리적 가정 내지 추상적 원리가 수립될 수 있어야 한다. 주자가 형이상학적 개념들을 동원할 수밖에 없었던 이유가 바로 여기에 있다.

리와 기의 만남을 통하여 세상은 탄생하였다. 그러나 이제 리와 기의 만남은 존재들의 본성(性)까지 결정하게 마련이었다. 리가 기와 만나 존재를 이룰 때 성(性)이 된다. '성이 곧 리이다'(性卽理). 이렇게 하여 인간과 동식물은 탄생과 함께 각자 부여받은 리를 건순오상(健順五常; 인의예지신仁義禮智信)의 덕(德)으로 삼게 되는데 이것이 곧 본성이다.[15] 그러나 존재들의 본성에 대한 자각능력은 역시 어떤 속성의 기와 만나느냐에 달렸다. 치우치고 막힌 기로 탄생한 동식물에는 도덕적 자각능력이 거의 없거나 있어도 미미하다. 바르고 뚫린 기로 탄생한 인간은 도덕적 자각능력이 뛰어나 지각하지 못하는 것이 없고 해나가지 못하는 것이 없다.[16] 이처럼 동식물과 인간 사이의 도덕적 자각능력에 관한 가치론적 위상의 차이는 엄청나기에 더 이상 인간 외의 본성(性)에 대해서는 거론할 필요가 없다.[17] 어쨌든 인간의 본성(性)은 비록 기(氣)와 같이 있지만 독자적 속성을 결코 잊지 않고 내재된 도덕성으로서의 역할을 수행한다.[18] 이것이 맹자의 성선(性善)에 대한 주자의 해석이다.

그러나 엄격히 말하면 리와 기가 만나 형성된 인간의 성(性)은 본연지성(本然之性)이 아니라 기질지성(氣質之性)이다. 본연지성은 리기가 만나기 전 리(理)의 도덕적 순수성을 염두에 두고, 리기가 만나 기질지성을 형성하더라도 계속하여 내재된 도덕성으로 역할 한다는 점을 강조하기 위해 채택된 용어다. 내재된 도덕성으로서의 본연지성은 선(善)함 그 자체이고

---

15) 『中庸章句』. "性卽理也. 天以陰陽五行化生萬物, 氣以成形而理亦賦焉, 猶命令也. 於是人物之生, 因各得所賦之理, 以爲健順五常之德, 所謂性也."
16) 『朱子語類』, 권4, 「性理1」. "物之間有知者, 不過只通得一路, 如鳥之知孝, 獺之知祭, 犬但能守禦, 牛但能耕而已. 人則無不知, 無不能." 인용에서 보듯, 주자가 동물들의 도덕적 자각능력을 인정하고 있는 것은 흥미로운 일이다.
17) 주희도 제자가 생명이 없는 붓에도 仁義가 있느냐는 질문에 대해 극히 미소하니 굳이 찾으려 애쓸 필요가 없다고 답하고 있다. 『朱子語類』, 권4, 「性理1」. "又問, 筆上如何分仁義. 曰, 小小底. 不消恁地分仁義."
18) 『朱子大全』, 卷46. 「答劉叔文 第2書」. "未有此氣, 已有此性. 氣有不存, 性卻常在. 雖其方在氣中, 然氣自氣, 性自性, 亦自不相夾雜."

인의예지(仁義禮智)의 덕(德)이다. 사덕(四德)중에서도 주희는 〈인仁〉을 성즉리(性卽理)의 덕으로, 사덕을 포괄하는 전덕(全德)으로 보고 있다. 이것은 맹자를 이은 관점이겠지만, 주자는 그 점을 「인설仁說」에서 명쾌하게 정리하고 있다.[19] '심지덕(心之德)으로서의 인(仁)' 개념이 바로 그것이다. 인(仁)의 의미는 두 가지다. 하나는 '애지리(愛之理)로서의 인(仁)'이고, 또 다른 하나는 '심지덕으로서 인'이다. 전자는 인의 전통적 의미인 사랑(仁愛) 혹은 사랑의 두터움(仁厚)의 뜻으로 그것은 인의예지의 사덕 속의 협의의 인 개념이다. 후자는 전덕으로서의 광의의 인 개념이다. 이 전덕으로서의 인은 나머지 모든 덕들을 포괄하는 것으로써, 말하자면 도덕의 제일원리이고 도덕실천의 내적 근거라 할 수 있다.[20] 이 점을 좀 더 자세히 보자.

① 천지(天地)는 만물을 낳는(生) 것을 마음으로 삼는다. 사람과 만물은 태어날 때 각기 이 천지지심(天地之心)을 받아서 자기의 마음으로 삼는다. 그러므로 '마음의 덕'(心之德)에 대해 말하면, 그것이 모든 것을 관장하고 갖추지 않은 것이 없지만, 한마디로 말하면 '인(仁)'이다.

② 이 점을 상세히 설명하겠다. 대체로 천지지심(天地之心)에 그 덕이 네 가지가 있으니, 원형이정(元·亨·利·貞)이 그것이다. 이들 중에 원(元)은 나머지를 포괄하고 있다. 이것들의 운행으로 봄·여름·가을·겨울의 차례가 되며, 그 중에서도 봄의 생기(生氣)가 사계절을 두루 통하고 있다. (천지지심과 비슷하게) 인심(人心)에도 그 덕이 네 가지니, 인의예지(仁·義·禮·智)가 그것이다. 이들 중에 인(仁)은 다른 덕을 포괄하고 있다. 네 가지의 덕이 구체적으로 드러나게 되면 애공의별(愛·恭·宜·別)의 정(情)이 되며, 측은(惻隱)의 마음 즉 애(愛)의 정은 다른 정들을 관통하고 있다. 따라서 천지지심을 논할 때에는 건원(乾元)·곤원(坤元)을 말하면 곧 사덕의 체용(體用)은 일일이 거론하지 않아도 되고, 인심(人心)의 오묘함을 논할 때에도 '인(仁)은 인심(人心)'이라 말하면 곧 사덕의 체용은 거론하지 않아도 모두 갖추어진 것이 된다.

---

19) 주희의 〈仁說〉에 대한 자세한 고찰은 林宗鎭, 「朱子의 〈仁說〉 硏究」, 『泰東古典硏究』 第10輯 (한림대학교 부설 태동고전연구소, 1993), 869~872쪽 참조.

20) 『朱子大全』, 卷67, 「仁說」. "蓋天地之心, 其德有四, 曰元亨利貞, 而元無不統. 其運行焉, 則爲春夏秋冬之序, 而春生之氣無所不通. 故人之爲心, 其德亦有四, 曰仁義禮智, 而仁無不包. 其發用焉, 則爲愛恭宜別, 而惻隱之心無所不貫. 故論天地之心者, 則曰乾元坤元, 則四德之體用不待悉數而足. 論人心之妙者, 則曰仁人心也, 則四德之體用亦不待遍擧而該."

③ 대체로 인(仁)이 도(道)됨, 즉 천지가 만물을 낳는 마음은 모든 사물에 깃들어 있다. 정(情)이 아직 발하지 않았을 때에도 인(仁)의 본체는 이미 갖추어져 있고, 정이 이미 발하였을 때에도 '인의 작용'은 끝이 없다. 실로 이 본체를 체득하여 보존한다면, 모든 선(善)의 근원과 백행(百行)의 근본이 여기에 있게 된다.21)

① "생(生)"자는 두 가지 의미를 갖는다. 하나는 "낳다"이고, 또 하나는 "(더불어) 살다"이다. 여기서 번역은 "낳다"로 하였지만, 주자적인 뜻에 유의할 때 사실은 "(더불어) 살다"로 해석되어야 한다. 세상이 탄생하기 위해서는 리(理)와 기(氣)가 더불어 살아야(만나야) 한다. 기(氣)에 질서를 부여하고 새 생명을 불어넣은 것이 리(理)이다. 시간적으로 리와 기의 만남은 동시적이지만, 논리적으로는 리가 생명의 근원이다. 그러니까 리가 바로 천지의 마음이고, 천지의 마음이 곧 인(仁)이다. 주자가 "낳음의 근저에는 의사(意思)가 있는데 그것이 인(仁)이다." 혹은 "인이란 천지가 기를 낳은 것이고, 천지가 만물을 낳는 마음"이라 표현한 것은 이러한 뜻에서이다.22) 결국 천지의 마음인 인(仁)으로 인하여 만물이 탄생하였을 뿐만 아니라 만물은 또한 각각 이 천지의 마음인 인(仁)을 간직하고 있다. 이 인이 바로 모든 마음의 중심이 되는 '마음의 덕'(心之德)이다. 여기까지는 천지의 마음과 인간의 마음이 차이가 없다.

② 천지의 마음이나 인간의 마음은 각각 네 가지의 세부적인 덕을 가지고 있다. 네 가지 덕을 가졌다는 점에서 같지만, 이제부터 천지의 마음과 인간의 마음은 다르다. 먼저, 천지의 마음은 원(元)·형(亨)·이(利)·정(貞)의 덕을 가지고 있고, 그것이 구체적으로 운행되면 봄·여름·가을·겨울로 되는데, 이 중 나머지 덕을 포괄하는 것이 원(元)이고 봄의 생기가 사계절을 관통하고 있다. 비슷하게 인간의 마음은 인(仁)·의(義)·예(禮)·지(智)의 덕을 가지고 있고, 그것이 구체적으로 표출되면 애(愛; 사랑)·공(恭; 공손)·의(宜: 의로움)·별(別: 구별)

---

21) 『朱子大全』, 卷67, 「仁說」. "① 天地以生物爲心者也. 而人物之生又各得夫天地之心以爲心者也. 故語心之德, 雖其總攝貫通, 無所不備, 然一言以蔽之則曰仁而已矣. ② 請試詳之. 蓋天地之心, 其德有四, 曰元亨利貞, 而元無不統. 其運行焉, 則爲春夏秋冬之序, 而春生之氣無所不通. 故人之爲心, 其德亦有四, 曰仁義禮智, 而仁無不包. 其發用焉, 則爲愛恭宜別, 而惻隱之心無所不貫. 故論天地之心者, 則曰乾元坤元, 則四德之體用不待悉數而足. 論人心之妙者, 則曰仁人心也, 則四德之體用亦不待遍擧而該. ③ 蓋仁之爲道, 乃天地生物之心, 卽物而在. 情之未發而此體已具, 情之旣發而其用不窮. 誠能體而存之, 則衆善之源, 百行之本, 莫不在是."

22) 『朱子語類』에서 이를 표현한 예들로는, 生底意思是仁(卷6); 只從生意上說仁(卷6); 仁是天地生氣.(卷6); 天地生這物時, 便有箇仁(卷17); 仁是箇生底意思(卷20); 千頭萬件, 都只是這一箇物事流出來. 仁是箇, 卽心(卷34); 仁者, 天地生物之心(卷53) 등이다.

의 감정이 되는데, 이 중 나머지 덕을 포괄하는 것이 인(仁)이고 사랑의 감정이 다른 감정들을 관통하고 있다. 마음(心)은 본체(體=性)와 작용(用=情) 포괄한다(心統性情). 덕은 본체(본성)이고, 사계절의 운행과 인간감정의 표출은 작용이다(性發爲情). 천지의 마음은 원(元)을 전덕(全德)으로 삼고, 인간의 마음은 인(仁)을 전덕으로 삼는다.[23]

③ 천지의 전덕인 원(元)은 이 세계를 이끌어가는 생성소멸의 운동법칙이고 제일원리이다. 인간의 전덕인 인(仁)은 감정표출을 상황에 걸맞게 조절하는 도덕법칙이고 제일원리이다. 전자는 존재의 원리이고 후자는 당위의 원리이다. 주자의 도덕형이상학은 존재로부터 당위를 이끌어내는 사유이지만, 자연법칙과 도덕법칙은 분명히 다른 것이다. 여하튼 인간은 도덕법칙을 입법해낼 수 있는 도덕성((性=理=仁=四德=仁義禮智=本然之性)을 가지고 태어났다. 그래서 인간은 도덕적 상황에서 사랑(仁)의 원리를 바탕으로 하여 상황을 파악하고(智)[24] 적절한(義) 규범(禮)을 입법해 낼 수 있다. 따라서 인간은 마땅히 도덕법칙이 옳다는 이유만으로 도덕적 선과 행위를 실천해 나가야 한다. 그러니까 주자의 도덕형이상학은 맹자를 따라 당위윤리를 정초하고 있다.[25] 이 도덕성이 모든 선(善)의 근원이 되고 백행(百行)의 근본이 된다. 전제는 본체인 이 도덕성을 체득하고 보존했을 경우이다.

결국 인(仁)은 인간의 모든 도덕행위의 근본원리요 실천의 근거라고 할 수 있다. 이상의 ①, ②, ③을 다시 요약하면, 인(仁: 도덕의 제일원리) ⇒ 사덕(四德,혹은 五常) ⇒ 예의삼백·위의삼천((禮儀三百·威儀三千: 모든 행위의 도덕규범)의 전개과정이다. 따라서 전덕(全德)으로서의 인(仁)을 체득하고 보존한 사람은 도덕의 주체자가 되어 규범을 입법하고 집행할 수 있는 능력의 소유자가 되고,[26] 그가 곧 성인(聖人)이다.

그러나 불행하게도 가장 청명하고 뚫린 기(氣)를 받고 태어난 성인과 같은 생지자(生知

---

[23] 『朱子語類』, 卷68, 「易四」. "元者, 天地生物之端倪也. 元者生意, 在亨則生意之長, 在利則生意之遂, 在貞則生意之成. 若言仁, 便是這意思. 仁本生意, 乃惻隱之心也. 苟傷着這生意, 則惻隱之心便發. 若羞惡, 也是仁去那義上發. 若辭遜, 也是仁去那禮上發. 若是非, 也是仁去那智上發, 若不仁之人, 安得便有義禮智."

[24] 『朱子語類』, 卷6. "仁固有知覺."

[25] 이 점에서 주자의 윤리학은 양자-노자계열의 무위윤리나 묵자-순자의 유위윤리와는 다르다. 유위윤리는 공공선이나 유용성(실용성)을 가져오는 행위를 도덕적 선이나 옳음으로 여기는 관점이고, 무위윤리는 자아의 해체를 통하여 나의 자리적(自利的) 욕구가 타자에게 도덕적 선이 되는 '욕구와 선의 일치'를 지향하는 관점이다. 맹자나 주자의 당위윤리는 단지 도덕법칙이 옳다는 이유만으로 지켜져야 한다는 관점이다. 공자는 이러한 세 가지 관점을 모두 가졌던 시중(時中)과 미제(未濟)의 사상이였다.

[26] 『朱子大全』, 卷67, 「仁說」. "蓋仁之爲道, 乃天地生物之心, 卽物而在. 情之未發而此體已具, 情之旣發而其用不窮. 誠能體而存之, 則衆善之源, 百行之本, 莫不在是."

者)가 아닌 한 인(仁)을 터득해 내기가 쉽지 않은 일이다. 기질(氣質)이 성(性)의 표출을 가리고 있기 때문이다. 주희는 기(氣)로 인한 성(性)의 표출이 어려움을 여러 가지 구상적 이미지로 표현하고 있다. 이를테면, 성(性)이란 재에 덮인 불씨, 흐린 물에 잠긴 구술과 같다는 식이다.[27] 따라서 성(性)의 표출을 온전하게 하고 인(仁)의 터득을 완성해 나가기 위해서는 혼탁한 기질(氣質)을 교정하고 순화시키는 공부나 교육이 필요한 것이라 할 수 있다. 기질의 순화 정도에 따라 점차적으로 덕성이 함양되고 본성이 회복되어 간다. 이러한 점에서 볼 때, 주자에게 있어 본연지성(本然之性)은 공부나 교육의 궁극적 목표를 적시하고 있다면, 기질지성(氣質之性)은 공부나 교육의 출발점이라 할 것이다.

기질지성을 교정하고 본연지성을 회복하는 길은 우선적으로 덕목(德目)이나 규범을 내면화하는 것에서부터 시작되어야 한다. 이것이 격물치지(格物致知)이전에 함양실천(涵養·實踐)해야 한다는 〈소학(小學)의 단계〉이다.[28] 규범을 내면화하는 소학의 단계가 끝나고 〈대학(大學)의 단계〉에 오면 그 동안 맹목적으로 수용해온 규범에 대한 반성적 성찰이 이루어진다. 격물(格物)의 단계가 그것이다.[29] 격물(格物)이란 사물의 이치(理)를 궁구하는 것으로, 현대적 의미에서 도덕행위의 원리와 근거를 밝히는 것이라 할 수 있다. 이러한 반성적 성찰이 계속될 때 어느 순간에 활연관통(豁然貫通)하는 치지(致知)의 단계에 다다르게 된다. 이때가 전덕(全德)으로서의 인(仁)을 터득하게 됨으로써 성리(性理)와 천리(天理)가 합일하는 순간이다. 이하에서 볼 주자의 덕성함양의 공부와 도덕교육론은 이러한 관점을 체계적으로 정리한 것이다.

---

27) 한형조의 논문에서 빌려왔다. 그는 『朱子語類』 4권의 분석을 통해 氣가 性(理)을 가려버리고 있음을 보여주는 여러 가지 구상적 이미지들에 대해 정리하고 있다. 그것을 옮겨보면, ① 틈새에 스며드는 빛, ② 거울에 비치는 빛, ③ 물에 비치는 빛, ④ 그릇에 담긴 물, ⑤ 구름, 안개에 가려진 해, 달, ⑥ 재에 덮인 불씨, ⑦ 흐린 물에 잠긴 구술, ⑧ 흐리고 맑은 차이를 보이는 물, ⑨ 물위에 뜬 달 등이다. 한형조, 앞의 논문, 71쪽.
28) 『朱子大全』, 卷42, 「答吳晦叔」(제9서). "蓋古人之教, 自其孩幼, 而教之以孝悌誠敬之實, 及其少長, 而博之以詩書禮樂之文, 皆所以使之卽夫一事一物之間, 各有以知其義理之所在, 而致涵養踐履之功也."
29) 『朱子大全』, 卷42, 「答吳晦叔」(제9서). "及其十五, 成童學於大學, 則其灑掃應對之間, 禮樂射御之際, 所以涵養踐履之者, 略已小成矣. 於是不離乎此, 而教之以格物以致其知焉."

Ⅲ. 덕성함양의 교육목표와 방법적 원리

1. 덕성함양의 교육목표

주자에게 덕성함양이란 본성을 회복하고 전덕으로서의 인(仁)을 터득하는 것이다. 이것이 모든 공부와 교육의 궁극적 목적이고, 이 목적을 이룬 사람 즉 성인(聖人)이 되는 것이 교육의 최종 목표이다. 성인은 오랜 옛날부터 사상을 막론하고 중국인들에게 항상 이상적인 인물상으로 등장했었다. 말 그대로 성인은 일반 사람들에게서 멀리 떨어져 있는 고원한 이상일 뿐이었다.[30] 공자의 성인관도 그랬고, 순자도 다분히 그랬다. 그러나 이 고원한 이상으로서의 성인을 현실로 끌어내린 사람은 맹자였다. 즉, 맹자는 성인을 자기 시대의 모범적인 인격으로 보는 성인관을 제시하여 누구든지 배움을 통해 성인이 될 수 있음을 처음으로 보여 주었던 것이다. 이러한 맹자의 성인관이 송대 성리학자들에게 이어졌다.

정이(程頤)는 "후세 사람들은 성인이 태어나면서부터 기본적으로 천부적인 자질과 능력을 지녔으며, 배움을 통해서는 도무지 성인이 될 수 없다고 생각했다."[31]고 전제하면서, 그와 달리 '학문이란 성인에 이르는 길이고 성인은 배워서 이룰 수 있다'는 성인관을 제시하고 있다. 물론 그들도 태어나면서부터 완성된 인간(生而知之者)이 있음을 부인하지는 않는다. 그러나 대부분의 인간은 계시와 선택에 의한 구원에서가 아니라 끊임없이 배우기를 좋아하고 묻기를 좋아하는 생활을 통해서 서서히 성인으로 되어간다고 할 수 있다. 그래서 그들은 배우고 묻기를 좋아하지 않은 자를 아예 자포자기(自暴自棄)한 자라고 말할 정도이다.[32]

성인의 자질은 배우기를 좋아하고 묻기를 좋아한다. 그렇다면 그 배우고 묻는 것의 요점이란 무엇인가? 정이와 주자를 통해서 확인해 본다.

① 배움의 길이란 마음을 바로잡고 본성을 기르는 것 이외에 아무 것도 아니다. 누군가가

---

30) 드 배리, 『중국의 '자유' 전통』, 표정훈 옮김 (서울: 이산, 1998), 101쪽.
31) 『二程全書』, 卷43, 「顔子所好何學論」. "後人不達, 以謂聖人本生知, 非學可至, 而爲學之道遂失."
32) 『性理大全』, 卷44, 「學1」. "有聖人之資必好學必下問, 若就自家杜撰, 更不學更不問, 便已凡下了, 聖人之所以爲聖也, 只是好學下問."

중용과 의로움을 지키면서 성실하게 매사에 임하고 있다면, 그가 바로 성인이다. 군자의 배움에서는 맨 먼저 자기의 마음을 분명하고 투철하게 다잡아 자신이 나아갈 방향을 정하고, 성인의 경지에 도달하기 위해 적극적으로 열심히 활동해야 한다.… 그러므로 배우는 자들은 참으로 자신의 마음을 다해 노력하지 않으면 안 된다. 그렇게 하는 사람은 자신의 본성을 깨달아 알게 될 것이다. 자기 자신의 본성을 깨달아 알고, 자기 자신을 성찰하여 매사에 성실하게 임한다면, 그런 사람이 바로 성인이다.[33]

② 나는 다음과 같이 들었다. "배움의 길을 걸었던 옛 사람들은 자기 자신을 위해 배움의 길을 걸었다. 그런데 요즈음 배움의 길을 걷는다는 사람들은 남들을 위해 배움의 길을 걷는다." 그래서 성인과 현인들은 사람들을 배움의 길로 인도하면서, 과거에 급제해 높은 지위와 녹봉을 얻기 위한 목적으로 말과 문장을 그럴듯하게 꾸미는 배움을 가르치지 않았던 것이다. 다만 "온갖 사물과 일들의 이치를 탐구해 지식의 확충에 힘쓰고(格物致知), 뜻을 참되게 하며(誠意), 마음을 바르게 추스르고(正心), 제 몸을 닦아(修身), 가정을 화목하게 잘 꾸려 나가며(齊家), 나라를 바른 길로 이끌고(治國), 나아가 온 세상을 평안케 하는(平天下)"것이야 말로 바른 배움이라고 보았던 것이다.[34]

①은 정이, ②는 주자의 말이다. 따라서 정이나 주자에게 있어 교육을 통하여 성취된 성인(聖人)이란, 기질의 치우침이 극복된 본성의 천성(天性)을 회복한 사람이고, 도심(道心)이 실천적 행위의 주체가 되어서 인간의 욕구를 이치(理)에 맞게 조절할 수 있어서 천리(天理)의 완전함을 스스로 실현할 수 있는 사람이며, 도덕규범을 밝히고 실천함으로써 도덕적 공동체(平天下)를 이룰 수 있는 사람이어야 할 것이다.[35] 그래서 결국 성인은 "힘써 억지로 하지 않아도 법도에 맞으며 의식적으로 생각하지 않아도 법도에 맞으며 조용히 도(道)에 일치"[36]하게 되는 것이다. 이상의 배움과 교육을 통한 성인됨의 의미와 특징을 두 가지로 요약하면 다음과 같다.

---

33) 『二程全書』, 卷43, 「顏子所好何學論」. "凡學之道正其心養其性而已. 中正而誠, 則聖矣. 君子之學必先明諸心, 知所養, 然後力行以求至, 所謂自明而誠也. 故學必盡其心, 盡其心則知其性, 知其性, 反而誠之, 聖人也."
34) 『朱子大全』, 卷74, 「玉山講義」. "蓋聞古之學者爲己, 今之學者爲人. 故聖賢敎人爲學, 非是使人綴緝言語, 造作文辭, 但爲科名爵祿之計. 須是格物致知誠意正心修身而推之, 以至於齊家治國, 可以平天下, 方是正當學問."
35) 고대혁, 「朱子의 敎育論과 聖人의 敎育의 意味」, 『東洋古典硏究』 제4輯 (1995), 286쪽.
36) 『性理大全』, 卷45, 「學3」. "聖人, 不勉而中, 不思而得, 從容中道, 亦只是此心常存, 理常明, 故能如此."

첫째, 인간의 도덕적 인격의 완성은 오랜 기간 동안 교육과 수양을 통해 점진적으로 이루어지며, 여기서 교육은 인간의 전 생애적 관심사로 규정된다. 불교적 표현을 빌린다면, 주자에게서 교육을 통한 자기완성의 방법은 '돈오(頓悟: 단박에 깨우침)'보다는 '점수(漸修: 점진적으로 깨우침)'를 위주로 하기 때문에 항상 오랜 기간 동안의 수양과 교육을 통하여 '활연관통'(豁然貫通: 頓悟)한다는 입장을 취하고 있다. 특히 인간의 인격완성이 오랜 기간 동안 수양과 교육을 통하여 이루어진다는 점은 교육이 삶의 의미와 가치를 규정하는 전생애적 관심사임을 시사해 주는 것이라 할 수도 있다.[37]

둘째, 인간에게 자기완성의 최고 경지는 지(知)·정(情)·행(行)의 합일(合一)에 있으며, 스스로 도덕상황을 판단하고 이에 적절한 도덕규범을 입법하고 지켜 나갈 수 있는 도덕적 자율성의 단계가 된다. 그가 곧 성인으로서의 유덕한 인격인이다. 말하자면 유덕한 인격인으로서 성인은 인간 스스로에게 내재된 도덕성(性)을 함양하고 도덕규범(禮)의 실천의지와 더불어 도덕적 행위의 원리(仁)에 대한 고도의 인지적 안목을 갖는다. 따라서 성인이란 사고·판단하는 지적측면과 느끼고 의욕하는 정의적 측면, 그리고 실천·행동하는 행동적 측면의 통합된 내적 성향을 함양한 사람이라 할 수 있다.

2. 덕성함양의 방법적 원리

가. 거경궁리(居敬窮理)

주자에게 있어 도덕성의 회복 과정이란, 기질을 순화하여 선험적으로 개인 안에 지니고 있는 성리(性理)의 빛을 드러내는 것이다. 달리 말해, 그것은 전덕으로서의 인(仁)을 터득하는 것으로, 이때가 도덕성을 완성시킨 성인의 경지가 된다. 어떤 기질을 가지고 태어났느냐에 따라 도덕성을 회복해 가는 과정은 길수도 짧을 수도 있다. 어느 누구도 이 과정을 벗어나서 도덕성을 완성할 수 없다. 그 과정 중에 필요한 방법적 원리의 하나가 바로 거경(居敬)과 궁리(窮理)인 것이다.

거경궁리에 대해서 살펴보기 전에 먼저 지적해 두어야 할 것은, 도덕성의 회복과 그 발현

---

37) 고대혁, 앞의 논문, 288~289쪽.

을 모두 주관하는 마음(心)의 실체에 대한 것이다. 주자에 의하면, 마음은 리(理)가 아니라[38] 기(氣)인데, "기(氣) 중에 가장 투명하고 맑은 기(氣)"[39]이다. 이러한 마음속에 성(性)이 내재되어 있다. 즉 "성(性)은 마음이 소유하고 있는 리(理)이며, 마음은 곧 리가 모이는 곳이다."[40] 그리고 마음의 본래적인 모습은 허령불매(虛靈不昧)하다.[41] 허령한 마음의 넓고 큰 바는 천지와 같고, 텅 비고 밝은 바는 해·달과 같다.[42] 따라서 마음은 세상만사의 모든 이치를 밝게 파악[知覺]할 수 있을 만큼 텅 비고 넓은 것이다.

마음은 지각활동인 지(知)와 의(意)를 총괄한다. 지(知)는 성(性)이고 본체(體)이며, 의(意)는 감정(情)과 작용(用)이다.[43] 지(知)는 별식(別識)을 담당하고, 의(意)는 영위(營爲)를 담당한다. 별식(別識)은 시비(是非)·선악(善惡)·유무(有無)·동정(動靜)·가치(價値) 등을 구별하는 능력, 즉 도덕적 판단능력이다. 그러니까 지(知)는 본체에 있는 지각지리(知覺之理)이다. 영위(營爲)는 판단능력을 작동케 하는 의지(힘)이다. 그러니까 의(意)는 지각지리의 표출을 담당하는 기(氣)이고, 따라서 그것은 리와 기의 만남으로 형성된다. 마음은 생각하는 것[思]을 직분으로 삼는다.[44] 그러니까 성(性)의 본체인 지(知=理)가 의(意=理+氣)의 작용을 통하여 만물의 이치를 생각하도록 하는 것이 '사'(思)인 것이고, 지의(知意)의 체용(體用)을 총괄하는 것이 또한 마음인 것이다.[45] 이러한 지의의 체용을 총괄하는 마음이 있기에 인간은 '사물의 이치'(天理)를 지각하고 인식하고 생각할 수 있다.

인간이 대상(사물)을 지각하고 생각하는 과정이란 마음에 내재한 '지각지리'(性理)와 '사물의 이치'(天理) 간에 삼투작용과 다르지 않다. 주자가 "마음이 지각하는 대상은 리(理)이지만, 리(理)는 지각(知覺)과 분리될 수 없고, 지각(知覺) 또한 리(理)와 분리될 수 없는"[46] 것이라 한 것은 이를 두고 한 말이다. 마음이 지각하는 대상으로서의 리(理)는 밖의 천리(天理)라면, 지각과 분리될 수 없는 리(理)는 안의 성리(性理; 知覺之理)라고 볼 수 있다. 따라서 마음

---

38) 뒤에서 보겠지만, 육상산이나 왕양명은 "마음이 곧 리"(心卽理)를 주장한다.
39) 『朱子語類』, 卷5, 「性理2」. "心者氣之精爽."
40) 『朱子語類』, 卷5. "性便是心之所有之理, 心便是理之所會地也."
41) 『朱子語類』, 卷5. "虛靈自是心之本體."
42) 『朱子語類』, 卷12, 「學6」. "心廣大如天地, 虛明如日月."
43) 『朱子語類』, 卷15, 「大學2」. "知與意皆從心出來. 知則主於別識, 意則主於營爲, 知近性體, 意近情近用."
44) 『孟子集註』, 「告子上」. "心則能思, 而以思爲職."
45) 『朱子語類』, 卷23, 「論語5」. "思在人最心, 思主心上."
46) 『朱子語類』, 卷5, 「性理2」. "所知覺者是理, 理不離知覺, 知覺不離理."

의 지각활동은 성리(性理)와 천리(天理) 간의 대화이다. 이 대화의 과정을 주도하는 것이 영위(營爲)의 마음작용이다. 이 대화의 과정만큼 마음이 세상을 이해하는 높이와 깊이와 너비가 커진다. 공부를 하고 교육을 해야 하는 이유가 여기에 있다.

공부와 교육의 초점은 세 가지로 요약된다. 첫째는 지각지리를 포함한 도덕적 본성을 보존하는 것이고, 둘째는 지각지리와 사물의 이치 간의 대화를 통하여 천리에 대한 인식과 이해의 폭을 넓혀가는 것이며, 셋째는 천리에 대해 인식하고 이해한 것을 내면화하여 실천하는 것이 그것이다. 여기서 첫째와 셋째를 존덕성(存德性)의 공부라 부르고, 둘째를 도문학(道問學)의 공부라 지칭한다. 이 공부들을 관통하는 덕성함양의 원리가 이른바 거경궁리(居敬窮理)인 것이다. 존덕성 공부의 원리가 거경(居敬)이라면, 도문학 공부의 원리가 궁리(窮理)이다. 거경이 '인욕(人慾)을 멸하고 천리(天理)를 보존하고'(멸인욕滅人慾, 존천리存天理) 수렴하는 내적인 공부방법이라면, 궁리는 '사물의 이치'(理)를 지각하고 생각하는 인식론으로써 외적인 공부방법이라 할 수 있다.

먼저, 선진유학과 초기 신유학에 이르기까지 경(敬)의 개념은 인간행위의 외적 측면과 행위의 이면에 깃들어 있는 마음의 상태로서의 내적 측면을 지적하는 개념으로 동시에 사용되었다. 외적인 측면에서 경(敬)은 주로 '예(禮)를 지키는 행위'(수례守禮), 또는 예(禮)가 요구하는 절차에 따라 삼가 신중하고 장중한 몸가짐을 유지하는 것과 관련이 있다. 반면, 내적인 측면에서 경(敬)은 인간의 마음속에 이미 내재되어 있는 실재로서의 리(理) 또는 도(道)를 간직하고 추구하는 전일한 마음의 자세로서, 이른바 행위가 성인의 도에 합치될 수 있도록 온 마음을 집중하는 것과 관련이 있다.[47] 주자는 이러한 경(敬) 개념을 수용하는 동시에 그것을 확대 해석하여 '성인의 학문을 시종일관하는 바의 것'이라 봄으로써, 격물치지(格物致知)에서 치국평천하(治國平天下)까지 모두 경(敬)의 뒷받침을 받아야 하는 것으로 보고 있다.[48] 주자의 경(敬) 개념을 간략히 정리하면 아래와 같다.

첫째로, 경(敬)은 마음이 '표출되기 전'(미발未發)의 존양(存養) 공부와 관련된다. 이것은 앞에서 공부의 초점으로 말한 첫째의 '도덕적 본성'(性理)을 보존하는 공부를 뜻한다. 주자는 정이(程頤)의 경(敬)사상에 찬동하여, "희노애락(喜·怒·哀·樂)의 미발(未發)일 때의 공부는 정자(程子)의 '경하여 잃지 말라'(경이무실敬而無失)고 하는 설이 심히 좋다"[49]고 한다. 정

---

47) 장성모, 『주자와 왕양명의 교육이론』(서울: 교육과학사, 1998), 105~106쪽.
48) 시마다 겐지 지음, 김석근·이근우 옮김, 『주자학과 양명학』(서울: 까치, 1986), 122쪽.

이는 경(敬)을 주일무적(主一無適: 마음을 하나로 집중하여 달리 갈 곳이 없음)으로 이해하였다.50) 주자는 정이의 '주일무적'과 『논어』의 '예가 아니면 움직이지 말라'는 말을 합하여 미발의 마음, 본래의 마음을 보존하는 공부방법으로 삼고 있다. 마음의 미발을 중시하고 그것을 본래대로 보존하려면 '주일무적'의 경이 아니면 안 된다는 것이다.

둘째로, 경(敬)은 마음이 '표출되었을 때'(기발旣發)의 방만한 기질(氣質)을 조절하고 선한 정(情)이 표출될 수 있도록 하는 성찰(省察) 공부와 관련된다. 이것은 앞에서 공부의 초점으로 셋째의 천리에 대해 인식하고 이해한 것을 내면화하여 실천하는 공부를 말한다. 도덕적 상황에서 마음의 표출인 정이 방만한 기질에 휘둘리지 않고 선한 방향으로 표출되도록 내면화된 리를 바탕으로 늘 반성적으로 돌아보아야 한다. 주자는 "마음이 이미 표출하면 일에 따라서 반성하고 살펴보게 되는데 경(敬)의 작용이 거기에서 행해진다."51)고 말하고 있다.

결국 경(敬)은 내재된 리(理)를 보존하고 내면화된 리(理)에 비추어 기질의 방만함을 억제하여 도덕적으로 행동하고자 하는 도덕의지(道德意志)를 키우는 공부이다. 이것이 존덕성의 공부원리로서의 경이고, 그것은 달리말해 덕성지(德性知)를 키우는 공부라고 할 수 있다. 그러나 경(敬)은 여기에서 더 나아가 천리(天理)를 지각하고 탐구해 나가는 궁리(窮理)에도 적용되어야 한다는 게 주자의 생각이다. 이 점에서 거경의 원리는 모든 공부나 교육의 방법에 적용되는 것이겠다. 궁리란 '사물의 이치'(天理)를 궁구하고 탐구하는 원리로서, 그 구체적인 방법이 격물치지이다. 경(敬)의 원리가 덕성지(德性知)의 함양과 관련된다면, 궁리로서의 격격물치지(格物致知)는 도문학(道問學)을 통한 견문지(見聞知)를 키우는 공부방법이다.

이른바 '치지(致知)는 격물(格物)에 있다'는 말은 곧 나의 앎을 지극히 하려면 사물에 나아가 그 이치를 궁구해야 한다는 뜻을 담고 있다. 무릇, 인간의 마음은 영묘하여 알지 못하는 것이 없고, 천하의 만물은 이치(理)를 갖추지 않은 것이 없다. 다만 그 이치(理)를 궁구하지 못했기 때문에 그 앎이 다하지 못함이 있는 것이다. 그리하여, 대학(大學)의 가르침의 출발점은 배우는 사람들로 하여금 천하의 사물에 나아가 이미 알고 있는 것을 실마리로 하여 그것을 더욱 궁구하게 함으로써 그 궁극적인 이치(理)에 이르도록 하는 것이었다. 이렇

---
49) 『朱子語類』, 卷62, 「中庸1」. "喜怒哀樂未發, 程子敬而無失之說, 甚好."
50) 『二程全書』, 卷15. "所謂敬者, 主一之謂敬. 所謂一者, 無適之謂一."
51) 『朱子大全』, 卷43, 「答林擇之」. "敬字通貫動靜. 但未發時渾然是敬之體. 非是知其未發, 方下敬底工夫. 旣發則隨事省察, 而敬之用行焉."

게 힘쓰는 것이 오래되어 일단 활연관통(豁然貫通)이 이루어지면 모든 사물의 표리정조(表裏精粗: 안과 밖, 정밀함과 조잡함)에 앎이 미치지 않음이 없고, 내 마음의 온 모습과 그 커다란 쓰임이 밝게 드러나지 않음이 없다. 이것을 일컬어 물(物)을 격(格)한다고 말하며, 또한 '앎이 지극'(致知)하다고 말한다.[52]

우선, 격물(格物)의 '물(物)'은 마음의 지각대상 혹은 탐구대상을 지칭한다면, '격(格)'은 탐구대상인 물(物)을 궁구하여 그 속에 깃들어 있는 이치(理)를 밝혀내는 것을 말한다. 주자에게 물(物)은 사(事)와 물(物)을 동시에 나타내는 개념으로서,[53] 사(事)는 주로 인간관계나 행위를 뜻하며, 물(物)은 옛 성현의 말씀을 담은 경전의 내용과 물리적 대상 모두를 지칭한다. 이 때 격(格)의 대상으로서 마음이 접하는 모든 사물은 각각 그 나름대로의 이치(理)를 갖추고 있다. 그러나 모든 사물이 나름대로의 이치(理)를 갖추고 있다 하더라도, 여기서 마음의 탐구대상으로서의 사물은 '모든 사물'이 아니라고 봐야 한다. 오히려 이것은 누구에게나 도덕적으로 중요한 의미를 갖는 것들, 즉 물리(物理: 자연법칙)가 아니라 도리(道理: 도덕법칙)인 것이다.[54]

다음으로, 격물(格物)을 주자는 즉물(卽物)이라 해석하고 있는데, '즉(卽)'은 '가까이 다가감(至)'이다. 주자는 이를 다른 말로 "격(格)은 극진히 하는 것이니 모름지기 사물의 이치(理)를 극진히 궁구하는 것"[55]이라 말하고 있다. 그리고 그 극진히 함이란 적어도 "한 사물의 이치(理)를 구푼구리(99%) 이상을 궁구해야 비로소 격물한 것"[56]이라 말하고 있다.

한 사물의 이치(理)에 대한 격물이 끝나면, 이것을 실마리로 다른 사물의 이치(理)에 대한 격물로 이어진다. 다시 다른 사물의 이치(理)에 대한 궁구로 이어지고, 이렇게 사사물물의 이치(理)에 대한 격물은 끝이 없다. 그러다 보면 자신도 모르게 활연관통(豁然貫通)하는

---

52) 『大學章句』,「格物補傳」. "所謂致知在格物者, 言欲致吾之知, 在卽物而窮其理也. 蓋人心之靈, 莫不有知, 而天下之物, 莫不有理, 惟於理有未窮, 故其知有不盡也. 是以大學始敎, 必使學者卽凡天下之物, 莫不因其已知之理而益窮之, 以求至乎其極. 至於用力之久, 而一旦豁然貫通焉, 則衆物之表裏精粗無不到, 而吾心之全體大用無不明矣. 此謂物格, 此謂知之至也."
53) 『朱子語類』, 卷15,「大學2」. "物謂事物也."
54) 『朱子語類』, 卷15. "格物, 須是從切己處理會去, 待自家者已定疊, 然後漸漸推去.···何者爲切? 曰, 君臣父子兄弟夫婦朋友, 皆人所不能無者.; 格物, 莫先於五品."
55) 『朱子語類』, 卷15. "格盡也, 須是窮盡事物之理."
56) 『朱子語類』, 卷15. "格物元者, 要窮到九分九釐以上, 方是格物."

단계에 다다르게 된다. 이것은 마치 양에서 질로의 변화 같다. 이 활연관통한 단계를 주희는 '치지'(致知)라 하고 있다. 주자에 의하면, "치지공부(致知工夫)는 이미 알고 있는 것을 토대로 그것을 완색(玩索: 깊이 있게 이해함)하고 넓혀 나가서 마음에 갖추어진 것이 근본적으로 부족함이 없도록 하는 것"57)이라 하고 있다. 결국 치지(致知)란, 격물을 통해 밝혀진 개별적 이치(理)를 토대로 개별적 이치(理)들 사이의 관계를 파악하고, 궁극적으로는 각각의 개별적 이치(理)를 포괄하는 보편적 이치(理)를 포착하는 공부방법 또는 보편적인 이치(理)를 포착한 경지라 할 수 있다.

앞장에서 논한 바의 도덕성의 본질과 연결하여 정리하면, 기존의 예의삼백·위의삼천(禮儀三百·威儀三千: 모든 행위의 도덕규범)에 대한 격물(格物) ⇒ 활연관통(豁然貫通) ⇒ 전덕(全德)으로서의 인(仁)을 치지(致知)하게 된다. 이렇게 되었을 때 비로소 인(仁: 도덕의 제일 원리) ⇒ 사덕(四德 혹은 五常) ⇒ 새로운 예의삼백·위의삼천(禮儀三百·威儀三千)의 입법으로 이어지는 전개과정이 이루어지게 되는 것이라 볼 수 있다.

나. 지행병진(知行竝進)

주자는 그의 격물치지설(格物致知說)로 인해 선지후행(先知後行)을 주장한 것으로 알려져 있다. 주자에게 있어, 마음과 리(理)는 본래적으로 하나가 아니고 둘이다. 훗날 육상산이나 왕양명은 '마음과 리는 원래 하나'(心卽理)임을 천명하였지만, 주자는 기질지성(理+氣) 속의 리(理)만을 지칭하여 본연지성이라 여겼다(性卽理). 그렇기 때문에 주자는 맹자나 왕양명처럼 반구제기(反求諸己: 자기마음에서 돌이켜 이치를 구함)의 공부론을 취하기보다는, 밖에서 사물의 이치(理)를 궁구하고 그것을 내면화하여 도덕활동의 표준을 삼으려고 하였다. 주자에게 있어, 소이연지리(所以然之理: 존재법칙)와 소당연지칙(所當然之則: 도덕법칙)에 대한 마음의 지각(知覺)이 '지'(知)이고, 지각한 천리(天理)로써 마음의 활동 표준을 삼아 기질(氣質)을 순화하여 도덕 행위를 발현하는 것이 바로 '행'(行)이다. 따라서 지(知)와 행(行)은 본래부터 합일되어 있는 것이 아니라, 그 사이에는 한 차례의 이질적인 결합 작용이 존재하는 것이다.58) 지(知)와 행(行) 사이에는 시간적인 선후가 있을 수밖에 없다. 그래서 주자는 지행(知

---

57) 『朱子語類』, 卷15. "致知工夫, 亦只是且據所已知者玩索推廣將去, 其於心者本無不足也."
58) 황갑연, 『공맹철학의 발전』(서울: 서광사, 1998), 186쪽.

行)의 "선후를 말한다면 지(知)가 먼저"⁵⁹⁾라고 말하고 있다.

그러나 주자의 선지후행설이 행(行)을 가볍게 여기는 것과는 거리가 멀다. 먼저 『서경(書經)』의 「설명편(說命篇)」에 보면, '알기는 쉽고 행동이 어렵다'고 하였고, 공자는 '행하고 남은 시간에 글을 배우라'고 하였다.⁶⁰⁾ 이처럼 선진유가적 전통에서는 지(知)보다는 행(行)을 더 중시하는 것이었다. 이러한 인식이 주자에게서도 명확히 나타난다. 즉 주자는 "지(知)와 행(行)은 언제나 서로 필요로 하는 것이며 눈이 다리 없이 다닐 수 없고 다리가 눈 없이 볼 수 없는 것과 같다. 선후(先後)를 따진다면 지(知)가 우선이지만, 경중(輕重)을 따진다면 행(行)이 더 중요하다"⁶¹⁾고 한다. 또 "배움은 지식을 지극히 하는 것과 힘써 실천하는 것을 겸하는 것"⁶²⁾이라 하여, 배우는 과정 자체가 지식으로 나아가는 과정이면서 동시에 그것을 실천해 나가는 과정으로 보고 있다.⁶³⁾

결국 주자의 선지후행(先知後行)은 어디까지나 논리적 순서일 뿐이라 할 수 있다. 따라서 경험적 차원에서도 반드시 그것이 들어맞는 것이라고 할 수 없다. 주자에게 있어 지(知), 즉 격물(格物)이 사물의 이치(理)를 궁구하는 것, 즉 현대적 의미에서 도덕행위의 원리와 근거를 밝히는 것이라 할 때, 경험적 차원에서의 도덕행위가 반드시 그 행위의 근거를 알아야 실천되는 것은 아니다. 오히려 행위를 통해서 근거를 알아간다고 할 수 있다. 특히 지적능력이 아직 덜 성장한 아동에게 있어 선지후행(先知後行)의 논리는 지적능력이 발달할 때까지 도덕행위를 유보해도 좋다는 것과 같다. 따라서 논리적인 순서를 따지자면 지(知)가 우선이지만, 도덕실천의 차원에서는 격물치지(格物致知)와 별도로 행(行)이 가능하고 중요한 것임을 주자는 알려주고 있다. 이것은 현대 도덕교육철학자인 피터스(Peters)의 '관습(習慣)의 뜰을 지나 이성(理性)의 궁전으로 들어간다'는 도덕교육의 '파라독스(paradox)'이기도 하다. 이점을 주자의 언표로 명확하게 확인하자.

먼저 함양(涵養)·실천(·實踐)하지 않고 바로 격물치지(格物致知)에 들어간다는 뜻은 아니다. 또 격물치지(格物致知)를 먼저 하지 않으면 성의(誠意)·정심(正心)·수신(修身)·제가

---

59) 『朱子語類』, 卷9, 「學3」. "論先後, 知爲先."
60) 『書經』, 「說命篇」. "非行之難, 行之惟難."; 『論語』, 「學而篇」. "行有餘力, 則以學文."
61) 『朱子語類』, 卷9. "知行常相須, 如目無足不行, 足無目不見, 論先後知爲先, 論輕重行爲重."
62) 『論語集註』, 「學而篇:1」에 대한 주자의 細註. "朱子曰學之一字實兼致知力行而言."
63) 최봉영, 「조선시대 儒學敎育과 '敎學'의 의미」, 『敎育史學硏究』 第8輯 (1998), 17쪽.

(齊家)를 할 수 없다는 것도 아니다. 다만 모름지기 안 뒤에야 수기치인(修己治人)의 도(道)를 다할 수 있다는 것이다. 만일 반드시 지(知)가 이르는 것을 기다린 뒤에야 행(行)할 수 있다고 말한다면, 사친(事親)·종형(從兄)·승상(承上)·접하(接下) 등은 사람이 살아가면서 하루도 폐하지 못할 것인데, 어떻게 내가 아직 알지 못하니 충분히 안 뒤에 행하겠다고 말할 수 있겠는가? 64)

지적 측면의 공부와는 별도로 행적 측면의 공부가 가능하다. 일용지도(日用之道)는 하루라도 폐할 수 없는 긴요한 것인데 언제 모든 인륜의 원리와 근거를 명확히 파악된 다음에야 행동할 수 있겠는가 라고 주자는 반문한다. 아직 인지적 능력이 덜 발달된 아동들에게는 우선 지적인 공부보다는 정의적·행적 측면의 함양공부를 시킨다. 그러나 지적능력이 향상됨에 따라 도덕적 지식의 탐구도 이루어져야 한다. 그렇지 않으면 도덕적 행위는 맹목으로 흐른다. 한편, 인지적 능력이 발달되었다고 해서 지적 탐구의 공부만 해서도 안된다. 도덕적 앎이 곧 행동으로 나타나는 것은 아니기 때문이다. 따라서 반드시 이에도 행적·정의적 측면의 함양공부도 같이 이루어져야 한다. 결국 덕성의 함양공부는 지행(知行)을 겸전(兼全)하는 것이다.

따라서 덕성함양의 공부는 지행(知行)을 겸하는 것이되, 인지적 능력이 덜 발달된 아동들을 대상으로 한 지적(知的)인 공부란 인륜(人倫)의 기초로서의 일상적 규범에 대한 지적 이해와 내면화인 것으로, 그것은 행동과 실천을 통하여 확인되는 지식이라 할 수 있다. 그러나 인지적 능력이 발달됨에 따라 본격적인 지적 공부가 이루어지거니와, 그것은 격물(格物)을 통하여 기존의 내면화된 규범과 인륜의 궁극적 원리에 대한 반성적 성찰의 과정이다. 그리고 반성적 성찰을 통한 이치(理)도 성의(誠意)·정심(正心)의 실천적 행동을 통하여 체인(體認: 몸으로 익힘)되어야 한다. 이러한 반성적 성찰과 체인(體認)의 과정이 진행됨에 따라 활연관통(豁然貫通)하는 치지(致知)의 단계에 다다르게 되고, 전덕(全德)으로서의 인(仁)을 터득한 유덕한 인격인, 즉 성인(聖人)이 되는 것이다. 이상의 관점에 따라 주자는 소학(小學)-대학(大學)의 계제설(階梯說)에 입각한 단계적인 덕성함양의 교육론을 전개하고 있다.

---

64) 『朱子大全』, 卷42, 「答吳晦叔」(제9서). "雖以格物致知爲用力之始, 然非謂初不涵養履踐,而直從事於此也. 又非謂物未格知未至, 則意可以不誠心,可以不正身, 可以不修家, 可以不齊也. 但以爲必知之至, 然後所以治己治人者. 始有以盡其道耳. 若曰必俟知至而後可行, 則夫事親·從兄·承上·接下, 乃人生之所不能一日廢者, 豈可謂吾知未至, 而暫輟以俟其至而後行哉."

Ⅳ. 도덕교육의 단계적 접근

주희의 도덕교육론의 궁극적 목적은 '인륜(人倫)을 밝히는데'(명인륜明人倫)에 두고 있다. 그리고 명인륜(明人倫)을 통해 달성하고자 하는 교육 목표는 성인이다. 이를 위한 단계적 교육프로그램으로 주자는 소학·대학계제설(小學·大學階梯說)을 설정하고 있다.

① 삼대(三代: 夏殷周)의 융성했을 때에 그 법(法)이 점점 갖추어졌으니, 그러한 뒤에 왕궁(王宮)과 국도(國都)로부터 여항(閭巷)에 이르기까지 학교(學校)가 있지 않은 곳이 없어, 사람이 태어난 지 8세가 되면 왕공(王公)으로부터 이하로 서인(庶人)의 자제(子弟)에 이르기까지 모두 소학(小學)에 들어가서 물 뿌리고 쓸며, 응하고 대답하며, 나아가고 물러가는 예절과 예·악·사·어·서·수(禮·樂·射·御·書·數)를 가르치고,

② 15세에 이르면 천자(天子)의 원자(元子)·중자(衆子)로부터 공(公)·경(卿)·대부(大夫)·원사(元士)의 적자(嫡子)와 모든 백성의 준수(俊秀)한 자에 이르기까지 모두 대학(大學)에 들어가서 이치(理)를 궁구하고 마음을 바르며 몸을 닦고 사람을 다스리는 도(道)를 가르쳤으니, 이는 또 학교의 가르침에 크고 작은 절차(節次)가 나누어진 이유이다.[65]

소학교육의 단계가 인륜의 기초를 다지는데 있다면, 대학교육의 단계는 인륜의 궁극적 원리를 밝히는데 있다고 할 수 있다. 이하에서는 이를 보다 구체적으로 보기로 한다.

---

65) 『大學』, 「大學章句序」. "三代之隆, 其法寖備, 然後王宮國都以及閭巷, 莫不有學. 人生八歲, 則自王公以下, 至於庶人之子弟, 皆入小學, 而敎之以灑掃應對進退之節, 禮樂射御書數之文. 及其十有五年, 則自天子之元子衆子, 以至公卿大夫元士之適(嫡)子, 與凡民之俊秀, 皆入大學. 而敎之以窮理正心修己治人之道, 此又學校之敎, 大小之節, 所以分也." 비슷한 내용이 語類에서도 보인다. 『朱子語類』, 卷7, 「小學」. "古者初年入小學, 只是敎之以事, 如禮樂射御書數及孝弟忠信之事. 自十六七入大學然後, 敎之以理, 如致知格物及所以爲忠信孝弟者. 小學是直理會那事, 大學是窮究那理因甚恁地. 小學者學其事, 大學者學其小學所學之事之所以. 小學是事, 如事君事父事兄處友等事, 只是敎他依此規矩去, 大學是發明此事之理."

1. 소학단계의 도덕교육

가. 교육의 목표와 대상

인륜의 기초를 다져나가기 위해 설정된 소학교육(小學敎育)의 단계는, 미성숙한 개인이 사회의 문화적 전통에 처음 입문하게 되는 단계로써, 윤리적 행위 규범의 실천을 위한 교육(교지이사敎之以事)을 통하여 개인의 도덕적 품성을 함양하는 것을 목표로 한다.

교육대상은 8세부터 15~17세까지의 유소년들이다. 1187년(순희淳熙 14년)에 주자의 주관 아래 편찬된 『소학小學』은 바로 이들을 대상으로 하여 만들어진 책이다. 여기서 주자가 생각한 교육은 사회의 최저층에 자리한 유소년들에게 폭넓은 기초교육을 실시한다는 것이었다. 그러나 『소학』을 통한 교육의 대상이 반드시 유소년들에게만 있었던 것이 아니라는 사실에 유의하여야 한다. '학불엽등(學不躐等)'의 원칙이 그것을 알려준다. '학불엽등'이란 "배울 때는 공부의 차례를 뛰어넘지 않는다"는 원칙이다.[66] 주자에 의하면, 옛날에는 소학의 교법(敎法)이 있어 나이에 맞게 교육을 받을 수가 있었다. 그런데 그 교법이 끊어진지 오래되어 이제는 대부분의 사람들이 소학공부를 제대로 하지 못하고 나이를 넘긴 경우가 많다는 것이다. 이 경우 나이에 상관없이 소학공부를 해야 한다는 것이 주자의 생각이다.[67]

주자는 '학불엽등'의 원칙을 어겨 바로 대학공부를 하게 되면 순서를 잃게 되어 '한격불승지환'(扞格不勝之患: 거슬려 감당하지 못하는 근심)[68]이 생겨나고 근본(根本)이 안서 종국에는 도(道)에 이르지 못할 것이라고 경고한다. 그러나 한편, 나이 들어 뒤늦게 소학공부를 하는 것도 또 다른 '한격불승지환'이 생겨날 수 있다. 전자가 순서를 잃음으로 인한 대학공부의 어려움에서 비롯되는 근심이라면, 후자는 오히려 나이 들어 소학공부의 쉬움과 따분함에서 오는 근심일 것이다. 그래서 주희는 공부의 절차와 조목은 보완이 가능하다고 보고, 일찍이 정이가 말한 경(敬: 주일무적主一無適)을 견지함으로써 소학공부의 결여를 보충하면서 동시에 대학공부도 할 수 있다고 하고 있다.

---

66) 『小學』, 「總論」. "不如此, 則是躐等, 終不得成也."
67) 『小學』, 「總論」. "古人於小學, 自能言便有敎, 一歲有一歲工夫, 至二十來歲, 聖賢資質, 已自有三分了, 大學, 只出些光彩. 而今都蹉過了, 不能更轉去做, 只據而今地頭, 便箚住立定脚跟做去. 如三十歲覺悟, 便從三十歲立定脚跟做去, 便年八九十歲覺悟, 亦當據現在箚住做去."
68) 『小學』, 「小學書題」. "而必使其講而習之於幼穉之時, 欲其習與智長, 化與心成, 而無扞格不勝之患也"

한편, 교육의 대상은 당시 현실적으로 제도교육에의 접근이 어려웠던 일반백성들도 포함된다고 할 수 있다. 소학교육의 대상으로 서인(庶人)의 자제(子弟)까지 포함하고 있음은 본 바와 같다. 나이를 넘어선 사람 중에 소학공부를 하지 않은 사람으로 사대부들도 많았겠지만, 현실적으로 일반백성들이 훨씬 더 많았을 것이다. 사대부들은 소학공부의 결실(缺失)을 대학 공부에서 보완하면 되겠지만, 일반백성은 그것이 더욱 어려웠을 것이고, 따라서 그들은 나이가 들어서도 계속 교화의 대상으로 남아있어야 했던 것이 아닌가 생각한다.

나. 교육과정 및 교재

소학교육의 단계의 교육과정은, 일상생활의 일을 처리하는 방법(쇄소응대진퇴지절灑掃應對進退之節)과 실용적 지식이 포함된 기본 교양으로서 육예(六藝: 예악사어서수禮樂射御書數)를 배운다. 그리고 도덕교육과 관련해서는 효(孝)·제(悌)·충(忠)·신(信)의 덕목과 애친(愛親)·경장(敬長)·융사(隆師)·친우(親友)의 도(道)를 배운다. 이러한 교육 과정은 모두 일상생활의 실천적 행위(事)를 위한 현실적 도덕규범이라 할 수 있다.

소학교육 단계의 가장 기본적인 교재는 역시 『소학小學』이다.[69] 『소학』은 내편(內篇)과 외편(外篇)으로 구성되어 있는데, 내편에서는 유교 경전에서 인용한 기본적인 원칙들을 기술하고 있으며, 외편에서는 역대 사서(史書)와 문학 작품들에서 가려 뽑은 구체적인 예들을 제시하고 있다. 내편은 '가르침을 세움'(입교立教), '바람직한 인간관계를 밝힘'(명륜明倫), '몸가짐을 경건하게 추스름'(경신敬身)이라는 세 부분으로 나뉘어 있다.[70]

『소학』은 제도교육에서의 기본교재이고 기본적으로 유소년들을 대상으로 편찬된 것이라고 할 수 있다. 그러나 한편 주자는 소학공부를 못한, 그리고 현실적으로 제도적 교육에 접근이 어려웠던 일반백성들을 도덕적으로 교화시키기 위해 계몽적인 글을 쓰기도 하였다. 그런 글의 전형적인 예가 그가 장주(漳州)에서 재임(1190~1191)할 때 쓴 것으로 알려지고 있는

---

69) 주자가 소학단계의 학습을 위하여 『小學』 이전에 편찬한 책으로 그의 나이 34세 때 편찬한 『論語訓蒙口義』가 있다고 한다. 그러나 이 책은 『論語』를 이해하기 쉽게 하는 데 그 내용이 국한되어 있으므로 동몽교육의 중요한 내용을 전부 포괄할 수 없는 것이었다. 朴連鎬, 「朱子學의 根本培養說과 朝鮮前期의 〈小學〉教育」, 『淸溪史學』 2 (1985.12), 94~95쪽 참조.

70) 『小學』의 내용에 대한 자세한 분석은 韓寬一, 「朝鮮前期 〈小學〉教育 硏究」(중앙대학교 대학원 박사논문, 1992) 참조.

『권유방勸諭榜』이다. 훨씬 더 구체적인 그 내용의 일단을 인용해 두기로 하면 다음과 같다.

> 같은 보(保)에 속한 사람은 들어라. 서로 권하고 경계하며, 부모에게 효순(孝順)하며, 어른을 공경하고, 친척끼리 화목하며, 향리를 두루 진휼하고, 각자 본분에 따라 일을 열심히 하고, 강간과 도적질을 하지 말며, 음주와 도박을 하지 말고, 서로 싸움을 하지 말며, 서로 배척하지 말고, 서로 침탈하지 말고, 서로 속이지 말며, 몸을 아끼는 일을 견디어 내고 왕법을 두려워하라. 보(保)내에 만약 효자(孝子), 순손(順孫), 의부(義夫), 절부(節婦)의 사적이 현저한 자가 있으면 즉시 두루 알려 숭상하고, 조약에 의해 포상하라. 이 가르침에 따르지 않는 자는 법에 의해 다스리라.[71]

일반백성의 교화를 위한 또 다른 커리큘럼의 예로 '향약'(鄕約)도 들 수 있을 것이다.[72] 그러나 엄격히 말해 일반백성의 교화를 위한 『권유방』이나 향약은 교육을 위한 커리큘럼으로 보기는 어려울지 모른다. 어쨌든 여기서 확인할 수 있는 사실은 『소학』과 마찬가지로 교화를 위한 교육내용이 모두 현실 생활에 필요한 행위규범 혹은 도덕규범들을 담고 있다는 점이다. 그리고 이러한 내용을 담고 있는 교재의 역할은 거의 절대적이라 할 수 있다.

다. 교수방법 및 교사의 역할

현실 규범의 내면화를 목표로 하는 소학단계의 교육에서 주자가 중요시했던 교수방법으로는 첫째 실천위주의 교육, 둘째 모범을 통한 교육, 셋째 교육적 환경을 중시 등이다.

---

71) 『朱子大全』, 卷100, 「公移, 勸諭榜」. "勸諭保伍, 互相勸戒事件, 仰同保人互相勸戒, 孝順父母, 恭敬長上, 和睦宗姻, 周卹鄰理, 各依本分, 各修本業, 莫作姦盜, 莫縱飮博, 莫相鬪打, 莫相論訴, 孝子順孫, 義夫節婦, 事跡顯著, 卽仰具申, 當依條格旌賞, 其不率教者, 亦仰申擧, 依法究治."
72) 주지하듯이, 같은 지역에 사는 사람들이 해당 지역을 스스로 다스리기 위한 자치조직을 구성하고 각자가 지켜야 할 사회생활 규범을 정리해 놓은 것이 향약이다. 주자는 정이의 제자인 呂大鈞이 기초한 향약을 나름대로 수정·보완했다. 呂氏鄕約의 주요 조항은 德業相勸, 過失相規, 禮俗相交, 患難相恤의 네 가지인데, 이 중 德業相勸의 내용을 인용해 두기로 하면 다음과 같다. 『朱子大全』, 卷74, 「增損呂氏鄕約」. "德謂見善必行, 聞過必改, 能治其身, 能治其家, 能事父兄. 能教子弟, 能御童僕, 能肅政教, 能事長上, 能睦親故, 能擇交遊, 能守廉介, 能廣施惠, 能受寄託, 能求患難, 能導人爲善, 能規人過失, 能爲人謀事, 能爲衆集事, 能解鬪爭, 能決是非, 能興利除害, 能居官擧職."

우선, 소학단계의 교육내용들은 실천을 통해서 진리가 확인되는 것들이라 할 수 있다. 주자는 입지(立志)를 하기 이전에 소학에서의 함양·실천에 의해 근본을 세울 수 있으며, 이러한 공부가 없이 사려와 지식으로써만 도(道)를 구하려고 하는 것은 설사 깨달음을 얻는다 하더라도 실천과는 유리된 공허한 것이라고 하였다.[73] 소학공부를 통하여 형성되는 성현의 자질은 말하자면 "습관에 의해 도야된 심성(心性)"이며, 이 습관과 함께 지혜가 함께 자라며, 기질의 변화와 더불어 인격의 완성에 이르게 된다는 것이다(습여지장習與智長, 화여심성化與心成). 이러한 실천을 위하여 요구되는 태도가 거경(居敬)인 것이다.

경(敬)이란 마음을 한군데 집중하여 잡념을 버리는 일, 즉 주일무적(主一無適)과 마음을 가지런히 하고 엄숙하게 하는 것을 의미하는 정제엄숙(整齊嚴肅)인 것이다. 『小學』에서는 주일무적(主一無適)의 내용으로 심술지요(心術之要)와 음식지절(飮食之節)을 들고 있으며, 정제엄숙(整齊嚴肅)의 내용으로는 위의지칙(威儀之則)과 의복지제(衣服之制)를 소개하고 있다. 배우는 사람이 양심(良心)과 도심(道心)을 소유하려면 항상 귀로 성인의 도리를 듣고 마음속으로 그것을 명심하여 덕행(德行)을 실천해야 한다.[74] 덕행을 실행하지 않으면, 사욕에 물들어 마음이 비루(卑陋)하게 된다. 그러므로 사욕(私慾)을 극복하고 예(禮)로 돌아가는 것이 중요하다. 몸가짐을 가지런히 하고 엄숙히 해야만(整齊嚴肅), 마음이 한 곳에 집중된다(主一無適).[75] 이런 마음을 기르려면 예(禮)가 아니면 보거나 듣거나 말하거나 행동하지 않는 것이다.[76] 사사로운 일에 얽매이지 않으면, 예에 어긋나는 행위를 하지 않게 된다. 예가 아니면 보거나 듣거나 말하거나 행동하지 않는 것은 모두 마음에서 비롯된 것으로 밖(外面)으로 표현되어야 한다. 그러므로 밖의 외면을 제어하는 것이 마음을 기르는 방법(경신敬身)이라고 할 수 있다.

둘째, 모범을 통한 교육이다. 『소학』의 외편은 가언(嘉言)과 선행(善行) 두 편으로 이루어져 있는데, 전대(前代)의 전기(傳記)를 참고하고 비교적 최근에 보고들은 견문(見聞)을 모아 그 중에서 교훈이 될 만한 말과 모범적인 행실을 취택하여 만든 것이라고 편(篇)의 머리글에 쓰고 있다.[77] 이 외편을 시대별로 분류하면 가언(嘉言)은 송대(宋代)의 것이 86.6%, 선행(善

---

[73] 『性理大全』, 卷43, 「總論爲學之方」 및 『朱子大全』, 卷42, 「答吳晦叔」(제9서) 참조.
[74] 『小學』, 「敬身」. "聖人之道 入乎耳, 存乎心, 蘊之爲德行, 行之爲事業, 彼以文辭而己者陋矣"
[75] 『小學』, 「敬身」. "只整齊嚴肅則心便一, 一則自無非僻之干."
[76] 『小學』, 「敬身」. "孔子曰, 非禮勿視, 非禮勿聽, 非禮勿言, 非禮勿動."
[77] 『小學』, 「外篇」. "歷傳記, 接見聞, 述嘉言, 紀善行, 爲小學外篇."

行)은 38.3%를 차지하고 있으며, 다시 가언(嘉言)을 인물에 따라 집계하면 정호(程顥)·정이(程頤) 형제를 비롯하여 장재(張載)·사마광(司馬光)·여씨동몽훈(呂氏童蒙訓)의 것이 절대다수를 차지하고 있다고 한다.[78] 이것은 성리학의 관점을 연 이정자(二程子)를 비롯하여 북송(北宋)의 사대부들에 대한 주자의 경모를 보여 주는 것이라 하겠다. 여하튼 『소학』은 아동들이 전인들의 교훈적인 말과 모범적인 행동으로부터 자극과 격려를 받도록 배려했던 것이다.[79] 또한 일반백성들에 대한 교육에 있어서도 선행을 널리 알리고 표창하는 것도 그들을 본받도록 하는 교육적 노력의 일환으로 볼 수 있을 것이다

끝으로, 교사의 역할과 관련할 때, 소학단계에서의 교사는 전통의 안내자이고 실천가이며 모범자이다. 아동이 글(文)에 눈을 뜨도록 이끄는 교사를 '훈몽지사'(訓蒙之師)라 하였다. 교사는 아동을 글(文)의 정화(精華)라고 할 수 있는 성현의 가르침으로 인도하는 안내자로서의 역할을 수행하였다. 이것을 위해 교사는 교육에 필요한 환경을 적극적으로 조성하게 된다. 교사가 학습을 강제하기 위해 아동에게 매를 사용하는 것도 이 때문이다.[80] 주자 자신도 도서관을 건립하거나 사람들의 모범이 될 만한 지방의 선현들을 모시는 사당(祠堂)을 세우기도 했으며, 오랫동안 일반인들의 생활 속에서 중시되지 않았던 의례 절차를 학생과 부하 관원들에게 가르쳤다고 한다.[81]

안내자이고 모범자로서 소학단계에서의 교사는 그야말로 전통과 규범을 대표하는 권위(權威)의 상징이었다. 그것은 『소학』의 '선생을 모시는 예의'(侍先生之禮)를 통해서도 간접적으로 확인할 수 있다. 군사부(君師父)는 일체(一體)이므로 임금과 선생 그리고 부모를 한결같이 섬겨야 한다. 아버지는 날 낳으시고, 선생은 날 가르치시고, 임금은 먹여 주신다. 아버지가 아니면 태어나지 못하고, 먹임이 아니면 자라지 못하고, 가르침이 아니면 알지 못하니, 먹임과 가르치심은 낳아 주심과 같다. 그러므로 그들을 똑같이 섬기기를 죽음에 이르도록 해야 한다.[82] 선생을 따라갈 때는 길을 건너가 남과 말하지 않으며, 길에서 선생을 만나면 종종 걸음으로 가서 바로 선 다음 두 손을 마주 잡고 인사한다. 선생이 말씀하시면 대답하고,

---

78) 李樹健, "朝鮮時代「小學」敎育에 대하여", 『嶺南大論文集』 제2집 (대구: 영남대 출판부, 1969), 253~255쪽.
79) 박연호, 앞의 논문, 100~101쪽.
80) 최봉영, "조선시대 儒學敎育과 '敎學'의 의미", 『敎育史學硏究』 제8집(1998), 9쪽.
81) 드 배리 지음, 『중국의 '자유' 전통』, 표정훈 옮김(서울: 이산, 1998), 75쪽.
82) 『小學』, 「明倫」. "民生於三, 事之如一, 父生之, 師敎之, 君食之. 非父不生, 非食不長, 非敎不知, 生之族也. 故一事之, 唯其所在則致死焉."

말씀하지 않으시면 종종 걸음으로 물러난다.[83] 선생의 책(冊)이나 금(琴: 거문고) 앞에 있을 때는 꿇어 앉아서 옮겨 놓아 조심하여 넘어가지 않는다. 앉기를 반드시 편안히 하며, 안색을 바르게 하며, 어른이 먼저 언급하지 않으면 다른 말을 꺼내어 끼어들지 않는다. 자신의 용모를 바르게 하며, 듣기를 반드시 공손히 하며, 남의 말을 자기 말로 삼지 말며, 부화뇌동하지 말고, 반드시 옛날 것을 본받아 선왕의 법도를 말해야 한다.[84] 선생을 모시고 앉았을 때에 선생이 물으시면 질문이 끝나면 대답하며, 학업을 청할 때에는 일어나고, 터득하지 못한 이치를 다시 물을 때는 일어나서 공경하게 묻는다.[85] 이처럼 공손하게 선생을 모시는 것이 인간의 도리라고 믿었다. 그러므로 선생은 유교적 교양을 가지고 인품이 고결한 권위의 상징이어야 했다. 학생은 항상 부모를 섬기는 것처럼 선생을 섬겨야 하며, 모르는 것이 있으면 질문을 통해서 익혀야 한다.[86]

2. 대학단계의 도덕교육

가. 교육의 목표와 대상

소학교육의 단계가 미성숙한 개인이 사회의 문화적 전통에 처음 입문하게 되는 단계로써 윤리적 행위 규범의 실천을 위한 교육을 통하여 개인의 도덕적 품성을 함양하는 것을 목표로 하고 있다면, 대학교육의 단계는 이들 도덕규범의 이론적 근거를 탐색(窮理)하는 교육(敎之以理)을 주로 하여 인륜의 궁극적 원리, 즉 전덕인 인(仁)을 터득케 하는 것을 목표로 하고 있다.

소학교육의 단계를 마친 15~17세의 학생들은 대학교육의 단계로 나아가게 된다. 주자는 대학의 입학 대상으로 인군(人君)의 태자와 왕자, 공경대부와 선비들이라 하였다. 그리고 당시 사회제도 상 현실적으로 얼마나 가능했을지는 모르나 일반백성의 준수한 자제들까지

---

83) 『小學』,「明倫」. "從於先生, 不越路而與人言, 遭先生於道, 趨而進, 正立拱手. 先生與之言則對, 不與之言則趨而退."
84) 『小學』,「明倫」. "先生書策琴瑟, 在前, 坐而遷之, 戒勿越. 坐必安, 執爾顔, 長者不及, 毋儳言. 正爾容, 聽必恭, 毋勦說, 毋雷同, 必則古昔稱先王."
85) 『小學』,「明倫」. "坐於先生, 先生問焉, 終則對, 請業則起, 請益則起."
86) 韓寬一,「朝鮮前期의〈小學〉敎育 硏究」(중앙대 대학원 박사논문, 1992), 81쪽.

대학입학의 대상자로 포함시키고 있음도 보았다.

　그러나 반드시 소학교육의 단계를 마친 자들만이 대학교육 단계의 공부를 하는 것은 아니다. 앞에서 보았듯이, 옛날에는 소학의 교법(敎法)이 있어 나이에 맞게 교육을 받을 수가 있었으나, 이제는 그 교법이 끊어짐으로 인해 많은 사람들이 소학공부를 하지 못하고 나이를 넘긴 사람들이 많기 때문이다. 그러나 '학불엽등'(學不獵等)의 원칙에 의해 대학공부로 나아가기 위해서는 반드시 소학공부를 나이가 들더라도 해야 한다. 따라서 결국 소학공부를 못하고 나이가 든 자들은 소학공부와 대학공부를 동시에 겸해야 하는 것이다. 그러나 나이가 들어 소학공부를 하려할 때 '한격불승지환'(扞格不勝之患)이 생겨날 우려가 있다. 이 '거슬려 감당하지 못하는 근심'을 없애면서 소학공부의 결핍을 보완해 주는 방법으로 주자는 거경(居敬)공부를 들고 있다. 경(敬)은 '마음의 주재(主宰)'이며 모든 인간적인 노력을 근거지워 주는 뿌리이다. 경(敬)공부로 소학에서 본원을 함양할 수 있으므로 성학(聖學)의 시초를 가능하게 하며, 대학에서 격물궁리를 통하여 알게 된 것을 또한 경(敬)이 아니면 지킬 수 없기 때문에 성학의 결실을 가능하게 해준다. 결국 거경은 소학공부에서나 대학공부에서나 지켜져야 할 덕성함양의 방법적 원리인 것이다.

　'학불엽등'의 원칙에 의해 소학공부를 못한 사람은 대학공부에서 그것을 먼저 보충해야 한다는 주자의 견해에서 볼 때, 『소학』책은 반드시 소학단계에서 만의 교과는 아님을 알 수 있다. 나이가 들어 소학공부를 하려할 때 생겨날 우려가 있는 '한격불승지환'을 없애면서 소학공부의 결핍을 보완해 주는 방법으로 거경공부를 들고 있는 것으로 보아, 나이가 들어 『소학』공부는 책 속의 일용규범들을 공부하라는 것이기보다는 그런 것을 실천하려는 의지, 마음공부로서의 거경의 자세를 공부하라는 것으로 볼 수 있다.

　결국 『소학』은 그것을 교육하는 대상에 따라 달리 읽혀질 수 있는 것으로 볼 수 있다. 즉 소학교육에서는 일상규범을 내면화하는 교화서로, 대학교육에서는 마음의 근본을 배양하는 거경의 수신서로 볼 수 있다. 『소학』공부가 끝나면 본격적인 대학단계의 공부에 입문하게 된다.

나. 교육과정 및 교재

　대학교육 단계의 교육과정은 도덕규범의 이론적 근거를 탐색(窮理)하여 인륜의 궁극적 원리, 즉 전덕(仁)을 터득할 수 있도록 하는 것들로 구성된다. 주희가 1179년(淳熙 6년)에

쓴 「백록동서원게시白鹿洞書院揭示」는 대학단계부터의 교육이 어떠해야 하는가를 잘 알려주는 글이라고 생각한다.

부모와 자식 사이의 애정(親), 임금과 신하 사이의 의로움(義), 남편과 아내 사이의 마땅한 구별(別), 연장자와 연소자 사이의 위계 서열(序), 친구 사이의 신뢰(信). 이 다섯 가지 항목은 상고시대의 성왕(聖王)인 요(堯)와 순(舜)이 사도(司徒)인 계(契)에게 선포하도록 엄숙하게 명령한 사항들이다. 학문을 하고자 하는 이들이 진정 배워야 할 것은 바로 이 다섯 가지 가르침뿐이니, 이런 배움의 바람직한 절차에는 다음과 같은 다섯 가지 항목이 있다. "넓게 배우고(박학博學), 절실하게 묻고(심문審問), 신중하게 사색하고(신사愼思), 밝게 분별하고 (명변明辨), 독실하게 실천한다(독행篤行)." 이상이 학문을 하는 올바른 순서이니, 배우고, 묻고, 사색하고, 분별하는 것이 참된 이치[理]를 철저하게 파고드는 올바른 방법인 것이다.[87]

여기서도 소학단계에서와 마찬가지로 배움의 시작과 끝은 명인륜(明人倫)이라 하고 있다. 그러나 이러한 하학(下學)공부에 머물러 상달(上達)공부가 무시된다면 일상에서 인간의 도덕적 실천은 맹목으로 흐르기 쉽다. 따라서 이제부터는 인륜을 배우되 그것의 이치[理]를 철저하게 파고들어야 한다는 것이다. 그리고 이치를 철저하게 파고들려면 넓게 배우고, 절실하게 묻고, 신중하게 사색하고, 밝게 분별하고, 독실하게 실천해야 하는 것이다. '넓게 배우라'는 것이 교육과정의 윤곽을 알려주는 것이라면, 이하는 그 교육과정에 접근하는 공부방법을 의미하는 것이 될 것이다.

'폭넓은 배움'의 커리큘럼이 무엇인지 주자는 그의 또 다른 글인 「학교공거사의學校貢擧私議」에서 알려주고 있다. 여기에 의할 때, 주자의 커리큘럼에는 경서로서는 『역경易經』, 『서경書經』, 『시경詩經』 이외에 『주례周禮』, 『의례儀禮』, 『대대례大戴禮』, 『소대례小戴禮』, 『춘추삼전春秋三傳(公羊傳·穀梁傳·左傳)』, 『대학大學』, 『논어論語』, 『중용中庸』, 『맹자孟子』 등이 포함되어 있다. 유교 경서 외에도 주희는 송대의 주요한 사상가들의 저작을 중시했고, 순자(荀子), 양웅(揚雄), 왕충(王充), 한비자(韓非子), 노자(老子), 장자(莊子) 등과 같은 유학

---

87) 『朱子大全』, 卷74, 「白鹿洞書院揭示」. "父子有親, 君臣有義, 夫婦有別, 長幼有序, 朋友有信. 右五教之目. 堯舜使契爲司徒, 敷五教, 卽此是也. 學者學此矣已. 而其所以學之之序, 亦有五焉. 其別如左. 博學之, 審問之, 愼思之, 明辨之, 篤行之. 右爲學之序. 學問思辨思者所以窮理也."

자들에 의해 이단시되던 사상가들의 저작들까지도 포함시켰다. 또한 주자는 당대의 문제들을 이해하기 위해서는 역사서들을 읽는 것이 필요하다고 역설했다. 이에 따라 그는 『춘추좌전春秋左傳』, 『국어國語』, 『사기史記』, 『한서漢書』, 『후한서後漢書』, 『삼국지三國志』, 『신·구당서新·舊唐書』, 『오대사五代史』, 『자치통감資治通鑑』 등을 커리큘럼에 포함시켰다. 이 밖에도 제도나 지리 등의 실용학문을 배울 수 있는 책으로, 두우(杜佑)가 쓴 『통전通典』과 같은 백과전서류의 책도 추가되었다.[88]

이상의 커리큘럼으로서의 문헌목록을 볼 때, 주자가 얼마나 '폭넓은 배움'을 강조했는지 짐작이 갈만하다. 그러나 이상의 문헌들을 완전하게 익힌 학자들은 결코 많지 않았을 것이다. 주자 자신도 이 문헌들을 한꺼번에 전부 익히기는 도저히 불가능하다는 것을 인정하고, 3년을 한 단위로 차례차례 연구해야 한다고 말하고 있다. 그가 보기에 배움의 대상으로 제외되는 문헌이란 원칙적으로 없었다. 주자는 "사대부가 익히지 않아야 하는 경서란 있을 수 없다. 사대부가 연구하지 않아야 하는 역사서란 있을 수 없다. 그런 책들 가운데 작금의 시대에 적용되지 못할 것은 하나도 없다"[89]고 말하고 있다.

그러나 주희가 이렇게 말하는 의도는 이상의 문헌들을 완전히 숙독해야 한다는데 있다고 보여지지 않는다. 그것은 오히려 현금의 문제를 해결하기 위한 참고도서가 아닐까 한다. 왜냐하면 폭넓은 독서를 하는 근본적인 목적은 어디까지나 인륜의 원리[理]를 터득케 하는데 있었기 때문이다. 이러한 관점이 옳다면, 이상의 모든 문헌목록은 이치(理)의 터득을 위한 참고자료이고 토론자료일 뿐이다. 그러기에 주자는 이상의 교육과정에 접근하기 위한 개론적, 방법론적 절차는 물론이고 학문의 궁극적 지향처를 알리기 위해 스스로 편한 『근사록近思錄』과 『대학大學』을 어느 책보다도 중요시 여겼던 것이다.

우선, 『대학』은 궁극적으로 학문연구의 목적이 어디 있는가를 제시해 주고 있는 책이다. 『대학』의 내용을 '삼강령'(三綱領)과 '팔조목'(八條目)으로 요약될 수 있다면, '3강령'은 학문의 궁극적 지향처를, '8조목'은 그것을 달성하는 구체적인 방법론을 담고 있다고 할 수 있다. 학문의 궁극적 지향처로서 3강령이란, 말할 것도 없이 "밝은 덕을 밝혀(명명덕明明德), 백성을 새롭게 하고(신민新民), 궁극적으로 지극한 선에 이른다(지어지선至於至善)"는 것이다. 그리고 그것을 달성하는 방법론으로 8조목이란, "사물의 이치가 이른 뒤에 앎이 지극해

---

[88] 『朱子大全』, 卷69, 「學校貢擧私議」, 드 배리 지음, 표정훈 옮김, 앞의 책, 89쪽.
[89] 『朱子大全』, 卷69, 「學校貢擧私議」, "則士無不通之經, 無不習之史, 皆可爲當世之用矣."

지고(격물이후지지格物而后知至), 앎이 지극해진 뒤에 뜻이 성실해지고(지이후의성知至而后意誠), 뜻이 성실해진 뒤에 마음이 바루어지고(의성이후심정意誠而后心正), 마음이 바루어진 뒤에 몸이 닦아지고(심정이후신수心正而后身修), 몸이 닦아진 뒤에 집안이 가지런해지고(신수이후제가身修而后家齊), 집이 가지런한 뒤에 나라가 다스려지고(제가이후국치家齊而后國治), 나라가 다스려진 뒤에 천하가 태평해 진다(국치이후천하평國治而后天下平)"을 말한다. 여기서 격물(格物)·치지(致知)·성의(誠意)·정심(正心)·수신(修身)이 개인의 덕을 밝히는 명명덕(明明德)의 방법들이라면, 제가(齊家)·치국(治國)·평천하(平天下)는 신민(新民)과 지어지선(止於至善)에 이르는 방법들이다. 결국 『대학』이 담고 있는 학문의 궁극적 지향처는 수기치인(修己治人)의 행도(行道)에 있다.

『근사록』은 이른바 북송의 도통(道統)을 밝힌 주자(周子: 주렴계), 이정자(二程子: 정이·정호), 장자(張子: 장횡거)의 말을 채록한 것으로, 성리학을 배우는 초학자를 위하여 주자가 그의 동료인 여조겸(呂祖謙)과 같이 편한 것이다. 주자가 "수신의 대법은 『소학』에 있고, 의리의 정밀하고 미묘함은 『근사록』에 있다"[90]고 할 정도로, 『근사록』은 성리학(性理學)에 들어서는 개론서이다. 『근사록』의 '근사'(近思)는 『논어』에서 빌려온 것이다. 『논어』의 자장편에 보면, "널리 배우되 뜻을 독실히 하고(박학이독지博學而篤志) 간절히 묻되 가까운 것부터 생각하면(절문이근사切問而近思) 인(仁)은 저절로 그 가운데 있다"는 구절이 나온다. 이에 대해 주자는 "박학·독지·절문·근사의 네 가지는 즉, 배우고(學)·묻고(問)·생각하고(思)·논변하는(辨)에 관한 일이다. 이 네 가지에 종사한다면 마음이 밖으로 달려 나가지 않고, 내 손에 있는 바가 저절로 성숙해질 것이다. 그래서 인(仁)이 그 가운데에 있다고 한 것"이라고 주(註)를 달고 있다.[91] 이처럼 『근사록』은 학문에 들어서는 기초를 알리고 있다.

다. 교수방법 및 교사의 역할

사물(事物)에 대한 격물(格物)과 학(學)·문(問)·사(思)·변(辨)은 사물의 이치(理)를 궁구하는 방법과 절차이다. 이치(理)를 궁구하는 것은 궁극적으로 치지(致知)에 이르는 데 있다.

---

[90] 『小學』, 「總論」. "修身大法, 小學書備矣, 義理精微, 近思錄詳之."
[91] 『論語集註』, 「子張篇」. "子夏曰, 博學而篤志, 切問而近思, 仁在其中矣." 이에 대한 주희의 註: "四者, 皆學問思辨之事耳, 未及乎力行而爲仁也. 然從事於此, 則心不外馳, 而所存自熟. 故仁在其中矣."

치지에 이르렀을 때 비로소 전덕인 인(仁)을 터득하게 된다. 치지에 이르러 인을 터득하게 되는 데는 많은 사물의 이치를 궁구하는 과정 중에 '활연관통'(豁然貫通)하는 시점이 있어야만 가능하다. 그런데 이 '활연관통'하는 것은 전적으로 이치를 궁구하는 개인 자신에게 달려 있는 것이라 볼 수 있다. 따라서 궁극적인 인을 터득하게 하는데 있어서 내가 아닌 남이나 교육의 역할은 미약할 수밖에 없다. 인은 개인이 터득한 도덕에 관한 내적 안목이다. 활연관통은 일종의 내적 안목의 비약적 성숙이라 볼 수 있다. 그러기에 공자나 맹자도 인(仁)의 터득은 직접적이기보다는 간접적인 교수방법에 의할 수밖에 없다고 보았다. 주자도 이러한 공맹의 관점을 이어받고 있다고 할 수 있다. 우선, 도의 터득에 대한 스스로 얻음, 즉 '자득'(自得)을 강조함이 그것이다.

> 넓게 배운(博學) 뒤에 비로소 자기 자신 앞에 나타나 있는 모든 사물의 이치를 파악할 수 있다. 이에 따라 그렇게 체득한 이치를 자세히 살피고 궁리할 수 있으며, 의문을 해결하기 위해 그것을 비교·검토할 수도 있게 된다. 어떤 이가 절실하고 주의 깊게 사물을 탐구할 때, 그의 스승과 동료들은 성의를 다해 그와 협력하며 서로 도움을 주고받아야 한다. 그 결과 그는 비로소 진정으로 사색하기 시작할 것이다. 이렇게 신중하게 사색하면, 이제 그의 생각에서 불순한 것들이 사라져 생각이 맑고 세련되게 될 것이다. 그래야만 스스로 얻을 수 있는 그 무엇이 자기 안에 있게(有所自得)되는 것이다. 그는 이제 자신이 스스로 얻은 것들을 밝고 명료하게 분별(明辨)할 수 있게 된다. 명료하게 분별되면, 잘못이 없는 판단을 내릴 수 있게 된다. 그리하여 이제 그는 모든 의혹을 떨쳐 버리고 의연히 자신의 생각을 행동으로 옮길 수 있게 된다. 독실하게 실천하면, 배우고, 탐구하고, 사색하고, 분별함으로써 그가 얻은 모든 것들이 구체적인 형태로 현실 속에서 펼쳐질 것이다. 그것들은 이제 더 이상 공허한 말로 남아 있는 일이 없다.[92]

인용은 학(學)·문(問)·사(思)·변(辨)을 통해서 자득(自得)의 경지로 가는 과정과 그 결과를 표현하고 있다. 널리 배우는 것의 목적은 이치를 궁구하기 위한 것이다. 이 배움의 과정에

---

92) 『中庸或問』. "學之博然後備事物之理, 故能參伍之以得所疑而有問, 問之審然後以盡師友之情, 故能反復之以發其端而可思. 思之謹, 則精而不雜, 故能有所自得而可以施其辨, 辨之明, 則斷而不差, 故能無所疑惑而可以見於行. 行之篤, 則凡所學問思辨而得之者, 又皆必踐其實而不爲空言矣."

서 스승과 동료들의 서로 도움을 주고받음이 중요하다. 이러한 과정을 통해서 개인은 스스로 이치를 자득해 나갈 수 있다. 자득하게 되면 도덕적 상황에 대한 스스로의 진단과 행위 결정을 할 수 있고 의연하게 실천적 행동으로 옮길 수 있다.

활연관통과 인(仁)의 터득이 궁극적으로 자득에 의할 수밖에 없기에, 교육의 역할은 간접적일 수밖에 없다. 교사가 그것을 강요한다고 해서 될 성격의 것이 아니다. 교육과 교사의 역할은 어디까지나 이치(理)의 궁구를 촉구하고 여러 가지 방법과 자료를 제공하는 정도에 그칠 수밖에 없다. 교사의 역할은 수업의 동료이고 보조자이다. 즉, 대학의 단계에서 교육은 스승과 제자가 더불어 노닐며 공부하는 형태로 가르치고 배우게 된다. 이때부터 교사는 학생들을 이끄는 것이 아니라 함께 나아가는 사람으로서 가르치며 동시에 배우는 '교학상장'(敎學相長)의 위치에 있게 된다. 이러한 스승을 '전도지사'(傳道之師)라고 말한다.[93]

다음으로, 교수기법 상으로도 자발성에 입각한 계발식 교육, 개성을 존중하는 개별화 교수-학습, 토론식 수업 등이 강조된다. 주자도 「백록동서원게시」에서 이러한 점을 강조하고 있다.

내가 보건대, 옛 성현들께서 사람들에게 학문을 하라고 가르치신 것에는 다만 한 가지 뜻이 있었던 것이니, 사람들이 토론과 학습을 통해 도덕원리의 의미를 이해함으로써 각자 자기 수양을 도모하고, 그런 이후에 그 결과가 타인들에게까지 미쳐야 한다고 생각하신 것이다. 성현들께서는 사람들이 다만 명성이나 관직을 획득하기 위한 수단으로 경서(經書)를 암기하고 시문(詩文)을 짓기를 바라지 않으셨던 것이다. 그런데 오늘날 학문을 한다는 사람들은 그런 성현들의 뜻을 너무도 분명하게 거스르고 있다. …. 만일 참된 도리를 추구하는 것의 절실함을 깨닫고, 그런 추구에 전력을 기울여야 할 책임이 자기 자신에게 있다는 것을 인정한다면, 사람이 마땅히 따라야할 규범과 금령(禁令)을 타인이 나에게 부과해 주기를 기다릴 필요가 전혀 없다. 근래에 학교에서는 배움과 관련한 여러 규칙이 제정되고 있으며, 이에 따라 학생들은 피상적이고 얕은 교육을 받고 있기가 일쑤인데, 그런 금령과 규칙을 통해 가르치는 따위의 방식은 옛 사람들의 방식과 어긋난다.[94]

---

93) 최봉영, 「조선시대 儒學敎育과 '敎學'의 의미」, 앞의 논문, 10쪽.
94) 『朱子大全』, 卷74,「白鹿洞書院揭示」. "熹竊觀古昔聖賢所以教人爲學之意, 莫非使之講明義理, 以修其身, 然後推以及人. 非徒欲其務記覽, 爲詞章, 以釣聲名取利祿而已也. 今人之爲學者, 則旣反是矣. …. 苟知其理之

인용에서 보듯이, 주자는 교육에서의 자발성을 매우 강조하고 있다. 그리고 교육하는 교수기법 상의 방법은 사람과 사람 사이의 대화와 토론이라는 것이다. 즉, 학문은 논의를 통해 진전되거니와, 그것도 학생들이 묻고 교사가 그에 답하는 일방적인 문답형식이 아니라, 학생들 상호간의 철저한 토론형식으로 이루어져야 한다는 것이다. 엄밀하고 진지한 지적 탐구와 올바른 판단은 공평한 입장에서 서로 의견을 주고받음으로써 온전히 이루어진다. 그 결과 학생들은 자신의 정신을 스스로 다잡고, 각자의 생각과 행동에 대해 개인적인 책임을 지는 자세를 지니게 되는 것이다.

이와 같은 원리가 군주의 교육에서도 적용되었다.[95] 군주 교육은 다른 사람들과의 대화와 토론 속에서 자기 스스로를 교육시킨다는 성격을 지니고 있었다. 이른바 강학(講學)과 경연(經筵)이 그것이다. 효종 황제에게 올린 긴 상주문에서 주자는 황제의 첫 번째 요건이 바로 강학(講學)이라고 지적한다. "천하의 모든 일들이 황제 폐하 한 분에 뿌리를 두고 있으며, 황제 폐하 한 분의 몸을 다스리심은 바로 폐하의 마음에 뿌리를 두고 있습니다. 만일 군주의 마음이 올바르다면 천하의 모든 일들이 올바르게 돌아갈 것입니다."[96] 이렇게 되기 위해서는 황제가 어떤 결정을 내리기 전에 모든 문제와 쟁점 사안들에 관해 철저히 토론하여, 사안과 문제들이 내포하고 있는 선과 악의 경향성들을 분명하게 밝히는 것보다 더 좋은 방법이 없다는 것이다. 바로 경연(經筵)은 신료인 경연관이 황제를 대상으로 강학(講學)과 토론을 벌이는 마당이었다.

當然而責其身以必然, 則不規矩禁防之具, 豈待他人設之而後有所持循哉! 近世於學有規, 其待學者爲已淺矣, 而其爲法, 又未必古人之意也."

95) 드 배리 지음, 표정훈 옮김, 앞의 책, 85~86쪽.
96) 『朱子大全』, 卷12, 「乙酉擬上封事」. "臣聞天下之事, 其本在於一人, 而一人之身, 其主在於一心. 故人主之心一正, 則天下之事無有不正."

V. 결론

 인간은 도덕법칙을 입법해낼 수 있는 도덕성((性=理=仁=四德=仁義禮智=本然之性)을 가지고 태어났다. 그래서 인간은 도덕적 상황에서 사랑(仁)의 원리를 바탕으로 하여 상황을 파악하고(智) 적절한(義) 규범(禮)을 입법해 낼 수 있다. 따라서 인간은 마땅히 도덕법칙이 옳다는 이유만으로 도덕적 선과 행위를 실천해 나가야 한다. 이 도덕성이 모든 선(善)의 근원이 되고 백행(百行)의 근본이 된다. 그러나 이 모든 것의 전제는 본체인 이 도덕성을 체득하고 보존했을 경우이다.
 그러나 불행하게도 가장 청명하고 뚫린 기(氣)를 받고 태어난 성인과 같은 생지자(生知者)가 아닌 한 인(仁)을 터득해 내기가 쉽지 않은 일이다. 기질(氣質)이 성(性)의 표출을 가리고 있기 때문이다. 따라서 성(性)의 표출을 온전하게 하고 인(仁)의 터득을 완성해 나가기 위해서는 혼탁한 기질(氣質)을 교정하고 순화시키는 공부나 교육이 필요한 것이라 할 수 있다. 기질의 순화정도에 따라 점차적으로 덕성이 함양되고 본성이 회복되어 간다. 주자는 맹자나 왕양명처럼 반구제기(反求諸己)의 공부론을 취하기보다는, 밖에서 사물의 이치(理)를 궁구하고 그것을 내면화하여 도덕활동의 표준을 삼으려고 하였다. 공부와 교육의 초점은 세 가지로 요약된다. 첫째는 원래의 도덕적 본성을 보존하는 것이고, 둘째는 지각지리(知覺之理)와 사물의 이치(天理) 간의 대화를 통하여 천리에 대한 인식과 이해의 폭을 넓혀가는 것이며, 셋째는 천리에 대해 인식하고 이해한 것을 내면화하여 실천하는 것이 그것이다. 여기서 첫째와 셋째가 존덕성(存德性)의 공부이고, 둘째가 도문학(道問學)의 공부이다. 이 공부들을 관통하는 덕성함양의 원리가 거경궁리(居敬窮理)이다. 존덕성 공부의 원리가 거경(居敬)이라면, 도문학 공부의 원리가 궁리(窮理)이다. 거경이 '인욕(人慾)을 멸하고 천리(天理)를 보존하고'(멸인욕滅人慾, 존천리存天理) 수렴하는 내적인 공부방법이라면, 궁리는 '사물의 이치'(理)를 지각하고 생각하는 인식론으로써 외적인 공부방법이라 할 수 있다.
 주자에게 있어 본연지성(本然之性)은 공부나 교육의 궁극적 목표를 적시하고 있다면, 기질지성(氣質之性)은 공부나 교육의 출발점이라 할 것이다. 기질지성을 교정하고 본연지성을 회복하는 길은 우선적으로 덕목(德目)이나 규범을 내면화하는 것에서부터 시작되어야 한다. 이것이 격물치지(格物致知)이전에 함양실천(涵養·實踐)해야 한다는 '소학'(小學)의 단계이다. 규범을 내면화하는 소학의 단계가 끝나고 '대학'(大學)의 단계에 오면 그 동안 맹목적으로 수용해온 규범에 대한 반성적 성찰이 이루어진다. 격물(格物)의 단계가 그것이다. 격물(格物)이란 사물의 이치[理]를 궁구하는 것으로, 현대적 의미에서 도덕행위의 원리와 근거를 밝히는 것이라 할 수 있다. 이러한 반성적 성찰이 계속될 때 어느 순간에 활연관통(豁然貫通)하는 치지(致知)의 단계에 다다르게 된다. 이때가 전덕(全德)으로서의 인(仁)을 터득하게 됨으로써 성리(性理)와 천리(天理)가 합일하는 순간이다.

인격의 완성은 하루아침에 이루어지는 것이 결코 아니다. 덕성의 발달은 공부와 교육을 통하여 점진적으로 이루어져 간다. 태어날 때부터 성인(聖人)인 생지자(生知者)조차도 공부를 통하여 다시금 본성을 회복한 이로 보아야 한다. 다만 생지자(生知者)는 우리 마음속에 함장되어 있는 성리(性理)의 빛을 처음부터 자각했고 남들보다 먼저 회복하였을 뿐이다. 그래서 주자의 도덕교육론은 도덕성의 발달 정도에 따른 단계적인 교육기획을 입론하였다. 기질(氣質)의 순화 정도에 따라 점차적으로 성리(性理)의 빛은 드러난다. '아래로 인간의 일을 배우면서 위로 천리(天理)를 통달한다'는 '하학이상달'(下學而上達)은 도덕성이 어떻게 발달해 가는 지를 적시해 주는 언표이다. 원리와 반성의 도덕은 전통과 관습의 마당을 거쳐서 가능하다. 주자의 도덕교육론은 이러한 점을 체계적으로 담고 있다.

이처럼, 주자의 도덕교육론은 이른바 '도덕교육에서 내용과 형식'을 모두 강조하고 있는 통합적인 도덕교육론이고 인격교육론이다. 그리고 덕성함양을 위한 소학교육의 단계와 대학교육의 단계는 각각 나름대로의 고유한 교육목표와 교육대상을 설정하여 접근하고 있는 독자적인 기획임과 동시에 연속적인 기획이었다. 뿐만 아니라 소학단계와 대학단계는 각각 단계의 목표설정에 적절한 특징적인 교육과정으로 운영되며, 교육과정의 달성에 적합한 교수기법과 교사의 역할이 부여되는 이론적 체계를 가지고 있었다.

제10장
퇴계의 당위윤리와
발달지향의 도덕교육론

Ⅰ. 서론

성리학에서 리기론(理氣論)은 세계와 인간을 설명하기 위한 최상위의 형이상학적 개념 틀이다. 성리학은 그 자체가 인간 마음의 성격과 형성과 표현이라는 교육학의 근본문제를 다루기에, '성리학은 곧 교육이론'이라는 혹자의 주장은 타당한 것 같다.[1] 또한 리기론은 세계와 인간을 설명하는 최상위의 개념 틀이기에, 리기론을 정초하는 관점에 따라 세계와 인간, 그리고 교육을 설명하는 서로 다른 이론이 탄생한다.

리기론의 사고 자체가 리기이분법적 원형에서 출발하는 까닭에, 어느 문제에 관한 이론이든 모든 리기론은 리에 치중하는 이른바 '주리적 이론'이 아니면 기에 치중하는 '주기적 이론'에 흐를 수밖에 없다.[2] 아무리 리와 기 중의 어느 한편에 편향하지 않고 공평한 태도로 리와 기를 조화시키는 노력을 기울이며 이론을 구축한다고 하더라도 결과적으로는 주리(主理) 아니면 주기(主氣)의 경향을 완전히 벗어나는 무색투명의 중립적 이론을 구축할 수 없다. 예의 주리적 경향의 대표적인 사상가로 주자와 퇴계 등을 들 수 있다면, 주기적 경향의 대표적인 사상가로 장횡거, 율곡 등을 들 수 있을 것이다.

이홍우는 일찍이 '리기철학(理氣哲學)에 나타난 교육이론'을 주리론(主理論)과 주기론(主

---
[1] 이홍우, 『성리학의 교육이론』(서울: 성경재, 2000).
[2] 윤사순, "동양 본체론의 의의," 한국동양철학회 편, 『동양철학의 본체론과 인성론』(연세대학교출판부, 1982, 초판; 1996, 7판), 154~155쪽.

氣論)의 관점에서 각각 분석한 바 있다.[3] 여기서 그는 청나라 기(氣)철학자였던 안원(顔元)의 〈공자에 의한 교육〉과 〈리학(理學)에 의한 교육〉의 비유를 인용하고 있다.[4]

〈공자에 의한 교육〉: 한 교실을 들여다보니 칼을 차고 옥을 달고 큰 옷에다 띠를 질끈 동인 70여 학생들이 공자를 모시고 있는데, 어떤 학생은 예절을 익히고 어떤 학생은 거문고를 타며 어떤 학생은 문무(文武)와 무무(武舞)를 추고 있다. 그런가 하면 또 한 군데에서는 혹은 인(仁)·효(孝)를 묻고 혹은 병(兵)·농(農)·정(政)에 대한 것을 의논하고 있지 않은가? 시설을 둘러보니 벽에는 궁(弓)·시(矢)·술(鉞:톱)·소(簫:통소)··경(磬:경쇠)·산기(算器: 주판)·마책(馬策) 등이 놓여 있고 예복(禮服)·의관(衣冠)이 정제해 있는 것이다.

〈리학에 의한 교육〉: 발걸음을 옮겨 이번에는 다른 교육을 보니 거기에는 정자가 앉아 있는데, 뿔 관에다 넓은 띠를 두른 옷을 입고 눈을 지그시 감고 앉아 있는 모양이 마치 흙으로 빚어 놓은 석고상 같이 보인다. 하도 조용해서 방안을 둘러보니 유초(游酢), 양구산(楊龜山), 주회암(朱晦菴), 육상산(陸象山) 등이 시좌(侍坐)하고 있는데, 어떤 이는 벽을 향해 정좌하고 있고 어떤 이는 웅얼웅얼 책을 읽고 어떤 이는 정경(靜敬)에 대해 담론하고 또 어떤 이는 붓을 움직이며 무엇인가 쓰고 있는 것이었다. 시설이라고는 벽상에 서적과 두루마리가 놓여 있고 종이, 벼루, 먹, 연적, 붓 등이 있을 뿐이었다.

인용에서 보듯, 〈공자에 의한 교육〉과 〈리학에 의한 교육〉간에는 실제 교실에서 이루어지는 교육현상의 차이가 있다. 그 이유에 대하여 이홍우는 교육의 실제를 뒷받침하는 교육이론의 차이에서 비롯되는 것이라 한다. 말하자면 〈공자에 의한 교육〉은 주기론의 교육이론에 근거한 것이고, 〈리학에 의한 교육〉은 주리론에 기초한 교육이라는 것이다. 공감이 가는 고찰이다. 또한 그는 주기론의 교육이론은 현대적 의미에서 '흥미'와 '관심'을 중시하는 듀이(Dewey)의 이론에 가깝고, 주리론의 교육이론은 교육의 본질적 가치와 내재적 가치를 중시하는 피터즈(Peters)의 이론에 가까운 것이라 한다.[5] 이러한 이홍우의 고찰에 공감하면서

---

3) 이홍우, "理氣哲學에 나타난 교육이론," 『사대논총』제30집(서울대학교 사범대학, 1985). 여기서는 이홍우·유한구 편, 『교육의 동양적 전통 Ⅰ: 교육과 실재』(서울: 성경재, 2000) 참조.
4) 위 책, 172~173쪽.
5) 위 책, 186~189쪽.

도, 우리는 일반 교육이론이 아니라 도덕교육과 관련하여 좀 더 천착하여 보고자 한다. 나는 성리학이 교육이론이지만 그 중에서도 특히 도덕교육이론이라 여기기 때문이다.

예나 지금이나 교육의 목적은 자아실현과 인격완성에 있을 터이다. 현대 심리학자들의 고찰처럼 자아실현과 인격완성의 심리적 상태가 비슷할지 모르지만, 엄격히 말해 자아실현을 위한 교육과 인격완성을 위한 교육은 그 길이 다르다. 전자의 교육은 개인의 자질과 능력, 흥미와 관심에 기초하여 접근되어야 할 성격의 교육이지만, 후자의 교육은 오히려 개인을 떠나 사회적·도덕적 덕성을 함양함으로써 가능한 교육이다. 주기론을 듀이의 교육이론과 결부시켜 이해하는 것은 전자의 교육을 설명하는 데는 의미가 있을지 모르지만, 후자의 교육을 설명하기에는 뭔가 석연치 않은 측면이 있다. 인격완성을 직접적인 교육의 목적으로 삼는 도덕교육이 일반 교육과 다른 점은 이를 두고 한 말이다. 주리론을 피터스의 교육이론과 결부시켜 도덕교육을 이해하는데도 일정한 한계를 가진다. 우리가 보기에 주리론에 함의된 도덕교육론은 피터스적 의미 이상을 포함하고 있다고 여겨지기 때문이다.

따라서 나는 성리학이 자아실현을 위한 교육이론이라기보다는 인격완성을 위한 도덕교육이론이라는 관점에서 주리론과 주기론에 함의된 도덕교육론을 탐색하고자 한다. 분석의 범위를 더욱 좁혀 주리론을 대표하는 이로 퇴계(1501~1570)를, 주기론을 대표하는 이로 율곡(1536~1584)을 상정하고, 특히 그들이 덕성교육교재로 편찬했던 『성학십도聖學十圖』와 『성학집요聖學輯要』에 함의된 도덕교육론을 분석의 대상으로 삼고자 한다.

일찍이 주자는 자기만의 리기론적 관점에 기초하여 이른바 '소학-대학계제설'(小學-大學階梯說)에 입각한 덕성교육론을 정초한 바 있다. 퇴계와 율곡도 주자의 입론을 수용하고 원용하고 있다. "성인이 되는 공부론 혹은 학문론"으로 요약되는 『성학십도』와 『성학집요』는 퇴계와 율곡이 공히 선조 임금을 위하여 편찬한 것이었다. 그러나 율곡이 "임금의 학문을 주로 하였지만 실상은 상하에 모두 통하는 것"[6]이라 고백하는 것처럼, 이 두 책은 모두 주자의 입론을 원용하여 대학단계의 교육을 위해 만들어진 일종의 교재들이라는 것이 우리의 가정이다. 같은 목적에서 편찬된 교재들임에도 불구하고 두 책의 내용과 체재는 전혀 다름에 유의할 필요가 있다. 즉, 퇴계의 『성학십도』는 그의 다른 저술과는 달리, 상대적으로 자신의

---

[6] 『국역 율곡전서』(V), 「성학집요」, 11쪽. (성남: 한국정신문화연구원, 1985). 이하 모든 『국역 율곡전서』는 한국학중앙연구원(前 한국정신문화연구원)에서 번역 출간한 것을 자료로 삼는다. 필요할 경우 번역을 수정했다.

사고가 덜 반영된 일종의 편저(編著)이다. 이 책에는 송원대(宋·元代) 이래 정주학파(程朱學派)의 저술 속에서 10개의 도상(圖象)과 해설(解說)을 선택하여 수록하고 있다. 반면에, 율곡의 『성학집요』는 "단순히 성현들의 글 모음"에 불과하다는 율곡의 고백[7]과는 달리, '집요(輯要)'의 형식으로 자신의 관점과 문법에 토대하여 쓰여 졌다.

나는 『성학십도』와 『성학집요』에는 그들이 명시적으로 밝히는 '교육적 고려' 이상의 도덕교육에 관한 이론적 함축을 가지고 저술된 교재들이라 여긴다. 교사, 학생과 함께 교육의 3대 요소 중의 하나인 교재는 특정한 교수-학습의 목표를 달성하기 위해 일정한 학습내용을 의도적·계획적으로 조직, 구성한 학습 자료이다. 따라서 교재가 교재로서의 의의와 가치를 가지고 기능하기 위해서는 그 배후에 지도의 체계, 교육과정(커리큘럼)이 구체화된 것이라야 한다. 바로 이러한 배려에서 만들어진 것이 이른바 교과서이다. 따라서 특정한 교재(교과서)의 저변에는 교육에 관한 기본관점과 철학, 교육의 방향과 목표, 교육받은 사람이 지니고 있기를 기대하는 어떤 능력과 자질, 교수-학습의 방법적 원리 등에 관한 교육이론이 함축되어 있는 것으로 볼 수 있다.[8] 그리고 이러한 교육이론은 더 추상적 차원에서 리기론에 관한 관점에 의해 뒷받침되어 있는 것이다. 우선, 이 장에서는 퇴계의 『성학십도』에 함의된 도덕교육론을 탐색하고자 한다.

II. 퇴계의 도덕교육에 대한 기본 관점과 『성학십도』

1. 『성학십도』의 교재적 의의

퇴계(1501~1570)는 생애 후반 약 20년 동안의 은거강학(隱居講學)의 시기에 많은 학문적 업적을 남겼다.[9] 그의 대표적인 저술로 『주자서절요(朱子書節要)』, 『계몽전의(啓蒙傳

---

7) 『국역 율곡전서』(V), 「성학집요」, 2쪽.
8) 이택휘·유병열 공저, 『도덕교육론』(서울: 양서원, 2000), 772~773쪽.
9) 이상은, "퇴계의 생애와 그 인간," 예문동양사상연구원·윤사순 편저, 『퇴계 이황』(서울: 예문서원, 2002),

疑)」,『송계원명리학통록(宋季元明理學通錄)』,『논사단칠정서변(論四端七情書辨)』,『자성록(自省錄)』,『성학십도(聖學十圖)』 등을 드는데 별로 이견이 없을 것이다. 이들 대표적 저작들 중에서도 퇴계가 말년에 지은 『성학십도』는 다른 저술과 특별히 대비되는 것 같다. 다른 저술들은 대체로 일정한 주제에 대해 퇴계 자신의 사고가 적극적으로 반영된 저작이라면, 『성학십도』는 상대적으로 자신의 사고가 덜 반영된 일종의 편저이기 때문이다. 즉, 이 책에는 송·원대 이래 정주학파(程朱學派)의 저술 속에서 10개의 도상(圖象)과 해설(解說)을 선택하여 수록하고 있는 것이다. 그것도 분량으로 따질 때 한적본(漢籍本)으로 겨우 54쪽, 그나마 왕에게 올리는 차자(箚子)를 제외하면 43쪽에 지나지 않은 소책자에 불과하다.[10]

70~79쪽 참조, 퇴계의 생애를 간략히 요약해 둔다. 이황(1501-1570)의 자는 경호(景浩)호이고 호는 퇴계(退溪)이다. 경상도 예안현 온계(지금의 안동시 온혜동) 사람이다. 집안은 양반가문이라고는 하나 매우 가난하였다. 아버지 李埴는 진사로 7남 1녀를 두었는데 이황은 그 중 막내이다. 이황은 돌도 지나기 전에 아버지를 여의고 어머니의 엄격한 가르침을 받으며 자라났다. 어머니는 자식들에게 매우 엄해서 "문예만 힘쓰지 말고 몸가짐과 행실을 더욱 삼가라"는 훈계를 게을리 하지 않았고, 이러한 훈도는 이황의 인격형성에 깊은 영향을 끼쳤다고 전한다. 이황은 여섯 살 때부터 『천자문』을 배우기 시작했고, 12세 때에는 숙부인 송재공(松齋公) 이우(李堣)에게서 [논어] 등 유가의 경전을 배웠다. 19세 때 그는 다음과 같은 시를 지어서 자신의 심정을 술회했다. "산림 속 초당에서 만권의 책 홀로 즐기며 / 똑같은 한 가지 생각에 십 년이 넘었네. 요즘에 와서야 근원과 마주친 듯, / 내 마음 온통 휘어잡아 태허를 알아본다." 20세 때에는 잠자는 것도 밥 먹는 것도 잊고 [주역]을 읽었다고 하며, 27세 때에는 경상도 향시에 급제하였고, 33세 때에는 향거(鄕擧)에 장원으로 붙어 승무원부정자(承文院副正字)에 취임하였다. 이로부터 그의 관직생활이 시작되어, 41세 까지 세자시강원문학(世子侍講院文學), 의정부검상(議政府檢詳), 충청도어사(忠淸道御使), 사헌부장령(司憲府掌令), 홍문각수찬(弘文館修撰) 등의 벼슬을 역임했다. 그러나 이황은 관직생활에 점차 염증을 느끼는 한편 초연히 살면서 독서나 하는 생활을 동경하기 시작, 벼슬살이를 하는 것보다는 오히려 학술에 몰두하는 편이 그로서는 더 좋았다. 개인적인 정서가 그것을 선호하기도 했지만 그와 함께 당시의 사회 환경도 어느 정도 작용했다고 보아야 한다. 그 당시(16세기)는 지배층 내부에서 모순이 격화됨에 따라 '사화(士禍)'가 사림의 학자들을 죽음으로 몰고 간 사태를 보아야 했다. 그 자신 역시 사화에 연루되어 관직을 내놓아야 한 적조차 있었다. 이런 복잡한 사회적 환경 탓으로 관리보다는 학자로서 자신의 길을 선택하게 되었으리라 짐작하기는 어렵지 않을 것이다. 43세에서 53세까지 그는 여러 차례 성균관사성(成均館司成) 등의 관직을 제수 받지만, 병 등을 이유로 거듭 사퇴하고 물러나오고 말았다. 이 10년 동안은 그에게 벼슬길에서 환향(還鄕)의 길로 되돌아가는 과도기적인 시기라 하겠다. 53세부터 죽을 때까지는 비록 조정에서 예조판서, 의정부우찬성, 이조판서 등 요직을 주면서 몇 차례나 불러들였지만, 그는 매번 늙고 병들었다는 이유로 국왕에게 벼슬을 거두어 주기를 간청하고 고향에 머물면서 서원을 지어 교육과 저술에만 전념하였다. 대표적인 저술: 『주자서절요(朱子書節要)』, 『계몽전의(啓蒙傳疑)』, 『송이원명이학통감(宋李元明理學通鑑)』, 『논사단칠정서변(論四端七情書辨)』, 『자성록(自省錄)』, 『성학십도(聖學十圖)』 등이 있으며, 이들은 현재 모두 『퇴계전서』에 실려 있다.

10) 윤사순, "이황의 『성학십도』," 한국사상연구회 지음, 『圖說로 보는 한국유학』(서울: 예문서원, 2000), 91쪽.

창작품도 아닌 『성학십도』를 묶어낸 퇴계의 의도는 무엇일까? 아니 우회적인 질문으로, 겨우 43쪽에 지나지 않은 편저된 책에 대하여 후학들로 하여금 그토록도 관심을 갖게 만들었던 연유는 어디에 있을까? 일차적인 연유는, 차자(箚子)의 언표대로, 이 책에는 "도를 이루어 성인이 되는 요령과 근본을 바로 잡아 정치를 경륜하는 근원이 모두 갖추어져"11) 있기 때문일 것이다. 요컨대, 이 책은 성학의 전체적 체계를 그 핵심적 구조를 통해 제시하고 있는 '성인의 학문'이고 '제왕의 학문'이었기에, "17세기부터 20세기 전반까지 『성학십도』에 대한 많은 논의와 주석"12)의 대상이 될 수 있었던 것이다. 말하자면, 후학들이 이 책에 대해 높은 관심을 보인 이유는 퇴계 철학사상의 독창성에 주목한 것이라기보다는 『성학십도』라는 책 자체에 담겨있는 '명시적' 혹은 '함축적' 의미에 있다는 것이 된다. 우리의 관심사로 말하자면, 여기서 '명시적 의미'가 '교육내용'에 해당한다면 '함축적 의미'는 교육내용을 가르치는 데에 전제되어 있을 것으로 보이는 '교육이론'이다.

  퇴계 자신의 저술의도도 이 책을 통하여 자신의 사상을 체계적으로 제시하려는 데에 있다기보다는, 전적으로 후학들에 대한 '교육적 고려'에 의한 것이라고 나는 생각한다. 겨우 16세로 왕위에 등극한 선조를 위해 1568년 68세의 노학자가 마지막 충정으로 찬술하여 바친 책이 『성학십도』인 것이다. 퇴계가 어린 왕에게 자신의 철학사상을 보여주기 위해 책을 써 바칠 리는 아무래도 가능성이 적다. 그렇다면 『성학십도』는 전적으로 교육적 고려에서 저술된 일종의 성학에 관한 '교재' 혹은 '교과서'인 셈이다. 말할 것도 없이, 이 교재에는 성인의 학문이고 제왕의 학문으로써 '도를 이루어 성인이 되는 요령과 근본을 바로 잡아 정치를 경륜하는 근원이 모두 갖추어져' 있다. 그러나 이것은 앞에서 지적했듯이, 퇴계가 집필의도를 '명시적'으로 드러내며 후학들에게 가르치려한 '교육내용'에 해당한다.

  그동안 『성학십도』에 관한 연구는, 주로 책의 명시적 내용분석을 통하여, 퇴계가 구축한 성학의 규모를 밝혀내는 데에 관심을 기울여왔다.13) 이러한 연구를 바탕으로, 연구자들은 이 『성학십도』가 퇴계철학의 전체구조에서 매우 중요한 사상적 요소를 담고 있는 대표적인

---
11) 『增補 退溪全書』(一), 卷7, 「聖學十圖」, 〈進聖學十圖箚(幷圖)〉. "凝道作聖之要, 端本出治之源, 悉具於是."
  * 여기서 자료는 影印本 『增補 退溪全書』 全5冊 (成均館大學校 大同文化研究院, 1997)이다.
12) 금장태, "「聖學十圖」 註釋과 朝鮮後期 退溪學의 展開," 『退溪學報』 제48집(1985), 7쪽.
13) 대표적인 연구로 윤사순(2000), 금장태(1985), 이광호(1992.2)의 연구 등을 들 수 있다. 관련 석사학위 논문도 매우 많이 발표되었다. 대표적인 것으로, 김대년(2003), 이상린(2004)의 논문을 들 수 있다. 참고문헌 참조.

저작이라는 주장도 한다.[14] 이러한 주장에 연구자 또한 전적으로 반대하진 않는다. 그러나 연구자는 이 책이 퇴계사상의 독창성을 보여주는 저작이라기보다는, 상대적으로 퇴계 자신의 사상이 덜 반영된 일종의 편저이고, 교육적 고려에서 저술된 '교재' 혹은 '교과서'라는 데에 더 주목하고자 한다.

2. 퇴계의 도덕교육에 대한 기본 관점과 『성학십도』

조선조는 주자학을 수용하여 정치와 교육의 실천이념으로 삼았다. 따라서 덕성함양의 교육과 관련해서도 주희의 이론적 관점을 원용했다고 할 수 있다. 특히, 세종대를 거치고 중종대 이후에는 나름대로 주자학적 틀을 이해하고 실천한 것으로 판단된다.[15] 따라서 『성학십도』의 저자인 퇴계의 교육관도 예외일 수 없다.

퇴계는 68세 때인 무진년(1568년) 11월 초삼일 선조를 위한 석강(夕講)에서 공부의 "차례를 말씀드린다면 마땅히 『소학』을 먼저 강한 다음에 『대학』을 강하는 것이 옳습니다."[16] 라하고, 또 제자인 김성일은 "선생이 자손을 교육하실 때면 반드시 『효경』이나 『소학』 등의 책을 먼저 가르쳤다. 그리고 글의 뜻을 대략 통하게 된 후에 사서(四書: 논어·대학·중용·맹자)를 가르치셨다. 교육에 있어서는 차근차근 순서를 좇았으며, 함부로 단계를 뛰어넘지 않았다."[17]고 전하고 있다. 간략한 인용이지만, 퇴계 역시 교육에 관한 한 주희의 입론을 이해하고 그대로 실천하였음을 보여주는 대목이라 할 것이다.

---

14) 한 예로 윤사순은 "『성학십도』는 성학에 대한 그의 평생의 온축을 담은 책이지 결코 가벼운 기분으로 일시적인 단상을 실어 제작한 것이 아님이 분명하다. 따라서 그의 사상을 살피는데 있어 이것은 매우 중요한 자료라 하지 않을 수 없다. 필자가 이 책을 가리켜 그의 '대표적 저술의 하나'라고 한 것도 그러한 의미에서 내린 판단이다."라고 평가하고 있다. 윤사순(2000), 앞의 글, 앞의 책, 90쪽.

15) 『중종실록』, 권26, 중종 11년 11월 계미. "學校風化之源, 首善之地, 教學所尙而習俗隨焉. 古昔帝王能盡君師之責者, 莫不謹於教尙以導率之, 設爲塾庠序學. 蓋人生八世, 令入于小學, 教之以灑掃應對, 進退之節, 愛親敬長, 隆師親友之道, 使之收其放心, 養其德性, 以立其大本. 至于十有五而入大學, 則特因小學已成之功, 順序而進以達夫窮理正心, 修己治人之術, 而已蒙養得正, 源本旣厚, 故士敦於德, 民興於行, 風俗淳美, 人材衆盛."

16) 『增補 退溪全書』(四), 「言行錄」, 卷1, 〈讀書〉. "戊辰十一月初三日 入侍夕講, 講小學畢, 進啓曰, 小學今已畢講, 以次第言之, 當先講小學, 而次大學."

17) 『增補 退溪全書』(四), 「言行錄」, 卷2, 〈家訓〉. "訓誨子孫, 必先以孝經小學等書, 略通文義, 然後及於四書, 循循有序, 未嘗獵等焉."

주자의 입론에서, 8~15세까지를 대상으로 하는 소학교육의 단계는 미성숙한 개인이 사회의 문화적 전통에 처음 입문하게 되는 단계로써 윤리적 행위 규범의 실천을 위한 교육(教之以事)을 통하여 개인의 도덕적 품성을 함양하는 것을 목표로 하고 있다. 그리고 15세 이상을 대상으로 하는 대학교육의 단계는 소학단계에서 습득한 도덕규범의 이론적 근거를 탐색(窮理)하는 교육(教之以理)을 주로 하여 인륜의 궁극적 원리, 즉 전덕인 인을 터득케 하는 것을 목표로 하고 있다.

그런데 퇴계는 선조에게 『대학』을 먼저 강한 다음에 『소학』을 강한 것 같다.[18] 퇴계가 선조에게 『대학』을 먼저 강하고 『소학』을 강한 것은 일단 주자가 강조했던 '학불엽등'(學不獵等: 배움에 차례를 뛰어넘지 않음)"의 원칙에 의거한 것이라 할 수 있다. 『소학』은 8~15세의 소학단계의 교육에서 다루어지던 필수 교재였다. 그러나 주자는 나이가 들었다 하더라도 소학교육을 받지 못한 사람은 '학불엽등'의 원칙에 의거하여 대학단계에서도 『소학』을 배워야 한다고 하였다. 퇴계는 이러한 주자의 입론에 유의하여 당시 선조 임금이 17세로 대학단계의 교육을 받을 시기였기에 『대학』을 강의한 것이었고, '학불엽등'의 원칙에 의거하여 『소학』도 강의한 셈이다. 이 점은 "비록 『소학』을 연소자들의 글이라고 하지만, 대학에 들어간 뒤에 『소학』의 가르침을 버리고 오로지 『대학』에만 힘쓸 수는 없는 것"[19]이라는 퇴계의 주장에서도 확인된다.

이처럼, 퇴계가 교육에 관한 주희의 입론을 그대로 따르고 있는 것으로 볼 때, 17세의 선조를 위해 찬술하여 바친 『성학십도』에 함의된 교육론적 위상에 대해서도 추론해 볼 수 있다. 즉, 『성학십도』는 대학단계의 교육을 받을 16세 이상의 학생들을 위하여 쓰여진 교재의 하나인 것이다. 그러나 이 책에는 대학단계의 교육에서 쓰일 교재의 하나라는 것 이상의 교육학적 함의를 담고 있다는 게 나의 가정이다. 이 가정을 탐색해 보려는 것이 이 장의 과제이다. 그러나 본격적인 연구과제의 탐색은 다음 장으로 미루고, 여기서는 장황하지 않은 수준에서 『성학십도』라는 교재의 내용을 개략적으로 간추려 두기로 한다.

『성학십도』는 제목 그대로 '성인이 되기 위한 학문론 혹은 공부론'과 관련하여 주목해야

---

18) 『增補 退溪全書』(四), 「言行錄」, 卷1, 〈讀書〉. "小學今已畢講, 以次第言之, 當先講小學, 而次大學. 今反先講大學, 而次小學矣."

19) 『增補 退溪全書』(四), 「言行錄」, 卷1, 〈讀書〉. "小學雖釋之以小子之學, 入大學後, 亦不可舍此, 而專事大學也."

할 열 개의 도(圖), 그리고 각 도의 바탕이 된 설(說 혹은 銘, 箴) 등으로 구성되어 있다. 그리고 각 도설의 뒤에는 퇴계의 보충적 설명도 곁들여져 있다. 도설의 제목과 핵심 내용을 제시해 두면 다음과 같다.

[성학십도]를 올리는 차(箚)와 도(圖) : 도설을 지어 올림에 부치는 서문
제1 태극도(太極圖) / 태극도설(太極圖說) :
　　세계와 인간의 기원, 천도와 인도의 관계를 밝힘.
제2 서명도(西銘圖) / 서명(西銘) :
　　리일분수, 즉 원리는 같으나 품부 받은 분수는 다름을 밝힘.
제3 소학도(小學圖) / 소학제사(小學題辭) :
　　인륜과 교육의 기초를 밝힘.
제4 대학도(大學圖) / 대학경문(大學經文) :
　　학문의 목표, 내용, 방법과 지선의 길을 밝힘.
제5 백록동규도(白鹿洞規圖) / 동규후서(洞規後敍) :
　　도문학의 방법 및 지행공부의 중요성을 밝힘.
제6 심통성정도(心統性情圖) / 심통성정도설(心統性情圖說) :
　　마음의 체용과 중화의 도를 밝힘.
제7 인설도(仁說圖) / 인설(仁說) :
　　도덕의 궁극적 원리[全德]로서 인을 밝힘.
제8 심학도(心學圖) / 심학도설(心學圖說) :
　　마음의 구조와 덕성, 그리고 경의 관계를 밝힘.
제9 경재잠도(敬齋箴圖) / 경재잠(敬齋箴) :
　　공간적 상황에 따른 경공부의 요체를 밝힘.
제10 숙흥야매잠도(夙興夜寐箴圖) / 숙흥야매잠(夙興夜寐箴) :
　　시간적 상황에 따른 경공부를 밝힘.

　퇴계는 10도에 대하여 상이한 두 가지 구조로 나누어 설명하고 있다. 첫째, 1도~5도와 6도~10도, 즉 전반 5도와 후반 5도로 나누어, 전반 5도는 "천도에 근본하고 있지만 목적은 인륜을 밝혀 덕업에 힘쓰게 하는 데"[20] 있고, 후반 5도는 "심성에 근원하고 있지만, 요점은

일상생활에서 힘을 써서 경외하는 마음을 높이는 것"[21]이라 설명하고 있다. 이 첫째 구조를 철학적 구조 혹은 근본체계의 구조라고 규정하는 금장태에 의하면, 전반 5도가 규범의 초월적 기준을 발견하여 인격에 정착시키는 것이라면, 후반 5도는 주체의 내면적 기반을 발견하여 행동에 정착시키는 것이라는 것이다. 그래서 『성학십도』 전체는 천도와 심성의 두 근원이 인간주체를 결합 점으로 상호 작용하여 균형을 이루고 있는 것이라 한다.[22]

둘째, 3도와 4도를 중심으로 하여 앞의 1~2도와 뒤의 5~10도로 나누어, "위의 1~2도는 단서를 찾아 확충하게 하고 천도((天道)를 체득하여 도를 다하게 하는 지극한 경지로서 『소학』과 『대학』의 표준이며 본원이 되고", "아래 5~10도는 명선(明善), 성신(誠身), 숭덕(崇德), 광업(廣業)에 힘쓰는 곳으로 『소학』과 『대학』의 밭이며 결과가 된다."고 설명하고 있다.[23] 이 둘째 구조를 금장태는 교육적 구조 혹은 학문방법의 구조라 규정하는데, 그에 의하면 10도의 중심을 이루는 『소학』과 『대학』은 유교의 교육체계에서 기본 경전적 위치를 갖고 있으며, 유교의 규범체계와 실천방법에서부터 유교적 인격의 실현과정을 그 출발점에서 목표까지 포함하고 있는 것이라 보고 있다.

이상의 두 가지 구조 중, 나의 관심사는 단연 둘째의 교육적 구조에 있다. 『성학십도』는 대학단계의 교육을 받을 16세 이상의 학생들을 위하여 쓰여 진 교재의 하나로 보는 것이 나의 기본 가정이기 때문이다. 교육적 구조(학문적 구조)에 관한 금장태의 설명에 기본적으로 동의하면서, 나의 관점을 좀 더 풀어 설명하면 「소학도」와 「대학도」에는 공부(혹은 학문)의 목적과 목표, 공부의 내용, 공부의 방법 등이 체계적으로 제시되어 있다. 공부의 목적과 목표는 당연히 '단서를 찾아 확충하고 천도의 극치를 얻어' [태극도, 서명도] 성인이 되는 데 있을 것이다. 공부의 내용으로는 도덕의 근원과 도덕의 궁극적 원리[태극도, 서명도, 인설도] 탐구, 인간마음의 구조와 덕성의 본질[심통성정도, 심학도] 탐색 등이다. 공부의 방법적 원리[경재잠도], 도문학 방법[백록동규도]과 존덕성의 방법[숙흥야매잠도]이 있다. 이를 도표로 제시해 두면 〈표 1〉과 같다.

---
20) 『增補 退溪全書』(一), 卷7, 「聖學十圖」, 〈白鹿洞規圖〉. "以上五圖, 本於天道, 而功在明人倫懋德業."
21) 『增補 退溪全書』(一), 卷7, 「聖學十圖」, 〈夙興夜寐箴圖〉. "以上五圖, 原於心性, 而要在勉日用, 崇敬畏."
22) 금장태, 『한국유학의 탐구』(서울대학교 출판부, 1999), 111~112쪽.
23) 『增補 退溪全書』(一), 卷7, 「聖學十圖」, 〈大學圖〉. "然非但二說當通看, 幷與上下八圖, 皆當通此二圖而看. 蓋上二圖, 是求端擴充天體盡道極致之處, 爲小學大學之標準本原. 下六圖, 是明善誠身崇德廣業用力之處, 爲小學大學之田地事功."

〈표 1〉『성학십도』의 교육적 구조(교육내용체계)

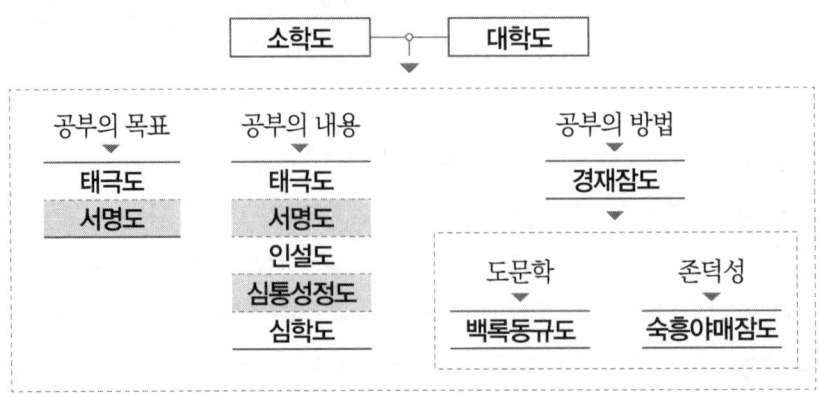

Ⅲ. 주리론적 당위윤리와 도덕성의 본질

1. 리기호발설(理氣互發說)과 당위윤리학

　성리학에서 리기론은 세계와 인간을 설명하기 위한 최상위의 형이상학적 개념 틀이다. 따라서 리기론에 관한 철학적 관점이 어떠냐에 따라 세계와 인간을 설명하는 방식이 달라지게 마련이다. 주지하듯이, 퇴계의 리기론에 관한 철학적 관점은 태극동정설(太極動靜說: 리동설理動說)[24], 리기이물설(理氣二物說)[25], 리기호발설(理氣互發說), 리자도설(理自到說) 등

---
24) 理의 體用說과 至妙之用으로서의 理: "朱子가 일찍이 말하기를 〈理에 動靜이 있기 때문에 氣에 動靜이 있는 것이다. 만일 理에 動靜이 없다면 氣는 무엇으로 말미암아 動靜이 있겠는가?〉라고 하였다. 朱子가 理는 情意와 造作이 없다고 한 것은 本然之體를 말하는 것이고, 내가 理는 能發能生한다고 하는 것은 至妙之用을 말하는 것이다."-[퇴계전서] 권2.; "情意와 造作이 없는 것은 理의 本然之體이고 경우에 따라 發見하여 이르지 않음이 없는 것(無不到=能到)은 理의 至神之用이다. 지난 날에는 다만 本體의 無爲만을 알고 妙用이 능히 顯行함을 알지 못하여 거의 理를 死物로 誤認하였으니, 그것은 또한 道에서 크게 어긋난 것이 아니겠는가?"-[퇴계전서] 권1.
25) 理・氣 本不相雜: "理와 氣는 '本來 서로 挾雜하지 않으나'(本不相雜), 또한 서로 分離되지도 않는다(不相

으로 요약된다. 이러한 퇴계의 철학적 관점에 관한 구체적 고찰은 그동안 많은 선행연구들이 다루었기에 반복 설명하는 수고를 여기서는 생략한다. 다만 퇴계가 도덕의 개념을 어떻게 정초하고 있는지를 보기 위한 수준에서 리기론을 검토하고자 한다. 특히 리기호발설(理氣互發說)과 관련하여 『성학십도』에 제시된 그의 관점을 고찰한다.

『성학십도』는 퇴계의 편저이기에 도(圖)와 설(說)이 대체로 주자 등 다른 사람의 작품이다. 그 중 유일한 예외가 있는데, 「심통성정도心統性情圖」가 그것이다. 제6도인 「심통성정도」에는 상(上)·중(中)·하(下), 3개의 도(圖)가 있는데, 상도는 정복심의 것이고 중도와 하도는 퇴계의 자작이다. 여기에서 퇴계는 리기론과 심성론에 관한 자신의 관점을 제시하고 있다. 「심통성정도」의 본래 주제는 도의 명칭 그대로 '마음이 성과 정을 통괄한다'(心統性情)는 것이다. 즉, 마음이 적연부동(寂然不動)하면 성(性)이 되어 마음의 본체를 이루고, 감이수통(感而遂通)하면 정(情)이 되어 마음의 작용을 이룬다. 따라서 학자들은 마음의 본체인 성을 잘 기르고, 마음의 작용인 정을 잘 다스려야 한다는 것이 이 도설의 주제이다.[26] 퇴계는 이러한 내용을 주장하는 정복심의 도설을 원용하고 있다. 「심통성정도」의 본래 주제를 생각하면 정복심의 도설 인용만으로도 충분할 것처럼 판단된다. 그러나 퇴계는 정복심의 도설을 상도를 하고, 자신의 관점을 두 가지 더하여 중도와 하도를 제시하고 있다.

중도는 '본연지성(本然之性)'과 그것이 표출된 것으로써 선(善)일변의 정(情)에 관한 도설이다. 퇴계는 본연지성을 〈기품 속에서도 그것과 섞이지 않은 성〉이라 하면서 〈자사가 '하늘이 명했다'는 성〉, 〈맹자가 '본성은 선하다'고 할 때의 성〉, 〈정자가 '성이 곧 리'라고 할 때의 성〉, 〈장횡거가 말한 '천지지성'〉의 경우가 모두 본연지성의 예에 해당한다고 말한다. 그리고 이러한 본연지성이 표출하면 선일변의 정이 되는데, 예컨대 〈자사가 말한 '중절'의 정〉,

---

離). 理·氣를 나누어 말하지 않으면 섞여서 一物이 되어, 理·氣가 서로 挾雜하지 않는 것을 모르게 된다. 理·氣를 합하여 말하지 않으면 判然한 二物이 되어, 理·氣가 서로 分離되지 않음을 모르게 된다" - 『퇴계진시』 권5.; "理는 끝내 氣와 挾雜하지 않으나, 또한 氣와 分離되지도 않는다(理終不雜乎氣, 而亦不離乎氣也)." - 『퇴계전서』 권3.; 理·氣 二物說: 『非理氣爲一物辨證』. "孔子와 周子께서는 陰陽은 太極이 '낳은 것'(生)이라고 분명히 말했다. 만약 理와 氣가 一物이라면 太極이 곧 兩儀가 되니, 어찌 (음양을) 낳을 수가 있을 것인가? 정말 정미하게 살펴보면 (리와 기는) 二物인 것이다. 그러므로 理와 氣는 '신기하게 결합되어'(妙合而凝) 있다고 한 것이다. 만약 일물이라면 어찌 신기하게 결합되어 있다고 말했겠는가?"

26) 『增補 退溪全書』(一), 卷7, 「聖學十圖」, 〈心統性情圖〉. "所謂心統性情者, 言人稟五行之秀以生, 於其秀而五性具焉, 於其動而七情出焉. 凡所以統會其性情者則心也. 故其心寂然不動爲性, 心之體也, 感而遂通爲情, 心之用也.(中略) 學者知此, 必先正其心, 以養其性, 以約其情, 則學之爲道得矣."

⟨맹자가 말한 '사단'의 정⟩, ⟨정자가 '어찌 선하지 않다고 이름할 수 있겠는가'라고 했을 때의 정⟩, ⟨주자가 '성으로부터 흘러 나와 본래 선하지 않음이 없다'고 했을 때의 정⟩을 들고 있다. 본연지성으로부터 표출된 정은 사단이든 칠정이든 모두 선할 뿐이다.[27]

그러나 '본연지성'이 발하여 선일변의 정이 된다는 중도의 관점은 어디까지나 이론적 수준일 뿐이고, 공부나 교육을 통하여 도달해야할 이상일 뿐이다. 현실적 인간은 퇴계가 말하듯, 이미 ⟨리와 기가 이미 합해진 성⟩을 가지고 있을 뿐이다. 인간의 현실적 성정을 다룬 것이 하도이다. 퇴계는 현실적 인간의 성을 다른 표현으로 ⟨공자가 '서로 비슷하다'고 했을 때의 성⟩, ⟨정자가 '성은 기이며, 기는 곧 성'이라 했을 때의 성⟩, ⟨장횡거가 말한 '기질지성'⟩, ⟨주자가 '비록 기 속에 있어도 기는 기대로 성은 성대로 서로 섞이지 않는다'고 했을 때의 성⟩의 예가 바로 여기에 해당한다고 말하고 있다.[28]

인간의 현실적인 성은 리와 기가 합하여 이루어지지만, 리는 리대로 기는 기대로 섞이지 않고 자기역할을 한다. 말하자면, 현실적 인간의 성은 본연지성과 기질지성이 상호 대대(待對)하여 존립한다. 중도의 뜻이 여기에 있다. 그러나 어느 성도 밖으로 정을 표출시킴에는 기의 힘을 빌리지 않을 수 없다. 따라서 성이 발하여 정이 되는 방식에도 두 가지 길이 있다. 하나는, '리가 발하여 기가 따르는'(理發氣隨之) 경우로써, 그 결과는 사단의 정이 되어 본래 순선하여 악이 없다. 그러나 리가 발할 때에 기가 잘 따르지 않아 리를 방해하고 가려버리면 사단의 정은 유실되고 선하지 않게 된다. 다른 하나는, '기가 발하여 리가 타는'(氣發理乘之) 경우로써, 그 결과는 칠정이 되어 선하지 않음이 없다. 그러나 기가 발하면서 중절하지 못하고 리를 멸하게 되면 역시 방탕해지고 악하게 된다.[29]

이상이 중도와 하도의 핵심내용이다. 여기서 보듯이, 내용은 그야말로 퇴계의 사상 중에서도 가장 퇴계적이라 할 수 있는 사단칠정론(四端七情論)과 리기호발설(理氣互發說)을 주장

---

[27] 『增補 退溪全書』(一), 卷7, 「聖學十圖」, ⟨心統性情圖⟩. "其中圖者, 就氣禀中指出本然之性不雜乎氣禀而爲言. 子思所謂天命之性, 孟子所謂性善之性, 程子所謂卽理便地性, 張子所謂天地之性, 是也. 其言性旣如此, 故其發而爲情, 亦皆指其善者而言. 如子思所謂中節之情, 孟子所謂四端之情, 程子所謂何得以不善名之之情, 朱子所謂從性中流出, 元無不善之情, 是也."

[28] 『增補 退溪全書』(一), 卷7, 「聖學十圖」, ⟨心統性情圖⟩. "其下圖者, 以理與氣合而言之, 孔子所謂相近之性, 程子所謂性卽氣氣卽性之性, 張子所謂氣質之性, 朱子所謂雖在氣中, 氣自氣性自性, 不相夾雜之性, 是也."

[29] 『增補 退溪全書』(一), 卷7, 「聖學十圖」, ⟨心統性情圖⟩. "其言性旣如此, 故其發而爲情, 亦以理氣之相須或相害處言. 如四端之情, 理發而氣隨之, 自純善無惡. 必理發未遂, 而揜於氣, 然後流爲不善. 七者之情, 氣發而理乘之, 亦無有不善. 若氣發不中, 而滅其理, 則放而爲惡也."

한 것이다. 또한 우리가 아는 한 이러한 주장은 기나긴 세월동안 제자 기대승(奇大升)과 심도 있는 철학적 논쟁을 거쳐 최종적인 자신의 관점으로 정립한 것이다.[30] 어쩌면 퇴계사상의 또 다른 독창적 요소로 평가되는 우주론에서의 리동설(理動說)이나 인식론에서의 리도설(理到說)도 바로 사단칠정론과 이기호발설을 뒷받침하기 위한 발판일 것이다. 『성학십도』에는 리동설이나 리도설에 관해서는 전혀 언급이 없다. 아니 일부러 주장을 안 하고 있는 것이라 봄이 옳다. 그런데 왜 사단칠정론과 리기호발설에 관해서는 자신의 관점을 드러내고 있는 것일까? 아무래도 그 이유는 하도보다는 중도에 함의되어 있는 듯 하다.

하도의 내용인 〈사단리발기수지(四端理發氣隨之)〉와 〈칠정기발리승지(七情氣發理乘之)〉는 원래 〈사단리지발(四端理之發)〉과 〈칠정기지발(七情氣之發)〉의 관점을 기대승과 논쟁이 후에 수정하고 합의한 최종 관점이다. 인간의 현실적인 성은 리와 기가 합해진 것이기에, 그것은 기질지성이라 불러야 하고, 기대승의 초안과 후학 율곡의 주장대로 '기발리승'만이 허용될 것 같지만, 퇴계는 끝까지 본연지성과 그것이 표출되는 길인 '리발기수'를 포기하지 않았다. 그 이유가 무엇일까? '기발리승'이나 '리발기수'가 모두 도덕적 행위인 것은 같다. 그러나 전자는 욕망추구의 정당화와 욕망의 합리적 조절로서의 도덕행위이고, 후자는 처음부터 욕망과 무관하게 순수한 도덕적 동기에 따라 이루어지는 도덕행위이다. 그러니까 전자는 칠정의 감정으로 표현되고, 후자는 사단의 도덕심으로 표현되는 것이다. 그러나 순수한 도덕적 동기도 욕망추구의 합리적 조절도 기의 물욕에 방해받으면 도덕행위로 실현되지 못할 가능성은 항상 존재한다.

여기서 우리가 주목할 것은, 퇴계는 현실 속에서도 선험적 이념에 따라 살아가는 것이 가능하다고 보는 관점이다. 그러기에 그는 리발기수를 포기하지 않는 것이다. 특히 이 점을 미리 보여주기 위해 중도를 강조하여 제시한 것이다. 즉 퇴계는 "성을 논하면서 기를 논하지 않으면 다 갖추어지지 못하고, 기를 논하면서 성을 논하지 않으면 밝지 못하다. 둘로 나누면 옳지 않다."[31]는 정자의 말을 인용하면서도 한편으로는 "그렇다고 맹자나 자사가 리만 가리켜 말한 것이 다 갖추어지지 못한 것은 아닙니다. 기를 함께 말하면 성의 본래 선함을 드러

---

30) 전호근, "사칠이기논쟁: 주희 심성론의 한국적 전개랄 위한 최초의 갈등," 『논쟁으로 보는 한국철학』, 앞의 책, 149~179쪽 참조.

31) 『增補 退溪全書』(一), 卷7, 「聖學十圖」, 〈心統性情圖〉. "故程夫子之言曰, 論性不論氣不備, 論氣不論性不明, 二之則不是."

낼 수 없기 때문에 그렇게 말하였을 뿐입니다. 이것이 중도의 뜻입니다."[32]라 주장하고 있다.

주리론의 철학적 관점은 당위윤리학을 정초한다. 요컨대, 인간의 본성은 선하다. 이는 인간의 태어날 때부터 함장하고 있는 선험적 이념이다. 이것은 군신이 있기 전에 군신의 리가 먼저 있고, 부자가 있기 이전에 부자의 리가 있는 것과 같다.[33] 현실적으로 본성의 실현과 리의 발현은 기의 힘을 빌려야 하겠지만, 욕망의 합리적 추구를 넘어 순수한 도덕적 동기, 즉 이 선험적 이념에 따라 살아감이 바로 덕성의 본질이고 성인됨의 길인 것이다. 퇴계는 바로 이러한 점을 명확히 하기 위해 다른 도설과는 달리 자신의 주장으로 중도와 하도를 보완해야만 했던 것이라고 생각한다.

2. 성발위정(性發爲情)·심발위의설(心發爲意說)과 도덕성의 본질

덕성이란 도덕적 삶을 살 수 있는 탁월한 성품이다. 퇴계가 보는 도덕적 삶이란 처음부터 가지고 태어난 도덕적 동기에 따라 살아가는 것이다. 따라서 덕성이란 도덕의 내적 동기에 따라 살아가는 성품이다. 그러나 덕성의 본질을 제대로 이해하기 위해서는 퇴계가 보는 마음의 구조를 좀 더 깊이 들여다보아야 한다.[34]

마음의 구조를 보는 키워드는 심통성정(心統性情), 성발위정(性發爲情), 심발위의(心發爲意)인 것 같다. 말할 것도 없이 이들은 모두 성리학의 공통용어이다. 허령(虛靈)해서 어둡지 않은 것이 마음이다. 그래서 사람의 한 마음에는 만 가지 이치가 전부 갖추어져 있다. 이 이치가 마음에 갖추어 흡족해서 조금이라도 결함이 없는 것이 성(性)이다. 성은 아직 마음이 움직이지 않는 미발(未發)의 본체이다. 외물과의 접촉으로 마음이 작용하기 시작한다. 이것이 기발(已發)의 마음이다. 이처럼 '마음은 성(性)과 정(情)을 통괄'한다. 그런데 문제는 성발위정(性發爲情)과 심발위의(心發爲意)를 어떻게 해석할 것이냐 하는 점이다. 퇴계에게 있어 성

---

32) 『增補 退溪全書』(一), 卷7, 「聖學十圖」, 〈心統性情圖〉. "然則孟子子思所以只指理言者, 非不備也. 以其幷氣而言, 則無以見性之本善故爾, 此中圖之意也."
33) 『增補 退溪全書』(二), 卷25, 「鄭子中與奇明彦論學」. "朱子曰此言未有這事先有這理, 如未有君臣已先有君臣之理, 未有父子已先有父子之理."
34) 『성학십도』에는 교재적 특성상 이후 우리가 검토하려는 마음의 구조에 대한 퇴계의 관점이 드러나 있지 않다. 따라서 여기서는 그의 다른 글들을 참고할 수밖에 없다.

이 발한다는 것은 본연지성이 발하는 경우와 기질지성이 발하는 경우이다. 전자는 리발기수(理發氣隨)로서 사단(四端)의 정이 되고, 후자는 기발리승(氣發理乘)으로서 칠정(七情)이 된다.

여기서 유의해야할 점은 성발, 리발, 기발이 모두 마음의 작용이라는 것이다. 그런데 왜 성(性)이 발하여 정(情)이 되고, 심(心)이 발하여 의(意)가 된다고 했을까? 그것은 정(情)과 의(意)의 구분 때문이다. 퇴계는 "성이 발하여 정이 됨은 오성이 감동하는 것을 말하고, 심이 발하여 의가 됨은 선악의 기미가 나누어지는 것"[35]이라 하고 있다. 즉, 그에게 있어 의(意)는 의식이나 생각이지만, 그것은 마음에서 무의식적이고 사사로이 일어나는 생각에 가깝다. 의(意)는 감정상에 일어나는 이해관계의 마음, 호불호(好不好)의 마음이고 따라서 그것은 사사로운 기미를 언제나 지닌다. 그래서 퇴계는 의(意)를 한마디로 사의(私意) 혹은 '침략하는 것'이라고 표현하고 있다. 한편, 사사로운 의(意)와는 다른 마음의 작용으로 지(志)가 있다. 지(志)는 의지인데, 퇴계에게 있어 지(志)는 의(意)의 기미를 감시하고 경영 관리하는 마음의 도덕적 의지, 즉 선의지의 마음에 해당하는 것 같다. 지(志)는 한결같이 정대하고 성실하고 확고하여 변치 않는 마음이기 때문이다. 그래서 그는 지(志)를 한마디로 '공공(公共)의 것' 혹은 '징벌하는 것'이라 언표했다. 이상을 표로 정리하면 아래의 〈표 2〉와 같다.

〈표 2〉 마음작용의 구성요소[36]

의(意)	• 의는 志가 경영하고 왕래하는 것이니 이는 志의 다리이다. 무릇 영위하고 도모하고 왕래하는 것이 모두 의이다. • 의는 사사로운 견지에서 슬그머니 다니고 간간이 나타나는 것, 의는 사의(私意)의 것 • 의는 침략하는 것 • 의는 선악의 기미가 되니 조그만 차이가 이미 구덩이에 함몰되는 것
지(志)	• 지는 마음이 가는 바가 한결같이 곧게 가는 것 • 지는 공공의 주장으로써 요긴하게 일을 만드는 것, 지는 公共의 것 • 지는 징벌하는 것 • 지는 정대하고 성실하고 확고하여 변치 않음
사(思)	• 생각하면 얻고, 생각하지 않으면 얻지 못함

---

35) 『增補 退溪全書』(二), 卷41, 「天命圖說後敍」. "性發爲情 心發爲意. 卽五性感動之謂也. 善幾惡幾善惡分也.
36) 〈표 2〉의 내용은 『增補 退溪全書』(二), 卷25, 「答鄭子中別紙」; 같은 책, 卷29, 「答金而精」 등을 참조하여 작성하였음.

성은 아직 미발(未發)의 마음인 본체다. 외물과의 접촉으로 마음이 작용하기 시작한다. 마음작용의 통로는 '리발기수'이거나 '기발리승'이다. 기발(已發)의 마음인 정(情)이 표현될 즈음에 마음의 온갖 기제들이 동시에 작동한다. 퇴계의 경우 선험적 도덕의지인 지(志)가 중요하다. '리발기수'의 길은 욕망과 무관하게 도덕적 의지가 작용하기에 선일변도인 사단의 정이 표출되겠지만, '기발리승'의 길에는 사사로운 의(意)가 작동하여 선의지를 꺾어버릴 수가 있다. 그럴수록 지(志)의 도덕의지를 부여잡는 것이 중요하다.

그렇다면 성발위정(性發爲情)이 항상 도리를 위하여 발할 수 있도록 하는 덕성의 본질은 무엇인가? 퇴계에 있어 덕성이란 도덕의 내적 동기에 따라 살아가는 성품이라 하였다. 따라서 그에게 있어 덕성이란 도덕적 문제사태에서 사의(私意)를 이겨내고 언제나 선험적 도덕의지(志)가 작동하도록 하는 성향이다. 그런데 문제는 기질이다. 기질은 '성발위정'의 수단이지만 퇴계의 선험적 도덕의지를 꺾어버리기 때문이다. 그래서 공부나 교육이란 '나쁜 기질'을 순화시키거나, 선험적 도덕의지를 보존하는 것과 다르지 않다. 이른바 '존천리·알인욕'(存天理 遏人欲: 천리를 보존하고 인욕을 억제함)은 이를 두고 한 말이다.

Ⅳ. 도덕교육의 방법론

군신(君臣)이 있기 전에 군신의 리(理)가 먼저 있고, 부자(父子)가 있기 이전에 부자의 리가 있다. 그것이 천리(天理)이고 도덕이다. 도덕은 시공을 넘어 객관적으로 존재하는 진리이다. 인간은 마땅히 그러한 도덕적 진리를 인식하고 실천하며 살아가야 한다. 인간이란 존재는 선험적으로 도덕적 본성(본연지성)을 가지고 태어나기 때문이다. 그래서 인간은 욕망과 무관하게 내재된 순수한 도덕성과 도덕적 선의지(志)에 따라 행위할 수 있는 존재이다. 리발기수(理發氣隨)라는 성발위정(性發爲情)의 통로는 이를 증거하기 위해 설정한 퇴계만의 관점이다. 그러나 불행히 사람은 기질을 가지고 세상에 태어날 수밖에 없는 존재이므로 사의(私意)의 욕망에 휩쓸리는 비도덕적 행동의 가능성에 항상 노출되어 있다. 공부나 교육이 필요한 이유는 이 때문이다. 그리고 공부나 교육의 초점은 한마디로 '존천리(存天理)·알인욕(遏人欲)'이다. 궁극적으로 인욕은 제거되어야 할 대상이고, 그것이 제거되는 만큼 성리(性理)의 빛이 드러나고 천리(天理)와 합일이 가능하다.

『성학십도』는 일종의 교재(교과서)이기에 앞에서 요약 제시한 성학의 체계가 곧 퇴계가 가르치고자했던 교육의 내용에 해당한다. 말하자면, 퇴계는 『성학십도』라는 교재를 통하여 성인이 되는 공부론(혹은 학문론), 즉 성인이 되기 위해 공부의 목표를 어디에 두고, 무엇을 공부해야 하고, 어떤 방식으로 해나가야 하는지를 체계적으로 가르치려했던 것이다. 『성학십도』는 달리 이름 붙여 독특한 도설의 형식으로 집필된 『성학개론』서라 말만하다. 이제 이 교재에 함의된 도덕교육의 이론과 실제를 본격적으로 탐색해 보기로 하자.

1. '도로 들어가는 문'으로의 입문과 '덕을 쌓은 기초'의 함양

원래 성리(性理)와 천리(天理)는 하나였다. 인간도 천리로부터 성리를 받았기 때문이다. 그래서 인간의 본성을 천성(天性)이라 부른다. 퇴계적인 뜻에서 이 천성을 가장 잘 보존하고 있는 이가 어린아이다. 어린아이는 무장되어 있지 않고, 자기 자신을 주위에 있는 그대로 노출시킨다. 어린아이는 순진성과 자발성의 원본이다. 어린아이는 아직 세상의 부정과 저항을 잘 모른다. 이것이 저 맹자가 말한 바의 '적자지심'(赤子之心)이요 천성(天性)이다. 그러나 어린아이는 그의 자발성의 신화가 깨어지는 순간에 어른의 세계에로 진입하게 되면서 성리와 천리의 분리를 가져온다. 역사와 사회현실의 복잡함과 어려움 앞에서 그의 의식이 안으로 분열한다. 그 분열은 주객분리를 가져오고, 주객분리는 판단을 잉태하며, 판단과 함께 천진한 자발성은 숨어버리고 간접적 표현과 수식이 그 자리를 대신한다. 누구든지 어른이 되면 운명적으로 천진난만한 자발성을 상실하고 이욕의 때가 묻기 마련이고, 하늘로부터 부여받은 천성(天性)이 가려지고 잊혀져 버린다.[37] 그러나 결코 그것이 없어져 버린 것은 아니다. 이를 다시 회복해야 한다. 잊혀지고 가려진 천성을 회복함!! 이것이 '존천리'(存天理)의 정확한 뜻이다. 천성을 가리고 잊혀지게 만든 것은 인욕이다. 따라서 인욕을 제거하는 만큼 천리(天理)가 회복되는 것이다. 퇴계의 덕성교육론은 가려지고 잊혀진 천성을 다시 찾는 방법론에 다름 아니다.

---

37) 이상의 어린아이의 심성에 대한 고찰과 표현은 김형효, 『맹자와 순자의 철학사상』(서울: 삼지원, 1990), 117~122쪽.

어린아이의 순수성과 자발성이 분열을 가져오는 때가 언제인가? 소학단계의 교육이 시작되는 7~8세가 아닌가 생각해볼 수 있다. 어린아이가 어른의 세계로 진입하려는 순간부터 이욕의 때가 묻기 시작한다. 이제 리발(理發)의 자발성보다는 기발(氣發)의 욕망이 우선적으로 작용한다. 그는 아직 도덕적 탐구능력도 모자라다. 기발리승(氣發理乘)의 길이 중도를 얻도록 하는 교육이 필요하다. 그러한 교육은 기존의 규범을 제공하는 것이다. 퇴계는 이를 위한 교육으로 소학단계의 교육을 주목한 것이 아닌가 한다. 그러나 소학단계의 교육에서 길러진 본성은 외부적 힘에 의하여 타율적으로 습득된 것이지, 스스로에 의해 자각적이고 반성적으로 터득한 것은 아니다. 그래서 어린 시절에 길러진 본성은 이익의 이전투구가 벌어지는 어른의 세계에 오면 쉽게 상처받을 수 있다. 어른이 되면 그 동안 길들여진 본성이나 습관화된 관습의 도덕이 현실과 맞지 않음을 의심하게 되고, 스스로의 자각적인 반성과 성찰을 통한 자기혁신이 모색된다. 이즈음이 대학단계의 교육이고, 성리의 빛으로 천리와의 합일을 다시 모색하는 단계이다. 콜버그식으로 관습 수준의 도덕성에서 관습 이후 수준의 도덕성으로의 이행과정과 다르지 않으리라 여긴다. 『성학십도』는 대학단계의 교육으로 입문하는 초학자를 배려하여 저술된 교재이다. 그렇다면 이 교재가 담고 있는 덕성교육의 목표는 무엇인가? 이에 대해 퇴계는 〈성학십도를 올리는 차〉에서 간명하면서도 자세하게 밝히고 있다. 그것은 다음과 같이 3단계를 거친다.

1단계: "처음에는 마음대로 안 되고 서로 모순됨이 있는 근심이 없을 수 없고, 또 때로는 지극히 괴롭고 불쾌한 병통도 있겠지만, 이것은 바로 옛사람이 말한 장차 크게 나아갈 기미이며 또한 좋은 소식의 단서라 할 수 있습니다."[38]

2단계: "진리가 많이 쌓이고 노력이 오래되면 자연히 마음이 진리와 서로 머금게 되어 자신도 모르는 사이에 융회하여 관통하게 됩니다. 그리고 익힘과 일이 서로 익숙해져서 차츰 모든 행동이 순탄하고 자연스럽게 됨을 보게 될 것입니다. 처음에 일을 한 가지씩만 다스렸지만, 이제는 하나의 근원과 만나게 될 것입니다. 이는 실로 맹자가 말한 '도에 깊이 나아가 도를 자득한'(深造自得) 경지이며, '내면에서 우러난다면 어찌 그만둘 수 있겠는가?'의 체험입니다."[39]

---

[38] 『增補 退溪全書』(一), 卷7, 「聖學十圖」, 〈進聖學十圖箚(幷圖)〉. "其初猶未免或有掣肘矛盾之患, 亦時有極辛苦不快活之病, 此乃古人所謂將大進之幾, 亦爲好消之端, 切毋因此而自沮, 尤當自信而益勵."

[39] 『增補 退溪全書』(一), 卷7, 「聖學十圖」, 〈進聖學十圖箚(幷圖)〉. "至於積眞之多, 用力之久, 自然心與理相涵,

3단계: "계속해서 부지런히 힘써 나의 재능을 다하면 안자의 '인을 어기지 않는 마음'과 '나라를 다스리는 사업'이 다 그 속에 있게 될 것이며, 증자가 말한 '충서'로 일관되어 도를 전할 책임이 자기 몸에 있게 될 것입니다. 일상생활에서 경외함이 떠나지 않게 되어 '중화를 극진하게 이루어 천지가 제자리에서 운행되고 만물이 육성되는' 공을 이룰 수 있고, 덕행이 일상의 윤리를 벗어나지 않는 가운데 천인합일의 오묘함을 여기서 얻을 수 있는 것입니다."[40]

편의상 위의 단계에 각각 명칭을 부여하면, 1단계는 '도로 들어가는 문'으로의 입문과 '덕을 쌓은 기초'의 함양 단계, 2단계는 '도에 깊이 나아가 도를 자득한 경지'의 단계, 3단계는 '인을 어기지 않은 마음'과 천인합일의 단계라 할 수 있다. 관습이후 수준의 첫 단계에서는 퇴계의 언표처럼 "처음에는 마음대로 안 되고 서로 모순됨이 있는 근심이 없을 수 없고, 또 때로는 지극히 괴롭고 불쾌한 병통"이 있을 수밖에 없다. 철들어 맞게 된 어른의 세계란 훨씬 더 복잡하며 비도덕적이어서, 순진무구함으로 무장해왔던 도덕적 마음이 흔들리고 분열되어 버리기 십상이기 때문이다. 효도 안하면 어때? 나는 왜 도덕적이어야 하는가? 등 그동안 당연시했던 도덕규범에 관한 의혹이 제기된다. 이전투구의 마당에 휩쓸려 사욕과 이욕으로 선한 본성을 잃어버릴 것인지, 아니면 흔들리고 분열되는 도덕적 마음을 다잡아 천성을 회복할 것인지는 바로 이러한 물음들에 대해 주체적이고 자각적인 성찰을 할 수 있느냐에 달렸다. 전자로 낙착할 경우 맹자가 말한 바의 '자포자기'한 사람이 되고, 기품의 지배에 놓인 소인배가 되고 만다. 사정이 이러하다면, 이즈음이 교육적으로 얼마나 중요한 시기인지는 짐작할 만하다. "이것은 바로 옛사람이 말한 장차 크게 나아갈 기미이며 또한 좋은 소식의 단서라 할 수 있습니다."라는 퇴계의 언표도 바로 이러한 각도에서 읽어야 한다. 그러기에 퇴계는 이 1단계를 설명하는 말미에 "절대 이 때문에 스스로 그만두지 마시고, 더욱 자신감을 가지고 힘써야 할 것"이라 당부하고 있는 것이다.

퇴계가 『성학십도』를 선조에게 올리며 의도했던 교육의 목표도 바로 여기에 있는 것으로

而不覺其融會貫通, 習與事相熟, 而漸見其坦泰安履, 始者各專其一, 今乃克協于一, 此實孟子所論'深造自得'之境, '生則烏可已'之驗."

40) 『增補 退溪全書』(一), 卷7, 「聖學十圖」, 〈進聖學十圖箚(幷圖)〉. "又從而俛焉孶孶, 旣竭吾才, 則顔子之心不違仁, 而爲邦之業在其中. 曾子之忠恕一貫, 而傳道之責在其身. 畏敬不離乎日用, 而中和位育之功可致. 德行不外乎彜倫, 而天人合一之妙斯得矣."

여긴다. 즉, '도에 들어가는 문'으로의 입문과 '덕을 쌓는 기초'의 함양이 그것이다.[41] 물론 『성학십도』에는 "도를 이루어 성인이 되는 요령과 근본을 바로 잡아 정치를 경륜하는 근원이 모두 갖추어져" 있다. 그러나 이 경지를 실제로 갖추는 것은 1단계인 '도에 들어가는 문'으로의 입문과 '덕을 쌓은 기초'의 함양이 이루어진 다음의 일이다. 어쩌면 1단계의 교육목표를 성공적으로 달성한다면, 2단계의 '도에 깊이 나아가 도를 자득한 경지'의 단계와, 3단계의 '인을 어기지 않은 마음'과 천인합일의 단계는 내친걸음이라 할 수 있을지 모른다.

2. 「소학」-「대학」의 일원적 체제와 발달지향의 도덕교육론

퇴계는 주희의 소학-대학계제설에 입각한 교육과정을 수용했고, 이에 입각하여 선조에게 『대학』과 『소학』을 강의하기도 하였다. 그리고 『성학십도』는 대학단계의 교육에 들어서는 초학자를 위하여 저술된 교재이다. 그런데 대학단계의 교재로서 편찬된 『성학십도』의 내용구조가 「소학도」와 「대학도」를 중심으로 되어 있다는 점은 사실 특이할만한 일이다.

퇴계가 선조에게 『대학』을 먼저 강했고 나중에 『소학』을 강했다. 이 점을 나는 퇴계가 주자의 '학불엽등'의 원칙에 따른 것이라고 보았다. 『소학』은 8~15세의 소학단계의 교육에서 다루어지던 필수 교재였다. 그러나 주자는 나이가 들었다 하더라도 소학교육을 받지 못한 사람은 '학불엽등'의 원칙에 의거 대학단계에서도 『소학』을 배워야 한다고 하였던 것이다. 그런데 퇴계가 대학의 교재로 편술한 『성학십도』를 「소학도」와 「대학도」 중심의 체계로 저술한 연유는 무엇인가? 아무래도 그것은 주자가 말한 '학불엽등'의 원칙과는 함의가 달라 보이기 때문이다.

하나의 이유는, 주희가 우려했던 '한격불승지환'(扞格不勝之患: 거슬려 감당하지 못하는 근심)[42]을 고려한 것이 아닌가 한다. 즉, 주자는 '학불엽등'의 원칙을 어겨 바로 대학 공부를 하게 되면 순서를 잃게 되어 '한격불승지환'이 생겨나고 근본이 서질 않아 종국에는 도에 이르지 못할 것이라고 경고한다. 그러나 한편, 나이 들어 뒤늦게 소학 공부를 하는 것도 또 다

---

41) 『增補 退溪全書』(一), 卷7, 「聖學十圖」, 〈進聖學十圖箚(幷圖)〉. "聖學有大端, 心法有至要, 揭之以爲圖, 指之以爲說, 以示人入道之門, 積德之基, 斯亦後賢之所不得已而作也."

42) 『小學集註』, 「小學書題」. "古者小學, 敎人以灑掃應對進退之節, 愛親敬長隆師親友之道, 皆所以爲修身齊家治國平天下之本, 而必使其講而習之於幼穉之時, 欲其習與智長, 化與心成, 而無扞格不勝之患也."

른 '한격불승지환'이 생겨날 수 있다. 전자가 순서를 잃음으로 인한 대학공부의 어려움에서 비롯되는 근심이라면, 후자는 오히려 나이 들어 소학 공부의 쉬움과 따분함에서 오는 근심일 것이다. 그래서 주희는 공부의 절차와 조목은 보완이 가능하다고 보고, 일찍이 정이가 말한 경(敬: 主一無適)을 견지함으로써 소학공부의 결여를 보충하면서 동시에 대학공부도 할 수 있다고 하고 있다.43) 퇴계도 「소학도」의 설에서 이러한 주자의 관점을 『대학혹문(大學或問)』을 빌어 밝히고 있다.44)

현실적으로 주자의 소론처럼, 반드시 소학교육의 단계를 마친 자들만이 대학교육 단계의 공부를 하는 것은 아니다. 주자 스스로 고백했듯이, 옛날에는 소학의 교법이 있어 나이에 맞게 교육을 받을 수가 있었으나, 이제는 그 교법이 끊어짐으로 인해 많은 사람들이 소학공부를 하지 못하고 나이를 넘긴 사람들이 많기 때문이다. 그러나 '학불엽등'의 원칙에 의해 대학공부로 나아가기 위해서는 반드시 소학공부를 나이가 들더라도 해야 한다. 그런데 나이가 들어 소학공부를 하려할 때 '한격불승지환'이 생겨날 우려가 있다. 따라서 이러한 '한격불승지환'을 없애면서 소학공부의 결핍을 보완하기 위한 방법이 필요하다. 바로 그것이 거경공부인 것이다.45) 퇴계는 바로 이러한 주자의 관점을 『성학십도』에 반영한 것이 아닌가 한다. 이 점은 퇴계가 『대학혹문』의 경공부론46)을 자세하게 인용하는 것에서도 알 수 있다. 요컨대, 퇴계가 『성학십도』를 소학 – 대학의 중심체계로 구성한 것은, 이를테면 선조처럼, 소학을 익히지 못하고 나이가 들어 대학단계의 교육을 받아야할 학생들이 소학공부의 결핍을 보완하면서 대학공부로 나아가는 기초를 다질 수 있도록 배려한 것이다.

한편 『성학십도』를 소학 – 대학의 중심체계로 구성한 또 다른 이유는, 이상처럼 주자적 관점의 단순한 반영이라기보다는, 퇴계 자신의 독창적 사고를 반영한 것이 아닌가 한다. 그가

---

43) 졸고, 『유교도덕교육론』, 앞의 책, 101~103쪽; 이 책의 9장 참조.
44) 『增補 退溪全書』(一), 卷7, 「聖學十圖」, 〈小學圖〉. "曰若其年之旣長, 而不及乎此者, 則如之何. 曰是其歲月之已逝, 固不可追, 其功夫之次第條目, 豈遂不可得而復補耶 吾聞敬之一字, 聖學之所以成始而成終者也.(中略) 不幸過時而後學者, 誠能用力於此, 以進乎大, 而不害兼補乎其小, 則其所以進者, 將不患其無本而不能以自達矣."
45) 졸고, 『유교도덕교육론』, 앞의 책, 109~110쪽.
46) 『增補 退溪全書』(一), 卷7, 「聖學十圖」, 〈大學圖〉. "敬若何以用力耶. 朱子曰, 程子嘗以主一無適言之, 嘗以整齊嚴肅言之. 門人謝氏之說, 則有所謂常惺惺法者焉. 尹氏之說, 則有其心收斂, 不容一物者彦云云. 敬者, 一心之主宰, 而萬事之本根也. 知其所以用力之方, 則知小學之不能無賴於此以爲始. 知小學之賴此以始, 則夫大學之不能無賴於此以爲終者, 可以一以貫之, 而無疑矣."

"대개 『소학』과 『대학』은 서로 기대로 이루어진 것이므로 하나이면서 둘이요, 둘이면서 하나"[47]라고 전제하면서, 소학 - 대학도와 나머지 도들 간의 관계를 밝히는 다음의 인용은 아무래도 주자적 관점의 반영으로만 해석하기에 석연치 않은 측면이 있는 것이다.

> 대개 앞의 두 도설(태극도, 서명도)은 단서를 찾아 확충하고 하늘의 도를 체득하여 도를 다하는 극치의 곳으로서 『소학』과 『대학』의 표준과 본원이 되고, 아래 여섯 도설(백록동규도, 심통성정도, 인설도, 심학도, 경재잠도, 숙흥야매잠도)은 명선, 성신, 숭덕, 광업을 힘쓰는 곳으로서 『소학』과 『대학』의 전지와 사공이 되는 것입니다.[48]

『소학』은 『대학』의 기초과정으로 본격적 학문의 단계가 아니라는 점에 유의할 때, 여기서 퇴계가 「소학」과 「대학도」가 중심이라고 하지만, 사실은 「대학도」가 중심이 아닌가하는 의문을 제기할 수 있다.[49] 그런데 인용처럼 분명히 퇴계는 「대학도」만이 아니라 「소학」과 「대학」을 동시에 들고 있다. 즉, 「태극도」와 「서명도」는 「소학」과 「대학」의 공부를 통하여 도달해야할 궁극적 지향 처로서의 표준이고 근원이 된다. 그리고 나머지 도들은 「소학」과 「대학」공부의 내용과 방법에 다름 아니다. 퇴계에게 있어 『소학』과 『대학』은 성학의 시작과 마침을 이룬다. 집을 짓는 것으로 비유하자면, 『소학』이 터를 바로 닦고 재목을 갖추는 것이라면, 『대학』은 수천 수만 칸의 큰집을 그 터에 짓는 것인 셈이다.[50]

이러한 퇴계의 사고 저변에는 상대적으로 『소학』을 중시 여긴다는 함의가 들어있다. 그는 제자들에게 『소학』의 〈명륜편(明倫篇)〉과 〈경신편(敬身篇)〉에 있는 명심술지요(明心術之要), 명위의지칙(明威儀之則) 같은 것들을 잠시라도 잊지 않는다면, 일상적인 생활을 하는 사이에 천리가 유행해서, 마디마디 부분 부분이 서로 일치해서 들어맞지 않는 것이 없을 것이며, 『대학』의 규모도 여기서 멀지 않다고 말하고 있다.[51] 이처럼 성학의 두 축으로 『소학』과

---

47) 『增補 退溪全書』(一), 卷7, 「聖學十圖」, 〈小學圖〉. "蓋小學大學, 相待而成, 所以一而二, 二而一者也."
48) 『增補 退溪全書』(一), 卷7, 「聖學十圖」, 〈大學圖〉. "蓋上二圖, 是求端擴充體天盡道極致之處, 爲小學大學之標準本原. 下六圖, 是明善誠身崇德廣業用力之處, 爲小學大學之田地事功."
49) 이광호 옮김, 이황 지음, 『성학십도』(서울: 홍익출판사, 2001), 145쪽.
50) 『增補 退溪全書』(四), 「言行錄」, 卷1, 〈讀書〉. "聖學之所以成始成終, 小學所以始, 大學所以成終也. 以作室譬之, 小學則修正基址而備其材木也, 大學則如大廈千萬間結構於基址也."
51) 『增補 退溪全書』(四), 「言行錄」, 卷1, 〈讀書〉. "如明倫篇及敬身篇, 明心術之要, 明威儀之則等處, 頃刻不忘, 天理流行, 支支節節, 無不照管, 大學規模以此塡之."

『대학』을 강조하는 퇴계의 사고에는 성학을 관념적이고 사변적인 것이 아니라 실천적이고 실제적인 도리로 파악하고자 하는 함의가 깃들어 있는 것이 아닐까 한다.[52] 이러한 점은 뒤따르는 공부의 방법론으로 일상의 경공부를 강조하는 「경재잠도」나 「숙흥야매잠도」를 통해서도 짐작해 볼 수 있다.

퇴계에게 있어 공부의 궁극적 목표는 '인을 어기지 않은 마음'과 천인합일의 단계인 성인 됨에 있다. 그러나 목표를 달성하는 방법으로의 공부론은 일상과 하학(下學)공부에서 시작되어야 한다. 일상과 하학공부가 곧 비일상과 상달(上達)공부로 통한다고 본다.[53] 아니 좀 더 정확히 말하여, 『성학십도』에 함의된 퇴계의 입장은 하학공부와 상달공부가 유리되지 않고 동시적이어야 한다는 관점이다. 이러한 점에서 퇴계의 입장은 주자와 다른 것이 아닌가 한다. 주자의 소학-대학계제설은 소학에서 하학공부(덕과 규범의 습득)를 하고, 대학에 가서는 상달공부(도덕원리와 全德의 터득)를 한다는 것이다. 그러나 퇴계의 관점은 하학과 상달공부가 동시적인 바, 소학에서는 가깝고 쉬운 일상의 규범과 예절, 그리고 그의 원리를 동시에 공부한다면, 대학에서는 멀고 어려운 일상적이지 않은 일들로 그 수준을 높이되 역시 규범과 원리, 그리고 덕의 함양을 동시에 공부하는 것이라 추정해 볼 수 있다. 이러한 퇴계의 교육론을 현대적 의미에서 자율적 도덕발달론에 가깝다고 할 수 있을 것이다.

3. 십도(十圖) 및 설(說)의 저자와 편자 퇴계의 교재관

『성학십도』는 상대적으로 퇴계 자신의 사고가 덜 반영된 일종의 편저이다. 즉, 이 책에는 송·원대 이래 정주학파의 저술 속에서 10개의 도상과 해설을 선택하여 수록하고 있는 것이다. 물론, 도설 중에는 퇴계의 저작이 전혀 없진 않으며, 각 도설에 대한 퇴계의 보설이 곁들여지고는 있다. 각 도설에 대한 저자에 주목하여 『성학십도』의 구성을 제시해 보면 다음의 〈표 3〉과 같다.

---

52) 金慶天, "退溪의 經傳認識," 『退溪學報』제110집(2001), 281쪽.
53) 『增補 退溪全書』(一), 卷19, 「答黃仲擧」. "大抵儒者之學, 若升高必自下, 若陟遐必自邇, 夫自下自邇, 固若迂緩, 然舍此又何自而爲高且遐哉, 著力漸進之餘, 所謂高且遐者, 不離乎卑且近者而得之, 所以異釋老之學也."

〈표 3〉圖說의 구성에 따른 저자

구분	구성에 따른 저자			
	도(圖)	설(說)	해설(인용자)	보설(補說)
제1 태극도	주렴계	주렴계	주희	퇴계
제2 서명도	정복심(程復心)	장횡거 (의 「西銘」)	주희, 양귀산, 쌍봉 요씨	퇴계
제3 소학도	**퇴계**	주희 (의 「小學題辭」)	주희	퇴계
제4 대학도	권근(權近)	「大學」의 經文	주희	퇴계
제5 백록동규도	**퇴계**	주희 (의 「洞規後敍」)		퇴계
제6 심통성정도	上圖: 정복심 中下圖: **퇴계**	상도: 정복심 중하도: **퇴계**		퇴계
제7 인설도	주희	주희 (의 「仁說」)		퇴계
제8 심학도	정복심	정복심		퇴계
제9 경재잠도	왕백(王栢)	주희 (의 「敬齋箴」)	오임천, 진서산	퇴계
제10 숙흥야매잠도	**퇴계**	진백(陳柏) (의 「夙興夜寐箴」)		퇴계

* 이상린(2004: 20) 참조 재구성함.

〈표 3〉에서 보듯이, 「소학도」, 「백록동규도」, 「심통성정도」의 중·하도, 「숙흥야매잠도」만이 퇴계의 저작이고 나머지는 모두 다른 사람들의 저작이다. 그런데 도는 설을 도상화한 것이기 때문에 일단 도보다는 설의 작자가 누구냐가 더 중요할 것 같다. 이로 보면 「심통성정도」의 중·하도를 제외하면 모든 설의 저자는 퇴계가 아닌 다른 사람이다. 요컨대, 『성학십도』는 제목 그대로 '성인이 되기 위한 학문론 혹은 공부론'과 관련하여 주목해야할 열 개의 설(혹은 銘, 箴)을 가려 뽑고, 또한 그것을 도상화한 도(기존에 없던 것은 퇴계가 도상화하여)를 모아 편집된 책인 셈이다. 이러한 점에 주목하여, 나는 이 책을 전적으로 교육적 고려에서 저술된 교재라 하였다.

그러나 사실 교재라 하여 남의 글을 모아 편저해야 할 것인지는 의문이다. 바로 이 지점에 교재에 관한 퇴계 나름의 관점이 함의되어 있을 것으로 짐작한다. 금장태에 의하면, 『성학십도』는 왕실에서 역대 군왕이 병풍으로 만들거나 서첩으로 만들어 항상 곁에 놓고 궁리하고 체인하는 전범으로 삼았다고 한다. 그러나 한편으로, 이 책은 경연에서 거듭 강의되는 교재였고, 17세기부터 20세기 전반까지 계속해서 다양한 주석과 응용이 이어지고, 그 주석에서 제기되는 문제는 가히 한국철학사의 중요문제에 다름 아니라고 한다.[54] 이러한 금장태의 연구결과에서 특히 주목할 부분은 후자이다.

이처럼 다양한 논의와 주석, 그리고 그 응용이 가능했던 연유는 어디에 있을까? 나는 바로 『성학십도』라는 교재의 특성에 있다고 생각한다. 교재는 크게 두 가지 유형으로 분류됨직 하다. 하나는 〈전범으로서의 교재〉요, 다른 하나는 〈자료로서의 교재〉이다. 〈전범으로서의 교재〉는 도덕적 문화전통을 대변하며 객관화된 도덕적 진리를 담고 있다. 사회구성원이 합의하는 바람직한 덕목과 규범, 공동체의 위대한 전통 등이 실린 이 교재는 말 그대로 자라나는 세대들이 익혀야만할 전범으로 등장한다. 반면에, 〈자료로서의 교재〉는 교수-학습의 상황에서 제공됨직한 하나의 교수-학습 자료일 뿐이다. 물론 이 교과서에도 바람직한 덕과 규범, 도덕적 원리와 규칙 등이 실리지만, 그것은 어디까지나 교수-학습을 돕는 자료일 뿐이다. 여기서는 자료를 읽고 토론하는 교수-학습의 과정을 통하여 도덕적 진리를 구성해 가야하는 것이라 말할 수 있다. 요컨대, 전자의 수업에서 학생들은 교사의 말씀과 교재의 내용을 진리 그 자체로 습득토록 하는 의양지미(依樣之味)를 추구한다면, 후자의 수업에서는 교사가 제시하는 교수 학습 자료에 대하여 서로 토론하고 대화하면서 진리를 구성해 가는 자득지미(自得之味)를 추구한다.

이 중 『성학십도』에 함의된 퇴계의 교재관은 말할 것도 없이 〈자료로서의 교재〉라 생각한다. 그 가장 뚜렷한 증거가 바로 『성학십도』를 다른 사람들이 저작한 도설을 모아 편저했다는 점이라고 본다. 주지하듯이, 이 책은 퇴계 자신의 학문적 혹은 사상적 체계에 완숙함을 갖춘 시기 중에서도 가장 생애의 말년에 쓰여 졌다 성인이 되는 학문론 혹은 공부론에 관한 책을 얼마든지 퇴계 자신의 독자적인 사상과 문법으로 저술할 수도 있다.

예컨대, 퇴계 이전부터 주렴계의 「태극도설」을 어떻게 이해할 것인가를 놓고 이미 조선의 학자들간에는 철학적 논쟁을 벌이거나 의견을 달리하는 사례들이 있다. 논쟁의 한 사례

---
54) 금장태(1985), 앞의 논문, 7쪽.

로 회재 이언적(晦齋 李彦迪)과 망기당 조한보(忘機堂 曺漢輔)가 벌인 이른바 '무극태극논쟁'이 있다.[55] 또한 특정 학자들 간에 직접 논쟁을 하지는 않았으나 의견을 달리하는 사례로 태극과 음양의 관계를 어떻게 볼 것인가에 관해 '태극·음양일체설'(정여창, 이항 등)과 '태극·음양이물설'(기대승, 김인후 등) 등의 주장이 있다.[56] 특히 후자의 사례에서 퇴계는 '태극·음양이물설'을 옹호하는 대표적인 사상가이다.[57] 그리고 이외에도 퇴계사상의 독창적인 요소로 우주론에서의 리동설(理動說), 사칠론에서의 리발설(理發說), 격물설에서의 리자도설(理自到說) 등이 거명된다.[58] 조선철학사에 있어서 이들 주제들은 모두 논쟁적인 것이었다. 이처럼 논쟁적인 주제들에 대해 퇴계 자신의 확고한 관점을 가지고 있지만, 『성학십도』의 교재에서는 그런 자신의 주장을 거의 제시하지 않고 있는 것이다.

만약 『성학십도』에 포함된 모든 주제들에 대하여 퇴계 자신의 사상과 문법으로 교재를 저술하였다면 그것은 전혀 성격을 달리하는 교재, 즉 〈전범으로서의 교재〉가 되고 말았을 것이다. 이미 당시 퇴계는 조선성리학을 대표하는 거장이었기 때문이다. 만약 그랬다면 당시 학생들은 퇴계의 관점에 이의를 제기하기보다는 우선 그것을 부동의 진리로 받아들이는데 급급했을 것이다. 그러나 퇴계는 그렇게 하지 않았다. 바로 이 점에서 퇴계의 깊은 교육적 고려와 안목을 엿볼 수 있는 것이다. 이처럼 깊은 교육적 고려와 안목에서 교재가 저술되었기에, 『성학십도』에 대한 후학들의 다양한 주석과 응용이 뒤따를 수 있었던 것이라 생각한다.

---

55) '無極太極論爭'의 중심 주제는 인간의 도덕 근거가 무엇이며 그 본질을 어떻게 체득하여 이를 바탕으로 한 실천이 나올 수 있겠는가에 관한 논쟁이다. 예컨대, '태극'에 앞서 '무극'을 강조하는 조한보가 도덕의 근거를 초월적인 데서 찾으려 하고 있다면, 무극이태극을 동시적이고 하나로 보는 이언적은 도덕성의 근원을 현실 속에서 찾으려고 한 것으로 볼 수 있다. 이에 관한 자세한 고찰은 김교빈, "태극논쟁: '태극'을 둘러싼 주자학적 이해와 비주자학적 이해의 대립," 한국철학사상연구회 지음, 『논쟁으로 보는 한국철학』(서울: 예문서원, 1995), 111~128쪽 참조.

56) 오병무, 「한국 성리철학의 특성에 관한 연구」(전북대학교 박사학위논문, 1992) 참조.

57) 『增補 退溪全書』(二), 卷41, 「雜著」, 〈非理氣爲一物辨證〉. "理與氣決是二物, 但在物上看, 則二物渾淪, 不可分開各一處, 然不害二物之各爲一物也, 若在理上看, 則雖未有物而有物之理, 然亦但有其理而已, 未嘗實有是物也."

58) 윤사순, "退溪의 理氣哲學에 대한 現代的 解釋," 『退溪學報』제110집(2001), 119~144쪽; 문석윤, "退溪에서 理發과 理動, 理到의 의미에 대하여 - 理의 능동성 문제," 『退溪學報』제110집(2001), 161~201쪽 참조.

4. 교수 - 학습의 방법적 원리

『성학십도』전체를 일관하는 하나의 사상이 경사상이라는 지적59)은 전적으로 옳은 것 같다. 퇴계 스스로도 "「십도」는 모두 경(敬)으로 주를 삼았다."60)고 할 정도이기 때문이다. 말할 것도 없이, 경은 공부론의 핵심이다. 퇴계가 『대학혹문』을 인용하여 제시한 경이란, ① 주일무적(主一無適), ② 정제엄숙(整齊嚴肅), ③ 항상 깨어있게 하는 방법(常惺惺法), ④ 그 마음을 수렴하여 하나의 물건도 용납하지 않음(其心收斂, 不容一物) 등이다. 그리고 경이란 마음의 주재요 만사의 근본이기에, 그 경공부에 주력해야 한다. 나아가 경이란 형이상학과 형이하학, 존덕성과 도문학, 존양공부와 성찰공부, 소학공부와 대학공부 등 모든 공부에서 지켜져야 할 가장 기본적인 교수-학습의 원리에 해당한다.61)

성리학적 의미에서 덕성함양이란, 마치 화선지 위에 붓글씨를 쓰거나 묵화를 그릴 때 먹이 종이 속으로 젖어들어 가듯이, 존재론적 도리(道)가 주체의 심정 속으로 스며들어 오는 것과 다르지 않다.62) 따라서 덕성함양을 하려면, 우선 논리적 순서로 도(道)가 무엇인지를 밝히는 작업이 선행되어야 하고, 다음으로 밝혀진 도(道)를 내 마음 속으로 체득하는 공부가 뒤따라야 한다. 그래서 성리학적 덕성함양 방법의 양 날개는 〈존덕성尊德性〉과 〈도문학道問學〉인 것이다. 〈존덕성〉은 마음을 보존하여(存心) 도체(道體)의 광대함으로 뻗어 나아가는 것이며, 〈도문학〉은 앎에 이르러서(致知) 도체(道體)의 미세함에까지 남김없이 밝히는 것이다.63) 주자는 이러한 핵심개념을 중심으로 〈존덕성〉의 공부방법으로 경(敬)을, 〈도문학〉의 공부방법으로 궁리(窮理)를 주장하였다. 퇴계에게 있어서 천성을 회복하는 공부는 일단 성리학 일반과 같이 〈도학문〉의 반성적 과정을 거치고, 〈존덕성〉의 공부를 통해 체인하는 것이다.

그러나 퇴계에게 있어 〈도문학〉의 궁리는 궁극적으로 밖이 아니라 안으로 향한다. 그것은 끊임없는 반구제기(反求諸己)를 통한 주체적이고 자각적인 성찰과정이기 때문이다. 물론 처음부터 궁리가 안을 향하는 것은 아니다. 격물(格物)은 나의 마음이 밖의 물리(物理)를 궁구하는 것이라면, 물격(物格)은 격물의 인식수준을 넘어 천리(天理)가 자발적으로 나의 마음

---

59) 윤사순(2000), 앞의 논문, 136~137쪽.
60) 『增補 退溪全書』(一), 卷7, 「聖學十圖」, 〈大學圖〉. "今玆十圖, 皆以敬爲主焉."
61) 『增補 退溪全書』(一), 卷7, 「聖學十圖」, 〈大學圖〉. "敬者, 又徹上徹下, 著工收效, 皆當從事而勿失者也."
62) 김형효, 앞의 글, 38~39쪽.
63) 『국역 율곡전서』(V), 「성학집요」, 21쪽.

속으로 도래하는 리자도(理自到)의 성찰과정이다.⁶⁴⁾ 격물의 궁리는 '기발리승'의 조리(條理)를 탐구하기 위한 것이고, 물격은 '리발기수'의 천리(天理)를 계발하는 공부론이라 할 수 있다. 여하튼, 사물의 리에 대한 궁리는 어디까지나 반구제기를 통한 천리(天理)의 도래를 위한 수단일 뿐이다.

〈존덕성〉의 공부방법으로 경(敬)은 모든 공부나 교육에서 지켜져야 하는 알파요 오메가에 해당하는 원리이다. 퇴계에게 경은 기발(氣發)의 사의(私意)가 항상 도덕적 선의지의 감시를 받아 '기발리승'의 정이 선을 향하도록 할 뿐만 아니라, 언제나 마음에서 천리가 발현하여 '리발기수'의 정이 표출될수 있도록 하는 공부의 원리이다. 전자가 도덕의지를 기르는 윤리학적 경공부라면, 후자는 마치 마음속에 내재하는 '상제(上帝: 천리)를 향한 종교적인 외경심을 함양하는 것과 다르지 않다.⁶⁵⁾ 퇴계의 『성학십도』 전체를 일관하는 하나의 사상이 있다면 경공부론이다.⁶⁶⁾ 특히 십도(十圖) 중에 「경재잠도」와 「숙흥야매잠도」는 하루의 시공간적 삶 자체를 경공부로 일관하라는 것에 다름 아니다.⁶⁷⁾ 이렇게 유별나게 경공부를 강조하는 퇴계의 관점에는 덕성의 함양과 도덕교육의 성패여부는 궁극적으로 학생 자신들에게 달려있을 수밖에 없다는 인식이 깔려있는 것처럼 보인다. 예나 지금이나 도덕교육이 어려운 것은 바로 여기에 있다. 경(敬)이 교수-학습의 근본원리에 해당한다면, 예하의 세부 원리로는 학사병진(學思竝進)의 원리와 지행병진(知行竝進)의 원리 등을 거론할 수 있겠다. 공자가 말한 바처럼, "배우고 생각하지 아니하면 멍청하게 되고, 생각하고 배우지 않으면 위태롭다." 따라서 공부에는 배움과 생각을 겸해야 한다. 이것이 학사병진의 원리이다. 그러나 앎이 극진하다고 실천으로 이어지는 것은 아니다. 앎공부와 실천공부가 별개인 것도 아니다. 따라서 거경공부와 궁리공부, 존양공부와 성찰공부는 동시에 같이 해나가야 한다. 이것이 지행병진의 원리이다. 이러한 점들을 퇴계는 『성학십도』의 차(箚)에서 비교적 자세히 밝히고 있다.⁶⁸⁾

---

64) 『增補 退溪全書』(一), 卷18, 「答奇明彦 別紙」, "然則方其言格物也, 則固是言我窮至物理之極處, 及其言物格也, 則豈不可謂物理之極處, 隨吾所窮而無不到乎."
65) 김형효, "퇴계 성리학의 자연신학적 해석," 『퇴계의 사상과 그 현대적 의미』(한국정신문화연구원, 1997), 125쪽.
66) 퇴계 스스로도 "「십도」는 모두 경으로 주를 삼았다."고 언표하고 있다. 『增補 退溪全書』(一), 卷7, 「聖學十圖」, 〈進聖學十圖箚(幷圖)〉.
67) 「경재잠도」는 일상의 공간적 상황에 따른 경의 실천방법을, 「숙흥야매잠도」는 하루의 시간적 흐름에 따른 경의 실천방법을 알려주고 있다.
68) 『增補 退溪全書』(一), 卷7, 「聖學十圖」, 〈進聖學十圖箚(幷圖)〉. " 孔子曰, 學而不思則罔, 思而不學則殆. 學

5. 교수 – 학습의 모형과 교사의 역할

『성학십도』에 함의된 교수방법과 관련하여 책의 형식 그대로 도(圖)를 활용한 접근의 의의를 간과해서는 안 될 것이다. 여기서의 도는 저 '삼강오륜행실도'류서의 도와도 그 의미가 다른 것이다. 행실도류서에서의 도는 도덕교육의 행동적 접근이라는 의의를 갖는 것이었다.[69] 여기서의 도는 오륜적 덕의 실천사례를 그림으로 표현한 것으로 문자로 된 내용을 보완하는 성격의 것이기 때문이다. 그러나 『성학십도』에서의 도는 그림이기보다는 도표적인 성격의 도이다. 그것은 교재의 내용을 구조화하여 제시함으로써 명료하게 인식할 수 있도록 돕기 위한 인지적 접근인 셈이다. 따라서 도를 통한 접근은, 물론 이러한 접근이 퇴계만의 고유한 방법은 아니라 할지라도,[70] 선조처럼 초학자들에게 난해할 수도 있는 성학공부에 쉽게 접근할 수 있도록 배려한 일종의 교수방법이라 할 것이다.

다른 한편으로, 도를 통한 접근은 "말로 표현하기 어려운 철학을 완벽하게 표현할 수 없음을 자각하고, 언어 이상의 상징 방법을 강구한 동양의 방법론적 성찰에 그 연원을 두고 있는 것"[71]인지도 모른다. 이 때 도는 교재내용의 명료한 이해를 돕기보다는 오히려 학생들에게 사고와 토론의 문제를 제기하는 기제로 등장한다. 앞의 〈표 3〉에서 보듯이, 『성학십도』의 체재는 ① 도(圖), ② 설(說), ③ 도설에 관한해설, ④ 퇴계 자신의 보설(補說)로 구성되었다. 이러한 체재는 교육실천상의 교수-학습의 전개 단계에 따른 체재 구성이라 생각한다. 이를 현대적 교수-학습의 단계적 모형으로 제시해 보면 다음 〈표 4〉와 같다.[72]

也者, 習其事而眞踐履之謂也. 蓋聖門之學, 不求諸心, 則昏而無得, 故必思以通其微, 不習其事, 則危而不安, 故必學以踐其實, 思與學, 交相發而互相益也.(中略).持敬者, 又所以兼思學, 貫動靜, 合內外, 一顯微之道也. 其爲之之法, 必也存此心於齋莊靜一之中, 窮此理於學問思辨之際, 不睹不聞之前, 所以戒懼者愈嚴愈敬, 隱微幽獨之處, 所以省察者愈精愈密.

69) 졸고, 『유교도덕교육론』, 앞의 책, 169~214쪽 참조.
70) 도설을 이용하여 자신의 철학사상을 표현하는 방식은 중국에서부터 있었고, 또 조선시대 이전 송대 성리학자들로부터 많이 사용되었던 것이라 한다. 예컨대, 송대 학자들은 그들의 易學사상을 서술할 때 도교의 영향하에 도설을 많이 사용함으로써 도서학파라는 별칭까지 얻었던 것이다. 조선시대에도 권근의 『入學圖說』, 정지운의 『天命圖說』, 조식의 『學記圖』, 퇴계의 『聖學十圖』, 율곡의 『人心道心圖說』 등에서처럼 圖說을 활용한 형식의 책이 많이 출간되었던 바 있다. 한국사상연구회 지음, 圖說로 보는 한국유학, 앞의 책, 6~7쪽.
71) 한국사상연구회 지음, 같은 책, 6~7쪽.
72) 졸고, "옛 도서류에 함의된 덕성교육의 두 가지 접근법," 『윤리교육연구』제7집(한국윤리교육학회, 2005.4), 253~254쪽.

〈표 4〉에서 1단계와 5단계는 생략되어 있는 것이고, 또한 2~4단계에서도 점선 아래의 〈학생〉의 활동사항은 생략된 것으로 읽을 수 있다. 교수-학습의 과정에서 교사는 먼저 도(圖)만을 학생들에게 제시할 수 있다. 학생들은 제시된 도(圖)를 탐구한다. 그런 다음에 동료들과 상호 토론을 벌린다. 토론의 잠정적 결론이 도출되면, 이번에는 교사가 설(說)을 제시한다. 그러면 다시 학생들은 자신들의 잠정적 결론과 교사가 제시한 설(說)을 대비시켜보면서 다시 토론과 의견수정을 거친다. 이러한 일련의 교수-학습 과정은 오늘날의 탐구식 도덕수업과 그리 멀지 않은 방식처럼 여겨진다.

〈표 4〉 『성학십도』에 함의된 교수-학습 모형

1단계	2단계	3단계	4단계	5단계
도입	〈교사〉 문제 제시하기(圖)	〈교사〉 1차 자료의 제공(說)	〈교사〉 2차 자료의 제공 (관련 전문가 혹은 교사의 조언)	마무리 하기
	〈학생〉 개인탐구 및 상호토론	〈학생〉 자료 읽기 및 잠정 결론 도출하기	〈학생〉 견해수정하기	

탐구식 수업에서 교사의 역할은 주도적이기보다는 간접적인 방법으로 학생들의 학습을 도울 뿐이다.[73] 이러한 퇴계의 관점은 『언행록言行錄』 등에 남겨진 후학들의 증언자료를 통하여 실제로 확인된다.

선생은 남과 논변할 때에 서로 의견이 맞지 않으면 자기의 의견이 혹시 미흡하지 않은가 하여 자기의 선입을 주장하지 않았으며 남과 자신을 분별하지 않고 허심하게 이리저리 따지되 뜻과 이치에 근거해 구하고 전훈에 근거해 물어보아 자기의 말이 이치에 맞고 전훈

---

[73] 퇴계의 師道觀에 관한 보다 자세한 연구는 尹用南, "退溪 李滉의 師道觀," 『退溪學報』 제95집(퇴계학연구원, 1997. 9), 51~84쪽 참조.

에 일치함이 있으면 곧 더불어 변설하여 상대의 의혹은 풀어주었다. 자기의 오래 전의 견해에 때로 미안함이 있으면 곧 자기를 버리고 상대를 좇았기 때문에 사람들이 기쁘게 복종하지 않음이 없었다.⁷⁴⁾ ; 후학들을 가르침에 싫어하거나 게을리 하지 않았으며 친구처럼 대접해서 끝까지 스승으로 자처하지 않았다.⁷⁵⁾

교수-학습의 전개과정에 의할 때 적어도 2단계와 3단계에서 학생과 학생간, 학생과 교사간에는 열띤 토론이 전개될 것으로 짐작해 볼 수 있다. 인용에서 보듯, 이 때 교사는 학생들보다 우위에 있다기보다는 토론의 상대방일 뿐이다. 뿐만 아니라, 퇴계는 후학들을 가르침에 개별화 교수에도 매우 신경을 쓴 것으로 보인다. 아래의 인용에서 보듯, 일찍이 공자가 주장했던 인재시교(因材施敎)와 수인이교(隨人異敎)의 방법을 퇴계는 성실히 실천에 옮겼던 것이다.

옛 문인들의 자질이나 병통이 만 가지로 다름을 안다. 그러므로 재주에 따라 가르침을 베풀고 증세에 대응해서 약을 쓰는 것이다.⁷⁶⁾ ; 배우려는 자가 가르침을 묻고 청하면, 그 자질의 얕고 깊음에 따라 가르쳐주고, 만약 깨닫지 못하는 곳이 있으면, 거듭해서 자세히 설명하여 깨우쳐주고야 그쳤다.⁷⁷⁾

---

74) 『增補 退溪全書』(四), 「言行錄」卷2,〈講辯〉. "與人論辯有所不合, 則猶恐己之所見, 或有未盡不主先入, 不分人己, 虛心紬繹, 求之於義理, 質之於典訓, 己言合理而有稽, 則更與辯說, 期於解彼之惑, 舊見或有未安, 卽舍己而從人, 故人莫不悅服."

75) 『增補 退溪全書』(四), 「言行錄」卷1,〈敎人〉. "訓誨後學, 不厭不倦, 待之如朋友, 終不以師道自處."

76) 『增補 退溪全書』(四), 「言行通錄」卷2. "知舊門人資質病痛, 有萬不同, 故因材施敎, 對症下藥."

77) 『增補 退溪全書』(四), 「言行錄」卷1,〈敎人〉. "學子質業請益, 隨其淺深而告詔之, 若有未曉處, 則反復詳說, 啓發乃已."

V. 결론

　인간의 본성은 선하다. 이는 인간의 태어날 때부터 함장하고 있는 선험적 이념이다. 이것은 군신이 있기 전에 군신의 리가 먼저 있고, 부자가 있기 이전에 부자의 리가 있는 것과 같다. 현실적으로 본성의 실현과 리의 발현은 기의 힘을 빌려야 하겠지만, 욕망의 합리적 추구를 넘어 순수한 도덕적 동기, 즉 이 선험적 이념에 따라 살아감이 바로 덕성의 본질이고 성인됨의 길인 것이다.

　퇴계적 의미의 천리와 선의지를 가장 잘 보존하고 있는 이가 어린아이다. 어린아이가 어른의 세계로 진입하려는 순간부터 이욕의 때가 묻기 시작한다. 이제 리발(理發)의 자발성보다는 기발(氣發)의 욕망이 우선적으로 작용한다. '기발리승'의 길이 중도를 얻도록 하는 소학단계의 교육은 그래서 설정되었다. 그러나 퇴계는 소학단계의 교육에서부터 리발기수(理發氣隨)의 길을 염두에 둔 교육을 고려했다. 그는 일상과 하학공부가 곧 비일상과 상달공부로 통한다고 보았다. 그럼에도 불구하고 소학교육에서 길러진 본성은 외부적 힘에 의하여 타율적으로 습득된 것이지, 스스로에 의해 자각적이고 반성적으로 터득한 것은 아니다. 어린 시절에 길러진 본성은 이익의 이전투구가 벌어지는 어른의 세계에 오면 쉽게 상처받을 수 있다. 어른이 되면 그 동안 길들여진 본성이나 습관화된 관습의 도덕이 현실과 맞지 않음을 의심하게 되고, 스스로의 자각적인 반성과 성찰을 통한 자기혁신이 모색된다. 이즈음이 리발기수(理發氣隨)의 길을 위한 대학단계의 교육에 해당한다.

　주체적이고 자각적인 성찰을 통한 천성의 회복!! 이것이 퇴계의 덕성교육론의 핵심이다. 반구제기(反求諸己)와 물격(物格)은 격물의 인식수준을 넘어 천리(天理)가 자발적으로 나의 마음속으로 도래하는 리자도(理自到)의 성찰과정이다. 경(敬)은 기발(氣發)의 사의(私意)가 항상 도덕적 선의지의 감시를 받아 '기발리승'의 정이 선을 향하도록 할 뿐만 아니라, 언제나 마음에서 천리가 발현하여 '리발기수'의 정이 표출될수 있도록 하는 공부와 교육의 원리이다. 이러한 퇴계의 교육론은 현대적 의미에서 자율적 도덕발달론에 가깝다고 할 수 있다. 그러나 형이상학과 형이하학, 존덕성과 도문학, 존양공부와 성찰공부, 소학공부와 대학공부를 동시에 강조하고 있다는 점에서, 그의 교육론은 정확히 말하여 '발달' 지향의 통합적 도덕교육론이라 하겠다. 여하튼 이처럼, 퇴계는 자율적 도덕발달의 입장에 있었기에, 교육의 실제와 관련해서 자료로서의 교재관에 입각한 교육과정을 중시했고, 학생 중심의 대화와 토론이 주가 되는 탐구식 교수-학습 모형을 설계했다. 교사의 역할은 주도적이기보다는 간접적인 방법으로 학생들의 학습을 도울 뿐이고, 개별화 교수방법을 중시하였다.

퇴계의 덕성교육론의 의문점을 적시해 둔다. 도덕은 선험적으로 실재하는 것일까? 인간만이 순수한 도덕적 동기와 선의지를 가지고 있을까? 이러한 사고 자체가 인간중심적이고 이상주의적 허구가 아닐까? 리(理)의 현현을 요청하는 리자도(理自到)와 경(敬)공부론은 윤리학이기보다 상제(上帝: 하나님)의 현현을 꿈꾸는 신학에 불과한 것이 아닐까? 퇴계 스스로는 부정하지만, 주체적 자각과 성찰을 통한 천리의 발견 방식이 왕양명과 불교적 혐의에서 벗어날 수 있는가? 자율적 도덕발달이란 결국 자기만의 도덕원리를 천리로 착각하게 만드는 꼴이 되지 않을까? 천리가 윤리학적 성찰의 대상이 아니라 특정 신학으로 형해화(形骸化)될 때 오히려 그것은 도덕의 발전을 가로막고 사회의 보수화를 가져오지 않을까? 이러한 물음들이 도덕실재론에 바탕을 둔 퇴계의 덕성교육론에서 떠오르는 의문이고 한계들로 여겨진다. 율곡이 그토록 퇴계의 리기호발론과 사단칠정론을 비판하며 자기만의 덕성교육론을 수립한 것도 이러한 의문과 한계 때문이라 여긴다.

제11장
율곡의 유위윤리와
사회화 지향의 도덕교육론

I. 서론

율곡 이이(栗谷 李珥, 1536~1584)는 48세의 길지 않은 생애 동안 오로지 실의에 빠진 조선사회의 개혁을 위해 분투하다가 비운에 간 적극적 참여의 철학자요 경세가였던 것 같다.[1] 철학의 측면에서, 그는 "만일 주자가 참으로 리기(理氣)가 서로 발용(發用)함이 있어, 상

---

[1] 李珥(1536-1584)의 생애를 간략히 요약한다. 그는 16세기 조선의 대표적 철학자, 정치가, 교육사상가였다. 자는 숙헌(叔獻)이고 호는 율곡(栗谷)이다. 아버지 이원수(李元秀)는 사헌부감찰·의정부좌찬 등의 관직을 지냈고, 어머니 신사임당(申師任堂)은 경서와 시문·서화 등에 정통한 사람으로, 이이(李珥)가 성장하는 데 중요한 영향을 끼쳤다. 율곡은 7세 되었을 때 "어머니한테 처음으로 직접 학업을 받았는데 진취가 빨라 문리를 모두 꿰었을 뿐만 아니라 사서(四書)를 하나같이 스스로 통달하였다"고 전한다. 8세가 되던 가을에는 그의 5대조 할아버지인 이지돈(李知敦)이 지은 율곡촌 화석정(栗谷村 花石亭)에 올라가 논적이 있었는데, 거기에서 그는 사람들이 깜짝 놀라게 한 다음과 같은 시를 지었다 한다. "숲속 정자에 가을이 이미 깊은데 / 시인의 정취는 끝없이 이어지네. 물살은 멀리 하늘에 닿아 푸르고 / 서리 맞은 단풍은 햇살 받아 붉구나. 산은 외로운 둥근 달을 토해 내고 / 강은 만리의 바람을 머금었네. 차가운 저 기러기 어디로 가느냐 / 울음소리 저녁 구름 속으로 끊어져 버리네." 13세 때 율곡은 진사 초시에 합격하였다. 16세 때 어머니를 여인 그는 19세에 집을 떠나서 금강산에 들어가 호를 의암(義庵)이라고 짓고 불교를 공부한다. 불교를 공부하는 동안 그는 한 노승과 토론을 벌인 끝에 다음과 같은 시구를 남긴 바 있다. "물고기가 뛰놀고 소리개가 나는 것은 위와 아래가 같은 것 / 이런 것은 색(色)도 아니고 그렇다고 공(空)도 아니네. / 뜻없이 웃다가 문득 내 몸을 돌아보니 / 해 기운 수풀 속에 홀로 서 있구나." 약 1년 정도 그렇게 사색의 세월을 보내고 나서야 "마침내 그 학문의 그릇됨을 의심하고" 집으로 돌아와 "다시 성현의 글을 취하게"된 그는 오로지 유학의 공부에만 매진한다. 20세 때 그는 「자경문(自警文)」을 지었는데 이 글의 1조는 다음과 같다. "먼저 그 뜻을 크게 가져야 한다. 성인으로써 준칙을 삼아 조금이라도 성인에 미치지 못한 점이 있으면 나의 할 일은 아직 끝난 게 아니다." 23세 봄에 강릉의 외조부 댁에 가는 길에 그

대(相對)해 각각 발하는 것으로 생각하였다면 이것은 주자도 또한 오류를 범한 것이다. 어떻게 주자가 될 수 있겠는가."라 하여,[2] 감히 주자를 비판할 정도로 '탐구의 학'을 소중히 했던 사상가였다. 경세의 측면에서, 그는 13세에 진사초시(進士初試) 합격을 시작으로 29세에 문과(文科) 장원급제하기까지 무려 아홉 번에 걸쳐 장원급제하는 천재적 능력을 발휘하였고, 29세에 호조좌랑(戶曹佐郞)을 시작으로 30대에 사간원정언(司諫院正言) 등 7개의 내외관직을, 40대에 홍문관부제학(弘文館副提學), 이조판서(吏曹判書) 등 10개의 관직을 오가는 '참여의 길'을 선택하였다. 물론 그가 사직소(辭職疏)를 올리며 '처사의 길'을 요구했던 적이 여러 차례 있었지만, 거의 받아들여지지 않았고 생애의 반을 관직생활에서 보냈다.

'탐구의 학'을 소중히 하고 '참여의 길'을 살았던 만큼, 관직생활의 바쁜 와중에서도 율곡은 많은 저술을 남겼다. 『동호문답東湖問答』(34세), 『성학집요聖學輯要』(40세), 『훈몽요결擊蒙要訣』(42세), 『경연일기經筵日記』(46세)는 그 대표적인 저작이다. 물론 이외에 논설과 시부 등 많은 저술이 있다. 견해차가 있겠지만, 연구자는 그의 저술을 대표하는 이 네 저작이 상징하는 의미가 있다고 여긴다. 즉, 『동호문답』 『경연일기』가 정치 관련 저술이라면, 『성학집요』 『격몽요결』은 교육서로 읽는다. 원래 유교가 수기치인의 학문이듯이, 유자들에게 있어 정치와 교육은 별개의 것이 아니었다. 적극적인 참여의 길을 모색했던 율곡이 관직생활의 바쁜 와중에서도 이러한 학문활동을 전개한 것은 바로 그러한 유자들의 이상을 실현해 보고자 하는 것이었다. 특히 『성학집요』의 저술은 그런 것 같다. 이른바 '성학'(聖學)이란

는 당시 전국에 명성을 날리던 대유학자 이황을 방문하여 그에게 자기가 혼자서 공부하면서 부딪쳤던 여러 가지 문제들, 이를테면 주경공부(主敬工夫), 격물설(格物說), 존양성찰(存養省察) 및 이황의 지은 『성학십도』 중 의문나는 사항들에 대해 가르침을 청했다고 한다. 그해 겨울에 서울로 돌아와 별시(別試)에 응시하여 장원급제하였다. 29세 7월에선 생원진사에 합격, 8월에는 명경(明經)에 급제하여 호조좌랑에 임명되었다. 29세에 정치무대에 처음 나아가 이후 생애를 마치기까지 20년 동안 이조좌랑, 호조판서, 부제학, 대제학 등 국가의 요직을 역임하는 등 사회·정치활동에 적극적으로 참여하였다. 대표적 저작으로 철학서: 「답성호원(答成浩原)」, 「천도책(天道策)」, 「역수책(易數策)」, 「사생귀신책(死生鬼神策)」, 「답안응휴(答安應休)」 등. 사회·역사서: 「동호문답(東浩問答)」, 「만언봉서(萬言封書)」, 「진시사소(陳時事疏)」, 「군정책(軍政策)」 등. 교육서: 「소아수지(小兒須知)」, 「격몽요결(擊蒙要訣)」, 「향약해설(鄕約解說)」, 「성학집요(聖學輯要)」, 「동거계(同居戒)」, 「학교사목(學校事目)」, 「학교모범(學校模範)」 등이다. 이상은 모두 『율곡전서(栗谷全書)』(44권)에 수록되어 있고, 이외에 『사서언해(四書諺解)』, 『소학집주(小學集注)』 등도 있다.

2) 『국역 율곡전서』, (III), 「서 2」〈성호원에게 답하다〉, 65쪽. (성남: 한국정신문화연구원, 1996). 이하 모든 『국역 율곡전서』는 한국학중앙연구원(前 한국정신문화연구원)에서 번역 출간한 것을 자료로 삼는다. 필요할 경우 번역을 수정했다.

'성인이 되기 위한 학문론 혹은 공부론'을 뜻하거니와, 유교에서 '성인'이란 내성외왕(內聖外王)의 도학이념을 실현했던 이를 뜻했다. 따라서 '성학'은 내성외왕을 실현할 수 있는 성왕이 되기 위한 공부론인 셈이다. 그도 그럴 것이 율곡이 『성학집요』를 저술한 것은 선조임금을 위한 것이었다.

그러나 『성학집요』는, 율곡 스스로도 밝혔듯이, "임금의 학문을 주로 하였지만 실상은 상하에 모두 통하는 것"[3]이다. 말하자면, 이 책은 성인이 되고자 하는 모든 유자들이 공부해야 할 학문적 요점을 밝힌 것이다. 특히 이 책은 "단순히 성현들의 글 모음"에 불과하다는 율곡의 고백[4]과는 달리, 율곡적 관점과 문법에 토대하여 쓰여 졌다. 성인이 되기 위하여 유자들이 공부해야할 교육과정에 대해서는 이미 선현들이 제시한 목록이 있어왔다. 예컨대, 주희는 일찍이 『소학(小學)』·『대학(大學)』을 비롯한 사서삼경(四書三經), 『근사록(近思錄)』 등의 성리서(性理書), 역사서 등의 폭넓은 교육과정을 주장했고, 많은 유자들이 그의 교육과정을 따라서 공부를 해왔다. 이러함에도 불구하고 율곡이 굳이 '집요'(輯要)의 형식과 자신의 문법으로 이 『성학집요』라는 책을 저술한 것인가?

그동안 『성학집요』에 주목하여 율곡의 사상을 밝히는 다각적인 연구가 있어왔다. 철학적 관점에 주목한 연구도 있고,[5] 정치사상적 관점에 주목한 연구도 있었다.[6] 직간접적으로 교육학적 관점에서 접근한 연구들도 많다.[7] 선행연구들은 좋은 길잡이가 될 것이다. 그러나 다른 연구와 달리, 우리의 관심사는 도덕교육론적 관점에서 접근해 보고자 하는 것이다. 따라서 우리의 기본 가정은 『성학집요』를 도덕교육의 교재로 보는 것이다. 즉, 『성학집요』는 교육적 고려에서 저술된 '교재' 혹은 '교과서'라는 데에 더 주목하고자 한다. 따라서 그동안 선행연구들이 충분히 다루어온 책의 내용을 분석하고 성학의 규모를 설명하는 반복적인 작업은 생략한다. 우리의 관심사에 유의하여 『성학집요』라는 교재(교과서)에 함의된 도덕교육의 이론적 특성을 밝히는 데 초점을 두고자 한다.

성리학의 형이상학적 토대인 리기론에 대한 관점에 따라 다른 도덕교육이론이 탄생한다.

---

[3] 『국역 율곡전서』(V), 「성학집요」, 11쪽. (성남: 한국정신문화연구원, 1985).
[4] 『국역 율곡전서』(V), 「성학집요」, 2쪽.
[5] 대표적인 예로 황준연, "율곡의 철학사상에 관한 연구: 성학집요를 중심으로," (성균관대 대학원, 1987) 등.
[6] 대표적인 예로 이성태, "성학집요를 중심으로 한 율곡 이이의 정치사상연구," (경상대 교육대학원, 1997) 등.
[7] 대표적인 예로 손인수, 『율곡사상의 교육이념』(서울: 문음사, 1997); 『율곡사상의 이해』(서울: 교육과학사, 1995) 등

리기론은 도덕의 개념과 덕성의 본질을 규정하고, 도덕의 개념과 덕성의 본질에 대한 규정에 따라 교육방법론이 달라질 것이기 때문이다. 앞의 제10장에서는 이러한 관점에서 주리론적 패러다임에 토대한 퇴계의 당위윤리학과 도덕교육론을 검토하였다. 이 장에서는 주기론적 패러다임에 토대한 율곡의 유위윤리학과 도덕교육론을 탐색해 보기로 한다.

II. 율곡의 도덕교육에 대한 기본 관점과 『성학집요』

1. 기본 관점: 주자 입론의 원용

도덕교육에 관한 주희의 입론은 이른바 '소학-대학계제설'(小學-大學階梯說)에 입각한 두 단계의 교육과정으로 요약된다.[8] 도덕교육은 우선, 덕목이나 규범을 내면화하는 것에서부터 시작되어야 한다. 격물·치지 이전에 함양·실천해야 한다는 〈소학의 단계〉가 그것이다.[9] 다음으로, 규범을 내면화하는 소학의 단계가 끝나고 〈대학의 단계〉에 오면 그 동안 맹목적으로 수용해온 규범에 대한 반성적 성찰이 이루어진다. 격물치지의 단계가 그것이다.[10] 율곡의 도덕교육에 대한 기본 관점도 이러한 주자의 입론을 수용하고 원용하고 있다. 우선, 『성학집요』에서 율곡은 주자의 언표를 직접 인용하고 있다.

> (1) 옛날의 성인이 이를 근심하여 처음에 「소학」을 가르쳐서 정성과 공경함을 익히게 하였으니, 곧 그 놓친 마음을 거두어들이고 덕성을 기르는데 있어 이미 그 지극하지 아니한 것이 없었으며, 「대학」으로 나아가면 또 사물 가운데 나아가서, 이미 아는 바 이치를 따라 깊이 궁구하여 각각 그 극치에 이르게 하였으니, 나의 지식이 또한 두루 통하고 정

---

8) 이에 대한 자세한 고찰은 졸저, 『유교 도덕교육론』(서울: 원미사, 2001), 73~121쪽; 이 책의 9장 참조.
9) 『朱子大全』, 卷42, 「答吳晦叔」(제9서). "蓋古人之教, 自其幼幼, 而教之以孝悌誠敬之實, 及其少長, 而博之以詩書禮樂之文, 皆所以使之即夫一事一物之間, 各有以知其義理之所在, 而致涵養踐履之功也."
10) 『朱子大全』, 卷42, 「答吳晦叔」(제9서). "及其十五, 成童學於大學, 則其灑掃應對之間, 禮樂射御之際, 所以涵養踐履之者, 略已小成矣. 於是不離乎此, 而教之以格物以致其知焉."

밀하여 다하지 아니한 것이 없었다.[11]

(2) 어떤 사람이 묻기를, "제가 어려서부터 「소학」의 차서를 잃었는데, 「대학」을 배우는 것이 어떠하겠습니까." 하니 주자가 대답하기를, "「대학」을 배우려면 먼저 「소학」을 보아야만 한다. 달포의 공부를 하면 될 것이다."하였습니다.[12]

인용의 (1)은 소학-대학계제설, (2)는 '학불엽등'의 원칙과 관련한 언표이다. 관련인용이 다른 곳에서도 여러 차례 보인다.[13] 이 점에서 율곡의 주자 입론에 대한 이해는 분명하다. 그랬기에 율곡은 주자의 입론을 원용할 수도 있었다. 그 증거가 바로 『격몽요결』과 『성학집요』의 저술이라고 여긴다. 즉, 『격몽요결』이 소학단계에 있는 초학자들을 위한 덕성교육의 교재로 저술한 것이라면, 『성학집요』는 대학단계의 학생들을 위한 덕성교육 교재로 저술된 것이라는 점이 우리의 가정이다. 후자에 대해서는 다음 절로 미루고 『격몽요결』의 교재적 성격과 도덕교육론적 함의를 좀 더 보기로 하자.

율곡은 『격몽요결』의 저술 동기를 "초학들이 (공부의) 향방을 모를 뿐 아니라, 굳은 뜻이 없이 그저 아무렇게나 이것저것 배우면 피차에 도움이 없고 도리어 남의 조롱만 사게 될까 염려"되었고, "학도들로 하여금 이것을 보아 마음을 씻고 뜻을 세워 즉시 공부에 착수"하게 할 목적임을 밝히고 있다. 이처럼 초학들의 덕성교육을 위한 교재이기에 그 내용은 『소학』처럼 "일용의 모든 일"에 관한 것들이다. 즉, 그것은 "아비가 되어서는 자애롭고, 자식이 되어서는 효도하고, 신하가 되어서는 충성하고, 부부간에는 분별이 있고, 형제간에는 우애롭고, 젊은이는 어른을 공경하고, 친구 간에는 신의를 두는 것"과 같은 일상의 마땅한 바의 덕과 규범에 관한 것이다. 『격몽요결』에서는 이러한 내용을 "마음을 세우는 것, 몸가짐을 단속하는 일, 부모를 봉양하는 법, 남을 접대하는 방법" 등 10개의 장으로 구분하여 기술하고 있다.[14]

특히, 〈독서장讀書章〉에서는 향후 공부해야할 교육과정에 대해서 언급하고 있는데, 그 순서는 『소학』 → 『대학』『대학혹문』을 비롯한 오서오경(五書五經) → 『근사록』 등 송대 선현

---

11) 『국역 율곡전서』(V), 「성학집요」, 42쪽.
12) 『국역 율곡전서』(V), 「성학집요」, 48쪽.
13) 『국역 율곡전서』(Ⅳ), 「학교모범」, 124쪽; 『국역 율곡전서』(Ⅵ), 「격몽요결」, 7쪽 등.
14) 이 문단의 직접인용과 내용은 모두 『국역 율곡전서』(Ⅵ), 「격몽요결」〈서〉, 1쪽 참조. 10개의 장명은 제1장 立志, 제2장 革舊習, 제3장 持身, 제4장 讀書, 제5장 事親, 제6장 喪制, 제7장 祭禮, 제8장 居家, 제9장 接人, 제10장 處世 등이다.

들의 성리서(性理書) → 역사서 등이다.15) 그렇다면 『격몽요결』은 누가 언제 공부해야할 책인가? 초학 중의 초학자들을 위한, 말하자면 소학단계에 이제 막 들어설 초학자들을 위한 입문서 격의 교재라 할 수 있을 법 하다. 『성학집요』〈교자장敎子章〉에서 율곡은 『예기禮記』를 인용하여 "나이 열 살이 되면 바깥 스승에게 나가서 글(書)과 셈을 배우기 시작한다."고 하고 있다.16) 그렇다면 이때 글쓰기의 학습과 아울러 『격몽요결』을 배우고, 다음으로 『소학』을 배우는 순서가 될 것이라 짐작할 수 있다. 물론 '학불엽등'의 원칙에 의거할 때 반드시 배우는 나이가 중요한 것은 아닐 테지만, 『격몽요결』은 소학단계의 학습을 위한 입문서임이 분명하다.

그리고 『격몽요결』 『소학』 등을 배우는 소학단계에서의 교육방법론은 한마디로 '도덕적 사회화'이다. 다음의 인용을 보자.

(1) 옛날 사람은 자식을 낳아서 그가 능히 스스로 밥 먹을 줄 알거나, 능히 말할 줄 알게 되면, 곧 그에게 소학의 법도를 가르쳐 미리 교육을 시켰다. 사람이 어렸을 때는 지각이나 생각에 있어 아직 주장이 투철하지 못하므로 곧 격언(格言)과 지당한 의론으로써 날마다 그 앞에서 얘기하고 비록 잘 깨닫지 못한다 할지라도 또한 마땅히 배우고 익히게 하면 귀에 차고 마음에 가득하여, 오래가면 스스로 편안히 익혀져서 마치 그것이 본래부터 있는 것 같이 되어, 비록 다른 말로써 현혹시킨다 할지라도 빠져들지 않을 것이다.17)

(2) 반드시 도와 덕 있는 선비를 선발하여 사부(師傅)로 삼아서, 세자로 하여금 공경을 극진히 다하게 하여, 스승의 도를 엄정히 하여 보고 느끼는 데에서 본을 받게 하며, 보좌하는 요속들도 모두 단정하고 뜻이 바르며 도가 있는 선비를 선발하여 밤낮으로 함께 같이 있게 하면서, 좌우에서 붙들어 보좌하게 하고 훈습(薰習)시켜 천성(天性)을 이루게 하되, 잘못이 있으면 기록하고 게으르면 경계하여, 세자로 하여금 언제나 마음으로 근신하게 하여, 스스로 안일한 여가를 갖지 못하게 해야 되는 것입니다.18)

인용(1)은 율곡이 정자(程子)의 언표를 빌린 것이다. 소학단계의 교육에서 학생들은 아직 지각능력이 발달하지 못했기 때문에 바른 덕과 규범에 대하여 끊임없이 반복 학습하는

---
15) 『국역 율곡전서』(VI), 「격몽요결」, 7~8쪽.
16) 『국역 율곡전서』(V), 「성학집요」, 226~227쪽.
17) 『국역 율곡전서』(V), 「성학집요」, 228쪽.
18) 『국역 율곡전서』(V), 「성학집요」, 234~235쪽.

사회화가 중요하다. 그리고 인용(2)에서 보는 것처럼, 덕 있는 교사의 모범이 중요하고, 영향력 있는 주변 사람들이 어떤 이인가 하는 점도 중요하다. 학생들은 교사와 그들을 모델로 삼는 가운데 자연스럽게 도덕적 행위를 배우면서 덕과 규범을 습득해 갈 것이기 때문이다.

그러나 이러한 도덕사회화의 관점이 대학단계의 교육에서도 유효한 것인가? 우리는 『성학집요』가 대학단계의 학생들을 위한 도덕교육 교재로 저술된 것이라 가정했다. 이 가정이 맞다면 우리는 이 교재에 주목함으로써 여기에 함의된 도덕교육의 방법론을 탐색할 수 있을 것이다.

2. 도덕교육 교재로서 『성학집요』의 특성

『성학집요』가 대학단계의 학생들을 위한 덕성교육 교재로 저술된 것이라는 우리의 가정을 분명히 확인하고 넘어가자. 덕성교육에 관한 주희의 입론에서 대학단계의 교육과정에서 첫 번째로 다루어야할 입문서 격의 교재는 『대학』이었다. 이 점에 대해서는 율곡도 이론(異論)이 없다. 『성학집요』가 대학단계의 교재라면 이 입문서인 『대학』과 무관하지가 않을 것이다. 『성학집요』의 서문에서는 이 점에 대해 명쾌히 적시해 주고 있다.

(1) 도(道)는 오묘해서 형상이 없기 때문에 글로써 도를 표현한 것이옵니다. 사서(四書)와 육경(六經)에 이미 밝고 또 구비되었으니, 글로써 도를 구하면 이치가 다 나타날 것이옵니다. 다만 전서(全書)가 호번(浩繁)하여서 요령을 얻기가 어려우니, 선현이 「대학」을 표장하여 규모를 세웠사옵니다. 성현의 천만 가지 교훈이 모두 여기에 벗어나지 않사오니, 이것이 요령을 얻게 하는 방법이옵니다.

(2) 서산 진씨(西山 眞氏)가 이 책을 미루어 넓혀서 「연의衍義」를 만들어, 널리 경전을 인용하고 겸하여 사적을 인용하여, 학문을 하는 근본과 다스리는 차례가 찬연히 조리가 있사온데 임금의 몸에 중점을 두었으니, 참으로 제왕의 도에 들어가는 지침이옵니다. 다만 권수가 너무 많고 문장이 한만(汗漫)하여 일을 기록한 글 같고 실학의 체계가 아니니, 참으로 아름답기는 하나 다 착하지는 못하옵니다.

(3) 가만히 생각하옵건대, 「대학」은 본래 덕에 들어가는 입문인데, 진씨(眞氏)의 「연의」는 오히려 간결하지 못하니, 진실로 「대학」의 뜻을 모방하여 차례를 따라 나누어서, 성현

의 말씀을 정선하여 거기를 메우고 절목을 자세하게 하여, 말은 간략하되 이치가 다하게 되면 곧 요령의 방도가 여기에 있사옵니다.[19]

인용에서 보듯이, 『대학』은 대학단계의 교육을 위한 입문서이다. 그런데 너무 함축적이어서 이해가 쉽지 않다. 서산 진씨가 저술한 『대학연의大學衍義』는 자세한 주석과 해설을 담고 있는 장점이 있지만, 너무 권수가 많고 문장이 산만하며 현실성이 떨어지는 병폐가 있다. 그래서 율곡은 『대학』의 깊은 뜻을 잃지 않으면서 현실성이 있고 가독성이 있는 교재를 저술하였는바, 그것이 바로 『성학집요』인 것이다. 다음의 표를 보면 율곡이 얼마나 『대학』의 깊은 뜻에 유의하여 이 교재를 저술하였는지 짐작할 만하다.

〈표 1〉 『성학집요』와 『대학』의 관련 목차 비교

		성학집요	대학의 관련 조항
통설		1편 통설 - 명명덕, 신민, 지어지선	
명명덕	수신	2편 수기 - 명명덕 1장 총론	
		2장 입지 3장 수렴	방향을 정해서 흩어진 마음을 구하여 [대학]의 기본을 세운 것
		4장 궁리	[대학]의 격물치지
		5장 성실 6장 교기질 7장 양기 8장 정심	[대학]의 성의정심
		9장 검신	[대학]의 수신
		10장 덕량 11장 보덕 12장 돈독	성의·정심·수신의 남은 뜻을 논한 것
		13장 공효	수기의 지선에 이르는 공효

---

19) 이상의 인용은 모두 『국역 율곡전서』(V), 「성학집요」〈서〉, 8~9쪽.

신민	제가	3편 제가 　1장 총론	
		2장 효경 3장 형내 4장 교자 5장 친친	어버이에게 효도하고, 처자에게 모범이 되며, 형제간에 우애하는 도리
		6장 근엄 7장 절검	미진한 뜻을 미루어 연역함
		8장 공효	제가의 공효
	치국 평천하	4편 위정 　1장 총론	
		2장 용현 3장 취선	[대학]의 어진 사람이라야 능히 사랑하고 미워할 수 있다는 뜻
		4장 식시무 5장 법선왕 6장 근천계	[대학]에서 인용한 "마땅히 은나라에 볼지어다. 준명이 쉽지 않다."는 뜻
		7장 입기강	[대학]의 "나라를 가진자는 삼가야 할 것이니 편벽하면 천하의 살육이 된다." 는 뜻
		8장 안민 9장 명교	[대학]의 "군자혈구의 도가 있으니 백성이 효제에 흥기하여 배반하지 않는다."는 뜻
		10장 공효	치국평천하의 공효
		5편 성현도통	[대학]의 실적

　율곡이 직접 안내하였듯이, 일단 "이 책은 사서(四書)와 육경(六經)의 계단이며 사다리(階梯)"에 해당한다. 그러나 『대학』처럼 단순히 대학단계의 교육을 위한 입문서에 머무르지 않는다. 『성학집요』는 『대학』의 깊은 뜻을 설명하기 위하여 사서오경(四書五經)은 물론 송대 선현들의 주장까지 모두 끌어들이고 있기 때문이다. 『대학』이 학문과 공부의 규모를 밝혀주고 있지만 아무래도 너무 소략하고 함축적이다. 그래서 『대학』의 깊은 뜻을 이해하는 것도 쉽지 않거니와, 『대학』을 완전히 이해하지도 못한 상황에서 바로 사서오경 공부로 넘어가는 것도

부담이다. 『대학』과 사서오경 사이에 또 하나의 징검다리가 필요하다. 율곡은 바로 이 징검다리를 설정하기 위하여 『성학집요』를 저술한 것이라 볼 수 있다. 그가 "이 책은 사서와 육경의 계단이며 사다리"라고 한 언표는 이를 두고 한 말이라 여긴다. 이러한 점에서 『성학집요』는 개론과 각론 사이를 연결하는 도학(道學)총론 혹은 성리학총론 격의 교재라 할 만하다.

Ⅲ. 주기론적 유위윤리와 도덕성의 본질

1. 기발리승일도설(氣發理乘一途說)과 유위윤리학

성리학에서 리기론은 세계와 인간을 설명하기 위한 최상위의 형이상학적 개념 틀이다. 따라서 리기론에 관한 철학적 관점이 어떠냐에 따라 세계와 인간을 설명하는 방식이 달라지게 마련이다. 주지하듯이, 율곡의 리기론에 관한 철학적 관점은 리기지묘(理氣之妙)와 기발리승일도설(氣發理乘一途說), 리통기국(理通氣局)과 리일분수설(理一分殊說) 등으로 요약된다. 이에 관한 구체적 고찰은 그동안 많은 선행연구들이 다루었기에 『율곡전서』 여기저기에서 관련 전거들을 끌어들이며 반복 설명하는 수고를 여기서는 생략한다. 대신 『성학집요』가 대학단계에서 다루는 도학총론 격의 교재라면, 이 교재에도 리기론에 관한 관점이 함축되어 있을 것이기에, 그 한도 내에서 율곡적 관점을 재확인해 보기로 한다. 다음의 인용을 보자.

어떤 사람이 신에게, "리와 기는 1물인가 2물인가."하여 신은 대답하기를, "예전 사람들의 해석을 참고한다면 하나이면서 둘이요, 둘이면서 하나인 것이다. 리와 기는 혼연히 간격이 없어서 원래부터 서로 떠나지 못하여 2물이라고 할 수 없기 때문에, 정자는 말하기를, '기(器)도 도(道)요, 도도 기이다.' 하였다. 비록 서로 떠나지 못하더라도 혼연한 가운데서 서로 섞여 있지 않으니 1물이라고 가리킬 수 없으므로, 주자는 말하기를, '리는 리요, 기는 기니, 서로 섞여 있지 않다.' 하였다." 두 가지 말을 합하여 음미하고 사색한다면, **리기지묘(理氣之妙)**를 거의 알 것이다. 대체로 말한다면 리는 형체가 없고, 기는 형체가 있기에 **리통기국(理通氣局**: 리통이란 천지 만물이 동일한 리라는 것이요, 기국이란 천지 만물이 각각 일기(一氣)라는 것입니다. **리일분수(理一分殊)**란 것은 리는 본래 하나인데, 기가 고르지 않으므로 말미암아 소속한 바에 따라 각각 한 리가 되니, 이것이 분수인 이유요, 리가 본일一이 아니란 것은 아닙니다.)이요, 리는 무위인데, 기는 유위하기 때문에 **기발리승(氣發理乘:** 음·양이 동·정하는데, 태극이 이것을 올라타니 발하는 것은 기이며, 그 기를 올라타는 것은 리입니다. 그러므로 인심은 지각이 있고, 도체는 무위입니다. 공자는 말하기를, "사람은 도를 넓힐 수 있으되, 도는 사람을 넓힐 수 없다." 하였습니다.)이다. 무형·무위이면서 유형·유위의 주재가 되는 것은 리요, 유형·유위이면서 무형·무위의 器가 되는 것은 기이다. 이것은 리·기를 궁구하는 큰 실마리이다."하였습니다. [20]

조금 긴 이 인용 속에, 리기론에 관한 율곡적 관점인 리기지묘(理氣之妙)와 기발리승일도설(氣發理乘一途說), 리통기국(理通氣局)과 리일분수설(理一分殊說)이 함축적으로 모두 들어있다. 리와 기의 관계에 대하여 율곡은 리기불상리(理氣不相離)의 입장에서 리와 기는 일물(一物)도 아니고 이물(二物)도 아닌, '하나이면서 둘이고 둘이면서 하나'(一而二, 二而一)라는 리기지묘(理氣之妙)의 관점에 서 있다. 리와 기는 원래 서로 떠나지 못하는 하나이다. 그런데 기의 속성은 유형·유위(有形·有爲)이면서 형태를 이루고, 리는 무형·무위(無形·無爲)이면서 기의 주재가 되고 원리를 제공한다.[21] 따라서 세계 탄생에 있어서 리와 기는 선후가 없고 동시 출현과 만남이다. 주렴계의 『태극도설』의 "태극동이생양(太極動而生陽)"을 오독(誤讀)해서는 안 된다. 동(動)하고 정(靜)하는 움직임은 누가 밖에서 시키는 것도 아니요, 리와 기도 앞뒤를 말할 수 있는 것이 아니다. 그러나 기가 동하고 정하는 것은 모름지기 리가 근본이 된다. 그러므로 '태극이 동하여 양을 낳고 정하여 음을 낳는다.'한 것일 뿐이다. 만일 이 말을 오독하면 태극은 음양 이전에 홀로 존재하며 음양도 무(無)에서 나온 유(有)처럼 읽을 수 있는데 그것은 분명 잘못이다.[22]

기의 동정에 리가 원리를 제공하며 세상만물은 탄생한다. 리는 형체가 없는 것이기에 리통(理通)이고, 기는 형체가 있는 것이기에 기국(氣局)이다. 그래서 존재들의 다양성이 결정된 것이다. 리통(理通)이란 천지만물이 동일한 리이다. 근원적 통일성인 리일(理一)이 분화되어

---

20) 『국역 율곡전서』(V), 「성학집요」, 85~86쪽.
21) 『국역 율곡전서』(V), 「성학집요」, 14쪽.
22) 『국역 율곡전서』(V), 「성학집요」, 64쪽.

경험적으로 현상화된 분수(分殊)의 리도 동일한 리이다. 이것이 리일분수설(理一分殊說)이다. 리일(理一)이 본연지리(本然之理)라면, 리분수(理分殊)는 유행지리(流行之理)이다. 본연지리든 유행지리이든, 리의 관점에서 보면 모든 존재들이 형제다. 그러나 형제란 같음과 동시에 다름의 존재들이다. 리통이기에 형제는 같지만, 기국 때문에 형제끼리도 다르다. 기에도 본연지기(本然之氣)와 유행지기(流行之氣)가 있다. 본연지기는 '담일청허'(湛一淸虛)한 순수 그 자체의 기이지만, 유행지기에는 청/탁(淸/濁), 수/박(粹/駁), 정/편(正/偏), 통/색(通/塞)의 차이가 있다. 세상만물의 탄생에서 본연지리와 본연지기가 극적으로 만나는 경우도 없지 않겠지만, 대체로 유행지리와 유행지기가 만난 것이 세상이다. 그래서 세상은 인간, 동물, 식물 등으로 다양해졌다. 인간세계가 성인, 군자, 소인, 야만으로 구성된 것도 같은 이치이다.

기발리승일도설(氣發理乘一途說)은 리기론과 심성론의 연결고리가 되는 율곡적 관점이다. 주지하듯이, 이 설은 율곡이 퇴계의 리기호발설(理氣互發說) 혹은 리발기수지/기발리승지설(理發氣隨之/氣發理乘之說)에 반대하여 주장한 것이다. 그는 퇴계의 관점 중에 오로지 기발리승(氣發理乘)만이 옳다는 것이다. 다음의 인용을 보자.

> 대개 심·성을 두 용[二用]으로 생각하고 사단과 칠정을 두 정[二情]으로 생각하는 것은 모두 리·기에 있어서 투철하지 못한 까닭입니다. 대체로 정이 발할 때에 발하는 것은 기요, 발하는 까닭은 리입니다. 기가 아니면 발할 수 없고 리가 아니면 발할 까닭이 없으니, 리·기는 섞이어 원래부터 서로 떠나지 못합니다. 만일 리(離)·합(合)이 있으면 동(動)·정(靜)도 끝이 있고, 음·양도 처음이 있는 것입니다. 리란 것은 태극이요, 기란 것은 음양인데, 이제 태극과 음양이 서로 동(動)한다고 하면 말이 되지 않습니다. 태극과 음양이 서로 동할 수 없으면 리와 기가 서로 발한다는 것이 어찌 오류가 아니겠습니까.[23]

인용에서 "마음과 성을 두 가지 작용으로 생각하고, 사단과 칠정을 두 가지 정으로 생각히는 것"은 무슨 말인가? 이는 아마도 〈성=본연지성=리발=사단〉, 〈마음=기질지성=기발=칠정〉으로 보는 이원적 사고로, 퇴계의 리기호발설을 겨냥한 말이다. 이 점은 "옛날에 어떤 사람이 미발(未發) 이전의 마음과 성의 구별을 물었더니, 주자는 말하기를 '마음에는 체와 용이 있으니, 미발은 마음의 본체요 이발(已發)은 마음의 작용인데 어떻게 지정하여 말

---

23) 『국역 율곡전서』(V), 「성학집요」, 83쪽.

수 있겠습니까.'하였습니다. 이렇게 본다면 마음과 성의 두 가지 현상이 없는 것을 알 수 있습니다. 마음과 성에 두 가지 현상이 없다면 사단과 칠정도 어찌 두 가지 정이겠습니까."[24]라는 율곡의 언표에서 알 수 있다.

율곡은 "대개 마음의 본체는 성이요, 마음의 작용은 정인데, 성정 밖에 또 다른 마음은 없다."고 단정한다.[25] 여기서 우선, 마음의 본체인 성은 본연지성과 기질지성으로 구분되는 두 개의 마음이 아니라 기질지성 한 가지일 뿐이다. 본연지성이란 어디까지나 기질의 위에 나아가 단순히 그 리만을 지칭한 표현일 뿐이고, 마음이란 이미 리와 기의 묘합으로 구성된 기질지성일 뿐인 것이다.[26] 물론 마음은 기질지성이라 하더라도 그 기질 속의 리는 본래부터 갖추어져 있는 그대로 공명하고 정대하다. 어쨌든 둘째, 이처럼 미발의 마음인 성이 둘이 아니듯이, 이발의 마음인 정도 사단과 칠정으로 구분되는 두 가지가 아니다. "오성밖에 다른 성은 없고, 칠정 밖에 다른 정도 없다. 맹자가 칠정 가운데에서 그 선정만을 적출하여 사단으로 지목한 것이고 칠정 밖에 사단이 따로 있는 것이 없다."[27] 즉 "사단은 다만 리만 말한 것이고, 칠정은 리와 기를 합하여 말한 것이며, 두 가지 정이 있는 것이 아니다."[28] 따라서 셋째, 마음과 성을 두 용[二用]으로 생각하고 사단과 칠정을 두 정[二情]으로 생각하는 것은 잘못된 관점이고, 이러한 관점의 근거가 되는 태극과 음양이 서로 동할 수 있다고 생각하여 리와 기가 서로 발한다고 보는 퇴계의 관점도 잘못이다.

그렇다면 마음이 작용하는 길은 한 가지, '기발리승'(氣發理乘)의 길만이 있을 뿐이다. '음·양이 동·정하는데 태극이 이것을 올라타니, 발하는 것은 기이며 그 기(機)를 올라타는 것은 리이다.' 다른 표현으로 '정으로 표출될 때에 발하는 것(능발能發)은 기요, 발하는 까닭(소발所發)은 리이다. 이처럼 능발의 기와 소발의 리는 섞이어 원래부터 서로 떠나지 않는 것이다. 그리고 '기발리승'을 통한 마음작용의 결과는 일단 모두 칠정의 인심으로 표현된다.

표현된 칠정이 선인지 악인지는 다음 절의 과제이고, 이러한 '기발리승'의 관점이 우리의 연구관심과 관련하여 함의하는 바가 무엇인가? 말하자면, 도덕 혹은 도덕행위란 무엇인가? 나는 율곡에게 있어 도덕이란 욕망추구의 정당화 개념과 다르지 않고, 도덕적 행위란 욕망의

---

24) 『국역 율곡전서』(V), 「성학집요」, 83쪽.
25) 『국역 율곡전서』(V), 「성학집요」, 82쪽.
26) 『국역 율곡전서』(V), 「성학집요」, 77쪽.
27) 『국역 율곡전서』(V), 「성학집요」, 83쪽.
28) 『국역 율곡전서』(V), 「성학집요」, 82쪽.

합리적 조절을 의미한다고 여긴다. 다음의 인용을 보자.

> 사람의 희·노·애·락은 성인이나 미치광이거나 다 같이 가지고 있는데, 그 희·노·애·락하는 소이연의 이치는 성(性)입니다. 그 희·노·애·락을 아는 것은 마음이요, 사물을 만나 희·노·애·락하는 것은 정(情)입니다. 마땅히 기뻐할 것은 기뻐하고 마땅히 화낼 것을 화내는 것은 정(情)의 선(善)한 것이요, 마땅히 기뻐하지 않을 것을 기뻐하거나 마땅히 화내지 않을 것을 화내는 것은 정(情)의 불선(不善)한 것입니다. 정의 선한 것은 청명한 기를 올라타고 천리에 따라 곧장 나오니, 그것이 인·의·예·지의 실마리인 것을 알 수 있기 때문에 이것을 사단으로 지목하였습니다. 정의 불선한 것은 역시 리에 근거하였다고 하더라도, 이미 더럽고 흐린 기에 은폐된바 되어 도리어 리를 침해하니 그것이 인·의·예·지의 실마리라고 볼 수 없습니다.[29]

인심의 칠정과 그 소이연으로서의 성(性)은 성인이든 미치광이든 누구나 다 갖고 있다. 관건은 청명한 기를 올라타고 천리에 따라 곧장 나올 수 있느냐, 더럽고 흐린 기에 은폐되어 도리어 리를 침해해 버릴 것이냐에 달렸다. 전자가 가능한 이는 성인이고 후자는 미치광이다. 말하자면 성인은 기의 욕망을 완벽하게 조절할 수 있는 사람이고, 미치광이는 반대로 기의 욕망에 노예가 된 사람이다. 성인이 표현한 인심은 사단(四端)의 정이고 도심(道心)이며, 미치광이가 표현한 인심은 인욕(人欲)이다.

어쩌면 성인은 처음부터 욕망과 무관하게 순수한 도덕적 동기에 따라 행위 할 수 있는 사람일지 모른다. 성인이란 처음부터 '담일청허'(湛一淸虛)한 본연지기를 받고 태어난 사람이기 때문이다. 그러나 이론적으로는 성인조차도 인심의 표현이 기발리승(氣發理乘)인 한에서 그의 도덕행위는 욕망의 완벽한 조절일 뿐이다. 처음부터 욕망과 무관하게 순수한 도덕적 동기에서 도덕행위가 이론적으로나 현실적으로 가능하려면 퇴계처럼 본연지성의 현실적 존재를 인정하고 리발기수(理發氣隨)의 입장에 서지 않는 한 불가능하다.[30] 율곡적 관점에서 성인조차도 이러할 진대 보통사람은 욕망의 조절이 쉽지 않다. 그들은 편차가 있는 유행지기를

---

29) 『국역 율곡전서』(V), 「성학집요」, 83쪽.
30) 졸고, "퇴계의 『성학십도』에 함의된 도덕교육론," 『도덕윤리과교육』 제19호(한국도덕윤리과교육학회, 2004.12), 40~41쪽.

받고 태어났기 때문이다. 이 유행지기는 물욕에 예민할 수밖에 없고 리의 도덕적 명령을 완벽히 수행해 낼 수가 없다. 공부나 교육이 필요한 것도 이 때문이다.

욕망을 합리적으로 추구하기 위해서는 그 '합리적 기준'이 마련되어야 한다. 뒤에서 보겠지만, 율곡은 그 합리적 기준이 '공론'(公論)을 통하여 만들어지는 것으로 보고 있다. 이러한 점에서 율곡은 주기론에 토대하여 유위윤리학을 정초하고 있다.

2. 심성정의일론설(心性情意一路說)과 도덕성의 본질

도덕이란 욕망추구의 정당화요, 욕망의 합리적 조절과 다르지 않다. 따라서 성인이 아닌 한 인심의 표현은 도리(道理)를 위하여 발할 수도 있고, 식색(食色)을 위하여 발할 수도 있다. 이것이 주희가 말한 '혹원혹생설'(或原或生說: 혹은 성명에 근원하며 혹은 형기에서 나온다)에 대한 율곡의 해석이다.[31] 그렇다면 인심의 표현이 항상 도리를 위하여 발할 수 있도록 하는 덕성의 본질은 무엇인가? 이것의 이해를 위해서는 율곡이 보는 마음의 구조를 좀 더 깊이 들여다보아야 한다. 다음의 인용을 보자.

> 신이 또 살피건대, 선유의 심(心)·성(性)·정(情)의 설은 자세히 갖추어져 있습니다. 그러나 각각 위주하는 바가 있어서 말이 한결같지 않습니다. 그 때문에 뒷사람들이 말에 얽매여 뜻에 혼란을 일으키는 이가 많습니다. '성이 발하여 정이 되고, 마음이 발하여 의(意)가 된다.'고 하는 것은, 뜻이 각각 존재함이 있으며 심·성을 두 가지 작용으로 나눈 것이 아닌데, 뒷사람들이 마침내 정과 의를 두 갈래로 생각하였습니다. 성이 발하여 정이 된다는 것은 마음이 없다는 것이 아니요, 마음이 발하여 의가 된다는 것은 성이 없다는 것은 아닙니다. 다만 마음은 성을 극진히 할 수 있으나 성은 마음을 검속할 수 없고, 의는 정을 운행할 수 있으나 정은 의를 운행할 수 없습니다. 그러므로 정을 주로 하여 말한다면 성에 속하고, 의를 주로 하여 말한다면 마음에 속하지마는, 실상은 성은 마음이 미발(未發)한 것이요, 정과 의는 마음이 이발(已發)한 것입니다.[32]

---

31) 퇴계는 '或原或生說'을 리기호발의 관점에서 해석하였다. 김형효, "율곡적 사유의 이중성과 현상학적 비전," 김형효 외, 『율곡의 사상과 그 현대적 의미』(성남: 한국정신문화연구원, 1995), 65쪽.

앞에서 마음과 성과 정의 관계는 본 바와 같다. 즉, 마음과 성은 다른 두 가지가 아니라 하나의 마음인데, 미발(未發)의 마음은 본체이고 성이며, 이발(已發)의 마음은 작용이고 정이다. 여기서 문제는 의(意)이다. '성이 발하여 정(情)이 되고, 마음이 발하여 의(意)가 된다.'는 것은 말이 안 된다. 이는 마음과 성을 두 가지로 보는 것이기 때문이다. 성이 발하여 정이 됨은 마음의 작용이요, 마음이 발하여 의가 됨은 성에 근거한 것이다. 정(情)도 의(意)도 모두 성에 근거한 마음의 작용일 뿐이다. 그런데 '마음은 성을 극진히 할 수 있으나 성은 마음을 검속할 수 없고, 의(意)는 정(情)을 운행할 수 있으나 정은 의를 운행할 수 없다.'고 하는데, 이게 무슨 말인가? 성이 발하여 정이 됨에 그 인심의 표현이 사단(四端)의 도리를 향할 것인지 식색(食色)으로 향할 것인지의 결정은 마음(이발의 마음: 정과 의)이 하는 것이지 성(미발의 마음)이 아니다. 이발의 마음 중에서도 인심의 표현을 결정하는 것은 의(意)라는 뜻으로 보인다. 다음의 인용은 이상의 논의를 분명하게 요약해 주고 있다.

> 주자는 말하기를, "마음이 동하는 것이 정이다." 하였습니다. 정은 사물에 감동하여 처음으로 발하는 것이요, 의는 정으로 말미암아 계교(計較)하는 것이니 정이 아니면 의가 말미암을 데가 없습니다. 그러므로 주자가 말하기를, "의는 정에 말미암아야만 작용한다. 그래서 마음이 적연히 부동한 것을 성(性)이라 하고, 마음이 감동하여 드디어 통하는 것을 정(情)이라 하며, 마음이 감수된 것에 따라 축출하고 헤아려 생각하는 것을 의(意)라고 한다." 하였으니, 마음과 성이 과연 두 작용이겠으며, 정과 의가 과연 두 갈래가 있겠습니까.33)

정이나 의가 모두 마음의 작용이지만, 정은 '인심의 발동'(人心之動)이나 '발하여 나온 그대로의 현상'(發出恁地)이고, 의는 표현되는 정에 대하여 '비교하고 헤아려 생각하는 것'(計較商量)이다. 말하자면 정은 '자연적인 마음(의식)의 행동' 혹은 '마음의 지향성이라는 자연발생적 현상'을 뜻한다면, 의는 그런 마음의 지향성과 정감을 한 박자 뒤 늦게 비교하고 헤아리는 '코기토'(cogito)의 반성력을 뜻한다.34) 율곡은 주자의 말을 빌려 정과 의의 관계를 "정은 주거(舟車: 배와 수레)와 같고, 의(意)는 사람이 그 주거를 부리는 것과 같다."고 언표하고

---

32) 『국역 율곡전서』(V), 「성학집요」, 82쪽.
33) 『국역 율곡전서』(V), 「성학집요」, 82쪽.
34) 김형효, 앞의 글, 74쪽.

있다. 그리고 성찰하는 의(意)의 반성력은 과거의 정감에 대해서도 기억하고 돌이켜 볼 수 있는 능력을 지닌다.[35] 참고로, 염(念)·려(慮)·사(思)의 세 가지도 모두 의(意)의 별칭인데, 사(思)는 비교적 중(重)하고, 염(念)과 려(慮)는 비교적 경(輕)한 것이라 율곡은 말하고 있다.[36]

그런데 의(意)는 비교하고 헤아려 생각하는 반성력이기에 선악에 대해 판단하지만 행위 자체를 결정하는 힘은 아니지 않는가? 그렇다면 또 하나의 계기가 필요하다. 그것이 다름 아닌 지(志)이다. 다음의 인용을 보자.

> 지(志)란 것은 마음의 가는 바가 있는 것을 이른 것이니, 정이 이미 발하여 그 취향(趣向)을 정한 것이다. 선으로도 가고 악으로도 가는 것이 모두 지이다. 의(意)라는 것은 마음에 계교(計較)가 있는 것을 말하는데, 정이 이미 발하여 생각도 하고 운용도 하는 것이다. (중략) 또 묻기를 "지와 의는 어느 것이 먼저이고 어느 것이 뒤인가." 이에 대답하기를, "지는 의가 정하여진 것이요, 의란 것은 지가 아직 정하여지지 않은 것이다. 그러니 지가 의의 뒤에 있는 듯하나 지가 먼저 서면 의가 뒤따라 생각하는 것도 있고, 의가 먼저 경영되고 지가 따라 정하여지는 것도 있으니, 일률적으로 논할 수 없다.[37]

의(意)는 선악에 대해 판단하지만 지(志)는 마음이 도리를 향할 것인지 식색을 향할 것인지 행위를 결정한다. 그래서 지(志)는 '의가 정해진 것'(意之定者)이고, 의(意)는 '지가 아직 정해지지 않는 것'(志之未定者)이다. 그러나 반드시 의(意)가 먼저고 지(志)가 뒤인 것은 아니다. 즉, 우리는 판단을 한 다음에 행위결정을 하는 경우도 있지만, 먼저 행위를 결정해 놓고 거기에 판단을 정당화하는 경우도 있는 것이다. 이러한 점에서 지(志)란 '선악을 선택하는 자유의지'[38]라 보아도 무방하리라. 이처럼 지(志)란 마음이 어디로 향할 것인가를 결정하는 것이기에, 율곡은 『격몽요결』이나 『성학집요』의 교재에서 공부나 교육의 출발점으로 〈입지장立志章〉을 우선으로 두었던 것이라 할 수 있다.

그렇다면 인심의 표현이 항상 도리를 위하여 발할 수 있도록 하는 덕성의 본질은 무엇인

---
35) 『국역 율곡전서』(V), 「성학집요」, 82쪽.
36) 『국역 율곡전서』(V), 「성학집요」, 85쪽.
37) 『국역 율곡전서』(V), 「성학집요」, 85쪽.
38) 김형효, 앞의 글, 74쪽.

가? 인심 자체는 아직 선도 악도 아닌 자연스런 감정이다. 이것이 선으로 향할 수 있느냐는 어디까지나 의식인 의(意)의 반성력과 의지인 지(志)의 결정에 달렸다. 성은 아직 미발(未發)의 마음인 본체다. 외물과의 접촉으로 마음이 작용하기 시작한다. 마음작용의 통로는 기발리승(氣發理乘)이다. 이발(已發)의 마음인 인심(칠정)이 표현될 즈음에 마음의 온갖 기제들이 동시에 작동한다. 식색의 욕망이 꿈틀대며 도심과 대척한다. 이들 사이에서 코기토인 의(意)의 반성력이 작동하고 지(志)가 최종결정을 내린다. '마땅히 기뻐할 것은 기뻐하고 마땅히 화낼 것을 화내는 것'(發而中節)은 정의 선(善)으로서 도심이 되고, '마땅히 기뻐하지 않아야 할 것을 기뻐하거나 마땅히 화내질 않을 것을 화내는 것'(發而不中節)은 정의 악(惡)으로서 인욕이 된다. 따라서 도덕성의 본질이란 도덕적 문제사태에서 의(意)와 지(志)가 도리를 향하여 작동하도록 하는 경향성이라 할 수 있겠다. 그런데 문제는 기질이다. 기질은 인심을 표현하는 수단이지만 항상 의식의 반성과 의지의 행위 선택을 방해하는 주범이기 때문이다. 그래서 공부나 교육이란 '나쁜 기질'(客氣)의 순화 혹은 '좋은 기질'(正氣)의 기름과 다르지 않다. 공부나 교육의 목표와 방법에 관한 고찰은 다음 장의 과제이다.

3. 도학교육과 덕성교육의 관계

덕성교육의 방법론을 살펴보기 전에 검토하고 넘어가야 할 것은 도학교육(道學敎育)과의 관련성에 대한 것이다. 『성학집요』라는 교재를 우리는 도학총론 격의 교재라고 보았기 때문이다. 도학교육과 덕성교육이 어떻게 다른가? 도학의 개념 규정에 따라 둘은 같은 범주일 수도 있고 다른 범주에 속하는 것일 수도 있겠다. 사실 누구보다 도학의 개념을 명쾌하게 제시했던 이가 율곡 자신이었다.[39]

> 도학이란 명칭은 옛것이 아니다. (중략) 세상이 말세가 되고 도(道)가 쇠퇴하여 성현의 도통이 전수되지 못하므로 악한 이는 말할 것도 없고 선한 이도 다만 효(孝)·우(友)·충(忠)·신(信)만 알고 진퇴(進退)의 의리와 성정(性情)의 온오(蘊奧)함을 알지 못하여 가끔 행해도

---

39) 이하 도학 관련 논의는 졸고, "남명의 '의로움'의 윤리학과 덕성함양론," 『국민윤리연구』 제63호(한국국민윤리학회, 2006.12), 283~285쪽.

그 당연함을 밝히지 못하고, 익혀도 그 소이연(所以然)을 알지 못한다. 그래서 이치를 연구하고 마음을 바르게 하며 도에 의해 나아가고 물러나는 것을 도학이라 지목한 것이다.[40]

도학이란 성리학을 공부하여 실천하는 수기치인(修己治人)의 학문으로, 먼저 개인의 도덕적 품성과 지도자적 자질을 함양하여, 이를 바탕으로 사회에 나아가서는 백성들을 잘 다스리고 교화한다는 것이다. 따라서 도학에서는 〈개인의 인격완성〉과 〈이상사회의 실현〉이라는 두 목표가 중요한 과제로 등장하게 마련이며, 도학자는 의리학으로서의 성리학을 궁구할 뿐만 아니라, 경국제세의 실질적인 능력을 갖춘 인물이어야 한다. 이러한 도학자를 양성하는 도학교육은 덕성교육과 정치교육 등을 포함하는 것으로 볼 수 있다. 그런데 이러한 도학과 도학자의 개념은 어디까지나 이념형일 뿐 현실 속에서 구현될 수 있는 모델은 아니었다.

먼저, 성리학을 궁구하며 개인적 인격완성을 위한 수기(修己)의 문제와 관련하여 두 가지 길이 엇갈릴 수 있다. 즉, 성리학의 궁구에 초점을 두는 '탐구의 학'(探求之學)이 더 중요한 것인지, 개인의 인격완성에 초점을 두는 '수행의 도'(修行之道)가 더 중요한 것인지 하는 점이다. '수행의 도'가 존재론적 도리를 어떻게 수행자의 정신세계에 잠기게 함영(涵泳 혹은 함양涵養)할 것인가에 관심을 둔다면, '탐구의 학'은 탐구하는 자의 수신적 수준과 도덕적 성품이 별로 문제되지 않고 탐구하는 자가 얼마나 전대미문의 새로운 관념을 존재의 탐구에서 발견했는가 하는 창조의 신선함이 학문의 척도가 된다.[41] 율곡의 표현을 빌리면, 수행의 도는 성인이 이미 밝힌 바의 존재론적 도리를 함양하는 '의양지학'(依樣之學)에 가깝고, 탐구의 학은 성인의 말씀도 '음미하고 사색하면서 깊이 탐구하는'(완색잠구玩索潛究) '자득지학'(自得之學)에 가깝다. 수행의 도가 덕성교육의 과제라면, 탐구의 학은 철학교육의 과제가 아닐까 한다. '수행의 도'와 '탐구의 학', '의양지학'과 '자득지학'이 모두 도학이지만, 덕성교육에서는 아무래도 '수행의 도'와 '의양지학'을 더 중시여길 수밖에 없으리라.

둘째, 〈개인의 인격완성〉을 위한 수기(修己)의 문제가 더 중요한 것인지, 〈이상사회의 실현〉을 위한 치인(治人)의 문제가 더 중요한 것인지 하는 점이다. 수기가 강조되면 치인은 소홀히 될 수밖에 없고 그 역도 마찬가지다. 훌륭한 도덕적 인격자가 반드시 사회적으로도 유능한 통치자로 된다는 보장도 없으며, 비도덕적인 인물이 사회적으로 유능한 인물인 경우가

---

40) 『국역 율곡전서』(Ⅵ), 「경연일기 1」〈융경 원년 정묘 1567〉, 61~62쪽.
41) 이상의 '修行의 道'와 '探究의 學'에 관한 보다 자세한 대비적 설명은 김형효, 앞의 글, 37~41쪽.

없는 것도 아니다. 따라서 수기치인의 이상을 실현하는 길은 두 가지다. 하나는 원칙론적 입장에서 치인보다 수기를 강조하는 것으로, 이 때 치인은 수기에 따른 결과(功效)가 된다. 다른 하나는 수기보다 치인을 강조하는 것으로, 이것은 수기 자체를 사회적 맥락에서 해석하여 수기의 내용을 치인으로 보는 것이다. 전자는 치인이 수기와 개념상으로 별개의 것이며, 수기를 한 결과가 치인으로 나타난다. 후자는 수기가 곧 치인을 내용으로 하여 이룩되며, 치인 이외에 따로 수기의 내용이 있다고 생각하지 않는다. 따라서 전자는 개인적 차원에서의 내적인 도덕성의 완성에 초점이 두어지고, 후자는 사회적 차원에서의 치인의 기술 습득에 더 초점이 두어진다.[42] 교육과 관련하여 전자의 관점에서 도학교육은 덕성교육과 같은 개념인 반면, 후자의 관점에서 도학교육은 정치교육에 가까운 것으로 볼 수 있다.

셋째, 치인의 길에도 두 가지가 있을 수 있다. 치인의 원칙은 세상에 나아가 사회를 경영하는 것이지만, 그것이 유일한 길은 아닌 것이다. 초야에 남아 학문과 지조를 지키면서 사회교화의 본보기가 되는 것도 치인의 길과 다르지 않다. 율곡은 선비의 유형을 4가지로 구분한 바 있는데, 「유현遺賢」, 「은둔隱遁」, 「염퇴恬退」, 「도명盜名」이 그것이다. 「유현」은 가장 높은 경지의 도인(道人)으로, 도를 터득하여 흉중에 품고 있으면서도 출세하기를 바라지 않다가 일단 일을 하게 되면 온전한 위민(爲民)정치를 할 수 있는 부류다. 「은둔」은 고고한 뜻을 지녀 수행의 최고 경지에 있지만 결코 현실참여를 하지 않는 분류에 속한다. 「염퇴」는 내성외왕(內聖外王)의 큰 이상을 갖고 있으나 현실적으로 본인의 능력이 미치지 못해서 조용히 안거(安居)하면서 학문과 수양에 몰두하는 부류다. 「도명」은 세속적 출세와 이득에만 관심을 갖는 부류로, 이는 진유(眞儒)가 아니다.[43] 이러한 율곡의 분류에서 「도명」이나 「은둔」은 진유(眞儒)나 도학자가 아니라고 봐야 한다. 적어도 도학자라면 「유현」의 길이나 「염퇴」의 길을 모색해야 한다.

진정한 도학자는 이상의 여섯 가지의 길을 모두 망라할 수 있는 성인일 것이다. 그리고 도학교육은 바로 그러한 도학자를 길러내는 교육이다. 그래서 율곡도 공식적으로는 인격완성의 결과가 자연스럽게 사회적으로 실현되는 도학자의 길을 강조했다. 그가 『성학집요』라는 도학총론 격의 교재를 저술하면서 도학교육을 강조한 것도 이러한 맥락에서이다. 그러나

---

42) 권미숙, "순자 예치사상의 사회윤리적 연구", (한국학중앙연구원 한국학대학원 박사학위논문, 1997), 144쪽.
43) 『국역 율곡전서』(Ⅱ), 「소차 3」〈재소〉, 137~138쪽.

율곡은 인격완성의 결과가 자연스럽게 사회적으로 실현되는 도학자의 길이 현실적으로 어렵다는 것을 인정한 사상가였던 것 같다.

먼저, '수행의 도'와 '탐구의 학', '의양지학'과 '자득지학'이 모두 도학이다. 율곡의 평에 의하면, 서경덕의 경우는 탐구의 학자로 자득지미(自得之味)가 많았다면, 이황은 수행의 도에 충실한 의양지미(依樣之味)가 많았다.[44) 율곡 자신은 공식적으로 화담보다는 퇴계를 더 높이 평가했다. 물론 이러한 공식적인 평가가 율곡의 속생각을 모두 드러낸 것이라고 보긴 어렵다. 즉, 율곡은 원칙적이고 공식적으로는 '수행의 도'와 '의양지미'를 더 중시 여겼지만, 학문함의 본령과 관련해서는 은연중에 '탐구의 학'과 '자득지미'를 중시여긴 측면이 있다는 것이다.[45) 둘째, 수기와 치인의 우선순위에 대해서 율곡은 철저한 수기를 강조하면서도 상대적으로 치인의 영역을 인정하는 현실적·실용적 관점에 서 있었다.[46) 즉, 퇴계가 수기를 중시한 도덕적 이상주의자였다면, 율곡은 치인 영역의 상대적 독자성을 강조한 정치적 현실주의자였다.[47) 셋째, 치인의 길에 있어서도 율곡은 적극적인 현실 참여자였다. 수기 부족을 이유로 들며 출(出)과 처(處)를 반복하는 양태를 보인 퇴계적 삶이나 화담과 남명(南冥: 조식曹植) 등의 처사(處士)적 삶과는 달리, 율곡은 퇴계에게도 불만을 가졌고, 염퇴의 학자였던 화담과 남명에 대해서도 탐탁지 않게 여겼다.

도학에 관한 이러한 율곡의 입장이 덕성교육에 주는 함의는 무엇인가? 원칙적으로 율곡은 내성외왕(內聖外王)의 도학교육과 덕성교육의 일치를 꿈꾸지만, 현실적으로는 두 개념의 분리를 인정하고 있다. 그에게 있어 덕성교육은 개인의 인격완성을 위한 교육이지만, 도학교육은 사회적 맥락에서 치인의 기술을 습득하는 정치교육 개념과 다르지 않다고 보아야 한다. 나아가 덕성교육도 완전무결하고 진선진미한 성인의 양성을 목표로 한다기보다는 끊임

---

44) 율곡은 이황의 경우 한결같이 주희의 학설만을 신봉하고 따르기만 생각한 점에서 '依樣之味'가 많고, 서경덕은 스스로 체험에서 이치를 터득한 '自得之味'가 많다고 논평하였다. 『국역 율곡전서』(Ⅲ), 「서 2」〈성호원에게 답하다〉, 94~95쪽.

45) 이에 대한 자세한 고찰은 김형효, 앞의 글, 같은 쪽 참조.

46) 예컨대, 다음의 인용에서도 치인의 독자적 영역을 인정하는 일단을 엿볼 수 있다. "임금의 자리는 필부와는 같지 않습니다. 필부는 반드시 몸을 닦아서 때를 기다리고 임금을 얻어서 도를 행하기 때문에, 학문이 부족하면 감히 얼른 나갈 수 없습니다. 그러나 임금은 그렇지 아니하여 이미 신민의 주인이 되었고, 이미 교양의 책임을 지고 있습니다. 만일 〈내가 지금 몸을 닦고 있으므로 사람을 다스릴 겨를이 없다.〉한다면, 나라의 정치가 폐지됩니다. 그러므로 몸을 닦고 사람을 다스리는 도를 모두 같이 하지 않을 수 없습니다." 『국역 율곡전서』(Ⅴ), 「성학집요」, 94쪽.

47) 이에 관한 자세한 고찰은 박충석, 『한국정치사상사』(서울: 삼영사, 1982), 37~47쪽.

없이 수행의 도를 실천하는 도덕적인 인간을 양성하는 데에 두고 있는 것으로 읽어야 할 것이다. 그에게 있어 교육의 궁극적 목적으로서 '성인됨'이란 현실에 없는 유토피아이기 때문이다. 이제 이러한 내막을 자세히 들여다보기로 하자.

Ⅳ. 도덕교육의 방법론

성인도 광인도 인심을 가지고 있다. 그 누구든 인심의 표현이 기발리승(氣發理乘)인 한에서 도덕행위란 욕망의 합리적 조절일 뿐이다. 율곡의 은유로 기는 말(馬)이고 리는 사람이다.[48] 달리는 말(氣)이 사람(理)의 명령을 제대로 수행할 것이냐의 여부는 의식(意)의 반성력과 의지(志)의 결정에 달렸다. 공부와 교육의 궁극적인 목표는 달리는 말과 고삐를 잡은 사람이 하나가 될 때이다. 달리는 말과 고삐를 잡은 사람이 어떻게 하나가 되게 할 것인가 하는 점이 바로 공부와 교육의 방법론이다.

1. 교육의 목적과 목표: 기질의 순화(矯氣質)를 통한 본성회복

달리는 말과 고삐를 잡은 사람의 하나됨!! 이것이 인격완성 혹은 '성인됨'의 전형이다. 구체적으로 성인의 전형이 누구인가? 요(堯)·순(舜)·우(禹)·탕(湯)·문(文)·무(武) 등의 성왕들이 그것이다. 율곡은 맹자와 정자와 주자의 말을 빌려 말한다.[49] "요와 순은 본성대로 한 임금이요, 탕왕과 무왕은 본성을 되찾은 임금이다. 본성대로 하였다는 것은 태어날 때 하늘

---
48) 『국역 율곡전서』(Ⅲ), 「서 2」〈성호원에게 답하다〉, 69쪽. "사람이 말을 탄 것으로 비유를 하면, 사람은 성이요, 말은 기질이니, 말의 성질이 혹 양순하기도 하고 불순하기도 한 것은 기품의 청·탁·수·박의 다름과 같은 것입니다. 문을 나설 때 혹 말이 사람의 뜻을 따라 나가는 경우도 있고, 혹 사람이 말의 다리만 믿고 그대로 나가는 경우도 있으니, 말이 사람의 뜻을 따라 나가는 것은 사람이 주가 되니 곧 도심이요, 사람이 말의 다리만 믿고 그대로 나가는 것은 말이 주가 되니 곧 인심입니다."
49) 『국역 율곡전서』(Ⅴ), 「성학집요」, 413쪽.

로부터 온전한 것을 부여받아, 이것을 더럽히는 일이 없을뿐더러 조금도 몸을 닦을 필요가 없는 것이니 이것은 성(聖)의 지극한 것이요, 본성을 되찾았다는 것은 몸을 닦아 그 본성을 돌이켜서 성인에 이른 것을 말한다." 그리고 "문왕의 덕은 요와 순에 비슷하고, 우왕의 덕은 탕과 무에 비슷하니, 요컨대 이 분들도 다 성인이다." 말하자면 요·순과 문왕은 선천적 성인이요, 우왕과 탕·무는 후천적 성인이다. 전자들은 처음부터 달리는 말과 고삐를 잡은 사람의 일치했던 성인이고, 후자들은 후천적으로 달리는 말과 고삐를 잡은 사람의 일치를 확보한 성인이다. 여하튼 그들은 모두 내성외왕의 성인들이다.

그런데 문제는 내성외왕의 성인으로 등록될 수 있는 이가 위 성인들이 활약했던 당우삼대(唐虞三代)이후에는 아무도 없다는 점이다. 탕·무를 기점으로 선천적 성인과 후천적 성인으로 가르더니, 삼대이후에는 내성과 외왕의 분리를 가져온다. 공자이후에는 도가 자기 몸에서만 이루어질 뿐(內聖) 그 시대에 행해지지 못했고, 맹자이후에는 도통의 전함조차 천년 동안 맥이 끊겼다. 끊어졌던 도통이 송나라의 주자(周子), 정자(程子), 장자(張子), 주자(朱子)에 와서 크게 이어졌는데 역시 내성외왕은 이루어지지 않았을 뿐더러, 주자이후에는 확실한 전통조차 이어지지 못하고 있다. 이것이 성현(聖賢)의 인물사에 대한 율곡의 판단이다.[50]

당우시대의 선천적 성인은 차치하더라도, 왜 삼대이후에는 후천적인 내성외왕의 성인이 나타나지 않을까? 공맹이후에는 천 년 동안이나 왜 내성(內聖)조차 나타나지 않을까? 왜 주자이후에는 도통을 이어갈 진유(眞儒)조차 없을까? 그 까닭은 후대인들이 도학공부나 도학교육을 게을리 한 탓인가? 율곡은 그렇다고 답한다. 다음의 인용을 보자.

> 신이 살피건대, 사람의 한 마음에는 만 가지 이치가 전부 갖추어져 있으니, 요·순의 인(仁)과 탕·무의 의(義)와 공·맹의 도(道)는 다 성분의 고유한 것입니다. 다만 이 기품(氣稟)이 앞에서 구애되고 물욕이 뒤로 함몰시켜 총명한 사람이 혼미하여지고, 정대한 사람이 간사하게 되므로, 혼미하여 어리석은 중인이 되어, 실상 새나 짐승과 다름이 없으나, 본래부터 갖추어져 있는 리는 그대로 공명하고 정대합니다. 다만 엄폐되어 있을 뿐이며 끝내 리는 식멸(息滅)되지 않기 때문에 진실로 혼미한 것을 제거하거나 그 간사한 것을 끊어버린다면, 밖에서 빌리지 않더라도 요·순·탕·무·공·맹과 같은 성인이 될 수 있습니다.[51]

---

50) 『국역 율곡전서』(V), 「성학집요」〈성현도통〉 참조.
51) 『국역 율곡전서』(V), 「성학집요」, 76쪽.

그러나 이러한 율곡의 대답은 의심의 여지가 있다. 당우삼대이후에 성인이 나타나지 않았다는 것은 그것이 현실성이 없는 이상주의적 당위의 요구일 뿐임을 알려주는 것이 아닌가 한다. 특히 선천적 성인은 처음부터 '담일청허'(湛一淸虛)'한 본연지기(本然之氣)를 받고 태어난 사람일 것이지만 그것은 이론적으로나 가능할 뿐이다. 공맹(孔孟) 같은 내성적 성인도 사실 후대에 붙인 명칭이지 그들 스스로는 성인임을 자처한 적이 없다. 율곡도 언표했듯이, 우리가 아는 한 공자는 군자로 칭해지길 원했으며,[52] 맹자는 성인의 개념을 현실적인 차원에서 재 개념화한 이다. 그렇다면 인격적으로 완전무결하고 진선진미한 성인이란 현실에서는 요원한 유토피아적 존재일 뿐이다. 그런데도 율곡이 인용에서처럼 공부하고 교육하면 성인이 될 수 있다고 한 것은 무슨 이유인가? 한마디로 그것은 윤리적 혹은 교육적 고려라고 여긴다.

"천지는 성인의 준칙(準則)이라면, 성인은 중인(衆人)의 준칙"으로써 모든 사람들의 본받아야할 윤리적 표준이고 모델이다. 그리고 공부나 교육이라는 것은 바로 "성인이 이미 이루어 놓은 규범을 따르는 데에 지나지 않는다."[53] 이처럼 성인은 중인들의 윤리적 표준이고, 공부와 교육이 궁극적으로 지향해야한 목표이다. 그렇다면 공부와 교육은 현실에서 각자가 부여받은 기질의 편차를 인정하는 것에서부터 출발해야 하리라. 중인들은 편차가 있는 유행지기(流行之氣)를 받고 태어났다. 이 유행지기는 물욕에 예민할 수밖에 없고 리의 도덕적 명령을 완벽히 수행해 낼 수가 없다. 따라서 공부나 교육은 기질의 편차를 인정하고 그 기질을 어떻게 순화할 것이냐에 대한 방법론과 다르지 않다. 그리고 기질을 변화시키는 길은 형식상 동전의 양면에 비유될 법한 두 가지다. 객기(客氣)를 고치는 길(교기질矯氣質)과 정기(正氣)를 보양하는 길(양기養氣)이 그것이다.[54] 다음의 인용을 보자.

> 인의(仁義)의 마음은 사람마다 같이 받았으나 자품(資品)이 트인 것(開)과 가리운 것(蔽)이 있으며, '진원의 기'(眞元之氣)는 사람마다 같이 가지고 있으나 혈기(血氣)에 허(虛)와 실(實)이 있습니다. 인의의 마음을 잘 기르면 가린 것이 열릴 수 있어서 그 천부의 본심을 온전히 할 수 있게 되고, 진원의 기를 잘 기르면 허가 실이 될 수 있어서 그 하늘로부터 받은 명을 보존할 수 있게 됩니다. 〈중략〉 (인의의)마음을 기르는 것과 (진원의)기를 기르는 것

---

[52] 『국역 율곡전서』(V), 「성학집요」, 185쪽.
[53] 『국역 율곡전서』(Ⅲ), 「서 2」〈성호원에게 답하다〉, 54쪽.
[54] 『국역 율곡전서』(V), 「성학집요」, 113쪽.

은 실로 한 가지 일이므로, 양심이 날로 생장하면서 상하고 해되는 것이 없어서 마침내 그 가려진 것을 모조리 다 없애버리게 되면 '호연의 기'(浩然之氣)가 성대하게 흐르고 통하여 장차 천지와 함께 동체가 될 것입니다.[55]

사람은 누구나 〈인의의 마음〉과 〈진원의 기〉를 가지고 있다. 그런데 〈자품에 트인 것과 가리운 것〉이 있어 〈인의의 마음〉을 가리고, 〈혈기에 허와 실〉이 있어 하늘로부터 받은 명을 보존할 수 없게 한다. 따라서 〈인의의 마음〉과 〈진원의 기〉를 보양하거나 〈자품〉과 〈혈기〉를 교정해야 한다.

이게 무슨 말인가? 〈인의의 마음〉과 〈진원지기〉는 각각 마음이 아직 발하지 않았을 때의 본연지리와 본연지기에 해당한다. 반면에 〈자품〉과 〈혈기〉는 모두 유행지기에 해당하는 기와 질이다. 모든 인심의 표현은 기질지성에 뿌리를 두고 기발리승을 통해서이다. 인심의 표현이 도심을 향하려면 본연지기가 본연지리의 명령을 수행하면 된다. 그러나 본연지기는 미발일 때나 가능하지, 이발일 때 인심을 표현하는 것은 유행지기이고 그것은 흐트러지기 쉽다. 그래서 유행지기는 본연지리의 명령을 그대로 수행해내지 못한다. 따라서 결국 공부나 교육은 이발의 유행지기를 교정하거나 미발의 본연지기를 보양하는 것과 다르지 않다. 유행지기를 교정하는 만큼 본연지기가 보양되고 본연지기를 보양하는 만큼 유행지기가 교정되는 것이기에 두 가지는 곧 하나의 일이다.

그러나 율곡적 의미에서 엄격하게 말하여 마음이 아직 발하지 않았을 때의 본연지기나 진원지기의 상태란 현실적으로 존재하지 않다고 보아야 한다. 율곡이 미발의 상태를 천리로부터 받는 성리의 빛이 마음에 온전히 보존된 적연부동의 상태이고 마음의 기(氣)가 전혀 느낌이나 생각을 하지 않는 그런 상태라고 말하고 있지만, 우리의 현실적 마음이 기발리승인 한 사실상 미발의 마음이란 이념적 요청이거나 존재론적 가정에 불과하다. 따라서 현실적으로 공부나 교육의 방향은 유행지기를 교정하여 본연지기에 가까워지도록 하는 것이라 하겠다. 어쨌든 유행지기와 본연지기가 같아지도록 하는 것이 공부나 교육의 과제이고, 그 결과가 곧 호연지기이다. 호연지기를 기른 때가 곧 달리는 말과 고삐를 잡은 사람의 일치를 보여주는 경지이고, 그러한 경지에 있는 이가 성인이다.

---

55) 『국역 율곡전서』(V), 「성학집요」, 119~120쪽.

2. 교수-학습의 방법적 원리

유행지기를 교정하고 순화하는 방법은 무엇인가? 인심의 표출이 도리를 향하도록 하기 위해서는 달리는 말(氣)이 사람(理)의 명령을 제대로 수행해야 하고(氣發理乘), 그것은 의식(意)의 반성력과 의지(志)의 결정에 달렸다고 하였다. 그렇다면 먼저, 유행지기의 야생마를 준마로 길들이고 말겠다는 결연한 의지와 그러한 초발심을 끝까지 밀고 나가는 인내가 필요하다. 둘째, 준마의 덕과 규범이 무엇인지 탐구해야 하고, 그것을 말과 사람이 소통하면서 반복훈련을 통하여 체득해야 할 것이다. 준마의 덕과 규범은 안이 아니라 밖으로부터 주어지고 내면화되는 것이기에 교육학적으로 도덕적 사회화론에 가깝다. 『성학집요』의 검토를 통하여 확인하여 보자. 우선, 교수-학습의 방법적 원리를 고찰한다.

가. 입지(立志)와 성실(성실)의 원리

공부나 교육에 임하고자 하는 자가 유의해야할 마음가짐이 있다. 그 하나가 공부와 교육의 목표를 어디에다 두고 어떤 각오로 임하겠다는 마음다짐이 그것이다. 이를 율곡은 '입지'(立志)라 하고 있다. 또 하나는 그런 입지의 마음다짐을 끝까지 지켜내며 공부와 교육에 임하는 참되고 거짓 없는 마음이 그것이다. 이를 율곡은 '성실'(誠實)이라 하고 있다.

앞에서 보았듯이, 지(志)란 '의가 정해진 것'(意之定者)으로 마음이 어디로 향할 것인가를 결정하는 의지의 힘이다. 우리는 뜻을 도에 둘 수도 있고 욕심에 둘 수도 있다. 그 뜻을 어디에 둘 것인지 마음의 결정에 따라 공부의 향방은 전혀 달라질 수밖에 없다. 그래서 율곡은 〈입지장立志章〉의 서론에서 "배움에는 뜻을 세우는 것보다 앞서는 것이 없고, 뜻이 서지 않고서 능히 공부를 이룬 자가 없다."고 전제하였고,[56] 결론에서는 "뜻이란 것은 기의 장수이니, 뜻이 전일하면 기가 동하지 아니함이 없는데, 배우는 이가 종신토록 글을 읽어도 성공하지 못하는 것은 다만 뜻이 서지 않은 까닭"이라 하면서, 뜻이 서지 않게 하는 세 가지 병폐로 ① 성현이 이미 진리를 밝혀놓았음에도 불구하고 그것을 믿지 못하는 불신(不信)의 병폐, ② 성현이 되고 안 되는 것이 모두 자신의 노력여하에 달려있음을 모르는 부지(不智)의 병폐, ③

---
56) 『국역 율곡전서』(V), 「성학집요」, 22~23쪽.

성현이 될 수 있는 길을 알면서도 태만하여 분발하고 진작하지 않는 불용(不勇)의 병폐 등을 제시하고 있다. 따라서 배우는 자는 이러한 불신·부지·불용의 병폐에서 벗어나 "도에 뜻을 두고 성인을 배우는 데에 뜻을 두어야 한다."고 강조하고 있다.[57]

이처럼, 뜻을 세우는 입지가 공부의 출발점에서 마음을 다지는 초발심이고 교육에 들어가는 동기유발의 성격이 강한 것이라면, 성실(誠實)은 그러한 초발심과 동기유발이 공부나 교육의 지난한 과정동안 항상 지켜지도록 하는 진실한 마음이다. 우리가 아는 한 성(誠)에 관한 철학적 해석의 근원은 『중용中庸』인바, 여기서 "성이란 하늘의 도이고, 성되고자 하는 것은 사람의 도"(誠者天之道也, 誠之者人之道也)라 말한다.[58] 율곡에 따를 때, 성이란 한마디로 '진실무망'(眞實無妄: 참되고 허망함이 없음)인데, 천도로서의 성(誠)이 실리(實理)라면 인도로서의 성지(誠之)는 실심(實心)이다.[59] 하늘에는 이 실리가 있기 때문에 기의 운동변화(氣化)가 쉬지 않고 유행하며, 사람에게는 이 실심이 있기 때문에 공부가 틈이 없이 밝아지고 넓어지는 것이라고 율곡은 말한다.[60]

요컨대, 실심(實心) 즉 진실한 마음이란 공부나 교육을 향한 간단없는 자기 노력과 다르지 않다. 어버이가 있는 사람으로서 마땅히 효도를 해야 한다는 것을 모르는 자는 없으면서도 효도하는 자는 드물고, 형이 있는 사람으로서 마땅히 공경해야 한다는 것을 모르는 자는 없으면서도 공경하는 자는 적다. 이런 따위는 다 거짓이다. 성실한 마음이 없기 때문이다. 그래서 진실한 마음을 유지하기 위해서는 끊임없는 자기극복(克己)[61]과 자기개혁(勉強)[62]이 요구된다. 성인을 본받는 공부를 하겠다는 자가 간단없는 자기극복과 자기개혁의 노력을 하지 않는다면 그것은 거짓이다. 뜻을 세웠으면 이제는 그 뜻을 진실하게 지켜 나가야 하는 바 그것이 바로 성의(誠意)인 것이다. 그래서 율곡은 "뜻을 성실하게 하는 것은 수기와 치인의 근본"이라 말한다. 따라서 성실은 공부와 교육의 모든 과정에 적용되어야 할 원리이다. "성실하지 않으면 뜻이 확립되지 못하고, 성실하지 않으면 이치도 궁구되지 못하며, 성실하지 않

---

[57] 『국역 율곡전서』(V), 「성학집요」, 28~29쪽.
[58] 『중용』에 나타난 성 개념을 포함하여 그 경전적·철학적 의미에 대한 자세한 고찰은 정병련, "誠의 경전적 의미," 『중국철학연구Ⅰ』(서울: 경인문화사, 2000), 361~397쪽 참조.
[59] 『국역 율곡전서』(Ⅳ), 「습유: 잡저 3」〈사서에서 성을 말한 데 대한 의문〉, 470~471쪽.
[60] 『국역 율곡전서』(V), 「성학집요」, 102쪽.
[61] 『국역 율곡전서』(V), 「성학집요」, 105쪽.
[62] 『국역 율곡전서』(V), 「성학집요」, 110쪽.

으면 기질도 변화할 수가 없다. 나머지는 이로 미루어 알 수 있는 바이다."⁶³⁾

나. 거경(居敬)과 궁리(窮理)와 역행(力行)의 원리

'입지'와 '성실'이 공부와 교육의 초발심에서 과정의 끝까지 지켜져야 할 일반적 원리라면, '거경'과 '궁리'와 '역행'은 구체적인 공부와 교육의 방법적 원리에 해당한다. 유가적(성리학적) 의미에서 덕성함양(德性 涵養 혹은 涵泳)이란, 마치 화선지 위에 붓글씨를 쓰거나 묵화를 그릴 때 먹이 종이 속으로 젖어들어 가듯이, 존재론적 도리(道)가 주체의 심정 속으로 스며들어 오는 것과 다르지 않다.⁶⁴⁾ 따라서 덕성함양을 하려면, 우선 논리적 순서로 도가 무엇인지를 밝히는 작업이 선행되어야 하고, 다음으로 밝혀진 도를 내 마음 속으로 체득하는 공부가 뒤따라야 한다. 그래서 성리학적 덕성함양 방법의 양 날개는 〈존덕성存德性〉과 〈도문학道問學〉인 것이다. 〈존덕성〉은 마음을 보존하여(存心) 도체(道體)의 광대함으로 뻗어 나아가는 것이며, 〈도문학〉은 앎에 이르러서(致知) 도체(道體)의 미세함에 까지 남김없이 밝히는 것이다.⁶⁵⁾

주자는 바로 이러한 핵심개념을 중심으로 〈존덕성〉의 공부방법으로 〈경〉을, 〈도문학〉의 공부방법으로 〈궁리〉를 주장하였다. 그러나 율곡은 이를 세분하여 '거경'과 '궁리'와 '역행'의 세 가지로 제시하고 있다.⁶⁶⁾ 먼저, '거경'과 '역행'은 모두 〈존덕성〉의 공부방법이다. 그런데 '거경'과 '역행'은 어떻게 다르고, 이를 구분한 이유는 무엇인가? 다음의 인용을 보자.

(1) 신이 살피건대, 경(敬)이라는 것은 성학의 시작이요, 끝입니다. 그러므로 주자는 말하기를, "경을 가지는 것은 궁리하는 근본이니, 아직 깨닫지 못한 이는 경이 아니면 알 수 없다."하였으니, 이것은 경이 학문의 시작이 됨을 말한 것입니다. 〈중략〉 주자가 말하기를, "이미 깨달은 이는 경이 아니면 지킬 수 없다."하였으니, 이것은 경이 배움의 끝이 됨을 말한 것입니다.

(2) 경의 공부에서 학문의 시작이 되는 것을 취하여 〈궁리장窮理章〉 앞에 놓고 이것을 수렴

---
63) 『국역 율곡전서』(V), 「성학집요」, 102쪽.
64) 김형효, 앞의 글, 38~39쪽.
65) 『국역 율곡전서』(V), 「성학집요」, 21쪽.
66) 『국역 율곡전서』(V), 「성학집요」, 22쪽.

(收斂)이라 제목하여 「소학」의 공부에 해당시키옵니다.

(3) 신이 살피건대, 윗 두 장(矯氣質章, 養氣章)의 공부는 정심(正心) 아닌 것이 없으나 각각 주장하는 바가 있으므로, 따로 정심(正心)을 주로 한 선현의 말씀을 편집하여 함양(涵養)과 성찰(省察)의 뜻을 상세히 논하였습니다. 〈중략〉 제3장의 수렴(收斂)은 경의 처음이요, 이 장(正心章)은 경의 끝입니다.

경(敬)이 성학의 시작과 끝이 되는 원리라는 인용의 (1)은 특별한 것이 아니다. 율곡의 특이점은 경을 시작과 끝으로 구분하여, 인용의 (2)처럼 경의 시작을 〈수렴〉이라 하면서 이를 「소학」공부에 해당한다고 한 것이다. 일찍이 주자는 공부와 교육의 소학-대학계제설을 주장하면서, 소학단계를 거치지 못하고 바로 대학에 들어온 학생들에게도 '학불엽등'(學不躐等: 배움에 차례를 뛰어넘지 않음)의 원칙을 적용하여 소학공부를 해야 함을 주장하였다. 그러나 나이가 들어 소학공부를 하려할 때 이른바 '한격불승지환'(扞格不勝之患: 거슬려 감당하지 못하는 근심)이 생겨날 우려가 있다. 이러한 근심과 우려를 없애면서 소학공부의 결핍을 보완해 주는 방법이 있는데, 주자는 그것을 거경(居敬)이라 하였다.[67] 율곡은 바로 이러한 주자의 입론에 주목한 것이다. 대학단계에서 보완해야할 소학공부는 책 속의 일용규범들을 공부하는 것이라기보다는 마음공부 방법인 거경의 자세를 공부하라는 것으로 볼 수 있다. 그러기에 율곡도 거경의 〈수렴장〉을 용지(容止)와 언어(言語)와 마음의 수렴 공부에 관한 내용으로 선정·조직하고 있는 것이다. 이러한 수렴의 거경은 궁리 공부의 근본이 된다.

궁리(窮理)란 〈도문학〉을 위한 격물치지(格物致知) 공부이다. 궁리는 그 연구대상에 따라 ① 독서를 통한 방법이 있고, ② 고금의 인물에 대한 시비를 통한 방법이 있고, ③ 구체적인 사물을 놓고 그 이치를 탐색하는 방법 등이 있다.[68] 율곡은 "천지는 성인의 준칙(準則)이고, 성인은 중인(衆人)의 준칙"이라 하였고, "성현이 이미 진리를 밝혀놓았음에도 불구하고 그것을 믿지 못하는 불신(不信)의 병폐에 빠져서는 안 된다"고 하였다. 성현은 모든 사람들의 본받아야할 윤리적 표준이고 모델이고, 공부나 교육이라는 것은 바로 "성인이 이미 이루어 놓은 규범을 따르는 데에 지나지 않는다."[69] 따라서 궁리공부란 바로 성현들이 이미 밝혀놓은

---

67) 졸저, 『한국 전통 도덕교육론』(파주: 한국학술정보〈주〉, 2006), 50~51쪽.
68) 『국역 율곡전서』(V), 「성학집요」, 37쪽.
69) 『국역 율곡전서』(Ⅲ), 「서 2」〈성호원에게 답하다〉, 54쪽.

도덕적 진리를 탐구하는 것에 다름 아니다. 그러니까 독서가 중요하고 고문의 인물 탐구가 중요하다. 또한 구체적인 사물을 놓고 그 이치를 탐구하는 공부도 필요하다. 율곡이 '공론' (公論)의 중요성을 주장한 것은 이러한 측면과 관련이 있다.[70] 말하자면, 그에게 있어 궁리의 대상으로서 도덕이란 선험적 도리(道理)라기보다는 경험적 담론을 거쳐서 공인된 실리(實理)에 가깝다. 성인이 밝혀온 진리가 그렇고, 공론의 도덕이 모두 그렇다. 이것이 욕망의 합리적 추구에 적용되는 도덕의 기준이다.

궁리를 통한 이러한 진리의 발견에도 층위가 있다. ① 한번 생각하여 바로 체득되는 진리가 있다. 이러한 진리에 의문을 제기하면 도리어 진실한 견해를 어둡게 해버린다. ② 정미하게 생각해야만 비로소 깨닫는 진리가 있다. 침식도 잊은 채 사색의 사색을 거듭해야 한다. 생각하고 생각하면 귀신도 통할 수 있다. ③ 마음을 써서 애를 태워도 투철하지 못하는 진리가 있다. 애를 태우고서도 석연치 못하여 생각이 막히고 분분하고 어지러우면 모름지기 모든 것을 던져버리고 마음을 비워 일물도 없게 한 뒤에 문득 들추어 다시 생각해보고, 그래도 안 되면 그것을 일단 놓아두고 다른 것을 궁구해야 한다. 다른 것을 궁구하다보면 자기도 모르는 사이에 그것이 자각될 때가 있다. 세 가지 진리의 층위는 별개가 아니라 서로 발명을 돕는다. 궁리에 게으르지 않고 오랫동안 공을 쌓아가다 보면 하루아침에 활연히 관통하여 궁구되지 않는 것이 없게 된다. 여기에 성의정심의 역행공부를 더한다면 비로소 학문한 경지에 도달하는 것이다.[71]

역행(力行)은 이미 깨달은 진리를 성품으로 체득하기 위한 공부로써 경(敬)의 끝이다. 구체적으로 이 공부는 정심(正心)과 검신(檢身)을 통해서 이루어진다. 정심이 안을 다스리는 공부라면, 검신은 밖을 다스리는 공부이다.[72] 마음을 바르게 하는 데는 미발시(未發時)에 계구(戒懼)하는 함양(涵養)공부와 이발시(已發時)에 신독(愼獨)하는 성찰(省察)공부의 두 갈래가 있다. 전자가 정지경(靜之敬)이라면 후자는 동지경(動之敬)이다. 그 어느 것이든 경공부의 요체는 ① 주일무적(主一無適), ② 정제엄숙(整齊嚴肅), ③ 항상 깨어있게 하는 방법[常惺惺法], ④ 그 마음을 수렴하여 하나의 물건도 용납하지 않음[其心收斂, 不容一物] 등이다.[73] 이러한

---

70) 『국역 율곡전서』(Ⅱ), 「소차 5」〈대 백참찬 인걸 소〉, 263쪽.
71) 『국역 율곡전서』(Ⅴ), 「성학집요」, 93~94쪽.
72) 『국역 율곡전서』(Ⅴ), 「성학집요」, 140~141쪽.
73) 『국역 율곡전서』(Ⅴ), 「성학집요」, 129~130쪽.

경공부의 방법은 특별한 것이 아니다. 율곡의 무게 중심은 항상 이발시의 공부에 있다. 이발(已發)의 마음인 인심(칠정)이 표현될 즈음에 마음의 온갖 기제들이 동시에 작동한다. 식색(食色)의 욕망이 꿈틀대며 도심(道心)과 대척한다. 이들 사이에서 코기토인 의(意)의 반성력이 작동하고 지(志)가 최종결정을 내린다. 도덕적 문제사태에서 의(意)와 지(志)가 도리를 향하여 작동하도록 하는 경향성을 확보하는 것이 율곡적 덕성교육의 핵심적 관심사인 것이다. 그가 끊임없는 자기극복(克己)과 자기개혁(勉强)의 경공부를 통하여 실리와 실심의 성(誠)에 도달할 수 있다고 주장한 것도 이러한 맥락과 닿아있다.[74]

다. 기질의 차이에 따른 개별화 지도의 원리

공부나 교육은 기질의 편차를 인정하고 그 기질을 어떻게 순화할 것이냐에 대한 방법론과 다르지 않다. 이와 관련하여 율곡은 "학문을 하는 데는 모름지기 그 기질에 따라서 그 편벽된 것과 이르지 못한 것을 살피되, 그 가장 절실한 것을 택하여 자기의 힘을 기울여야 할 것이다. 비유하면, 약을 쓰는 것과 같은 것인데, 옛 사람의 약 방문 또한 그 대법만을 말해 놓았을 뿐이며, 병의 증세는 여러 갈래이므로 또한 증세에 대응하여 좋은 약 방문을 신중하게 택하여야 하는 것"이라는 황씨(黃氏)의 말을 인용하고 있다.[75] 그렇다면 구체적으로 기질의 편차와 병증세의 갈래는 어떤 것들이 있을까? 다음의 인용을 보자.

> 맹자는 "사람마다 모두 요순이 될 수 있다."했는데, 이것이 어찌 허언(虛言)이겠습니까? (1) 기(氣)가 맑고 질(質)이 순수한 사람은 지(知)와 행(行)을 힘쓰지 않고도 능하게 되어 더할 것이 없으며, (2) 기가 맑고 질이 박잡한 사람은 알 수는 있어도 능히 행할 수는 없는 것인데, 만일 궁행에 힘써서 반드시 성실하고 반드시 독실하며 행실이 가히 이루어지고 유약한 사람이라도 강하게 될 수 있으며, (3) 질이 순수하고 기가 탁한 사람은 능히 행동할 수는 있으나 잘 알 수는 없는 것인데, 만일 묻고 배우는 데 힘써서 반드시 성실하고 반드시 정밀하게 하면 지식을 통달할 수 있으며 우매한 자라도 명석하여질 수 있습니다.[76]

---
74) 『국역 율곡전서』(V), 「성학집요」, 138~140쪽.
75) 『국역 율곡전서』(V), 「성학집요」, 105쪽.
76) 『국역 율곡전서』(V), 「성학집요」, 112쪽.

인용에서 보는 것처럼, (1) 기가 맑고 질이 순수한 사람은 지(知)와 행(行)에 모두 능하여 공부나 교육의 필요가 없고, (2) 기가 맑으나 질이 박잡한 사람은 지(知)는 가능하나 행(行)이 안 된다. 따라서 그는 궁행공부가 필요하다. (3) 질은 순수하나 기가 탁한 사람은 행(行)은 가능하나 지(知)가 안 된다. 따라서 그는 궁리공부가 필요하다. 인용에는 없지만 (4) 질도 박잡하고 기도 탁한 사람이 이론적으로 있을 수 있다. 그는 아마 지(知)와 행(行)이 모두 불가능하고 공부나 교육도 불가능한 존재일 것이다. (1)과 (4)는 모두 이론적 차원에 불과하고, 현실적인 존재들은 (2)나 (3)의 경우에 해당한다. 따라서 현실적인 존재인 (2)와 (3)의 경우의 사람들은 누구나 기질을 순화하기 위하여 궁행공부와 궁리공부에 나서야 한다. 그리고 교사는 이러한 기질의 편차와 개별성을 고려하여 학습을 지도해야 하리라.

라. 얕은 데서 깊은 데에 이르는 단계적 접근의 원리

기(氣)는 지각능력과 관련되고 질(質)은 행위능력과 관련된다. 지각능력과 행위능력은 천부적으로 가지고 태어나는 것이고, 개인적 편차가 있다고 할지라도 처음부터 발현될 수 있는 것이 아니다. 아무리 천부적으로 지각능력과 행위능력을 가지고 태어난다고 하더라도 그것은 계발되지 않으면 안 된다. 그것들은 어디까지나 가능성일 뿐이기 때문이다. 다음의 인용을 보자.

> 세상의 모든 기예는 어디 나면서부터 지식을 얻어 가지고 나오는 사람이 있겠습니까. 시험 삼아 음악을 배우는 한 가지 일을 가지고 말하겠습니다. 동남(童男)이나 치녀(穉女)가 처음에 거문고와 비파를 배워 손가락을 놀리어 처음으로 소리를 낼 때는 듣는 사람이 귀를 가리고 듣지 않으려 할 것이지마는, **노력을 쉬지 않고 쏟으면** 점점 그 아름다운 음률을 이루며 그 지극한 경지에 도달하게 되면 그 소리는 청화하고 원활한 흐름을 이루어 정묘한 것을 말로서는 다 표현할 수 없게 될 수 있습니다. 저 동남이나 치녀가 어찌 음악을 나면서부터 잘 할 수 있었겠습니까. 오직 실지로 **그 공력을 다하여 학습이 쌓여서** 그와 같이 익숙하여졌을 뿐이요, 온갖 기예가 그렇지 않은 것이 없습니다. 학문이 기질을 변화시킬 수 있는 것도 이것과 무엇이 다르겠습니까.[77]

---

77) 『국역 율곡전서』(V), 「성학집요」, 112쪽.

개인마다 기질의 편차가 있기에 공부와 교육의 효과가 지를 거쳐서 행에 도달하는 경우도 있고, 행을 거쳐서 지에 도달하는 경우도 있을 것이다.[78] 그러나 앞의 개별화 지도의 원리는 어느 정도 성숙한 학생을 대상으로 할 때이다. 율곡이 주희의 소학-대학계제설에 입각한 교육론을 깊이 인식하고 그것을 원용하고 있음에 주목할 때 공부와 교육의 단계는 "습관의 마당을 지나 본성의 회복"으로 접근하는 원리에 기초하고 있는 것으로 볼 수 있다. 다음의 인용을 보자.

신이 살피건대, 오랜 습관이 성품으로 된다는 것은 습관을 오래 쌓아 그것이 성공하면 마치 천성(天性)에서 우러나오는 것과 같은 것을 이르는 것이니, 이른바 작은 성공이 천성과 같고 습관이 자연과 같다는 것을 이르는 것입니다.[79]

처음은 하고자 할 만한 선(善)으로부터 시작하여 마침내 천지와 병립하고, 화육을 돕는 경지에 도달하는 것은 다만 지(知)를 쌓고 행(行)을 거듭하여 그 인(仁)을 숙습(熟習)하기에 있을 따름입니다.[80]

소학단계의 『격몽요결』이나 『소학』공부에서는 일용의 규범들에 대해 행위의 반복을 통하여 습관화한다. 대학단계의 『대학』이나 『성학집요』를 공부함에는 그 동안 습관적으로 내면화한 규범들에 대해 반성적 성찰을 거치는 궁리공부와 그것을 체득하는 궁행공부를 병행한다. 율곡적 용어로 전자에서는 '의양지미'(依樣之味)를 추구하는 사회화적 도덕교육을 중시한다면, 후자에서는 '완색잠구'(玩索潛究)와 '자득지미'(自得之味)를 추구하는 발달적 도덕교육을 중시한다. 이것이 율곡이 말하는 얕은 데서 깊은 데에 이르는 단계적 접근의 원리라 하겠다.

---

78) 『국역 율곡전서』(V), 「성학집요」, 176~178쪽.
79) 『국역 율곡전서』(V), 「성학집요」, 109쪽.
80) 『국역 율곡전서』(V), 「성학집요」, 185쪽.

3. 교수-학습의 모형과 절차

그러나 율곡은 덕성교육과 관련하여 '자득지미'보다는 '의양지미'의 도덕적 사회화를 더 상대적으로 중시했던 사상가로 등록됨직하다. 리의 선험적 도리보다는 기의 경험적 실리를 강조했기에 그는 도덕의 개념을 욕망의 합리적 조절로 이해했다. 그리고 그에게 있어 덕성교육이란 밖의 규범을 내면화함으로써 기질을 교정하고 순화하는 것과 다르지 않다. 지금까지 고찰한 교수-학습의 방법적 원리들에서도 성실과 면강을 강조하고 반구제기보다는 사물에 대한 경험적 탐구를 더 중시했다. 그에게 궁리의 대상은 성현이 밝힌 진리이고 공론의 도덕이었다. 따라서 율곡의 도덕교육방법론은 사회화 지향의 통합적 도덕교육론으로 볼 수 있다. 교수-학습의 모형과 절차를 통해서도 이를 확인할 수 있다.

율곡은 전범(典範)과도 같은 교육과정에 주목했다. 주자는 사서삼경(四書三經)의 경서(經書)와 역사서, 그리고 송대의 성리서 등이 포함되는 폭넓은 교육과정을 권장했다. 이 점에 대해 율곡도 이론(異論)이 없다. 그러나 주자에게 그러한 교육과정은 〈자료로서의 교재〉의 성격이 강했다면, 율곡은 독서의 순서를 엄격하게 정하여 숙독해 나가야할 〈전범으로서의 교재〉의 성격이 강하다.[81] 독서의 순서는 『小學』→『大學』→『論語』→『孟子』→『中庸』→『六經』→『史記』등이다. 이외에 송대의 주자(周子), 정자(程子), 주자(朱子) 등의 성리서들도 읽어야 하지만, 그것은 앞의 전범적 교재를 숙독한 다음의 일이다.[82] 이미 선현들이 권장해온 교육과정이 있는데 율곡이 굳이 『성학집요』라는 별도의 교재를 저술한 함의도 이러한 맥락과 무관하지 않다고 여긴다. 특히 『성학집요』은 사서(四書)와 육경(六經)의 계단이며

---

81) 교재는 크게 두 가지 유형으로 분류됨직 하다. 하나는 〈전범으로서의 교재〉요, 다른 하나는 〈자료로서의 교재〉이다. 〈전범으로서의 교재〉는 도덕적 문화전통을 대변하며 객관화된 도덕적 진리를 담고 있다. 사회구성원이 합의하는 바람직한 덕목과 규범, 공동체의 위대한 전통 등이 실린 이 교재는 말 그대로 자라나는 세대들이 익혀야만할 전범으로 등장한다. 반면에, 〈자료로서의 교재〉는 교수-학습의 상황에서 제공됨직한 하나의 교수-학습 자료일 뿐이다. 물론 이 교과서에도 바람직한 덕과 규범, 도덕적 원리와 규칙 등이 실리지만, 그것은 어디까지나 교수-학습을 돕는 자료일 뿐이다. 여기서는 자료를 읽고 토론하는 교수-학습의 과정을 통하여 도덕적 진리를 구성해 가야하는 것이라 말할 수 있다. 요컨대, 전자의 수업에서 학생들은 교사의 말씀과 교재의 내용을 진리 그 자체로 습득토록 하는 의양지미(依樣之味)를 추구한다면, 후자의 수업에서는 교사가 제시하는 교수 학습 자료에 대하여 서로 토론하고 대화하면서 진리를 구성해 가는 자득지미(自得之味)를 추구한다. 졸고, "퇴계의 [성학십도]에 함의된 도덕교육론," 『도덕윤리과교육』(한국도덕윤리과교육학회, 2004.12), 37~38쪽.

82) 『국역 율곡전서』(V), 「성학집요」, 60쪽.

사다리(階梯)이요, 개론과 각론 사이를 연결하는 전범과도 같은 도학총론 격의 교재인 것이다. 따라서 교재 내용의 선정·조직도 나름의 교수-학습의 절차를 염두에 두고 편성된 것으로 읽을 수 있다.

〈표 2〉『聖學輯要』에 함의된 교수-학습 모형

1단계	2단계	3단계	4단계	5단계
• 도입 • 주제 제시 (핵심 가치 규범 혹은 주요지도 요소) • 학습동기 유발	• 1차 자료의 제공(經文) • 주제 관련 가치규범 제시하기	• 2차 자료의 제공(註說) • 가치규범의 의미 파악하기 • 가치규범의 타당성 제시하기	• 토의 및 질의응답 • 가치규범의 적용 연습하기 • 교사의 보충 설명	• 종합 정리하기 • 실천동기 부여하기

겉으로 드러나는 『성학집요』 각 장의 체재를 주목해 보자. ① 서설: 율곡의 주제제시, ② 주제 관련 경문(經文)의 제시(四書五經 및 선현의 글), ③ 경문에 대한 다양한 주설(註說: 經傳 및 제서의 글, 혹은 율곡의 小註), ④ 정리: 율곡의 결론 순이다. 여기서 ②와 ③은 반복되는 데, 주제 관련 경문이 다양하게 제시되고, 제시된 경문에 대해 각각 주설도 제시된다. 이러한 체재를 보면 상당히 논리적이고 체계적인 글쓰기에 해당한다. 현대적 교수법을 염두에 두고 읽는다면, 이러한 체재의 순서는 교사 중심의 강의법이나 이야기법을 주로 삼으면서 토의법을 가미한 교수-학습의 방법과 기법을 떠올리게 한다. 이를 교수-학습의 모형으로 도표화해 보면 〈표 2〉와 같다.

〈표 2〉에서 보듯이, 교수-학습의 모형은 모두 5단계로 구성된다. 다만 책에서 4단계는 생략된 것으로 양해할 수 있다. 〈성실장誠實章〉을 들어 이상의 교수-학습 모형에 따라 수업지도안의 실례를 간략히 예시해 보면 다음과 같다.

〈표 3〉 교수-학습 지도안의 실례

1단계 : 도입

신이 살피건대, 궁리가 분명한 뒤에는 궁행할 수가 있는데,
반드시 마음이 진실하여야만 비로소 진실한 공부에 착수 할 수 있는 것입니다.
그 때문에 성실이 궁행의 근본이 됩니다.

2단계 : 1차 자료의 제공	3단계 : 2차 자료의 제공
공자는 말하기를, "충과 신을 주로 하라." 하였습니다.	• 주자는 말하기를, "스스로 양심에 충실한 것을 충이라하고, 일에 진실한 것을 신이라 한다.〈생략〉
자장이 행하는 도리를 물었더니, 공자는 말하기를, "말이 충하고 신하며, 행동이 경건하면..(생략)	• 주자는 말하기를, "자장의 뜻은...〈생략〉 • 장남헌이 말하기를, "독경은 돈독하게..〈생략〉
(이하 생략)	

4단계 : 토의 및 질의 응답

5단계 : 종합정리하기

- 신이 살피건대, 하늘에는 진실한 이치가 있기 때문에 기화가 쉬지 아니하고 유행하며, 사람에게는 진실한 마음이 있기 때문에 공부가 틈이 없이 밝아지고 넓어지는 것이니, 사람에게 진실한 마음이 없으면 하늘의 이치에 어긋나게 됩니다.(생략)
- 주자는 말하기를 "성실이란 성인의 근본이다."하였습니다. 바라건대, 이 점을 유념하소서.
- 신은 또 살피건대, 뜻을 성실하게 하는 것은 수기와 치인의 근본입니다. 지금 비록 따로 한 장을 만들어 그 대개를 진술하였습니다마는 성실하게 하는 뜻은 실로 상하의 모든 장에 일관하고 있습니다. 만일, 뜻이 성실하지 않으면 확립되지 못하고, 이치가 성실하지 않으면 궁격되지 못하며, 기질이 성실하지 않으면 변화할 수가 없으니, 다른 것도 미루어 알 수 있습니다.

1단계 〈도입〉에서는 교사인 율곡이 교수-학습의 주제를 제시한다. 해당 시간에 교수-학습할 핵심 가치규범이나 주요 지도요소를 제시하여 학습동기를 유발한다. 〈표 3〉의 지도안의 실례에서 율곡은 전 시간의 주제와 관련시키면서 오늘 주제의 의의와 중요성을 언급하고, 성실(誠實)이라는 가치규범을 수업 주제로 제시하고 있다.

2단계 〈1차 자료의 제공〉에서는 핵심 가치규범과 관련 가치규범이 포함된 경문(經文)이 제시된다. 경문은 주로 사서삼경 및 송대 선현의 글이 주를 이룬다. 교사는 해설에 들어가기에 앞서 이 경문을 가지고 학생들과 질의응답을 할 수도 있을 것이다. 〈표 3〉의 지도안의 실례에서는 『논어』의 공자의 경문을 제시하고 있다. 3단계 〈2차 자료의 제공〉에서는 경문을 통하여 제시된 핵심가치와 관련 가치규범에 대한 의미를 분석하고, 그러한 가치규범이 왜 필요하고 지켜져야 하는지 말하자면 가치규범의 타당성에 대해 다양한 전문가들의 견해를 들면서 설명해 나간다. 〈표 3〉의 지도안의 실례에서는 주자와 장남헌 등의 주설이 제시되고 있다. 주제에 대한 충분한 설명이 이루어질 때까지 2단계와 3단계는 반복된다.

4단계 〈토의 및 질의응답〉에서 교사는 여러 전문가들의 견해를 바탕으로 학생들과 서로 토의를 하거나 질의응답을 할 수 있다. 이 과정을 통하여 교사는 학생들에게 가치규범의 현실 적용을 연습하고 가치판단을 해보도록 할 수 있다. 교사의 보충 설명도 곁들여질 수 있다. 마지막 5단계 〈종합정리하기〉에서 교사는 지금까지 검토해온 교수-학습 내용을 다시 한번 요약정리하면서, 가치규범을 현실에서 실천할 수 있도록 결의를 다지는 정의적 · 행동적 동기를 부여한다. 그리고 다음 시간에 배울 교수-학습 주제를 미리 제시할 것이다. 〈표 3〉의 지도안의 실례에서 보면 이러한 점들이 확인된다.

V. 결론

성리학에서 리기론은 세계와 인간을 설명하기 위한 최상위의 형이상학적 개념 틀이다. 따라서 리기론에 관한 철학적 관점이 어떠냐에 따라 세계와 인간을 설명하는 방식이 달라지게 마련이다. 주자는 리기론에서 리기불상리(理氣不相離)와 리기불상잡(理氣不相雜)의 애매한 줄타기를 한 이로 이해된다. 그러나 퇴계와 율곡은 이 중 어느 하나의 관점을 확고한 자기 관점으로 입론하였다. 퇴계가 주리론적 관점을 견지했다면, 율곡은 주기론적 관점을 견지했다. 두 관점을 대비하면서 율곡의 윤리학과 도덕교육론을 요약해 둔다.

퇴계는 현실 속에서도 선험적 이념에 따라 살아가는 것이 가능하다고 보는 관점이다. 인간의 본성은 선하다. 천리가 마음 안에 내재해 있다. 이것은 군신이 있기 전에 군신의 리가 먼저 있고, 부자가 있기 이전에 부자의 리가 있는 것과 같다. 현실적으로 본성의 실현과 리의 발현은 기의 힘을 빌려야 하겠지만, 욕망의 합리적 추구를 넘어 순수한 도덕적 동기, 즉 이 선험적 이념에 따라 살아갈 수 있는 유일한 존재가 인간이고, 항상 그러한 도덕행위를 생활화한 이가 성인이다. 물론 율곡이 보는 성인도 처음부터 욕망과 무관하게 순수한 도덕적 동기에 따라 행위 할 수 있는 사람일지 모른다. 성인이란 처음부터 '담일청허'(湛一淸虛)한 본연지기를 받고 태어난 사람이기 때문이다. 그러나 이론적으로는 성인조차도 인심의 표현이 기발리승(氣發理乘)인 한에서 그의 도덕행위는 욕망의 완벽한 조절일 뿐이다. 처음부터 욕망과 무관하게 순수한 도덕적 동기에서 도덕행위가 이론적으로나 현실적으로 가능하려면 퇴계처럼 리발기수(理發氣隨)의 입장에 서지 않는 한 불가능하다. 율곡적 관점에서 성인조차도 이러할 진대 보통사람은 욕망의 조절이 쉽지 않다. 그들은 편차가 있는 유행지기를 받고 태어났기 때문이다. 이 유행지기는 물욕에 예민할 수밖에 없고 리의 도덕적 명령을 완벽히 수행해 낼 수가 없다.

덕성이란 도덕적 삶을 살수 있는 탁월한 성품이다. 퇴계가 보는 도덕적 삶이란 처음부터 가지고 태어난 도덕적 동기에 따라 살아가는 것이요, 율곡이 보는 도덕적 삶은 욕망추구의 정당화 내지 욕망의 합리적 조절과 다르지 않다. 퇴계에게 있어 도덕의 근원은 안에 있다. 그러나 율곡에게 있어 도덕의 근원은 밖에 있다. 욕망의 조절을 위한 합리적 기준은 밖에서 주어질 수밖에 없기 때문이다. 퇴계에 있어 덕성이란 도덕의 내적 동기에 따라 살아가는 성품이요, 율곡에게 있어 덕성이란 인심의 표현이 밖의 도리에 부합하게 발하도록 하는 성향이다. 성은 아직 미발(未發)의 마음인 본체다. 외물과의 접촉으로 마음이 작용하기 시작한다. 퇴계의 경우 마음작용의 통로는 리발기수이거나 기발리승이다. 이발(已發)의 마음인 정이 표현될 즈음에 마음의 온갖 기제들이 동시에 작동한다. 퇴계의 경우 선험적 도덕의지인 지(志)가 중요하다. 리발기수의 길은 욕망과 무관하게 도덕적 의지가 작용하기에 선일변도인 사단이 표출되겠지만, 기발리승의 길에는 사사로운 의(意)가 작동하여 선의지를 꺾어버릴 수가 있다. 그럴수록 지(志)의 도덕의지를 부여잡는 것이 중요하다. 그러나 율곡의 경우에 마음작용의 통로는 기발리승일 뿐이다. 항상 식색의 욕망이 꿈틀대며 도심과 대척한다. 이들 사이에서 코기토인 의(意)의 반성력이 작동하고 지(志)가 최종결정을 내린다. 마땅히 기뻐할 것은 기뻐하고 마땅히 화낼 일에 화내는 것(發而中節)은 정의 善으로써 도심이 되고, 마땅히 기뻐하지 않아야 할 것을 기뻐하거나 마땅히 화내지 않을 일에 화내는 것(發而不中節)은 정의 악(惡)으로써 인욕이 된다.

〈표 4〉 퇴계와 율곡의 마음작용의 구성요소 비교

	퇴계	율곡
의 (意)	• 의는 志가 경영하고 왕래하는 것이니 이는 志의 다리이다. 무릇 영위하고 도모하고 왕래하는 것이 모두 의이다. • 의는 사사로운 견지에서 슬그머니 다니고 간간이 나타나는 것, 의는 사의(私意)의 것 • 의는 침략하는 것 • 의는 선악의 기미가 되니 조그만 차이가 이미 구덩이에 함몰되는 것	• 의는 정으로 말미암아 계교(計較)하는 것, 마음이 감수된 것에 따라 축출하고 헤아려 생각하는 것 • 의라는 것은 마음에 계교가 있는 것을 말하는데, 정이 이미 발하여 생각도 하고 운용도 하는 것 • 의는 '지가 아직 정해지지 않은 것'(志之未定者)
지 (志)	• 지는 마음이 가는 바가 한결같이 곧게 가는 것 • 지는 공공의 주장으로써 요긴하게 일을 만드는 것, 지는 공공(公共)의 것 • 지는 징벌하는 것 • 지는 정대하고 성실하고 확고하여 변치 않음	• 지는 마음이 가는 바가 있는 것을 이른 것이니, 정이 이미 발하여 그 취향을 정한 것. 선으로도 가고 악으로도 가는 것이 모두 지이다. • 지는 '의가 정해진 것'[意之定者]
사 (思)	• 생각하면 얻고, 생각하지 않으면 얻지 못함	• 사(思)·염(念)·여(慮)는 모두 의(意)의 별칭인데, 사(思)는 비교적 중(重)하고, 염(念)과 여(慮)는 비교적 경(輕)한 것

그렇다면 성발위정(性發爲情)이 항상 도리를 위하여 발할 수 있도록 하는 덕성의 본질은 무엇인가? 퇴계에 있어 덕성이란 도덕적 문제사태에서 사의(私意)를 이겨내고 언제나 선험적 도덕의지(志)가 작동하도록 하는 성향이다. 반면, 율곡에 있어 덕성이란 도덕적 문제사태

에서 의식의 반성력(意)과 자유의지(志)가 도리를 향하여 작동하도록 하는 경향성이다. 그런데 문제는 기질이다. 기질은 성발위정의 수단이지만 퇴계의 선험적 도덕의지를 꺾어버리고, 율곡의 의식의 반성력과 의지의 행위 선택을 방해하는 주범이기 때문이다. 그래서 공부나 교육이란 '나쁜 기질'을 순화시키거나, 선험적 도덕의지를 보존하는 것과 다르지 않다. 이른바 '存天理 遏人欲'(즉 천리를 보존하고 인욕을 억제함!!)은 이를 두고 한 말이다.

주체적이고 자각적인 성찰을 통한 천성의 회복!! 이것이 퇴계의 덕성교육론의 핵심이다. 반구제기(反求諸己)와 물격(物格)은 격물의 인식수준을 넘어 천리(天理)가 자발적으로 나의 마음속으로 도래하는 리자도(理自到)의 성찰과정이다. 경(敬)은 기발의 사의(私意)가 항상 도덕적 선의지의 감시를 받아 기발리승의 정이 선을 향하도록 할 뿐만 아니라, 언제나 마음에서 천리가 발현하여 리발기수의 정이 표출될수 있도록 하는 공부와 교육의 원리이다. 이러한 퇴계의 교육론은 현대적 의미에서 자율적 도덕발달론에 가깝다고 할 수 있다. 반면에, 율곡의 관점에서는 기질을 교정하여 의식의 반성력과 자유의지가 늘 도리를 향하여 작동하도록 하여야 한다. 그것은 욕망조절의 합리적 기준인 도리(덕과 규범, 공론과 실리)를 끊임없이 내면화하여 습관화하는 현대적 의미의 도덕적 사회화 개념에 가깝다. 이것이 율곡의 덕성교육론이다. 도리에 대해 탐구하고 항상 도덕적 관점에서 생각하려는 사고의 습관화와 그것을 실천에 옮기려는 의지의 습관화가 필요하다. 습관화는 간단없는 자기노력(誠實)을 통해서 얻어지는 것이다. 사고의 습관화를 위한 공부가 궁리라면, 의지의 습관화를 위한 공부는 거경과 역행이다. 이처럼, 율곡은 도덕 사회화의 입장에 있었기에, 교육의 실제와 관련해서도 전범(典範)과도 같은 교육과정을 중시했고, 교사 중심의 교수-학습모형을 설계했다.

율곡의 덕성교육론의 의문점을 적시해 둔다. 인간의 도덕적 삶은 항상 욕망의 합리적 조절인가? 인간은 다른 동물과 달리 욕망과 무관하게 순수한 도덕적 동기에 따라서도 도덕적 행위를 할 줄 아는 유일한 존재가 아닌가? 도덕이란 공리주의적 실리와 규범이기보다는 선험적으로 실재하는 것이 아닌가? 공론과 담론의 도덕은 결국 도덕적 삶의 기준을 상대화시키지 않을까? 도덕교육이란 반구제기를 통하여 인간의 선험적 본성을 회복하도록 하는 것이 아닐까? 도덕적 사회화란 결국 인독트리네이션을 조장하는 것이 아닐까? 이러한 물음들이 율곡의 덕성교육론에서 떠오르는 의문이고 한계들인 것 같다. 퇴계는 바로 이러한 물음과 의문들에 미리 답하고자 했던 것이다. 그가 마음작용에서 기발리승의 길을 인정하면서도 리발기수의 길을 더 중시했던 이유가 그것이다.

제12장
왕양명의 무위윤리와 자발적 도덕직관론

Ⅰ. 서론

이 장은 왕양명(王陽明, 1472~1528)[1]이, 앞서 본 신유학적 전통과는 달리, 도덕교육에 관한 새로운 패러다임을 탐색했던 사상가라는 가정에 기초하고 있다. 주자학적 패러다임 내

---

[1] 왕양명의 생애를 약술해 둔다. 왕양명의 이름은 수인(守仁)이고 자는 백안(伯安)이며, 호는 양명이고 월(越)의 여요(餘姚) 출신이다. 명 헌종성화(憲宗成化) 8년(1472)에 태어나, 세종가정(世宗嘉靖) 7년(1528)에 57세로 죽었다. 사람됨이 지혜와 용기가 비범하였고, 어려서부터 패기가 넘쳤다. 각종 경험을 쌓은 후 성학(聖學)을 수학하였다. 스스로 말하기를, "처음에 호협한 기개에 빠졌고, 두 번째로 말 타고 활 쏘는 일에 빠졌고, 세 번째는 시부와 문장에 빠졌고, 네 번째로는 신선도를 수양하는 데 빠졌고, 다섯 번째로 불교에 빠졌었는데, 정덕병인(正德丙寅)년에 이르러 비로소 올바른 성현의 학으로 돌아왔다."고 하였다. 유근(劉瑾)의 뜻에 거슬려 벼슬이 귀주 용장(貴州龍場)의 역승(驛丞)으로 떨어지며 귀양갔다. 도중에도 자주 위험한 지경에 빠졌으나, 유근이 죽음을 당함에 소환되어 여릉(廬陵) 지사가 되었다. 후에 남공(南贛), 정장(汀漳), 횡수(橫水), 통강(桶岡), 삼리(三浰) 등과 같은 큰 도적들을 평정했다. 영왕 신호(寧王宸濠)의 난을 평정한 공으로 신건백(新建伯)으로 봉함을 받았는데, 이로 인해 사람들은 그를 왕신건(王新建)이라 불렀다. 그 후에 또 광서(廣西)의 야만족을 정복하고 개선하는 도중에 양명은 병으로 죽고 말았다. 저서로는 『왕문성공전집』(王文成公全集) 38권이 있으며, 문인들이 기록한 『전습록』(傳習錄)이 있다. 왕양명은 문무를 겸비한 걸출한 선비로, 전쟁에서 지략과 전술이 뛰어났고, 한편으로 병학에 달통하였을 뿐만 아니라 문장가로서도 명대 제일의 인물이었다고 할 수 있다. 그러나 그의 명성이 영원토록 전해지게 된 것은 도학(道學)에 있어서 큰 공헌을 남겼기 때문이다. 명대 이후의 도학은 왕양명으로부터 나왔으며 갑자기 면목을 일신하였다. 대체로 명나라 초기까지 사상계를 지배했던 유학은 주자학이며, 육상산학은 일찍이 이단으로 여겨졌다. 영락(永樂) 때 주자가 해석한 『사서오경대전』(四書五經大全)이 편찬되었는데, 선비들이 과거를 칠 때 그의 학설을 인용하였다. 이처럼 많은 학자들이 그의 학설을 공부하는 데 열중하였으니 송학은 더욱 세력을 얻었다. 반면, 왕양명은 홀로 육상산의 학문을 바탕으로 공자·맹자의 참된 전

에서 도덕교육론의 패러다임은 크게 주리(主理)적 당위윤리에 토대한 자율적 도덕발달론과 주기(主氣)적 유위윤리에 토대한 도덕적 사회화론으로 대별 가능하다.[2] 그러나 이 장에서 나는 왕양명이 주리론도 주기론도 아닌, 리즉기(理卽氣) 혹은 기즉리론(氣卽理論)적 관점에 토대한 새로운 패러다임의 윤리학과 도덕교육론을 정초했던 것으로 읽어내려고 한다.

신유학에서 리기론(理氣論)은 실재와 마음을 설명하는 철학적 토대이며, 실재와 마음에 관한 이론은 그 자체로 공부와 교육에 관한 이론이기도 하다.[3] 그동안 송명유학의 분파, 특히 주자학과 양명학의 관계에 대해서는 여러 관점이 있어왔다. 그리고 실재와 마음에 관한 철학적 논의와 교육(이론) 사이의 관계를 파악하는 관점은 크게 두 가지로 구분될 수 있다. 이에 대해서는 장성모가 잘 정리하여 제시한 바 있다.

> 하나는, 실재와 마음에 관한 철학적 논의는 실재와 마음을 매개하는 활동으로서의 교육방법을 '처방'하는 일과 연결되어 있다고 생각하는 것이다. 교육이론은 실재와 마음에 관한 철학적 논의의 실제적 함의를 체계화함으로써 실제적 활동으로서의 교육을 '처방'하는 이론으로서 의미를 갖는다. 이 경우, <u>실재와 마음에 관한 논의의 차이는 상이한 처방을 담은 상이한 교육이론</u>을 시사하는 만큼 실재와 마음에 관한 상이한 철학적 논의 또는 그것이 함의하고 있는 상이한 교육학적 처방은 결코 양립할 수 없다. 다른 하나는, 실재와 마음에 관한 철학적 논의는 교육실제에 대한 처방으로서의 교육이론과 연결되어 있는 것이 아니라 오히려 눈앞에서 벌어지고 있는 구체적인 인간 활동으로서의 교육을 '기술'하거나 '설명'하는 이론적 논의로서 의미를 갖는다고 해석하는 것이다. 이 경우 실재와 마음에 관한 상이한 논의 또는 개념규정은 구체적인 인간 활동으로서의 교육의 상이한 측면을 설명한

함을 얻어, 이른바 간이직절의 학문을 크게 이루었다. 대체로 양명의 학설은 몇 번이나 생사를 넘나드는 동안에 깨달은 체험을 바탕으로 실천궁행을 중시하는 심학(心學)을 체계화시킨 것이었다. 이상의 왕양명의 생애약술은 미우라 도우사꾸(강봉수 외 옮김), 『중국윤리사상사』(서울: 원미사, 2007), 448~449쪽.

2) 졸고, "주리론과 주기론의 도덕교육론: 퇴계와 율곡의 관점에 주목하여", 『교육과학연구 백록논총』 제9권 제1호(제주대학교 사범대학·교육과학연구소, 2007, 8), 119~146쪽; 졸고, "유교도덕교육의 이론적 패러다임과 우리 도덕과 교육", 동양윤리교육학회·한국교육과정평가원 주최, 『동양윤리교육론의 쟁점과 현재적 과제』(동양윤리교육학회 2008년 정기학술대회 발표자료집, 2008. 10. 31), 43~74쪽. 이 세미나 원고를 수정하여 발표한 글은, "유교도덕교육의 이론적 패러다임과 우리 도덕과 교육", 『윤리교육연구』 제17집(한국윤리교육학회, 2008. 12), 175~200쪽 참조.

3) 장성모, 『주자와 왕양명의 교육이론』(서울: 교육과학사, 1998), 13쪽.

다는 점에서, 그 개념과 관련된 상이한 철학적 논의들은 곧 그 자체가 교육의 상이한 측면을 다루는 교육이론이 된다고 말할 수 있다.[4]

전자의 관점에서, 주자학과 양명학은 실재와 마음에 관해 서로 상이한 철학적 견해를 나타내는 만큼 유학이론으로서 뿐 아니라 교육이론으로서 양립불가능하다. 그러나 후자의 관점에서, 주자학과 양명학이 보여주는 실재와 마음에 관한 철학적 논의는 유학이론의 발전 과정에서 파생된 강조점의 차이이며, 구체적인 활동으로서의 교육을 설명하는 관점의 차이일 뿐으로, 각각의 관점은 양립 가능한 것일 뿐만 아니라 오히려 교육에 관한 이론적 논의를 풍부히 해 준다. 이 중 장성모는 후자의 관점에서 주자학과 양명학의 교육이론을 다루었다. 요컨대, 교육이론적 관점에서 주자학이 교육내용의 원천과 궁극적 지향처에 주목하여 교육 활동을 설명하였다면, 양명학은 교육내용의 소유과정과 출발점에 강조점을 두어 교육 활동을 설명한 것으로 볼 수 있다는 것이다. 이러한 그의 관점은 신유학의 발달을 '리학(理學)에서 심학(心學)으로의 이행(移行)'으로 보는 전통적 시각을 교육적 관점에서 해석한 것이라 할 수 있다.

장성모의 논의는 신유학의 교육이론을 풍부히 하는 데 일정 기여를 했다. 그러나 나는, 그와 달리, 전자의 관점에서 양명학의 교육이론에 주목하고자 한다. 말하자면, 실재와 마음에 관한 왕양명의 철학적 논의는 주자학적 관점과 전혀 상이한 교육이론을 정초한 것으로 보려는 것이다. 이러한 관점은 실재와 마음에 관한 철학적 논의의 토대인 리기론적 가정부터 주자학과 양명학은 입장을 달리하며, 궁극적으로 주자학과 양명학은 서로 다른 유학이론을 함의한다고 볼 수 있다. 리기이원론(理氣二元論)적 원형에서 출발하는 주자학이 결국 주리론 혹은 주기론의 패러다임으로 흐를 수밖에 없다면[5], 양명학은 리기일원론(理氣一元論)적 관점에서 리즉기(理卽氣) 혹은 기즉리(氣卽理)의 패러다임에 서 있다고 여긴다. 주리론과 주기론을 당위유학(當爲儒學)과 유위유학(有爲儒學)으로 분류할 수 있다면, 양명학은 무위유학(無爲儒學)으로 읽어낼 수 있다.[6]

---

4) 장성모, 위의 책, 18~20쪽.
5) 윤사순, "동양 본체론의 의의", 한국동양철학회 편, 『동양철학의 본체론과 인성론』(연세대학교출판부, 1982, 초판; 1996, 7판), 154~155쪽.
6) 김형효는 공자로부터 발전한 유학의 유형을 안자학에 근원을 둔 物學, 증자학에 근원한 心學, 그리고 순자학의 성격을 계승한 實學으로 나눈다. 이 세 유형을 각각 無爲儒學, 當爲儒學, 有爲儒學이라 부르고 있

퇴계는 주리(主理)적 당위윤리에 토대하여 발달지향의 도덕교육론을 정초하였고, 율곡은 주기(主氣)적 유위윤리에 기초하여 사회화 지향의 도덕교육론을 제시하였다. 이러한 두 패러다임의 사상적 연원을 돌아보면 사실 맹자와 순자 류(類)의 사상에 있다. 한편, 그들과 철학적 사유의 결을 전혀 달리하는 사상도 있었는데, 노장(老莊)류가 그것이다. 당위철학과 유위철학은 그 철학적 사유의 차이에도 불구하고, 모두 인간중심주의적인 지능의 분별심으로 무장하는 소유론의 철학이다. 반면에, 노자의 무위철학은 인간의 자의식(自意識)을 방기(放棄)하여 우주적 자연과의 일체적 공감에 이르는 친자연적이고 현실적 해탈과 초탈을 지향하는 무소유의 철학이다. 그래서 노자의 무위적 세상보기의 도는 어느 쪽이든 중심주의를 거부한 철학자로 등록된다. 그의 철학은 인간중심주의도 자연중심주의도 아니다. 그럼에도 불구하고, 노자의 이러한 진의는 오랫동안 늘 오해와 곡해를 받아왔다. 한마디로, 노자의 철학은 세상에서 차지하는 인간의 위상과 존엄성의 가치를 떨어뜨리고, 인간사회의 변혁 가능성을 거부한 사상이라는 것이다.[7] 그래서 노장류의 철학은 늘 이단(異端)의 사상으로 규정되어왔다.[8] 인류문명사가 최근까지 인간중심, 이성중심, 남성중심으로 흘러왔었다는 점에서 노장류에 보내지는 이러한 오해와 곡해, 더 나아가 박해는 당연한 것이었는지 모른다.

노자철학을 반체제의 민중적이고 페미니즘적 저항의 철학으로 읽는 과격함까지는 아닐지라도[9], 오늘날 인류문명사가 맞닥뜨린 인간(이성)중심주의적 사고의 폐해를 누그러뜨리면서 또한 자연중심주의적 사고가 가져올 인간존엄성의 가치를 상실하지 않으면서 노자적 세상보기를 재생시킬 방법은 없는가? 그러한 대안적 사유는 인간중심주의와 탈인간중심주의의 중간지대 쯤으로 겨냥할 수가 있을 것이다. 나는 이러한 철학적 사유의 본보기를 왕양

다. 이러한 유학의 유형과 공자학의 본질에 대해서는 김형효,『철학적 사유와 진리에 대하여 1』(서울: 청계, 2004), 23~79쪽. 중국철학자 陳來는 왕양명 사상에는 사회적 관심과 도덕적 의무를 강조하는 有의 경계와 내심의 평정과 고요함 및 자아의 초월을 중시하는 無의 경계가 공존하고 있다고 보면서 양명학의 무위유학적 측면에 주목하고 있다. 陳來,『有無之境-王陽明哲學的精神』(北京: 北京大學出版社, 2005). 이주행도 양명학이 무위유학적 전통에 있음을 전제하면서 이를 이어받은 왕기의 양명학을 무위유학적 관점에서 탐구하고 있다. 이주행,『무위 유학: 왕기의 양명학』(서울: 소나무, 2005).

7) 이러한 관점에서 노자철학을 가장 일찍이 비판한 사상가 중의 하나는 순자(荀子; 荀況, B.C.3400 B.C. 238년 경)이다. 그는 "노자는 굴종적 입장만을 알고 신장하는 방면을 몰랐다"(老子有見於屈無見於信)고 하였다.『荀子』「天論篇」.

8) 중국에서 유학사상이 주류적 문명을 잡은 시기에 노장류는 늘 이단의 사상으로 비난받아왔다. 이 점은 조선의 유학자들의 평가에서도 다르지 않았다.

9) 기세춘의 관점이 대표적이다. 기세춘,『노자 강의』(서울: 바이북스, 2008).

명의 철학에서 시사 받을 수 있다고 여긴다. 즉, 노자의 무위적 세상보기가, 사상적으로 그 대척점에 있던 주자학을 넘어, 리기철학적 사유를 통해 노자적 세상보기의 재생(再生)을 본 보기로 보여준 신유학자가 왕양명이라 여긴다. 이 장에서는 이러한 가정들을 전제로 왕양명이 구축했던 '양지(良知)'의 윤리학을 검토하고, 이에 터한 도덕적 직관능력의 함양을 위한 공부와 교육의 방법론에 대해 탐색하고자 한다.

Ⅱ. 기즉리(氣卽理)의 패러다임과 세계의 본질

1. 기즉리(氣卽理)·리즉기(理卽氣)의 패러다임

신유학에서 리기론은 실재와 마음에 관한 이론의 철학적 토대를 이룬다. 리기론에 관한 근본가정이 갈리는 출발은 주렴계의 「태극도설太極圖說」을 어떻게 해석할 것이냐에 있었다. 그것을 읽는 대표적 관점은 두 가지였다.[10] (1) 태극을 기(氣)로 보는 기론적 관점과, (2) 태극을 리(理)로 보는 리론적 관점이 그것이다. 이 중 (1)의 관점은 노장적 관점으로 대표되고, (2)의 관점은 주자에 의해 정식화된 관점이다. 여러 가지 사정이 있지만, 주자가 노장적 사고나 기론적 관점에 근본적으로 동의할 수 없었던 이유는 '기(氣)의 자연성'에 있었다. 그에게 있어 '기의 자연성'은 그 자체로 악(惡)은 아닐지라도 결코 선(善)일 수는 없었다. 오히려 '기의 자연성'은 리의 이념이나 도덕법칙에 의해 치유되거나 통제되어야할 대상이었다. 그래서 그는 기보다는 리의 선재와 주재성을 강조하였다. 그러나 왕양명은 어느 편인가 하면 '기의 자연성'에 주목하는 (1)의 관점인 것 같다. 리기론에 대한 언표가 그렇게 많은 것은 아니지만, 왕양명의 관점을 추론하기에는 부족함이 없어 보인다. 일단 왕양명은 태허(太虛)의 무형(無形)으로부터 만물이 탄생한다고 보고 있다.

선가에서는 허(虛)를 말하는데, 성인이 어찌 허(虛)에 한 터럭의 실(實)을 첨가할 수 있

---
10) 한국사상사연구회, 『조선유학의 개념들』(서울: 예문서원, 2002), 27~35쪽 참조.

겠는가? 불가에서는 무(無)를 말하는데, 성인이 어찌 한 터럭의 유(有)를 첨가할 수 있겠는가? 그러나 선가의 허(虛)는 양생(養生)의 측면에서 말한 것이며, 불가의 무(無)는 생사고해로부터 벗어나는 측면에서 말한 것이다. 이것은 도리어 본체에 이러한 (양생이나 생사고해로부터 벗어나려는) 자기 의사를 첨가한 것이니, 본체의 허(虛)하고 무(無)한 본색이 아니며, 본체에 장애를 입힌 것이다. 성인은 단지 그 양지(良知)의 본색으로 되돌아갈 뿐이며, 다시 자기 의사를 조금도 보태지 않는다. 양지의 허(虛)는 곧 하늘의 허(虛)이며, 양지의 무(無)는 곧 태허의 무형(無形)이다. 태양과 달, 바람과 우레, 산과 강, 인간과 사물 등 무릇 모양과 형색을 가지고 있는 현상들은 모두 태허(太虛)의 무형(無形) 속에서 발용하여 유행하며, 하늘의 장애가 된 적이 없다. [11]

태허에 대한 왕양명의 언급은 장재(張載; 장횡거)의 관점을 그대로 이은 것 같다. 장재는 "태허(太虛)는 형상이 없으나 기(氣)의 본체이다. 그것이 모이고 흩어져 변화의 객형(客形)을 이룰 뿐"[12]이라 말한다. 그리고 이러한 기의 취산작용은 기의 자연스러운 활동성일 뿐이지 리(理)가 선재(先在)하여 기에 형상과 질서를 부여하는 것이 아니다. 리란 기의 자연법칙일 뿐이다. 왕양명도 태허에는 어떤 의지적 개입이 없는 자연성일 뿐이라 말하고 있다. 태허의 무형, 즉 기의 자연스런 발용으로부터 온갖 만물이 탄생한다. 그러나 왕양명은 장재처럼 태극을 기(氣)로 보지는 않는 것 같다.

> 태극의 (만물을) 낳고 낳은 이치[生生之理]는 오묘하게 작용하여 쉬지 않지만 그 항상된 본체는 변함이 없다. 태극의 낳고 낳음은 곧 음양의 낳고 낳음이다. 그 낳고 낳음 중에 오묘한 작용이 쉬지 않는 것을 일컬어 '움직임'[動]이라 하고 '양(陽)'을 낳는다고 하는 것이지, 움직인 뒤에 양을 낳는다고 말하는 것이 아니다. 그리고 낳고 낳음 중에 그 항상된 본체가 변하지 않는 것을 '고요함'[靜]이라 하고 '음(陰)'을 낳는다고 하는 것이지, 고요한 뒤에 음을 낳는다고 말하는 것이 아니다. 만약 고요한 다음에 음을 낳고, 움직인 다음에 양을 낳는다면, 음과 양, 움직임과 고요함은 자른 듯이 각각 하나의 사물이 되고 말 것이다. 음양은

---

11) 왕양명 지음, 정인재·한정길 역주, 『傳習錄(2)』(서울: 청계, 2001), 269조목(732쪽). * 이하 『역주 전습록』이라 하고, 원문은 생략하며 조목과 쪽수만을 밝히고자 한다. 필요할 경우 『王陽明全集(上)』(上海古籍出版社, 2006)과 『漢文大系 16』(東京: 富山房, 昭和59年)에 수록된 『傳習錄』을 참조하였다.
12) 『正蒙』, 「太和」. "太虛無形, 氣之本體, 其聚其散, 變化之客形爾."

하나의 기(氣)이다. 하나의 기가 구부렸다 폈다 하여 음양이 된다. 움직임과 고요함은 하나의 리(理)이다. 하나의 리가 숨었다 드러났다 하여 움직임과 고요함이 된다. [13]

주자를 따라 왕양명은 태극은 리(理)이고 음양은 기(氣)이다. 그러나 주자처럼 리의 선재를 전제로 기에 형상을 부여하는 원리로 보지는 않는다. 왕양명에게 있어 리란 기의 자연법칙일 뿐이다. 그러기에 "태극의 낳고 낳음은 곧 음양의 낳고 낳음이다."라고 말한다. 기의 작용과 리의 법칙은 동시적이다. 이렇게 보지 않고, '고요한 다음에 음을 낳고, 움직인 다음에 양을 낳는다면, 음과 양, 움직임과 고요함이 각각 하나의 사물이 되고 말 것'이라고 경고한다. "리는 기의 조리(條理)이고, 기는 리의 운용(運用)이다. 조리가 없으면 운용할 수 없고, 운용이 없으면 또한 조리를 살필 수 없다."[14]고 언표했듯이, 기즉리(氣卽理)이고 리즉기(理卽氣)의 관점이다.

이처럼, 기의 자연성에 주목하는 관점을 기왕에 기론(氣論) 혹은 기학(氣學)이라 불렀지만, 연구자는 리즉기 혹은 기즉리의 패러다임이라 부른다. 기론이라 하여 리의 개념이 없는 것이 아니기 때문이다. 그리고 기론은 기왕의 주기론(主氣論) 혹은 유기론(唯氣論)의 관점과 구분하는데도 애매한 측면이 있다. 주기론에서 리가 오성(悟性)법칙이고, 유기론에서 리가 경험(經驗)법칙에 비유될 수 있다면, 기론에서의 리는 무엇인지 명확하게 드러나지 않는다. 따라서 리즉기 혹은 기즉리론이라 부를 때 비로소 여기서 리란 자연법칙이라는 점이 명확해지는 것이다.

2. 일기유통(一氣流通)의 만물일체

기의 자연성에 주목하는 노장이나 기즉리론적 관점에서 만물 탄생의 다양성은 모두 음양의 기의 교감정도가 같지 않기 때문이라 여긴다. 즉, 인간이나 만물이나 기의 교감과 취산(聚散; 모이고 흩어짐)에 불과하다. 우연한 기들의 교감 정도에 따라 인간이 되고 사물이 되지만 흩어지면 다시 원래의 기(무극無極)로 돌아갈 뿐이다. 인간도 만물도 원래 이 무극에서 태어

---
[13] 『역주 전습록(1)』, 157조목(474쪽).
[14] 『역주 전습록(1)』, 153조목(463쪽).

낳고 다시 무극으로 돌아간다. 사실은 태어남도 돌아감도 없다. 이처럼, 결과론적으로 존재들 간에 우열이 있을지 모르지만 존재론적으로는 모두가 평등할 뿐이다. 왕양명도 만물이 존재론적으로 평등하다는 관점에 동의한다. 기의 교감정도에 따른 만물탄생의 다양성을 보자.

> 기(氣)가 약간 정미하면 해·달·별·바람·비·산·강이 되고, 이보다 약간 더 정미하면 우레·번개·도깨비·풀·나무·꽃이 되고, 한층 더 정미하면 새·짐승·물고기·자라·곤충의 무리가 된다. 지극히 정미하면 사람이 되고, 지극히 영묘하고 지극히 밝은 것은 마음이 된다.[15]

세계의 만물들은 기의 교감정도에 따라 '무생물 → 식물 → 동물 → 인간 → 영명한 마음'의 다층적 구조를 이룬다. 어떤 기가 무생물이 되고 식물이 되고, 어떤 기가 동물이 되고 인간이 되는 지는 기의 교감에서 빚어진 우연일 뿐이다. 그러기에 만물들은 존재론적으로 일단 평등하다. 그러나 결과론적으로는 성긴 기들의 교감은 무생물과 식물을 탄생시키고, 정미한 기들의 교감은 동물과 인간을 탄생시키면서 다층적 구조를 이루게 될 것이다. 여하튼 모든 만물은 기의 자연성으로부터 탄생한 것들이기에 존재론적 평등을 이루고, 이 점에서 만물은 일체이고 한 몸을 이루는 유기체와 다르지 않다.

> 천지만물은 사람과 본래 한 몸[一體]이니, 그 발동하는 감각 기관 가운데 가장 정묘한 곳은 바로 사람 마음의 한 점 영명함이다. 바람과 비, 이슬과 우레, 해와 달, 별과 성좌, 새와 짐승, 풀과 나무, 산과 냇물, 흙과 돌은 모두 사람과 본래 한 몸일 뿐이다. 그러므로 오곡이나 새와 짐승의 부류는 모두 사람을 양육할 수 있고, 약이나 침과 같은 종류는 모두 질병을 치료할 수 있으니, 다만 이 일기(一氣)가 동일한 것이기 때문에 서로 유통(流通)할 수 있는 것이다.[16]

만물과 인간이 일체이고 한 몸이라면 존재론적으로만이 아니라 가치론적으로도 인간과

---

15) 『明儒學案(上)』, 冊五, 卷25, 「南中王門學案一」〈語錄〉. "今夫茫茫堪輿, 蒼然隤然, 其氣之最麤者歟. 稍精則爲日月星宿風雨山川, 又稍精則爲雷電鬼怪草木花蕊, 又精而爲鳥獸魚鼈昆虫之屬, 至精而爲人, 至靈至明而爲心."
16) 『역주 전습록(1)』, 274조목(739쪽).

만물은 서로 우열이 없는 것이라 봐야 한다. 존재론적으로나 가치론적으로나 우열이 없는 것이 자연(自然)이고 상선(上善)이고, 왕양명의 언표로 지선(至善)이다. 필요(necessity)와 요구(demand)를 넘어서지 않은 약육강식(弱肉强食)은 어쩌면 가장 자연스러운 상선과 지선의 원리이고 자연법칙이다. 밀림의 왕자인 사자를 보라. 그는 주린 배를 채우기 위해 약자를 잡아먹는다. 그 뿐이다. 그는 내일을 위해 저장하지 않으며, 주린 배가 차면 오히려 토끼가 지나가도 쳐다보지 않는다. 약육강식이라는 상선과 지선의 원리에 의해 이 세계는 항상 자연적 균형을 이루고 있다. 이것이 노자가 태고시대라 불렀던 이상사회의 세계이고, 왕양명이 그리는 일기(一氣)가 서로 유통하는 만물일체의 세계이다.

주자학의 리론적 관점에서는 인간의 존재론적·가치론적 지위에 대해 어떻게 설명할까? 주자에 의할 때, 리(理)가 어떤 속성의 기(氣)에 원리를 제공할 것인지는 우연이지만, 그것이 세상의 다양성을 결정한다. 치우치고(偏) 막힌(塞) 기와 만나면 동식물이 되고, 바르고(正) 뚫린(通)) 기와 만나면 인간이 된다.[17] 이렇게 하여 세상의 존재들은 결정되었다. 주자는 천지가 생명을 낳는 모습을 "맷돌"에 비유하고 있다. 맷돌과 콩이 만나 천차만별의 콩가루가 탄생하는 것이 바로 다양한 생명탄생 현상과 비슷하다. 이처럼 주자도 인간을 포함한 만물 탄생의 다양성은 어디까지나 우연이라 보고 있다. 리가 어떤 기와 만날 것인지는 우연이기 때문이다. 이렇게 하여 태어난 세계 구성원들은 서로 불평하지 않는다. 주자에게 세계는 거대한 오케스트라 속에서 나름의 악기를 연주하고 있는 구성원들의 하모니 같은 것이다. 자연에는 투쟁과 혼돈보다 조화와 통일의 저류가 흐르고 있다. 이러한 점에서 주자적 세계관에도 노장이나 기즉리론적 관점처럼 존재론적 평등이 전제되고 있다. 그러나 여기서 유의해야 할 점은 이 유기체적 세계의 조화와 통일을 이끄는 것은 노장처럼 '기의 자연성'이 아니라 '리의 선험법칙'이라는 점이다.

주자는 세계 구성원간의 존재론적 평등을 전제하지만, 가치론적 평등까지 용납할 수는 없었다. 존재론적·가치론적 평등을 전제하는 노장적 관점에서는 세계의 구성원들 사이에서 인간이 특별한 지도적 위치를 차지할 수 없다. 주희는 여기까지 동의할 수는 없었다. 주희가 노장적 사고에 근본적으로 동의할 수 없는 점이 "기의 자연성"이었다. 단적으로 말해 어떻게 '약육강식'이 상선(上善)이란 말인가? 오히려 그것은 기의 이기심과 욕망을 표현하

---

17) 『朱子語類』, 卷4, 「性理1」. "自一氣言之, 則人物皆受是氣而生, 自精粗而言, 則人得其氣之正且通者, 物得其偏且塞者."

는 최악의 언표가 아닌가? 자연세계에서는 그것이 자연법칙일지 모르지만 인간세계 내에서 '약육강식'은 생각만 해도 끔찍한 일이다. 좌우지간 '기의 자연성'은 그 자체가 악은 아닐지라도 결코 선일 수는 없다. 오히려 '기의 자연성'은 리의 이념이나 도덕법칙에 의해 치유되거나 통제되어야할 대상일 뿐이다. 그래서 주자는 자연세계와는 다른 인간만의 도덕법칙의 근거를 세울 수밖에 없었다.

왕양명도 주희처럼 세계내 존재에서 인간의 위치에 대해 고민했고, 세계에서 인간의 지도적 위치를 인정했다. 이 점에서 노장적 사고와 결을 같이 하면서 다른 점이다. 그의 관점은 주희처럼 리의 선험법칙이 아니라 기의 자연성에 토대한 것이라는 점에서 또 다른 길이었다. 인간에게는 기의 자연성이 부여한 '영명한 마음'이 있다. 일기(一氣)의 유통에서 만물이 탄생한다는 점에서 인간과 만물은 일체이지만, 동시에 인간은 자연이 준 영명한 마음으로 인해 만물 중에 주재자가 될 수 있었다.[18]

3. 인간의 존재론적 위상과 양지(良知)

인간의 존재론적 위상은 천지와 귀신과 만물의 주재자이다. 존재들의 가치우열을 논하는 가치론은 리의 선험법칙이거나 인간들의 작위였다. 그러나 기의 자연성은 당위적 혹은 유위적 우열을 주장하지 않는다.[19] 그렇다고 기의 자연성은 노장이 본 것처럼 평등주의적 결과를 잉태하지도 않는다. 기의 자연성은 무위적 결과의 우열을 정당화시킨다. 인간이 만물의 주재자로 된 것은 이러한 무위적 기의 자연성이 부여한 것이다. 가치론적 우열론이 만물들 간의

---

18) 너는 다만 감응하는 기미에서 보아야 한다. 어찌 다만 새·짐승과 풀·나무뿐이겠는가? 비록 천지라 하는 것도 또한 나와 동체이며, 귀신 또한 나와 동체이다. …가득 찬 천지의 중간에는 단지 이 영명함만이 있음을 알 수 있다. 사람은 다만 형체 때문에 스스로 격리되어 있는 것이다. 나의 영명함은 곧 천지와 귀신의 주재자이다. 하늘은 나의 영명함이 없다면 누가 하늘의 높음을 우러르겠는가? 땅은 나의 영명함이 없다면 누가 땅의 깊음을 굽어보겠는가? 귀신은 나의 영명함이 없다면 누가 귀신의 길흉과 화복을 분별할 수 있겠는가? 천지와 귀신과 만물은 나의 영명함을 떠나서 있을 수 없다. 나의 영명함은 또한 천지와 귀신과 만물을 떠나서 있을 수 없다. 이렇다면 곧 一氣가 유통하는 것이니, 어떻게 그것들과 격리될 수 있겠는가? 『역주 전습록(2)』, 336조목(853쪽).
19) 왕양명은 말한다. "천지의 생명의지는 꽃과 풀이 동일하니, 어찌 일찍이 선악의 나뉨이 있겠는가? 네가 꽃을 보고자 하기 때문에, 꽃을 선하다고 하고 풀을 악하다고 하는 것이다." 『역주 전습록(1)』, 101조목(281쪽).

분리와 차이와 차별의 인간중심주의적 사고를 낳지만, 무위적 우열론은 만물들 간의 일체[한 몸]와 상호 존중과 '같음과 동시에 다름이라는 차연(差延)'의 유기체적 사고를 낳는다. 왕양명의 관점은 단연 후자이다. 인간이 무위적 우열에 따라 만물 중에 주재자적 위치에 서게 된 것은 가장 정미한 기의 자연성이 부여한 '마음'이 있기 때문이다.

> 만상(萬象)이 없으면 천지(天地)가 없고, 나의 마음이 없으면 만상이 없다. 따라서 만상이라는 것은 나의 마음이 만드는 것이고, 천지라는 것은 만상이 만드는 것이다. 천지와 만상은 내 마음의 찌꺼기이다. 극치에 이르면 천지는 마음이 없으며 사람이 그 마음이 되는 것을 알 수 있다. 마음이 그 올바름을 잃어버린다면 나 또한 망상일 뿐이요, 그 마음이 올바름을 얻으면 사람이라고 말한다. 이와 같이 천지를 위하여 마음을 세우고, 살아 있는 백성들을 위하여 명을 세우는 까닭이 오직 나의 마음에 있는 것이다. 여기서 마음 바깥에 리(理)가 없고 마음 바깥에 물(物)이 없음을 알 수 있다. 이른바 마음이라는 것은 곧 한 덩어리로 된 피와 살이 아니고 지극히 영묘하고 지극히 밝아서 능히 동작하고 아는 것을 가리키는 것이니, 이것이 이른바 양지(良知)이다. … 이는 대인(大人)의 학문이 천지만물과 더불어 한 몸(一體)이 되는 까닭이다.[20]

천지와 만상은 마음이 없고, 인간에게만 가장 정미한 기의 자연성이 부여한 '영명한 마음'이 있다. 천지와 만상은 마음이 없기에 기의 자연성에 따라 살아갈 뿐이다. 그러나 인간은 '영명한 마음'이 있어 기의 자연성에 내포된 리(理)를 포착할 수 있다. 기의 자연성에 내포된 리(理)란, 만물들 간의 '한 몸'과 '상호 존중'과 '같음과 동시에 다름이라는 차연'의 이치이다. '영명한 마음'으로 무장한 대인(大人)은 이러한 이치를 각각의 사물에 실현한다.

> 대인(大人)은 천지만물로서 '한 몸'(一體)을 삼는 자이다. 천하를 한 집안처럼 보고, 나라 전체를 한 사람처럼 본다. 무릇 형체를 구분하여 너와 나를 나누는 자는 소인(小人)이다. 대

---

20) 『明儒學案(上)』, 冊五, 卷25, 「南中王門學案一」〈語錄〉. "故無萬象則無天地, 故無吾心則無萬象矣, 故萬象者, 吾心之所爲也, 天地者, 萬象之所爲也, 天地萬象, 吾心之糟粕也, 要其極致, 乃見天地無心, 而人爲之心, 心失其正, 則吾亦萬象而已, 心得其正, 乃謂之人, 此所以爲天地立心, 爲生民立命, 惟在於吾心, 此可見心外無理, 心外無物, 所謂心者, 非今一團血肉之具也, 乃指其至靈至明能作能知, 此所謂良知也.… 此大人之學所以與天地萬物一體也."

인이 능히 천지만물을 한 몸으로 삼는 것은 일부러 그러한 것이 아니고, 그 마음이 인(仁)이 본래 그와 같아서 천지만물과 더불어 하나가 되는 것이다. … 이러한 까닭에 어린아이가 우물에 빠지려는 것을 보면 반드시 **'깜짝 놀라 불쌍히 여기는 마음'**(출척측은지심怵惕惻隱之心)을 갖게 되는데, 그것은 그의 인(仁)이 어린아이와 더불어 한 몸을 이루기 때문이다. 어린아이는 오히려 동류(同流)라고 하자. 새와 짐승이 슬피 울거나 두려워하는 것을 보면 반드시 **'참지 못하는 마음'**(불인지심不忍之心)을 갖게 되는데, 그것은 그의 인(仁)이 새와 짐승과 한 몸을 이루기 때문이다. 새와 짐승은 오히려 지각(知覺)이 있는 것이라 하자. 풀과 나무가 꺾이고 부러지는 것을 보면 반드시 **'가엾게 여기는 마음'**(민휼지심憫恤之心)을 갖게 되는데, 그것은 그의 인(仁)이 풀·나무와 함께 한 몸을 이루기 때문이다. 풀과 나무는 오히려 '살고자 하는 의지'(生意)가 있는 것이라 하자. 기와나 돌이 깨지는 것을 보면 반드시 **'애석하게 여기는 마음'**(고석지심顧惜之心)을 갖게 되는데, 그것은 그의 인(仁)이 기와나 돌과 한 몸을 이루기 때문이다. 이것은 모두 한 몸으로 삼는 인(仁)이니, 소인(小人)의 마음이라도 반드시 이러한 한 몸으로 삼는 인(仁)이 있다. 이것은 하늘이 부여한 본성에 뿌리를 두고 있으며, 자연스레 영명하고 밝아서 어둡지 않은 것이니, 명덕(明德)이라 이름한다.[21]

일기(一氣)의 유통으로부터 탄생한 모든 만물은 한 몸의 '같음'이다. 그러나 동시에 '다름'이다. 인간과 인간은 동류이지만 다르다. 인간과 동물은 지각을 공유하면서 다르다. 인간과 식물은 생명의지를 공유하면서 다르다. 인간과 무생물은 기를 공유하면서 다르다. 이처럼 인간과 만물은 '같음과 동시에 다름'이다. '같음'이기에 만물은 한 몸이고, '다름'이기에 분리와 차별이 아니라 서로를 존중하고 배려해야 한다. 다만 마음을 가진 인간만이 그 존중과 배려를 자각하고 실현할 수 있다. 동류의 어린아이에 대해 '불쌍히 여기는 마음'(출척측은지심怵惕惻隱之心), 지각을 공유하는 동물에 대해 '차마하지 못하는 마음'(불인지심不忍之心), 생명의지를 공유하는 식물에 대해 '긍휼히 여기는 마음'(민휼지심憫恤之心), 기(氣)를 공유하는 무생물에 대한 '애석하게 여기는 마음'(고석지심顧惜之心) 등이 그것이다. 인간의 이러한 마음은 리(理)의 선험성으로부터 주어진 것도 아니고 인간의 경험적 작위로 얻어진 것도 아닌, 그야말로 기의 자연성으로부터 자연스럽게 부여된 본성이다. 이 자연스럽게 부여된 영명한 마음을 왕양명은 인(仁)이라 하고 명덕(明德)이라 하고 양지(良知)라 부르고 있다.

---

21) 『역주 전습록(2)』, 부록: 「大學問」(933~934쪽).

그야말로, 이 세계는 하나의 거대한 유기체적 생명체이다. 인간은 이러한 유기체적 생명체의 중추라고 볼 수 있다.[22] 세계만물이 인간과 무관하게 스스로 생성되고 스스로 존재하는 것처럼 보일지라도 만물과 인간 사이에는 유기적인 생명의 관계망으로 연결되어 있다. 세계는 하나의 생명의 그물망이 되고, 만물은 그물망을 구성하는 하나하나의 그물코가 된다. 이러한 그물망 속에서 인간은 유기체적 생명의 전모를 자각할 수 있는 세계생명의 중추적 위상을 지닌다. 인간이 그러한 중추를 담당할 수 있는 것은 인(仁)과 명덕(明德)으로 표현되는 영명한 마음인 '양지(良知)'를 가졌기 때문이다. 요컨대, 왕양명에게 있어 인간이란, 자연만물에 대한 지배자 또는 정복자가 아니라 오히려 자연만물을 자신의 생명과 같이 보살피고 도와주어야 하는 전우주적인 사명과 책임을 부여받은 중추적 존재이다.[23] 인간에게 주어진 이러한 사명과 책임은 당위적이고 작위적으로 주어진 것이 아니라 무위적인 자연성의 산물이다.

Ⅲ. 양지의 무위윤리적 특징과 도덕적 기능

1. 양지의 무위윤리적 특징

무위윤리는 인간의 당위적 혹은 작위적 도덕법칙을 넘어 '스스로 그러함'이라는 무위무불위(無爲無不爲)의 자연법칙을 겨냥한다. 그래서 무위윤리는 욕구와 도덕적 선(善)의 일치를 지향한다. 사실 선(善)과 욕구를 하나로 파악한 이는 맹자였다. 단적으로 "욕구하고자 하는 것을 일컬어 선이라 한다."[24]고 정의했기 때문이다. 그렇다면 식색지성(食色之性)도 욕구이자 선이며, 도의지성(道義之性)도 욕구이자 선이다. 식색지성과 도의지성을 동시에 추구해도 욕구가 실현되고 선이 실현될 수 있다. 그리고 식색지성과 도의지성은 모두가 성(性)이며 명(命)이기에 그것은 '배우지 않아도 실현할 수 있는'(양지양능良知良能) 것이다. 인간은 처

---

22) 김세정, 『양명학, 인간과 자연의 한 몸 짜기』(대전: 문경출판사, 2001), 78쪽.
23) 김세정, 위의 책, 79쪽.
24) 『孟子』, 「盡心下」; 24, "可欲之謂善."

음부터 욕구와 선의 일치를 담보할 수 있는 존재였다. 욕구와 선의 일치, 즉 자리즉이타(自利卽利他)가 인간의 본성이었다. 그러나 맹자는 이러한 관점을 끝까지 고수하지 못했다. 그는 식색지성과 도의지성이라는 두 욕구가 갈등할 경우에는 도의지성을 더 바람직한 선으로 규정했고, 더 나아가 식색지성을 악으로 도의지성만을 도덕적 선으로 규정하고 말았던 것이다. 그래서 결국 맹자는 욕구와 선의 일치를 포기하고, 도의지성을 도덕적 옳음(보편적 이성)으로 해석하는 당위유학적 관점으로 기울어졌다. 이것이 왕양명이 보는 맹자사상에 대한 평가인 것 같다.[25] 그래서 그는 맹자가 포기했던 처음의 관점을 되살려야 하고, 그것이 공자와 안연 등이 원래 추구하고자 했던 유학의 본령이라 여긴다. 왕양명의 언표를 보자.

> '타고난 것을 본성이라 한다.'(生之謂性)의 '생'(生)은 바로 '기'(氣)이니, '기가 바로 본성'(氣卽是性)이라 말하는 것과 같다. … 기가 곧 본성이라고 말하자마자 이미 한쪽에 떨어졌으니, 본성의 본원은 아니다. 맹자의 성선(性善)은 본원으로부터 말한 것이다. 그러나 성선의 단서는 반드시 기(氣) 위에서만 비로소 살필 수 있다. 기가 없으면 (본성) 역시 살필 수 없다. 측은·수오·사양·시비가 바로 기이다. 정자가 "본성을 논하되 기를 논하지 않으면 다 갖추어지지 않고, 기를 논하되 본성을 논하지 않으면 밝지 못하다."고 말한 것도 역시 배우는 자가 각각 한쪽만을 이해하기 때문에 부득이 이와 같이 말한 것이다. 만약 자신의 본성을 명백하게 이해했을 때는 '기가 바로 본성'(氣卽是性)이고 '본성이 바로 기'(性卽是氣)로서, 원래 본성과 기를 나눌 수 없다.[26]

인용에서 '기가 바로 본성'(氣卽是性)이고 '본성이 바로 기'(性卽是氣)라는 언표를 곧이곧대로 읽어 '기와 본성이 같다'고 해서는 안 된다. '원래 성(性)과 기(氣)는 분리할 수 없는 것'이라 했듯이, 이는 앞장에서 논급한 바의 리즉기(理卽氣)이고 기즉리(氣卽理)의 관점과 다르지 않다. 따라서 원래 기질지성과 본원지성은 일치하는 것이라 읽어야 이 언표의 뜻은 분명해진다. '기질의 욕망과 본원의 도덕성'이 일치함이 인간본래의 자연성이라는 말이다. 기(氣)의 가장 정미한 것이 영명한 마음(心卽氣)이고, "심즉성(心卽性)이고 성즉리(性卽理)"[27]이다. 말하자면, 마

---

25) 김형효, 앞의 책, 같은 쪽 및 이주행, 앞의 책, 71~128쪽 참조.
26) 『역주 전습록(1)』, 150조목(455~456쪽).
27) 『역주 전습록(1)』, 33조목(164쪽).

음이 곧 천성이고 천성이 곧 천리이다. 기질지성도 천성이고 본원지성도 천성이기에 기질지성이 곧 본원지성이고 본원지성이 곧 기질지성이다. 이처럼 원래부터 기질지성과 본원지성은 분리될 수 없는 것이었다. 욕구도 선이고 선도 욕구이기에 그것은 도덕적 선과 악으로 구분될 성격의 것이 아니다. 그래서 왕양명은 "마음에는 원래 선도 없고 악도 없다."(심무선무악心無善無惡)고 선언하였다.28) 도덕적 선과 악, 옳고 그름의 개념은 인위적 문화가 만들어낸 것이고, 본래 마음은 선악이전의 천성이고 천리이다. 천성이고 천리이기에 그것은 인위적 마음이 아니라 자연성이고 자발성일 뿐이다. 인간은 욕망이 선이고 선이 욕망이 되는 천성을 자발적으로 추구하는 존재이다. 그런 마음의 본질을 왕양명은 '양지(良知)'라고 불렀다.

천리인 양지는 욕구와 선의 일치, 그것은 저 불교에서 말하는 자리즉이타(自利卽利他)인 자리심(自利心)과 다른 것이 아니다. 자리심의 마음은 이기심과도 다르고 이타심과도 다르다. 나의 욕구추구가 곧 타인에게도 선을 베푸는 결과를 가져오는 마음이고, 그것이 곧 仁이다. 이기심은 사적인 호불호의 마음이고, 이타심은 보편적 이성으로 욕망을 극복한 마음이다. 어느 것도 주체중심적이고 인간중심적인 마음이라는 점에서 같다. 그러나 자리심의 인은 만물을 일체로 보는 생명중심의 마음으로 탈주체, 탈인간의 마음이다. 왕양명은 이기심과 이타심을 사기(私己; 구각지기軀殼之己)로, 자리심을 진기(眞己)로 구분한다.29) 기존의 해석에서 왕양명의 '진기(眞己)'를 "진정한 도덕적 주체의 확립"이라 보지만,30) 오히려 그것은 나를 비우고 나를 버림으로써만 확보될 수 있는 "주체의 해체"라 여긴다. 왕양명은 자리심의 인(仁)을 생의(生意)라 하였다. 생명의지는 만물이 공유한 천리이다. 자식이 생명을 주신 부모를 따르려 하는 것도, 부모가 생명을 이어주는 자식을 사랑하는 것도 자연스런 천리이다. 그런데 정작 자리심을 주장했던 불교는 자사자리(自私自利)에 빠져 이러한 자연스런 천리를 거부하고, 노장은 생사를 가볍게 여긴다.31) 불교와 노장이 무위철학이라는 점에서 많은 부분을 왕

---

28) 불교도 無善無惡을 얘기했다. 그러나 불교는 그것에 집착하여 도리어 일체를 상관하려 하지 않는다. 그러나 성인의 無善無惡은 단지 일부러 좋아하지도 않고 일부러 싫어하지도 않으면서 그냥 천리를 따를 뿐이다. 『역주 전습록(1)』, 101조목(282쪽).
29) 『역주 전습록(1)』, 122조목(328~330쪽).
30) 예컨대, 정인재·한정길은 『傳習錄』을 역주하면서 그렇게 읽고 있고, 이계학과 최재목도 그러하다. 이계학, "양명학파의 인격교육론," 『인격의 형성과 교육』(명암 이계학박사 화갑기념논문선집 간행위원회, 1997), 682쪽; 최재목, 『내 마음이 등불이다 : 왕양명의 삶과 사상』(서울: 이학사, 2003), 267쪽, 최재목, 『양명학과 공생·동심·교육의 이념』(영남대학교출판부, 1999), 138쪽.,
31) 『역주 전습록(2)』, 269~270조목(732~734쪽).

양명과 같이 가지만, 무위윤리를 바라보는 관점에서 다르다. 왕양명의 무위윤리는 생명의지(욕구)와 생명에 대한 존중[도덕성]의 일치를 바탕으로 정초된 윤리학이다.

2. 양지의 도덕적 기능

왕양명이 보는 세계는 하나의 거대한 유기체적 생명체이다. 세계만물이 인간과 무관하게 스스로 생성되고 스스로 존재하는 것처럼 보일지라도 만물과 인간 사이에는 유기적인 생명의 관계망으로 연결되어 있다. 이것이 세계의 '사실'이다. 세계생명의 관계망이라는 틀에서 세상을 보지 않고, 나를 중심으로 혹은 인간을 중심으로 세상을 보는 한 자리(自利)가 곧 이타(利他)인 이 세계의 사실을 있는 그대로 볼 수가 없다. 양지(良知)의 첫 번째 도덕적 기능은 바로 그러한 세계를 사실 그대로 읽어낼 수 있는 선험적 직관능력이다.[32] 왕양명은 이러한 양지의 능력을 허령명각(虛靈明覺), 허령불매(虛靈不昧), 본래면목(本來面目), 영소명각(靈昭明覺) 등의 다양한 비유를 들어 설명하고 있다.[33]

양지는 맹자가 말한 시비지심(是非之心)이다. 그러나 시비지심이라 하여 그것을 인간이 가진 보편적 이성이나 경험적 지성으로 도덕적 옳고 그름을 판별해내는 분별력으로 보아서는 안 된다. 양지는 이성이 말하기 전에 천리를 판별하는 거울(명경明鏡)과 같다. 거울은 세상을 주체중심으로 보지 않고, 세상을 있는 그대로 비추는 물건이다(항조자恒照者). 그러나 이성과 지성은 세상을 사실 그대로 보지 못하고 항상 주체중심으로 인간중심으로 해석하고자 한다. 해석된 '현실'과 원래의 '사실'은 다르다. 해석된 '현실'은 이성이나 지성이 추론해낸 구성의 산물이거나 경험적 소산일 뿐이다. '사실'은 해석되기 이전의 날 것이다. 세상 악

---

32) 이주행은 양지를 본능(instinct)과 유사하면서도 본능은 아니며, 그러면서도 지성(intelligence)과도 구별되는 베르그송(Henri Bergson)이 말한 직관(intuition)의 능력에 가깝다고 보고 있다. 베르그송에 의할 때, 직관은 동물적 본능처럼 제한적이지 않고, 또 행동의 이해관계와 실용성을 따져서 취사선택하는 이성도 아닌 '공평무사한 공감'(disinterested sympathy)을 뜻한다. 양지는 시비와 선악 등 행동의 가치를 본능적으로 직관하는 일종의 정신적 본능과 같다. 이주행, 앞의 책, 85~87쪽.

33) 하나의 예만 보자. "양지는 맹자가 말한 시비지심(是非之心)이다. 사람은 누구나 그것을 가지고 있다. 그것은 숙고하지 않아도 알 수 있고 배우지 않아도 할 수 있다. 그러므로 양지라고 한다. 이는 바로 하늘이 명한 본성이며, 내 마음의 본체이다. 자연히 영소명각(靈昭明覺)한 것이다." 『역주 전습록(2)』, 부록: 「大學問」(944쪽).

의 근원은 여기에서 비롯된 것이 아닌가 한다. 이성과 지성의 사유는 분별을 낳고, 우열을 가르고, 지배의 철학을 잉태한다. 그러나 양지는 세상을 여여(如如)하게 비추는 거울이기에 분별심과 우열심을 지우고 공생공영의 존재론적 세계를 지향한다.

양지의 두 번째 도덕적 기능은 규칙을 창출해 내는 입법기능이다. 육상산을 이은 관점이지만, 왕양명은 단적으로 심즉리(心卽理)라 표현하였다. 주지하듯이, 심즉리는 주자의 성즉리에 대비된다. 심즉리와 성즉리가 어떻게 변별되는가? 왕양명의 관점에서 "심즉성心卽性, 성즉리性卽理"인데, 주자는 성즉리만 주장하여 마음과 이치를 분리(심여리心與理)시키고 있다. 마음에 이미 천리를 갖추고 있는데, 주자는 천리를 마음 밖의 사물에서 찾으려 한다는 것이다. 주자가 주장하는 성즉리의 성(性)은 본연지성이다. 그러나 기질지성이 본연지성을 가리고 있다. 그래서 마음은 본연지성을 바로 실현해 낼 수가 없고, 이치(규칙)를 마음으로부터 바로 창출해낼 수가 없다. 주자에게 있어 사물을 향한 점진적인 격물치지(格物致知)의 지적 탐구와 마음을 향한 의지적인 경(敬)공부가 필요한 것도 이러한 이유에서이다. 그러나 왕양명은 심즉리는 "심즉성, 성즉리"의 줄임이고, "심즉성"의 성(性)은 처음부터 기질지성과 본원지성의 일치된 양지였다. 그래서 양지의 마음은 그 자체로 천리를 갖추고 있을 뿐만 아니라 세계의 사실을 여여히 비출 수 있고, 이로부터 현실적인 상황에 합당한 이치와 규칙을 창출할 수 있다.

> 모두(忠·孝·信·仁의 理)가 이 마음에 있다. 이 마음은 곧 리이다. 이 마음에 조금도 사욕의 가리움이 없으면 그것이 곧 천리이며, 밖에서 한 푼도 더 보탤 것이 없다. [34] ; 마음은 하나이지만 측은히 여겨 차마하지 못하는 인간의 전체적인 마음으로 말하면 인이라 하고, 그 합당함을 얻은 측면에서 말하면 의라 하며, 그 각각의 이치[條理]라는 측면에서 말하면 리라고 한다. [35] ; 마음의 본체는 성이며, 성은 곧 리이다. 그러므로 부모에게 효도하려는 마음이 있으면 효의 리가 있다. … 마음이 비록 한 육신의 주재이지만 실로 천하의 리를 관장한다. 리가 비록 만사에 흩어져 있지만 한 사람의 마음 밖에 있지 않다. [36]

---
34) 『역주 전습록(1)』, 3조목(81~82쪽).
35) 『역주 전습록(1)』, 133조목(366쪽).
36) 『역주 전습록(1)』, 133조목(365쪽).

마음이 규칙을 창출해낸다고 하여 혹시라도 심즉리를 저 서양철학적 의미의 주관적 관념론이나 객관적 관념론으로 읽는다면 왕양명의 관점을 잘 못 짚은 것이다. 뿐만 아니라, 주체적 유심론 혹은 주체적 관념론37)이라는 명제도 왕양명의 관점에는 부합하지 않다. 주관적 관념론은 경험적 지성의 산물이고, 객관적 관념론은 보편적 이성의 소산일 뿐이다. 주체적 유심론이든 주체적 관념론이든 역시 인간중심의 사고일 뿐이다. 이성과 지성을 경시하고 탈 인간과 탈 주체를 주장하는 왕양명의 관점을 인간중심의 사유로 재단하려는 어떠한 시도도 적절하지 않다. 오히려 왕양명의 관점은 자연철학적 실재론에 가깝다. 세계에는 실재하는 '사실'의 법칙이 있다. 인간의 영명한 마음은 이 사실의 법칙을 있는 그대로 읽어낼 수 있다. 세계의 사실을 여여히 비추는 양지의 마음(仁)은 어떤 도덕적 상황에 직면한 순간 무엇이 세계의 사실에 부합하는 것인지(義)의 시비(是非)를 바로 직관해내며, 그에 적절한 규칙을 창출해 낸다. 나아가 양지의 규칙 창출과 규칙실현의 행위는 동시적이다. 그래서 양지의 세 번째 도덕적 기능은 바로 지행합일(知行合一)의 능력이다.

> 마음의 허령명각(虛靈明覺)은 본연의 양지이다. 그 허령명각한 양지가 감응하여 마음이 발동하는 것을 의(意)라고 한다. 지(知)가 있은 뒤에 의(意)가 있으며, 지(知)가 없으면 의(意)는 없다. 그러므로 지(知)는 의(意)의 본체가 아니겠는가? 의(意)의 실현에는 반드시 그 물(物)이 있으며, 물은 곧 사(事)이다. 마치 의(意)가 부모를 섬기는 데 발동하면 부모를 섬기는 것이 하나의 물(物)인 것과 같다.38)

왕양명은 "마음이 발동한 것이 바로 의지(意)이고, 의지의 본체가 바로 지(良知)이고, 의지가 실현된 곳이 바로 물(事物)이다."39)라고 언표했다. 말하자면, 어떤 대상을 마주하는 순간 마음이 발동하게 되는 데 이것은 양지의 직관과 동시적이다. 양지의 직관과 동시적인 마음의 발동, 즉 의(意)는 양지의 직관에 따르려는 선의지라 말할 수 있고, 그러한 의지가 대상에 실현되는 것이 바로 행위인데 그것 역시 의지의 발동과 동시적이다.

처음부터 양지의 직관과 의지는 분리된 채로 존재하지 않았다. '마음이 곧 의지이니, 이

---
37) 최재목(2003), 앞의 책, 260쪽.
38) 『역주 전습록(1)』, 137조목(389~390쪽).
39) 『역주 전습록(1)』, 6조목(99쪽).

것이 행위의 시작'이라 했듯이, 의지는 마음속의 행위와 다르지 않다. 그러기에 대상에 대한 직관과 행위가 동시적으로 합일할 수밖에 없는 것이다. 맛있는 음식에 침이 고이고 악취에 코를 막고 물가로 향하는 어린아이를 구하듯이, 사태에 대한 직관과 행동은 동시적이다. "부모에게 마땅히 효도해야 하고 형에게는 마땅히 공손해야 한다는 것을 알고 있는 사람이 도리어 효도하지 못하고 공손하지 못하는 사람이 있는데, 이로 보아 앎과 행위가 별개의 일인 것 같다."는 제자(서애)의 질문에 대해, 왕양명은 "그것은 이미 사욕에 의해 가로막힌 것이지, 앎과 행위의 본체는 아니다. 아직까지 알면서도 행하지 않는 사람은 없었다. 알면서도 행하지 않는 것은 다만 아직 알지 못한 것"이라 단정한다.[40] 요컨대, 앎은 행위의 시작이며, 행위는 앎의 성취이다.

3. 양지의 층차와 공부(교육)의 필요성

인간과 만물은 모두 기의 취산의 산물이다. 인간이 만물과 다른 것은 기의 자연성이 부여한 '영명한 마음'인 양지가 있다는 점이다. 이 '마음'이 없는 만물은 기의 자연성에 내포된 이치(理)에 대한 자각 없이도 세상을 무리없이 살아간다. 그러나 양지를 가진 인간은 기의 자연성에 내포된 이치를 자각하면서 살아가는 존재이다. 물론 천리에 대한 양지의 직관능력은 어디까지나 무위적인 것이지 의식적이고 의도적인 것은 아니다. 그런데 이 양지의 직관능력에 층차(層差)가 있다. 마치 그것은 금에 성분상의 차이가 있는 것과 같다.

금의 무게에 가벼운 것이 있고 무거운 것이 있듯이, 인간의 재질과 능력에도 크고 작은 차이가 있다. 그러나 금의 무게가 가볍고 무거움에 상관없이 금은 금이듯이, 인간의 재질과 능력의 차이에 상관없이 양지는 누구나 가지고 있다. 이 점에서 인간은 누구나 성인될 자질이 있다. 문제는 금의 성분이다. 이른바 24K, 18K, 14K처럼 금에 성분상의 순도가 다르듯이, 양지의 직관능력에도 차이가 있다. 무게와 성분, 즉 재능과 양지의 층차는 기의 취산이 낳은 자연스런 결과다. 그래서 인간의 기질은 맑거나 흐리고 순수하거나 혼잡하여 중인 이상과 중인 이하가 생겨나게 되는 것이다.[41] 공부나 교육이 필요한 것은 이 때문이다.

---

40) 『역주 전습록(1)』, 5조목(88~89쪽).
41) 『역주 전습록(1)』, 99조목(272~274쪽).

공부나 교육이 필요한 지점은 금의 무게가 아니라 성분이다. 즉, 재질이나 능력이 아니라 양지의 순도를 높이는 데에 있다. 금의 순도가 높을수록 좋은 금이듯이, 공부를 한다는 것은 마치 금을 정련하여 충분한 순도를 구하는 것과 다르지 않다. 금의 원래 성분이 순금과 별로 차이가 나지 않는다면 제련하는 공정이 줄어들어서 결과가 쉽게 이루어지며, 성분이 떨어지면 떨어질수록 제련은 더욱 더 어렵게 된다. 이처럼 도(道)에 대해서도 태어날 때부터 알고 편안히 실천하는 사람이 있는가 하면, 배워서 알고 이롭게 여겨서 실천하는 사람이 있다.[42]

본성은 마음의 본체이고, 하늘은 본성의 근원이다. 성분이 순금과 다름없는 성인은 태어날 때부터 마음을 다하여 본성을 편안히 실현함으로써 이미 하늘과 하나가 된다. 그러나 성분이 조금 떨어진 현인은 하늘과 마주하고는 있지만 떨어져 있기에 자식이 부모를 섬기고 신하가 임금을 섬기는 경우처럼 마음을 보존하는 공부를 통해서야 본성을 실현할 수 있다. 성분이 훨씬 떨어진 학자는 빈궁하고 영달하며 요절하고 장수하는 일 때문에 선을 행하는 마음을 변동시키지 말고, 다만 '자신을 닦아 하늘의 명을 기다려야' 한다. 그는 본성의 근원인 하늘을 아직 모르기 때문이다.

양지의 층차에 따라 공부에 어렵고 쉬움의 차이는 있지만, 여하튼 공부나 교육은 양지의 순도를 높이는 것이다. 양지의 순도를 높이는 공부란 금을 제련하듯이 인욕을 제거하고 천리를 보존하는 것이다. 인욕을 제거하는 만큼 천리의 순도는 높아진다. 그런데 사람들은 성인이 되는 근본이 양지의 순도를 높여 천리를 구하는 데 있음을 알지 못하고 오로지 지식과 재능을 넓히려는 데만 힘쓴다. 마치 그것은 금의 무게만을 문제 삼는 것과 다르지 않다.

> 천리에 나아가 공부하는 데 힘쓰지 않고 헛되이 정력을 낭비하여 서책을 연구하고 명칭과 기물을 고증하며 형체와 흔적을 모방한다. 지식이 넓어지면 넓어질수록 인욕은 점점 자라나고, 재주와 능력이 많으면 많을수록 천리는 더욱더 가려진다. 이것은 마치 다른 사람에게 일만 일의 순금이 있음을 보고는 (자신의) 순도를 제련하여 다른 사람의 순수함에 부끄럽지 않도록 하는 데 힘쓰지 않고, 헛되이 분량만을 추구하여 다른 사람의 일만 일

---

42) "(맹자의) '마음을 다하여 본성을 알고 하늘을 안다' [盡心知性知天]는 것은 '태어나면서부터 알고 편안히 그것을 행하는 [生知安行]' (성인의)의 일이고, '마음을 보존하여 본성을 기르고 하늘을 섬긴다' [存心養性事天]는 것은 '배워서 이롭게 여겨서 그것을 행하는' [學知利行] (현인의)일이고, '일찍 죽고 오래 사는 것 때문에 마음이 흔들리지 않고 자신을 닦아 (命을) 기다린다'[殀壽不貳修身以俟]는 것은 '곤고하게 알고 힘써 행하는' [困知勉行] (초학자의)일이다." 『역주 전습록(1)』, 5조목(96~98쪽); 134조목.

과 같아지는 데 힘써서 주석·아연·구리·철을 뒤섞어 집어넣는 것과 같다. 분량이 많아지면 많아질수록 순도는 점점 더 떨어지니, 결국은 더 이상 금이라고 말할 수 없게 된다.[43]

'지식이 넓어지면 넓어질수록 인욕은 점점 자라나고, 재주와 능력이 많으면 많을수록 천리는 더욱더 가려진다.' 이러한 관점을 어떻게 보아야 할까? 왕양명의 이 주장은 아마도 주자학을 겨냥한 것 같다. 주리론(主氣論)의 패러다임에서 율곡은 기질의 순화를 위한 규범의 내면화와 습관화를 강조하고, 주리론(主理論)의 패러다임에서 주희와 퇴계는 격물궁리의 지적 공부를 상대적으로 강조했다. 왕양명이 보기에 전자는 기득(記得; 기억)하는 공부이고, 후자는 요해(曉得; 이해와 판단)하는 공부이다.[44] 어느 것도 이러한 공부는 자칫 오만과 거짓과 악을 가져올 뿐이다.[45] 그러기에 그는 저 인용처럼 주장했던 것이다. 성인들이 학문한 이유는 이러한 이차적인 사유나 견문을 넓히려는 데 있었던 것이 아니라 바로 양지를 자각하는 치양지(致良知)의 공부였다. 그리고 치양지 공부는 마음의 본체를 자각하는 명득(明得) 공부이기에[46] 그것은 밖이 아니라 안으로 향하며 점수(漸修)보다는 돈오적(頓悟的) 성격의 공부이다.

Ⅳ. 양지실현(致良知)의 도덕직관 함양론

1. 주체의 해체와 양지의 자각

유학일반처럼 이른바 '성인됨'이 공부의 목적이지만, 왕양명에 있어 성인됨은 양지의 순도를 높여 천리를 터득함으로 가능하고 그것이 곧 공부와 교육의 궁극적 목표이다. 천리는

---

43) 『역주 전습록(1)』, 99조목(274쪽).
44) 『역주 전습록(2)』, 252조목(708쪽).
45) 『역주 전습록(1)』, 143조목(430쪽). 왕양명은 "널리 기억하고 암송하는 것은 오만함을 기르는 데 적합하고, 많은 지식은 악을 행하는 데 적합하며, 폭넓은 견문은 논변을 마음대로 이끄는데 적합하고, 풍부한 辭章은 거짓을 꾸미는 데 적합하다."고 말한다.
46) 『역주 전습록(2)』, 252조목(708쪽).

인욕을 제거하는 만큼 드러난다. 그런데 대체 인욕은 무엇이고 어디로부터 왔는가? 이에 대한 답을 얻기 위해서는 왕양명이 보는 인간발달에 따른 마음의 분화 과정을 추론해 볼 필요가 있다.

만물은 기의 자연성에 따라 세상을 살아가지만, 양지를 가진 인간은 기의 자연성에 내포된 이치(理)를 자각하면서 살아가는 존재이다. 그러나 아직 어린아이의 시절은 리(理)에 대한 자각없이 기(氣)의 자연성에 따라 살아가는 것이 아닌가 한다. 가장 꾸밈없이 자발적으로 자기 자신을 표현하는 존재가 인간에게 있어서 어린아이 시절이다. 어린아이는 외부의 조그만 영향이나 촉발에 대해서도 놀라움, 감탄, 경이를 표현한다. 어린아이가 너무 따지기를 좋아하고 어른 흉내를 내면서 객관적으로 판단하기를 좋아하면, 그 어린아이는 그 만큼 매력을 상실하고 만다. 정확하지 못함에 어린아이의 매력이 있다. 어린아이가 판단하듯이 사물을 쪼개기 좋아하면, 그는 주위에 순진함을 잃은 서글픔을 주고 만다. 어린아이는 무장되어 있지 않고, 자기 자신을 주위에 있는 그대로 노출시키고 있다.[47] 그야말로 어린아이의 마음은 기질의 욕망과 본원의 도덕성이 분리되기 이전의 마음이다. 그것은 인간 심성의 자발적인 자기 표현이며, 무장되지 않은 순수한 마음의 표출이다. 이러한 어린아이의 마음을 맹자는 양지양능한 적자지심이라 불렀고, 맹자를 따라 왕양명은 양지라 불렀다.

그러나 어린아이는 그의 자발성의 신화가 깨어지는 순간에 어른의 세계로 진입하게 되고, 그와 동시에 역사와 사회현실의 복잡함과 어려움 앞에서 그의 의식이 안으로 분열한다. 그 분열은 주객분리를 가져오고, 주객분리는 판단을 잉태하며, 판단과 함께 천진한 자발성은 숨어버리고 간접적 표현과 수식이 그 자리를 대신한다. 이처럼, 주객분리와 판단이 생겨나는 즈음이 바로 천리가 가려지고 인욕이 생겨나는 지점이다. 세계로부터 분리된 '나'를 인식하는 주관적 자아, 그리고 그러한 자아가 세계의 중심이라는 의식이 싹틀 때 주체 중심의 의식이 나타난다. 주관적 자아에 바탕을 둔 주체의식은 분별을 낳고, 우열을 가르고, 지배의 철학을 잉태한다. 왕양명이 생각하는 인욕은 주체중심 혹은 인간중심의 사고에서 비롯된 욕망과 다르지 않다. 그는 주관적 자아를 사기(私己; 구각지기軀殼之己)라 하고[48], 여기에서 비롯되는 욕망을 사의(私意; 의사意思)라 표현하였다.[49] 말하자면 사기(私己)와 사의(私意)는,

---

47) 이상의 어린아이의 심성에 대한 고찰과 표현은 김형효에서 빌렸다. 金炯孝, 『孟子와 荀子의 哲學思想』 (서울: 三知院, 1990), 117~122쪽.
48) 『역주 전습록(1)』, 122조목(328~330쪽).
49) 『역주 전습록(1)』, 8조목(104쪽).

욕망과 선의 일치인 양지의 마음이 아니라 그것이 분열됨으로써, 이제 기질의 욕망만을 추구하려는 지성과 의지인 것이다.

양지의 마음은 이기심과도 다르고 이타심과도 다른 자리심이다. 나의 욕구추구가 곧 타인에게도 선을 베푸는 결과를 가져오는 마음(仁)이다. 자리심의 인(仁)은 만물을 일체로 보는 생명중심의 마음으로 탈주체, 탈인간의 마음이다. 왕양명은 이러한 마음을, 이기심과 이타심의 사기(私己; 구각지기軀殼之己)와 사의(私意)에 대비하여, 진기(眞己)와 의(意; 의념意念)라 불렀다.50) 왕양명의 '진기(眞己)'는 주관적 자아와 대비되는 주객분리 이전의 '우주적 자아' 혹은 '유기체적 자아'이다. 이러한 자아를 그는 '무아(無我)'라 언표하고 있다.51) 그리고 의념(意念)은 우주적 자아인 양지가 직관해낸 천리를 따르려는 선의지인 것이다. 따라서 진기(眞己)와 의념(意念)은 나를 비우고 나를 버림으로써만 확보될 수 있는 "주체의 해체 내지 방기"라 할 수 있다. 따라서 주체의 해체 내지 방기만이 양지를 다시 회복하고 자각하는 길이다.

누구든지 어른이 되면 어린아이의 순수한 양지의 마음이 때가 묻어 가려지고 잊혀져 버린다. 그러나 결코 그것이 없어져 버린 것은 아니다. 천도(天道)는 한결 같아 찾기 어렵지 않고 멀리 있는 것도 아닌데, 사람의 이욕(利欲)이 병을 만들어 그것을 찾지 않을 뿐이다. 그래서 왕양명은 그것을 다시 찾는 '거인욕존천리(去人欲存天理)'의 공부를 강력히 권고하고 있다. 결국 공부나 교육이란 양지의 자발성과 순수성을 다시 찾는 것에 다름 아니다. 양지의 층차에 따라 공부에 어렵고 쉬움의 차이는 있지만, 여하튼 공부나 교육은 양지의 순도를 높이는 것이다.

이 양지의 마음을 온전하게 회복한 사람이 덕성의 완성자인 성인(聖人)이다. 양지가 적자지심(赤子之心), 즉 어린아이의 마음이라면, 성인도 어른인 한, 그는 처음부터 '적자지심'을 잃지 않고 계속 보존한 자라기보다 오히려 자각(自覺)을 통하여 그 '적자지심'을 다시 회복한 자라고 봄이 온당하다. 그러나 만약 어린아이의 마음을 처음부터 보존하여 어른이 된 뒤에도 어린아이와 똑같이 생각하고 똑같이 행동하는 사람이 있다면, 그는 바보이든지 아니면 유치한 이든지 둘 중의 하나일 것이다. '적자지심'을 회복한 성인은 이러한 범주에 속하지 않는다. 주자적 관점에서 성인은 격물궁리(格物窮理)라는 지적 탐구와 반성의 과정을 거쳐 옳고 그름을 분별하는 '시비지심(是非之心)'으로 무장함으로써, 도덕적 이성으로 인욕을 제어

---

50) 『역주 전습록(1)』, 122조목(328~330쪽).
51) 『역주 전습록(2)』, 339조목(858쪽).

하는 사람일 것이다. 그러나 왕양명이 보는 성인은 지식과 재능이 뛰어난 사람이 아니다. 성인은 욕구와 선의 일치라는 본래면목의 양지를 자각(自覺)함으로써 천진난만한 도심(道心)의 마음을 회복한 사람이다.

양지의 자각을 통하여 도심을 회복한 성인은 세상을 있는 그대로 비춘다. 원래 세상에는 선도 악도 없었다.[52] 모든 만물의 질서는 욕구와 선의 일치에 따라 무위적으로 돌아가기 때문이다. 필요와 요구를 넘어서지 않는 범위 내에서 만물은 서로서로 '자신의 이익을 추구하는 동시에 이타를 베풀고'(自利卽利他) 있다. 이것이 지선(至善)이다. 따라서 여기에는 인위적인 개입이 필요 없다. 인위적인 개입의 순간 그것은 상대적인 선과 악으로 규정될 수 있다. 필요와 요구를 넘어선 욕망은 누구에겐 선이고 누구에겐 악인 상대적 개념을 떠나 모두 악(惡)일 뿐이다. 다음의 인용은 바로 이러한 관점에서 해석되어야 한다.

> 천지의 생명의지는 꽃이나 풀이나 한가지이다. 어찌 선악의 구분이 있겠는가? 그대가 꽃을 감상하려고 하기 때문에 꽃을 선으로 여기고 풀을 악으로 여긴다. 만약 풀을 쓰려고 한다면 다시 풀을 선으로 여기게 된다. 그러한 선악은 모두 네 마음이 좋아하고 싫어하는 것에서 생겨난 것이다. 그러므로 잘못되었음을 알 수 있다. ; 일부러 하지 않는다는 것은 다만 좋아하고 싫어함이 한결같이 천리에 따르고 자기의사(意思)를 조금이라도 덧붙이지 않는 것이다. 이와 같으면 곧 좋아하고 싫어한 적이 없는 것과 마찬가지이다. ; 풀이 방해가 된다면 마땅히 뽑아내는 것이 이치이므로 그것을 뽑아낼 뿐이다. … 만약 조금이라도 자기생각(意思)을 덧붙인다면 마음의 본체에 누를 끼치게 되고, 기운을 움직이는 곳이 많이 생길 것이다.[53]

맹자의 '도의지성'과 주희의 '본연지성'은 보편적 이성으로 도덕적 옳음을 추론하고 판단된 원리에 따라 실천할 수 있는 의지를 말한다. 순자의 '의'(義)를 이룰 수 있는 능력과 율곡의 기질 속의 '리'(理)는 욕망을 합리적으로 추구하는 데 동원되는 도구적 이성이거나 실천적 지혜이다. 그러나 주기론적(主氣論的) 패러다임의 도구적 이성은 욕망을 합리화함으로써 결국 세상을 사적 욕망의 이전투구의 장소로 인정해버렸고, 주리론적(主理論的) 패러

---
52) 『역주 전습록(1)』, 101조목(281쪽).
53) 『역주 전습록(1)』, 101조목(281~283쪽).

다임의 보편적 이성은 마음과 이치를 분리하여(心與理) 사실과 무관한 형이상학적 이성으로 욕망을 제거할 수 있다는 낙관적인 전망을 제시함으로써 세상을 더 위선적이고 이성의 소유론적 세계로 만들어버렸다.54) 왕양명은 형이상학적 이성도 도구적 이성도 거부한다. 그는 욕망의 이전투구도 욕망의 완벽한 제거도 거부한다. 천리에 따라 필요와 요구를 넘어서지 않는 범위 내에서 무위적인 욕구를 추구한다.55) 그것이 양지의 자발성이 산출하는 지선(至善)이다. 지선은 자연적인 '하고 싶음'의 자발성으로부터 나오는 것이며, 내적 자각을 통해 이기적 욕망이나 집착을 넘어서서 행위의 최적 점에서 성립되는 무위의 도덕이다.

2. 돈오점수, 정좌와 사상마련

인간은 원래 욕망이 선이고 선이 욕망이 되는 천성을 자발적으로 추구할 수 있는 존재였다. 그러나 '기질의 욕망과 본원의 도덕성'의 일치는 어른의 세계에 진입하면서 상처 받고 쉽게 깨질 수밖에 없다. 기질의 욕망은 아무래도 외적 사물의 유혹에 쉽게 휘둘리게 되어있고 그것이 본원의 도덕성을 압도하기 때문이다. 인욕과 악의 근원이 여기에 있고, 공부나 교육이 필요한 것도 이 때문이다.

존천리거인욕(存天理去人欲)!! 이것은 모든 유학이 내건 교육의 지향점이고 모토였다. 문제는 개념과 방법론의 차이에 있다. 주리론의 진영이 형이상학적 이성으로 욕망을 발본색원하는 당위적이고 의지적인 공부론으로 나아갔다면, 주기론의 진영은 욕망의 합리적 추구라는 각도에서 작위적인 규범의 내면화를 추구하는 공부론을 주장하였다. 어느 것도 지적이고 의지적이고 점진적인 공부를 주장한다는 점에서 같다. 한 때 왕양명도 이러한 공부법에 동조했고, 나중까지 그것의 무용론을 주장한 적은 없었다. 그러나 왕양명의 양지실현(치양지致良知)의 공부론은 궁극적으로 이들과 입각점이 전혀 다르다. 마음의 본체인 양지를 자각하는 돈오(頓悟)가 먼저 전제되어야만 한다.

왕양명의 공부론의 실체가 무엇인지에 대해서는 논란이 많다. 왕양명은 37세(1508) 때

---

54) 졸고, "유교도덕교육의 이론적 패러다임과 우리 도덕과 교육",『윤리교육연구』, 앞의 책, 186쪽.
55) "양지가 단지 명성·여색·재물·이익에서 공부를 하고, 순수하고 밝게 양지를 실현하여 터럭만큼의 가림도 없을 수 있다면 명성·여색·재물·이익에 접하더라도 천리의 유행이 아닐 수 없다."『역주 전습록(2)』, 326조목(844쪽).

에 유배지인 용장에서 양지의 본질에 대해 오도(悟道)하고 난후에 본격적으로 공부론에 관해 주장하기 시작했다. 초기에는 "조용히 정좌하여 마음을 정화하라"(묵좌증심默坐澄心), "내면의 생각을 살피고 욕구를 다스리라"(성찰극치省察克治)고 하는 등 마음에 일어나는 이기적 욕망을 제어하는 점수에 중점을 두었다면, 만년에 와서 치양지설(致良知說)을 주장(1520)하면서 본격적으로 양지의 돈오를 강조하는 방향으로 변화했다.[56] 그래서 당시에도 그의 공부론의 근본원리가 점수냐 돈오냐를 놓고 양명우파(전덕홍)와 양명좌파(왕여중)간에 논란이 있었다. 사구교(四句敎)를 둘러싼 해석의 차이가 대표적이다.

- **사구교(四句敎 : 왕양명)**: 선도 없고 악도 없는 것은 마음의 본체이고, 선도 있고 악도 있는 것은 의념의 발동이며, 선을 알고 악을 아는 것은 양지이고, 선을 행하고 악을 제거하는 것은 격물이다.
- **사무설(四無說 : 왕여중)**: 이것은 아마도 궁극적인 화두는 아닐 것이다. 만약 심체가 선도 없고 악도 없다고 말한다면, 의념 역시 선도 없고 악도 없는 의념이며, 앎도 역시 선도 없고 악도 없는 앎이고, 사물도 선도 없고 악도 없는 사물일 것이다. 만약 의념에 선악이 있다고 말한다면 필경 심체에도 여전히 선악이 있게 된다.
- **사유설(四有說 : 전덕홍)**: 심체는 하늘이 명한 본성으로서 원래 선도 없고 악도 없다. 그러나 사람에게는 습관화된 마음(習心)이 있어서 의념에 선악이 있음을 보게 된다. 격물·치지·성의·정심·수신, 이것은 바로 그 성체(性體)를 회복하는 공부이다. 만약 의념에 원래 선악이 없다면 공부 또한 말할 필요가 없을 것이다.[57]

마음의 본체가 무선무악하다는 점에서는 동일하다. 이후의 의념, 양지, 격물에 대한 해석에서 왕여중이 맞는가. 전덕홍의 맞는가? 대체 왕양명의 관점은 어느 편인가? 왕여중의 사무설은 돈오의 공부론을 함의하고, 전덕홍의 사유설은 점수의 공부론을 함의한다. 해답을 달라는 요구에 왕양명은 일단 두 가지 방법을 모두 용인한다.[58] 점수는 근기가 낮은 사람에게 적용되고, 돈오는 근기가 높은 사람에게 적용된다. 사람은 누구나 양지를 가지고 태어나

---

56) 왕양명의 공부론의 변화과정에 대해서는 이주행, 앞의 책, 92~126쪽 참조.
57) 『역주 전습록(2)』, 315조목(807쪽).
58) 『역주 전습록(2)』, 315조목(808쪽).

지만 금의 순도에 높낮이가 있듯이 근기 차이가 있을 수 있으며, 순도가 같더라도 거울에 먼지 끼고 때가 끼듯 후천적 습심(習心)으로 본체가 가려질 수가 있다. 근기가 높은 사람은 바로 돈오가 가능하지만, 현실적으로 근기가 높은 사람은 많지 않을뿐더러 습심으로 인하여 본체가 가려질 경우가 많다. 따라서 돈오와 더불어 점수공부도 현실적으로 필요하다는 게 왕양명의 생각인 듯하다.

이상의 생각이 맞다면, 왕양명은 오히려 점수공부를 더 강조했던 것으로 볼 수 있다. 그가 말하듯이, 현실적으로 근기가 높은 사람은 많지 않을 것이기 때문이다 그러나 양지가 본체이고 치양지가 공부라면, 본체는 의식의 대상이 될 수 없기 때문에, 치양지 공부는 공부의 주체가 양지를 공부의 대상으로 놓고 의지적으로 실천해가는 방식의 공부여서는 안 된다.[59] 그것은 양지 자체가 진동하여 스스로 깨달음을 일으키는 공부 방식을 취해야 맞다. 양지는 완전 자족성을 지니고 '저절로 발현하는', '스스로 자신을 자각하는' 것이기 때문에 저절로 공부를 낳는다. 따라서 치양지의 공부란 양지의 완성을 목표로 점진적으로 수행해 가는 점수보다는, 깨달음의 순간에 현재적으로 완전한 양지를 구현하는 돈오의 방식에 가깝다. 말하자면, 치양지란 희노애락과 욕망의 일상 속에서 매 순간 깨달음을 통해 본체와 합일된 체험을 이어가는 돈오의 무위적 실천이라 봐야 한다.[60]

그렇다면, 사무설의 돈오와 사유설의 점수를 모두 용인하는 왕양명의 관점은 재해석 되어야 한다. 근기가 높은 사람에게 적용되는 돈오는 '돈오돈수'를 의미하는 것으로, 근기가 낮은 사람에게 적용되는 점수는 '돈오점수'의 의미로 해석될 수 있다. 근기가 높은 사람은 깨달음의 순간 모든 공부가 끝난다. 그러나 근기가 낮은 사람은 한 순간에 양지의 자각을 돈오적으로 하지만, 그 자각된 양지가 지속되도록 하는 점수적 노력이 필요한 것인바, 근기가 낮은 사람에게는 습심(習心)이 남아있기 때문이다. 현실적으로 근기가 높은 사람이 많지 않다고 볼 때, 결국 치양지 공부론의 근본원리는 돈오점수라 할 것이다. 그리고 왕양명이 주장했던 다른 공부의 원리들도 돈오점수를 바탕으로 재정리할 수 있다. 다른 공부의 원리들이란 성의(誠意), 격물(格物), 정좌(靜坐), 성찰극치(省察克治), 사상마련(事上磨鍊) 등이 그것이다.

왕양명은 '마음이 발동한 것이 바로 의(意)이고, 의지의 본체가 바로 양지(良知)이고, 의지가 실현된 곳이 바로 사물(事物)'이라 하였다. 양지의 직관과 의지의 발동과 행위의 실현은

---

59) 이주행, 앞의 책, 120쪽.
60) 이주행, 위의 책, 같은 쪽.

동시적이다. 이렇게 직관-의지-행위는 거의 동시적으로 일어나는 자연적인 흐름인데, 이기적 욕망이나 습심으로 인해 그 흐름을 방해할 수 있다. 양지를 가리거나 의지가 직관을 따르려 하지 않거나 행위가 의지에 따르지 않을 수 있다. 그래서 양지의 돈오를 바탕으로 성의(誠意)나 격물(格物) 공부가 더 필요하다.

마음이 발동하여 선하거나 악한 생각이 막 싹트는 순간 착실하게 노력하여 선을 좋아하고 악을 싫어하게 되는 것이 성의(誠意) 공부이다. 또한 일상의 구체적인 일을 해 나가는 가운데 좋아하는 선을 행하고 싫어하는 악을 그친다면 이것이 격물(格物)이다. 왕양명은 성의 공부를 위한 구체적인 방법으로 정좌(靜坐)와 성찰극치(省察克治)를 제시했다. 정좌는 마음을 고요히 하여 본체를 체험하도록 하는 공부이고, 성찰극치는 마음이 안정되면 일이 있든 없든 자신의 내면적 생각을 철저하게 살펴서 이기적 욕망의 싹을 깨끗하게 잘라버리는 공부이다. 정좌를 통한 마음의 고요함은 일시적일 수 있으며 일과 맞닥뜨리면 다시 마음이 어지러워질 수 있다. 그래서 왕양명은 구체적인 일상생활 가운데 자기 마음의 움직임을 살펴서 이기심의 싹을 철저하게 다스리는 성찰극치의 성의공부 방법으로 사상마련(事上磨鍊) 공부를 주장했다. 이상의 공부원리들은 모두 후에 치양지공부로 수렴된 것으로 볼 수 있고, 이 점에서 이들은 양지를 자각하는 돈오공부 이후에 자각된 양지를 지속시키기 위한 점수의 공부 방법들로 여길 수 있다.

3. 교육의 방법 : 자발적 도덕직관론

양지의 자발성이 표출될 때 지선(至善)의 행위가 나온다. 지선은 무위의 도덕이다. 무위의 도덕이라 해서 아무 것도 하지 않는다는 식의 자연주의가 아니다. 거듭 말하지만, 그것은 천리에 따라 필요와 요구를 넘어서지 않은 범위 내에서 무위적 욕망을 추구함으로써 그 자체로 타인과 만물에게도 선이 되는 도덕이다. 왕양명에게 도덕교육이란 바로 이러한 무위의 도덕을 가르치는 것이다. 양지의 자발성을 다시 회복하는 것이 관건이다. 양지는 도덕적 직관 능력이고, 주어진 상황에서 최적 점의 무위적 도덕규칙을 입법해 내는 능력이며, 동시에 그것을 행위로 옮기는 지행합일의 능력이기 때문이다. 따라서 그의 공부론과 교육론은 한마디로 '자발적 도덕직관(함양)론'이라 부를 수 있다.

왕양명의 공부론의 근본원리는 양지를 자각하고 그것을 유지시켜가는 돈오점수이다. 이러한 원리는 교육의 실제에도 그대로 적용되어야 한다. 먼저, 소학 교육과 관련하여 기왕의 교육과 자신의 교육적 관점을 대비시키는 다음의 인용은 주목할 만하다.

기존의 교육 : 근세에 어린이를 가르치는 자들은 날마다 구두법과 고시형식의 문장을 짓도록 감독하고, 단속하기만을 요구하고 예로써 인도할 줄 모르며, 총명하기만을 요구하고 선으로써 키울 줄 모르며, 채찍으로 때리고 잡아 묶어서 마치 죄수를 대하듯이 한다. 어린이들은 학교를 감옥처럼 여겨서 기꺼이 들어가려 하지 않고, 선생을 원수처럼 여겨서 보려고 하지 않는다. 엿보고 피하고 가리고 숨어서 놀고 싶은 욕구를 충족시키고, 거짓말하고 궤변을 꾸며서 그 우둔함과 비속함을 제멋대로 이룬다. 경박하고 용렬하여 날이 갈수록 하류로 떨어진다. 이것은 대개 악으로 몰아붙이면서 그들이 착하게 되기를 요구하는 것이니, 어떻게 가능하겠는가?

양명의 관점 : 대체로 어린이의 정서는 놀기를 좋아하고 구속받기를 꺼려한다. 이것은 마치 초목이 처음 싹을 틔울 때 그것을 펼쳐 주면 가지가 사방으로 뻗어가지만, 꺾거나 휘어 버리면 쇠하여 시들어 버리는 것과 같다. 이제 어린이들을 가르칠 때에는 반드시 그들의 취향을 고무시켜서 속마음이 즐겁도록 해주어야 한다. 그러면 스스로 그치지 않고 나아갈 것이다. 비유컨대 때맞춰 비가 내리고 봄바람이 불어 초목을 적시면 싹이 움터 자라지 않을 수 없어서 자연히 나날이 자라나고 다달이 변화될 것이지만, 만약 얼음이 얼고 서리가 내린다면 생의(生意)가 쇠잔해져서 날마다 말라가는 것과 같다. 그러므로 시(詩)를 노래하도록 인도하고 … 예(禮)를 익히도록 인도하고 … 글을 읽도록 인도한다. 무릇 이것들은 모두 그 뜻을 순리대로 인도하고, 그 성정(性情)을 길들이고, 그 속되고 인색함을 가라앉혀 없애고, 그 거칠고 완고함을 묵묵히 변화시키는 것이다. 그리하여 예의에 점차 나아가되 그 어려움을 고통스럽게 여기지 않게 하고, 중화(中和)에 들어갔으되 그 까닭을 알지 못하게 하는 것이다. 이것이 대개 선왕이 가르침을 세운 은미한 뜻이다.[61]

무엇보다 교육은 학생의 자발적 동기에 기초해야 한다. 어린이는 놀기를 좋아하고 구속받기를 싫어한다. 이러한 정서에 주의하고 취향을 잘 고려하여 가르침에 행하면 학동들은

---
61) 『역주 전습록(2)』, 195조목(610~611쪽).

자발적으로 공부에 나아간다. 학동들을 채찍으로 때리고 잡아 묶어서 죄수를 대하듯 공부를 강요하면 그들은 학교를 감옥처럼 여기고 교사를 원수처럼 여길 뿐이고, 공부에도 부작용만 남는다. 교사는 때맞춰 비가 내리고 바람이 부는 것처럼 간접적인 방법으로 학업을 적절히 북돋아주기만 하면 된다. 공부는 즐거워야 한다. 감독하고 단속하는 것이 아니다. 양지의 자발성과 무위의 도덕을 가르치는 교육은 구두법을 익히고 문장을 지으며 지적 총명함을 키우는 것으로 달성될 수 없다. 시(詩)와 예(禮)와 독서(讀書)를 교육과정으로 삼아야 하는바, 그것은 마치 현대적 의미의 지·정·행(知情行)의 통합적 접근의 효과를 노리는 것과 다르지 않다. 시는 자연스럽고 즐겁게 도덕을 실천할 수 있도록 학동들의 뜻을 흥기시키고, 예는 그들이 반듯하게 자라도록 이끌 수 있으며, 글은 그들의 도덕적 자각을 유발시킬 수 있는 것이다. 특히 글을 가르치는 일과 관련하여 다음의 인용은 주목할 만하다.

> 무릇 글을 가르칠 때는 부질없이 많이 가르쳐 주는 것이 중요한 것이 아니라, 다만 정밀하게 익히는 것을 귀하게 여긴다. 학생의 자질을 헤아려서 200자를 익힐 수 있는 사람은 단지 100자를 가르쳐 주는 것이 옳다. 항상 정신의 역량에 여유가 있게 한다면, 싫어하고 고생하는 근심이 없어지고 '스스로 터득'(自得)하는 아름다움이 있을 것이다.[62]

공부나 교육은 학생들이 스스로 터득하는 '자득(自得)'이 중요하다. 그러려면 많이 가르쳐주는 것보다는 학생의 정신적 역량에 여유가 있도록 적절하게 과제를 부여해야 한다. 많은 학습량은 학생을 피곤하게 하고 학습의욕을 저하시킬 뿐이다. 공부는 자득하는 즐거움이 있어야 한다. 그래야 온 몸으로 익히는 체득(體得)이 된다. 그리고 학생들의 정신적 역량은 개인마다 다를 수밖에 없다. 따라서 재질에 따라 가르침을 달리하는 인재시교(人才施敎)의 개별화 교육이 필요하다. 학동의 양지가 청소하고 응대하는 정도에 도달한 상태라면 그 정도에서 가르치는 것이 바로 그의 한 점 양지를 실현하게 하는 것이고, 학동이 선생과 어른을 경외할 줄 안다면, 그 정도에서 양지를 실현할 수 있도록 해야 한다.[63] 양지를 실현하는 것은 다만 각자의 능력이 미치는 정도에 따를 뿐이다.

소학단계를 마친 대학 및 일반인을 대상으로 한 교육에서도 교육내용과 수준이 문제이

---

62) 『역주 전습록(2)』, 199조목(618쪽).
63) 『역주 전습록(2)』, 319조목(833쪽).

지 방법적 원리들은 다를 게 없을 것이다. 군자의 마음을 가르치는 학문은 훌륭한 의사가 병을 치료하는 것과 다르지 않다. 그 체질의 허실(虛實)과 한열(寒熱)에 따라 짐작하여 보충하고 줄이는데, 요점은 병을 제거하는 데 있을 뿐이다.[64] 다른 사람과 학문을 논할 때도 반드시 다른 사람의 능력이 미치는 정도에 따라야 한다.[65] 교육과정은 주희와 다르지 않게 사서(四書)나 육경(六經)의 경전과 역사서를 망라하지만, 그것을 다룸에 있어 격물궁리의 지적 탐구 대상으로 여겨서는 안 된다. 육경이란 내 마음을 기록한 전적에 불과하며, 그것의 실질은 내 마음에 모두 갖추어져 있다.[66] 어디까지나 육경 등의 도서들은, 전범(典範)이거나 지적 탐구의 대상이라기보다는, 양지의 자발성을 회복하는 교육을 위해 제공되는 하나의 있을 법한 교수-학습의 자료들일 뿐이다. 교사도 간접적인 방법으로 학습을 도울 수 있을 뿐만 아니라, 모든 것을 아는 성인처럼 자처해서도 안 된다. 성인처럼 가장하여 학생들에게 강의하면 진짜 성인이 온 것으로 여겨 모두 두려워 달아나게 되어있다. 교사 자신 또한 평범한 사람이 되어야 학문을 강의할 수 있는 것이다.[67]

V. 결론

양명학은 기본적으로 유학사상이다. 노자철학 혹은 노장사상은 공맹유학이나 법가사상에 반대하여 등장하였다. 그렇다면 노장철학은 양명학과도 대척점에 있을 것이라 예단할 수 있다. 그러나 이상에서 보듯, 왕양명의 양지학은 오히려 노장철학에 가깝다. 정확히 말하여 양명학은 노장철학의 관점에서 유학사상을 재구성한 것이라 할 수 있다. 그래서 양명학은 무위유학으로 등록된다.

노자철학과 양명학은 '같음과 동시에 다름'이다. 왕양명은 주자학을 따라 태극(太極)을

---

64) 『역주 전습록(2)』, 「拾遺」, 48조목(920쪽).
65) 『역주 전습록(2)』, 225조목(668쪽).
66) 『王陽明全集』, 卷7 「稽山書院尊經閣記」. "六經者, 吾心之記籍也, 而六經之實則具於吾心." ; 『역주 전습록(1)』, 31조목(162쪽).
67) 『역주 전습록(2)』, 313조목(804쪽).

리(理)로 보지만, 주자학처럼 그것의 선재(先在)나 주재(主宰)를 주장하지 않는다. 양명의 '태극의 리'는 노자의 '자가수정의 원리'와 다르지 않다. 리즉기(理卽氣)이고 기즉리(氣卽理)이다. '무정형의 기'(태허太虛; 양명)에 자가수정의 원리가 질서를 부여한다. 자가 수정된 수정란은 음양의 기로, 충기로 분화되고 축적되면서 서로 교감한다. 이 기들의 교감정도에 따라 우주 만물의 다양성이 결정된다. 그러나 우주 만물은 모두가 일기(一氣)의 교감과 유통이기에 인간과 만물은 일체의 한 몸이고 유기체적 공동체이다. 그렇다면 인간과 만물은 존재론적으로나 가치론적으로도 서로 차이나 우열이 없는 것이라 봐야 한다. 다분히 노자철학은 세계의 여여(如如)한 사실이 그렇다고 여긴다. 공맹유학과 주자학이 노장학을 극렬히 반대한 이유가 바로 이 지점이고, 왕양명도 똑같은 지점에서 철학적 고민이 컸다. 존재론적으로는 그렇다하더라도 어떻게 인간이 가치론적으로 만물과 평등할 수 있겠는가?

공맹유학이나 주자학의 견지에서 인간은 도의지성(道義之性) 혹은 본연지성(本然之性)을 가진 도덕적 존재이다. 이 점에서 인간은 만물과 다른 존엄한 존재이다. 이를 무시한 노장학은 폐기되어야할 이단의 사상일 뿐이다. 그러나 왕양명은 이러한 공맹이나 주자학적 관점이 당위론적이고 작위적인 기준으로 세상을 선과 악으로 구분하여 차별과 지배를 정당화하는 열광주의를 불러올 것이라는 점을 역사적 체험으로 직감했다. 한편으로, 존재론적·가치론적 평등을 전제하는 노장적 관점이 세계에서 차지하는 인간의 위상과 존엄성을 떨어뜨릴 것이라는 주자학적 문제제기에도 공감했다. 그래서 그는 인간중심주의도 자연중심주의도 아닌 그 중용의 지점에서 세계에서 인간이 차지하는 위상을 설정하고, 전우주적인 사명과 책임을 부여받은 중추적 존재로서 인간과 인류문명이 나아갈 길을 제시하고자 하였다.

인간에게는 기의 자연성이 부여한 '영명한 마음'이 있다. 기의 자연성은 당위적 혹은 작위적 우열을 주장하지 않는다. 또한 기의 자연성은 노장이 본 것처럼 평등주의적 결과를 잉태하지도 않는다. 기의 자연성은 무위적 결과의 우열을 정당화시킨다. 가치론적 우열론이 만물들 간의 분리와 차이와 차별의 인간중심주의적 사고를 낳지만, 무위적 우열론은 만물들 간의 일체의 한 몸과 자연의 유기체적 사고를 낳는다. 인간에게는 기의 자연성이 부여한 무위적 우열론으로써 '영명한 마음'이 있기 때문에 만물 중에 주재자적 위치에 설 수 있었다. 따라서 인간은 자연만물에 대한 지배자 또는 정복자가 아니라 오히려 자연만물을 자신의 생명과 같이 보살피고 도와주어야 하는 전우주적 사명과 책임을 부여받는 중추적 존재이다. 이것이 양명이 보는 세계에서 인간이 차지하는 위상이다. 오늘날 우리에게 요구되는 인간관은 이런 것이어야 하지 않을까?

저 '영명한 마음'이 다름 아닌 '양지(良知)'이다. 이것은 노자가 말하는 자리심(自利心; 自利卽利他)의 '본성'과 다르지 않고, 세상의 여여한 사실을 직관해내는 능력인 '눈밝음'(明)과도 같다. 생명의지(生意)는 생명가진 모든 만물이 가지고 태어나는 본성이다. 원래 인간의 본성도 욕망의 기질지성(氣質之性)과 善의 본연지성(本然之性)이 분리되지 않은 하나였다. 마음에는 원래 선도 악도 없다(心無善無惡). 그러나 인간의 문명과 지능의 분별심이 그들 간의 분리를 가져왔다. 그래서 작위적 기준으로 세상을 재단하고 장악하려는 소유욕과 지배욕이 생겨났다. 이처럼, 노자철학이나 양명학이 모두 생명의지(욕구)와 생명에 대한 사랑(仁: 도덕성)의 일치를 바탕으로 정초된 무위윤리학이다.

인간들은 저러한 무위윤리를 정치현실에서 실현할 수 있을까? 조그만 가능성이 있다면 그것은 인간들이 본성을 회복하는 길 밖에 없다. 본성을 회복하려면, 세상의 여여(如如)한 사실을 즉각적으로 포착해낼 수 있는 '눈밝음'과 '양지'의 직관능력이 함양되어야 한다. 그것은 지식을 쌓고 관념을 축적하는 학문적 수련이나 의식적이고 의지적 수행이 아니라 '깨달음'(頓悟)과 '체득'(體得)의 공부로 가능하다. 우리는 그동안 도덕적인 사람을 욕망과 무관하게 이성적으로 살아가는 사람 혹은 욕망을 합리적 수준에서 추구하는 사람으로 인식해왔고, 교육에서도 그러한 사람을 길러내는 것을 목표로 해왔다. 과연 우리는 그러한 사람을 길러내는 데 성공해 왔는가? 욕망과 무관한 이성적 삶은 너무나 이상적인 목표였다. 반면, 욕망을 합리적으로 추구하라는 목표는 의도와 상관없이 사람들을 더욱 물신의 노예로 만들어온 것만 같다. 그렇다면 제3의 길은 무엇인가?

노자와 왕양명이 가르치듯이, 그것은 욕망과 선의 일치를 추구하는 삶이라 여긴다. 나의 욕망추구가 동시에 타자들에게 도덕적 선을 결과하는 삶, 곧 자리심의 본성과 양지의 자발성에 따르는 삶이 그것이다. 모든 욕망과 선의 불일치는 이성, 주체, 인간을 강조하는 인위에서 비롯된다. 필요(necessity)와 요구(demand)를 넘어서는 욕망(desire)의 자의식을 버릴 때 비로소 인간은 세계와 하나가 된다. 그것은 결국 나를 채우는 삶이 아니라 비우는 삶이다. 노자와 왕양명의 교학론은 바로 이를 위한 공부론이고 교육론이다. 노자에게 결여된 공부법으로 왕양명은 성의(誠意), 격물(格物), 정좌(靜坐), 성찰극치(省察克治), 사상마련(事上磨鍊) 등을 제시한 점도 학문적 지식만을 교학의 본질로 삼는 오늘날의 교육현실에 시사하는 바가 있다.

사실 노자나 왕양명의 가르침도 현실적으로 도달하기는 쉽지 않은 목표인 것 같다. 근기가 높은 성인이 아닌 한 어렵다. 공자(孔子)조차도 70세가 되서야 그것이 가능했다고 하지 않앉던가!!⁶⁸⁾ 어쩌면 노자나 왕양명이 가졌던 교육의 목표는 관습의 도덕성과 반성의 도덕성을 거친 이후에나 확보될 수 있는 최종발달 단계가 아닐까? 욕망추구의 물신주의도 욕망극복의 이성주의도 다 부질없는 삶임을 느끼는 순간 인간들은 비로소 자리심의 본성과 양지의 자발성을 돈오하게 되는 것이 아닐까? 이것이 노자나 왕양명의 교육론이 가지는 한계인 듯하다. 그러나 왕양명이 실토했듯이, 근기가 높은 성인은 많지 않다. 아니 거의 없다. 성인이 많았다면 그가 굳이 주자학적 패러다임과 싸우면서 새로운 공부와 교육론을 정초할 필요도 없었을 것이다. 성인됨은 예나 지금이나 교육이 달성해야할 궁극적인 목표일 것이지만, 현실적으로 공부나 교육은 보통사람을 대상으로 삼는 데서 출발하여야 한다. 다행히 오늘날은 성인보다 시민을 길러내는 것을 일차적인 교육의 목표로 삼고 있는 시대이다. 노자와 왕양명의 교육론은 오늘날의 교육가에게 어떤 시사를 줄 수 있을까?

저 맹자나 주자류의 자율적 발달론의 교육은 보편적 이성으로 욕망의 제거를 목표로 삼는다. 순자나 법가류의 사회화론의 교육은 밖의 규범으로 욕망을 제어하고자 한다. 전자는 너무 이상적이기에 오히려 위선을 조장한다. 후자는 인간을 맹목적 존재로 추락시키고 물신의 노예가 되기를 조장한다. 노자나 왕양명의 대안은 이들 가운데에 위치시킬 수 있지 않을까? 내가 먼저 행복해야 주변 사람에게도 살갑게 대할 수 있는 이치처럼, 나의 행복을 추구하되 타자들과 행복을 같이 나누는 길이 그것이다. 동물적 본능도 이성이나 지성도 아닌, 나와 너 그리고 모두를 향한 '공평무사한 공감'(disinterested sympathy)인 자리심의 본성과 양지의 자발성이 그것을 보장해 줄 수 있다고 믿는다.

---

68) 『論語』, 「爲政篇: 4」. "七十而從心所欲, 不踰矩".

동양도덕
교육론

결론

제13장 동양 도덕교육론과 우리 도덕교육의 방향 모색 / 388

제13장
동양 도덕교육론과 우리 도덕교육의 방향 모색

I. 서론: 동양도덕교육론의 패러다임

우리는 지금까지 동양도덕교육론의 기원에서부터 그것이 세 가지 패러다임으로 형성되고 발전되어온 사상사의 흐름을 탐구하였다. 동양도덕교육론 패러다임의 갈래는 세 가지다. 당위(當爲)윤리에 바탕을 둔 자율적 도덕발달론, 유위(有爲)윤리에 토대한 도덕적 사회화론, 그리고 무위(無爲)윤리에 바탕한 자발적 도덕직관론이 그것이다.

당위윤리란 행위의 결과와 무관하게 단지 어떤 가치규범이 옳다는 이유 때문에 지켜지기를 주장하는 윤리이론이다. 인간은 원래부터 이성적 존재이고 도덕적 존재이다. 그래서 그는 자율적인 실천이성의 빛으로 도덕법칙을 입법하고 집행하고 심판할 수 있다. 이러한 관점에 토대한 도덕교육이란 실천이성의 계발을 목표로 삼는다. 그러나 인간은 원래부터 이성적 능력을 보지하고 있기에 그것의 계발도 스스로 발달시킬 수 있다. 교사는 간접적인 방식으로 그들의 학습을 도울 수 있다. 이러한 점에서 당위윤리에 토대한 도덕교육론을 자율적 도덕발달론이라 한다. 유위윤리란 행위의 결과가 선(善)과 유용성(실용성)을 낳는다면 그것이 도덕적으로 옳다고 여기는 윤리이다. 인간은 이익을 추구하는 욕망의 존재이다. 그러나 인간의 이기적 욕망을 그대로 방치하면 세상은 이전투구의 마당이 된다. 따라서 그것은 합리적인 기준과 제도로 통제되고 조절되어야 한다. 인간은 경험적 지성을 통하여 그러한 문화와 제도를 건설할 수 있었다. 도덕적 문화전통과 공동체의 규범은 자라나는 세대에게 전수되어야 한다. 전수의 역할을 맡은 이를 교사라 부른다. 이러한 유위윤리에 토대한 도덕교육론을 도덕적 사회화론이라 한다.

당위윤리도 유위윤리도 인간세계의 작위적 도덕기준일 뿐이다. 선험적 이성을 가정하든 경험적 지성에서 비롯되었든 도덕이나 윤리는 인간세계의 문화일 뿐이다. 자연세계에는 도덕이 없다. 인간을 제외한 자연세계의 생명들은 생명의 보존 자체를 삶의 목적으로 삼는다. 그래서 모든 생명은 자리적(自利的) 존재이다. '자리적'이라는 것은 생명유지를 위해 '자기의 이익을 추구하지만 동시에 그것이 이타적인 행위가 된다'(자리즉이타自利卽利他)는 뜻이 담겨 있다. 나의 욕구추구가 곧 남에게도 선(善)이다. 자연세계의 원리를 인간도 본받아야 한다는 주장이 있다. 자연세계의 원리를 인간들의 도덕적 기준으로 따를 것을 종용한다는 점에서 그것을 '무위적 도덕' 혹은 '무위윤리'라 부를 수 있다. 무위윤리는 생명의지(욕구)와 생명사랑(도덕감)의 일치를 추구하는 윤리학이다. 이러한 무위윤리는 인간중심적인 지능의 분별심과 욕망을 내려놓을 때 실현될 수 있다. '눈밝음'의 직관적 사유가 열리고, 그것은 도덕적 상황에서 의식적인 추론과정 없이도 즉각적으로 선과 악, 옳고 그름을 판별해낼 수 있다. 그러나 지능의 분별심과 욕망을 내려놓고 생명사랑의 원리에 따르는 삶은 누가 의도적으로 강요할 수 없고, 내가 스스로 터득할 수 있을 뿐이다. 다만 눈밝음을 먼저 터득한 선지식(善知識; 교사)이 간접적인 방법으로 촉구할 수는 있을 것이다. 이러한 무위윤리에 토대한 도덕교육론을 자발적 도덕직관론이라 부른다.

　동양도덕교육론의 사상적 연원은 공자로부터 시작된다. 공자는 당위윤리, 유위윤리, 무위윤리를 모두 포함하는 폭넓은 철학적 사유를 전개하면서, 그 중 어느 하나를 진리로 단정짓지 않는 '시중적'(時中的)이고 '미제적'(未濟的)인 세상보기의 도(道)를 제시하였다. 그래서 그는 도덕교육론과 관련해서도 도덕사회화론, 자율적 발달론, 자발적 도덕직관론을 모두 포함하는 포괄적 교육론을 정초하였다. 그러나 공자의 이러한 관점은 이후의 사상가들에게 철학적 사유의 다양한 질료를 제공해주기는 하지만, 정합성을 갖춘 하나의 철학적 사유체계라는 관점에서 본다면 논리적 모순을 안고 있었다. 그가 사유했던 세 가지 철학과 교육의 패러다임은 각각 세계와 인간과 교육을 바라보는 철학적 가정과 전제를 달리하는 것이기 때문이다. 전혀 다른 가정과 전제들을 포괄할 수 있는 보다 높은 차원의 논리적 가정 내지 추상적 원리가 제시되지 못하는 한 공자철학은 하나의 정합된 철학적 사유체계라고 보기 어렵다.

　사정이 이러하기에, 공자철학은 도통(道統)의 분화를 예고하고 있었다. 중국사에서 춘추전국(春秋戰國)이라는 미증유(未曾有)의 악(惡)의 시대는 공자이외에도 제자백가(諸子百家)의 사상가들을 탄생시켰다. 양자(楊子)-노자(老子)-장자(莊子) 등으로 이어지는 무위철학적 사유의 패러다임이 있었는가 하면, 증자(曾子)-자사(子思)-맹자(孟子) 등으로 이어지는 당위철학적 사유의 패러다임과, 자하(子夏)-묵자(墨子)-순자(荀子)-한비자(韓非子) 등으로 이어지는 유위철학적 사유의 패러다임도 있었다. 어느 패러다임에도 배속시킬 수 없는 사상가들도 물론 있었다. 이 책에서 우리는 동양도덕교육론 패러다임의 전형을 보여준다고 판단되는 대표적인 철학자들의 사상을 선택적으로 고찰하였다. 노자의 무위윤리와 자발적 도덕직관론, 맹자의 당위윤리와 자율적 도덕발달론, 그리고 순자의 유위윤리와 도덕적 사회화론이 그것이다.

　이러한 동양도덕교육론 패러다임의 전형들은 각각 하나의 정합된 도덕철학과 교육론의 사유체계를 보여주고 있다. 이들에겐 적어도 사유체계 내에서 이론적·논리적 모순은 없다. 그러나 각각의 패러다임들은 인간들의 현실적인 도덕적 삶과 도덕성 발달의 실제를 담아내지 못하는 일면성을 지니고 있다. 탈인간중심주의를 선언하는 노자철학의 무위윤리를 제외하고 생각한다면, 인간은 행위결과의 유용성을 따지는 유위윤리에 따라 살기도 하지만, 행위결과와 무관하게 도덕법칙이 옳다는 이유만으로 도덕적 의무로 받아들이는 당위윤리에 따라 살아가기도 하는 존재이다. 어쩌면 인간의 도덕성 발달과 도덕적 삶은 전통과 습관의 마당을 거쳐 이성의 궁전으로 들어가는 존재일지 모른다. 이것은 현대 도덕심리학과 교육론자들의 관점이기도 하거니와, 공자야말로 이러한 도덕성의 발달과 도덕적 삶의 현실은 누구보다 제대로 이해하고 있었다고 할 수 있다. 그러나 앞서 지적했듯이, 공자의 관점은 이론적 정합성이 떨어진다는 점이었다.

　인간의 도덕성 발달과 도덕적 삶을 포괄하는 이론을 구축하려면 도덕교육에서의 '개인과 공동체', '원리와 내용', '인지와 정의·행동', '발달과 사회화' 등의 양극단을 모두 포괄하는 이론적·실제적 정합성을 갖춘 통합적 도덕교육론이 필요하다. 이를 위해서는 전혀 다른 가정과 전제들을 포괄할 수 있는 보다 높은 차원의 논리적 가정 내지 추상적 원리가 정초되어야 한다. 동양철학사에서 이러한 문제의식을 가지고 통합적 도덕교육론을 모색한 시도가 중국 송(宋)대에 리기(理氣)철학의 정립자인 주자와 조선유학의 대표주자인 퇴계와 율곡에 의해 이루어졌다.

　주자학은 리기(理氣) 이분법적 원형에서 출발하는 까닭에, 어느 문제에 관한 이론이든 모든 리기론은 리에 치중하는 이른바 '주리적 이론'이 아니면, 기에 치중하는 '주기적 이론'에 흐를 수밖에 없다. 아무리 리와 기 중 어느 한편에 편향하지 않고 공평한 태도로 리와 기를 조화시키는 노력을 기울이며 이론을 구축한다고 하더라도 결과적으로는 주리 아니면 주기의 경향을 완전히 벗어나는 무색투명의 중립적 이론을 구축할 수 없다. 정작 주자는 어느 편이었는가 하면 주리론적 관점이었다. 물론 그는 리와 기를 조화시키려는 시도를 적극적으로 보여주었다. 그런 점에서 우리는 그를 통합적 도덕교육론의 정초를 시도했던 사상가로 읽었다. 그러나 보다 철저하게 주리론의 관점에서 신유교를 재해석하려했던 사상가는 조선의 철학자인 퇴계 이황이었고, 주기론의 관점에 섰던 사상가는 율곡 이이었다. 퇴계는 주리론적 패러다임을 바탕으로 자율적 도덕발달론의 관점을 제시했고, 율곡은 주기론적 패러다임을 바탕으로 도덕적 사회화론의 관점을 수립하였다. 그러나 퇴계와 율곡도 통합적 관점을 결코 포기하지 않았다. 이 점에서 퇴계는 '발달' 지향의 통합적 도덕교육론을, 율곡은 '사회화' 지향의 통합적 도덕교육론을 정초했던 것으로 볼 수 있다.

그러나 '사회화'도 '발달'도 아닌 제3의 패러다임을 구축하려 했던 사상가가 있다. 그가 바로 왕양명이다. 그는 리기일원론의 관점에서 리즉기(理卽氣) 혹은 기즉리(氣卽理)의 패러다임을 구축하였다. 주희와 퇴계의 체계가 당위유학이라면, 율곡의 체계는 유위유학이다. 왕양명의 유학은 무위유학이다. 왕양명의 무위유학은, 사상적으로 그 대척점에 있던 주자학을 넘어, 리기철학적 사유를 통해 노자적 세상보기의 재생(再生)이다. 그동안 우리는 도덕적인 사람을 욕망과 무관하게 이성적으로 살아가는 사람 혹은 욕망을 합리적 수준에서 추구하는 사람으로 인식해왔고, 도덕교육에서도 그러한 사람을 길러내는 것을 목표로 해왔다. 이것이 저 자율적 발달론과 도덕적 사회화론이 추구해왔던 도덕교육의 목표였다. 그러나 과연 우리는 그러한 사람을 길러내는 데 성공해 왔는가? 욕망과 무관한 이성적 삶은 너무나 이상적인 목표였다. 반면, 욕망을 합리적으로 추구하라는 목표는 의도와 상관없이 사람들을 더욱 물신의 노예로 만들어온 것만 같다. 그렇다면 제3의 길은 무엇인가? 왕양명이 가르치듯이 그것은 욕망과 선의 일치를 추구하는 삶이 아닐까? 나의 욕망추구가 동시에 타자들에게 도덕적 선을 결과하는 삶, 곧 양지의 자발성에 따르는 삶이 그것이다. 모든 욕망과 선의 불일치는 이성, 주체, 인간을 강조하는 인위에서 비롯된다. 필요(necessity), 요구(demand)를 넘어서는 욕망(desire)의 자의식을 버릴 때 인간은 세계와 하나가 된다. 그것은 결국 나를 채우는 삶이 아니라 비우는 삶이다. 리즉기의 패러다임에 토대한 자발적 도덕직관론은 바로 이를 위한 공부론이고 교육론이다.

Ⅱ. 우리 도덕과교육의 정당화로써 동양도덕교육론

이론은 현상을 과학적으로 보는 틀이다. 이상에서 본 세 가지 이론적 패러다임이 과연 유교를 사회이념으로 삼았던 중국이나 조선시대에서 교육의 실제에 적용되고 교육현상을 설명하는 틀이었는지는 의문이다. 이론과 실제 간의 괴리도 있을 수 있겠지만 여하튼 이것은 별도의 고찰을 요하는 것이다. 정확히 말하여, 세 가지 패러다임은 이론이기보다는 철학이고 사상이다. 철학은 실천적 이데올로기와 구분되어야 한다고 볼 때, 예컨대 유교를 사회이념으로 삼았던 중국이나 조선시대의 교육실천이 온전히 세 가지 패러다임에 토대한 것이었다고 보기는 어려울 것이다. 그러나 내가 이들을 이론이라 부르는 것은 동양철학에 숨겨져 있는 교육사상을 재해석하여 이론화하고, 그것으로 오늘날의 교육실천에 적용하고 교육현상을 설명하는 틀로 삼고자 하는 의도를 담고 있다.

지금까지 보아왔듯, 세 가지 패러다임은 전혀 다른 논리적 전제 위에 구축된 개별의 이론들이다. 순자나 율곡이 보여준 도덕교육론이 현대적 의미의 도덕적 사회화론에 가깝다면, 맹자나 퇴계가 정립한 도덕교육론은 자율적 도덕발달론에 가깝다. 여기서 현대적 도덕교육론에 '가깝다'고 평가한 점에 유의해야 한다. 현대 도덕교육론자 중에 도덕적 사회화론을 대표하는 이로 뒤르케임을, 그리고 발달론을 대표하는 이로 콜버그를 예시할 수 있을 것이다. 뒤르케임의 도덕적 사회화론은 학습자들에게 공동체의 덕과 규범을 가르쳐 도덕적 습관을 형성하는 것을 목표로 한다. 반면에 콜버그의 자율적 발달론은 도덕적 상황에 처한 학습자가 관련된 도덕 규칙이나 원리를 성찰하여 정확한 판단을 내릴 수 있도록 도덕적 사고 및 판단 능력을 길러주는 것을 목표로 한다. 이러한 현대 도덕교육론과 비교할 때, 동양도덕교육론의 특징은 사회화와 발달의 통합을 지향하고 있다는 점이 아닐까 한다. 특히, 주기론과 주리론에 토대한 도덕교육론은 통합적 성격이 강한 것 같다.

사회화론과 발달론은 전혀 다른 철학적 전제 위에 토대하고 있다는 점에서, 사회화와 발달을 동시에 설명할 수 있는 상위의 논리적 가정이 구축되지 않는 한 통합적 도덕교육론은 이론적 논리적 모순을 노정할 수밖에 없다. 주자와 퇴계와 율곡이 이러한 점을 명확하게 인식하고 있었는지는 분명하지 않다. 인간의 발달과 교육의 현실적 측면을 더 고려한 것이 아닌가 한다. 주기론의 패러다임에서 율곡은 기질의 순화를 위한 습관화를 강조하지만 점차적으로 공론(公論)의 도덕에 대한 격물궁리의 공부를 강조한다. 그리고 주리론의 패러다임에서 주자는 논리적으로는 선지후행(先知後行)이 맞지만 경중(輕重)으로 따지자면 지행(知行)공부가 다 중요하고, 아직 지적 성장이 높지 않은 아동들에게는 지적 공부에 앞서 행적 공부를 해야 한다고 주장하고 있다. 이러한 점에 주목할 때 기(氣) 중심의 패러다임이 사회화 지향의 통합적 도덕교육론이라면, 리(理) 중심의 패러다임은 발달 지향의 통합적 도덕교육론이라 부를 만하다. 사실 뒤르케임과 콜버그 이후의 현대도덕교육론도 사회화론과 발달론간의 이론적 실제적 논쟁을 거치면서 통합지향으로 나가고 있는 것이 대체적인 추세다.[1] 개인적 지성과 사회적 지성의 상호작용으로서의 도덕적 성장을 주장하는 듀이, MEX(원리중심 도덕교육)과 MEY(덕 중심의 도덕교육)의 도덕교육을 주장한 프랑케나, 전통과 습관의 뜰을 지나 이성의 궁전으로 들어갈 수 있는 도덕교육을 주장한 피터스 등은 발달지향의 통합적 도덕교육론의 선구자들이다. 이후 리코나의 인격교육론, 길리건과 나딩스의 배려윤리교육론 등은 사회화 지향의 통합적 도덕교육론이라 할만하다.

한편, 리즉기(理卽氣)의 패러다임에 토대한 자발적 도덕직관론은 도덕적 사회화론도 자율적 도덕발달론도 아닌 제3의 패러다임인 것 같다. 그동안 우리는 도덕적인 사람을 욕망과 무관하게 이성적으로 살아가는 사람 혹은 욕망을 합리적 수준에서 추구하는 사람으로 인식해왔고, 도덕교육에서도 그러한 사람을 길러내는 것을 목표로 해왔다. 과연 우리는 그러한 사람을 길러내는 데 성공해 왔는가? 욕망과 무관한 이성적 삶은 너무나 이상적인 목표였다. 반면, 욕망을 합리적으로 추구하라는 목표는 의도와 상관없이 사람들을 더욱 물신의 노예로 만들어온 것만 같다. 그렇다면 제3의 길은 무엇인가? 왕양명이 가르치듯이 그것은 욕망과 선의 일치를 추구하는 삶이 아닐까? 그러나 사실 왕양명의 가르침도 현실적으로 도달하기는 쉽지 않은 목표인 것 같다. 근기가 높은 성인이 아닌 한 어렵다. 공자조차도 70세가 되서야 그것이 가능했다고 하지 않았던가!![2]

이도 저도 어렵다면 과연 도덕교육은 가능이나 한 것일까? 달성하기 어려운 목표라고 손을 놓고 말 수는 없는 노릇이다. 실패와 회의를 겪으면서도 포기할 수 없는 게 교육자의 운명인 것만 같다. 가능한 방법이 있다면 모두 동원하여 끝없는 시도를 해야 마땅하다. 동양도덕교육의 세 가지 이론적 패러나임은 우리가 접근 가능한 방법의 전형들을 보여주고 있다고 생각한다. 우리 도덕과교육에 활용할 수 있는 방안을 적극적으로 모색할 필요가 있다. 우리 도덕과

---

1) 현대 도덕교육의 통합적 접근론에 대해서는 정창우, 『도덕교육의 새로운 해법』(서울: 교육과학사, 2004).
2) 『論語』, 「爲政篇: 4」: "七十而從心所欲, 不踰矩".

교육은 우리 전통에 터한 이론으로 뒷받침될 때 얻어지는 장점도 많으리라 여겨지기 때문이다. 그러나 〈표 1〉에서 보듯이, 해방이후 교수요목기로부터 제7차 교육과정에 이르기까지 우리 도덕과교육을 이론적으로 뒷받침해온 것은 항상 서양전통에 터한 도덕교육이론들이었다.[3]

물론 그럴 수밖에 없는 여러 사정들이 있었다. 근대화와 민주화를 목표로 하는 시대에 전통은 극복의 대상이었을 뿐이었고, 그러한 시대가 요구하는 도덕적 인간을 길러내기 위해서는 그에 걸맞는 이론을 활용해야 했을 것이다. 사실 90년대 초까지만 해도 우리는 유교도덕교육론을 교화(indoctrination)[4] 혹은 덕목과 행위 중심의 교육론 정도로 인식하여 왔다. 예컨대, 한 연구는 유교도덕교육론을 덕목 중심의 교육론으로 전제하면서, 그것을 서양 현대의 원리 중심의 교육론과 유기적으로 결합하여 한국적 상황에 맞도록 통합적 도덕교육론을 수립할 것을 주장했다.[5]

〈표 1〉 우리 도덕교육의 변천과정과 이론적 배경

구분		교과명칭		주요 내용	이론적 배경
		초·중학교	고등학교		
제1기	제1차 교육과정 (1954~63)	'도의'	도덕	도의교육 반공·방일교육	• 덕목주의적 접근 • 정신분석학이론 *유영준외, 『도덕교육』('63)
	제2차 교육과정 (1963~73)	반공·도덕	국민윤리 → 반공 및 국민윤리	도의교육 반공교육	
제2기	제3차 교육과정 (1973~81)	도덕	국민윤리	도덕교육 반공교육	• 행동수정이론 • 인지발달론(피터스,콜버그, 피아제, 올리버, 윌쓴 등) * 정범모외, 『도덕과교육』('75); 이돈희, 『도덕교육』('78)

---

3) 이에 대한 자세한 고찰은 졸고, "현대 한국의 도덕교육과 유교도덕교육론", 앞의 책, 17~23쪽.
4) 정재걸, 「조선전기 교화연구」(서울대 박사학위논문, 1989); 김대용, 『조선초기 교육의 사회사적 연구』(서울: 한울아카데미, 1994).
5) 목영해, 「퇴계와 칸트 도덕관의 교육론적 탐구」(부산대학교 대학원 박사학위논문, 1994).

	제4차 교육과정 (1981~87)	도덕	국민윤리	도덕교육 인본교육 정치교육 반공교육	• 주제중심적 접근 • 인지발달론(피아제, 콜버그, 피터스, 듀이, 윌쓴 등) • 가치명료화론 • 정치교육론 • 국민윤리교육론
제 3 기	제5차 교육과정 (1987~92)	도덕	국민윤리	도덕교육 인본교육 정치교육 통일안보교육	* 정세구,『가치태도교육의 이론과 실제』('84); 이돈희,『도덕교육원론』('86); 이석호외,『도덕·가치교육의 교수모형』('89); 문용린,『도덕과교육』('90); * 정세구역,『정치사회화』('81); 박용헌,『정치교육』('82),『정치교육』('83),
	제6차 교육과정 (1992~97)	도덕	윤리	인본교육 도덕교육 정치교육 통일교육	* 이규호,『국민윤리교육의 이론과 실제』('81); 유형진외,『국민윤리교육개론』('82); 정세구,『국민윤리교육론』('83)
제 4 기	제7차 교육과정 (1997~)	도덕	도덕 윤리	인성교육 민주시민교육 통일대비교육 국가안보교육	• 인격교육론, 덕교육론, 배려교육론, 공동체주의교육론 • 통합적 접근론

그러나 90년대 중반이후 유교도덕교육론을 덕목과 행위 중심의 교육론으로 단정할 수 없다는 연구들이 나왔다. 서은숙, 오석종 등의 연구가 대표적이다.[6] 연구자도 원리와 내용

---

6) 서은숙,「孔孟思想에 나타난 德性涵養에 關한 硏究」(서울대학교 대학원 박사학위논문, 1998); 오석종,

의 통합적 접근이라 주장한 바 있다.[7] 더 나아가 최근에는 유교도덕교육론이 원리와 내용의 통합뿐만 아니라, 개인과 공동체, 목적윤리와 의무윤리, 사회화와 발달 등을 통합적으로 접근하는 도덕교육론이라고 주장하는 연구들도 나왔다.[8] 이러한 연구결과들을 종합하여 나는 유교도덕교육론이 도덕교육에서의 '개인과 공동체', '원리와 내용', '인지와 정의와 행동', '발달과 사회화' 등의 양극단을 모두 포괄하는 이론적·실제적 정합성을 갖춘 통합적 도덕교육론이라 주장한 바 있다.[9] 그러나 최근의 연구결과들은 주기론적 패러다임과 주리론적 패러다임에만 주목한 것들이다. 이제 이에 더하여 리즉기(理卽氣)의 패러다임에 토대한 도덕교육론에도 주목해야 할 것이다.

그렇다면 동양도덕교육의 세 가지 패러다임으로 우리 도덕과교육을 이론적으로 뒷받침하는데 어떻게 활용할 수 있을까? 콜버그, 레스트, 문용린, 김안중, 버코위츠, 데이먼, 블라지, 리코나의 연구를 종합하여 우리나라 아동 및 청소년들의 도덕성 발달 단계를 연구한 정창우에 의하면, 초등학교 시기와 중등학교 시기를 기준으로 그 특성상의 구분이 뚜렷하게 나타난다고 한다. 이 점에 주목하여 우리 도덕과교육의 목표를 설정할 필요가 있는데, 그가 제시하는 도덕과교육의 학교급별 목표는 아래의 〈표 2〉과 같다.[10]

「〈小學〉의 德敎育論 硏究」(서울대학교 대학원 박사학위논문, 1999). 서은숙은 孔孟思想에 나타난 도덕교육론을 덕성함양이라 보면서 크게 知的 領域과 行動的 領域으로 나누어, 지적 영역의 교육은 道德的 知識習得(人間의 道理 理解와 知的 技能習得)을 목표로 하며, 행동적 영역의 교육은 道德習慣培養(基本德目習慣化), 道德感情培養(性情純化), 道德行爲訓練(存養省察과 力行)을 목표로 한다고 보고 있다. 오석종은 『小學』에 나타난 덕성교육의 제반 원리들에 대해 분석하고 있다.

7) 강봉수, 「조선전기 도학적 덕교육론 연구」(한국정신문화연구원 한국학대학원 박사학위논문, 2000); 『유교 도덕교육론』(서울: 원미사, 2001); 『한국전통도덕교육론』(경기 파주: 한국학술정보, 2006).

8) 박재주, "제7차 교육과정에서의 중등학교 도덕과 교과서에 나타난 전통윤리교육 내용에 관한 비판적 연구," 『중등 도덕·윤리교과서의 문제점과 개선방안』(한국윤리교육학회 추계 학술대회 논문집, 2004); 이종흔, "도덕·윤리교과에서 전통윤리 교육의 개선방안: 개인과 공동체, 원리와 내용의 통합적 접근을 중심으로," 『국민윤리연구』 제58호(2005. 4).

9) 강봉수, "현대 한국의 도덕교육과 유교도덕교육론", 앞의 논문.

10) 정창우, "초·중등 도덕과 교육의 목표 설정을 위한 도덕심리학적 기초연구", 『도덕교육의 새로운 해법』(서울: 교육과학사, 2004), 107~124쪽.

〈표 2〉 도덕성 발달을 고려한 도덕과의 학교급별 목표 설정

초등 3~6학년의 도덕과 목표	중등 이상 7~10학년의 도덕과 목표

• 3단계 정착 및 4단계 지향
  (콜버그, 김안중)
• 도덕적 민감성의 형성 및 촉진
  (버코위츠, 호프만)
• 공감 및 역할채택 능력 향상
  (호프만, 리코나, 버코위츠)
• 평화적 갈등해결 능력 향상
  (버코위츠, 리코나)
• 양심에 기초한 자기반성의 생활화
  (버코위츠)
• 자기 및 타인 존중감 배양(리코나)
	• 4단계 정착 및 5단계 지향
	  (콜버그, 레스트, 문용린, 김안중)
	• 도덕적 추론의 발달
	  (콜버그, 레스트, 리코나, 버코위츠)
	• 도덕적 자기지식, 비판적인
	  자아성찰적 사고의 촉진(리코나)
	• 도덕적 정체성 내지 도덕적 자아의
	  확립(데이먼, 버코위츠)

〈표 2〉에서 제시된 바와 같이, 각 학교급별 도덕과의 목표를 달성하기 위해서는 통합적 도덕교육의 관점을 배제하지 않으면서 동시에 초등 도덕과의 목표는 전통적인 인격교육과 공동체주의적 도덕교육 전통에, 그리고 중등 이상 도덕과의 목표는 자유주의적 도덕교육 전통에 보다 강조점을 두어야 할 것이라고 정창우는 주장한다.[11] 이러한 정창우의 주장에 귀 기울일 때, 그가 제시한 도덕과의 목표는 동양도덕교육론에 근거할 때 더 정당성을 얻을 수 있을 것 같다. 특히, 유교도덕교육론은 처음부터 통합적 도덕교육의 관점을 가지고 있기 때문이다. 사회화 지향의 통합적 도덕교육론인 주기론적 패러다임은 초등 도덕과의 목표를 실천하는 데, 그리고 발달 지향의 통합적 도덕교육론인 주리론적 패러다임은 중등 이상의 도덕과 목표를 달성하는 데 이론적 실제적 뒷받침이 될 수 있을 것이다.

한편, 리즉기(理卽氣)의 패러다임을 우리 도덕과교육에 어떻게 활용할 것인가에 대해서는 좀 더 많은 검토를 요한다. 그것은 습관화와 이성의 계발, 즉 앞의 두 주류 패러다임을 거부하고 있기 때문이다. 습관화는 양지의 사발성을 무너뜨리고 이성의 계발은 지적 오만과 위선을 가져올 뿐이라는 게 왕양명의 생각이다. 이러한 그의 관점을 우리 도덕과교육에 적용하는 것은 새로운 도덕과 교육과정을 구상하는 것과 다르지 않기에 이에 대한 본격적인 검토는

---
11) 같은 책, 122쪽.

다음 기회로 미룰 수밖에 없다. 어쩌면 리즉기의 패러다임이 목표하는 욕구와 선의 일치는 관습의 도덕성과 반성의 도덕성을 거친 이후에 확보될 수 있는 최종발달 단계가 아닐까? 욕망추구의 물신주의도 욕망극복의 이성주의도 다 부질없는 삶임을 느끼는 순간 인간들은 비로소 양지의 자발성을 돈오하게 되는 것이 아닐까? 그랬기에 왕양명은 근기에 따른 교육의 필요성과 점수의 공부론도 허용했던 것 같다.

Ⅲ. 우리 도덕과교육의 내용으로써 동양도덕교육론

동양도덕교육론의 특징은 사회화와 발달의 통합 이외에 '개인과 공동체', '원리와 내용', '인지와 정의와 행동' 등을 모두 포괄하는 이론적·실제적 정합성을 갖춘 통합적 도덕교육론이라는 것이다. 동양도덕교육론의 사상적 연원인 공자철학이 그랬고, 이후에 주자학적 패러다임들이 그랬다. 주자학적 패러다임들에서 공통적으로 강조하는 리일분수(理一分殊), 하학이상달(下學而上達), 심통성정(心統性情), 소학대학(小學大學) 등의 언표들은 동양도덕교육론의 통합교육적 성격을 설명해주는 핵심 키워드들이라 생각한다. 특히, 양명학적 리즉기 패러다임이야 말로 통합적 도덕교육론의 전형이라 보여진다. 이성과 감정으로 분화되기 이전의 본성적 직관능력인 양지(良知), 지와 행을 분리하지 않는 지행합일(知行合一), 그리고 공부와 교육론에서 돈오(頓悟)와 점수(漸修)를 동시에 강조하고 있기 때문이다.

그러나 이러한 통합지향적인 동양도덕교육론이 오늘날 우리 도덕과교육이 나아가야할 방향에 대해 중요한 이론적 지침을 제공해 주지만, 도덕과교육의 내용으로써 동양윤리의 내용과 체계를 어떻게 선정 조직할 것인가 하는 점과 관련해서는 별도의 긴밀한 고찰을 요한다. 오늘날 우리 도덕과교육에서 다루어야할 주요 내용은 전통도덕이 아니라 근대도덕이기 때문이다. 말하자면, 오늘날 우리 도덕과교육의 목표는 현대 사회의 다양한 도덕적 문제를 해결하는 능력과 실천력을 겸비한 도덕인을 양성해야 하는 것이다. 이러한 관점에서 우리는 동양도덕교육론에서 교육내용으로 삼았던 동양윤리학의 문제를 면밀히 검토해 볼 필요가 있다. 여기서는 유교도덕교육론의 통합교육적 성격을 입증하는 핵심 키워드들인 리일분수(理一分殊), 하학이상달(下學而上達), 심통성정(心統性情), 소학대학(小學大學) 등의 언표들에

유의하여 잠시 돌아보고자 한다.

첫째, 리일분수(理一分殊)는 유교도덕교육론에서 '개인과 공동체'를 통합적으로 보려는 관점이다. 리일분수 사상은 우주를 하나의 유기체로 이해하는 데서 출발한 사고이다. 존재론적 관점에서 보면 우주전체가 하나이지만 전체 속에서 각 개체들은 자아의 독자적 개성을 가진다는 의미이고, 가치론적 관점에서 보면 '리일'은 만물을 일체로 보는 인(仁)에 해당하며 '리분수'는 각각의 상황에 마땅하게 행동하는 의(義)에 해당한다. 이처럼, 유교도덕교육론은 도덕적 자아의 본질을 보편성과 특수성, 공동체성과 개별성의 상호조화로 보려 한다. 그러나 근대 이후에 우리가 추구해왔던 도덕적 자아 개념은 개인적 자아 혹은 공동체적 자아 중에 어느 하나를 일방적으로 추구해 왔다. 자유주의자들은 원자적 자아 혹은 개인적 자아를 강조했다. 반면 사회주의 혹은 공동체주의자들은 공동체적 자아 혹은 전체적 자아를 추구했다. 전자는 현실적으로 존재할 수 없는 추상적 자아 개념에 불과하고, 후자는 개인은 없고 사회와 국가만을 강조하는 전체주의와 파시즘을 낳았다. 그러나 '리일분수'의 이념은 우주의 구성원을 "같음과 동시에 다른 존재"로 보는 관점이다. '리일분수' 사상은 오늘날 공동체주의적 자유주의 혹은 자유주의적 공동체주의의 이념과 다르지 않다고 여긴다. 이점에서 유교도덕교육론은 모든 도덕교육이 나아가야할 보편적이고 이상적인 원칙을 제공하고 있다고 여겨진다.

그러나 리일분수의 이념은 도덕교육이 나가야할 보편적인 원칙이지만, 모든 나라의 실제적 도덕교육의 지침이 될 수는 없다. 나라마다 처한 윤리적 환경과 교육적 과제가 다를 것이기 때문이다. 사실 이론적으로도 주기론적 패러다임이 '공동체'를, 주리론적 패러다임이 '개인'을 더 강조할 수밖에 없듯이, 수미일관하게 그 둘을 공평하게 고려하기는 어렵다. 리일분수 사상은 '개인'과 '공동체'로 분화되기 이전의 유기체적 사유양식이다. 따라서 기본적으로 '개인'보다는 '공동체'를 더 우위에 둘 가능성이 높은 사유다. 즉 '개인'을 주목하더라도 그것은 어디까지나 '공동체'를 전제로 한 개인이며, 이러한 개인은 아무래도 서양 근대적 전통의 공동체와 무관하게 독립된 '개인' 개념은 아닌 셈이다. 이러한 점에서 유교윤리학은 아무래도 공동체적 자아 개념을 더 강조한 철학이다. 오늘날 서양에서는 개인주의와 자유주의가 낳은 폐해를 극복하기 위하여 공동체주의에 주목하고 있지만, 이것이 오늘날 우리 도덕과교육에도 들어맞는 방향인지에 대해 논의가 필요하다고 여긴다.[12]

---

12) 예컨대, 정수복은 유교의 공동체 중심적 전통으로 인해 한국사회에서는 개인이 설 자리가 없었고 개성이 말살되어왔다고 주장한다. 정수복, 『한국인의 문화적 문법』(서울: 생각의 나무, 2007) 참조.

둘째, 하학이상달(下學而上達)은 유교도덕교육론에서 '내용과 원리'를 통합적으로 보려는 관점이다. 아래로 인간의 일을 배우면서 실천하다보면 위로 천리를 통달하게 된다. 말할 것도 없이 아래로 인간이 배워야할 '내용'이란 덕과 규범이고 예법이다. 욕망추구의 합리적 기준인 공론의 도덕이었든, 욕망극복을 위한 보편적 이성의 입법원리였든, 욕구와 선의 일치를 위한 본성적 직관의 입법원리였든, 위로 통달해야할 천리는 '인의의 윤리'(the Ethics of Jen-i)였다. 전자의 '내용'으로서의 덕과 규범이란 삼강오륜, 효제충신, 칠거지악, 종법제도, 각종 예절과 의례절차 등일 것이다. 이 중에 오늘날의 도덕교육에서도 중요하게 다루어야할 덕과 규범이 있을 수 있겠지만, 기본적으로 이것들은 오늘날 우리가 추구해야할 보편적 도덕원리의 기준에서 폐기되거나 재입법되어야 할 것이다. 따라서 여기서 중요하게 검토되어야 할 것은 우리의 보편적 도덕원리가 무엇이어야 하는가 하는 점이다.

유교도덕교육론에서 통달해야할 천리는 '인의의 윤리'라 하였다. 이것은 저 서양 전통의 '정의의 윤리'(the Ethics of Justice)와 비교됨직 하다. 정의의 윤리는 독립된 개인을 전제로 성립한다. 그래서 정의는 개인과 개인간의 갈등을 해결하고 손실을 보상하며 평등을 이뤄나가는 도덕원리이다. 그러나 인의의 윤리는 공동체적 인륜을 전제로 성립된다. 인륜을 떠난 추상화된 개인은 존재하지 않다고 보기 때문이다. 인간적인 만남과 따뜻한 배려를 전제로 하여 정의를 추구하고자 하는 것이 인의의 윤리이다. 오늘날의 비판적 관점에서 정의의 윤리는 공동체적 전통을 허물고 사람들을 지나친 이기주의자로 이끌어왔다. 반면, 인의의 윤리는 근대적 자아형성에 부정적 영향을 미치고 공적윤리보다는 혈연 등의 정적 연대에 토대한 사적윤리를 추구하도록 만들었다. 그래서 서양에서는 정의의 윤리를 보완하는 배려윤리(the Ethics of Care)가 필요하다는 주장이 제기되었고,[13] 우리 학계에서는 인의의 윤리를 보완하는 정의의 윤리가 더 필요하다고 주장되고 있다.[14] 현실적으로 우리 도덕과교육에서 유교도덕을 비롯한 전통도덕을 교육내용으로 다루고 있는 이상, 이상의 사정에 대해 면밀한 검토를 거쳐 도덕과교육에 반영되어야 할 것이다.

셋째, 심통성정(心統性情)은 유교도덕교육론에서 도덕적 마음을 인지와 정의와 행동을 통합적으로 보려는 관점이다. 이를 설명해 주는 언표가 성발위정(性發爲情)과 심발위의(心發

---

13) 길리건(C. Gilligan)과 나딩스(N. Noddings) 등이 대표적이다. 이들의 논점에 대해서는 박병기·추병완 저, 『윤리학과 도덕교육 1』, 앞의 책, 278~333쪽 참조.

14) 손봉호, "효사상과 정의 문제", 『효사상과 미래사회』(성남: 한국정신문화연구원, 1995), 423~437쪽.

爲意)이다. 성(性)이 발현하여 정(情)이 되는 것이기에, 일단 성(性)은 칠정(七情)으로 구체화 되기 이전의 일종의 감성(faculty of Feeling)일 것이다. 도덕적 상황에 적절(中節)하게 칠정의 특정상태가 표출되면 선(善)이 되고 그렇지 못할 때(過不及)는 악(惡)이고 비윤리의 나락으로 떨어지게 된다. 비윤리의 나락으로 떨어지지 않고 기뻐해야 할 상황에서 기뻐하는 감정과 행동이 표출되기 위해서는 우선적으로 기뻐해야 할 상황에 대한 판단이 전제되어야 한다. 그렇다면 성(性)은 '인지적 감정'(cognitive emotion), 즉 '감정에 기반을 둔 이성'이거나 '실천적 지혜'다. "지(知)는 성(性)과 본체에 가깝고, 의(意)는 정(情)과 작용에 가깝다."[15] 는 주희의 언표도 이를 알려준다. "지(知)는 별식(別識)을 담당하고, 의(意)는 영위(營爲)를 담당한다."[16]고 했듯이, 판단에 따라 행위를 결정하고 실천할 것인지를 결정하는 것이 심발위의(心發爲意)다. 그리고 "지(知)와 의(意)는 모두 마음에서 나온다."[17] 그래서 마음은 성(性)과 정(情)을 통괄한다(心統性情)고 했던 것이다.

그런데 주자학적 패러다임은 심통성정(心統性情)을 주장하여 인지와 정의와 행동을 통합적으로 보면서도 지(知)와 행(行)을 분리시키는 관점이 남아있다. 지행병진(知行竝進)의 공부를 주장하지만 상대적으로 지(知)의 격물궁리를 더 강조했다. 인지와 정의와 행동의 통합적 마음을 제대로 주장한 이론은 리즉기(理卽氣)의 패러다임, 즉 왕양명의 관점인 것 같다. 양지(良知)는 배우지 않아도 알 수 있고 행동할 수 있는 마음의 본성적 직관능력이고 지행합일(知行合一)의 능력이기 때문이다. 그러나 여기서 세 패러다임의 차이를 보는 것보다 우리가 주목해야 할 것은 상황을 판단하는 능력이 '감정에 기반을 둔' 이성이거나 직관능력이라는 점이다. 이러한 점은 저 서양 전통의 '감정을 배제하는' 이성 혹은 '감정의 영향을 최소화시키려는' 실천적 지혜와는 결이 다르다. 기본적으로 서양적 전통에서 감정은 한갓 이성에 의해 제어되고 통제되어야 할 대상으로 여겨왔다. 감정은 이성의 판단능력을 저해하는 것으로 여겨졌기 때문이다.[18] 즉, 감정은 특정한 상황에서의 특정한 사람과 관련되기 때문에 이

---

15) 『朱子語類』, 卷15, 「大學2」. "知近性體, 意近情近用."
16) 『朱子語類』, 卷15, 「大學2」. "知則主於別識, 意則主於營爲."
17) 『朱子語類』, 卷15, 「大學2」. "知與意皆從心出來."
18) 칸트를 비롯해서 감정을 윤리학에서 배제하려고 하는 철학자들의 주장은 다음과 같이 요약될 수 있을 것이다. ① 감정은 순간적이고, 변화 무쌍하고, 변덕스러운 것이다. ② 따라서 감정적으로 동기화된 행동은 신뢰할 수 없고, 비일관적이며, 무분별하고, 심지어 불합리한 것이기까지 하다. ③ 어떤 상황의 선악과 정사를 파악하기 위해서는 우리 자신을 감정으로부터 격리시켜야만 한다. ④ 우리가 통제할 수 없

성적 도덕에 요구되는 일반성과 보편성을 가질 수 없다는 것이다. 어쩌면 이러한 서양의 감정에 대한 비판적 관점은 유교윤리학의 '인지적 감정'의 문제점에도 부합하는 것이 아닐까 생각해 보아야 한다.

물론 서양적 전통의 이성중심주의가 낳은 폐해도 만만치 않다.[19] 그래서 서양에서도 감정을 다시 보는 정서의 인지적 요소를 분석하려는 인지주의이론이 모색되고,[20] 이른바 포스트모던 진영에서는 이성의 해체를 주장해왔다. 더 나아가 도덕성의 구성요소를 보는 관점도 인지, 정의, 행동의 어느 한 측면에 주목했던 것에서 벗어나 세 요소를 통합적으로 보려는 관점으로 전환하고 있다.[21] 그러나 이러한 서양의 지적 흐름은 철저하게 이성적 사유의 본질을 구현한 이후에 나타난 문제를 극복하는 차원에서 이루어지는 것이다. 반면 유교윤리학의 세례를 받아왔고 여전히 그러한 전통이 강한 우리사회에서는 아직도 이성적 사유보다는 인지적 감성에 의한 판단에 의존하고 있는 것이 아닌가 한다. 그렇다면 향후 우리 도덕과교육에서는 이성적 사유와 인지적 감성 중에 어느 것을 더 중시하여 교육의 목표와 내용으로 삼아야 할 것인지에 대한 논의가 있어야 할 것이다.

이상에서, 동양도덕교육론은 '개인과 공동체', '원리와 내용', '인지와 정의와 행동' 등을

는 감정에 사로잡힐 때 우리는 수동적이 되므로 책임을 질 수 없다. ⑤ 감정은 특정한 상황에서의 특정한 사람과 관련되기 때문에 이성적 도덕에 요구되는 일반성과 보편성을 가질 수 없다. 따라서 감정은 원칙에 근거하지 않는 편파성을 드러낼 뿐이다. Leo Montana, "Understanding Oughts by Assessing Moral Reasoning or Moral Emotions," *The Moral Self* ed., Gil C. Noam and Thomas E. Wren (Cambridge: The MIT Press, 1993), p. 295.

19) 이성중심주의는 동물에 대한 인간의 우위, 육체에 대한 정신의 우위, 야만인에 대한 문명인의 우위, 차이성에 대한 동일성의 우위, 이상하거나 미친놈에 대한 정상인의 우위, 일반인에 대한 철학자의 우위, 무산자에 대한 가진자의 우위 등 일파만파의 우월의 철학과 지배의 철학을 양산해왔다. 이에 대한 보다 자세한 고찰은 박정순, "감정의 윤리학적 사활", 정대현 외, 『감성의 철학』(서울: 민음사, 1996), 70~76쪽.

20) 대표적인 주장들로는 Ronald de Sousa, *The Rationality of Emotion* (Cambridge: The MIT Press, 1990); Allan Gibbard, *Wise Choice, Apt Feelings: A Theory of Normative Judgement* (Cambridge: Harvard University Press, 1990); Justin Oakley, *Morality and Emotions* (London: Routledge, 1992). 이들에 의하면, 감성이나 정서는 다음과 같은 적어도 다섯 가지의 기본적인 요소를 내포하는 복합적인 상태이다. ① 주어진 상황이 위험한 것이라는 판단이나 믿음과 같이 인지적인 요소, ② 우리가 흔히 '공포감'이라 부르는 특정 종류의 감정 혹은 느낌, ③ 안색이 변하고 침이 마르는 것 같은 신체적 동요, ④ ③에 동반하는 신체적 감각, 다시 말해 안색이 붉어짐을 느끼고 머리털이 솟는 것을 느끼는 것과 같은 '신체적 감각'의 요소, ⑤ 회피 행태와 같은 특정한 행태적 성향. 임일환, "감정과 정서의 이해", 정대현 외, 위 책, 29쪽.

21) 레스트, 리코나 등의 관점이 대표적이다.

모두 포괄하는 통합적 도덕교육론을 지향하고 있다. 서양 전통에 토대한 현대 도덕교육론의 최근 동향도 통합 지향적인 방향으로 나가고 있는 게 대체적인 추세다. 그러나 동양의 전통도덕교육론과 현대도덕교육론이 그 지향 점에서는 같지만, 통합적 이론구축을 위한 출발점과 중심축은 서로 다름을 알 수 있다. 그리고 향후 도덕교육은 통합지향적인 방향으로 나가야 하는 것이 원칙이지만, 교육의 실제에서까지 그것을 수미일관하게 고려하기는 어렵다. 각 나라가 처한 윤리적 상황과 도덕교육적 과제에 따라 교육내용 선정의 중심축이 고려되어야 할 것이기 때문이다.

Ⅳ. 우리 도덕과교육의 방향 모색

그렇다면 우리 도덕과교육이 나가야할 방향은 무엇인가? 우리나라가 처한 윤리적 상황과 도덕교육적 과제는 무엇인가? 앞의 〈표 2〉에서 보듯, 해방이후 우리 도덕과교육의 변천 과정을 돌아보면 제5차 교육과정(1987-92)까지는 이른바 '국민윤리'를 강조하여 바람직한 '한국인' 양성을 중요한 교육의 목적으로 삼았고, 제6차 교육과정(1992~97) 동안에는 바람직한 '인간' 양성에 교육의 목적을 두면서 학생들의 자율적 판단능력의 함양을 중시하였고, 제7차 교육과정(1997~)에서는 바람직한 '한국인' 양성을 바탕으로 보편적 '세계인'을 양성해야 한다는 통합적 접근을 시도해왔다. 이로 볼 때, 제5차 교육과정까지는 도덕과교육을 뒷받침하는 이론으로 정신분석학, 행동주의심리학, 인지발달론, 정치사회화론 등 서양의 현대 도덕교육론이었던 점과 상관없이 교육내용에서는 유교윤리학을 비롯한 우리 공동체에 토대한 가치덕목을 더 강조하여 가르쳤다고 할 수 있다. 따라서 여기서는 개인보다는 공동체, 정의의 원리보다는 인의의 원리, 이성적 사유보다는 인지적 감정과 행동을 더 강조하는 교육내용일 수밖에 없었다. 후자보다 전자를 상대적으로 너 강조하는 교육은 고작해야 제6차 교육과정부터인 셈이다.

그동안 이러한 교육의 부정적 효과 탓인지 아니면 교육보다 더 뿌리깊게 남아있는 유교를 포함한 전통적 문화문법(cultural grammar)의 부정적 측면 탓인지는 장담할 수 없지만, 오늘날 우리 사회의 윤리적 상황은 긍정적이지 못하다. 예컨대, 한국인의 부정적 가치관에 대한 연구를 종합하면서 자신의 관점을 제시한 방영준의 진단(〈표 3〉)은 우리를 우울하게 하기에 충분하다.[22]

〈표 3〉 한국인의 부정적 가치관의 특성

인간존재의 측면	인간관계적 포괄성의 측면	시공간적 포괄성의 측면
• 정신적 가치의 물화 현상 • 배금주의, 물질만능주의 팽배 • 현세적 쾌락주의 만연 • 자기정체성 및 주체성의 미흡 • 기복적인 종교신앙 • 허례와 허식	• 연고 정실주의 • 가족주의 • 지역감정 • (집단) 이기주의 • 공동체의식의 결핍 • 공사구분의 불분명 • 사회적 공덕심의 부족	• 미래의 가치보다 현재의 가치에 집착 • 전체의 가치보다 부분의 가치에 경도 • 찰나주의 및 미시주의 경향 • 적당주의 경향 • 종합적 사고력 미흡

분명히 다시 말하지만, 한국인의 부정적 가치관의 형성 원인을 그동안의 교육이나 전통적 문화문법의 탓으로만 돌리는 것은 부당하다.[23] 전통적 문화문법에는 긍정적 측면도 풍부할 뿐만 아니라, 해방이후 우리 도덕과교육에서도 교육내용으로 선정된 가치에 편차가 있을지언정 서양의 근대적 가치에 바탕을 둔 도덕교육과 민주시민교육을 실시해왔기 때문이다. 연구자가 보기에 이러한 부정적 가치관이 형성된 원인은 유교를 포함한 전통적 문화문법의 토대위에 해방이후 서양 근대의 윤리사상이 결합체로 접목되면서 양자간에 서로 결이 맞지 않아 파생된 것이라 생각한다. 이를테면, 현재 우리 사회에서 인의(仁義)와 정의(正義)의 원리는 마치 '비동시적인 것의 동시성'의 양상을 띠면서 작동하고 있다. 그래서 한국인들은 두

---

22) 방영준, "한국사회의 도덕성 회복방안", 진교훈 외 공저, 『윤리학과 윤리교육』(서울: 경문사, 1997), 316~317쪽. 10년 전의 진단이지만, 방영준의 진단은 여전히 유효한 것만 같다.

23) 예컨대, 정수복은 한국인의 문화적 문법을 구성하는 요소들에는 근본적 문법과 파생적 문법이 있는데, 전자의 구성요소로 현세적 물질주의, 감정우선주의, 가족주의, 연고주의, 권위주의, 갈등회피주의를 들고, 후자의 구성요소로 감상적 민족주의, 국가중심주의, 속도지상주의, 근거없는 낙관주의, 수단방법 중심주의, 이중규범주의를 들고 있다. 그러면서 그는 근본적 문법의 구성요소들은 무교와 유교를 비롯한 전통사상에서 비롯된 것으로, 파생적 문법의 구성요소들은 일제이후 전통적 문화문법에 토대한 정치와 교육의 탓으로 돌리고 있다. 정수복, 앞의 책, 106~191쪽.

가지 도덕원리를 동시에 가지고 있으면서 자기 필요에 따라 작위적으로 적용하고 있다고 할 수 있다. 아무래도 인의(仁義)는 혈연과 정(情)에 토대하는 사적(私的)인 윤리이고, 정의는 이성적 개인들을 바탕으로 하는 공적(公的)인 윤리이다. 그런데 우리는 공과 사를 구분하지 못한 채 '나' 혹은 '우리'에게는 인의의 원리를 적용하고, '남'과 '그들'에게는 정의의 원리를 적용하고 있는 것이 아닌가 한다. 이러한 진단은 '개인과 공동체', '이성과 인지적 감정'의 적용문제에도 유효하다고 여긴다. 따라서 '비동시성의 동시성'에서 파생되는 이러한 문제를 어떻게 풀어갈 것이냐 하는 것은 우리 도덕과교육이 당면한 가장 큰 과제라고 볼 수 있다.

가족, 혈연집단, 동창회 등과 같은 사적 영역에서는 공동체, 인의의 원리, 인지적 감정 등이 유효하다. 그러나 시민사회나 국가 등 공적 영역에서는 개인, 정의의 원리, 이성적 사유가 작동하도록 해야 한다. 사적 영역과 공적 영역 간의 가치 갈등이 일어날 경우에는 후자의 윤리가 우선되어야 현대 사회에 부합하는 길이 될 것이다. 그러나 서양의 개인주의, 이성중심주의, 인간중심주의가 가져온 폐해를 극복하기 위해 공동체주의나 배려윤리 등이 모색되고 있듯이, 우리도 공적 윤리가 가져올 수 있는 폐해를 미연에 방지하기 위해 유교를 비롯한 동양의 전통윤리를 활용할 수 있을 것이다. 아울러 사적 영역에서 유효한 유교와 전통윤리도 현대 사회에 걸맞도록 재규범화되어야 할 것이다. 예컨대, 효(孝)가 아무리 오늘날에 중요한 가치라 하더라도 조선시대에나 유효했던 효규범을 강요할 수 없는 노릇이다.[24]

앞에서 나는 오늘날 우리 도덕과교육의 목표는 현대 사회의 다양한 도덕적 문제를 해결하는 능력과 실천력을 겸비한 도덕인을 양성하는 데 두어야 한다고 하였다. 그리고 오늘날 한국인의 부정적 가치관의 특성들은 유교를 포함한 전통적 문화문법의 토대위에 해방이후 서양 근대의 윤리사상이 결합체로 접목되면서 양자간에 서로 결이 맞지 않아 파생된 것이라 하였다. 그렇다면 아무래도 우리 도덕과교육의 중심축은 결합체로서의 서양 근대 윤리사상을 좀 더 철저하게 학습하는 데 두어야 할 것이라 여겨진다. 이러한 점에서 2009년 개정교육과정에서 도덕과교육의 목표를 "도덕적 문제에 대한 반성적 성찰"에 두고 도덕적 탐구력을 강화하는 방향은 적절한 것이라 평가한다. 이러한 기본 방향을 염두에 두면서 유교를 비롯한 동양선통윤리를 어떻게 교육과정에 반영할 것인지를 검토해야 할 것이다.

그러나 이러한 우리 도덕과교육을 정당화하는 데 지금까지처럼 서양적 전통의 도덕교육

---

24) 윤리문화론적 관점에서 효규범의 재창출에 관한 하나의 시론적 연구는 강봉수, "제주의 효규범에 관한 윤리문화적 접근", 『윤리연구』 제70호(한국윤리학회, 2008. 09), 87~123쪽.

이론만을 적용하는 것은 공평한 처사가 아니라고 여긴다. 이른바 "전통의 마당을 지나 이성의 궁전으로 들어간다."는 피터스적 언표 이상으로, 동양도덕교육론은 모든 도덕교육에 접근하는 풍부한 이론적 자원을 제공해 주고 있기 때문이다. 특히 왕양명의 리즉기 패러다임은 도덕교육에 접근하는 새로운 관점을 제시해 주는 것 같다. 그런 점에서 좀 더 많은 관심을 가지고 탐구해 볼 가치가 있다고 생각한다.

동양도덕
교육론

참고 문헌

1. 원전 자료

2. 원전 국역 자료

3. 국내 자료

4. 해외 자료(국내 번역서 포함)

1. 원전 자료

『大學・論語・孟子・中庸』(成均館大學校 大東文化研究院, 1985)

『大學說・中庸說・論語集說・孟子定本』. 漢文大系 一卷 (東京: 富山房, 昭和 59)

『老子翼・莊子翼』. 漢文大系 九卷 (東京: 富山房, 昭和 59)

『史記列傳』. 漢文大系 六・七卷 (東京: 富山房, 昭和 59)

『墨子閒詁』. 漢文大系 一四卷 (東京: 富山房, 昭和 59)

『荀子集解』. 漢文大系 一五卷 (東京: 富山房, 昭和 59)

『韓非子翼毳』. 漢文大系 八卷 (東京: 富山房, 昭和 59)

『禮記鄭注』. 漢文大系 一七卷 (東京: 富山房, 昭和 59)

『傳習錄・周易』. 漢文大系 一六卷 (東京: 富山房, 昭和 59)

『近思錄』. 漢文大系 二二卷 (東京: 富山房, 昭和 59)

『孔子家語』. 漢文大系 二〇卷 (東京: 富山房, 昭和 59)

『小學纂註・御注孝經』. 漢文大系 五卷 (東京: 富山房, 昭和 59)

『性理大全』. 孔子文化大全 (山東友誼書社, 1989)

『二程全書』(臺灣中華書局, 民國, 75)

『朱子大全』(台北: 大化書局印行, 民國 74)

『朱熹集』(四川教育出版社, 1996)

『朱子語類』黎靖德(宋) 編 (北京: 中華書局, 1983)

『王陽明全集』(上海古籍出版社, 2006)

『明儒學案』(上・下), 黃宗羲 著 (北京: 中華書局, 1985)

『增補 退溪全書』(成均館大學校 大東文化研究院, 1997)

『栗谷全書』(成均館大學校 大東文化研究院, 1978)

1. 원전 국역 자료

기세춘 역저, 『묵자墨子』(서울: 바이북스, 2009)

기세춘 옮김, 『장자莊子』(서울: 바이북스, 2007)

기세춘 지음, 『노자강의』(서울: 바이북스, 2008)

김갑수 옮김(리링 지음), 『집 잃은 개; 논어 읽기, 새로운 시선의 출현』
      (서울: 글항아리, 2012)

김용옥, 『노자와 21세기』(서울: 통나무, 2000)

김용옥, 『논어 한글역주 1·2·3』(서울: 통나무, 2010)

김진석, 『대산 주역강해』(서울: 대유학당, 1994)

김학주 옮김, 『列子』(경기: 연암서가, 2011)

김홍경, 『노자』(서울: 들녘, 2003)

朴一峰 譯著, 『莊子(內篇)』(서울: 育文社, 1990)

박희준 평석, 『백서 도덕경 - 老子를 읽는다』(서울: 까치, 1991)

成百曉 譯註, 『論語集註』(서울: 傳統文化硏究會, 1991)

成百曉 譯註, 『大學·中庸集註』(서울: 傳統文化硏究會, 1991)

成百曉 譯註, 『孟子集註』(서울: 傳統文化硏究會, 1991)

成百曉 譯註, 『小學集註』(서울: 傳統文化硏究會, 1993)

성원경 역, 『近思錄』(서울: 명문당, 1993)

이광호 옮김(퇴계 지음), 『성학십도』(서울: 홍익출판사, 2001)

이민수 역해, 『禮記』(서울: 혜원출판사, 1992)

이서명, 『백서노자』(서울: 청계, 2003)

이현주 역, 『노자익』(서울: 두레, 2000)

임채우, 『왕필의 노자주』(서울: 한길사, 2005)

임헌규, 『노자 도덕경 해설』(서울: 철학과현실사, 2005)

임헌규 옮김(주희 지음), 『인설』(서울: 책세상, 2003)

장기근 역해, 『新譯 退溪集』(서울: 홍신문화사, 2003)

장기근, 『孔子』(서울: 범조사, 1984)

정인재·한정길 역주(왕양명 지음), 『傳習錄 1·2』(서울: 청계, 2007)

정장철 역해, 『荀子』(서울: 혜원출판사, 1992)

최영갑 풀어씀(퇴계 지음), 『성학십도』(서울: 풀빛, 2005)

최진석, 『노자의 목소리로 듣는 도덕경』(서울: 소나무, 2001; 여기서는 2012)

한국정신문화연구원, 『국역 율곡전서(Ⅰ~Ⅴ)』(1985~)

허탁·이요성 역주, 『朱子語類』(서울: 청계, 1998)

3. 국내 자료(단행본 및 논문)

강봉수, "전통적 덕성함양교육의 한 접근으로써 '교화' - 교화는 Indoctrination인가?"
  『교육과학연구 백록논총』 제4권 제1호
  (제주대학교 사범대학·교육과학연구소, 2002. 8)

강봉수, "『論語』속의 인간상 연구: 인격적 전형을 중심으로",
  『도덕윤리과교육』 제35호(한국도덕윤리과교육학회, 2012. 4.)

강봉수, "공자의 교학사상 다시 읽기: 가르침과 배움의 패러다임",
  제14권 제1호(제주대학교 교육과학연구소, 2012. 5)

강봉수, "공자의 심성론 다시 읽기: 마음의 본체와 작용기제들",
  『윤리연구』 제85호(한국윤리학회, 2012. 6)

강봉수, "공자의 윤리사상 다시 읽기: 仁 개념의 재조명을 중심으로",
  『윤리연구』 제84호(한국윤리학회, 2012. 3)

강봉수, "공자정치론의 사회윤리학적 접근",
  『윤리교육연구』 제27집(한국윤리교육학회, 2012. 4)

강봉수, "남명의 '의로움'의 윤리학과 덕성함양론",
  『국민윤리연구』 제63호(한국국민윤리학회, 2006.12)

강봉수, "서경덕의 '머무름'의 윤리학과 자득적 공부론",
  『국민윤리연구』 제55호(한국국민윤리학회, 2004.4)

강봉수, "옛 도서류에 함의된 덕성교육의 두 가지 접근법",
  『윤리교육연구』, 제7집(한국윤리교육학회, 2005.04)

강봉수, "왕양명의 '良知學'과 도덕직관 함양론", 『윤리연구』 제76호
  (한국윤리학회, 2010. 3)

강봉수, "유교도덕교육의 이론적 패러다임과 우리 도덕과 교육",
  『윤리교육연구』 제17집(한국윤리교육학회, 2008. 12)

강봉수, "유교도덕교육의 이론적 패러다임과 우리 도덕과 교육",

　　　　동양윤리교육학회·한국교육과정평가원 주최, 『동양윤리교육론의 쟁점과 현재적 과제』(동양윤리교육학회 2008년 정기학술대회 발표자료집, 2008. 10. 31)

강봉수, "율곡의 『성학집요』에 함의된 도덕교육론",

　　　　『윤리교육연구』, 제12집(한국윤리교육학회, 2007.05)

강봉수, "주리론과 주기론의 도덕교육론: 퇴계와 율곡의 관점에 주목하여", 『교육과학연구 백록논총』 제9권 제1호(제주대학교 사범대학·교육과학연구소, 2007. 8)

강봉수, "퇴계의 『성학십도』에 함의된 도덕교육론",

　　　　『도덕윤리과교육』, 제19호(한국도덕윤리과교육학회, 2004. 12)

강봉수, "제주의 효규범에 관한 윤리문화적 접근",

　　　　『윤리연구』 제70호(한국윤리학회, 2008. 09)

강봉수, 「조선전기 도학적 덕교육론 연구」

　　　　(한국정신문화연구원 한국학대학원 박사학위논문, 2000)

강봉수, 『노자에게 길을 묻다!-무위적 세상보기의 도』(제주: 도서출판 누리, 2014)

강봉수, 『유교도덕교육론』(서울: 원미사, 2001)

강봉수, 『제주의 윤리문화와 도덕교육』(제주: 도서출판 누리, 2009)

강봉수, 『주제별로 읽는 논어와 세상보기의 도』(서울: 원미사, 2012)

강봉수, 『한국 전통 도덕교육론』(파주: 한국학술정보 주, 2006)

강봉수, 『한국유교도덕교육론』(파주: 한국학술정보주, 2008)

고미숙, 『대안적 도덕교육』(서울: 교육과학사, 2005)

고범서, 『사회윤리학』(서울: 나남, 1993)

교육부, 『중학교 교육과정 해설 - 국어·도덕·사회』, 1999

국민윤리학회, 『국민윤리학개론』, (서울: 형설출판사, 1987)

권미숙, 「순자 예치사상의 사회윤리적 연구」

　　　　(한국학중앙연구원 한국학대학원 박사, 1997)

金慶天, "退溪의 經傳認識," 『退溪學報』, 제110집 (2001)

금교영, 『인격주의 윤리학』(울산대학교 출판부, 2001)

金彦鍾, 『한자의 뿌리 1』(서울: 문학동네, 2001)

琴章泰, "『聖學十圖』註釋과 朝鮮後期 退溪學의 展開," 退溪學報, 제48집 (1985).
김교빈, "태극논쟁: '태극'을 둘러싼 주자학적 이해와 비주자학적 이해의 대립,"
　　　　한국철학사상연구회, 『논쟁으로 본 한국철학』 (서울: 예문서원, 1995).
김길락 외, 『왕양명 철학연구』 (수원: 청계, 2001).
김낙진, 『의리의 윤리와 한국의 유교문화』 (서울: 집문당, 2004).
김대년, 「퇴계의 〈성학십도〉를 통해본 교육철학적 의미」,
　　　　한국교원대학교 대학원 석사학위논문(2003).
김대용, 『조선초기 교육의 사회사적 연구』 (서울: 한울아카데미, 1994).
김백희, "노자의 사상", 장승구 외, 『동양사상의 이해』 (서울: 경인문화사, 2002).
김백희, 「『노자』 해석의 두 시각, 본체생성론과 상관대대론 - 곽점초간본에서 왕필주까지」
　　　　(한국학중앙연구원 한국학대학원 박사학위 논문, 2002).
김백희, 『노자의 사유방식』 (경기: 한국학술정보, 2006).
김범부, "국민윤리특강," 『국민윤리연구』 제7호, 한국국민윤리학회, 1978.9.
김세정, 『양명학, 인간과 자연의 한 몸 짜기』 (대전: 문경출판사, 2001).
김승혜, 『원시유교』 (서울: 민음사, 1990).
김영민, 『서양철학사의 구조와 과학』 (서울: 도서출판 은익, 1993),
김충렬, 『김충렬교수의 노자강의』 (서울: 예문서원, 2004).
김태훈, "『노자』의 덕(德그)에 관한 도덕교육적 고찰",
　　　　『도덕윤리과교육』 제24호(한국도덕윤리과교육학회, 2007. 7).
김형효, "율곡적 사유의 이중성과 현상학적 비전," 김형효 외 4인 공저,
　　　　『율곡의 사상과 그 현대적 의미』 (성남: 한국정신문화연구원, 1995).
김형효, "퇴계 성리학의 자연신학적 해석,"
　　　　『퇴계의 사상과 그 현대적 의미』 (성남: 한국정신문화연구원, 1997).
김형효, 『老莊사상의 해체적 독법』 (서울: 청계, 1999).
김형효, 『데리다의 해체철학』 (서울: 민음사, 1993).
김형효, 『맹자와 순자의 철학사상』 (서울: 삼지원, 1990).
김형효, 『사유하는 도덕경』 (서울: 소나무, 2005).
김형효, 『철학적 사유와 진리에 대하여 1·2』 (서울: 청계, 2004).

도성달·유병렬,『사회윤리이론과 도덕교육』(성남: 한국정신문화연구원, 1996)
林宗鎭,「朱子의〈仁說〉硏究」,『泰東古典硏究』第10輯(한림대 태동고전연구소, 1993)
목영해,「퇴계와 칸트 도덕관의 교육론적 탐구」
　　　　(부산대학교 대학원 박사학위논문, 1994)
文錫胤, "退溪에서 理發과 理動, 理到의 의미에 대하여 – 理의 능동성 문제",
　　　『퇴계학보』, 제110집(2001. 10)
박문호 지음,『뇌, 생각의 출현』(서울: 휴머니스트, 2008)
박민영,『논어는 진보다』(서울: 포럼, 2008)
박병기 편저,『포스트모던 시대의 사회윤리학』(서울: 인간사랑, 1993).
박병기·추병완 저,『윤리학과 도덕교육 1』(서울: 인간사랑, 1999)
박상철,『유학의 도덕교육이론』(서울: 성경재, 2003)
박재주, "7차 교육과정에서의 중등학교 도덕과 교과서에 나타난 전통윤리교육 내용에
　　　　관한 비판적 연구",『중등 도덕·윤리교과서의 문제점과 개선방안』
　　　　(한국윤리교육학회 추계 학술대회 논문집, 2004)
박정순, "감정의 윤리학적 사활", 정대현 외,『감성의 철학』(서울: 민음사, 1996)
박찬구,『우리들의 윤리학』(서울: 서광사, 2006)
박충석,『한국정치사상사』(서울: 삼영사, 1982)
방영준, "한국사회의 도덕성 회복방안", 진교훈 외 공저,
　　　　『윤리학과 윤리교육』(서울: 경문사, 1997)
배종호, "동양 인성론의 의의", 한국동양철학회 편,
　　　　『동양철학의 본체론과 인성론』(연세대학교 출판부, 1996)
백영빈,「정약용의 주역 해석방법의 특징: 다산의 역리사법을 중심으로」
　　　　(한국정신문화연구원 한국학대학원 석사학위논문, 1995)
비트겐슈타인(이영철 역),『논리·철학 논고』(서울: 천지, 1994)
서명석,『가르침과 배움 사이로』(경기: 책인숲, 2012)
서은숙, "21세기 글로벌 윤리 확립을 위한 일고찰,"
　　　　『국민윤리연구』제63호(한국국민윤리학회, 2006.12.)
서은숙,「孔孟思想에 나타난 德性涵養에 關한 硏究」
　　　　(서울대학교 대학원 박사학위논문, 1998)

성균관대유학과 교재편찬위,『유학원론』(성균관대출판부, 1982)

손동현 외,『중등 도덕교육의 현실과 문제』(서울: 집문당, 2003)

손봉호, "효사상과 정의 문제",『효사상과 미래사회』(성남: 한국정신문화연구원, 1995)

손인수,『율곡사상의 교육이념』(서울: 문음사, 1997)

손인수,『율곡사상의 이해: 교육사상을 중심으로』(서울: 교육과학사, 1995)

송영배,『중국사회사상사』(서울: 한길사, 1987년 7판)

송영진,『직관과 사유; 베르그송의 인식론 연구』(서울: 서광사, 2005)

심성보,『교육윤리학입문』, (서울: 내일을 여는 책, 1995)

심우성, "해제,"『국역 율곡전서』(성남: 한국정신문화연구원, 1996 재판)

오병무,「한국 성리철학의 특성에 관한 연구」(전북대학교 박사학위논문, 1992)

오석종,「〈小學〉의 德敎育論 硏究」(서울대학교 대학원 박사학위논문, 1999)

유명종,『왕양명과 양명학』(화성: 청계, 2002)

유병렬, "道德敎育의 目標로서의 '道德的 人格'에 관한 硏究,"
　　　『도덕윤리과교육』제7호(한국도덕윤리과교육학회, 1996.7)

유영준 외 공저,『도덕교육』(서울: 현대교육총서출판사, 1963)

윤사순, "이황의『성학십도』", 한국사상연구회 지음,
　　　『圖說로 보는 한국유학』(서울: 예문서원, 2000)

윤사순, "退溪의 理氣哲學에 대한 現代的 解釋,"『退溪學報』, 제110집(2001)

윤사순, "동양 본체론의 의의", 한국동양철학회 편,
　　　『동양철학의 본체론과 인성론』(연세대학교출판부, 1982, 초판; 1996, 7판)

윤사순, "이황의『성학십도』", 한국사상연구회,
　　　『圖說로 보는 한국유학』(서울: 예문서원, 2000)

윤용남, "퇴계 이황의 사도관",『퇴계학보』, 제95집(퇴계학연구원, 1997.09)

윤팔중 역,『교화와 교육』(서울: 배영사, 1993 중판)

이계학, "양명학파의 인격교육론",『인격의 형성과 교육』
　　　(평암 이계학박사 화갑기념논문선집 간행위원회, 1997)

이광호, "이퇴계의『성학십도』연구", 태동고전연구, 제4집
　　　(한림대부설 태동고전연구소, 1992)

이돈희,『도덕교육』, (서울: 교육과학사, 1978)

이부영, 『노자와 융; 〈도덕경〉의 분석심리학적 분석』 (서울: 한길사, 2012)
이상린, 「성학십도를 통해 본 퇴계사상의 윤리교육적 의미」
　　　　(영남대학교 대학원 석사논문, 2004)
이상은, "퇴계의 생애와 그 인간", 예문동양사상연구원 · 윤사순 편저,
　　　　『퇴계 이황』 (서울: 예문서원, 2002)
이상익, "이기일원론과 이기이원론의 철학적 특성: 퇴계, 율곡의 경우를 중심으로,"
　　　　『퇴계학보』 91 (퇴계학연구원, 1996)
이성태, 「성학집요를 중심으로 한 율곡 이이의 정치사상연구」
　　　　(경상대 교육대학원 석사, 1997)
이인재, "셸러의 가치윤리학과 도덕교육", 진교훈 외, 『윤리학과 윤리교육』
　　　　(서울: 경문사, 1997)
이종흔, "도덕·윤리교과에서 전통윤리 교육의 개선방안: 개인과 공동체, 원리와 내용의
　　　　통합적 접근을 중심으로", 『국민윤리연구』 제58호 (2005. 4)
이주행, 『무위 유학: 왕기의 양명학』 (서울: 소나무, 2005)
이택휘 · 유병열, 『도덕교육론』 (서울: 양서원, 2000)
이홍우, 『교육의 개념』 (서울: 문음사, 1998)
이홍우, "이기철학에 나타난 교육이론," 이홍우·유한구 편,
　　　　『교육의 동양적 전통 Ⅰ: 교육과 실재』 (서울: 성경재, 2000)
이홍우, 『성리학의 교육이론』 (서울: 성경재, 2000)
임일환, "감정과 정서의 이해", 정대현 외, 『감성의 철학』 (서울: 민음사, 1996)
장성모, 『주자와 왕양명의 교육이론』 (서울: 교육과학사, 1998)
장승구, 「퇴계의 향내적 철학과 다산의 향외적 철학 비교」
　　　　(한국정신문화연구원 한국학대학원 박사학위 논문, 1995)
전호근, "사칠리기논쟁," 한국철학사상연구회 지음,
　　　　『논쟁으로 보는 한국철학』 (서울: 예문서원, 1995)
정대현 외, 『감성의 철학』 (서울: 민음사, 1996)
정범모 외, 『도덕과 교육』, (서울: 한국능력개발사, 1975)
정병련, 『중국철학연구Ⅰ』 (서울: 경인문화사, 2000)
정세구, 『국민윤리교육론』 (서울: 교육과학사, 1983)

정수복,『한국인의 문화적 문법』(서울: 생각의 나무, 2007)
정재걸,「조선전기 교화연구: 성종·중종(1469~1544)년간을 중심으로」
　　　(서울대학교 대학원 박사학위논문, 1989)
정창우,『도덕교육의 새로운 해법』(서울: 교육과학사, 2004)
지정민,『한비자의 도덕교육론』(서울: 성경재, 2003)
최병태,『덕과 규범』(서울: 교육과학사, 1996)
최석기 지음,『나의 남명학 읽기』(서울: 경인문화사, 2005)
최재목,『내 마음이 등불이다 : 왕양명의 삶과 사상』(서울: 이학사, 2003)
최재목,『양명학과 공생·동심·교육의 이념』(영남대학교출판부, 1999)
최재목,『퇴계 심학과 왕양명』(서울: 새문사, 2009)
추병완,『열린 도덕과 교육론』(서울: 도서출판 하우, 2000)
추병완·박병기·이경원·변종헌,『윤리학과 도덕교육 2』(서울: 인간사랑, 2000)
한국사상사연구회,『조선유학의 개념들』(서울: 예문서원, 2002)
許昌武, "東洋的 合情主義와 正義觀", 한국국민윤리학회 주최,『아세아적 가치와
　　　경제윤리』, 제6회 한·중윤리학 국제학술대회 논문집 별쇄본(1999)
홍윤기, "한국 도덕·윤리교육의 이념적 혼돈과 정체성 위기," 전국철학교육자
　　　연대회의,『한국 도덕·윤리 교육백서』(서울: 한울, 2001)
황광욱, "邵雍의 觀物을 통해 본 徐敬德 哲學의 一面",
　　　『東洋古典研究』第13輯(東洋古典學會, 2000.6)
황의동 편저,『율곡 이이』(서울: 예문서원, 2002)
황준연,「율곡의 철학사상에 관한 연구」(성균관대 대학원 박사, 1987)

4. 해외 자료(국내 번역서 포함)

게르트 기거렌처, 안의정 옮김, 『생각이 직관에 묻다』(파주: 추수밭, 2008)
高亨, 『老子正詁』(北京: 中華書局, 1959)
노사광(정인재 역), 『중국철학사』(서울: 탐구당, 1987)
래스·하아민·싸이몬, 정선심·조성민 공역, 『가치를 어떻게 가르칠 것인가: 가치명료화 이론과 교수전략』, (서울: 철학과 현실사, 1994)
로돌프 R. 이나스(김미선 역), 『꿈꾸는 기계의 진화』(서울: 북센스, 2008)
리처드 도킨스(이상임·홍영남 옮김), 『이기적 유전자(The Selfish Gene)』
  (서울: 을유문화사, 2010)
마이클 가자니가(박인균 옮김), 『왜 인간인가?』(서울: 추수밭, 2010)
마이클 가자니가(박인균 옮김), 『뇌로부터의 자유』(서울: 추수밭, 2012)
牟宗三, 『心體與性體(二)』(臺北: 學生書局, 1969)
蒙培元, 『中國 心性論』, 李尙鮮譯 (서울: 法仁文化社, 1996)
미우라 도우사꾸(강봉수외 옮김), 『중국윤리사상사』 강봉수 외 옮김 (서울: 원미사, 2007)
서복관(유일환 역), 『중국인성론사 - 선진편』(서울: 을유문화사, 1995)
스티븐 호킹·레오나르드 므로디노프 공저(전대호 옮김),
  『위대한 설계』(서울: 까치글방, 2010)
시마다 겐지(김석근·이근우 옮김), 『주자학과 양명학』(서울: 까치, 2008, 3쇄)
안토니오 다마지오 지음(임지원 옮김), 『스피노자의 뇌』(서울: 사이언스 북스, 2010)
제럴드 에델만(황희숙 옮김), 『신경과학과 마음의 세계』(서울: 범양사, 2010)
제럴드 에델만(황희숙 옮김), 『뇌는 하늘보다 넓다』(서울: 해나무, 2010)
존 마틴 리치와 조셉 드비티스 지음(추병완 옮김), 『도덕발달이론』(서울: 백의, 1999)
陳 來, 『有無之境, 王陽明哲學的精神』(北京: 北京大學出版社, 2005)
陣立夫(鄭仁在 옮김), 『中國哲學의 人間學的 理解』(서울: 民知社, 1980)
폴 새가드 지음(김미선 역), 『뇌와 삶의 의미』(서울: 필로소픽, 2011)
풍우란 저(박성규 옮김), 『중국철학사 (상)』(서울: 까치, 2002)

풍우란 저(정인재 역), 『중국철학사』 (서울: 형설출판사, 1983)
프랑케나, "도덕교육 철학을 향하여," B. I. 차잔· J. F. 솔티스 편저, 이병승 옮김,
　　　『도덕교육의 철학』 (서울: 서광사, 2005)
프리초프 카프라(김용정·이성범 옮김), 『현대 물리학과 동양사상』
　　　(서울: 범양사, 1979; 2012 개정 6쇄)
허쉬·밀러·필딩, 김항원 외 공역, 『도덕·가치교육의 교수모형』,
　　　(서울: 교육과학사, 1996)
A. Pieper(진교훈·유지한 역), 『현대윤리학 입문』 (서울: 철학과 현실사, 1999)
Alasdair Macintyre, *After Virtue*, 2nd ed., Notre Dame: University of Notre
　　　Dame Press, 1984;
　　　이진우 옮김, 『덕의 상실(After Virtue)』 (서울: 문예출판사, 1997)
Alfons Deeken, Process and Permanence in Ethics, *Max Scheler's Moral Philosophy,* (NewYork: Paulist Press, 1974)
Allan Gibbard, *Wise Choice, Apt Feelings: A Theory of Normative Judgement*
　　　(Cambridge: Harvard University Press, 1990);
　　　Justin Oakley, *Morality and Emotions* (London: Routledge, 1992)
Antony F. C. Wallace, *Culture and Personality* (NewYork: Random House, 1970)
B. S. 라즈니쉬(변지현 옮김), 『죽음의 예술』 (서울: 청하, 1985)
Daniel J. Levinson, et. al., *The Seasons of a Man's Life.* (NewYork: Knopf, 1978)
Daniel K. Lapsley(문용린 역), 『도덕심리학』 (서울: 중앙적성출판사, 2000)
E. Durkheim(이종옥 역), 『교육과 사회학』 (서울: 배양사, 1978)
George E. Vaillant(이덕남 옮김), 『행복의 조건』 (서울: 프런티어, 2010)
Hellmut Wilhelm, *Heaven, Earth, and Man in the Book of Changes*
　　　(University of Washington Press, 1980)
I. A. Snook(1972). *Indoctrination and Education.* (London and Boston; Routledge
　　　and Kegan Paul, 1972); 윤팔중 역, 『교화와 교육』 (서울: 배영사, 1993)
Jonathan Haidt(강인구 역), 『도덕적 판단에 관한 사회적 직관주의 모델』
　　　(경기; 서현사, 2003)

Lawrence Kohlberg, *The Philpsophy of Moeral Development*
 (New York: Harper and Row, 1981)
Leo Montana, "Understanding Oughts by Assessing Moral Reasoning or Moral Emotions," *The Moral Self* ed., Gil C. Noam and Thomas E. Wren
 (Cambridge: The MIT Press, 1993)
M. Nussbaum, *Upbeavals of Thought*
 (Cambridge: Cambridge Universty Press, 2001)
R. C. Henricks, *Lao Tzu' Tao Te-Ching* (Rider, 1989)
R. Neibuhr, *Moral Man and Immoral Society*
 (NewYork: Charles Scribner's Sons, 1932)
R. S. Peters(이홍우 역), 『윤리학과 교육』(서울: 교육과학사, 1966)
R. S. Peters. *Moral Development and Moral Education.* (Gorge Allen & Unwin Ltd., 1981); 南宮達華 譯, (1998). 『道德發達과 道德敎育』(서울: 文音社, 1998)
Robert Havinghurst, *Human Developement and Education.*
 (NewYorK: MacKay, 1953)
Robert T. Hall, *Moral Education: A Handbook for Teachers,*
 (Minneapolis: Winston Press, 1979)
Ronald de Sousa, *The Rationality of Emotion* (Cambridge: The MIT Press, 1990)
Thomas Lickona, *Education for Character: How our Schools Can Teach Respect and Responsibility*, (New York: Bantam Books, 1991);
 박장호 · 추병완 옮김, 『인격교육론』(서울: 백의, 1998)
W. K. 프랑케나, 「도덕교육 철학을 향하여」, B. I. 차잔· J. F. 솔티스 편저, 이병승 옮김, 『도덕교육의 철학』(서울: 서광사, 2005)
William K. Frankena, *Ethics* (second edition),
 (Englewood Cliffs, N. J.: Prentice Hall, 1973)
William M. Kurtiness& Jacob L. Gewwirtz 편저, 문용린 역, 『도덕성의 발달과 심리』(서울: 학지사, 2004).

동양도덕교육론

2014년 11월 28일 초판 1쇄 펴냄

지은이 강봉수
펴낸이 허향진
펴낸곳 제주대학교 출판부

등록 1984년 7월 9일 등록 제주시 제9호
주소 690-756 제주특별자치도 제주시 제주대학로 102
전화 064) 754-2275
팩스 064) 702-0549
http://press.jejunu.ac.kr

제작 디자인도도
주소 제주특별자치도 제주시 선반로 91-3
전화 064) 757-7190

ISBN 978-89-5971-104-8 93190

ⓒ 강봉수, 2014

정가 20,000원
사전 동의 없는 무단 전재 및 복제를 금합니다.
잘못 만들어진 책은 바꾸어 드립니다.

이 도서의 국립중앙도서관 출판예정도서목록(CIP)은 서지정보유통지원시스템 홈페이지(http://seoji.nl.go.kr)와 국가자료공동목록시스템(http://www.nl.go.kr/kolisnet)에서 이용하실 수 있습니다. (CIP제어번호: CIP2014033798)